文化法治系列丛书

文化法治体系的建构

——下卷——

熊文钊 主编

中国社会科学出版社

目　录

（下　卷）

第四编　文化产业立法研究

绪　论 ···（519）

第一篇　文化产业立法基础问题研究

第一章　文化产业的发展及存在的问题 ···································（533）
　第一节　文化产业的意义 ···（533）
　第二节　我国文化产业的构成 ··（542）
　第三节　我国文化产业发展的现状 ··（547）
　第四节　文化产业发展中的问题 ···（579）

第二章　文化产业立法基本问题 ··（585）
　第一节　文化产业法的意涵 ···（585）
　第二节　文化产业法体系 ··（589）
　第三节　文化产业法基本制度 ··（596）
　第四节　文化产业立法模式 ···（607）

第三章　文化产业法价值目标 ··（615）
　第一节　文化产业法价值目标的意涵 ·····································（616）
　第二节　文化产业法价值目标的历史考察 ······························（622）
　第三节　文化产业法价值目标的现实分析
　　　　　——以《电影产业促进法》为例 ································（631）

第四节　文化产业法价值目标的理论分析 …………………… (633)

第四章　文化产业与知识产权保护 ……………………………… (640)
　　第一节　知识产权立法与文化产业的关系 ……………………… (640)
　　第二节　具体文化产业中的知识产权保护 ……………………… (645)
　　第三节　版权立法相关问题 ……………………………………… (659)

第二篇　文化产业立法专门问题研究

第五章　文化产业领域税收制度 ………………………………… (675)
　　第一节　我国文化产业税收政策演变与现行税法规范 ………… (676)
　　第二节　我国文化产业领域税制存在的问题 …………………… (701)
　　第三节　完善我国文化产业领域税制的建议 …………………… (705)

第六章　文化产业领域资本准入制度 …………………………… (715)
　　第一节　新媒体及现行资本准入政策 …………………………… (717)
　　第二节　我国新媒体资本准入制度的理论分析 ………………… (730)
　　第三节　关于完善和改进我国媒体资本准入制度的思考 ……… (737)

第七章　文化产业立法与要素市场若干问题 …………………… (744)
　　第一节　文化资产评估 …………………………………………… (745)
　　第二节　文化产业知识产权保护强度评估问题 ………………… (758)
　　第三节　文化产业融资问题
　　　　　　——以电影版权质押融资为例 …………………………… (772)
　　第四节　文化产业特殊管理股问题 ……………………………… (787)

第三篇　文化产业具体领域立法研究

第八章　传媒产业领域立法 ……………………………………… (801)
　　第一节　传媒产业的特殊性及相关立法的主要内容 …………… (801)
　　第二节　传媒产业监管的核心问题 ……………………………… (826)

第九章　IPTV 政策法律及产业发展 …………………………… (841)
　　第一节　IPTV 的含义和政策发展 ……………………………… (841)

第二节　我国 IPTV 监管制度的构成要素分析 …………………（847）
第三节　IPTV 制度中的政策和法律问题的思考 …………………（858）

第十章　游戏产业领域立法 …………………………………（863）
第一节　我国游戏产业的现状与历史 …………………………（863）
第二节　我国游戏产业的监管制度 ……………………………（867）
第三节　我国游戏行业发展存在的问题 ………………………（882）
第四节　关于保护和促进游戏产业发展的思考 ………………（887）

第十一章　文化演出、广告、旅游产业立法 ………………（893）
第一节　文化演出产业立法 ……………………………………（893）
第二节　广告立法与监管制度 …………………………………（900）
第三节　旅游产业立法与监管制度 ……………………………（911）

第四篇　地方和域外文化产业立法研究

第十二章　地方文化产业立法 ………………………………（921）
第一节　地方文化产业立法政策发展脉络 ……………………（922）
第二节　地方文化产业立法政策典型分析 ……………………（935）

第十三章　域外文化产业立法 ………………………………（969）
第一节　不同国家对于文化产业的界定和分类 ………………（969）
第二节　不同国家的文化产业立法对比 ………………………（975）

第十四章　关于文化产业促进法立法的若干思考 …………（995）

第五编　文化法治的实施

第一章　文化管理体制改革 …………………………………（1011）
第一节　文化管理体制的现状 …………………………………（1012）
第二节　文化管理体制的问题 …………………………………（1020）
第三节　大部门视野下文化管理体制改革的路径 ……………（1030）

第二章　公共文化服务保障法治的实施 (1039)
   第一节　公共文化服务保障的基本理论 (1039)
   第二节　公共文化设施管理制度 (1046)
   第三节　公共文化服务提供制度 (1054)
   第四节　公共文化服务提供制度的完善 (1061)

第三章　文化市场监管法治的实施 (1067)
   第一节　文化市场监管的基本理论 (1067)
   第二节　文化市场的事前监管制度 (1075)
   第三节　文化市场的事中事后监管制度 (1084)
   第四节　文化市场监管制度的完善 (1092)

第四章　文化法治实施的重点领域与制度 (1100)
   第一节　文物保护法治 (1101)
   第二节　非物质文化遗产保护制度 (1109)
   第三节　知识产权的行政保护制度 (1121)

第五章　文化法治实施的监督制度 (1135)
   第一节　文化法治实施的权力机关监督 (1135)
   第二节　文化法治实施的行政监督 (1145)
   第三节　文化法治实施的司法监督 (1157)
   第四节　文化法治实施的社会监督 (1168)

小　结 (1177)

参考文献 (1186)

后　记 (1227)

第四编

文化产业立法研究

绪　　论

一　文化的意义与文化产业立法

文化是与人类活动相伴随始终的一种现象，是人类不同于其他生物的创造力的表现，是人类的精神和娱乐需要满足的表现，是人类探寻自身存在意义的表现。文化是推动国家发展进步的内生动力和精神支撑。中国和世界经验表明，文化产业的创意性和渗透性特征，使之具有全民属性和开放属性，既是经济上的无烟工业，又是就业上的民生产业，还是国家文化软实力的重要支柱。发展文化产业，符合新时代我国社会从第一次现代化向第二次现代化转型的需要。[1]

但是从古到今，关于文化的立法，也就是涉及精神产品的生产和流通，或创作和传播的立法，早期，乃至到今天的很多地方，都是以控制管理为主。一些国家在现代化转型过程中，对于思想精神文化领域确立了表达自由的宪法制度之后，从保护自由表达、自由创作的角度，摈弃了过去的管控制度，也促进了这些领域的商业化运作和产业发展。但是，这对于纯粹的文学艺术的创作、创意行为的进行、对于文化多样性的发展，也产生很多问题。于是，这些国家在不损害创作者、生产者消极自由的前提之下，通过一些积极的作为，包括立法、具体的政策行为帮助、促进这些领域的发展。这些便成为这些国家的文化产业或创意产业方面的立法。于是文化产业立法成为一个立法领域的问题，也成为一个对产业发展至关重要的问题。

在我国，有关文化产业立法，是20世纪70年代末以降，在中国社会

---

[1] 傅才武：《文化产业发展成功经验上升为国家意志》，《中国旅游报》2019年9月24日第3版。

变迁的过程中，社会关于人的价值不断被重新认识的产物；是对文化的意义和价值不断重新认识和评估的产物；政治体制改革、经济体制改革、文化体制改革到一定时期的产物，文化产业立法之"文化"不是最广泛意义、最抽象意义上的"文化"，而是根据我国的行政管理职权的划分、根据对国民经济与社会发展进行统计所划分的类别来确立的范围。在此意义上，文化产业具有了较为清晰的边界。文化产业是为直接满足人们的精神需要而进行的创作、制造、传播、展示等文化产品（包括货物和服务）的生产活动。具体包括新闻信息服务、内容创作生产、创意设计服务、文化传播渠道、文化投资运营和文化娱乐休闲服务等活动。[①] 与这些活动还有密切关系的一些生产和服务领域，被认为是与文化相关的产业[②]。虽然，自改革开放以来，对于文化行业的理解在各个时期，范围大小会有所不同，但是，应该说都包含在现行的文化产业及相关产业的范围之内。

在改革开放之前，文化领域的活动，都是非营利的，所有的文化单位都是完全属于事业单位性质，所有业务经费完全由国家拨付。曾经，1984年，全国人均图书馆事业经费是1角1分4厘[③]。随着改革开放的不断深入文化行业仅靠国家拨付的经费难以为继。1987年2月2日文化部、财政部、国家工商总局联合制定颁发了《文化事业单位开展有偿服务和经营活动的暂行办法》。文件表明，为了弥补事业经费不足，安置富余人员，可以进行"以文补文"的活动。其中明确规定：文化事业单位开展有偿服务和经营活动的收入，是要弥补文化经费的不足，各级财政部门应予积极支持，不要因此抵减事业单位的经费预算。各级税务部门，对文化事业单位举办经营性活动的收入，应按国家有关税收的规定，分别不同情况办理，对缴纳税金确有困难的，可酌情给予减免税照顾。这一政策文件肯定了文化有偿服务和经营活动的合法性。标志着我国文化事业已经和正在由过去那种依靠国家出钱办文化"供给制"式的单纯服务型转变为经营服

[①] 参见国家统计局发布的《文化及相关产业分类（2018）》"二、（二）1."。

[②] 与文化相关的产业是指"为实现文化产品的生产活动所需的文化辅助生产和中介服务、文化装备生产和文化消费终端生产（包括制造和销售）等活动"。参见国家统计局发布的《文化及相关产业分类（2018）》"二、（二）2."。

[③] 王跃：《文化领域亟需法律调整》，《法学》1986年第4期。

务型文化管理体制也得随之发生变革。[1] 1988 年文化部、国家工商总局联合发布《关于加强文化市场管理的通知》，"文化市场"的概念首次正式提出。

1992 年党的十四大明确提出了要建设中国特色的社会主义市场经济体制。市场经济体制的建立为文化产业的发展提供了基础。同年，党中央、国务院发布了《关于加快发展第三产业的决定》，正式把文化产业列入第三产业，把文化部门由财政支出型部门定位为生产性部门。1998 年，我国进一步明确政府机构改革的目标和主要任务，文化管理领域也发生一系列变革，文化机构设置、人员编制方面进行大幅度缩减，并于 1998 年设立文化产业司。文化产业的发展，从过去的文化单位的自行探索改革的自发发展阶段进入政府推动阶段。[2]

2003 年中宣部、文化部、国家广电总局、新闻出版总署联合发布的《关于文化体制改革试点工作的意见》明确提出，要加快文化产品市场和生产要素市场建设，发展市场中介组织、形成统一开放、竞争有序的文化市场体系。同年，文化部制定下发《关于支持和促进文化产业发展的若干意见》，将文化产业界定为"从事文化产品生产和提供服务的经营性行业"九大行业：演出、影视、音像、文化娱乐、文化旅游、网络文化、图书报刊、文物和艺术品及艺术培训。2004 年国家统计局出台《文化及相关产业分类》。2007 年，党的十七大报强调要解放和发展文化生产力、提高国家文化软实力。2009 年国务院制定了《文化产业振兴纲要》，将文化产业上升至战略性产业加以重视。强调坚持以结构调整为主线，加快推进重大工程项目，扩大规模，增强文化产业整体实力和竞争力。

2011 年，党的十七届六中全会提出，加快发展文化产业，推动文化产业成为国民经济支柱性产业。要构建现代文化产业体系，形成公有制为主体、多种所有制共同发展的文化产业格局，推进文化科技创新，扩大文化消费。2014 年，党的十八届四中全会审议通过的《中共中央关于全面推进依法治国若干重大问题的决定》，提出要制定文化产业促进法。2018 年十三届人大一次会议将"文化产业促进法"列入了"未来五年的立法规划"。2019 年 6 月，《文化产业促进法（草案征求意见稿）》发布。

---

[1] 顾卫临：《对文化有偿服务和经营活动应采取轻税政策》，《瞭望周刊》1987 年第 47 期。
[2] 范周：《文化发展研究札记》，商务印书馆 2019 年版，第 4 页。

2019年12月13日，司法部发布《文化产业促进法（草案送审稿）》。

根据不完全统计，[①] 从文化产业核心领域对应的文化行业的立法来看，单纯属于全国人大立法的有7部，从狭义文化行业主管部门所列的法律文件来看，从1990年到现在公有法律、法规、规章86件，其中法律7件。规范性文件，从2001年开始，有303件。在新闻出版广电行业主管部门，自2003年开始统计的行政法规有23件，从1994年开始，规章有110部，规范性文件，从1994年起有792件。这些法律文件涵盖了文化产业的核心领域的主要部分。我国关于民商事立法、经济立法中的很多法律文件也直接或间接地调整文化产业领域的各种关系，这样来看，我们涉及文化产业领域的立法文件其实很多。

二 关于文化产业立法评价

1992年的时候，关于文化立法存在的问题已经引起了社会和研究者的注意。有人撰文指出，我国文化法规尚未形成一个完整的科学体系，还有很多重要的文化行政管理方面的法律和法规尚未制定出来。如文化投资法、图书馆法、博物馆法、文化市场法等，使我们的大量的文化管理活动只能依靠党和国家的文化政策和文化部门制定的规章以及地方法规和规章进行。而不同层次的法规之间缺乏统一性。相互抵触或重复交叉的现象还存在着，影响了文化法规的严肃性、连续性和权威性。[②]

随着时间的推移，我们在文化领域虽然制定的法律性文件越来越多，但是，对于文化产业立法的呼声依然持续强烈。这是因为，1992年所指出的问题没有得到解决，反而，在某些方面，随着立法的增多，甚至加剧。

我国的文化产业法律体系分散、杂乱、失衡，总体上呈现出国家基础立法少、部门规章多的状态，管理限制型立法多、促进保障型立法少，单行性地方性法规规章多、基础性法律少，严重制约了文化产业的健康发展。尤其是缺乏促进文化产业发展的基本法规《文化产业促进法》，没有形成应有的法律保障体系。重管理轻服务、重规范轻促进、重义务轻权

[①] 数据来源：文化与旅游部官方网站、原新闻出版广电总局网站。
[②] 康式昭：《谈谈加强文化法制建设》，《文艺理论与批评》1992年第3期。

利，这显然与社会主义文化大发展大繁荣的要求格格不入。①

造成这种局面的原因是，文化立法往往是从管理角度出发，如何更好地履行"为人民服务""为社会主义服务"的角度考虑，也就是单纯强调"社会效益"的理念出发，来设计具体的制度、条款规定，法律责任。较多地与防止制止处理文化活动中出现的问题联系在一起，往往自觉或不自觉地被有关的管理者利用来实现或强化本部门的权力与利益；国家和政府的各文化管理职能部门既是文化法律法规的执行者，文化事业与文化产业的管理者同时又是文化事业和产业的创办者。其结果因为缺乏改革和市场竞争活力，既未能较好地发展由其自己创办的文化事业和文化产业，也没有管理出一个能促进文化事业和文化产业发展的公平的有序的健康的文化市场和文化环境。②

从20世纪80年代的改革到如今，虽然，我们的文化经济政策在不断向新的深度和高度推进，对于完善和健全文化立法的呼声始终不断，对文化产业促进法的要求也长时间存在。但时至今日，《文化产业促进法》的立法进程还在进行中。③ 这反映出文化产业立法的复杂性、艰巨性。因为，文化产业，作为提供精神性产品和相关服务的行业，文化因其本身的意识形态特性、使得文化体制改革与政治体制改革紧密相连，具有政治性、敏感性。④ 其中除了文化产业领域自身新业态、新技术、新模式不断出现、各种利益关系复杂，还有立法和技术方面的运用和选择不成熟，以及关于立法理念的不统一等。

本项目组认为，我们应该运用马克思历史唯物主义和辩证唯物主义的世界观和方法论来认识和看待相关问题。综观改革开放四十多年来，我们在深化政治体制改革、经济体制改革、文化体制改革的过程中，在推进国家现代化建设、市场经济发展的过程中，特别是中国加入WTO之后，我们的文化经济政策大多数时候都是朝着解放文化领域的生产力；不断解除施加于文化事业单位和企业单位的不合理束缚；不断为文化企业发展探索

---

① 刘武俊：《文化大发展　立法要先行》，《福建日报》2011年10月28日第10版。
② 顾肖荣、徐澜波、张明坤：《上海文化立法规划和文化法律思想研究》，《政治与法律》2003年第1期。
③ 接下来的程序在公开征求意见结束之后，报送国务院审核，审核通过再提交全国人大审议讨论表决。本项目会在最后一部分对送审稿进行评析。
④ 范周：《文化发展研究札记》，商务印书馆2019年版，总序第10页。

营造更好的发展环境方向发展。这既包括执政党的各个时期的代表大会的决议、决定、建议,也包括国家的发展规划、国务院以及各行业主管部门、专门经济管理部门推行的各项政策。

如果从总体文化法制建设的角度来看,改革开放以后,我国的文化法治建设经历了两个大的阶段:第一阶段:1979年到2004年。1982年现行宪法制定,2004年宪法修正案增加国家尊重和保障人权条款,中华人民共和国切实迈入了文化法制建设的健康发展时期。在这一时期,随着国家法制建设的全面推进、文化各领域改革的开启和深化,人们从事文化活动所需要的法律大多制定并实施。如民法通则、著作权法、文物保护法、反不正当竞争法等。文化行业的发展、规范促进各个方面建构起基本的法律框架。第二阶段:2004年至今。2005年到现在,我们在文化法制建设方面,理念越来越清晰,"规范、保护、促进"是需要同时协调追求的目标。这一时期,文化立法主要针对以下四个领域:文化领域的各行业的监管;保护文化权利和文化发展;公共文化服务;文化产业促进这四个方面,立改废不断。

三 关于本项目研究的若干思考

文化产业立法研究最近几年是一个热门问题,本课题承接了这个项目,近几年也持续观察跟踪有关文化产业本身的研究、文化产业立法的理论学术研究和实践动态。早在20世纪80年代末,有关文化经济政策问题的研究,就已经是关于文化产业立法的理论研究和学术研究了。今天看来,这些早期文献的主张和观点,有些仍然是真知灼见。因为,那时相关理论和学术思考不是基于某种形势要求,跟风,而是基于对社会现实的观察,对于改革和自身发展的需要,对于经济规律、文化领域的特殊性的思考后所进行的表达。随后,关于如何进行文化立法、进行文化产业立法的理论学术研究也逐渐开始增多。特别是在提出要制定文化产业促进法之后。综观现有关于文化产业立法的研究,主要是三大类型:第一类,批判性研究,分析我们关于文化产业立法的欠缺;第二类,思辨性研究,从法理角度抽象谈文化产业立法的原则;第三类,比较性研究,多是要借鉴域外的经验,多数都会提到美国、英国、法国、日本、韩国、新加坡等。

进行科学的文化产业立法,需要确立几个前提:第一,对于我们曾经实行的计划经济体制带来的习惯强调政府作用的路径依赖进行调整;第二，要从一谈文化问题就不假思索地认为是意识形态问题的思维惯性进行理性回归；第三，要充分恰切认识人性本质、文化规律、经济规律的基础上，如何通过适度改革，对文化产业的制度束缚尽可能化解；第四，要形成系统思维，需要精通立法、经济、产业、市场、文化、文化产业发展现状的人员通力合作、民主与精英相结合的法律起草机制。如此，这样的产业立法才能发挥其应有的功能和作用。

文化产业立法的目的，就是通过立法，使社会、市场、行业自身建立起文化产业发展所需要的各种配套的措施和机制；在尊重和充分考虑文化产业自身的创意、生产、投资、经营的特殊性的前提下，政府既要履行积极的引导、支持职责，又要避免过度干预和控制。最终目的，在保护创意发展的同时，还要保护好文化资源、文化遗产，维护文化多样性。

有鉴于此，研究文化产业立法，首先应该对于我们现行文化领域的各项管理制度进行研究和分析，特别是对文化产业核心领域的管理制度进行研究分析，从中发现对于文化产业发展造成阻碍的地方；依据经济规律、文化规律、结合社会发展的整体目标来研究文化产业立法的立法价值目标问题，实际的和应然的情形。对于产业发展最为关键的问题，资本问题、产业主体的形态、权利保障问题进行研究；对于长期计划经济造成和遗留的问题，产业发展需要还不足的一些重要的机制和措施的建设问题。

文化产业，本身包含哪些具体行业的产业部分，一直以来是一个有多种认识和界定的问题，与"文化产业"这一术语表达意义相近似的术语如，"创意产业""文化创意产业""文旅产业""版权产业"等。现在，纠结于这些术语的意义的差别，对文化产业的范围的精确性的界定，从学术研究的严谨性上来说，具有意义。但是从研究立法的角度来说，更多还是从一国的实际情况出发，根据一国的具体的国内国际环境，特定时期的文化政策的理念和目标，来研究文化产业所涉及的具体经济领域范围就可以了，正如本文开头对于文化意义及文化产业范围的理解。研究文化产业的立法问题，需要着重研究的是文化核心产业部分。这一部分既是国家要严格监管，又要想力图促使其尽快发展的领域。相关产业部分由于更多涉及与文化产品生产、传播（运输、交易）、消费相关的服务、设备、装备的提供、制造、销售，其市场化程度更高、监管理念也不相同。随着社会主义市场经济体制的发展和不断健全，后一部分在市场准入、资源整合、要素市场、评价监管等方面，伴随着我国社会主义法律体系的日渐丰富和完善、政府职能的转变越来越接近现代国家治理体系的要求。因此，现在已经基本上具备较好的市场环境的条件下，文化产业相关领域已经不构成文化政策的主要作用部分。所以本项目研究也主要着重于文化产业核心领域的相关问题。

在这一领域，如今普遍的观点，无论是研究者，还是立法部门、管理部门，有时甚至不假思索地脱口而出的观点就是认为文化领域，是具有意识形态属性的领域，由于如此，所以必须严格监管，核心的问题是占领舆论阵地，确保文化安全。因此文化产业立法，从行业角度来看，首先也是管理法。对此，我国针对核心文化行业领域的各部分，都已经制定有相关的监管规范。有属于法律层面的规范，有属于行政法规层面的规范，还有属于行政规章、规范性文件以及地方性法规和规章的规范。与此同时，正是由于考虑到其意识形态属性，我们还有大量的政策性、行政命令性的、纪律性的文件，这些文件其约束力或强制性往往与属于我国立法法所承认和肯定的属于"法律渊源"的那些规范性文件一样有时甚至更有实施的效果。

作为执政党，在其代表大会的文件中提出要制定文化产业促进法，这意味着文化产业的发展，尤其是核心领域的文化产业的发展，面临困难、动力不足，因此需要促进。这由此也倒逼我们思考，我们关于文化领域各行业的管理制度、监管规范对于这一领域的产业发展产生了怎样的影响？是否实现了监管目标？对于产业的促进，是借助于对于产业的束缚的更多松绑还是更多激励机制的帮助？同时，文化产业核心领域，不同于文化相关产业领域和其他物质生产领域，由于其初期或短期投入风险太大、市场或生产具有不确定性，这种特殊产品所需要的相关配套的机制、措施不足，这些问题是主要靠政府解决，还是主要靠行业解决、市场解决；是依法解决还是依靠政府具体行政行为解决？怎样的立法模式对于文化产业的促进，使得立法成本更低，实施效果更好？

带着这些问题，我们设计了本项目子课题的框架。基于上述思考，本项目的研究从多个角度和维度，选取了一些与文化产业相关的实践问题、学理问题、制度问题、机制问题进行研究，其中涉及文化产业立法的理念与原则，文化产业立法的模式的学理研究、为文化产业发展提供全局性法律支撑的知识产权与文化产业发展的关系；现行文化产业核心部分各具体行业的相关立法和管理制度的构成及其对于文化产业的发展影响；对于促进文化产业发展,解决其内生动力最为关键的资本准入、税收、融资问题研究;一些与文化产业健康正常发展的相关配套的市场机制和市场要素问题的研究。

通过这些问题的研究,我们也得出了以下两点结论。第一点,文化产业立法,促进产业发展,需要两个方面同时并举。一是减法,给文化企业进行松绑;二是加法,政府要为产业发展营造良好的生态。所谓促进产业发展不仅仅要政府花力气积极干预,比如政府多拿钱、政府多干事,更为重要的是必须对政府自身的权力边界划定是否准确进行反思,进行调整。第二点,对于文化产业的发展思维,不能用整体文化建设、文化事业发展的思维全部替代,产业发展,还必须是在首先尊重经济规律的基础上考虑相关政策、制度、立法。只有这样,文化产业才能真正发展起来。否则,将产业混同于事业,脱离不开既有思维和意识的窠臼,那产业将难以真正良好发展。如此,所要追求的社会效益难以实现。

四 本项目研究框架和主要内容

框架:分为六个部分,导言,第一篇是文化产业立法的基础问题研究;第二篇是文化产业立法专门问题研究;第三篇是文化产业具体领域立法研究;第四篇是地方和域外文化产业立法研究。尾篇是关于文化产业促进法立法的若干思考。

导言部分对于我国文化体制改革、我国文化产业发展、文化产业立法、文化产业立法研究的基本情况进行了概括性的阐释。特别是对于文化产业立法的研究的特点进行了分析。在此基础上,介绍了本项目研究的框架结构设计的理由、思考。

第一篇文化产业立法的基础问题研究,包括三章。第一章是文化产业的发展及存在的问题。本章作为研究文化产业立法的实践基础,对于文化产业的界定、文化产业自身的特点、文化产业的最新发展(2018年)、文化产业发展中存在的问题进行了分析和阐释。正如很多研究和观察所拥有的共识,文化产业发展中存在的问题,就是生产力还没有得到充分的解放,这与我们的政策、立法有密切关系。

第二章、第三章是从法理的角度,结合我国的法制建设具体实践进行了研究。对于文化产业法的概念、内涵、外延、构成,我国的立法体制、文化产业立法的模式等进行了研究和分析。通过历史研究、文献研究、现实观察，对我国文化产业领域的政策、立法的价值范畴、所依循的价值准则进行了研究和分析，这对于如何进行科学的文化产业立法提供了理论思考。

第四章关于文化产业与知识产权立法的关系，以及在文化产业领域知识产权制度的运用进行了专门研究。在此基础上，对未来如何更好地进行版权法的立改废、如何在文化产业语境下完善版权制度提出了思考。

第二篇是文化产业立法专门问题研究，包括三章。第五章文化产业中的税收制度研究。在我国最早进行文化体制改革，开始允许文化领域进行经营活动的时候，相关部门就从税收角度考虑如何鼓励和扶持"以文养文"的活动。通过税收杠杆进行社会行为和产业行为的调整，是一种尝试和普遍性做法。时至今日，我国在税收领域相关的立法、征收政策、是否有助于文化产业的发展，存在怎样的问题，未来如何完善相关立法，是研究文化产业立法中重要的问题。

第六章研究资本准入问题。资本准入是一个产业发展快慢最为关键的制度性问题。我国现行的资本准入政策，就文化及相关产业的各部分而言，具体政策和立法是不一样的。但是，对于最具文化产业特性的创意产业领域，比如新闻信息服务、视听内容制作领域是要求最为严格的领域。未来哪些领域可以更进一步开放，更好地激发文化产业发展的内生动力，使我们的文化产业能够更快更好地发展，是需要认真研究的问题。虽然如今我们可以通过强大的国有资本为文化产业输血，但是从效率角度来看，从经济规律和人性特质来看，能有更多的资本进入相关文化产业领域，这才是支持其可持续发展的重要保障。

第七章研究与文化产业立法相关的若干要素市场问题。第一个问题是文化资产评估制度。本项目对于我国文化资产评估的现状、如何完善文化资产评估制度，并如何体现在立法中进行了研究。第二个问题是知识产权保护强度评估研究。本项目对于知识产权保护强度评估的意义、评估的方法、我国知识产权保护评估的现状进行了分析，同时对于我国知识产权保护的强度进行了评估和评析，在此基础上提出了未来知识产权立法修订的建议。第三个问题，是文化产业的金融问题，通过具体的电影版权质押融资中的法律问题，研究了文化产业促进立法的一个具体问题。第四个问题是文化产业领域的特殊管理股问题。本项目通过研究既有的特殊管理股的实践做法，对于我国能否在文化产业领域实施特殊管理股，能够通过立法进行规定，进行了研究。

第三篇文化产业具体领域立法研究。本项目选择属于文化产业核心部分的传媒领域的管理制度进行研究，这包括新闻出版、广播电视、影视剧领域、网络出版、网络视听等领域，以及一种新型的电视业态IPTV立法进行研究，从中分析监管立法作为产业立法部分，对产业发展的影响。对于主要以智力成果作为产品和提供服务的新型文化业态、营利能力极强的游戏领域的相关立法进行研究。同时，对于属于狭义文化产业领域，由文化旅游部主管的演艺旅游领域的法律制度进行研究。通过对于这些现行的立法和相关制度的研究，在全面认识这些制度的基础上，从产业促进的角度来思考未来我们在文化产业立法方面需要进行怎样的调整。

第四篇地方和域外文化产业立法研究，通过选取我国具有代表性的地方，省、直辖市以及特定城市的文化立法、有关文化产业立法和政策的研究、域外，如美国、英国、法国、韩国等相关的文化立法的研究，通过比较的视角，对于不同于全国情形的地方经验，完全不同于我国情况的他国状况，从中探寻可兹借鉴和引以为戒的地方。

结尾部分，对于我国当下正在进行的文化产业促进法立法工作进行整体思考，对《文化产业促进法（草案送审稿）》提出相应的建议。

具体框架如下：

导言

第一篇　文化产业立法基础问题研究

　　第一章　文化产业的发展及存在的问题

　　第二章　文化产业立法基本问题

　　第三章　文化产业立法价值目标

　　第四章　文化产业与知识产权保护

第二篇　文化产业立法专门问题研究

　　第五章　文化产业领域税收制度

　　第六章　文化产业领域资本准入制度

　　第七章　文化产业立法与要素市场若干问题

第三篇　文化产业具体领域立法研究

　　第八章　传媒产业领域立法

　　第九章　IPTV政策法律及产业发展

　　第十章　游戏产业领域立法

第十一章　文化演出、广告、旅游产业立法

　第四篇　地方和域外文化产业立法研究

　　第十二章　地方文化产业立法

　　第十三章　域外文化产业立法

　　第十四章　关于文化产业促进立法的若干思考

第一篇

文化产业立法基础问题研究

第 一 章

文化产业的发展及存在的问题

第一节 文化产业的意义

一 文化产业的意涵

"文化产业"一词英文为 Culture Industry,与 1947 年法兰克福学派的霍克海默和阿多诺出版的《启蒙的辩证法》中,首次提出的"文化工业"(Culture Industry)的概念英文一致,因此可以认为文化产业这一概念最早出现在于此。《启蒙的辩证法》中"文化工业"指的是作为意识形态生产的大众文化活动。但是阿多诺和霍克海默对"文化工业"这一概念带有批判性的观点,批判了将文化纳入资本渗透和运作下大工业生产方式的文化工业本质特征,揭露了文化工业的复制性、模式化和商品化等弊端。[1]

联合国教科文组织把文化产业界定为:"按照工业标准生产、再生产、储存以及分配文化产品和服务的一系列文化活动"。"文化工业"一词在"二战"前带有强烈的政治及意识形态色彩;"二战"后,由于西方文化工业的快速发展及人们观念的变化,"文化工业"更多被当作中性概念,用以解释当代社会客观存在的某种文化现象与文化形态。其后,因英国伯明翰学派极为重视文化产业及大众文化研究,通过对"文化""生产"和"大众"进行重新阐释,肯定了文化生产及文化产业的积极性,对这些词赋予了更多褒义与积极性的含义与解释。此后,带有侧重贬义的"文化工业"逐渐转变为偏重褒义或中性、范围更为广泛的"文化产业",并为世界各国通用。文化产业的范围十分广泛,涉及体育比赛、体育娱乐、文学艺术、传媒广告、旅游休闲、影视音像、科学研究、新闻传播、信息咨

---

[1] [德]霍克海默、阿多诺:《启蒙的辩证法》,上海人民出版社 2003 年版,第 134 页。

询、设计策划等领域。[1]

事实上，不同国家、组织对文化产业的定义均存在差异，对"文化产业"一词也有不同称呼：美国称为"版权产业"（Copyright Industry），英国、澳大利亚称为"创意产业"（Creative Industry），日本、韩国称为"内容产业"（Content Industry）等。[2]

20世纪90年代，美国以"版权产业"表达文化产业，认为文化产业是能够进行商品化的信息内容产业。并将"版权产业"分为核心版权产业、部分版权产业、分销版权产业、版权相关产业等。[3]

英国政府认为文化产业包含范围较广，凡是出自于个人的创造、智慧及技能，和通过对知识产权的开发、生产能够挖掘潜在财富和创造就业机会的活动[4]，统属文化产业。据此，包括出版、表演艺术、音乐、电视、广播、电影、软件（包括游戏软件）、设计、广告、建筑、手工艺品、艺术品和古董交易市场、时装在内的这些行业属于文化产业。[5]但世界各国公认的官方权威提法是英国的大伦敦市议会于20世纪80年代提出的定义："文化产业是那些没有稳定的公共财政资金维持，采用商业化方式运作的文化活动；是产生财富与就业的重要渠道；文化产业是所有与文化有关商业活动的通称，其文化产品用于满足人们的消费需求"[6]。

日本称文化产业为内容产业，其特点是将包括报纸、电视、音乐、游戏、电影等作为商品出售。20世纪80年代，日本学者日下公人从经济学理论出发，对文化产业做出定义和阐释："文化产业的目的就是创造一种文化符号，然后销售这种文化和文化符号"[7]。

欧盟"Info2000计划"中将内容产业定义为制造、开发、包装盒销售信

---

[1] 张利群：《论文化产业内涵及其理论构成——桂学基本理论及学理依据研究之八》，《广西教育学院学报》2015年第2期。

[2] 罗兵、温思美：《文化产业与创意产业概念的外延与内涵比较研究》，《甘肃社会科学》2006年第5期。

[3] 同上。

[4] 李怡：《中国设计创意产业发展的5个设想》，中国科学技术协会《节能环保 和谐发展——2007中国科协年会论文集（二）》，中国科学技术协会：中国科学技术协会学会学术部，2007年，第3页。

[5] 范富：《文化产业：内涵、特质与定位》，《理论探索》2005年第5期。

[6] 罗兵、温思美：《文化产业与创意产业概念的外延与内涵比较研究》，《甘肃社会科学》2006年第5期。

[7] 资料来源：https://wenku.baidu.com/view/28feee36f90f76c661371af5.html。

息产品的产业。其范围包括：纸质版媒介所传播的内容，诸如：报纸、书籍和杂志；电子出版物内容，包括：联机数据库、电子游戏、数字化软件，以及音像媒介传媒的内容及音像制品服务，包括：电视、录像、电影等。①

上述定义存在两点共同之处：第一，产品是人创造的精神产品，是每个人思想、价值取向的载体；第二，产品存在价值，可以进行交换，具有营利性。因此，不同国家和国际组织对文化产业的定义、称呼虽然存在差异，但都是依据各个国家和国际组织产业现状所做出的定义。

我国文化部在2003年发布的《关于支持和促进文化产业发展的若干意见》、国家统计局发布的《文化及相关产业分类（2012）》和《文化及相关产业分类（2018）》对文化产业均有定义，将在本章第二节中详细阐述。

从上述各国及组织在不同时期对"文化产业"概念的定义可以看出文化产业是随着时代和科技进步而不断发展的，文化产业所包括的范围也随之不断发生变化。借助科技的进步及其产生的影响，文化产业有新出现的业态。

2018年国家统计局为科学界定新产业、新业态、新商业模式（以下简称"三新"），发布了新的《国民经济行业分类》，其中对"三新"的统计包括：文化产业相关新业态和新商业模式的统计，并且这两类所占比重较大。② 根据"三新"的相关概念③，可以从以下三个方面理解文化产业的新业态：

（1）文化产业新业态是文化内容、资本和科技三者共同作用的结果，但是内容发挥了核心作用；

（2）文化产业新业态是先进技术与传统文化因子糅合的结果，当今

---

① 资料来源：https：//baike.baidu.com/item/%E5%86%85%E5%AE%B9%E4%BA%A7%E4%B8%9A。
② 资料来源：http：//www.stats.gov.cn/tjsj/tjbz/201808/t20180827_1619266.html。
③ 注："三新"概念如下：（1）新产业：指应用新科技成果、新兴技术而形成一定规模的新型经济活动，包括高技术产业、现代服务业等。从表现形式上，新产业主要分为：新技术产业化形成的产业；用高新技术改造传统产业形成新产业和社会公益事业的行业进行产业化运作。（2）新业态：指顺应多元化、多样化、个性化的产品或服务需求，依托技术创新和应用，从现有产业和领域中衍生叠加出的新环节、新链条、新活动形态。其表现特点是，指针对特定消费者的特定需求，有选择地运用商品经营结构、店铺位置、店铺规模、店铺形态、价格政策、销售方式、销售服务等经营手段，提供销售和服务。（3）新商业模式：指为实现用户价值和企业持续盈利目标，对企业经营的各种内外要素进行整合和重组，形成高效并具有独特竞争力的商业运行模式。简单地讲，商业模式就是企业或公司是以什么样的方式来盈利和赚钱的。构成赚钱的这些服务和产品的整个体系称为商业模式。资料来源：https：//www.sohu.com/a/250372688_152615。

文化资源的开发利用应基于高新技术；

（3）文化产业新业态对管理模式和商业模式提出了新的要求。[①]

文化产业新业态主要包含以下三个层面。

一是数字化高新技术推动传统文化创意产业高端化，催生出了许多新的文化产业模式，包括动漫、网游、网络电视台、创意设计、互联网经济、现代广告业、现代会展业、电子（数字）商务等。在国家统计局最新发布的《文化及相关产业分类（2018）》中，"创意设计服务"这一大类强调了文化产业的新业态。

二是新媒体和新行业使得互联网平台成为文化产业新的基础设施，是文化产业实现可经营目标的基础。在《文化及相关产业分类（2018）》中"文化娱乐服务"体现了这一新业态。"文化娱乐服务"主要包括了数字广播影视及视听内容服务、数字化娱乐服务、数字新媒体服务、数字广播影视及视听节目服务、网络出版服务、数字创意与融合服务、数字博物馆7个小类[②]，全部是基于数字化技术和互联平台的新型文化服务业态。并且，这些文化服务在日常文化消费中占据了重要地位，有些新业态已经占据年轻人日常文化消费的首位。

三是伴随文化需求的多元化，企业建立了细化文化市场的新商业模式，主要以满足个性化消费为新的竞争方向。[③] 例如：随着 VR、AI、云计算等新型技术的不断演进，影视、游戏、动漫、文学、教育联动和产业融合将成为趋势；移动电竞、互联网影视成为新的探索点。在新版文化产业分类中，新增的"文化投资运营"大类，"观光旅游航空服务""娱乐用智能无人飞行器制造"和"可穿戴文化设备"等小类体现出了文化产业新业态中新商业模式的发展。[④]

二 文化产业的功能、地位

文化产业是现代经济的主要支柱之一。文化产业是一种可以满足人们

[①] 资料来源：https://www.sohu.com/a/250372688_152615。
[②] 资料来源：国家统计局。
[③] 文化产业新业态三个层面及部分新文化产业分类参考来自 https://www.sohu.com/a/250372688_152615。
[④] 文化产业新业态三个层面中，新版文化产业分类部分内容参考文慧生《文化产业重新分类 新业态成新增长点》，《科技智囊》2018年第9期。

精神需求的内容产业，发展潜力巨大。根据测算，我国文化消费潜在规模为4.7万亿元，目前实际消费1万亿元，增长空间超过3万亿元，我国文化消费市场存在巨大的消费潜力，能够有效促进文化产业发展。同时，2018年我国全国居民恩格尔系数为28.4%[①]，进入了联合国划分的20%—30%的富足区间，可以看出我国居民的消费重心发生了转移，用于满足精神需求的消费会逐渐增加。

文化产业具有较高的附加值，其产品与服务可带动国民经济的各个部门发展。新的科学技术促进了文化产业的飞速发展，数字媒体、网络服务、动漫游戏等对经济发展的贡献率明显提高。且现代文化产业借助于信息技术，以非物质文化资源为生产资料，为消费者提供文化产品与服务，产业链长、附加值高。以玄机科技出品的《秦时明月》系列动漫为例，玄机科技将动漫制作完成后于视频网站播放或出口，动漫制作公司获得版权收入；视频网站获得广告收入和会员付费收入。此外，该系列动漫有出品相关手游与电影，手游可获得游戏收入，电影除了动漫制作公司获得票房收入外，电影院、影院服务人员均可获得相应的收入，增加了服务行业的收入。《秦时明月》系列动漫还开发了相应的周边产品，包括带有动漫人物元素的手机壳、抱枕、饰品等，以及以动漫人物为原型的手办、cosplay影像集等，以文化内容为纽带，与制造业、服务业和快递业联系紧密。

文化具有极强的传播力、渗透力和影响力，文化产业可有效增强国家的软实力，促进文化强国战略的实现。经济全球化加强了世界各国家与区域之间的联系，软实力在现代国家竞争中的重要地位十分显著。以影视作品为例，根据联合国教科文组织20世纪80年代的统计数据：美国控制了全球3/4的电视节目的生产与制作，许多第三世界国家的电视台成为了美国电视节目的传播媒介；但是，在美国国内的电视节目中，外国节目的比例仅有1.2%。并且，美国电影产量虽然仅占全球影片的7%，但是在全球电影的放映时间中占比却超过50%。美国将自己的文化，包括价值观，甚至意识形态以影片这种直观、形象的视觉传播向世界各国输出。

文化产业就业灵活、就业容量大，能够吸收较多知识群体人员就业。文化产业中行业门类多、产业链长、就业门槛较低，并且就业形势灵活多

---

① 数据来源：http://finance.sina.com.cn/roll/2019-01-21/doc-ihrfqziz9601221.shtml

样，适合自由职业者、个体，以及掌握某种技艺技能等不同群体进行就业。并且，文化产业属于知识经济和服务行业，适合本科生和研究生这类知识人群就业。

文化产业具有"逆经济周期"的特点，可有效面对周期性经济危机。文化产品因其内容可以满足人们的精神需求。在经济危机时期，人们更需要精神上的慰藉：书籍、音乐和电影等精神文化产品能够帮助人们获得心灵上的安慰与事业发展的灵感。因为这种特性，文化产业比其他产业更快地走出经济危机的影响，甚至在一定条件下可以出现"逆经济周期"上扬的现象，例如：20 世纪 30 年代的美国虽然处于经济危机中，但是电影产业发展迅速；人们对书籍的需求上升明显：1933 年美国图书馆协会估计，自 1929 年以来新增的借书人大约在 200 万—300 万人，而总的图书流通增长了将近 50%。

三 文化产业的特性与发展规律

（一）文化产业的特性

与其他产业相比，文化产业最突出的不同点是文化产业是内容产业。内容既决定了文化产业的经济效益，又决定了文化产业的社会效益。在经济效益方面，内容能够吸引消费者进行购买，那么就能为企业带来经济效益。但是在社会效益方面，内容决定的社会效益既可能是正面的，也可能是负面的，这与内容本身的性质有关。并且，需要注意的是内容的本身是具有正能量的还是负能量的性质，与带来的经济效益并不一定是对应的，正能量性质的内容不一定带来好的经济效益，反之亦然。①

决定内容的关键因素是创意与创新，创新创意是文化产业发展的根本。文化产业本质上是以创意为主的产业，无论是新兴的文化产业如网络文学、动漫、游戏等，还是传统的文化产业如新闻出版、文化艺术等，都需要足够的创意与创新来吸引消费者进行消费，进而为企业带来经济效益。文化产业领域的创意与创新，不仅是文化产品与文化服务的创新，或是对传统文化的拯救、弘扬或者再造，还包括了创造新的交往方式和生活方式。例如，借助于新媒介技术，人人成为内容创作者传播所见所闻；新媒体的使用正在成为社会公众的一种行为习惯，使得受众在使用的过程中

---

① 周文彰：《文化产业特性及其经营启示》，《前线》2014 年第 9 期。

带动新的知识生产，产生进一步的文化创新。① 值得注意的是，这种创意与创新也需要受到保护，例如版权保护。这种保护对创意创新的影响主要集中在三个方面：第一，解决了创意存在的非排他性问题，通过类似版权保护的机制构建信息壁垒，赋予了创意者对创意产品的专有权，保护了创意创新的回报；第二，保证合理的投入与收益率，通过与创意者签订合同，借助于市场评估、支付合理的费用，同时对于盗版等抄袭行为，创意者能够借助行政或法律手段发出禁止令，并要求赔偿损失；第三，创意创新保护机制能够起到鼓励创意有偿扩散的作用，扩大了创意的应用范围，促进了知识与社会的发展。②

文化产业还具有市场性与消费性两个基本特性。市场性是指文化产业是市场产业，文化产品由市场决定。但是这一市场性会因文化的意识形态性质而受到政府行为的影响，这种影响主要体现在政府的态度：鼓励或是禁止，和政府消费，如购买文艺演出服务，这两个方面。需要明确的是政府的鼓励或是消费不等同于市场需求与市场行为。

文化产业的消费性则是指文化产业需要有满足大众需求的文化产品与服务，且有合理、便捷的市场渠道获得这些产品与服务。并且，文化产品与服务需要有合理的性价比，以维持消费者利益与企业利益的平衡。

(二) 文化产业发展规律

规律通常是事物内部本质的、必然的联系，具有客观性与普遍性。文化产业是社会经济、政治、文化的共同产物，其发展规律具有复杂性和特殊性。文化产业的发展规律可以分为普遍规律与特殊规律。普遍规律是文化产业外部的发展规律，是文化产业在社会发展、经济与产业发展、政治与文化发展中受到的影响，和与这三者的联系。特殊规律则是文化产业的内部发展规律，与文化本身有关。

文化具有时代性，是某一时期内对社会中全部经济、政治关系的集中反映。文化产业是社会中全部文化关系的总和，但是文化产业包含在经济发展中，同时也受到国家政策的影响。文化产业处在不同的时代，社会中人们的精神需求、社会经济状况与国家政治、经济政策三方面的影响。处

---

① 杜志红：《文化创新：理解新媒介影像传播的重要维度》，《现代传播》（中国传媒大学学报）2017 年第 5 期。

② 彭辉：《版权保护制度理论与实证研究》，上海社会科学院出版社 2012 年版，第 43 页。

于当下时代的文化产业，面临着我国社会主要矛盾①的变化，需要文化产业中的企业、个人提供更为丰富的文化产品与服务；同时，互联网平台的不断完善带给文化产业新的发展机遇；"一带一路"的推进、文化强国战略的实施以及中国"走出去"的政策鼓励，促使文化产业不断发展。

文化发展规律是精神文明范畴中的规律，与经济发展规律、政治发展规律相对应。文化产业因其商业性属于经济范畴，但是文化产业本身的文化性使得文化产业首先应当属于文化范畴。这是因为文化产业的生产和经营首先是满足人们精神文化需求的活动。这些活动表面上看是为了追求利润与资本扩张，但实质上是扩大文化利益、探索文化追求的活动，并且借助对文化利益的追求来实现巨大的政治利益和经济利益。借助于文化生产与经营中的价值观生产、传播和经营，来实现文化资本的真正目的——实现政治和经济的霸权与垄断。

文化产业的生产与经营都绕不开"文化"二字，文化既可以是文化产业的资本、原材料，也可以是文化产业的商品，因此文化发展规律同时也是文化产业发展的规律。例如，文化的多样性规律促使不同地区、国家的文化产业有不同的发展方式，美国文化产业侧重于版权，日本则侧重于内容；此外，文化的多样性规律也影响了不同国家的文化审查制度与文化准入制度，使得不同文化价值观对文化产业的影响更加突出。

1. 科技引导规律

文化产业区别于其他产业的最重要特征就是它具有高科技性。中国在9世纪发明的印刷术、11世纪发明的活字印刷术极大地降低了文化生产成本，提高了文化生产力，使得文化产品得以大量复制，降低了文化产品传播的时间与空间约束。15世纪古登堡发明的印刷机不仅克服了以活字印刷术为代表的手工作坊印刷术的局限，为现代印刷业开创了革命性的基础。20—21世纪，互联网的诞生与发展，电子出版物的诞生，新媒体的出现，打破了文化传播的时间和空间壁垒，促进文化产业升级与逐渐成熟。每一次文化产业的发展进步都是以科技的进步为基础，科技对文化产业发展具有强大的基础性推动力，科技加速了文化产业转型与升级。但是，科技推动文化产业的转型、升级甚至产业革命需要经历一个过程，这取决于新科技对已有技术的突破力度与新科技成为文化产业技术基础的速度。

---

① 当前的主要矛盾为：人民日益增长的美好生活需要和不平衡不充分的发展之间的矛盾。

2. 阶段上升规律

文化产业的发展阶段可概括为：转型—发展—成熟，可用"质变—量变—质变"的过程理解。对于第一阶段"转型"，是指文化产业中出现了新的产业形态与新的文化体制，即"质变"；但是旧的产业形态与旧的文化体制依然存在，新的产业形态与体制可能会遇到发展阻碍。这一阶段结束的标志：在国内，更新文化产业技术设备、建立更加完善的文化产业管理体制、存在具有新功能的文化企业；在国际上，成为文化市场竞争中的主导者、规则的制定者。第二阶段"发展"，新的产业形态与文化体制处于飞速上升时期，不断得到充实与完善，新的产业形态与体制在大多数国家中逐步建立、在市场中逐渐占据主要地位，即"量变"。这一阶段的结束标志为：文化产业新的形态、发展模式与管理体制成为主导，旧的产业形态与管理体制基本退出市场。第三阶段为"成熟"，这一阶段是在已有发展的基础上出现了更新且比较稳定的文化产业变革的萌芽，即产生新的"质变"。

3. 双重转变规律

文化产业的发展最终会引起文化产业形态的改变与社会文化模式的变革。依托于不同时代的科技、社会经济与人们的精神需求，文化产业的形态会产生变化，发展为适合某一特定时代的文化产业形态，文化模式也会产生相应的变革。20世纪，现代出版业在中国逐步建立、发展，依托于这一客观条件，新文化运动中白话文取代文言文成为日常交流用语，使得对普通人遥不可及的文化成为每个人都触手可得的必需品，社会文化模式产生变革。21世纪，处于转型期的中国文化产业，借助互联网，使得文化载体不再局限于实物，电子载体不断发展。同时，文化强国战略与中国文化"走出去"对文化产业的推动力更强、要求更高，文化担负的意识形态属性均会影响最终文化产业形态的形成与社会文化模式的转变。

4. 多种要素影响变革规律

文化产业的发展与变革与其他产业不同，无法仅依靠某一种要素产生变革。科技、经济基础、社会精神需求与政府的干预都会影响文化产业的变革。科技是文化产业变革的基础，新的科技在经过一定时间后成为文化产业的基础装备。但是，对技术装备依赖程度较高的文化产品其生命周期较短，产业的生长周期和文化产业的变革时间较短，会出现内容生产无法与生产设备同步增长、更新的情况。当下我国的情况就是一个很好的例子：基于移动端的文化传播技术越来越发达，但是精致有内涵的信息、作品很少，大多为碎片化、片面化的信息片段，内容为王的重要性愈加凸显，并且我国社会主要矛盾的转变就暗含了这一文化现象：人们对物质文化生活提出了更高的要求，而不仅仅在于拥有、享受文化产品。① 至于政府的干预，文化特殊的意识形态属性使得政府会对文化产业进行干预，这种干预既包括对文化产业发展的促进与推动，也包括对文化产业变革的可能阻碍。当文化产业的产业形态发展到一定程度时，必须要有新的文化管理体制与之匹配，这时政府的文化主管部门就可能成为一种潜在阻碍，影响文化产业整体的变革。②

第二节　我国文化产业的构成

一　我国文化产业的界定

目前我国对于文化产业的定义是国家统计局在《文化及相关产业分类（2018）》中所陈述的："为社会公众提供文化产品和文化相关产品的生产活动的集合"。主要范围包括："以文化为核心内容，为直接满足人们的精神需要而进行的创作、制造、传播、展示等文化产品（包括货物和服务）的生产活动。具体包括新闻信息服务、内容创作生产、创意设计服务、文化传播渠道、文化投资运营和文化娱乐休闲服务等活动。以及为实现文化产品的生产活动所需的文化辅助生产和中介服务、文化装备生产和文化消费终端生产（包括制造和销售）等活动"③。

"文化产业"最早在我国作为一个学术概念被使用，是在1987年《求索》杂志第6期的《试论文化艺术的商品性质及其调节机制》一文中。但作者并未对"文化产业"进行定义。1988年，李建中发表《论社会主义的文化产业》（《人文杂志》第3期）。作者在这篇文章中对"文化事业"和"文化产业"进行明确的区分，实为近十几年来"发展文化事业和文化产业"这一表述模式的开端④。

---

① 目前我国的主要矛盾是：人民日益增长的美好生活需要和不平衡不充分的发展之间的矛盾。

② 胡惠林：《论文化产业的属性与运动规律》，《上海交通大学学报》（哲学社会科学版）2007年第4期。

③ 资料来源：http://www.stats.gov.cn/tjgz/tzgb/201804/t20180423_1595390.html。

④ 昝胜锋、唐月民：《文化产业十八讲》，海峡出版发行集团、福建人民出版社2012年版，第225页。

不同时期我国对于文化产业的定义也不相同。2003年，文化部《关于支持和促进文化产业发展的若干意见》（以下简称《意见》）中认为文化产业是指从事文化产品生产和提供文化服务的经营性行业。文化产业是与文化事业相对应的概念。根据当时文化部的《意见》，文化产业已形成演出业、影视业、音像业、文化娱乐业、文化旅游业、网络文化业、图书报刊业、文物和艺术品业以及艺术培训业等行业门类。①

2012年，国家统计局发布的《文化及相关产业分类（2012）》，这一产业分类目前已经停止使用。在这一产业分类中，文化产业的定义与《文化及相关产业分类（2018）》相同，但是将文化产业分为：新闻出版发行服务、广播电视电影服务、文化艺术服务、文化信息传输服务、文化创意和设计服务、文化休闲娱乐服务、工艺美术品的生产、文化产品生产的辅助生产、文化用品的生产和文化专用设备的生产十类。②

可以看出，虽然文化部的《意见》与国家统计局《文化及相关产业分类（2018）》中对"文化产业"的定义存在差异，但是二者均认为文化产业的主要作用是提供文化产品与文化服务，并拥有经营性质。《文化及相关产业分类（2018）》中对文化产业范围的界定出现了"文化投资运营"，这反映了目前文化产业的实际情况。

与《文化及相关产业分类（2012）》相比，《文化及相关产业分类（2018）》新增加了"文化投资运营"大类及其下属中类与小类，新添加了"艺术品代理""互联网文化娱乐平台""观光游览航空服务""自然遗迹保护管理""婚庆典礼服务""娱乐用智能无人飞行器制造"和"可穿戴智能文化设备制造"等小类。③

国家统计局社科文司高级统计师殷国俊认为："分类的修订吸收了近年来文化体制改革的有关成果，突出了文化核心领域内容，体现了文化生产活动的特点，类别结构设置符合我国文化改革和发展管理的现实需要和认知习惯。"④

---

① 资料来源：http://www.chinalawedu.com/falvfagui/fg22598/22307.shtml。
② 资料来源：http://www.stats.gov.cn/tjsj/tjbz/201207/t20120731_8672.html。
③ 资料来源：http://www.stats.gov.cn/tjgz/tzgb/201804/t20180423_1595390.html，附件3。
④ 国家统计局，国家统计局社科文司高级统计师殷国俊解读《文化及相关产业分类（2018）》，http://www.stats.gov.cn/tjsj/sjjd/201804/t20180423_1595400.html。

二 我国文化产业的领域划分

2018年4月2日国家统计局颁布了新修订的《文化及相关产业分类（2018）》。新修订的《文化及相关产业分类（2018）》将"互联网+"的文化新业态作为文化产业的新增长点，以《文化及相关产业分类（2012）》和2017年6月颁布的《国民经济行业分类》（GB/T 4754—2017）为基础，详见下表。

表4-1-1　　　　　　　　文化及相关产业分类（2018）[①]

代码	类别名称		
	大类	中类	小类
文化核心领域			
01	新闻信息服务	新闻服务	新闻业
		报纸信息服务	报纸出版
		广播电视信息服务	广播、电视、广播电视集成播控
		互联网信息服务	互联网搜索服务、互联网其他信息服务
02	内容创作生产	出版服务	图书出版、期刊出版、音像制品出版、电子出版物出版、数字出版、其他出版业
		广播影视节目制作	影视节目制作、录音制作
		创作表演服务	文艺创作与表演、群众文体活动、其他文化艺术业
		数字内容服务	动漫、游戏数字内容服务、互联网游戏服务、多媒体、游戏动漫和数字出版软件开发*、增值电信文化服务*、其他文化数字内容服务*
		内容保存服务	图书馆、档案馆、文物及非物质文化遗产保护、博物馆、烈士陵园、纪念馆
		工艺美术品制造	雕塑工艺品制造、金属工艺品制造、漆器工艺品制造、花画工艺品制造、天然植物纤维编织工艺品制造、油纱刺绣工艺品制造、地毯、挂毯制造、珠宝首饰及有关物品制造、其他工艺美术及礼仪用品制造
		艺术陶瓷制造	陈设艺术陶瓷制造、园艺陶瓷制造
03	创意设计服务	广告服务	互联网广告服务、其他广告服务
		设计服务	建筑设计服务*、工业设计服务、专业设计服务

[①] 资料来源：http://www.stats.gov.cn/tjgz/tzgb/201804/t20180423_1595390.html，附件1。

续表

代码	类别名称		
	大类	中类	小类
04	文化传播渠道	出版物发行	图书批发、报刊批发、音像制品、电子和数字出版物批发、图书、报刊零售、音像制品、电子和数字出版物零售、图书出租、音像制品出租
		广播电视节目传输	有线广播电视传输服务、无线广播电视传输服务、广播电视卫星传输服务
		广播影视发行放映	电影和广播电视节目发行、电影放映
		艺术表演	艺术表演场馆
		互联网文化娱乐平台	互联网文化娱乐平台*
		艺术品拍卖及代理	艺术品、收藏品拍卖、艺术品代理
		工艺美术品销售	首饰、工艺品及收藏品批发、珠宝首饰零售、工艺美术品及收藏品零售
05	文化投资运营	投资与资产管理	文化投资与资产管理*
		运营管理	文化企业总部管理*、文化产业园区管理*
06	文化娱乐休闲服务	娱乐服务	歌舞厅娱乐活动、电子游艺厅娱乐活动、网吧活动、其他室内娱乐活动、游乐园、其他娱乐业
		景区游览服务	城市公园管理、名胜风景区管理、森林公园管理、其他游览景区管理、自然遗迹保护管理、动物园、水族馆管理服务、植物园管理服务
		休闲观光游览服务	休闲观光活动、观光游览航空服务

文化相关领域

代码	大类	中类	小类
07	文化辅助生产和中介服务	文化辅助用品制造	文化用机制纸及纸板制造*、手工纸制造、油墨及类似产品制造、工艺美术颜料制造、文化用信息化学品制造
		印刷复制服务	书、报刊印刷、本册印刷、包装装潢及其他印刷、装订及印刷相关服务、记录媒介复制、摄影扩印服务
		版权服务	版权和文化软件服务*
		会议展览服务	会议、展览及相关服务
		文化经纪代理服务	文化活动服务、文化娱乐经纪人、其他文化艺术经纪代理、婚庆典礼服务*、文化贸易代理服务*、票务代理服务
		文化设备（用品）出租服务	休闲娱乐用品设备出租、文化用品设备出租
		文化科研培训服务	社会人文科学研究、学术理论社会（文化）团体*、文化艺术培训、文化艺术辅导

续表

代码	类别名称		
	大类	中类	小类
08	文化装备生产	印刷设备制造	印刷专用设备制造、复印和胶印设备制造
		广播电视电影设备制造及销售	广播电视节目制作及发射设备制造、广播电视接收设备制造、广播电视专用配件制造、专业音响设备制造、应用电视设备及其他广播电视设备制造、广播影视设备批发、电影机械制造
		摄录设备制造及销售	影视录放设备制造、娱乐用智能无人飞行器制造*、幻灯及投影设备制造、照相机及器材制造、照相器材零售
		演艺设备制造及销售	舞台及场地用灯制造、舞台照明设备批发*
		游乐游艺设备制造	露天游乐场所游乐设备制造、游艺用品及室内游艺器材制造、其他娱乐用品制造
		乐器制造及销售	中乐器制造、西乐器制造、电子乐器制造、其他乐器及零件制造、乐器批发、乐器零售
09	文化消费终端生产	文具制造及销售	文具制造、文具用品批发、文具用品零售
		笔墨制造	笔的制造、墨水、墨汁制造
		玩具制造	玩具制造
		节庆用品制造	焰火、鞭炮产品制造
		信息服务终端制造及销售	电视机制造、音响设备制造、可穿戴智能文化设备制造*、其他智能文化消费设备制造*、家用视听设备批发、家用视听设备零售、其他文化用品批发、其他文化用品零售

注：行业分类小类后标有"*"的表示该行业类别仅有部分内容属于文化及相关产业。

从文化产业的特性角度考虑，文化产业区别于其他产业的主要方面是其以创造性为根本的内容产业的特征，因此根据上述文化产业分类，内容创作生产是其核心部分。内容创作生产包括出版服务、广播影视节目制作、创作表演服务、数字内容服务、内容保存服务、工艺美术品制造和艺术陶瓷制造七类。从文化产业的规模与企业收入来看，2018年前三季度企业收入与2017年文化产业规模的统计中，内容创作生产带来的收入与产值占比均排在第一位，因此在经济效益这一视角中，内容创作生产也是核心部分。

此外，新媒体技术为文化产业带来了科技进步、媒介融合、多元性和市场化的发展,因此创意设计服务、文化传播渠道、文化娱乐休闲服务和互联网信息服务是文化产业的重要发展领域。

《文化及相关产业分类(2018)》新增了"文化投资运营"大类,包括投资与资产管理和运营管理两小类。这一分类强调了文化投资与文化产业园区管理,因文化产业领域存在融资困难的情况,文化产业园作为能够促进文化企业集聚、发展的途径,新增的分类突出了文化投资、资产管理与文化产业园的重要性。"文化投资运营"是需要促进其发展的部分。

第三节 我国文化产业发展的现状

近年来,我国文化产业发展规模不断扩大、发展质量不断提升。从最初的国营文化企业独占鳌头,到现在百花齐放,走出了一条具有中国特色的文化发展之路。总体而言,我国文化产业发展的亮点主要有以下三点,一是体量的迅速扩大,二是质量的持续提升,三是新技术、新形式的支持。大量优秀文化产品的诞生与传播,提高了文化产品的附加值,不断优化文化产业结构。

与此同时,"文化+技术"的组合,使得我国文化产业呈现品质化发展、数字化发展、IP化发展和融合化发展的特征,不断催生和培养文化新业态,推动整个文化产业进行发展与转型。例如:以数字技术、智能技术、大数据技术、区块链技术、AR、VR、MR技术为代表的高新技术在文化生产中运用范围越来越广,新兴数字文化产业高速增长;文化产业生产者越来越重视IP在文化生产中的作用,注重内容版权的IP化打造;部分文化企业自觉提倡从"泛娱乐"到"新文创"的品质升级,注重产品的内涵发展,满足人们不断升级的美好生活需要。[①]

本节首先介绍了我国文化产业相关企业规模与收入,包括2017年与2018年前三季度的发展概况;其次介绍了2016年和2017年我国文化及相关产业规模;最后,介绍了2018年文化产业不同行业的发展概况。

---

① 资料来源:http://www.chyxx.com/industry/201902/714756.html。

一　文化产业的规模、产值

（一）文化产业相关企业规模与收入

1. 2017年文化产业相关企业规模与收入

近年来，我国文化产业相关企业营业收入增长迅速。2017年全年全国5.5万家规模以上文化及相关产业企业[1]实现营业收入91950亿元，比上年增长10.8%（名义增长，未扣除价格因素），增速提高3.3个百分点。文化及相关产业10个行业的营业收入均实现增长。其中，实现两位数增长的行业有4个，分别是：以"互联网+"为主要形式的文化信息传输服务业营业收入7990亿元，增长34.6%；文化艺术服务业434亿元，增长17.1%；文化休闲娱乐服务业1545亿元，增长14.7%；文化用品的生产33665亿元，增长11.4%。分区域看，东部地区规模以上文化及相关产业企业实现营业收入68710亿元，占全国74.7%。从增长速度看，东北地区下降0.9%，但降幅比上年收窄12.1个百分点[2]。具体参见下表：

表4-1-2　2017年全国规模以上文化及相关产业企业营业收入情况

	绝对额（亿元）	比上年同期增长（%）
总计	91950	10.8
具体行业		
新闻出版发行服务	3566	7.2
广播电视电影服务	1749	6.1
文化艺术服务	434	17.1
文化信息传输服务	7990	34.6
文化创意和设计服务	1545	14.7
文化休闲娱乐服务	1545	14.7
工艺美术品的生产	16544	7.5

---

[1] 规模以上文化及相关产业的统计范围为在《文化及相关产业分类（2012）》中所规定行业范围内，年主营业务收入在2000万元及以上的工业企业；年主营业务收入在2000万元及以上的批发企业或主营业务收入在500万元及以上的零售企业；从业人数在50人及以上或年营业收入在1000万元及以上的服务业企业，但文化和娱乐服务业年营业收入在500万元及以上。

[2] 数据来源：http://www.stats.gov.cn/tjsj/zxfb/201801/t20180131_1579206.html。

续表

	绝对额（亿元）	比上年同期增长（%）
文化产品生产的辅助生产	9399	6.4
文化用品的生产	33665	11.4
地区收入		
东部地区	68710	10.7
中部地区	14853	11.1
西部地区	7400	12.3
东北地区	988	−0.9

注：表中速度均为未扣除价格因素的名义增速；表中部分数据因四舍五入的原因，存在总计与分项合计不等的情况。

2. 2018 年前三季度文化产业相关企业规模与收入

根据国家统计局公布的数据，2018 年前三季度全国 6.0 万家规模以上文化及相关产业企业[①]实现营业收入 63591 亿元，比上年同期增长 9.3%（按可比口径计算，考虑统计制度规定的口径调整、统计执法增强等因素影响[②]），继续保持较快增长。

文化及相关产业 9 个行业中，7 个行业的营业收入实现增长。其中，实现两位数增长的行业有 2 个，分别是：新闻信息服务营业收入 5927 亿元，增长 26.3%；创意设计服务 7565 亿元，增长 18.7%。

分区域看，东部地区规模以上文化及相关产业企业实现营业收入 49325 亿元，占全国 77.6%；中部、西部和东北地区分别为 8305 亿元、5274 亿元和 686 亿元，占全国比重分别为 13.1%、8.3% 和 1.1%。从增长速度看，西部地区增长 12.8%，东部地区增长 9.2%，中部地区增长

---

① 规模以上文化及相关产业的统计范围为在《文化及相关产业分类（2018）》中所规定行业范围内，年主营业务收入在 2000 万元及以上的工业企业；年主营业务收入在 2000 万元及以上的批发企业或主营业务收入在 500 万元及以上的零售企业；从业人数在 50 人及以上或年营业收入在 1000 万元及以上的服务业企业，但文化和娱乐服务业年营业收入在 500 万元及以上。

② 2018 年前三季度全国规模以上文化及相关产业企业营业收入的上年同期数与去年公布的数据之间存在差异的主要原因是：（一）根据统计制度，每年定期对规模以上工业企业调查范围进行调整。每年有部分企业达到规模标准纳入调查范围，也有部分企业因规模变小而退出调查范围，还有新建投产企业、破产、注（吊）销企业等变化。（二）加强统计执法，对统计执法检查中发现的不符合规模以上工业统计要求的企业进行了清理，对相关基数依规进行了修正。

8.6%；东北地区增速下降 0.6%，降幅比上年同期收窄 0.4 个百分点[①]。

相关行业营业收入、地区营业收入具体参见下表：

表4-1 2018 年前三季度全国规模以上文化及相关产业企业营业收入情况

	绝对额（亿元）	比上年同期增长（%）
总计	63591	9.3
具体行业		
新闻信息服务	5927	26.3
内容创作生产	13454	9.7
创意设计服务	7565	18.7
文化传播渠道	6781	9.7
文化投资运营	357	-2.1
文化娱乐休闲服务	1106	-0.7
文化辅助生产和中介服务	11611	6.8
文化装备生产	4620	2.8
文化消费终端生产	12170	2.8
地区收入		
东部地区	49325	9.2
中部地	8305	8.6
西部地	5274	12.8
东北地	686	-0.6

注：表中速度均为未扣除价格因素的名义增速；表中部分数据因四舍五入的原因，存在总计与分项合计不等的情况。

（二）文化及相关产业规模

1. 2016 年文化产业规模

根据国家统计局的统计数据，依照《文化及相关产业分类（2012）》和《文化及相关产业增加值核算方法》的规定和要求，经核算，2016 年全国文化及相关产业增加值为 30785 亿元，比上年增长 13.0%（未扣除价格因素，下同），比同期 GDP 名义增速高 4.4 个百分点；占 GDP 的比重为 4.14%，比上年提高 0.17 个百分点。

---

① 数据来源：http://www.stats.gov.cn/tjsj/zxfb/201804/t20180430_1596889.html。

按行业分，2016年文化制造业增加值为11889亿元，比上年增长7.6%，占文化及相关产业增加值的比重为38.6%；文化批发零售业增加值为2872亿元，增长13.0%，占9.3%；文化服务业增加值为16024亿元，增长17.5%，占52.1%。

按活动性质分，文化产品的生产创造的增加值为19655亿元，比上年增长15.1%，占文化及相关产业增加值的比重为63.8%；文化相关产品的生产创造的增加值为11130亿元，比上年增长9.5%，占36.2%。[1]

表4-1-4　　　　　　　　2016年文化及相关产业增加值

类别名称	绝对额（亿元）	同比增长（%）	构成占比（%）
文化及相关产业	30785	13.0	100
第一部分　文化产品的生产	19655	15.1	63.8
一、新闻出版发行服务	1398	7.6	4.5
二、广播电视电影服务	1373	11.9	4.5
三、文化艺术服务	1443	15.0	4.7
四、文化信息传输服务	3687	29.0	12.0
五、文化创意和设计服务	5843	18.0	19.0
六、文化休闲娱乐服务	2270	11.1	7.4
七、工艺美术品的生产	3640	5.9	11.8
第二部分　文化相关产品的生产	11130	9.5	36.2
八、文化产品生产的辅助生产	3356	7.2	10.9
九、文化用品的生产	6694	9.7	21.7
十、文化专用设备的生产	1079	16.4	3.5

注：绝对额按当年价格计算，同比增长为名义增长速度，未扣除价格因素。

由以上数据可看出2016年文化及相关产业增加值平稳快速增长，文化信息传输服务同比增长率最高。

2. 2017年文化产业规模[2]

根据《文化及相关产业分类（2018）》和《文化及相关产业增加值核算方法》，国家统计局公布了2017年我国文化及相关产业增加值：2017年全国文化及相关产业增加值为34722亿元，占GDP的比重为4.2%，比

---

[1] 数据来源：http://www.stats.gov.cn/tjsj/zxfb/201709/t20170926_1537729.html。
[2] 数据来源：http://www.stats.gov.cn/tjsj/zxfb/201810/t20181010_1626867.html。

上年提高 0.06 个百分点；按现价计算（下同），比上年增长 12.8%，比同期 GDP 名义增速高 1.6 个百分点。2017 年文化及相关产业增加值保持平稳快速增长，占 GDP 比重稳步上升，在加快新旧动能转换、推动经济高质量发展中发挥了积极作用。

按行业分，2017 年文化制造业增加值为 12094 亿元，比上年增长 1.7%，占文化及相关产业增加值的比重为 34.8%；文化批发零售业增加值为 3328 亿元，增长 15.9%，占比为 9.6%；文化服务业增加值为 19300 亿元，增长 20.4%，占比为 55.6%。

按活动性质分，文化核心领域创造的增加值为 22500 亿元，比上年增长 14.5%，占文化及相关产业增加值的比重为 64.8%；文化相关领域创造的增加值为 12222 亿元，增长 9.8%，占比为 35.2%。

表 4-1-5　　　　　　　　2017 年文化及相关产业增加值

类别名称	绝对额（亿元）	构成占比（%）
文化及相关产业	34722	100
第一部分　文化核心领域	22500	64.8
一、新闻信息服务	4864	14.0
二、内容创作生产	7587	21.9
三、创意设计服务	4537	13.1
四、文化传播渠道	2896	8.3
五、文化投资运营	190	0.5
六、文化休闲娱乐服务	2426	7.0
第二部分　文化相关领域	12222	35.2
七、文化辅助生产和中介服务	5973	17.2
八、文化装备生产	1981	5.7
九、文化消费终端生产	4268	12

注：绝对额按当年价格计算。

二　不同行业的发展状况

（一）出版行业发展不均衡

1. 传统出版业规模持续缩减

综观 2018 年，传统出版业呈现整体下滑的趋势。国家对书号的管控使得图书出版结构发生变化，出版单位正在确立少而精的出版思路，用较少的图书品种占领更大的图书市场。在增值税优惠、专项基金等政策的引导下，期刊出版有所复苏。大量的报纸减量、缩版，无论从发行量还是印张来看，中国报业进入小幅度缓慢下降趋势，但中央级报社和党报依然保持稳定发展。

图书方面：2018年全国各类出版单位共585家，出版单位共申报各类图书选题235042种，比2017年减少212种。图书出版总量约为233066种，比2017年缩减了30%，而2017年图书出版总量为332952种，总印数为22.74亿册。① 2018年，图书零售市场呈现复苏式增长态势。据北京开卷信息技术有限公司发布的数据显示，2018年，我国图书零售市场码洋规模达894亿元，长销书主导畅销书市场。2018年，开卷虚构类、非虚构类、少儿类畅销书排行榜TOP10数据显示，在上榜的30本书中有7本是10年前出版的图书，占比近1/4，且主要为虚构类和少儿类图书。②

期刊方面：2018年，全国期刊总印数超过25亿份，比2017年略有增长，2017年期刊总印数为24.92亿份。③ 其中，文学艺术类期刊在期刊总印数中所占比重降低，部分文学类期刊如《江河文学》《大观·诗歌》《新绿文艺》等停刊，而相比之下，哲学社会科学类与文化教育类期刊所占比重则有所提高。

报纸方面：2018年，154家报纸印刷单位的印刷总量是501.19亿对开印张，2017年的报纸印刷总量是548.60亿对开印张，环比下降8.64%。④ 截至2018年底，全国共有53家报纸宣布停刊休刊，其中包括《法制晚报》和《北京晨报》。在停休刊报纸中，都市报占据了3/4。⑤ 根据中国报协对全国103家用纸量大的报社调研的结果，有22家报社（占比21.4%）2018年用纸量比2017年增加，有75家（占比72.8%）用纸量减少，6家（占比5.8%）基本不变。接受调研的这103家报社2018年的总用纸量是98.5万吨，2017年的总用纸量是105.3万吨，2018年同比

---

① 仇英义：《版本数据中的图书出版40年》，《中国出版》2018年第22期。
② 张文红、孙乐：《2018年我国畅销书产业观察与分析》，《出版广角》2019年第4期。
③ 张志强、杨阳：《直挂云帆济沧海——中国出版业改革开放40年成就回顾》，《中国出版》2018年第21期。
④ 数据来源：中国报业协会《2018年度全国报纸印刷量调查统计报告》。
⑤ 数据来源：中国报业协会，http://www.acin.org.cn。

下降 6.5%。相比之下，中央级报社继续保持稳定，2018 年用纸量增加的 22 家报社中，有 15 家是中央级报社，2 家省级党报和 5 家地市级党报。①

随着新技术的不断开发利用和移动终端的普及，报纸的萎缩已是不争的事实。如今报纸的优势是依靠现行体制所保证的新闻采编的专有权利。未来，平面媒体将通过媒体融合进行转型升级，寻找新的发展出路。

2. 数字出版业②持续发展

2018 年，我国数字出版产业依然保持快速发展势头，整体收入规模持续增长，传统书报刊数字化收入增长幅度总体呈下降趋势，但电子书的市场占有率稳定增长，听书逐渐成为现代人阅读的新选择。在新兴板块中，网络文学、网络动漫、网络游戏等板块持续发力，原创内容生产创作逐渐专业化，用户规模和收入占数字出版业的比重都有所增加。数字出版行业总收入超 7000 亿元，较上一年呈增长状态。其中，网络文学用户规模达 4.32 亿，较 2017 年底增加 5427 万，占网民总体的 52.1%。③ 手机网络文学用户规模达 4.10 亿，较 2017 年底增加 6666 万，占手机网民的 50.2%。④

根据第十六次全国国民阅读调查获得的信息，2018 年我国成年人人均纸质图书阅读量为 4.67 本，成年人人均电子书阅读量为 3.32 本。2018 年上半年国内有声阅读用户规模就达到 2.32 亿，占网民总体的 28.9%。喜马拉雅、悦库时光、中文在线、懒人听书、一路听天下、蜻蜓 FM、考拉 FM 等都是较受欢迎的音频节目。数字阅读越来越普遍，并伴随着各种有益的新阅读平台的拓展，比如英大传媒集团负责运营的"书香国网—国家电网公司职工数字阅读平台"，到 2018 年 11 月份，累计访问人次就已

---

① 数据来源：中国报业协会，http：//www.acin.org.cn。

② 根据中国新闻出版研究院发布的《2015—2016 中国数字出版产业年度报告》，数字出版产业包括互联网期刊、电子书、数字报纸、博客、在线音乐、手机出版、网络游戏、网络动漫、互联网广告九大行业。网络出版尚缺乏来自权威机构准确的行业细分，多数只是笼统地提到网络出版所涉及的领域。根据 2016 年出台的《网络出版服务管理规定》，（一）文学、艺术、科学等领域内具有知识性、思想性的文字、图片、地图、游戏、动漫、音视频读物等原创数字化作品；（二）与已出版的图书、报纸、期刊、音像制品、电子出版物等内容相一致的数字化作品；（三）将上述作品通过选择、编排、汇集等方式形成的网络文献数据库等数字化作品；（四）国家新闻出版广电总局认定的其他类型的数字化作品。

③ 数据来源：中国新闻出版研究院《2017—2018 中国数字出版产业年度报告》。

④ 数据来源：中国互联网信息中心（CNNIC）《第 43 次中国互联网发展状况统计报告》。

突破1400万，日均访问人次3万—5万，覆盖受益职工超过75%。①

2018年上市公司三季报，16家国有出版上市公司前三季度平均净利润增长5.78%。其中4家净利润下滑，12家实现净利润增长，"中国出版"增幅最大，达到57.08%。② 根据上市公司阅文集团发布的财报数据，其上半年版权运营收入同比增幅达到103.6%，版权运营收入在整体收入中所占的比例由去年同期的8.1%提升至13.9%，远超同期在线阅读业务13.3%的营收增幅。③ 2018年5月，中国出版集团公司、中国教育出版传媒集团有限公司、上海世纪出版（集团）有限公司等13家出版发行集团入选"全国文化企业30强"，占文化企业30强的43%。

2018年，出版业整体发展平稳，但存在结构上的差异，传统出版下滑明显，新兴出版持续发展。出版传媒集团集中化趋势明显，集团规模和实力都在进一步增强。畅销书中长销书和儿童书籍的上好表现④说明优质内容和儿童读物依然是出版业的宠儿。

（二）广播电视行业整体向好

广播影视行业在不同领域有不同表现，传统广播电视领域有线电视持续负增长，地面电视收视率降低，但新兴广播电视领域迎来发展机遇。

1. 传统广播电视领域努力保持发展态势

截至2018年底，全国广播综合人口覆盖率98.94%，电视综合人口覆盖率99.25%，比2017年（广播98.71%，电视99.07%）分别提高了0.23和0.18个百分点。⑤ 2018年，我国家庭电视用户的平均到达率为52.5%，较2017年有所下降，电视观众的实际收看时长达251分钟，与2017年实际收看分钟数持平。⑥ 在收视率和到达率方面，从CSM媒介研究发布的数据来看，电视媒体的观众收视人数较2017年有所降低。根据《2018年度中国有线电视收视市场入户调查》结果，2018年全国地面数字电视用户规模仅占比0.8%，地面数字电视主要分布在广大农村地区。⑦

有线电视用户负增长加速，有线电视用户为22316万户，比2017年

---

① 数据来源：中国新闻出版研究院，http://cips.chuban.cc。
② 数据来源：2018年上市公司三季报，中国财经信息网，http://www.cfi.cn。
③ 数据来源：CNNIC第43次《中国互联网络发展状况统计报告》。
④ 张文红、孙乐：《2018年我国畅销书产业观察与分析》，《出版广角》2019年第4期。
⑤ 数据来源：国家广播电视总局《2018年全国广播电视行业统计公报》。
⑥ 数据来源：中广央视索福瑞媒介研究（CSM），http://www.csm.com.cn。
⑦ 数据来源：国家新闻出版广电总局，http://www.nrta.gov.cn/index.html。

减少了 2319.6 万户,同比降幅达 8.7%。其中,有线数字电视用户为 19577.6 万户,数字化率为 87.7%。有线数字电视缴费用户为 14596.3 万户,而 2017 年有线数字电视缴费用户为 15299.0 万户,用户流失超 700 万户。①

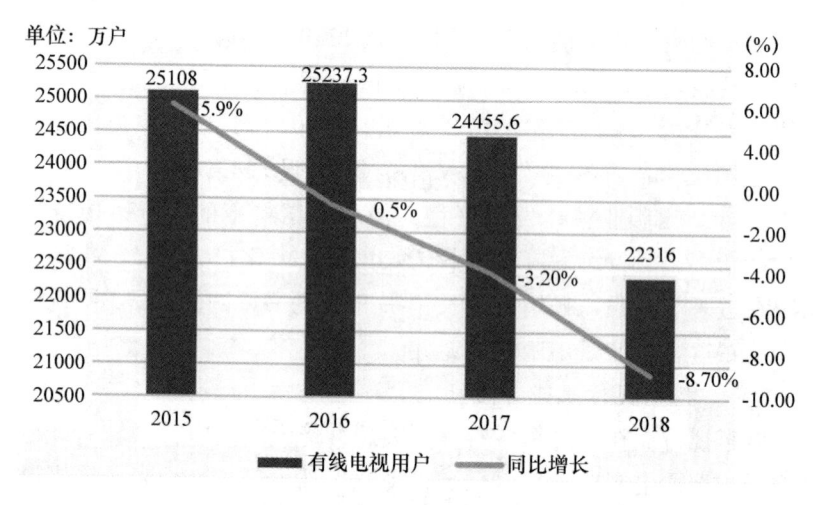

图 4-1-1　2015—2018 年中国有线电视用户发展进程
资料来源:格兰研究。

传统电视领域,虽然地面电视用户规模很小,有线电视用户也出现了大量流失,但是技术的迭代发展所带来的智能化、高清化电视机普及率在提升。在有线电视用户中,高清电视用户突破 1 亿户,4K 视频点播用户达到 1297.2 万户。有线宽带用户总量达到 3856.3 万户,年度净增 357.8 万户,但年内增速逐步放缓,2018 年下半年新增用户不足 40 万户。有线双向网覆盖用户 1.71 亿户,双向网渗透用户 9716.6 万户,双向网络覆盖范围进一步扩展。②

由于家庭宽带提速降费、智能电视价格下降,智能电视市场占有率有较大提升。2018 年全年国内智能电视用户覆盖量已超 2 亿户。③ 其中,有

---

① 中国广播电视网络有限公司、北京格兰瑞智咨询有限公司:《2018 年第四季度中国有线电视发展公报》,《有线电视技术》2019 年第 2 期。
② 同上。
③ 数据来源:格兰研究(Guideline Research),http://www.sinodtv.net。

线电视智能终端用户数量达到1914.3万户,净增185.3万户。[1] 2018年9月底的数据显示,智能电视覆盖终端达3.22亿台,激活终端2.18亿台,一半以上的网络视频用户通过智能电视收看网络视频节目。[2]

表4-1-6　　2017Q4—2018Q4 有线电视主要用户指标

有线电视用户主要指标	单位	2018	2017	季度净增	年底净增
有线电视用户总数	万户	22316.0	24455.6	-393.0	-2139.6
有线数字电视用户数	万户	19577.6	20896.6	-274.9	-1319.0
有线数字化率	%	87.7	85.5	0.3	2.2
有线数字电视缴费用户	万户	14596.3	15299.0	-139.2	-702.7
有线数字电视用户缴费率	%	74.6	73.2	0.4	1.4
有线双向网改覆盖用户数量	万户	17076.0	16474.9	24.0	601.1
有线双向覆盖率	%	76.5	67.4	1.4	9.1
有线双向网改渗透用户数量	万户	9716.6	8251.4	241.3	1465.2
有线双向渗透率	%	43.5	33.7	1.8	9.8
视频点播用户数量	万户	6593.3	5993.6	63.2	599.7
视频点播渗透率	%	29.6	24.5	0.8	5.1
有线宽带家庭用户数量	万户	3856.3	3498.5	23.0	357.8
有线宽带渗透率	%	18.1	14.3	-0.8	3.8
有线高清用户数量	万户	10101.8	8902.0	158.5	1199.8
有线高清渗透率	%	45.3	36.4	1.5	8.9
有线智能终端用户数量	万户	1914.3	1253.0	185.3	661.3
有线智能终端渗透率	%	8.6	5.1	1.0	3.5

资料来源:格兰研究。

2018年直播卫星用户达到13831.5万户,较2017年增加847.5万户,增长率为6.5%。新一代户户通直播卫星机顶盒的测试和升级稳步推进。[3] 直播卫星用户总量为13831.5万户,同比增长2.01%,但是相较于以往,

---

[1] 中国广播电视网络有限公司、北京格兰瑞智咨询有限公司:《2018年第四季度中国有线电视发展公报》,《有线电视技术》2019年第2期。
[2] 数据来源:中国网络视听节目服务协会《2018年中国网络视听发展研究报告》。
[3] 中国广播电视网络有限公司、北京格兰瑞智咨询有限公司:《2018年第四季度中国有线电视发展公报》,《有线电视技术》2019年第2期。

增长的幅度很小。

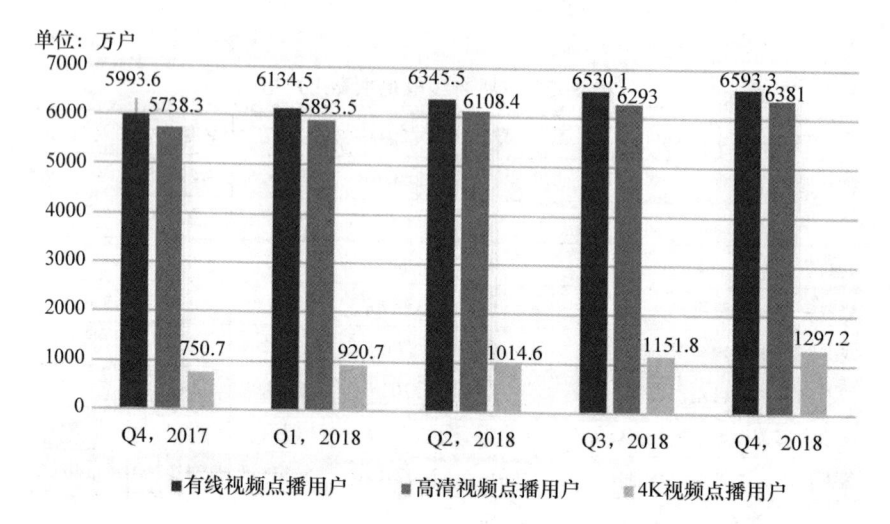

图 4-1-2　2017Q4—2018Q4 有线视频点播用户、高清视频点播用户、
4K 视频点播用户情况

资料来源：格兰研究。

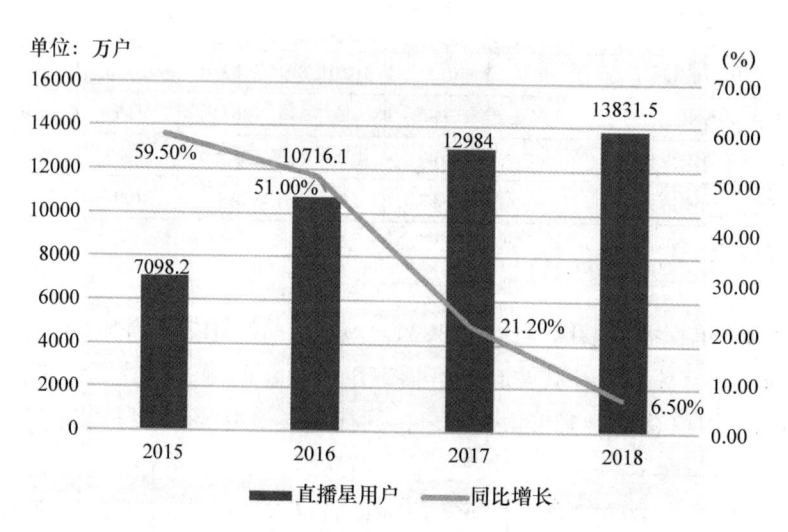

图 4-1-3　2015—2018 年中国直播星用户发展进程

资料来源：格兰研究。

2. 新兴广播电视领域竞争加剧

新兴广播电视领域指的是广播电视行业与电信领域融合以及利用互联网络而发展出的新业态，主要包括IPTV、OTT TV和手机电视。

2018年底IPTV用户总量达到1.55亿户，净增3315.9万户，同比增长27.1%，[①] IPTV增加的用户占光纤接入净增用户总数的53.5%。[②] 2018年6月13日，国家广播电视总局向中国移动广东分公司核发了IPTV内容传输业务许可证。此举意味着IPTV电视具有了更大规模扩展的条件，但内容传输服务商之间的竞争也更加激烈。

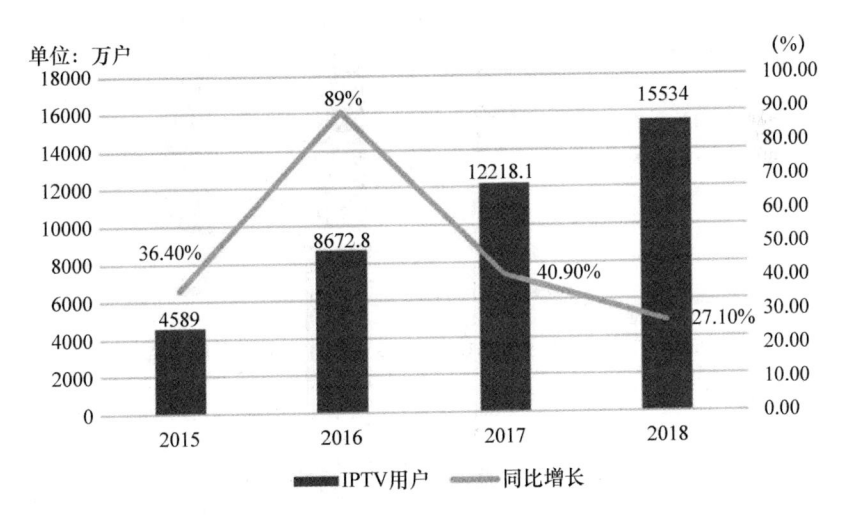

图4-1-4 2015—2018年中国IPTV用户发展进程

资料来源：格兰研究。

2018年底OTT TV用户达16352.8万户，较上年净增超5300万户，同比增速48.2%。中国移动固网业务发展较快，助推OTT TV用户快速增长。[③]

同年底，中央广播电视总台联合中国电信、中国移动、中国联通、华

[①] 中国广播电视网络有限公司、北京格兰瑞智咨询有限公司：《2018年第四季度中国有线电视发展公报》，《有线电视技术》2019年第2期。

[②] 数据来源：工信部，http://www.miit.gov.cn。

[③] 中国广播电视网络有限公司、北京格兰瑞智咨询有限公司：《2018年第四季度中国有线电视发展公报》，《有线电视技术》2019年第2期。

为公司，合作建设我国首个国家级 5G 新媒体平台，并推动 5G 核心技术在 4K 超高清节目传输中的技术测试和应用验证。在此前，中央广播电视总台 2019 年春晚期间，已经成功实现了深圳、长春分会场 4K 超高清电视信号通过 5G 网络的实时回传。①

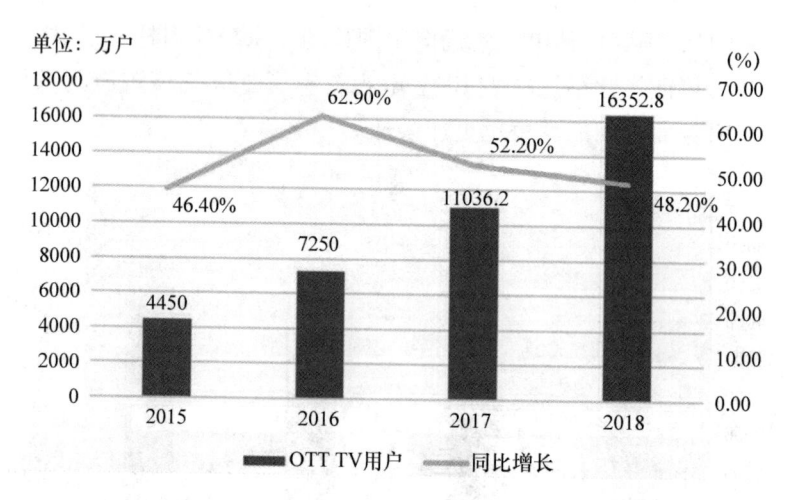

图 4-1-5　2015—2018 年中国 OTT TV 用户发展进程
资料来源：格兰研究。

2018 年全年，广播电视综合人口覆盖率稳步提升。传统有线电视正在从数字化向智能化转型发展，高清电视用户、视频点播用户和智能电视市场占有率都有所增长。IPTV 和 OTT TV 用户不断壮大，新兴广播电视呈现出良好的发展势头。

（三）影视行业实现历史性突破

1. 电影领域成绩显著

2018 年电影票房同比增长 9.06%，虽然提升的比例较上年有所降低，未达到 10%，但是绝对数依然可观，达到 609.76 亿元，占全球票房总量的约 19%。首次超过 600 亿元，这是一个历史性突破。自 2009 年至 2018 年，我国电视市场票房呈现出持续攀升的趋势，实现了从 100 亿元到 600 亿元的跨越。② 2018 年不仅是电影票房创纪录的一年，也是国产电影票房

---

① 数据来源：中央广播电视总台，http://www.cctv.cn。
② 数据来源：国家新闻出版广电总局电影局，http://www.nrta.gov.cn/index.html。

近年来占比最高的一年，出现了《红海行动》《唐人街探案2》《我不是药神》等优秀国产影片。国产电影票房达到378.97亿元，占全国电影总票房的62.15%；进口片票房为230.79亿元，占全国电影总票房的37.85%。票房排名前4名均为国产电影，其中《红海行动》《唐人街探案2》和《我不是药神》三部国产影片均超过30亿元，位列前三；前10名中有6部是国产电影，前20名中有11部是国产电影。①

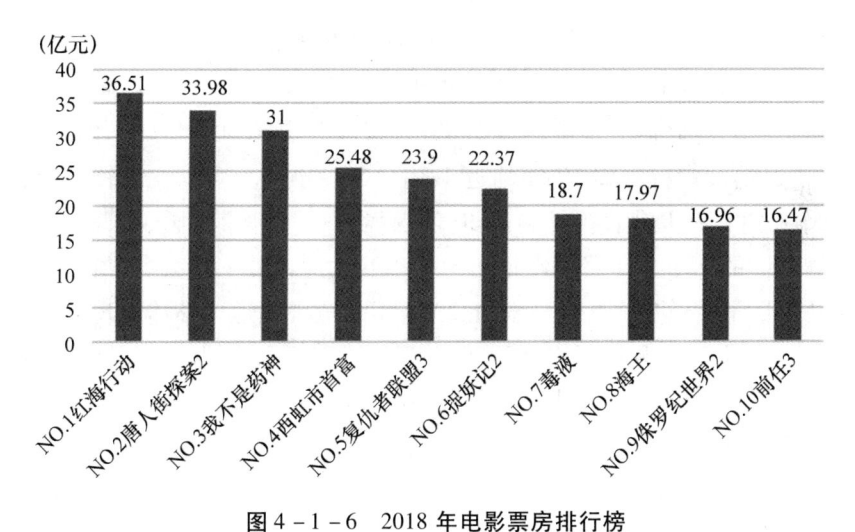

(亿元)

排名	影片	票房(亿元)
NO.1	红海行动	36.51
NO.2	唐人街探案2	33.98
NO.3	我不是药神	31
NO.4	西虹市首富	25.48
NO.5	复仇者联盟3	23.9
NO.6	捉妖记2	22.37
NO.7	海王	18.7
NO.8	海王	17.97
NO.9	侏罗纪世界2	16.96
NO.10	前任3	16.47

图4-1-6　2018年电影票房排行榜

资料来源：国家新闻出版广电总局电影局。

电影片生产数量方面，2018年全年，我国共生产各类影片1082部，同比增长19.96%。全年共生产电影故事片902部，动画电影51部，科教电影61部，纪录电影57部，特种电影11部，全年电影票房过亿影片82部，其中国产电影44部，占53.7%。②

在影院及银幕数方面，2018年全国影院数达到10463家，新增影院1120家，同比增长11.99%。银幕数达到61071块，新增银幕9303块，同比增长17.61%。单影院年均票房540.4万，同比下降20.3万。单银幕年均产出92.6万，同比下降6.5万。2018全年观影人次为17.17亿，同比增长5.9%。放映场次1.1亿场，同比增长17.1%，场均人次15.5

① 数据来源：国家新闻出版广电总局电影局，http://www.nrta.gov.cn/index.html。
② 同上。

人，同比下降 1.65 人。由于本年度票价补贴限制措施的实施，电影票价提升，平均票价为 32.95 元，同比提高 0.62 元。①

2. 电视剧行业发展平稳

2018 年电视剧总量稳中有增，在生产题材方面，现实题材数量平稳上升，历史题材和重大题材相应下降。在播出题材方面，都市情感、家庭题材依旧占据最大的比例。央视和五大一线卫视在剧场表现方面仍较好，但电视收视排行榜单与电视剧网播量排行榜单则呈现出较大差异。

2018 年生产完成并获得发行许可证的电视剧总量为 323 部，共计 13726 集，平均单部集数为 42.5，与 2017 年基本持平。在生产题材方面，现实题材依旧占据最大比重，达到 63.16%。历史题材则相应下降，占比 35.91%，重大题材由 2017 年的近 1.91% 下降到 0.93%。在播出题材方面，2018 年，央卫视收视排名前 30 的热播剧中，都市情感、家庭题材依旧占据最大的比重。年代剧在播出比重和受欢迎程度上也排名靠前，古装剧的播出数量持续得到控制，且在 2018 年的电视频道中整体表现低迷。

2018 年央卫视收视排名 TOP30 电视剧在各卫视的占比中，湖南卫视直降至 17%，而北京卫视与东方卫视则共同占据了剧场的半壁江山。电视收视排行榜单与电视剧网播量排行榜单呈现出较大差异，一些剧目如《扶摇》《甜蜜暴击》《凉生，我们可不可以不忧伤》等在电视端收视表现并不理想的年轻向电视剧，在网络端的播放量都排名靠前。②

2018 年全国电视节目制作投资额达 427.24 亿元，与 2017 年基本持平；电视节目国内销售额 387.86 亿元，比 2017 年（360.37 亿元）增长 7.63%。其中，电视剧国内投资额 242.85 亿元，电视剧国内销售额 260.95 亿元，与 2017 年基本持平。③

尽管 2018 年电影行业取得了创历史新高的票房，但是受国家税务总局针对影视行业的税务整顿政策和由"天价合同"引发的"限薪令"的影响，大部分影视上市公司在 2018 年业绩并不理想，存在巨额亏损、毛利下降、不及预期的状况。2018 年华谊兄弟亏损 9.86 亿，截至 2019 年 3

---

① 新华网：《全国电影工作座谈会在京召开》，http://www.xinhuanet.com/politics/2019-02/28/c_1124177456.html。

② 数据来源：首都影视发展智库、首都广播电视节目制作业协会、清华大学影视传播研究中心、CC-Smart 新传智库《中国电视剧产业发展报告 2019》。

③ 数据来源：国家广播电视总局《2018 年全国广播电视行业统计公报》。

月1日，华谊兄弟市值152.05亿元，比巅峰时期的800亿下跌81%。光线传媒2018年营业利润为19.64亿元，比上年同期增长192.40%；净利润为14.09亿元，增长72.93%。但是其盈利主要是通过出售新丽传媒所得，扣除这一部分后光线传媒盈利也为负数。万达电影2018年实现营收141亿元，较上年同期增长6.59%，净利润为12.93亿元，但净利润增速明显放缓，同比下降了14.72%。

（四）网络视听行业发展迅猛

本文的网络视听行业具体包括：网络视听节目（网络剧、网络电影、网络综艺），网络直播，短视频。2018年我国网络视听行业发展最为突出，各领域用户规模持续扩大，内容品质不断提升，自制内容向精品化、独播化方向发展，内容付费占比增幅明显。

截至2018年12月，网络视频用户（包括PC端和手机端）规模达6.12亿，较2017年底增加3309万，占网民总体的73.9%。在选择终端方面，95%的视频用户选择使用手机收看网络视频节目。[①]

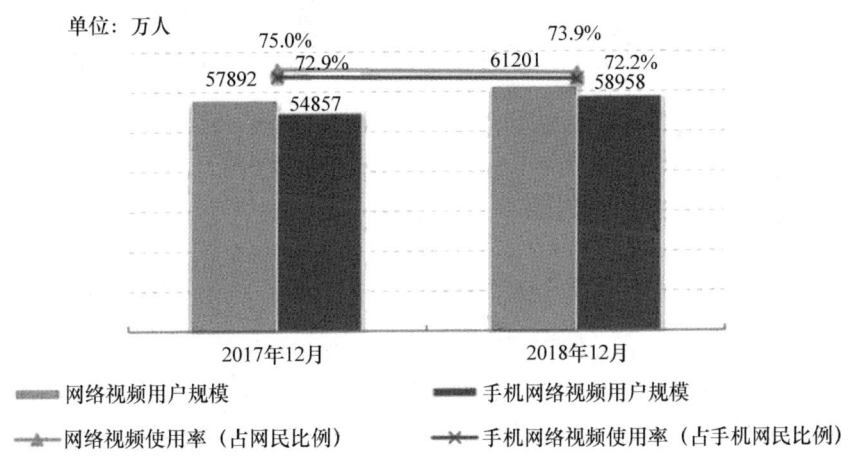

图-1-7 2017年12月—2018年12月网络视频/手机网络视频用户规模及使用率
资料来源：CNNCI中国互联网络发展状况统计调查。

1. 不同网络视听节目发展状态不同

网络剧方面，2018年网络剧制作数量约280部，其中播放量TOP50

[①] 数据来源：中国互联网络信息中心（CNNIC）《第43次中国互联网络发展状况统计报告》。

的网络剧基本都集中在优酷、爱奇艺、腾讯、芒果四家,[①] 出现《延禧攻略》《天坑猎鹰》等精品网剧。[②] 在题材方面,网络剧播放量 TOP50 的剧集中,言情类占据 32% 的最大比重,玄幻类紧跟其后,成为网剧的第二大题材;2017 年较为火热的悬疑类,2018 年明显减产;宫廷剧尽管制作数量仅占 8%,但播放量和热度最高。

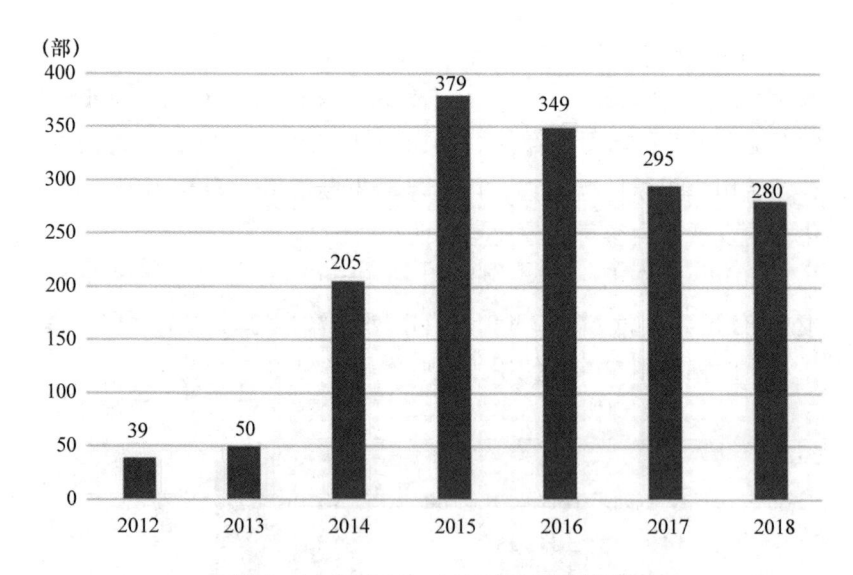

图 4-1-8　2012—2018 年网络剧数量

资料来源:CC-Smart 新传智库。

网络电影方面,网络电影全年生产总数为 1373 部,相比 2017 年有较大缩减,减幅达 27%。截至 2018 年 10 月 31 日,网络电影的备案数量为 2141 部,但上线只有 1030 部,768 部网络电影项目流产或者拍摄完成之后无法上线。在上线的影片中,有 95.1% 的影片选择在腾讯视频、优酷、爱奇艺这三大平台播出,有 78.4% 的影片为付费观看。题材方面,2018 年的网络电影以爱情、悬疑、动作、喜剧、剧情五大类型为主,这五大类型占总量的 82.1%。就播放量而言,动作类电影最受欢迎,其次是悬疑

---

① 数据来源:首都影视发展智库、首都广播电视节目制作业协会、清华大学影视传播研究中心、CC-Smart 新传智库《中国电视剧产业发展报告 2019》。

② 数据来源:中国网络视听节目服务协会《2018 年中国网络视听发展研究报告》。

类和爱情类影片。①

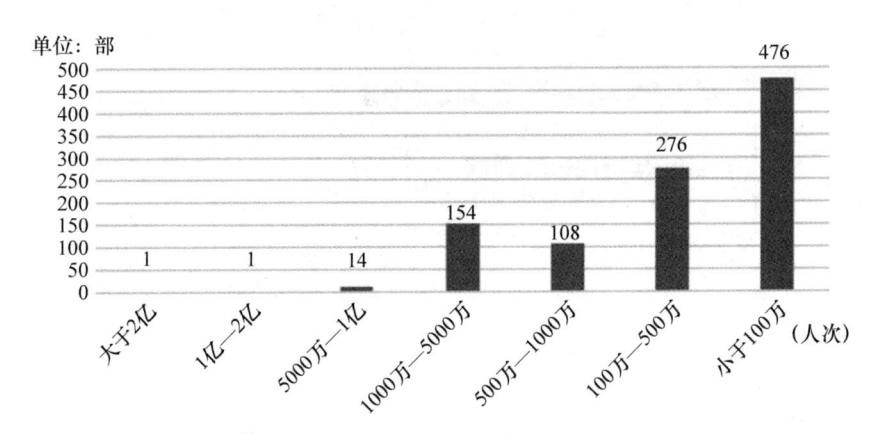

单位：部

区间	数量
大于2亿	1
1亿—2亿	1
5000万—1亿	14
1000万—5000万	154
500万—1000万	108
100万—500万	276
小于100万	476

（人次）

图 4-1-9　2018 年新生产的网络电影前台播放量分布

资料来源：中国网络视听节目服务协会。

网络综艺方面，2018 年，网络综艺市场规模达到 67 亿元，同比增长 39.58%。② 网络综艺节目数量约为 157 部，在题材上既有突破圈层的亚文化竞技综艺，也有以真人秀为主打的偶像类、观察类综艺，例如腾讯《创造 101》、爱奇艺《偶像练习生》《中国新说唱》，其播放量和社会讨论度都表现出色。本年度网络综艺在内容上不断创新，取得了口碑和流量的双丰收。③

2. 网络直播发展势头减弱

截至 2018 年 12 月，网络直播用户规模达 3.97 亿，较 2017 年底缩减 2533 万；用户使用率为 47.9%，较 2017 年底下降 6.8 个百分点。从体育、游戏、真人秀、演唱会四个细分内容领域来看，游戏直播用户使用率基本稳定，体育直播用户使用率略有下降，演唱会、真人秀直播用户使用率分别下降 6.2、8.8 个百分点。④

---

① 数据来源：中国网络视听节目服务协会《2018 年中国网络视听发展研究报告》。
② 数据来源：鲸准研究院《2018 年中国网综观察报告》。
③ 数据来源：中国网络视听节目服务协会《2018 年中国网络视听发展研究报告》。
④ 数据来源：中国互联网络信息中心（CNNIC）《第 43 次中国互联网络发展状况统计报告》。

单位：亿元

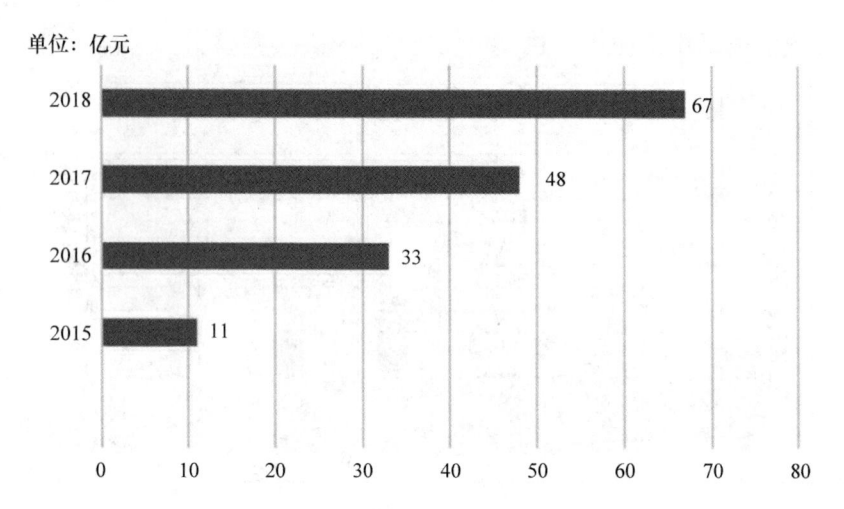

年份	规模
2018	67
2017	48
2016	33
2015	11

图4-1-10　2015—2018年中国网络综艺市场整体规模

资料来源：中国网络视听节目服务协会。

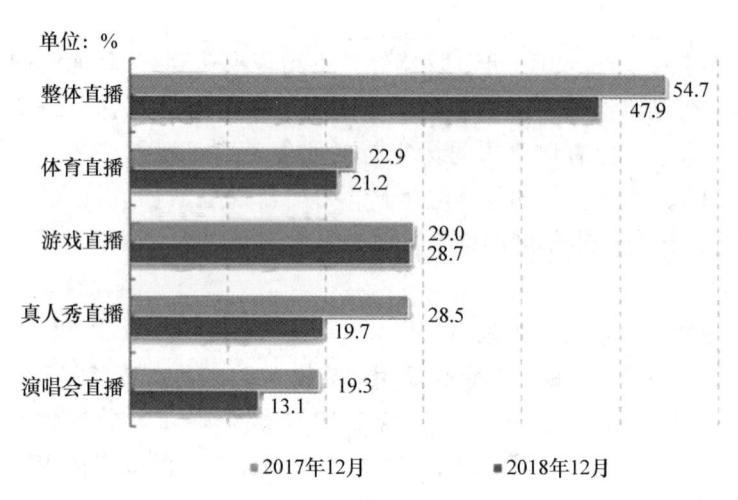

单位：%

类别	2017年12月	2018年12月
整体直播	54.7	47.9
体育直播	22.9	21.2
游戏直播	29.0	28.7
真人秀直播	28.5	19.7
演唱会直播	19.3	13.1

图4-1-11　2017年12月—2018年12月网络直播使用率

资料来源：CNNCI中国互联网络发展状况统计调查。

3. 网络直播平台成为投资新热点

3月，斗鱼直播、虎牙直播分别获得腾讯6.3亿、4.6亿美元投资。5月和7月，虎牙直播、映客直播先后完成上市，融资为平台的精细化运营奠定了发展的基础，行业集中度加速提升；第二梯队直播平台也相互探索寻求多种合作，以实现流量和利润最大化。例如YY与小米直播，花椒直播与六间房，斗鱼直播与新浪微博等或进行合并重组，或开启战略合作，以达到资源整合和流量互补。

4. 短视频呈井喷式发展

2018年，短视频呈井喷式发展。截至2018年12月，我国短视频用户达到6.48亿，占网民总数的78.2%；年轻化趋势明显，30岁以下网民短视频的使用率占80%以上。①

2018年，众多互联网企业竞相布局短视频，百度、腾讯、阿里巴巴、新浪微博持续在短视频领域发力，网易、搜狐等也纷纷推出新的短视频应用。随着短视频市场的逐步成熟，内容生产的专业度与垂直度加深，同质化内容已无法立足，优质内容成为各平台的核心竞争力。为此，各短视频平台纷纷加强与优质MCN②机构、达人合作，打造优质PGC并带动UGC，共同生产更优质的内容。③

在市场格局方面，网络视听行业用户、内容、流量均向腾讯视频、爱奇艺、优酷三大平台集中。就用户规模而言，三大平台用户占整体网络视频用户的近九成；就内容、流量而言，2018年新上线的自制节目八成左右在这三大平台独播，三大平台播放量占整体播放量的八成以上，集中趋势明显。

在营利模式上，网络视听行业从过去要依靠广告，向多种模式演变，内容付费、版权分销的比重越来越大。内容付费占比从2016年的18.8%上升至2018年的26.6%，增幅明显，这主要得益于网络视听行业内容品质的提升和自制内容的精品化。

(五)广告行业稳中有增

2018年全年广告经营单位营业额突破7000亿元，增长率约为7.23%，而2017年广告业营业额为6896亿元，增长率为6.3%，增速有所提高。广告业营业额占国内GDP总额约0.78%，而2017年占比0.84%，占比有所下降。广告业从业人数自2013年以来稳定增长，2018

---

① 数据来源：Trustdata《2018年短视频行业发展报告》。

② MCN，Multi-Channel Network，多频道网络的产品形态。MCN机构主要负责将平台下不同类型和内容的优质PGC或UGC联合起来，以平台化的运作模式为内容创作者提供运营、商务、营销等服务，帮助PGC或UGC变现。

③ 数据来源：中国互联网络信息中心（CNNIC）《第43次中国互联网络发展状况统计报告》。

年广告行业从业人数达到498.21万人，增长率约为13.7%。①

2018年中国广告整体收入5130亿元，较上年增长2.9%。2018年我国媒体的净广告收入（NAR）增长12.2%。②

传统媒体广告收入在经历2017年的小幅增长之后，未能形成持续性回涨走势，整体下滑1.5%。广播成为传统媒体广告上扬的主要拉动力，同比上涨5.9%，电视和传统户外广告收入下滑，影响了传统媒体的整体走势。网络广告增长稳定，市场规模（含移动端）达3717亿元，较2017年增长25.7%。③

1. 传统媒体广告整体继续下跌

报纸、杂志、电视广告收入都有所减少，广播广告收入则有所增长，整体而言传统媒体在广告领域的吸引力逐渐下降。报纸广告刊例收入下滑30.3%，相较于2017年的32.5%有所减少；而报纸广告面积下滑达34.1%，2017年同期只下滑了27.3%。杂志广告刊例收入下降8.6%，杂志广告面积下降14.0%，较2017年有所回升。

广播广告增长5.9%，其中食品成为传统广播广告投放的新重点行业。电视媒体中，央视和省级卫视的广告收入同比上涨，省级地面电视和省会城市频道的广告收入下滑明显。总体上，电视广告下降0.3%，这与电视观众收视分钟下滑，总体到达率下降有关。④

根据CTR《2018年广告主调查报告》，在电视媒体的广告投放中，大多数广告主选择OTT/IPTV投放广告。在参与调查的受访者中，49%选择了"覆盖范围日益广泛，受众规模日益增多"，48%选择了"精准投放，提高电视广告曝光效率"，44%选择了"能够实现多屏互动"，38%选择了"形式多样，广告创新空间大"，33%选择了"看好OTT/IPTV的前景，提前布局"。

2. 户外广告投放类型差异巨大

截至2018年6月，全国户外广告刊例收入达761.13亿元，与上年同期相比增长20%。⑤ 新型户外广告投放稳定增长，生活圈媒体广告（电梯

---

① 数据来源：国家新闻出版广电总局广告司，http://www.nrta.gov.cn/index.html。
② 数据来源：央视市场研究（CTR）《2018年中国广告市场回顾》。
③ 同上。
④ 同上。
⑤ 数据来源：前瞻研究院《2018—2023年中国户外广告行业市场前瞻与投资战略规划分析报告》。

电视、电梯海报、影院视频）总体增长，电梯电视和电梯海报则稳定增长，涨幅分别为3%和6.1%。虽然影院视频广告投放涨幅相较于2017年和2016年有较大下降，但涨幅也在18.8%；随着人们出行需求的增多，出行媒体广告在2018年得到较好发展，特别是高铁媒体，广告投放快速增长，媒体价值逐步凸显。2018年，全国铁路旅客发送量33.7亿人次，同比增长9.4%。动车组旅客发送量同比增幅16.8%，旅客发送量达20.05亿人次。① 2018年，铁路媒体广告投放达32.7%，高铁LED数字媒体广告投放为36.4%，而2017年铁路媒体和高铁LED数字媒体广告投放占比分别为20.0%和22.2%。2018年传统户外广告投放则大幅度下降，相较2017年下滑了14.2%。

3. 网络广告投放持续走高

2018年，我国网络广告整体市场规模达3717亿元，同比增长25.7%，保持稳定发展态势。作为互联网产业的核心商业模式之一，网络广告不断扩展边界和形式，营销服务链条不断延伸。

信息流广告迅速发展，成为推动网络广告市场发展的主要力量。② 信息流广告市场份额持续提升，2018年信息流广告占网络广告市场份额的23.9%，而2016年和2017年信息流广告占网络广告的市场份额分别为12.5%和18.4%。③ 在广告投放过程中更注重用户的互动体验，算法应用更成熟，投放效果更精准。

移动广告占据市场主流。2018年移动端广告市场份额占网络广告整体的70%左右。④ 移动端应用在为网民提供各类资讯的同时，也提供高度匹配用户的广告使用场景，将用户价值变现。

2018年资本注入广告行业的力度加大。2018年7月，阿里宣布以150亿元战略入股户外广告商分众传媒，并且收购其15.7%的股份成为第二大股东。促成这一合作的动能之一就在于新型户外广告的"数据化、精准化、智能化和互动化"。2008年11月，百度宣布战略投资社区广告终端

---

① 数据来源：中国铁路总公司，http://www.china-railway.com.cn。
② 数据来源：中国互联网络信息中心（CNNIC）《第43次中国互联网络发展状况统计报告》。
③ 数据来源：艾瑞咨询《2018年中国网络广告市场年度监测报告》。
④ 数据来源：中国互联网络信息中心（CNNIC）《第43次中国互联网络发展状况统计报告》。

单位：亿元

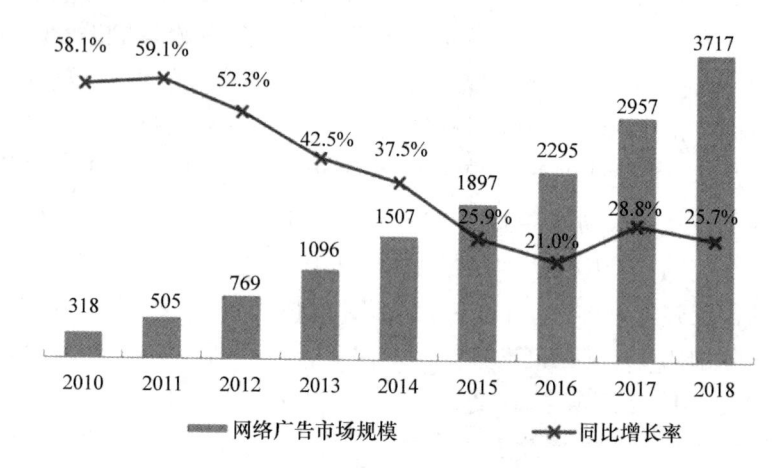

年份	网络广告市场规模	同比增长率
2010	318	58.1%
2011	505	59.1%
2012	769	52.3%
2013	1096	42.5%
2014	1507	37.5%
2015	1897	25.9%
2016	2295	21.0%
2017	2957	28.8%
2018	3717	25.7%

图 4-1-12　网络广告市场规模和增长率

资料来源：CNNCI 中国互联网络发展状况统计调查。

运营商新潮传媒，领投了新潮传媒此轮 21 亿元的融资。

2018 年广告行业存在的一大突出问题是数据/流量作弊问题。随着互联网用户的增多，互联网广告的市场规模也逐年攀升。但在互联网广告发展的同时，也滋生出巨大的流量作弊黑灰产业。虚假流量的存在，让广告效果、品牌安全等方面都难以实现广告主的投放初衷，投放效果无法科学评估，直接造成广告主的经济损失，让数字广告行业遭受前所未有的信任危机。据第三方数据监测机构统计，2018 年中国互联网广告全年异常流量占比约 30%，中国品牌广告市场因异常流量造成的损失高达两百多亿元人民币。只有 15% 的广告有可能被真正的消费者看到，网络上 60% 的流量是机器人制造。①

（六）游艺产业历经波折持续发展

随着互联网和移动终端的普及，人们不再满足于信息和娱乐的分享与获取，而是更多地希望参与和互动。游戏的主动性和操作性满足了人们实现个性、获得成就感的需求。网络游戏的社交功能逐渐显现，"80 后""90 后"成为网络游戏的主要用户，网络游戏体现出了很强的市场效应和

---

① 《传漾积极投入力量参与流量质量共建 DIF 联盟链》，https：//www.adsame.com/article/news_201903181498.html。

价值。

2018年我国游戏市场销售收入达2144.4亿元，同比增长5.3%，与2017年相比增速降低，我国游戏市场销售收入占全球游戏市场比重约为23.6%。自主研发网络游戏市场销售收入达1643.9亿元，同比增长17.6%。其中移动游戏市场销售收入1339.6亿元，占我国游戏市场比重创新高，达到62.5%。客户端游戏市场销售收入619.6亿元，同比份额减少，占比为28.9%。网页游戏市场销售收入126.5亿元，同比份额大幅减少，占比为5.9%。家庭游戏机游戏市场销售收入10.5亿元，占比为0.5%。①

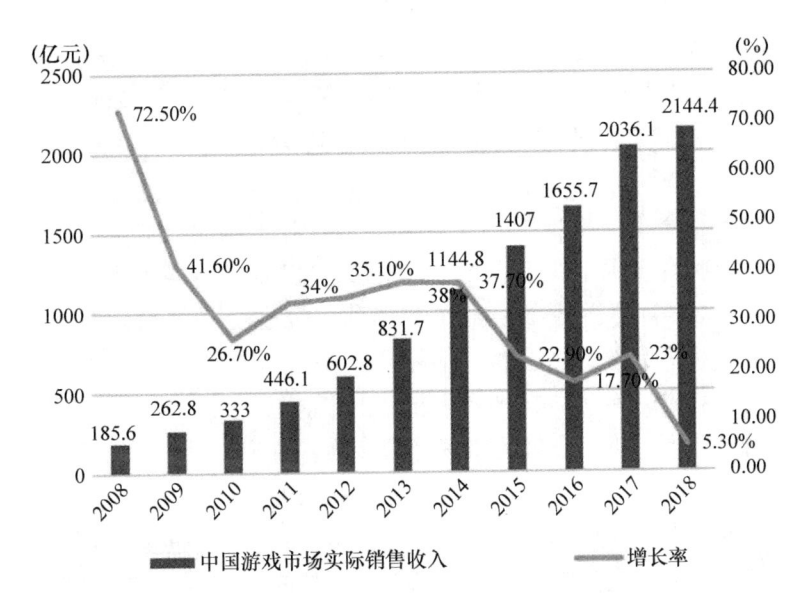

图4-1-13　2008—2018年中国游戏市场实际销售收入

资料来源：伽马数据（CNG）。

2018年11月3日，电子竞技游戏的比赛中，中国队LPL赛区的IG战队在2018年英雄联盟全球总决赛中夺得总冠军。电子竞技游戏成为一个新的价值创造领域，这一点在2018年更加凸显。2018年中国电子竞技游戏市场销售收入达834.4亿元，同比增长14.2%。电子竞技游戏市场销

---

① 数据来源：中国音数协游戏工委（GPC）、伽马数据（CNG）《2018年中国游戏产业报告》。

售收入占中国游戏市场比重达38.9%。①电子竞技游戏，作为新兴的文化业态，目前已建立了相对完整的产业链，产生了从游戏开发、版权分销、赛事运营、赛事衍生内容制作、电竞电商等细分市场，并逐步体现出更加独立的产业特点和产业价值。

2018年，国内主要游戏企业，如实力和资本较为雄厚的腾讯、网易、三七互娱、游族网络等积极收购海外研发和发行公司，与海外游戏开发商的合作日益密切，布局全球市场。腾讯、网易、完美世界等国内游戏厂商在2018年分别与育碧（Ubisoft）、威尔乌（Valve）等海外游戏开发商达成战略合作。②

2018年上半年，公司总部位于我国的游戏类应用在海外总下载量由去年同期的11亿次增长至15亿次；海外用户在这些游戏上的支出达26亿美元，同比增长超40%。③截至2018年底，中国自主研发的网络游戏产品在海外市场的实际销售收入已经达到95.9亿美元，同比增长超过15%。④

2018年监管部门推出的相关政策要求，对于游戏行业发展产生了极大影响。2018年3月，原新闻出版广电总局发布《游戏申报审批重要事项通知》，宣布暂停游戏版号的申请工作。控制版号的目的在于：一方面，控制游戏总量和企业数量，提高游戏内涵和内容质量，预防游戏对未成年人可能造成的不良影响；另一方面，防止企业把持版号申请渠道甚至买卖版号的行为，进一步规范市场经营行为。直到12月21日举行的2018年度中国游戏产业年会，中宣部出版局副局长冯士新在游戏产业年会上才表示，首批送审游戏已经完成审核，将抓紧核发版号。重新开展的游戏审批工作将在保证市场正常需求的基础上向精品原创游戏予以倾斜，并更加注重社会效益。

2018年8月，国家新闻出版署、教育部、国家卫生健康委员会、国家体育总局等八部委共同印发《综合防控儿童青少年近视实施方案》，要

---

① 数据来源：中国音数协游戏工委（GPC）、伽马数据（CNG）《2018年中国游戏产业报告》。
② 数据来源：中国互联网络信息中心（CNNIC）《第43次中国互联网络发展状况统计报告》。
③ 数据来源：App Annie，https: //www.appannie.com/cn/insights/market-data/china_ game_ publishers_ going_ abroad_ 2018/。
④ 同上。

求对国内网络游戏总量和新增网络游戏商务运营数量进行调控；并称将探索符合我国国情的适龄提示制度来限制未成年人用于网络游戏的时间。由此，多款正在运营的网络游戏启用了"最严格"的防沉迷机制以约束青少年游戏时长。如腾讯公司《王者荣耀》推出"安全锁模式"，使得13岁以下的未成年人必须在其监护人完成解锁认证的情况下才能进入游戏。与此同时，《王者荣耀》接入公安权威系统，该系统能校验玩家是否为未成年人。2018年底，腾讯还开展了小规模人脸识别测试，玩家需要通过人脸校对信息，如果被识别为12岁以下则直接拒绝。

2018年政策环境对一些游戏企业产生较大影响，但这是产业健康发展所必需。虽然游戏市场销售收入增速放缓，但我国自主研发网络游戏市场发展迅猛，在世界网络游戏市场开始占据一席之地，总体来说游戏产业还是呈现出坚挺的发展势头。

（七）音乐市场走向成熟和完善

数字革命使得音乐存储方式实现全面数字化，互联网的移动化使得移动端涌现出一大批新型音乐平台，可以满足人们多场景的收听需求，音乐市场规模逐渐增长。2018年音乐产业市场规模约3760亿元，同比增长约为7%。[①] 在音乐产业的核心层中，[②] 传统的音乐图书与音像规模趋于下滑，以音乐演出、数字音乐为核心的音乐消费活力进一步彰显。2018年中国数字音乐市场规模为76.3亿元，整体保持较高的增长趋势。[③] 艾媒咨询数据显示，2018年中国音乐客户端用户规模累计达5.43亿人。[④]

2018年，音乐行业利益分配走向规范有序，版权收入有较大提升。中国音乐著作权协会许可总收入突破3亿元，达到3.16亿元，比2017年增长约46.23%，再创历史新高。其中，广播权许可收入约3750万元，表演权许可收入8982万元，复制权许可收入1094万元，信息网络传播权许可收入1.69亿元，海外协会转来许可收入824万元。据国际作者和作曲者协会联合会（CISAC）发布的《全球版税报告2018》，中国音著协已成为亚太地区收费第四高的协会。[⑤]

---

① 数据来源：中商产业研究院《2018年中国数字音乐产业市场前景研究报告》。
② 包括音乐图书与音像、音乐演出、音乐版权经纪与管理、数字音乐4板块。
③ 数据来源：艾瑞咨询《2019年中国数字音乐产业研究报告》。
④ 数据来源：艾媒咨询《2018—2019中国文化创意产业现状及发展趋势》。
⑤ 数据来源：中国音乐著作权协会，http://www.mcsc.com.cn。

2018年,支撑音乐市场更好发展的举措也有亮点。2018年8月,深圳文化产权交易所和中国音像与数字出版协会音乐产业促进工作委员会联合发起我国首个音乐资产托管平台。音乐行业产业链长,关联产业多,音乐资产托管平台可以打通音乐产业链生产制作、出版发行、衍生开发全环节,涵盖音乐资产中的有形资产、无形资产、人财产权的音乐产业全要素,整合金融类和非金融类服务产品,促进"音乐+"业态的融合,打造音乐产业的综合服务体系。

2018年,中国音乐行业迎来一轮投融资高潮。音乐产业投融资数量为84起,增长率为11%。[①] 6月,太合音乐集团完成10亿元的新一轮融资;11月,网易云音乐完成6亿美元的B轮融资;12月,腾讯音乐娱乐集团在美国纽约证券交易所挂牌上市并在当日收盘市值达到229亿美元,成为中国音乐产业投融资发展里程碑式的事件。[②] 国内大型网络音乐平台持续通过融资扩大竞争优势,并体现出强劲的营收能力。

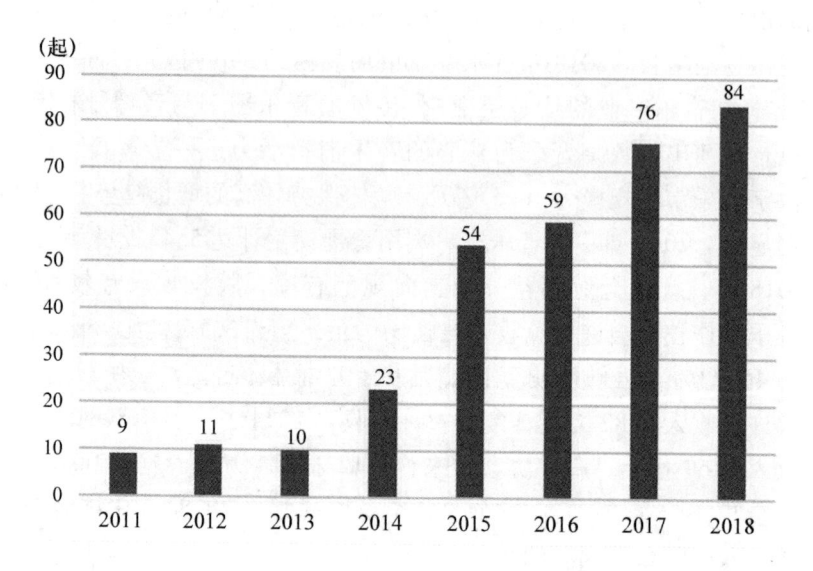

图4-1-14 2011—2018年中国音乐产业投融资事件数量统计
资料来源:艾瑞咨询。

---

① 数据来源:艾瑞咨询《2019年中国数字音乐产业研究报告》。
② 数据来源:中国传媒大学音乐产业研究院《2018中国音乐产业发展报告》。

2018 年，短视频井喷式发展，短视频本身作为网络音乐的新型传播形式也受到各大音乐平台青睐，网络音乐企业与短视频企业的跨界融合进一步加深，各大平台均陆续推出了挖掘和扶持原创短视频音乐作者的激励计划。自 2018 年 1 月开始，抖音启动"看见音乐计划"，通过音乐人认证、推广资源、导师指导、单曲制作奖金、定制 MV 等方式对音乐人进行多维度支持，并与摩登天空、太合音乐等唱片公司和音乐机构合作，扶持了 20 余位原创音乐人。

（八）演出行业发展势头强劲

2018 年中国演出市场整体发展势头强劲，全年演出市场总体经济规模达 469.22 亿元，相较于 2017 年 446.59 亿元有明显的上升，① 其中现场展览活动的增长率高达 2718.8%。② 专业剧场演出总场次 8.79 万场，比 2017 年上升 4.52%，总收入 149.05 亿元，比 2017 年上升 1.91%。③

2018 年古典文艺演出市场方面，国家大剧院全年共接待观众 92 万人次，演出场次达 9641 场，演出门类更加丰富，包括交响乐、歌剧、舞剧、儿童戏剧和民族戏曲等。同时票价依然保持平稳，平均票价只有 287 元。2018 年演出票房前十名的城市分别为：北京、上海、深圳、杭州、成都、广州、南京、武汉、沈阳、天津。中国演出市场正在往二、三线城市下沉。2018 年到现场观看演出的人群，以年轻女性居多，占比高达 61%，年龄上以青年人为主，18—30 岁人群占比 62%。④

2018 年，演出行业有一些新的模式和重要事件。"非遗 + 直播"模式使非遗文化的产业化发展找到新的路径。陌陌直播平台上线非物质文化遗产直播专场：中央民族乐团演奏家蔡阳、福建泉州南音传承人曾家阳、蒙古族歌手阿木古楞等艺术家为网友在线演奏了福建南音、蒙古长调、新疆十二木卡姆等非遗传统音乐，直播当晚总观看人次达 96 万，同时在线观看用户近 10 万人次。⑤

2018 年，旅游演艺也不断创新，一些旅游演艺将演出的观赏性、互

---

① 数据来源：中国报告网，http://www.baogao.com。
② 数据来源：大麦网，http://www.damai.cn。
③ 数据来源：中国报告网，http://www.baogao.com。
④ 数据来源：大麦网，http://www.damai.cn。
⑤ 《直播让非遗与大众面对面》，人民网，http://art.people.com.cn/n1/2018/0614/c226026-30057176.html。

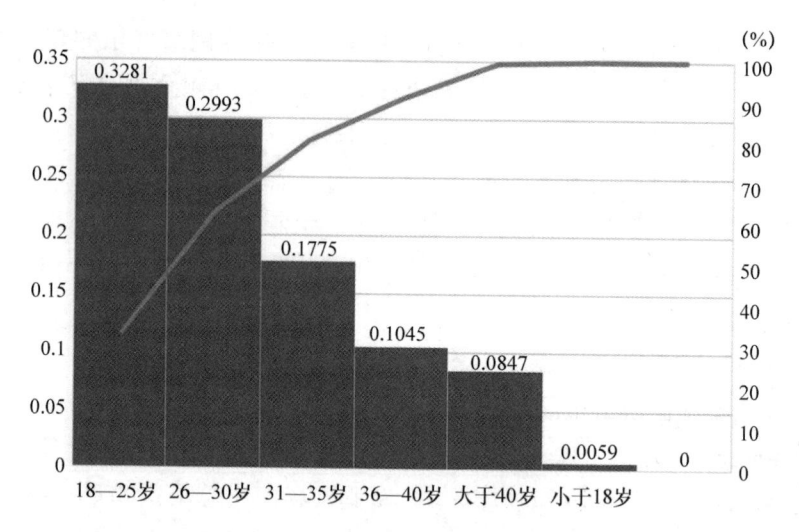

图 4-1-15　2018 年观演人群年龄分布

资料来源：大麦网。

动性、参与性充分结合起来，带给观众身、心、视、听的沉浸式体验。2018 年在上海上演的《不眠之夜》、甘肃上演的《又见敦煌》、湖北武汉上演的《知音号》等演艺项目创新演艺手法，颠覆了传统演艺观演关系，将表演内容建在一个个不一样的场景之中。随着观众满意度的提高，旅游演艺的市场效应也逐渐显现。演艺第一股宋城演艺在全国有 9 家以上以演艺为主体的景区，宋城演艺推出的《炭河千古情》仅开业一年游客就达到 400 万人次，2018 年营业收入达 1.6 亿元，宋城演艺 2018 年总营收为 32.11 亿元，现场演艺成为其主要利润来源。

（九）旅游行业继续繁荣

2018 年旅游行业实现总收入 5.97 万亿元，同比增长 10.5%。全年全国旅游业对 GDP 的综合贡献为 9.94 万亿元，占 GDP 总量的 11.04%。旅游行业直接就业 2826 万人，旅游直接和间接就业共 7991 万人，占全国就业总人口的 10.29%。[①] 国内旅游人数 55.39 亿人次，比上年同期增长 10.8%。其中，城镇居民 41.19 亿人次，增长 12.0%；农村居民 14.20 亿人次，增长 7.3%。入出境旅游总人数 2.91 亿人次，同比增长 7.8%。入境外国游客人数 4795 万人次（含相邻国家边民旅华人次）。

---

① 数据来源：文化和旅游部，https：//www.mct.gov.cn。

2018年，在发展"全域旅游"模式[①]和门票价格下调[②]的背景下，旅游业出现了新亮点：景区吸引游客的引流作用逐渐增强，通过旅游业带动经济社会发展的作用显现。比如，2018年上半年，黄山景区接待游客同比下降9.94%，实际为148.14万人，但同期黄山市接待游客人数则增长了12.13%。这说明景区越来越成为旅游目的地和其他业态的流量入口。[③]

据中国旅游研究院旅游服务质量调查数据显示，2018年游客对旅游服务质量评价有所提升。游客对旅游服务质量的综合评价指数为77.91，较2017年增长2.50%，其中，国内旅游和出境旅游服务质量保持平稳上升趋势，同比分别增长了4.19%和2.33%，入境旅游服务质量虽同比下降9.09%，仍位居三大市场首位。

2018年，与旅游业相关的投资并购不断涌现。四川巴中的黄石旅游度假区获总投资逾100亿元；深圳华侨城西部投资有限公司4.8亿元收购剑门旅游80%股权；八爪鱼在线旅游获得蚂蚁金服领投的C轮战略投资，投资金额6亿元；云南旅游以20.16亿元收购文旅科技等。

（十）文化产业现状总结与展望

2018年文化产业发展呈现为总体繁荣，不同领域发展存在差异的特点。受2018年持续低迷的经济形势的影响，文化产业资本市场热潮遇冷，但可喜的是无论是在网络文学还是网络视听领域高品质原创内容逐渐增多，文化产品的付费意愿也明显增强，带动了社会整体在内容产品领域中从"优质内容"向"兴趣内容"消费习惯的转变。从文化产业各领域的具体情形来看，缺少深刻的文化价值、仅仅是满足人们浅表性感官需求的文化消费方式，以及新技术新模式更具替代性的传统领域都面临逐渐失去市场的情形。文化市场自身建设日渐成熟和规范。

在文化产业发展的大环境方面，2018年国家推动文化产业发展的意志和决心持续增强，这表现在对文化产业促进法的立法工作进程的持续；

---

① 2015年9月，国家旅游局下发《关于开展"国家全域旅游示范区"创建工作的通知》（旅发〔2015〕182号）。《通知》指出，全域旅游是指在一定行政区域内，以旅游业为优势主导产业，实现区域资源有机整合、产业深度融合发展和社会共同参与，通过旅游业带动乃至于统领经济社会全面发展的一种新的区域旅游。

② 2018年6月，国家发改委公布《关于完善国有景区门票价格形成机制降低重点国有景区门票价格的指导意见》，要求纠正景区违规不合理收支行为，降低偏高的重点国有景区门票价格。

③ 数据来源：中国旅游研究院《2018旅游经济运行盘点系列报告：2018年旅游经济运行分析与2019年发展预测》。

对于文化、旅游、新闻出版、广电主管部门的机构调整；对于为文化产业发展提供更好支持的文化金融予以鼓励；对于文化市场存在的妨碍市场健康发展的行为进行整顿。

从产业自身来看，2018年是视听新媒体在中国实现突破性发展的一年，也是中国传统影视行业实现结构转型的关键一年。文化产业中的网络原生业态发展迅猛、大力融资并向海外布局。同时优质内容、良好的用户体验是传媒产业领域的制胜法宝。传统媒体具有数字可替代性的领域继续下滑萎缩。文旅融合、全域旅游、演艺旅游都成为新亮点。旅游行业服务质量的提升成为促进旅游产业发展的关键因素。文化企业投融资领域整体趋于理性，投资机构更关注新业态、新模式，资金向优质项目聚集。[①]

在2018年文化产业发展的实践中，我们仍会看到一些问题。从中得出的启示就是：在产业自身发展过程中，如果缺少守法意识和行业自律，任由资本逐利行为的放纵、潜规则盛行、不公平不合理的现象蔓延；企业缺乏社会责任感、对文化产品可能带来的消极影响不积极主动采取相应措施，这些都很有可能带来政策收紧、监管惩处的风险。少数组织的不良违法行为，有可能使整个行业发展受到影响。

文化产业是一个特殊的产业领域，受到社会政治环境、经济发展、文化潮流和科技应用等因素影响，并以非常直观和感性的方式反映人们的精神文化消费趋向和社会文化追求。在此意义上，文化产业不仅贡献的是经济价值，它更是特定时代人类精神追求向度的一种指征。[②] 所以，优质内容，富含文化积淀、具有强烈吸引力和沉浸式体验的文化产品和优质服务，能够满足文化需求倾向的个性化与多样化的产品和服务都将持续受到消费者和投资者的青睐。

未来，国家立法、执法机关通过完善立法，加强管理和执法，理顺统一税制、规范影视业等行业的税收征管标准与流程；文化产业进一步培育行业自律意识、强化行业自律机制；进一步细化文化产品的内容标准和推进科学的适用方法，以创意产业为核心领域的文化产业将会进一步优化市场秩序，为文化产业的发展提供良好的条件。

---

① 范周、胡音音：《坚定文化自信，促进文化产业繁荣——2018年我国文化产业发展回顾》，《出版广角》2019年第3期。

② 张文红、孙乐：《2018年我国畅销书产业观察与分析》，《出版广角》2019年第4期。

再有，随着5G技术的应用推广，相关基础设施建设以及基于新技术应用带来的既有文化业务、产品的升级、新业务新产品的开发和拓展，也将会是文化产业领域新的经济增长点。传统媒体领域，在今后一段相当长的时期内，充分利用政策所给予的优势，寻找到属于自身特定的受众和消费群体，仍可实现良好发展。

第四节　文化产业发展中的问题

一　文化产业发展存在的问题

目前我国文化产业发展过程中主要存在以下六个方面的问题。

一是文化资源利用不充分，地区间文化产业发展不平衡。

我国拥有极为丰富的文化资源，包括历史文化资源、民族文化资源和各种社会思想潮流等。但是，丰富的文化资源并没有转变成文化产业发展优势，国内地区间文化产业发展存在明显的不平衡。东部地区文化产业发展迅速，文化产业产值、规模均为第一；东北地区文化产业则出现负增长的现象；西部地区虽然有较为丰富的文化资源，但是缺乏产业发展的必要经济基础与人才，文化产业产值较低、规模较小。我国文化产业总体产值虽然逐年上升，但是如何将丰富的文化资源转化成产业发展优势、带动地区间协调发展，是亟待解决的问题。

二是相关法律法规建设滞后，没有系统、完整的文化产业法律。

我国自1993年便有全国人大代表联名提出议案，建议制定文化产业市场管理法，但迄今为止，我国尚未出台一部完整的、系统性的文化产业法规。[①] 虽然2016年全国人大常委相继通过了《电影产业促进法》和《公共文化服务保障法》，但是目前的文化类立法并不能满足现实需求，且文化产业依托互联网催生出许多新的经济活动，产业更新速度快，文化产业相关立法存在明显的滞后性。国家应当尽快出台系统的《文化产业促进法》以及相关行业法律法规，使得文化产业在发展中能够有法可依。[②]

三是未建立竞争有序的市场秩序，内部产业结构需要优化。

[①] 资料来源：https://baike.baidu.com/item/%E6%96%87%E5%8C%96%E4%BA%A7%E4%B8%9A/741879#8_3。

[②] 资料来源：http://orig.cssn.cn/zx/bwyc/201805/t20180503_4221094.shtml。

我国文化产业中某些行业投资者容易盲目跟风投机，提供的产品趋于同质化，优质内容稀缺，例如直播平台。同时文化产业中类似视频网站等企业缺乏足够的资金支持，不仅难以购买影视产品版权，还可能走向倒闭。而网络视频行业中小视频网站因缺乏足够的资金，不断被兼并、收购，则是文化产业市场内部的自我修复。近年来，以 BAT 三巨头为主导的产业并购，占据着互联网文化的半壁江山。但是频繁的并购与收购，容易造成大集团间的恶性竞争与垄断，最终影响整个文化产业的发展。此外，政府虽然引入 PPP 模型以促进文化产业发展，但资金投入与使用应当更具针对性；同时，在 PPP 模式推广初期可推出一些风险低、周期短和收益较高的文化项目，以吸引社会资本，提高资金利用率，最终达到推广 PPP 模式的目的。因此，文化产业需要完善的现代文化市场体系促进自身的发展。[1]

四是文化产业发展过度重视市场效益。

文化产业发展有其独特的创造性与传播性，文化内容生产离不开传统文化与当地的特色文化，但是受到传媒消费主义的影响，文化产品与服务的供给者过于重视消费市场，忽视了文化的价值导向、传承性等功能。这里的传媒消费主义指的是在各类传播媒介的影响下，引导受众用自身的视觉与听觉感受注意的到商品，并且诱导受众进行消费的一种经济行为。[2] 这种经济行为会使得文化产业的从业者所生产的文化产品、提供的文化服务因过度追求经济效益，丧失了文化产品、服务的创意性与引导性，提供优质文化含量越来越低的文化产品和服务；并且使得某些文化从业者进行文化投机，传播虚无主义价值、消耗文化积累，不利于文化产业持续健康的发展。

五是以"拿来主义"为中心的文化生产与文化传播。

基于传播技术的发展，文化生产与文化传播受到全球范围信息传播的影响。由于文化需求的多样性，文化产业发展倾向于娱乐化以获得高的经济收益。受到别国文化产品的影响，文化从业者看重原有 IP 的观众基础以及翻拍影视作品的话题热度，文化从业者奉行"拿来主义"直接使用

---

[1] 王林生：《互联网文化新业态的产业特征与发展趋势》，《甘肃社会科学》2017 年第 5 期。
[2] 王晓凤：《传媒消费主义视域下文化产业发展问题研究》，《西部广播电视》2019 年第 11 期。

原 IP 的内容进行国内生产。这种行为虽然在短期内可能获得收益，但是不符合目前中国文化市场对高质量、原创性文化作品的需求，在长期内这种"拿来主义"的文化生产无法在市场内存在或是发展。以日剧《深夜食堂》的翻拍为例，这部翻拍的电视剧在豆瓣评分很低，甚至可以归为差评。在豆瓣的评价关键词中可以发现，差评主要来自主角的表演不到位、不切合实际的老坛酸菜面以及剧中明显的广告。由此可见，即使有好的剧本，高颜值、高人气的演员，但是奉行"拿来主义"而忽略实际的市场需求、脱离本土文化的文化作品将很难获得良好的经济效益。[1]

六是区域特色文化集聚发展存在缺少品牌塑造、运营管理不科学的问题。

区域特色文化产业集聚发展是增强文化认同的重要方式，能够体现区域文化竞争力，并且推动区域创新，也符合了文化企业降低人才搜索成本、实现外部规模经济等发展的需求。但是区域特色文化集聚发展缺乏品牌塑造与产品创新，并且存在运营管理不合理不到位的现象。品牌具有高的影响力和扩张力，能够提高文化产业集聚区域的知名度，并且吸引消费者进行消费。但是很多特色文化产业集聚区缺乏品牌塑造与品牌维护，例如：品牌建设千篇一律，试图"再建一个大芬村"。此外，文化产业集聚区诸如文化产业园，如果仅是一种外部形式或者载体，缺乏科学的规划与合理的管理，将会使得文化产业园无法形成预期的竞争，进而制约园区的发展。[2]

二 文化产业发展制约因素分析

第一，我国文化产业管理存在条块化、双重领导现象，易忽视市场的作用。

我国文化市场目前的文化产业管理体制诞生于计划经济时代，具有政令高度畅通的行政性。但是其条块化、双重领导与分级管理的特点，使得管理体制忽视了市场的作用，容易造成资源配置效率低下、文化产品过热或虚热的问题。虽然目前我国文化市场零散、流通渠道不畅通，缺乏产业

---

[1] 王晓凤：《传媒消费主义视域下文化产业发展问题研究》，《西部广播电视》2019 年第 11 期。

[2] 姜长宝：《区域特色文化产业集聚发展的制约因素及对策》，《特区经济》2009 年第 9 期。

管理和核算体系,但是这种管理制度阻碍了文化市场体系的完善,不利于符合市场经济要求的规范化管理模式的形成。同时,网络文化产业的多元性、融合性与跨界发展的特征,使得越来越多的主体参与文化产业制度创新,涉及全国人大及其常委会、国务院、文化和旅游部、国家互联网信息办公室等,"多重管理、交叉管理"的弊端日益显现。①

第二,新业态监管办法不清晰,存在监管空白领域。

网络文化产业发展迅速、创新多,新业态不断涌现。这些新业态中有些容易受到旧有制度的约束,有些则出现了监管空白,无法可依。例如:网络视频与音频下细分领域较多,涉及证照多,存在申请困难;但是网络直播领域与个人视频发布,如抖音,无长效监管体制,乱象频发。②

第三,文化产业融资难度较大,非公资本进入限制较多。

文化产业因投资收益不确定、风险性较高,普遍存在融资困难的现象,同时文化涉及意识形态领域,其产品与服务受到政府监管的力度较高,我国长期对非公资本进入文化产业领域有明确限制。"国务院10号文"对我国非公资本③进入文化产业领域区分三种情形并进行了规定:鼓励、限制、禁止。鼓励,意味着不仅允许非公资本进入,而且还可以进行控股甚至全资,同时,非公资本还能享受到某些优惠待遇。限制,在非公资本进入时,需要满足一些具体的限制性要求,比如只可参股,不能控股,或是最高比例不能超过50%,或者负担一些特殊条件的要求。禁止,就是非公资本不得进入。至于境外外资政策,则专门体现在历次修订的《外商投资产业指导目录》中(2017年的修订是目前最新版④)。具体如

---

① 资料来源:http://www.qstheory.cn/zl/bkjx/201311/t20131108_288681.htm。
② 资料来源:http://news.sina.com.cn/c/2017-07-21/doc-ifyihrwk1637520.shtml。
③ 非公资本,是指境内私人所有的民营资本、来自港澳台和外国投资者的资本。
④ 这一版《指导目录》的具体规定是:(1)鼓励外商进入的领域:演出场所经营;体育场馆经营、健身、竞赛表演及体育培训和中介服务。(2)限制外商进入的领域:广播电视节目、电影的制作业务(限于合作);电影院的建设、经营(中方控股);演出经纪机构(中方控股)。(3)禁止外商进入领域:新闻机构(包括但不限于通讯社);图书、报纸、期刊的编辑、出版业务;音像制品和电子出版物的编辑、出版、制作业务;各级广播电台(站)、电视台(站)、广播电视频道(率)、广播电视传输覆盖网(发射台、转播台、广播电视卫星、卫星上行站、卫星收转站、微波站、监测台、有线广播电视传输覆盖网)、广播电视视频点播业务和卫星电视广播地面接收设施安装服务;广播电视节目制作经营(含引进业务)公司;电影制作公司、发行公司、院线公司;互联网新闻信息服务、网络出版服务、网络视听节目服务、互联网上网服务营业场所、互联网文化经营(音乐除外)、互联网公众发布信息服务。

下：国家发展和改革委员会和商务部在2017年6月最新发布的《外商投资产业指导目录（2017年修订）》中新增了部分禁止外商投资的文化宣传领域条目，包括地面移动测量，图书、报纸、期刊、音像制品和电子出版物的编辑业务，广播电视视频点播业务和卫星电视广播地面接收设施安装服务，广播电视节目引进业务，互联网新闻信息服务、互联网公众发布信息服务等。在未来的文化产业政策与法律法规的制定中，应当考虑如何开放文化产业外资投资，进一步促进我国文化产业的发展。此外，国务院在2017年1月发布的《中共中央国务院关于构建开放型经济新体制的若干意见》中提及："服务业重点放宽银行类金融机构、证券公司、证券投资基金管理公司、期货公司、保险机构、保险中介机构外资准入限制，放开会计审计、建筑设计、评级服务等领域外资准入限制，推进电信、互联网、文化、教育、交通运输等领域有序开放"。

文化产业现有资本准入制度，不仅对文化企业使得在资金获取和人员竞争方面面临着束缚，而且也往往成为阻碍文化企业形成自己竞争优势的一个重要因素。

第四，文化产业发展需要的复合型人才缺乏。

文化产业发展的重要因素之一是人才。我国并不缺乏优秀的文化人才，但是缺少优秀的文化经营管理人才。我国拥有丰富的文化资源，但是很多文化资源因得不到有效的开发而闲置，或是因为不合理的开发导致文化资源受到严重的破坏，这一现象产生的根本原因在于文化产业领域缺乏复合型的人才。这类既懂文化又能够进行产业经营的人才缺乏的情况产生的原因有两个方面，一是原有的优秀人才因用人机制、激励制度不合理等原因无法发挥作用；二是人才培养计划仅局限于引进高学历人才，而非从企业实际需求出发制定人才引进、培养计划，致使人力资源浪费严重。[①]

第五，文化产业领域法制建设不健全。

我国文化产业领域的法制建设以制度化、规范化为目标，目前我国制定的文化产业领域的法律包括《中华人民共和国文物保护法》《中华人民共和国著作权法》和《中华人民共和国电影产业促进法》，行政管理条例包括：《营业性演出管理条例》《娱乐场所管理条例》《广播电视管理条

[①] 李芳：《解析文化产业发展的制约因素及对策与建议》，《甘肃科技纵横》2006年第3期。

例》《出版管理条例》等,并于 2019 年出台《文化产业促进法(草案征求意见稿)》。虽然我国已经出台了文化产业领域相关法律与行政管理条例,但是这些法律规章仍然没有覆盖全部的文化产业领域,并且行政管理条例因其本身制定层次低的性质,会导致其在实践中无法发挥有效的作用,不能够有效地促进文化产业领域的发展。

第二章

文化产业立法基本问题

第一节 文化产业法的意涵

一 文化产业法的含义

文化产业法是指调整文化产业领域法律关系的法律规范的总称。文化产业法不是简单地指某一部法律,而是一个法律体系,涵盖了所有与文化产业相关的法律规范。文化产业法既包括调整文化产业领域的基础性、综合性的法律规范,也包括调整各个文化产业领域的专门性的法律规范。

不同学者对于文化产业法在我国法律体系中的位置有不同认识。一种观点认为,文化产业法是以实现国家文化产业发展战略,促进和保障社会文化产业有序、健康发展为目的,因此文化产业法可以确定为经济法中产业法的一个组成部分;[1] 另一种观点认为,文化产业法是以宪法为核心,横跨行政法、民法、经济法等多个法律部门。[2] 我们认为,文化产业法固然涉及很多经济法的内容,如财税法、金融法、投资法、竞争法、消费者权益保护法等,但还大量涉及行政法中的行政许可、行政审批、行政处罚等内容,且与民法中的知识产权领域也有很大程度的关联,因此文化产业法属于跨越多个法律部门的法律领域,不单独属于任何一个既有的法律部门。

实际上,文化产业法的这种跨部门法的性质是由文化产业法的"领域法"性质决定的。"领域法"是指调整某一个社会领域的法律规范的总称。传统的法律理论认为,法律体系是由法律部门构成的,而法律部门是以所调整的社会关系和调整方法为依据对法律规范做出的划分。领域法是

---

[1] 陶信平:《文化产业法概论》,中国人民大学出版社2016年版,第4页。
[2] 张军:《文化产业法律制度的困惑与思考》,《理论月刊》2011年第12期。

近年来法学界提出的一种对法律规范的新的分类方法。① 这一方法是按照所调整的社会领域对法律规范进行分类。如财税法、金融法、教育法、体育法、军事法都属于领域法，许多新兴的法律领域，如娱乐法、网络法、人工智能法等也都属于领域法。文化产业法也是一种典型的领域法，是文化产业领域法律规范的总称，因此并非属于任何一个单一的法律部门，而是横跨多个法律部门。

二 文化产业法的构成

自改革开放以来，尤其是 1992 年我国开始实行市场经济改革以来，我国文化产业领域制定了大量的法律、法规以及规范性文件。这些法律文件数量庞大，可以从以下四个方面来认识文化产业法的构成。

（一）一般性立法与专门性文化产业立法

如前所述，文化产业法是领域法，具有跨部门法的性质，因此调整文化产业领域的法律涉及诸多的法律部门。总体上，这些法律可以分为涉及调整文化产业领域法律关系的一般性立法和专门性的文化产业领域的立法。

一般性立法包括宪法中的有关表达自由、发展文化事业、经济制度的条款，行政法部门中的行政许可、行政强制、行政处罚、行政救济方面的法律规范，民法中的物权法、合同法、知识产权法等内容，商法部门中的公司法、保险法等涉及文化产业主体组织形式的法律规范，经济法中的财税法、金融法、投资法、竞争法、消费者权益保护法等规范，社会法中的劳动法、社会保障法，以及刑法中的有关打击文化领域中违法犯罪的条款，以及为违约、侵权提供救济及责任追究程序的诉讼法律规范等。

专门性文化产业立法是指专门对文化产业领域进行规范和调整的法律规范，这包括对新闻出版、广播电视、电影、文化艺术、体育、旅游、广告等领域进行规范与管理的各种法律、法规，也包括保护、促进性的文化产业领域的立法，如《电影产业促进法》，以及为数众多的从财政、税收、金融、土地等方面给予文化产业发展以优惠和支持的法律法规以及规

---

① 参见刘剑文《论领域法学：一种立足新兴交叉领域的法学研究范式》，《政法论丛》2016 年第 5 期；王桦宇《论领域法学作为法学研究的新思维——兼论财税法学研究范式转型》，《政法论丛》2016 年第 5 期；梁文永《一场静悄悄的革命：从部门法学到领域法学》，《政法论丛》2017 年第 2 期。

范性文件。

(二) 文化产业基础法和文化产业专门法

文化产业包罗万象,各个文化产业之间既有共性,也有各自的特点。因此,专门性的文化产业立法大体包含两个层次的立法。一是调整文化产业的基础性、综合性的法律规范,其调整范围覆盖所有的文化产业。二是针对各个具体的文化产业领域的专门性的立法。

第一类文化产业基础性、一般性法律目前数量较少,包括我国正在拟议中的《文化产业促进法》,以及文化部的部门规章《文化市场行政执法管理办法》《文化市场重大案件管理办法》等。

第二类文化产业具体、专门领域的立法则为数众多,出版、电影、广播电视、音乐、游戏、体育、旅游等在内的各个产业领域,都有各自的法律规范。如传媒领域的《电影产业促进法》《出版管理条例》《印刷业管理条例》《电影管理条例》《广播电视管理条例》;文化娱乐领域的《营业性演出管理条例》《娱乐场所管理条例》《互联网上网服务营业场所管理条例》;以及广告规制领域的《广告法》《广告管理条例》等。

(三) 规范监管类文化产业法和保护促进类文化产业法

调整文化产业领域的立法可根据调整方式的不同分为两种类型:规范监管类法律和保护促进类法律。

第一类,规范监管类法律。这类法律主要是指用以规范文化产业主体资格及各项文化产业主体经营行为、市场竞争行为等的法律。主要包括对于各项文化产业的准入、许可、监管的立法,比如各文化产业的管理条例和管理办法;也包括规范文化产业领域中税收、投资、市场竞争秩序方面的立法,比如经济法中的《反不正当竞争法》《税法》《消费者权益保护法》《广告法》等。

第二类是保护促进类法律,主要是以保护、激励、优惠、奖励等方式来促进文化产业发展的法律规范。比如《著作权法》《商标法》《专利法》等知识产权保护类法律,以及拟议中的《文化产业促进法》,2016 年的《电影产业促进法》以及《促进科技成果转化法》等。

(四) 文化产业核心层、文化产业外围层、文化产业延伸层法律[①]

国家统计局在其制定的《文化及相关产业分类(2004)》编制说明中

---

① 本部分参考陶信平《文化产业法概论》,中国人民大学出版社 2016 年版,第 17—19 页。

指出，文化产业分类可组合出文化产业核心层、文化产业外围层和相关文化产业层三个层次。其中，文化产业核心层包括新闻服务、出版发行和版权服务、广播、电视、电影服务、文化艺术服务；文化产业外围层包括网络文化服务、文化休闲娱乐服务及其他文化服务；相关文化产业层包括文化用品、设备及相关文化产品的生产和文化用品、设备及相关文化产品的销售。虽然之后国家统计局 2012 年颁布的《文化及相关产业分类》修订说明中提到不再保留这种分法，但是以上的三分法仍然具有一定的参考价值，因此，也可据此将文化产业立法分为核心层、外围层以及延伸层法律。

1. 文化产业核心层法律

包括新闻出版发行服务、广播电视电影服务、文化艺术服务等领域的法律。

新闻出版发行服务的规范如《印刷业管理条例》（2001 年 7 月发布，2016 年 2 月、2017 年 3 月修订）、《音像制品管理条例》（2001 年 12 月发布，2011 年 3 月、2013 年 12 月、2016 年 2 月修订）、《出版管理条例》（2001 年 12 月发布，2011 年 3 月、2013 年 7 月、2014 年 7 月、2016 年 2 月修订）、《外国常驻新闻机构和外国记者采访条例》（2008 年 10 月）、《地图管理条例》（2015 年 11 月）。

广播电视电影服务的规范如《电影产业促进法》、《无线电管理条例》（1993 年 9 月发布，2016 年 11 月修订）、《卫星电视广播地面接收设施管理规定》（1993 年 10 月发布，2013 年 7 月修订）、《广播电视管理条例》（1997 年 8 月）、《广播电视设施保护条例》（2000 年 11 月）、《电影管理条例》（2001 年 12 月）。

文化艺术服务的规范如《营业性演出管理条例》（2005 年 7 月发布，2013 年 7 月、2016 年 2 月修订）。

2. 文化产业外围层的法律

包括网络文化服务、文化休闲娱乐服务、文化创意设计服务等领域的法律。

网络文化服务的法律规范包括：《计算机信息系统安全保护条例》（1994 年 2 月发布，2011 年 1 月修订）、《计算机信息网络国际联网管理暂行规定》（1996 年 2 月发布，1997 年 5 月修正）、《互联网信息服务管理办法》（2000 年 9 月）、《电信条例》（2000 年 9 月发布，2014 年 7 月、

2016年2月修订)、《外商投资电信企业管理规定》(2001年12月发布,2008年9月、2016年2月修订)、《互联网上网服务营业场所管理条例》(2002年9月)。

文化创意设计服务主要包括知识产权领域的法律规范,如《著作权法》、《商标法》、《专利法》、《计算机软件保护条例》(1991年5月)、《著作权法实施条例》(2002年8月)、《商标法实施条例》(2002年8月,2014年4月修订)、《知识产权海关保护条例》(2003年12月,2010年3月修订)、《著作权集体管理条例》(2004年12月)、《信息网络传播权条例》(2006年5月)。

文化休闲娱乐服务的法律规范包括《互联网上网服务营业场所管理条例》(2002年9月)、《娱乐场所管理条例》(2006年1月,2016年2月修订)、《大型群众性活动安全管理条例》(2007年9月)、《旅行社条例》(2009年2月)。

3. 文化产业延伸层法律

主要包括文化产品生产的辅助生产如印刷复制、文化经纪代理、文化出租等,文化用品的生产如办公用品、视听设备制造等,以及文化专用设备的生产,如印刷专用设备、广播投影设备等领域的法律。规范这些领域的法律主要是《产品质量法》和《合同法》等。

第二节　文化产业法体系

文化产业法体系主要是指文化产业领域中由各个层级法律规范所构成的立法体系。根据《立法法》规定,我国的立法体系是由宪法、法律、行政法规、部门规章、地方性法规、政府规章所包含的各个层级的规范构成。目前,我国文化产业领域的法律已经初步形成从中央到地方,从宪法到法律,再到法规、规章,涵盖各个领域的相互配套的文化产业立法体系。

一　宪法层面

宪法是一国根本大法,具有最高的法律地位和法律效力。宪法从三个方面对文化产业立法做出了纲领性、方向性的规定。一是,宪法确认了国家发展文化事业、保护历史文化遗产的总体方针。《宪法》第22条规定:

"国家发展为人民服务、为社会主义服务的文学艺术事业、新闻广播电视事业、出版发行事业、图书馆博物馆文化馆和其他文化事业，开展群众性的文化活动。国家保护名胜古迹、珍贵文物和其他重要历史文化遗产"。二是，宪法规定了公民所享有的表达自由以及从事科学研究、文学艺术创作的自由。《宪法》第35条规定，"中华人民共和国公民有言论、出版、集会、结社、游行、示威的自由"，第47条规定，"中华人民共和国公民有进行科学研究、文学艺术创作和其他文化活动的自由。国家对于从事教育、科学、技术、文学、艺术和其他文化事业的公民的有益于人民的创造性工作，给以鼓励和帮助"。三是，宪法规定了我国的基本经济制度。《宪法》第6条规定："国家在社会主义初级阶段，坚持公有制为主体、多种所有制经济共同发展的基本经济制度，坚持按劳分配为主体、多种分配方式并存的分配制度"，以及第11条："国家保护个体经济、私营经济等非公有制经济的合法的权利和利益。国家鼓励、支持和引导非公有制经济的发展，并对非公有制经济依法实行监督和管理"。这些经济制度的规定同样适用于文化产业领域。

宪法的规定可以在两个方面发挥作用，一是宪法本身就是最高的法律规范，具有最高的法律效力，文化产业领域的各个主体都需要在宪法的范围内活动。二是宪法上的规定为整个文化产业法律体系提供了立法依据、指导原则以及立法宗旨。其中，宪法将鼓励和帮助文化事业设定为国家的一项工作任务，为各项促进、保护性立法提供了宪法依据。宪法中对经济制度的规定为文化产业领域的所有制形式、分配方式的设置提供了基本的依据。宪法中，表达自由、科学研究、艺术创作自由条款则为整个文化产业立法设定了基本的价值目标。文化产业的各项法律法规必须致力于保护文化产品的创作者、传播者的这些自由，不得对其进行任意和过度限制。

二 法律层面

法律是指由全国人民代表大会及其常委会制定、颁布的规范性法律文件，其效力仅次于宪法。调整文化产业领域的法律可分为两类：适用于文化产业领域的综合性法律和适用于文化产业领域的专门性法律。

（一）适用于文化产业领域的综合性法律

文化产业法作为调整文化产业这一领域的法律规范的总和，横跨诸多法律部门。民法部门中的民法总则、债权法、物权法、知识产权法，以及商法部门中的公司法、保险法等都适用于调整文化产业中所产生的平等主体之间的财产关系和人身关系。社会法中的劳动法、社会保障法也同样适用于文化产业领域中所发生的劳动关系及社会保障关系，保障文化产业从业者的劳动权利与社会保障权利。刑法的有关条款适用于打击文化领域中的违法犯罪问题。诉讼法（民事诉讼法、刑事诉讼法和行政诉讼法）则为违约、侵权的救济及违法犯罪的责任追究提供了法律保障。

在这些综合性的法律之中，文化产业法与三个部门的法律关系最为紧密。一是，行政法部门中的行政许可法、行政强制法、行政处罚法，以及行政复议法等法律。二是经济法中的财税法、金融法、投资法、竞争法、消费者权益保护法等。三是知识产权法中的《著作权法》《商标法》《专利法》等。

（二）适用于文化产业领域的专门性法律

总的来看，目前适用于文化产业领域的专门性法律并不多，主要包括两类，一类是适用于所有文化产业领域的一般性法律，目前主要包括正在拟议中的《文化产业促进法》。该法是文化产业领域中的综合性、基础性法律。

另一类是适用于文化产业领域的专门性立法，如《著作权法》、《商标法》、《广告法》（2015年修订）、《电影产业促进法》（2016年）、《旅游法》、《体育法》、《文物保护法》、《非物质文化遗产保护法》等单行法律。

三 行政法规层面

为促进文化产业的发展，落实宪法以及上述各项法律的规定，国务院作为最高的行政主管部门还颁布了大量的行政法规对文化产业领域进行调整和规范。实际上，由于我国文化产业立法还处于探索阶段，对于文化产业规范管理的基础性的规范恰恰是由这些行政法规以及下述的行政规章而不是由立法提供的。这些规范构成了我国文化产业立法中非常重要的组成部分，塑造了我国文化产业的基本样态。

文化娱乐、旅游领域：《互联网上网服务营业场所管理条例》（2002年9月）、《营业性演出管理条例》（2005年7月发布，2013年7月、2016年2月修订）、《娱乐场所管理条例》（2006年1月，2016年2月修订）、《大型群众性活动安全管理条例》（2007年9月）、《旅行社条例》

（2009 年 2 月）。

新闻出版领域：《印刷业管理条例》（2001 年 7 月发布，2016 年 2 月、2017 年 3 月修订）、《音像制品管理条例》（2001 年 12 月发布，2011 年 3 月、2013 年 12 月、2016 年 2 月修订）、《出版管理条例》（2001 年 12 月发布，2011 年 3 月、2013 年 7 月、2014 年 7 月、2016 年 2 月修订）、《外国常驻新闻机构和外国记者采访条例》（2008 年 10 月）、《地图管理条例》（2015 年 11 月）。

广播电影电视领域：《无线电管理条例》（1993 年 9 月发布，2016 年 11 月修订）、《卫星电视广播地面接收设施管理规定》（1993 年 10 月发布，2013 年 7 月修订）、《广播电视管理条例》（1997 年 8 月）、《广播电视设施保护条例》（2000 年 11 月）、《电影管理条例》（2001 年 12 月）。

电信及互联网管理领域：《计算机信息系统安全保护条例》（1994 年 2 月发布，2011 年 1 月修订）、《计算机信息网络国际联网管理暂行规定》（1996 年 2 月发布，1997 年 5 月修正）、《互联网信息服务管理办法》（2000 年 9 月）、《电信条例》（2000 年 9 月发布，2014 年 7 月、2016 年 2 月修订）、《外商投资电信企业管理规定》（2001 年 12 月发布，2008 年 9 月、2016 年 2 月修订）、《互联网上网服务营业场所管理条例》（2002 年 9 月）。

知识产权保护领域：《计算机软件保护条例》（1991 年 5 月）、《著作权法实施条例》（2002 年 8 月）、《商标法实施条例》（2002 年 8 月，2014 年 4 月修订）、《知识产权海关保护条例》（2003 年 12 月，2010 年 3 月修订）、《著作权集体管理条例》（2004 年 12 月）、《信息网络传播权条例》（2006 年 5 月）。

文化财产保护及广告管理领域：《广告管理条例》（1987 年 12 月）、《文物保护法实施条例》（2003 年 5 月）。

四　部门规章层面

我国文化产业立法的核心是行政监管和产业保护，因此文化产业各个主管部门在文化产业的立法方面非常活跃，出台了大量规章以及规范性文件对各自管辖范围内的产业领域进行规范和保护。

文化部：《进口影片管理办法》（1981 年 10 月）、《文化部涉外文化艺术表演及展览规定》（1997 年 6 月发布，2004 年 7 月修订）、《在华外国人参加演出活动管理办法》（1999年3月）、《中国公民出国旅游管理办法》（2002年7月发布，2017年3月修订）、《美术品经营管理办法》（2004年7月）、《音像制品批发、零售、出租管理办法》（2006年10月）、《动漫企业认定管理办法（试行）》（2008年12月）、《旅行社条例》（2009年5月发布，2016、2017年修订）、《文物认定管理暂行办法》（2009年8月）、《美术品进出口管理暂行规定》（2009年）、《互联网文化管理暂行规定》（2011年2月发布，2017年12月修订）、《网络游戏管理暂行办法》（2010年8月发布，2017年12月修订）、《文化市场综合行政执法管理办法》（2011年12月）、《演出经纪人员管理办法》（2012年12月）、《娱乐场所管理办法》（2013年3月发布，2017年12月修订）、《艺术品经营管理办法》（2015年12月）。

新闻出版总署：《报纸管理暂行规定》（1990年12月，已废止）、《新闻出版保密规定》（1992年6月）、《关于出版单位的主办单位和主管单位职责的暂行规定》（1993年6月）、《音像制品复制管理办法》（1996年2月）、《图书、期刊、音像制品、电子出版物重大选题备案办法》（1997年10月）、《内部资料性出版物管理办法》（1997年12月，已废止）、《出版管理行政处罚实施办法》（1997年12月）、《电子出版物管理规定》（1997年12月，已废止）、《印刷品广告管理办法》（2000年3月）、《新闻出版行业标准化管理办法》（2001年1月）、《印刷业经营者资格条件暂行规定》（2001年11月）、《设立外商投资印刷企业暂行规定》（2002年1月）、《外商投资图书、报纸、期刊分销企业管理办法》（2003年3月，已废止）、《印刷品承印管理规定》（2003年7月）、《音像制品出版管理规定》（2004年6月）、《图书质量管理规定》（2004年12月）、《报纸出版管理规定》（2005年9月）、《电子出版物出版管理规定》（2008年2月）、《音像制品制作管理规定》（2008年2月）、《图书出版管理规定》（2008年2月）、《期刊出版管理规定》（2008年4月）、《著作权行政处罚实施办法》（2009年4月）、《复制管理办法》（2009年6月）、《新闻记者证管理办法》（2009年8月）、《报刊记者站管理办法》（2009年8月）、《订户订购进口出版物管理办法》（2011年3月）、《出版物市场管理规定》（2011年3月）、《音像制品进口管理办法》（2011年4月）、《新闻出版行业标准化管理办法》（2013年12月）、《内部资料性出版物管理办法》（2015年2月）、《新闻出版许可证管理办法》（2016年1月）、

《网络出版服务管理规定》（2016年2月）、《出版物市场管理规定》（2016年5月）、《出版物进口备案管理办法》（2017年1月）。

国家广播电视总局：《有线电视管理暂行办法》（1990年11月发布，2011年1月修订）、《外商投资电影院暂行规定》（2003年11月）、《广播影视节（展）及节目交流活动管理规定》（2004年6月）、《广播电视编辑记者、播音员主持人资格管理暂行规定》（2004年6月）、《广播电视节目传送业务管理办法》（2004年6月）、《广播电视节目制作经营管理规定》（2004年6月）、《广播电视视频点播业务管理办法》（2004年6月）、《广播电台电视台审批管理办法》（2004年6月）、《广播电视站审批管理暂行规定》（2004年6月）、《境外卫星电视频道落地管理办法》（2004年6月）、《中外合作摄制电影管理规定》（2004年7月）、《中外合作制作电视剧管理规定》（2004年9月）、《境外电视节目引进、播出管理规定》（2004年9月）、《电视剧审查管理规定》（2004年9月，已废止）、《电影剧本（梗概）备案、电影片管理规定》（2006年5月）、《互联网视听节目服务管理规定》（2007年12月）、《广播电视广告播出管理办法》（2009年9月发布，2011年11月修订）、《广播电视安全播出管理规定》（2009年12月）、《电视剧内容管理规定》（2010年5月）、《有线广播电视运营服务管理暂行规定》（2011年12月）、《专网及定向传播视听节目服务管理规定》（2015年11月）、《新闻单位驻地方机构管理办法（试行）》（2016年11月）、《点播影院、点播院线管理规定》（2018年2月）。

工信部和网信办：《互联网IP地址备案管理办法》（2005年2月）、《规范互联网信息服务市场秩序若干规定》（2011年12月）、《电信和互联网用户个人信息保护规定》（2013年7月）、《互联网新闻信息服务管理规定》（2017年5月）、《互联网域名管理办法》（2017年8月）。

其他还包括：《广告管理条例实施细则》（1988年1月）、《互联网安全保护技术措施规定》（2005年11月，公安部）、《展会知识产权保护办法》（2006年1月）、《娱乐场所治安管理办法》（2008年10月，公安部）、《台湾记者在内地采访办法》（2008年11月，国务院台办）、《香港澳门记者在内地采访办法》（2009年2月，国务院港澳办）、《互联网广告管理暂行办法》（2016年7月，工商总局）。

此外，在文化产业促进方面，国务院和相关部委已颁布了若干规范性文件以及政策性文件，虽然严格说来不属于法律规范的范畴，但在实践中却起到非常重要的规范作用，比较重要的有：《关于金融支持文化产业振兴和发展繁荣的指导意见》（2010年3月，中央宣传部、中国人民银行、财政部、文化部、广电总局、新闻出版总署、银监会、证监会、保监会）、《关于深入推进文化金融合作的意见》（2014年3月，文化部、中国人民银行、财政部）、《关于动漫企业进口动漫开发生产用品税收政策的通知》（2016年8月，财政部、海关总署、国家税务总局）、《关于延续动漫产业增值税政策的通知》（2018年4月，财政部、税务总局）、《关于延续宣传文化增值税优惠政策的通知》（2018年6月，财政部、税务总局）、《关于继续实施文化体制改革中经营性文化事业单位转制为企业若干税收政策的通知》（2019年2月，财政部、税务总局、中央宣传部）、《关于继续实施支持文化企业发展增值税政策的通知》（2019年2月，财政部、税务总局）等。

五 地方性法规层面

在我国的立法体系中，省、自治区、直辖市人大及其常委会，以及较大的市的人大及其常委会，设区的市的人大及其常委会都可以在职权范围内就地方性事务制定地方性法规。我国各个地区根据本地的实际情况在文化产业的规范和促进方面制定了大量的地方性法规，这些法规构成了我国文化产业立法体系的重要组成部分。

比如北京市制定了如下涉及文化产业的地方性法规：《北京市体育设施管理条例》（1999年10月）、《北京市历史文化名城保护条例》（2005年3月）、《北京市信息化促进条例》（2007年9月）、《北京市专利保护和促进条例》（2013年9月）、《北京市旅游条例》（2017年5月），《北京市非物质文化遗产条例》（2019年1月）。上海市制定的文化产业的地方性法规包括：《上海市经纪人条例》（2000年12月）、《上海市专利保护条例》（2001年12月）、《上海市文物保护条例》（2014年6月）、《上海市旅游条例》（2014年12月修订）、《上海市出版物发行管理条例》（2010年9月修订）、《上海市音像制品管理条例》（2010年9月修订）等。

绝大多数省和较大城市，都出台了当地的文化市场管理条例，如《四川省文化市场管理条例》《陕西省文化市场管理条例》《浙江省文化市场管理条例》《内蒙古自治区市场管理条例》《山东省市场管理条例》《湖南省市场管理条例》等。部分省市出台了文化产业促进的地方法规,如《四川省文化产业促进条例》《深圳市文化产业促进条例》《太原市促进文化产业发展条例》等。

六 国际法层面

与文化产业有关的国际法层面的法律规范主要包括表达自由、创作自由保护、版权保护以及文化遗产保护等方面的规范。

(一) 保护表达自由与文艺创作自由的国际法文件

《世界人权宣言》(1948年)、《公民权利和政治权利国际公约》(1966年,我国1998年签署,还未批准)、《经济、社会、文化权利国际公约》(1966年,我国1997年签署,2001年批准加入)。

(二) 版权保护方面的国际法文件

《世界版权公约》(1971年7月24日)、《伯尔尼保护文学和艺术作品公约》(1971年7月24日)、《保护录音制品制作者防止未经许可复制其录音制品公约》(1971年10月29日)、《世界贸易组织与贸易有关的知识产权协定》(简称TRIPS协定)(1993年12月15日)、《保护表演者、录音制品制作者和广播组织的国际公约》(1961年10月26日)、《保护录音制品制作者防止未经许可复制其录音制品公约》(1971年10月29日)、《避免对版权使用费双重征税的多边公约》(1979年12月13日)。

(三) 文化遗产保护及其他

文化遗产保护方面包括《保护世界文化和自然遗产公约》(1972年11月16日)、《保护非物质文化遗产公约》(2003年10月17日)和《保护文化内容和艺术表现形式多样性国际公约》(2005年10月20日)。

其他,还包括信号管制方面的《关于播送由人造卫星传播载有节目的信号的公约》(1974年5月21日)。

第三节 文化产业法基本制度

文化产业是一项文化和经济相互结合、渗透的新兴产业。[1] 作为文化产业产出物的"文化产品"具有意识形态性和商品性双重属性。从意识

---

[1] 魏永征、周丽娜:《新闻传播法教程》,中国人民大学出版社2019年版,第278页。

形态属性来说，文化产品承载思想、观念、价值观，是精神产品，对政治、经济、社会、文化会产生积极或消极的影响。国家需要对文化产业进行规范、管理，弘扬正面积极的内容，规范负面、有害内容。从商品属性来说，如同其他商品一样，文化产品的生产与销售需要遵循产业发展规律和市场规律。这意味着文化产品需要国家提供坚实的产权保护，文化产业市场需要国家适度予以干预。并且，国家已将文化产业作为支柱性产业予以大力发展，这其中离不开对文化产业采取一定的激励性措施。总的来看，文化产业的基本制度可主要划分为"规范监管"和"保护促进"两种制度类型。

一　文化产业规范监管制度

（一）文化市场准入制度

文化市场准入制度是市场准入制度的一种，是指政府或经其授权的组织、机构通过对进入文化市场的人员、资金、技术、场所等方面的资质提出要求、设置进入门槛的方式对其进行规范监管的制度。市场准入是现代市场经济中一项重要的基础性法律制度。一般的市场准入仅对人员、资金数目、办公场所等项目提出要求，由工商行政管理部门予以审核颁发营业执照。文化市场准入制度则是指由相关的文化行政主管部门对文化企业的市场准入进行前置性许可与审批。在我国对于文化产业市场准入主体提出的各项资质要求中，除了上述人员、资金数目、办公场所等项目外，还对投资主体的资金性质提出要求。2001年之前，我国文化产业的各个行业基本都是国有或集体所有，之后开始对社会资本以及外资进行开放，扩大了文化产业发展的投资来源。2005年，文化部等五部委还联合发布了《文化领域引进外资的若干意见》，将文化产业领域的外资引进分为鼓励、限制和禁止三种情况（后续章节有详细介绍和分析）。

文化市场准入是对文化产业进行规范管理的一项首要的和基础性的制度，普遍存在于我国文化产业领域的各个行业。在我国，音像、图书、报刊以及电子出版物等各类出版单位的设立，需要从新闻出版行政管理部门取得许可；广播、电视播出机构的设立，广播电视节目制作经营机构的设立，以无线或者有线方式传送广播电视节目机构的设立，乡镇等有线广播站的设立、卫星地面接收设施的设置，从事卫星接收设施安装服务企业的设立，以及广播电视专用频段频率的指配等业务都需要获得广电行政管理部门的许可。目前，电影制作方面已经取消了电影制作单位许可的规定，但设立电影的发行单位和放映单位仍需取得行政许可。电视剧的制作需要获得"电视剧制作许可"。同时，互联网环境下，制作微电影和网络剧的机构也需要获得"广播电视节目制作经营许可证"。根据我国法律规定，中外合作摄制电影、中外合作制作电视剧需要另外取得许可，审批单位为国务院电影行政主管部门。

  许可制度的应用范围还包括文化产业的其他领域。根据我国《印刷管理条例》和《出版管理条例》的规定，印刷经营，以及出版物的批发、零售等发行业务都需要取得相应的许可证，审批单位为新闻出版行政管理部门。在互联网环境下出现了为出版发行业务提供服务的网络交易平台，根据我国法律规定，这类平台需要向注册地的省级行政主管部门进行备案即可，不需要获得许可。在营业性演出方面，根据我国《营业性演出管理条例》的规定，举办该类活动需从文化行政主管部门取得许可。在旅游行业，根据我国2013年《旅游法》以及2009年《旅行社条例》的规定，旅行社的设立需要取得旅游行政主管部门的许可。目前，我国广告行业的许可制度已发生较大变化。根据我国2015年修订的《广告法》，已经取消广告经营登记的规定，但是如果报刊出版、广播电台、电视台等单位从事广告发布业务，需要向相应的工商行政管理部门进行登记。而且，这些单位从事广告业务的部门必须与采编部门严格分开。目前，对于网站及其他网络媒体发布广告，没有向工商管理部门登记的要求。

  文化市场准入制度也体现在互联网信息服务之中。首先，根据2000年《互联网信息服务管理办法》，任何从事"经营性"的互联网信息服务的部门都需要取得"增值电信业务经营许可证"，从事"非经营性"的互联网信息服务需要向工信部或省级电信管理机构进行备案。其次，从事其他互联网信息服务的，还需要另外取得相应的许可证。例如，从事互联网视听节目服务需要取得"网络视听节目服务许可证"，审批机构为广电行政管理部门；从事互联网新闻信息服务需要从国家或省级网信行政管理部门取得"新闻信息服务许可证"；从事网络出版服务需要取得出版行政管理部门颁发的"网络出版服务许可证"等。

(二) 文化产业内容审查制度

文化产业内容审查制度是指政府或其授权机构对文化产品的内容及其表现形式进行审查的一项制度。内容审查是各国文化产业管理中的一项普遍性制度，也是我国文化产业管理的一项基础性制度。文化产业通常还被称为"内容产业"，而内容则可能对社会产生不利影响，为消除其负面影响，国家需要对内容进行一定程度的审查把关。我国文化产业的各项法律、法规及规范性文件中都规定了对信息内容的禁止或限制等管理性条款。这些条款是文化产品、文化信息必须遵守的内容底线。据此，为保证文化产品的生产者、传播者可以遵守这些标准，保护公共利益，执法部门以及行政主管部门普遍对文化产品、信息实施内容审查。从总体上，审查方式可主要分为"事先审查"与"事后审查"两种方式。

1. 事先审查

事先审查是指在产品出版、发行、放映、上市之前对其内容进行的各种审查把关制度。我国文化产业管理规范中大量使用事先审查方式，其形式包括许可和备案。许可是指需要经过有关部门的审查和批准。备案是指将主要内容呈送有关机关，但这些机关不对其做实质性审查。以下对我国文化产业领域的内容审查制度进行介绍。

（1）出版物及电影、电视剧摄制前的重大选题备案制度。拟出版图书等出版物的重大选题备案制度。音像、期刊、图书以及电子出版物中涉及国家安全、社会安定等方面的重大选题需要出版单位事先报请省级出版行政管理部门审批，并报国务院出版行政主管部门进行备案。[1] 电影摄制也实施类似制度。拟摄制的电影如果涉及有关国家安全，以及民族、宗教、军事、外交等敏感题材的应按规定将电影剧本向有关部门报送审查。[2] 电视剧的摄制和发行也有类似规定。对于电视剧的内容，如果拟拍摄的电视剧涉及重大题材或敏感内容，在由省级广播影视行政部门及国务

---

[1] 根据我国《出版管理条例》第 20 条的规定，图书出版社、音像出版社和电子出版物出版社的年度出版计划及涉及国家安全、社会安定等方面的重大选题，应当经所在地省、自治区、直辖市人民政府出版行政主管部门审核后报国务院出版行政主管部门备案；期刊社的重大选题，应当依照前款规定办理备案手续。

[2] 根据《电影产业促进法》第 13 条的规定，拟摄制电影的法人、其他组织应当将电影剧本梗概向国务院电影主管部门或者省、自治区、直辖市人民政府电影主管部门备案；其中，涉及重大题材或者国家安全、外交、民族、宗教、军事等方面题材的，应当按照国家有关规定将电影剧本报送审查。

院行政主管部门申请拍摄备案公示时，需同时出具省级以上主管部门或有关部门的书面意见。①

（2）电影、电视剧、部分电视节目播映、发行前的内容审查制度。根据《电影产业促进法》第17条的规定，电影完成后，电影摄制者应该将完成的电影送交国务院或省级政府电影主管部门进行审查，取得"电影片公映许可证"。根据《电视剧内容管理规定》（广电总局，2010年），电视剧摄制完成后，需要经过省级广电部门的电视剧审查机构审查，以获得"电视剧发行许可证"，之后才可公开发行。对于群众参与的广播电视直播节目，我国1999年广电总局颁布暂行办法规定，由中央级电台、电视台开设的此类节目，须报国家广播电影电视总局审批；省级电台、电视台开设的此类节目，须报省级广播影视厅（局）审批，并报国家广播电影电视总局备案；地市、县级开办的，须报省级广播影视厅（局）备案。②

（3）对于从境外进口的出版物的内容审查制度。根据我国《出版管理条例》第45条的规定，境外进口出版物首先由出版物的进口经营单位自行对内容进行审查，但规定，省级以上出版行政主管部门可以对出版物进行直接的内容审查。并规定，进口经营单位对于那些无法判断的内容可以请求省级以上出版行政主管部门进行内容审查。《出版管理条例》第46条还规定了进口出版物的目录备案制度。③

同时，我国对于境外电影、电视剧、电视节目、网络游戏的引进也都实施事先内容审查制度。根据我国相关法律法规，我国境外电影、电视剧以及境外电视节目的引进都必须经过省级或国务院广播、电影、电视主管机构的审查批准。使用卫星地面接收设施接受外国电视以及境外卫星电视

---

① 《电视剧内容管理规定》第11条："省、自治区、直辖市人民政府广播影视行政部门、直接备案制作机构向国务院广播影视行政部门申请电视剧拍摄制作备案公示时，应当提交下列材料：（一）《电视剧拍摄制作备案公示表》或者《重大革命和重大历史题材电视剧立项申报表》，并加盖对应的公章；（二）如实准确表述剧目主题思想、主要人物、时代背景、故事情节等内容的不少于1500字的简介；（三）重大题材或者涉及政治、军事、外交、国家安全、统战、民族、宗教、司法、公安等敏感内容（以下简称特殊题材），应当出具省、自治区、直辖市以上人民政府有关主管部门或者有关方面的书面意见"。

② 参见《群众参与的广播电视直播节目管理暂行办法》第4条规定。

③ 《出版管理条例》第46条："出版物进口经营单位应当在进口出版物前将拟进口的出版物目录报省级以上人民政府出版行政主管部门备案；省级以上人民政府出版行政主管部门发现有禁止进口的或者暂缓进口的出版物的，应当及时通知出版物进口经营单位并通报海关。"

频道在我国境内落地都要经过省级或国务院广电行政管理部门进行审批。进口网络游戏需要由新闻出版主管部门实施审批。

（4）广告内容审查制度。我国法律对于一般广告由广告发布单位进行审查把关，但对于特殊类型的广告则由相应的行政主管部门实施发布前的内容审查。根据我国《广告法》的规定，有关部门应当对有关医疗器械、药品、兽药、农药，以及保健食品等类广告在其发布前进行内容审查，否则不得发布。①

除了由行政主管部门进行审查把关，根据我国法律法规，出版单位、电台、电视台广播电视节目播出单位都负有自行进行内容审查的法律义务。根据《广播电视管理条例》，广播电台、电视台需要自行对所有播放的节目实施播前审查制度以及重播重审制度。根据《出版管理条例》的规定，出版单位需要对其出版物实施包括责任编辑和责任校对等在内的"出版物内容审核责任"制度。

随着互联网的普及和影响力的扩大，我国对于网络环境下的出版、视听节目以及新闻信息，逐渐实施与传统出版、广播电视节目、新闻信息的发布实施同样的内容管理制度。网络出版单位也要实施上述如同传统出版单位一样的出版物内容审核责任制度。互联网新闻信息单位则需要实施与传统新闻单位一样的总编辑责任制度，设置包括公共信息巡查、应急处置、信息发布审核等在内的信息安全管理制度。并且，所有网络上涉及的新闻信息都要实施先审后发制度。这里需要注意的是，我国对互联网的管理强调网站、平台的主体责任，因此，互联网信息的内容审查义务更多的是落在了网站以及信息平台的身上。如果这些主体不能很好地履行内容审查义务、信息安全管理义务，按照《网络安全法》的规定，需要承担行政责任甚至是刑事责任。

2. 事后审查

事后审查是指文化产品在上市之后，如果其中内容违反了法律法规的相关规定，由行政主管部门或者执法部门对其进行事后追责的内容规范管理制度。相比事先审查，事后审查对相关主体来说是一种相对较轻的内容

---

① 《广告法》第46条规定，有关部门应当对有关医疗器械、药品、兽药、农药，以及保健食品等广告"医疗、药品、医疗器械、农药、兽药和保健食品广告，以及法律、行政法规规定应当进行审查的其他广告"在其发布前进行内容审查，否则不得发布。

审查方式。

我国出版管理中的"报刊审读"制度和"年检制度"就是典型的事后内容审查制度。"报刊审读"是报刊出版后由行政部门和主管单位对出版质量进行审阅和评定的一种审查和监督制度。根据2009年由新闻出版署发布的部门规章《报纸期刊审读暂行办法》，各级新闻出版行政部门和报刊主管单位都应当设立审读机构，凡持有"国内统一连续出版物号"的报纸期刊都应当列为审读范围。年检制度是"年度核验"制度的简称，在我国是一项对报刊普遍实施的事后内容监督方式。该制度实际上是一项阶段性监督管理制度。根据新闻出版署2006年制定的《报纸期刊年度核验办法》，由省级新闻出版单位负责对本行政区域内的报刊实施年度核验。核验内容包括是否刊载违禁内容，出版经营活动是否违法违规，以及文字、编辑、印刷等出版质量是否达标，依此决定是否通过年检。未能通过年检者，将面临许可证撤销，登记注销等不利后果。

当然，除了以上两者，更大量的事后审查是指当文化产品内容出现了危害国家安全、公共秩序，危害青少年身心健康、侵犯他人权利等内容时，由被侵权人、相关执法部门和行政主管部门进行法律上的追责，承担民事、行政甚至刑事责任等。民事责任包括停止侵权、道歉、财产赔偿等。行政责任包括立即停止播出、通报批评、暂停节目、对有关责任人员进行行政处分，以及对单位进行行政处罚。如果达到犯罪程度，还要承担刑事责任。

(三) 文化产业组织、人员管理制度

除了市场准入以及内容审查制度，我国法律法规还通过组织管理制度以及对相关从业人员设置准入门槛等方式来对文化产业实施规范和管理。

设立主管、主办单位是我国传媒出版行业实施的一项基本的组织管理制度。根据《我国出版管理条例》规定，报刊、图书、音像、电子出版物、出版物进口经营等各类出版单位设立时，必须有主办单位和主管机关，且这些机关必须是经过国务院出版行政管理部门认定的。有学者指出，基于报刊国有、创办报刊的资格由行政主管部门认定以及报刊直接或间接地隶属于一定级别的党政机关三个方面的原因，报刊的主管、主办单位制度是确保"党管媒体"体制的独特设计。[1]

---

[1] 魏永征、周丽娜：《新闻传播法教程》，中国人民大学出版社2019年版，第238—239页。

同时，为保证特殊职业群体的专业素质，我国诸多的法律法规文件都对相关从业人员的资质提出了要求，设置了准入门槛。根据文化部、旅游部、新闻出版总署、广电总局等部委的规章规定，对文化经纪人、导游；媒体部门中的广播电视新闻采编人员、播音员、主持人，新闻记者，广播电视节目的出品人都提出了资质方面的要求。规定了取得该项资格需要具备的学历、技能、品行等项要求。进而要求从事相关的职业活动必须持有相应的资格证书。

原广播电影电视总局于2001年发布了《广播电视节目出品人持证上岗暂行规定》，其中规定了广播电视节目出品人需持证上岗的制度，其中明确要求制作人和出品人持有"广播电视节目出品人上岗证书"才可从事相关工作。我国新闻出版总署2005年颁布的《新闻记者证管理办法》规定，在我国境内从事新闻采编工作需要持有记者证，并具体规定了新闻记者证的申领、核发、使用和管理等各项流程。根据新闻出版总署于2008年颁布的《出版专业技术人员职业资格管理规定》，担任责任编辑的人员，从事编辑、校对以及出版、发行等专业技术工作的人员都需要取得相应的职业资格。

根据国务院发布的《导游人员管理条例》（1999年发布，2017年修订）的规定，在我国境内从事导游活动的人员，必须取得"导游证"。2001年国家旅游局颁发了《导游人员管理实施办法》，对导游人员的资格考试制度、岗前培训以及记分制度、年审制度、等级考核等内容进行了详尽具体的规定。2005年7月文化部发布《营业性演出管理条例》（2013年7月、2016年2月两次修订），对演出经纪机构从事营业性演出经营活动的资格做出了规定，其中包括必须具备专职演出经纪人员人数在3名以上这一要求。2012年12月，文化部又发布《演出经纪人员管理办法》，对演出经纪资格证书的申请、核发和取得、演出经纪人的从业规范以及监督管理等内容进行了规定。

二 文化产业保护、促进制度

我国属于文化产业上的后发国家。2001年，我国中央文件对文化产业地位正式予以承认，此后逐步加强对文化产业的重视，将其作为国家的战略性产业、国民经济中的支柱性产业进行建设。文化产业的健康、良好的运行与发展离不开法律、法治对文化产业强有力的保护与支持。我国通过一系列的知识产权法律保护制度,以及实施财政、金融、税收等方面的扶持与优惠政策促进文化产业的改革、发展和振兴。

(一) 文化产业保护制度

文化产业保护制度主要包括三个方面:文化资源保护、文化内容保护以及文化市场保护。随着对文化产业地位认识的不断深化,我国文化体制方面的改革不断予以推进,一系列保护文化产业发展的法律法规也不断出台。

文化资源保护制度通过多部法律予以体现。在我国文物、优秀文化遗产保护方面,《文物保护法》是最为基本和重要的法律。《非物质文化遗产法》重在对非物质文化遗产的传承与传播做出保护性的规定。我国颁布的《科学技术进步法》和《促进科技成果转化法》也在一定程度上与文化资源保护相关,这些法律中的相关条文规定为文化产业中的科技进步和科技转化提供了法律保障。除了法律之外,我国还制定了相应的行政法规和规章对文化资源予以保护,这包括文化部2006年10月颁布的《国家级非物质文化遗产保护与管理暂行办法》;文化部颁布施行的《文物认定管理暂行办法》(2009年8月),以对文物认定管理工作做出规范;为了实现对世界文化遗产的保护,文化部颁布实施的《世界文化遗产保护管理办法》(2006年11月)等。

知识产权保护制度是文化产业内容保护中最核心的制度。文化产业被称为创意产业,其核心是创作和创意,因此文化产业的健康发展离不开知识产权尤其是版权法律的保护。而在美国,"版权产业"指称的就是文化产业。迄今,我国颁发了大量有关知识产权保护的法律及法规,已经形成了相对健全、完整的知识产权法律保护体系。在法律层面,主要包括《著作权法》《商标法》和《专利法》,在行政法规层面,主要包括《计算机软件保护条例》(1991年5月)、《著作权法实施条例》(2002年8月)、《商标法实施条例》(2002年8月发布,2014年4月修订)、《知识产权海关保护条例》(2003年12月发布,2010年3月修订)、《著作权集体管理条例》(2004年12月)、《信息网络传播权条例》(2006年5月)。随着互联网、大数据、人工智能时代的全面到来,文化产品形式日趋多样,版权保护也日益面临严峻的挑战。因此,如何继续健全知识产权立法,加大执法力度,保障产权和健康的市场秩序至关重要。

在文化市场的保护方面,主要有文化资产评估制度。目前在我国,该制度主要涉及的是国有文化资产的评估,其目的主要是防止国有资产流失。《中央文化企业国有资产评估管理暂行办法》于 2012 年由我国财政部印发。该办法对所涉及的文化企业的资产评估核准、资产评估备案、管理与监督等方面进行了详细的规定。根据该办法,当中央国有文化资产改制时(包括改建为有限责任公司或者股份有限公司)、以非货币资产对外投资时,合并、分立、破产、解散、产权转让时,以及资产转让、置换、拍卖、抵押、质押时等 12 种情形应当对相关资产进行评估,且应聘请符合法律资质要求的资产评估机构对其进行评估。

(二)文化产业促进制度

随着我国经济的持续稳定发展以及人民群众生活水平的提高,文化产业在我国国民经济中的地位不断上升。文化产业对于满足人们精神生活的需要,带动内需、增加就业、促进产业结构升级,以及增强我国的国际竞争力都有重要意义。因此,我国在文化产业方面出台了诸多激励、促进性措施。这主要包括运用财政、税收、金融等经济杠杆进行宏观调控,引导资金流向、激励个人、企业从事某些被政府鼓励的文化行业。

1. 财政支持

财政支持主要体现为中央财政和地方财政对于文化产业的投入和支持。比如目前,我国已经设立的"中国文化产业投资基金",就是由中央财政投入文化产业,以起到示范、引导和发挥杠杆作用。该基金由中国国际电视总公司、中银国际控股、深圳国际文化产业博览交易会三家共同担任基金管理人,预计募集两百亿资金,致力于带动社会资本能够更多地投资于文化产业,带动文化产业的振兴与发展。此外,我国新闻出版、广电、文化等主管部门针对各自管理领域设立了多类奖项鼓励、表彰优秀文化产品,积极支持和引导优秀精神文化产品的创作和生产。

2. 税收优惠

进入 21 世纪以来,在税收方面,我国政府颁布了若干对文化产业领域实施优惠政策的举措。这些措施惠及的对象既包括实施文化体制改革的企业,也包括一般文化企业,优惠税种涉及营业税、所得税、增值税以及出口退税等诸多方面。[①] 而且,我国还特别在动漫产业方面颁布诸多税收

---

① 2005 年 3 月,财政部、海关总署、国家税务总局下发《关于文化体制改革试点中支持文化产业发展若干税收政策问题的通知》,2009 年 3 月颁布《关于文化体制改革中经营性文化事业单位转制为企业的若干税收优惠政策的通知》,以及《关于支持文化企业发展若干税收政策问题的通知》。

优惠措施，以鼓励我国动漫产业的快速发展。①

3. 金融支持

金融支持包括信贷优惠，也包括积极探索适合文化产业的贷款类型。例如，《关于金融支持文化产业振兴和发展繁荣的指导意见》于2010年由财政部、中宣部、文化部、人民银行等部门联合发布，其中提出推动包括知识产权质押贷款、融资租赁贷款等在内的多元化、多层次的信贷产品开发和创新，积极探索适合文化产业项目的多种贷款模式。并且，文化部等部门还分别与金融机构签订合作协议，以便利文化企业从银行获得贷款。这些优惠性金融举措利于为文化产业发展提供资金保障和支持。

4. 土地支持

为积极鼓励文化创意和产业的发展，自2010以来，国务院多次下发指导意见，积极鼓励利用旧厂房、仓库等发展文化产业，为文化企业提供便利的发展空间。② 同时，各个省、自治区、直辖市也发布政策性文件积极鼓励改造利用旧厂房、仓库设立文化企业，建立文化产业园区。③ 并且，2016年我国《电影产业促进法》中也规定了县级以上政府应为影院

---

① 2009年7月《关于扶持动漫产业发展有关税收政策的通知》颁布，在增值税、企业所得税、营业税和进口关税和进口环节增值税等方面对动漫企业予以减免和优惠。

② 如2014年，国务院办公厅发布《关于推进城区老工业区搬迁改造的指导意见》规定，"鼓励改造利用老厂区老厂房老设施，积极发展文化创意、工业旅游、演艺、会展等产业"。2018年，国务院办公厅发布《关于加快发展服务业若干政策实施的实施意见》第15条规定，"积极支持以划拨方式取得土地的单位利用工业厂房、仓储用房、传统商业街等存量房产、土地资源兴办信息服务、研发设计、创意产业等现代服务业"。其他文件还包括：2014年，国务院办公厅《关于推进文化创意和设计服务与相关产业融合发展的若干意见》（国办发〔2014〕10号）第8条，"支持以划拨方式取得土地的单位利用存量房产、原有土地兴办文化创意和设计服务，在符合城乡规划前提下土地用途和使用权人可暂不变更，连续经营一年以上，符合划拨用地目录的，可按划拨土地办理用地手续；不符合划拨用地目录的，可采取协议出让方式办理用地手续"。2015年，国务院办公厅印发《关于支持戏曲传承发展的若干政策的通知》第8条规定，"鼓励有条件的历史建筑、工业遗址等，在符合城乡规划、土地利用总体规划和相关保护法律规定的前提下，通过合理利用成为特色鲜明的戏曲演出集聚区"。2017年，国务院办公厅《关于进一步激发社会领域投资活力的意见》第23条规定，企业将旧厂房、仓库改造成文化创意、健身休闲场所的，可实行在五年内继续按原用途和土地权利类型使用土地的过渡期政策。2018年，国务院办公厅《关于印发文化体制改革中经营性文化事业单位转制为企业和进一步支持文化企业发展两个规定的通知》第19条，"企业利用历史建筑、旧厂房、仓库等存量房产、土地，或生产装备、设施发展文化产业，可实行继续按原用途和土地权利类型使用土地的过渡期政策"。

③ 如2017年上海市《关于加快本市文化创意产业创新发展的若干意见》以及2018年北京市《关于推进文化创意产业创新发展的意见》的通知等都有相关规定。

用地提供保障。①

第四节　文化产业立法模式

由于文化产业法是领域法，涉及范围非常广泛，在法律上既涉及行政法、刑法这样的公法规范，也涉及民法、商法等私法规范，以及公私法性质兼备的经济法规范等，因此不可能将所有有关文化产业的法律规范合为一体，成为单一的法律部门。所以，所谓文化产业的立法模式问题并非是文化产业是否需要建立独立的法律部门问题，而是在现有部门法的基础上要不要制定一部或几部单行的基础性的调整文化产业的法律以对所有的文化产业进行规范和调整。

在调整文化产业的立法方面，规范监管类的规范不可能也没有必要进行统一立法，制定基础法。文化产业法涵盖和涉及所有的文化产业领域，而文化产业本身包含的行业门类又数量众多，分属不同的行政监管部门，且不同行业的产业结构、发展水平、存在问题都不尽相同，因此在规范管理方面进行统一立法并不现实。今后，随着科技进步、经济发展，文化产业形态还会继续增多，进行统一规范调整的可能性更小。而实际上，统一进行规范管理的必要性也不大，民法、商法、行政法、刑法等法律部门已经可以在不同方面比较好地发挥对文化产业领域的各项规范管理功能。

文化产业领域的集中立法问题主要是指文化产业促进方面的统一立法，即要不要制定一部或几部基础性法律，比如"文化产业促进法"或类似法律。有些国家出于发展文化产业的战略目标和总体布局的需要，为便于对文化产业实施宏观调控，制定了"文化产业促进（或称振兴）法"，统筹规定对文化产业领域予以实施的鼓励性、促进性的产业政策。有些国家并未制定这种文化产业促进（或振兴）类法律。前者称为"集中立法"模式，后者称为"分散立法"模式。所以，所谓集中立法模式是指以文化产业基本法＋文化产业单行法的方式来建构文化产业法的体系。②所谓分散立法模式是指仅以制定各领域中的文化产业单行法的方式

---

① 《电影产业促进法》第39条规定，"县级以上地方人民政府有效保障电影院用地需求"。
② 蔡武进：《我国文化产业体系建设的进路》，《福建论坛》（人文社会科学版）2014年第10期。

来建构文化产业法的体系，并不制定文化产业基础性法律。各国基于不同的历史文化传统、法治模式、现实国情等因素，对文化产业法体系的立法模式选择不尽相同。

一 立法模式类型

（一）分散立法模式

分散立法模式，即只有单行法，没有基本法的立法模式。采用这种立法模式的国家并不可以在宏观战略和目标方面进行刻意的安排和设计。[①] 美国以及以法国为代表的欧洲国家是这一立法模式的典型。

美国是分散立法的典型，其文化产业非常发达。美国素有高度重视表达自由的宪法传统，且对产业发展一直秉承自由市场理论。因此，美国主要依靠市场运作发展文化产业，对市场较少干预和限制，也并没有有意采取一些激励或优惠性措施。在美国，文化产业被称为"版权产业"，版权法是美国调整、保护文化产业发展最为基础性的法律规范。美国的版权保护历史悠长。美国第一部《版权法》颁布于1790年，此后多次对《版权法》进行修改，目前正在适用的是1976年修订的《版权法》。

为满足科技发展、技术进步带来的对新兴产业形式进行版权保护的需要，美国不断在原有版权法的基础上推出新的法律规范。1998年，美国颁布了《数字千年（千禧年）版权法案》，确立了互联网上版权侵权中的责任如何认定的基本规则，以及可采取的救济措施的类型。1999年《防止数字化侵权及强化版权赔偿法案》在美国获得通过，该法案规定了预防互联网版权侵权的措施，并进一步增大了发生版权侵权行为时的财产赔偿力度。2005年《家庭娱乐与版权法案》又获得通过，该法案将还未发行的音乐、电影、软件等存储在共享文件中的行为规定为一项版权侵权行为，处罚措施为罚款，甚至是监禁。凭借完善的自由市场制度和健全的知识产权保护制度（尤其是版权保护制度），美国的文化产业得到了充分、长足的发展。

法国的文化产业也非常发达。法国拥有悠久的历史，是文化遗产方面

[①] 如朱洁讜所说，"采用文化产业分散立法模式的国家并不刻意强调文化产业发展的总体目标，并不制定统一的文化产业基本法，而是通过分散在文化产业不同领域的单行法予以调整"。朱洁讜：《中外文化产业法律体系比较研究——以文化产业相关个案为例》，硕士学位论文，北京师范大学，2009年。

的大国，非常重视文化遗产方面的保护。同时，法国也是世界上最早进入现代民主体制的国家之一，对保护民众的表达自由和文化自由等权利也非常看重。总体上，法国的文化政策一方面强调"文化例外"，对外保护国家主权，另一方面对内重视保护民众享有充分的文化权利以及保护文化的多样性。在法律上，法国是较早进行文化产业法治建设的国家。其立法模式与美国相似，采用分散型立法模式，针对具体的文化产业领域出台了若干单行的文化产业法律，涵盖范围包括文化遗产、图书出版、广播电视、新闻传播、艺术教育等各个文化行业。

首先，法国拥有灿烂的历史文化遗产，保护文化遗产的立法是法国文化产业立法中的重要组成部分。早在1887年和1913年，法国就制定了《历史古迹法》，对文化遗产进行法律保护。不久之后，《自然古迹遗址保护法》又于1930年获得颁布。进入60年代，法国进一步加大了历史文化遗产的保护力度。《历史保护选区和不动产修复法》两次颁布（1962年和1967年），相互补充，为保护历史文化资源提供了有力的法律基础。进入80年代，为更好地保护建筑和城市的历史样貌，法国1983年出台了《建筑和城市保护区域外省化法》，对文化遗产整体进行保护。2004年，法国又颁布《遗产法典》，进一步加强了对于"文化遗产"的保护。

其次，法国的文化产业立法还涵盖其他各个文化产业领域。在图书出版行业，法国颁布了《图书单一价格法》（1981年）、《出版自由法》（1981年）和《交流自由法》（1986年）等，对出版自由、交流自由进行保护，也对图书价格市场进行调控。在广播电视领域，法国1974年、1982年、1986年三次颁布和修正了《电台和电视法》。在新闻传播领域，法国政府分别于1984年、1986年两度颁布实施《新闻法》。在文艺教育方面，1987年12月，法国国民议会通过了《艺术教育法》。此外，法国还格外强调对法语的语言保护。1994年8月4日，法国议会通过了《法语使用法》，为推进法语使用、抵制外来语言做了具体规定。

最后，法国也对文化产业制定了产权保护、产业促进方面的法律。在知识产权保护方面，1957年，法国制定了《文化艺术产权法》，即法国版权法，并在1992年，将之前数量众多且分散的与知识产权有关的法规进行汇编和整理，制定成统一的法国《知识产权法典》。进入互联网时代之后，法国加强了对数字环境下作品的法律保护。2006年，法国颁布了《作者权利以及信息社会作者的相关权利法》，将数字环境下版权管理中应当受到刑事处罚的行为予以规定。2010年法国颁布实施《创新与互联网法》，以打击网络盗版，保护网络知识产权，规范网络环境。2012年，法国又通过《文化例外2号法案》，进一步对数字环境下创作者的权益做出保护，并提出了鼓励文化创新、促进网络文化共享的一系列措施。在产业促进方面，1959年，法国文化部成立后出台了《电影资助法》，资助电影产业的发展。1974年，法国政府颁布了《文化宪章》，确立了为促进文化与艺术突破提供保障的基本原则。2003年修订通过《文化赞助法》，以对文化产业发展提供有效的资金支持渠道。

（二）集中立法模式

集中立法模式，或称为综合立法模式，是指以文化产业基础法加文化产业单行法的方式建构文化产业法体系。① 亚洲地区国家中日本、韩国等国家是这一立法模式的代表性国家。

1. 韩国的文化产业立法模式

韩国的文化产业在世界上处于领先地位，自20世纪90年代开始发力以来，目前已经成为世界五大内容产业强国之一。实际上，韩国属于文化产业的后发国家，为使韩国的文化产业能够尽快地发展起来，韩国立法部门和政府出台了一系列的立法和政策鼓励措施。韩国于2001年提出"文化立国"，此后制定了促进文化产业发展的一系列法律。

韩国1999年出台《文化产业促进法》（或称为《文化产业振兴基本法》），这被认为是世界上最早的具有文化产业基础法性质的成文法律规范。该法意在引导、鼓励和扶持韩国文化产业的发展。② 该法针对文化产品的制作环节、流通环节、文化产业中的基础建设等各个方面做了规定，且将设立文化产业专门公司作为一章，共有59条。此后，从2002年到2014年，该法共经历20次修订。每一次修订都意在对文化产业发展中遇到的新环境、新问题做出回应，并指出新的发展方向，提出新的举措。

《文化产业促进法》制定之后，为适应文化产业发展需要，韩国又制定了诸多的单行法律，包括《影像促进基本法》《电影产业促进法》《文

---

① 如王者洁所说，文化产业集中立法模式的特征就是将一国文化产业的基本目标和原则、适用范围、管理机构等基本制度，财政、金融、税收、准入、准出、人才引进及培养等具体促进制度以及法律责任等内容统一地规定在一部法律之中，使之成为该领域最高位阶的法律。王者洁：《当下文化产业立法模式之选择》，《中国发展》2017年第3期。

② 陈辉：《中韩文化产业政策比较研究》，《学海》2005年第4期。

化艺术促进法》《唱片录像带及游戏产品法》《广播法》《出版与印刷基础法》《表演法》《艺术院法》《游戏产业促进法》《观光法》《艺人福利法》《网络数字内容产业促进法》等。此后，这些法律还不断修订以适应不断发展的社会的需要。

2. 日本的文化产业立法模式

日本以"娱乐观光业"来指称文化产业。日本是目前世界上第二大文化产业大国，文化产业是日本国民经济中的支柱性产业。日本文化产业的发展被认为与日本一系列的文化产业促进立法有关。日本的文化产业立法模式也被认为是一种集中立法模式，即文化产业基础法加文化产业单行法的立法模式。[①]

与韩国略有不同，在立法进程上，日本是先出台部分文化产业单行法，之后再在单行法的基础上推出文化产业基础法。1996年，日本制定《21世纪"文化立国"方案》，明确提出以文化作为立国战略。进入21世纪之后，日本于2001年推出综合性的《文化艺术振兴基本法》作为文化艺术领域的促进法。在版权保护方面，2002年11月日本通过了《智慧财产基本法》。在以上法律的基础上，日本于2004年6月通过了《关于促进内容的创造、保护及活用的法律》，该法成为日本产业促进方面的基础性法律。如韩国一样，该法的立法目也在于对文化内容产业进行促进和保障。该法共包括3章35条。

此外，针对文化产业部门内的各个领域和行业，日本也有自己的单行法。如在文化艺术领域中，包括《促进美术品在美术馆公开法》（1998年）、《文字、印刷物振兴法》（2005年）、《电影盗版防止法》（2007年）、《展览会美术品损害赔偿法》（2011年）、《剧场、音乐厅堂等运用法》（2012年）等。版权保护方面包括：1971年制定的《著作权法》，2000年制定的《著作权管理事业法》。在文化旅游方面，包括1997年《促进外国人观光旅行简化的国际观光振兴法》，2006年制定的《观光立国促进基本法》等。

[①] 也有学者有不同认识，认为一般被认为是文化产业基本法的《关于促进内容的创造、保护及活用的法律》实际上并未涵盖所有的文化产业，因而并非是基本法，而是单行法。据此认为日本的文化产业立法模式恰恰是分散立法模式。参见饶世权《日本文化产业立法模式及其对我国的启示》，《新闻界》2016年第11期。

二 我国的立法模式选择

如前所述，文化产业立法采取分散模式还是集中模式主要指的是文化产业促进方面的立法，而不是文化产业规范方面的立法，因为后者涉及领域众多，无法统一，只能采取分散立法模式。

进入 21 世纪以来，我国的文化产业得到了突飞猛进的发展，目前已经占国民经济贡献率的 4% 左右。2011 年，党的十七届六中全会正式提出，到 2020 年将文化产业发展成为我国国民经济的支柱性产业。在我国，文化产业已经作为战略性产业进行布局、发展。文化产业的健康发展离不开健全的法律制度和优良法治环境的保驾护航，关于我国选择何种立法模式，学界、业界提出了大量的分析意见。其中，向日韩学习，采用集中立法模式，制定文化产业基本法为更多人所主张和赞同。且目前我国《文化产业促进法》已经正式进入立法议程之中。但对于文化产业立法模式的问题仍有必要进行理论上的探讨。

从比较的角度来看，在立法模式的选择上，似乎不宜选择欧美的分散立法模式。我国与欧美在法律传统、市场发育状况方面的差异都比较大。欧美的分散性立法模式是在市场发育已经比较成熟，且属于文化产业先发国家的情况下的立法选择。相对来说，日韩的集中立法模式似乎更值得我国借鉴。我国与韩国、日本在文化、法律传统上有诸多相似之处，在文化产业发展状况上，我国与韩国日本一样，都属于文化产业的后发国家。

但是，另一方面，无论是韩国、日本还是我国的促进、扶持、优惠措施在促进文化产业发展方面到底起到多大作用目前还没有实证方面的数据。而多数欧美国家主要依靠市场，以版权法的方式来保护、促进文化产业的发展也的确取得了巨大的成绩。实际上，无论是我国、还是日本、韩国都是在经济发展、人均收入达到中等国家水平时文化产业开始进入快速发展期。这其实是人的基本需求规律的反映。人在满足了生存等基本物质条件之后，文化、审美、娱乐等精神方面的需求就会明显上升。因此，可以肯定的是，经济的发展、生活水平的提高是导致文化产业发展的最重要的因素。也就是说，市场需求是文化产业发展的关键。

因此，即使不有意采取促进政策，文化产业也会有发展的机会。问题是哪个国家的文化产业会被带动，市场消费的是来自哪个国家和地区的文化产品。如果本国的文化产业没有得到很好的发展，民众会更多地消费外来的文化产品,这不但使本国在文化经济上得不到收益,还有被外来文化侵蚀的危险。这正是一国文化产业政策制定最为关心的问题,也是后发国家采取措施促进文化产业发展最主要的考虑。

正因如此,日韩等国才大力采取各种政策、措施包括制定文化产业促进法等基本法促进本国文化产业的发展。在我国,文化基本法的制定也有一定的必要性,主要有以下几方面的原因:首先,文化产业在我国已经被作为国民经济中的战略性产业、支柱性产业予以发展,但是我国的文化产业目前相比发达国家还比较弱小,占国民经济的4%左右,所以我国扶持、鼓励、促进文化产业的基本方针在短时间内不会改变。因此有必要以立法的方式将这些方针、战略以法律的方式固定下来。其次,近十几年来,我国国务院、各部委以及各个地方已经发布和出台了层次不一、数量众多的政策性文件和规范性文件,对文化产业予以鼓励、支持和促进。这些文件不但立法层级低,缺乏权威性,更重要的是标准不统一,甚至相互之间还有冲突。因此,有必要以立法的方式将这些分散性的措施予以整理、整合,统一标准,固定在一部法律当中,以促进不同文化产业类型的共同发展。[1]

因此,多数学者主张,我国有必要制定一部基础性、统筹性的文化产业促进方面的法律。文化产业促进的基本法相当于文化产业的"顶层设计"[2],可以在文化产业立法中起到统领全局的作用。该法可以对文化产业的基本范围、调整方式等方面进行统一规定,进而形成一个与其他单行法律作为补充的层次鲜明、较为系统性的文化产业的立法体系。

不过,特别需要注意的是,保护、促进本国文化产业发展的各项措施必须跳出狭隘的价值观的桎梏。不是只有弘扬本国传统文化、本国价值观的产品才能实现本国文化产业发展的目的。实际上,精神产品、文艺的发展有自己的规律,只有那种真正符合人性需求、符合普遍价值观的文化产品才会真正有市场。因此,文化产业的促进政策、促进法的制定要考虑的恰恰是如何真正促进优秀的文化产品的创作和传播。

这要求我国文化产业的立法首先需要坚持文艺创作自由、表达自由的

---

[1] 于新循、杨丽:《我国〈文化产业促进法〉的立法选择与总体构想》,《四川师范大学学报》(社会科学版)2014年第3期。

[2] 蔡武进:《我国文化产业体系建设的进路》,《福建论坛》(人文社会科学版)2014年第10期。

原则。例如法国，虽然也制定有若干保护促进措施，但是在国内还坚定地奉行信息自由、创作自由的原则。其次，市场应当是文化产业发展最重要的资源配置方式，无论欧美还是日韩，国内都具有较发达的市场经济体系。最后，促进性的文化产业立法必须坚持平等原则，给各个创作主体在获得鼓励、优惠措施上拥有平等竞争的机会，让真正符合市场需求，有生命力的文化产品得以胜出。

第 三 章

文化产业法价值目标

联合国教科文组织将文化产业定义为"按照工业标准生产、储存以及分配文化产品和服务的一系列文化活动"。我国文化部2003年9月签发的《关于支持和促进文化产业发展的若干意见》中指出,"文化产业是指从事文化产品生产和提供文化服务的经营性行业"。文化产业具有"低消耗、高产出"的特点,被称为朝阳产业、绿色产业。目前,文化产业在许多发达国家如美国、日本、韩国都已经成为了国民经济中的支柱产业。自21世纪以来,我国文化产业发展迅速,规模不断扩大,我国政府也不断出台各种支持性政策,大力推动文化产业的发展。2011年,党的十七届六中全会正式提出,到2020年将文化产业发展成为我国国民经济中的支柱性产业。

文化产业健康、良好的发展离不开健全的立法以及优良法治环境的支持与保障。在过去的二三十年间,我国已经制定出大量的法律、法规、规章对于文化产业领域的组织、行为进行规范与调整。这些规范文件在维护、保障、促进文化产业领域的有序、健康发展方面发挥了重要作用。但是,随着人们的文化生活需求日益上升,文化产业的体量规模不断增大,目前的立法在体系性和科学性方面还存在许多不足,无法为我国欣欣向荣的文化产业保驾护航。其中,首先需要关注和检讨的就是文化产业立法中的价值目标问题。立法价值目标是一部法律的主旨和方向,是各项具体立法条款的精神指引。立法价值目标设定的科学与否直接关系到文化产业法律体系的科学与完备程度,也直接影响和决定着文化产业能否快速和健康地发展。因此,文化产业立法的价值目标是文化产业立法的首要和核心问题。本章尝试从理论、历史和现实三个角度对我国文化产业立法中的价值目标问题进行梳理和分析。

第一节　文化产业法价值目标的意涵

从哲学上讲，价值（value）是一个表征"关系"的范畴，反映的是人类实践活动中主体与客体的需求与被需求的关系，揭示的是人的实践活动的动机和目的。同时，价值也是一个表征"偏好"的范畴，用以表示事物所具有的对主体有意义的、可以满足主体需要的功能和属性。[1] 在现代西方政治学理论和法学理论中，价值被用来指称各种有价值的事物，如安全、财富、荣誉或技能等。[2]

立法的价值目标是指立法所致力于促进和保护的那些有价值的事物，如正义、权利、自由、平等、安全、秩序等。立法价值目标构成了法律所追求的社会目的，反映着法律制定和实施的宗旨和方向，是一部法律的灵魂。立法的价值目标具有多元性和时代性，某一具体立法领域的价值目标往往是立法者根据对所调整领域的本质特点以及实现可能性的认识和把握进行综合考虑后予以确立的。

文化产业的产出是精神文化产品。这一产品具有意识形态和商品的双重属性，或者说具有社会效益和经济效益双重价值。正因如此，文化产业的立法需要兼顾和平衡多重价值。作为具有意识形态属性的精神文化产品，文化产业的立法需要尊重文艺创作、文化发展的规律，合理、适度地对文化产业内容进行管制，以符合维护社会秩序、国家安全、意识形态安全的需要。一方面要保障表达自由、文艺创作自由，但是也要防止文化中的不良有害内容对公共道德、社会秩序造成的侵害，在表达自由与社会秩序之间保持平衡。作为商品的精神文化产品，要求文化产业的立法尊重、遵循经济规律和产业发展规律，做好市场调节和宏观调控，保障产业总体健康发展和文化市场公平有序地进行竞争，平衡好自由与管制之间的关系。

基于文化产品的双重属性，各国对其采用与一般商品不同的规制方式。各国通常将文化领域分为文化事业和文化产业两个部分。前者接受公共财政的支持，以追求社会效益为主要目标，比如文物保护、传统文化艺

---

[1] 张文显主编：《法理学》，北京大学出版社2018年版，第310页。
[2] 同上书，第311页。

术的保存、公共图书馆、博物馆等公益场所的维护与开放等。后者按照市场规律运作，以经济利益为主要追求目标，力求经济效益和社会效益的统一。现代国家一般都将绝大部分文化产品的生产和流通交给市场，将其归属于文化产业领域。综合国内外的立法实践，文化产业的立法价值目标主要包含四个方面：自由、效率、秩序和安全。

一 自由

自由是人类最珍视的价值之一，自古无数仁人志士为之抛头颅洒热血，也有无数经典对其赞美讴歌。现代意义上的自由（liberty，freedom）概念源自西方，其本意是不受束缚，或从约束中解放出来的状态。自由离不开法律的保护，法律上的自由主要以权利的面目出现，尤其是各项人权，形式包括政治权利、经济权利、文化权利、社会权利等。但法律上的权利不是绝对的，而是以义务为边界的自由。如孟德斯鸠所说："在一个有法律的社会里，自由仅仅是一个人能够做他应该做的事情，而不被强迫做他不应该做的事情。"

"自由"在法律上的正式确认是近代民主政治建立与现代法治发展的结果。法律上的自由分为消极自由和积极自由，前者主要指个人权利免于公权力的不合理干涉，后者是指公权力为个人权利的充分行使，尤其是为弱势群体权利的行使积极创造条件。文化产业立法价值目标上的自由主要是指文化作品创作者和传播者的表达自由、进行科学研究和文艺创作的自由以及从事文化经济活动的自由。这种自由主要为一种消极自由，即文化产品内容和文化经济活动免受国家不适当的干预。

表达自由有广义与狭义之分。广义的表达自由包括言论、集会、结社、游行、示威的自由，狭义的表达自由与言论自由同义。表达自由被认为具有发现真理、促进民主以及实现自我的三重价值[1]，目前已被各国宪法以及国际人权公约所普遍承认，是现代人权体系中最重要的人权类型之一。[2] 科

---

[1] 参见侯健《言论自由及其限制》，《北大法律评论》2000年第2期；左亦鲁《告别"街头发言者"美国网络言论自由二十年》，《中外法学》2015年第2期。

[2] 《世界人权宣言》第19条规定了这一项权利，"人人有权享有主张和发表意见的自由；此项权利包括持有主张而不受干涉的自由；和通过任何媒介和不论国界寻求、接受和传递消息和思想的自由"。我国《宪法》第35条对自由的表述为，"中华人民共和国公民有言论、出版、集会、结社、游行、示威的自由"。

学研究、文艺创作自由,严格来说,也是表达自由的一种。但由于表达自由保护的核心主要是公共领域中政治性议题的讨论。因此,科学研究、文艺创作自由也被作为单独的一项自由权予以规定。① 该项自由对于促进真理发现和自我实现都具有重要价值。经济自由即个人或组织从事文化经济活动的自由,这对于个人的自我实现和文化产业的繁荣发展都有重要意义。

表达自由和文艺创作自由应该成为文化产业立法的核心目标。法律包括文化产业法的立法说到底是为了更好地保护和实现人的尊严与价值,而表达自由和创作自由就是人的尊严和权利的重要组成部分。同时,对文化产业来说,创新是产业发展的原动力②,只有充分尊重和保障人的表达自由和创作自由才可能最大限度激发出人们的想象力和文化创造能力,生产出丰富多彩的文化产品,才可能有百花齐放、繁荣发展的文化产业。经济自由也应该成为文化产业的重要立法目标,保证个体的经济自由可以带来市场的多元、活力和繁荣。

自由作为文化产业的立法目标意味着尽量少的政府干预,无论在内容还是在形式上,都充分尊重创作者的自由,仅在文化产品的创作和传播可能损及国家安全、社会秩序、公共道德以及他人权利时才给予限制,且限制方式和手段必须满足合法性、必要性、手段与目的成比例等基本宪法原则的要求。这意味着,政府对于文化产品内容施加的每一项审查、限制性措施,都必须仔细权衡对创作者表达自由和文艺创作自由可能造成的负担程度,并在宪法和法律的范围内设定和做出。

二 效率

效率(efficiency)的基本含义是单位时间内完成的工作量。"效率"有时使用时直接含有效率高的意思,即单位时间完成的工作量大,或者指以同样的投入可以获得更大的产出,或者说以同样的资源消耗取得更大的效果。因此,效率的提高就意味着降低了社会的消耗、增加了社会的福

---

① 《世界人权宣言》第 27 条规定,(一)人人有权自由参加社会的文化生活,享受艺术,并分享科学进步及其产生的福利。(二)人人对由于他所创作的任何科学、文学或艺术作品而产生的精神的和物质的利益,有享受保护的权利。我国《宪法》第 47 条规定,"中华人民共和国公民有进行科学研究、文学艺术创作和其他文化活动的自由。国家对于从事教育、科学、技术、文学、艺术和其他文化事业的公民的有益于人民的创造性工作,给以鼓励和帮助"。

② 朱伟:《从管制到促进:文化产业政策的新思路——以〈电影产业促进法〉为例》,《现代传播》2017 年第 3 期。

利,也就意味着增加了竞争优势。经济学认为,效率的提升往往有赖于资源配置的优化,而对于具有经济属性的产品来说,市场是资源配置最有效的方式。

产业属于经济学的范畴,因此应当遵循经济规律。文化产业与文化事业不同,文化产业立法必须以效率为重要的目标取向。文化产品具有商品属性,适合由市场进行资源配置。首先,市场可以发现人们多元化的需求,并将供给与需求进行最佳匹配。人们的文化需求是多元的,每个人在审美情趣、文化喜好、欣赏习惯上都有所不同,市场善于发现和满足这种多元的个性化的需求。其次,市场可以筛选出最有效率的供给者,促使资源的使用由低效率向高效率转变。如同普通商品一样,文化产品也有优劣之分、高下之别,市场的优胜劣汰机制可以最大限度地节省资源,增加收益。最后,市场的及时反馈机制可以极大地激发出人们的文化创造能力和科技创新能力,丰富文化市场的供应,促进文化产业的繁荣。

同时,政府对于市场的规制方式和宏观调控方式也会对文化产业的效率产生极大的影响。政府规制方式,比如简化许可手续、增加许可的透明性等可以有效地降低文化产业运行的制度成本,完善产权制度尤其是知识产权制度可以有效地降低侵权行为带来的市场风险成本等。而政府对文化产业的宏观调控措施如税收减免、信贷优惠、专项基金等也可以有效地降低成本和提供激励。

因此,文化产业立法以效率为追求意味着,第一,建立起一套健全而完善的产权保护制度,尤其是知识产权的保护体系。第二,尽量减少政府干预,以市场为主要的资源配置手段。削减不必要的行政许可,设立适度的准入门槛、尽量简化办事手续,执法行为必须依法进行等。第三,政府保证和维护一个开放、自由、充分竞争的市场环境。这包括降低市场准入门槛,减少市场壁垒,吸纳多元主体参与市场竞争,通过反垄断、反不正当竞争法等手段维护市场的充分竞争。第四,以效率为目标还意味着政府可以对文化产业进行适当的宏观调控,通过财政扶持、金融支持、税收减免等手段激励和促进文化产业的繁荣发展。

三 秩序

在哲学上,秩序(order)是指事物存在的一种有规则的关系状态。

立法价值目标上所追求的秩序通常是指一国之内的社会秩序。这种秩序是指社会中存在着某种程度的关系的稳定性、进程的连续性、行为的规则性以及财产和心理的安全性。① 社会秩序是法律的核心追求目标之一。无论是古代社会还是现代社会，法律的第一要务是保证人们可以和平共处，帮助人们建立起一个连续的、稳定的、可预期的社会生活环境。秩序也是其他法律价值得以实现的基本前提。亨廷顿曾经指出："人们可以有秩序而无自由，但他们不能有自由而无秩序。"② 当然，这并不意味着政府可以随意以维护秩序为由损害人们的基本权利。

秩序是文化产业立法的重要目标。市场善于发现和满足人们差异化的文化需求，但有些需求的满足却可能损害他人的权益以及公共卫生、道德、社会秩序等公共利益。比如对色情、暴力、低俗文化产品需求的满足可能损害到青少年的身心健康；对宣扬和传播恐怖、仇恨、凶杀等犯罪内容需求的满足可能会危害整个社会的稳定与秩序。这就是文化产品的负外部性效应③，即这种需求的满足会损害第三人以及社会的公共利益，但是市场本身却无法解决。文化立法的一个重要目标即由政府来干预这种负外部性，保护他人合法权益以及公共利益。

政府对社会秩序的维护主要通过对文化产品进行内容审查这一手段，主要包括事前审查和事后审查两种方式。事前审查即信息、产品发布前的许可、审批，事后审查即文化产品出现问题后进行的追责与惩罚。对文化产品进行内容审查是各国的普遍做法，不同之处主要在于各国审查的范围以及审查的方式。除了极少数例外，民主国家出于对表达自由和创作自由的重视和保障，一般都废除了事先审查，以事后审查为主要手段。内容审查的关键在于对"度"的把握，即如何在自由和秩序之间进行谨慎的权衡和取舍。秩序的重要并不意味着秩序价值的绝对化，在现代社会中，秩序目标需与其他价值目标兼容，形成一个平衡的价值体系。除了内容审查，秩序的维护还可以通过分级制度来实现。分级制度被广泛用于影视作品、网络内容、游戏等，是西方国家很普遍的做法。

---

① 张文显主编：《法理学》，北京大学出版社2018年版，第324页。
② ［美］塞缪尔·P. 亨廷顿：《变动社会中的政治秩序》，张岱云、聂振雄、石浮、宁安生译，上海译文出版社1989年版，第8页。
③ 曼昆（N. G. Manikw）："外部性是一个人的行为对旁观者福利的影响"，参见曼昆《经济学原理》，梁小民译，生活·读书·新知三联书店、北京大学出版社1999年版，第208页。

四 安全

安全（security，safety）是指没有危险、没有威胁，不出事故的状态。法律在很多场合都提到安全，比如人身安全、财产安全、安全生产等。作为法律基本价值目标的安全通常是指国家安全，即国家的生存不受威胁、没有危险、不出事故的状态。国家安全与社会秩序不同，社会秩序主要是一国之内的社会状态的有序和规则，而国家安全是指国家整体的不受威胁的状态，这种威胁既可以来自国内也可以来自国外。

由于文化产品不仅是商品，还传递着思想、价值观、意识形态等精神内容，所以文化产业与安全有关。这种安全既包括文化产品因包含煽动分裂国家、泄露国家秘密等内容而对国家安全形成的威胁，也延伸到对某类政治主张、意识形态的挑战而形成的对政治制度的威胁。另外，文化产品还有一个特有的文化安全问题。文化安全是指一个国家的核心价值观、民族传统文化不被威胁的状态，因为这可能关系到该国家、民族的存亡问题。文化安全被认为是国家安全的重要组成部分。

文化立法中对安全价值的目标追求主要通过如下几个方面予以实现：一是，强化文化产品的内容审查，通过事前审查或事后惩戒的方式严格禁止危害国家安全、意识形态安全的内容出现。二是，禁止或限制外资进入本国核心文化产业领域，或限制与国外机构、人员在文化产业领域的合作，以及对进入本国的国外文化产品的类型、数量、内容进行严格控制等，以保卫本国传统文化和核心价值观。三是，通过财政扶持、金融支持、税收优惠等方式鼓励和促进体现本国优秀传统文化、核心价值观的文化产品的发展，并积极推动这类产品进行对外输出。

文化产业的发展本身包含政治性的考虑。豪克森（Haksoon Yim）认为基于信息技术的进步和文化产品的全球化流动，文化全球化已经开始影响文化政策，在此背景下，文化产业的自身政治因素为文化产业的政府规制提供重要依据。[1] 世界上很多国家都强调文化安全，法国就是其中的典型。法国的文化产业立法格外强调对法兰西文化传统的保存和发扬，抵制外来文化尤其是美国文化的威胁，法国甚至还在一定程度上抵制英语在本

---

[1] 王平：《中外文化产业的政府规制比较研究》，硕士学位论文，江西师范大学，2012年。

土的使用。① 我国作为社会主义国家，一直非常强调文化产业立法中的安全价值。但是，需要注意的是，对安全的过度强调会损及自由和效率。过度严格的审查会妨碍人们表达和创作自由的实现。资本准入的限制会损害市场的多元和活力，对产业效率造成损害。而对某一类产品内容单挑出来进行扶持和鼓励，会破坏市场的公平竞争，扭曲市场的价格信号，生产出不适销对路的产品，造成文化资源的浪费。

第二节　文化产业法价值目标的历史考察

　　文化产业立法价值目标中的自由、效率、秩序、安全四种价值既是相辅相成的，彼此之间也存在一定的张力。其中，自由和秩序之间、效率与安全之间就存在着此消彼长的紧张关系。对秩序的强调会在一定程度上损伤自由，对安全的重视往往以牺牲一定程度的效率为代价。各国基于对文化产业本质的认识不同，以及历史传统、现实国情的不同，在不同时期对立法价值目标的取舍和侧重可能会有所不同。

　　我国的文化产业立法在不同时期也体现出不同的价值倾向。1949—1978年，文化一直被当作事业来兴办，由国家财政全额拨款支持，完全为政治和意识形态服务，不存在文化产业，更没有文化产业立法。1978年实施改革开放之后，文化的商品、产业属性逐渐被认识到。随着文化产业在我国的发展与壮大，文化产业的立法价值也经历了一个从仅追求秩序、安全到在追求秩序、安全的基础上逐渐重视效率以及自由的多元价值目标的过程。

一　1978—1991年，文化产业萌芽阶段，文化领域立法严格强调秩序与安全

　　1978年开始的改革开放首先体现在经济领域，文化领域的改革开放较晚才开始。文化依然被当作事业由国家举办，但是文化产业的萌芽已经开始出现。1978年财政部批准八家媒体单位试点事业单位企业化运作。1979年上海东方电视台播出了第一条电视商业广告。1979年，广州东方

---

① 蔡武进：《我国文化产业体系建设的进路》，《福建论坛》（人文社会科学版）2014年第10期。

宾馆开设了国内第一家音乐茶座。此后，书刊出版、发行、销售等文化流通领域，以及营业性舞厅、录像厅、文艺演出等文化娱乐业率先开始了产业化经营。

这段时期我国的文化经济政策还处于初步探索阶段。20 世纪 80 年代后期，文化的产业属性逐渐被认识到，效率这一价值逐渐在国家有关部委的规章中得到体现。1987 年，文化部、公安部和国家工商行政管理局发布了《关于改进舞会管理的通知》，1988 年，国务院批转了文化部《关于加快和深化艺术表演团体体制改革意见的通知》，两个通知基本承认了文化市场的合法地位。1988 年，新闻出版署和国家工商管理局联合发布《关于报社、期刊、出版社开展有偿服务和经营活动的暂行办法》，开始允许报社、期刊、出版社等新闻出版机构兼营广告业务、从事有偿咨询等多种有偿服务和经营活动。1991 年，广电部和财政部联合发布《广播电视事业单位财务管理办法》，要求各单位充分利用自身优势，开展有偿服务。

而最为突出的是广告行业的立法进展，从 1978 年至 1991 年，国务院及工商行政管理部门针对广告领域先后发布行政法规《广告管理暂行条例》（1982 年）、《广告管理条例》（1987 年）以及大量的部门规章。这些规章在管理规范和引导广告市场发展的同时，也大力鼓励和扶持广告产业的发展，包括逐步扩大广告经营主体范围，降低准入资格限制，允许并积极鼓励私营资本以及外资进入广告领域等。我国这阶段在版权保护方面也取得了突破，1984 年文化部颁布了《图书、期刊版权保护试行条例》，对版权进行保护。1990 年，我国正式颁布了《著作权法》，确认了文化产业产品的版权保护，是文化产业领域至关重要的立法。

与此同时，安全与秩序始终是这段时期文化领域政策和立法的最高追求。此时，我国与文化有关的各个部门都属于事业编制单位，由国家财政拨款支持，文化内容由主管部门及本单位严格把关。在法律上，这段时间文化传媒领域所颁布的规范性文件都以"管制""规范"为主。首先，新闻出版领域强调严格的内容管理，特别是严厉打击淫秽、色情、迷信、反动等有害内容，发挥报纸等出版媒介的舆论导向作用。1985 年国务院发布《关于严禁淫秽物品的规定》，1988 年新闻出版署发布《关于认定淫秽及色情出版物的暂行规定》以及《关于重申严禁淫秽出版物的规定》，这些文件都严格禁止淫秽色情内容的传播。1989 年新闻出版署发布《关于部分应取缔出版物认定标准的暂行规定》，又禁止对低级庸俗、宣扬封建迷信、凶杀暴力出版物的传播。1988 年，新闻出版署颁行《期刊管理暂行规定》。1990 年，新闻出版署又发布《报纸管理暂行规定》，对办报实施严格审批和管理，强调报纸坚持以社会效益为最高准则，发挥党的喉舌以及舆论监督的作用，严禁登载危害国家安全和社会秩序的内容。

其次，广播电影电视领域实施严格的审批、许可和内容审查制度。1981 年，文化部、海关总署颁布《进口影片管理办法》，对于进口影片的引进和发行进行严格管理。1990 年，《有线电视管理暂行办法》规定，有线电视开办需要取得许可证，且严禁播映反动、淫秽以及妨碍国家安全和社会安定的自制电视节目或者录像片。1990 年，《卫星地面接收设施接收外国卫星传送电视节目管理办法》规定，利用或设置卫星地面接收设施接收外国卫星传送电视节目需要持有许可证。

最后，在广告领域，这段时间颁布的行政法规、规章以及规范性文件都强调对广告内容的严格审查，以及建立良好的广告市场秩序。1982 年国务院颁布的《广告管理暂行条例》是我国历史上第一部广告管理法规。1987 年，国务院发布《广告管理条例》取代之前的暂行条例，对广告内容和市场进行了较为全面的规定。此后，工商行政管理等主管部门发布了大量的管理规范文件对药品、医疗器械、农药、文化、教育、社会等领域的广告内容和广告发布都进行了更为详细的规定。[①]

二　1992—2001 年，文化产业的地位正式确立，效率开始得到强调

1992 年邓小平南方谈话开启了中国的市场经济改革大潮，也加快了文化产业的发展步伐。这段时期，在文化演出领域，明星走穴现象非常普遍。在音乐、游戏、电影、旅游、休闲等领域，市场化、产业化现象非常突出。在出版、广播、电视等传媒领域，虽然仍是事业单位编制，但大多

[①] 1985 年 8 月 20 日，国家工商局、卫生部联合发出《药品广告管理办法》。1993 年 9 月 27 日，国家工商局、卫生部联合发布《医药广告管理办法》，明确规定"广告客户必须持有卫生行政部门出具的《医疗广告证明》，方可进行广告宣传"。1984 年 4 月 7 日，国家工商局、文化部、教育部、卫生部联合发布《关于文化、教育、卫生、社会广告管理的通知》。1985 年 10 月 31 日，卫生部药政管理局、国家工商局广告司发出《关于禁止利用医生和患者名义刊播广告的通知》。1987 年 12 月 5 日，国家工商管理局与国家医药管理局联合发出《关于加强五种医疗器械产品广告管理的通知》。1987 年 12 月 31 日，国家工商局和农、牧、渔业部联合发出《关于做好农药广告管理工作队的通知》。

数单位已经走上了独立核算的企业化经营道路，且很多单位广告收入丰厚，完全可以自负盈亏。1994年，中国正式接入国际互联网，网络信息内容产业在我国初露头角。

这一时期，我国的文化经济政策取得了突破。1992年，中共中央、国务院发布了《关于加快第三产业的决定》，文化产业被列为第三产业予以发展。1992年，党的十四大报告明确提出要"完善文化经济政策"。1996年，党的十四届六中全会通过《关于加强社会主义精神文明建设若干重要问题的决议》，提出了文化体制改革的任务和一系列方针。[①] 1998年，文化部文化产业司成立，这是我国政府第一次设立文化产业专门管理机构。2000年，党中央通过第十个五年计划建议，"文化产业"这一概念首次在党中央的正式文件里提出。该建议提出要"深化文化体制改革"、"完善文化产业政策"，"加强文化市场建设和管理"，"推动文化产业发展"。2001年，这些建议正式进入我国国民经济第十个五年计划。

这段时期，全国人大、国务院和文化管理部门陆续颁布（包括修订）了上百部法律、法规、部门规章以及规范性文件，这是文化领域立法大发展的时期。其中，与文化产业相关的法律有《反不正当竞争法》（1993年）、《广告法》（1994年）、《著作权法》（2001年修订）、《商标法》（1993年、2001年两次修订）、《专利法》（1992年）等。同时，国务院颁布了大量的行政法规，几乎覆盖了每一个文化传媒领域：《无线电管理条例》（1993年）、《卫星电视广播地面接收设施管理规定》（1993年）、《营业性演出管理条例》（1997年，已失效）、《广播电视管理条例》（1997年）、《广播电视设施保护条例》（2000年）、《音像制品管理条例》（2001年）、《印刷业管理条例》（2001年）、《出版管理条例》（2001年）、《电影管理条例》（2001年）、《互联网信息服务管理办法》（2000年）等。文化部颁布了多部部门规章：《营业性歌舞娱乐场所管理办法》（1993年）、《文化市场稽查暂行办法》（1994年）、《美术品经营管理办法》（1994年，已废止）、《涉外文化艺术表演及展览管理规定》（1997年）、《在华外国人参加演出活动管理办法》（1999年）等。其他主管单位，新闻出版总署、广电总局、工商管理总局等也颁布了若干管理规范性

[①] 《决议》指出改革文化体制是文化事业发展和繁荣的根本出路。

文件。①

　　从党和国家的文化经济政策到法律法规规章等文件的出台，对文化产业效率价值的追求和保障已经清晰地呈现出来。一方面，文化产业的地位在党和国家的文件中正式得到确认，深化文化体制改革、推动文化产业发展已经成为我国重要的国家政策。另一方面，这段时间所颁布的诸多法律规范文件中，对广告、文艺演出、娱乐场所这些文化外围产业的规范中都旨在促进文化产业的效率，及文化市场健康、有序地发展，包括对市场主体行为的规范，有意识地培育社会主义文化市场，以及推动文化市场运行机制的规范等。

　　同时，这段时期的政策及法律规范文件延续了原来实际执行的文化领域尤其是传媒领域的各项管理制度，对安全与秩序的强调丝毫不放松。涉外演出及展览、印刷、出版、广播、电视、电影、电视剧、经营性网站等文化领域仍以严格审批的方式限制进入门槛。传媒领域实施严格的内容审查制度，其中电影、电视剧都实施事先审查制度，图书、期刊、音像制品、电子出版物等实施事后审查，但是对重大选题实施备案制度。责任编辑、广播电视节目出品人、电影出品人需要通过职业资格考试，持证上岗。在资本准入方面，传媒领域严格禁止非公资本和外资进入，并限制与外方合作拍摄电影和电视剧。这段时期所发布的诸多传媒领域的规范文件中，社会效益被列为立法的唯一目的，没有提及经济效益，许多规范文件明确规定，传媒事业应当"为人民服务""为社会主义服务""坚持正确的舆论导向"。

三　2002—2011年，文化产业全面发展，效率成为文化产业立法的重要追求

　　2001年12月，中国正式加入世界贸易组织，融入国际贸易和经济全球化的大家庭当中。面对新的机会与压力，中国努力抓住发展机遇，顺

---

① 新闻出版署1997年颁布《图书质量保障体系》，广电总局颁布《电视剧内容管理规定》。1993年8月30日，国家工商局、卫生部公布《食品广告管理办法》。国家工商局1995年公布《户外广告登记管理规定》以及《烟草广告管理暂行办法》。1996年发布《酒类广告管理办法》，同年国家工商局还发布《食品广告发布暂行规定》以及《房地产广告发布暂行规定》。1997年，中宣部、广电部、新闻出版署、中华新闻工作者协会联合发出《关于禁止有偿新闻的若干规定》。2001年，由国家工商总局起草的《网络广告管理办法》第三稿提交有关部门审批，其中规定互联网上不准做香烟广告、性用品广告。

应国际规则，不断加大各个领域包括文化产业领域改革开放的力度。2002—2011年是文化产业大发展的10年，文化产业在国民经济中的贡献逐步升高。除了文化艺术、休闲娱乐产业的发展之外，传媒产业也开始有所突破。2004年，北青传媒在港交所挂牌上市，成为内地传媒企业海外公开上市的"第一股"。2005年5月，中国内地16家出版社在上海发起成立中国媒体出版联盟，通过合作不断提高市场占有率。在文化体制改革背景下，非公有资本加速涌入，较具代表性的有上海青年传媒有限公司的成立，其全权代理或受托经营《上海青年报》的发行、印刷、广告等业务，不仅增加了新闻媒体可经营部分的利润，而且给新闻媒体的快速发展带来了较为充裕的资金。随着文化体制改革的不断推进，广电新媒体资本化运作条件不断成熟。如新华社下属的电视分支新华新闻电视网公司（CNC）通过"新华新闻电视控股公司"的名义，在香港股市实现借壳上市，这一资本化运作举措为把CNC打造成有国际影响力的现代化新闻传媒企业奠定了基础。

这段时期，我国的文化经济政策发生了大幅度调整，文化产业发展备受重视。2002年11月，党的十六大报告做出深化文化体制改革的战略部署，首次在中央文件中将文化产业与文化事业明确区分开来，并提出要大力发展文化产业。

2002—2006年，党和国家出台了一系列的文件和规定，鼓励加快文化领域的体制改革，推动文化领域的产业化、市场化。[①] 2005年，国务院发布《关于非公有资本进入文化产业的若干决定》、文化部等五部委联合发布《关于文化领域引进外资的意见》，就引导和规范非公资本、外资进入文化产业做了规定，使文化产业的投资主体更加多元。

---

① 2002年11月党的十六大做出深化文化体制改革、发展文化事业文化产业的战略部署，首次提出"积极发展文化事业和文化产业"、"根据社会主义精神文明建设的特点和规律，适应社会主义市场经济发展的要求，推进文化体制改革"。2003年6月召开的全国文化体制改革试点工作会议，专门研究部署文化体制改革试点工作。全国有包括北京、重庆、广东、深圳、沈阳、西安、丽江在内的九个省市和39个宣传文化单位参加了改革试点。2004年党的十六届四中全会通过的《中共中央关于加强党的执政能力建设的决定》提出了"深化文化体制改革，解放和发展文化生产力"这一重要命题，这也是中央正式文件中第一次出现"解放和发展文化生产力"的提法。2005年底，中共中央、国务院下发《关于深化文化体制改革的若干意见》。2006年3月，中央召开全国文化体制改革工作会议，新确定了全国89个地区和170个单位作为文化体制改革试点。文化体制改革在稳步推进的基础上，走上全面推开的新里程。

2007—2011年，文化产业的地位得到进一步的强调，党和国家全面支持、鼓励文化产业的繁荣与发展。2007年，党的十七大报告提出要"大力发展文化产业"，并首次提出了"文化软实力"的说法。2009年，在全球金融危机的背景下，国务院发布了《文化产业振兴规划》。2009年，财政部等三部委联合颁布《关于支持文化企业发展若干税收政策问题的通知》。2010年，九部委联合下发《关于金融支持文化产业振兴和发展繁荣的指导意见》。2011年，党的十七届六中全会通过《关于深化文化体制改革　推动社会主义文化大发展大繁荣若干重大问题的决定》，提出要努力建设社会主义文化强国，到2020年将文化产业发展成为国民经济的支柱性产业。

在党和国家大力支持文化产业的战略背景之下，文化领域的立法也取得了突飞猛进的发展。这段时期，全国人大常委会、国务院及各个部委制定和修改了大量的文化产业领域的法律、法规和规章，几乎涉及广告、文化演出、美术品、旅游、娱乐、出版、广播、电视、电影、网络、音像等各个文化领域。这些立法逐渐从过去仅重视管理性、规范性立法向重视保护和促进类立法转变，立法价值取向发生了较为明显的变化，在重视秩序与安全价值的基础上，效率价值得到了突出强调。

首先，在立法目的的提法上，开始明确提到了实现经济利益，如2005年《营业性演出管理条例》明确提到以"促进文化产业的发展"为立法目的之一，并规定营业性演出要"把社会效益放在首位、实现社会效益和经济效益的统一"，而之前1997年该条例仅规定"把社会效益放首位"，没有提到经济效益。

其次，在具体制度设计上，明显体现出对效率的重视。1. 党和国家深入推进文化体制改革，将更多的文化事业单位转制为企业主体，并加快公司制股份制改造，促使其建立完善的现代企业制度，推动文化产业的市场化。2. 降低市场准入门槛，引导非公资本和外资有限度地进入文化产业，调整所有制结构，激发文化市场的创新与活力。3. 加大政府对文化产业的扶持力度，手段包括设立文化产业投资基金、实施税收优惠、落实金融信贷支持等诸多方面。

最后，这一时期特别加强了知识产权保护方面的立法。《商标法实施条例》《著作权集体管理条例》《知识产权海关保护条例》等行政法规在这一段时间得以制定和修改。2006年5月，国务院颁布《信息网络传播权条例》。2010年,全国人大常委会对1990年《著作权法》进行了全面修改,《著作权法实施条例》也随之进行了修改。

这段时间另一个显著特点是,对于新兴的互联网领域,除了网络视听节目之外,国家实施了较为宽松的内容管制,并未太多限制个人在网络空间内的表达和创作自由。当然,秩序和安全价值一直是文化产业立法的基本追求。传媒产业的许可制、内容审查制度、专业从业人员的资格管理并未改变。在强调效率的同时,文化安全的重视程度也未放松。比如,2005年,5部委联合下发的《关于文化领域引进外资的若干意见》中,明确禁止外商投资设立和经营新闻、电台、电视台等传媒机构以及广播电视传输覆盖网等领域,并规定仅在中方控股51%以上或中方占有主导地位的条件下,才允许外商以合资合作的方式设立和经营演出场所、电影院、演出经纪机构、电影技术等企业,以及参与国有书报刊音像制品发行企业股份制改造等。

四 2012年至今,互联网+带动了文化产业的大发展,安全价值被突出强调

进入21世纪第一个10年以来,国际国内局势都发生了重大变化。互联网尤其是移动互联网的发展给各国的政治、经济、文化、社会生活带来了巨大的冲击。社交媒体诱发了中东地区的颜色革命,恐怖主义威胁着国际安全秩序,我国经济高速发展,经济总量跃居世界第二,与美国在多方面形成竞争。在文化产业领域,互联网+更新了文化产业形态,带动了文化产业的大发展,文化产业占我国GDP的比重不断升高。2012年,全国文化及相关产业增加值是18071亿元,占GDP的比重为3.48%,2016年,全国文化及相关产业增加值增至30254亿元,首次突破3万亿元,占GDP的比重提高到4.07%,2018年我国文化产业实现增加值38737亿元,占GDP比重提高至4.3%。

2012年党的十八大以来,我国的文化产业政策步入一个新的阶段。2012年2月,中办、国办联合发布《国家"十二五"时期文化发展改革规划纲要》。2013年党的十八届三中全会通过的《关于全面深化改革若干重大问题的决定》把文化纳入全面深化改革的大格局之中。2014年2月,中央深改组审议通过了《深化文化体制改革实施方案》。2014年3月和4月,国务院相继发布《关于加快发展对外文化贸易的意见》《关于推进文化创意和设计服务与相关产业融合发展的若干意见》等文件。2017年1月,文化部发布《一带一路文化发展行动计划（2016—2020年）》。2017年5月,中办、国办联合发布《国家"十三五"时期文化发展改革规划纲要》。2017年11月,党的十九大召开,报告中提出,要"坚定文化自信",不断满足"人民日益增长的美好生活的需要"。

这一阶段,传统文化产业领域包括传媒领域,除了根据新形势对原来的法律、法规、规章进行修改以外,新的立法基本暂时告一段落。新法中比较突出的是2016年制定的《电影产业促进法》,这是我国第一部文化产业领域内的专门性立法。这段时期,互联网领域的立法进程则不断加速。文化部和原新闻出版广电总局分别主导制定了网络游戏、网络文化、网络出版、网络视听等诸多领域的管理规定。2014年,中央网信办成立,强化了国家网信办的职能,并经国务院授权由国家网信办全面负责互联网的内容管理。2016年,《网络安全法》获得通过,强化了网络服务提供者的网络信息安全保障义务。2014年至今,国家网信办颁布了大量的规章以及规范性文件,不断加强对互联网尤其是移动互联网空间内的内容管理。

这一时期的立法,继续体现出对效率和秩序价值的维护。立法文件继续强调文化产业领域中的市场化改革,强调文化产业的繁荣发展。比如《电影产业促进法》第5条规定,国家制定电影及其相关产业政策,引导形成统一开放、公平竞争的电影市场,促进电影市场繁荣发展,第6条规定,"构建以企业为主体、市场为导向、产学研相结合的电影技术创新体系"等。在秩序价值方面,对传统文化领域,国务院及各主管部门继续推行资格准入制度、许可制度、内容审查制度；对于新兴的互联网领域,全国人大常委会、国务院及各主管部门出台多部法律、法规和规范性文件对网络犯罪,网络名誉权、知识产权等民事侵权行为,以及淫秽、色情、低俗、暴力等不良有害信息进行打击和清理。

另外,这段时期,面对互联网尤其是社交媒体对意识形态的冲击,恐怖主义等极端信息的传播,安全价值得到前所未有的强调：1. 颁布《国家安全法》《网络安全法》,强化网络内容管理,强调文化安全是国家安全的重要组成部分。2. 积极加强融媒体建设,努力使传统媒体继续占领舆论阵地。3. 传媒领域试行特殊管理股制度,以使利用业外资本和社会资本的同时可以最大限度确保掌控传媒、维护文化安全、信息安全。① 4. 强化网络新闻信息的管理，实施总编辑制度，网上网下实施统一管理。5. 国家网信办密集推出十几部规范性文件，加强对社交媒体的内容监管，强调网站主体责任，强化网络空间的舆论引导。6. 大力弘扬和扶持中国优秀传统文化，并通过一带一路等计划积极支持其走出海外。

第三节　文化产业法价值目标的现实分析
——以《电影产业促进法》为例

2016 年 11 月《电影产业促进法》颁布，共计 60 条，已于 2017 年 3 月 1 日起正式实施。该法的制定与颁布是我们文化产业立法发展史上的一个重要事件。该法由全国人大常委会通过，是目前我国文化产业领域位阶最高的专门性立法。该法是为适应我国电影产业快速发展，以及保障电影产业能够健康、有序发展的需求而制定的一部法律。该法制定历经十余年，既是我国若干年文化产业立法的总结，也是新时期文化产业立法的重要代表，可以较为充分地展示出我国目前文化产业立法的价值取向。因此，这里就以《电影产业促进法》为典型案例来分析我国当前文化产业中的立法价值目标问题。

该法定位为一部产业促进法，而不是过去的管制性立法、规范性立法，因此该法的一个重要目标就是促进电影产业的发展，以效率或称为经济效益为重要追求目标。该法在开篇即宣示，该法是以"促进电影产业健康繁荣发展"等作为立法目的。在接下来的总则部分，该法对于如何促进做出了若干原则性的规定，包括：国家和地方应"将电影产业发展纳入国民经济和社会发展规划"，国家"引导形成统一开放、公平竞争的电影市场"（第 5 条）；鼓励对电影科技进行研发、应用（第 6 条）；以法律"保护与电影有关的知识产权"（第 7 条）；表彰鼓励"优秀电影以及为促进电影产业发展做出突出贡献的组织、个人"（第 10 条）；促进"电影国际合作与交流，支持参加境外电影节（展）"（第 11 条）。

同时，该法在"电影产业支持、保障"一章中，具体规定了政府应当采取的财政、税收和金融等方面措施以支持电影产业的发展。"国家引

---

① 魏永征、周丽娜：《新闻传播法教程》，中国人民大学出版社 2019 年版，第 289 页。

导相关文化产业专项资金、基金加大对电影产业的投入力度"（第37条），"国家实施必要的税收优惠政策"（第38条），"县级以上地方人民政府有效保障电影院用地需求"（第39条）；鼓励金融机构对电影产业提供融资支持、知识产权质押融资、信贷支持、开发保险产品、融资担保等一系列金融鼓励措施（第40条）。以上规定都旨在促进文化产业的发展，提高文化产业的效率。

与之前《电影管理条例》及相关的规章、办法相比，自由的价值有所强化。首先，该法在总则部分明确规定"尊重和保障电影创作自由"（第4条）。这是我国立法中首次对创作自由进行公开宣示。此外，第12条还规定，鼓励电影创作、题材、形式等方面的创新。其次，本次立法在一定程度上做到了简政放权，减少管制，"草案未新设行政审批，同时取消2项、下放5项行政审批"①。比如，对主体资格有所放宽，取消了之前针对电影各环节的主体资格限制和审批。同时，简化了审批流程，将之前的剧本审查制改为梗概备案制，取消了单片拍摄的许可审查。在审批流程上，还强化了专家评审的地位以及程序上的透明化，并增加了救济措施等。

但是，该法虽为促进法，其中大量条款还是对电影产业的管理和规范，其目的是保障秩序和安全。首先，在对电影产业的性质定位方面，该法第3条规定，从事电影活动，应当"坚持社会效益优先，实现社会效益与经济效益相统一"，强调重点仍是社会效益，而不是经济效益。其次，仍以许可审查制度对电影产业全流程进行控制。影片摄制首先需要取得主管单位颁发的"影片拍摄许可证"；影片拍摄前要对电影梗概进行备案，重大和敏感题材要求剧本全文送审；影片拍摄完成后送审，以取得"公映许可证"；到了流通环节，经营电影发行业务要取得"电影发行经营许可证"，经营放映业务要取得"电影放映经营许可证"。再次，广泛而严格的内容审查规定。该法第16条规定了八条禁载内容，涉及范围广泛，包括违反宪法基本原则、危害国家统一、主权和领土完整，宣扬恐怖主义、极端主义；诋毁民族优秀文化传统，煽动民族仇恨、民族歧视，破坏国家宗教政策等危害国家安全的内容，也包括危害社会公德，扰乱社会秩序，

---

① 蔡赴朝：《关于〈中华人民共和国电影产业促进法（草案）〉的说明》，http：//www.npc.gov.cn/wxzl/gongbao/2017－02/20/content_2007545.htm。

破坏社会稳定的内容，以及侵害未成年人身心健康、他人合法权益等内容，并附有兜底条款"法律、行政法规禁止的其他内容"。

本次立法还特别强化了对安全价值的保障。主要包括：第一，电影拍摄前，一般电影实施剧本梗概报送即可，但涉及重大题材或者国家安全、外交、民族、宗教、军事等方面的题材仍然需要将剧本全文送审。第二，限制与境外组织进行合作拍摄。第三，不得含有的八项内容中，大部分涉及的都是国家安全、意识形态安全以及文化安全方面的内容。第四，限制国外电影的放映时长，保护国内文化产业。第五，涉外电影节（展）在境内举办仍然须经省级以上电影主管部门批准。第六，将传播中华优秀文化、弘扬社会主义核心价值观的重大题材电影的创作和设置列为国家重点支持项目，并支持优秀电影进行海外推广。

因此，总的来看，该法依然是规制大于促进，体现的是传统的宣传思维和文化事业观念，以电影承载政治任务，将秩序和安全价值追求置于首位，这实际上不能真正有效促进电影产业的发展。该法显示出制度变革的长期和艰难，以往思维惯性和制度惯性很难一时间改变。但是该法确实也在效率和自由方面有所突破，对自由的保障已经明确写进法律条文中，一系列促进性的举措也明确规定为政府任务，这说明我国的文化产业立法正努力在艰难中破茧。

第四节 文化产业法价值目标的理论分析

一 我国文化产业立法价值目标的特点

综上可以看出，我国的文化产业立法经历了一个从仅追求秩序、安全到在追求秩序、安全的基础上逐渐重视效率以及自由的多元价值目标的过程。总的来看，秩序和安全始终是我国文化产业立法价值的底色，在此基础上，效率价值逐渐得到承认且比重日益加大，而自由则始终未被当作一个重要价值进行追求，只能在制度缝隙中生存。

就安全和秩序两种价值而言，在我国的文化产业立法中，安全比秩序得到更多的强调。在我国，安全至少包含了三方面的内容：国家安全、政治制度安全（意识形态安全）以及文化安全。我国文化产业中的许可审批、内容审查等限制措施主要针对的是那些可能损害安全、威胁稳定的内容。近年来，随着国内国际形势的变化，安全价值得到前所未有的强调，即便是《电影产业促进法》这样的促进性立法都规定了大量安全保障方面的内容。

但在不同的文化产业领域,自由、效率、秩序、安全四者的倾向和比重也有所不同。传媒领域作为文化产业的核心领域要比文娱、旅游、休闲这些外围领域更为重视秩序和安全,在资本准入、许可审批方面以及内容审查方面受到更多和更严格的限制。而传媒领域中涉及政治、经济、军事、外交等方面的新闻信息则更加严格受限,对秩序和安全的强调最为突出。

总之,我国的文化产业立法还存在相当强的管制性色彩和计划色彩。[①]

二 我国文化产业立法存在的主要问题

从现有的法律法规来看,总体上还是侧重于管理,过于强调秩序与安全。这体现在我们对于文化产业的发展设置太多的审批许可,在很多文化产业领域对于非公资本设置严格的准入门槛等。这说明我们的立法没有充分认识到文化产业自身的规律与特点,表现出明显的价值目标错位。由于自由与秩序、效率与安全之间存在着深刻的对立和冲突,对于秩序和安全的过度强调已经对自由和效率造成损害。

(一)过度内容审查损害自由与效率

内容审查过于严格,标准模糊、审查过程不透明,已经损及表达自由和艺术创作的自由,也损害了文化产业的效率。自由是每个人的内在需求,保护自由、促进人的全面发展也是法律制定的主要目的。以人为本,保障和实现个人的表达自由和创作自由等公民基本权利的实现是宪法的明确要求。文化产业法作为下位法必须遵守宪法的规定。现代法治原则要求,对个人自由的限制必须在合理的范围之内,必须遵循一系列的宪法原则。对文化产品来说,仅在其创作和传播可能损及国家安全、社会秩序、公共道德以及他人权利时才可给予限制,且限制方式和手段必须满足合法性、必要性、手段与目的成比例等基本要求。而我国文化产业法的内容审查范围之广泛、标准之模糊已经远远超出了合理的限制范围,是对表达自由和创作自由的过度限制。我国文化立法总体缺乏对公民文化权利进行保

---

① 陈宇翔、郑自立:《中国文化产业政策的架构、效能与完善方向》,《南京社会科学》2016年第1期。

护的关注，仍然主要将立法当作管理、规制文化产业事务的手段来对待。①

过度内容审查损害效率。这主要表现在两个方面，第一，内容审查范围过于宽泛，处处是禁区，以至于束缚了文艺创作的手脚。比如，由于几乎任何重大、严肃的题材都有可能跨越法律、政治的红线，因此创作者更倾向于拍摄娱乐类节目和娱乐类影片。但这又造成了过度娱乐化、低俗化的现象，为此广电总局又出台限娱令，对这种不良倾向予以限制。再比如，近年来大家热议的"抗日神剧"问题，也与过度的内容审查有关。由于抗日剧属于政治上比较安全的题材，于是大家争相拍摄，但为了拍出新意，且要满足观众娱乐休闲的观赏需求，因此便屡屡出现一些匪夷所思的情节安排，以至于形成诸多所谓"抗日神剧"。第二，标准的模糊、不确定性损害了文化产业的经济收益，也影响到文化产业投资的积极性。再以电影为例，由于我国的内容审查标准受到政策的因素影响很大，且政策总是在不断调整，常常导致一部已经按照拍摄许可摄制完成的影片无法上映的现象，以至于影片拍摄成了高风险投资行业，这很大程度上损害了对该行业进行投资的积极性。游戏产业也存在同样的问题。

（二）过多准入限制损害产业效率

我国在传媒领域设置了重重审批制度，以及很高的资本准入门槛，限制了文化产业的健康、快速发展。每一次审批都带来时间成本和经济成本的增加。长时间的审批等待是对效率极大的损害。更关键的是，许可最大的损害在于其存在极大的不确定性。由于无法预知审查结果，因此无法对未来及早做出安排，也无法及时开展下一步的工作，于是造成资源的浪费、产业效率的受损。

资本的准入门槛过高对效率更是极大的损害。资本准入是传媒立法的核心问题。② 2005年，5部委联合下发《关于文化领域引进外资的若干意见》中，对外资进入领域进行了明确规定。传媒有关领域严格禁止外资进入，而演出场所、电影院、演出经纪机构、电影技术这些相对非核心的领

---

① 崔璨：《中国文化立法的基本框架及其构建》，《内蒙古社会科学》（汉文版）2012年第11期。

② 李丹林：《新媒体资本准入制度：传媒立法的核心》，《南京社会科学》2018年第1期。

域也要求中方控股51%以上。企业的发展离不开人才和资金，其中，人才也和资金有关。放宽资金来源、尽量吸纳多元资本是企业发展、提高效率的必要条件。况且，多元资本带来的还是多元的思维方式、管理方式和经营方式，给产业带来的是更多的眼界和机会。

（三）扶持性政策损害公平和效率

文化是一国综合国力的重要体现，是国际竞争中的重要因素。为加强文化安全，我国出台了诸多鼓励性、扶持性政策。但这些政策往往并非惠及所有的文化题材，而是仅对政府指定的一些题材进行鼓励，如弘扬传统文化、社会主义先进文化、革命文化以及讴歌党、讴歌祖国、讴歌人民、讴歌英雄等方面的题材。但这种对某些题材进行选择性扶持的做法实际是对公平原则的损害，使创作这些题材的企业获得了本来没有的优势，干扰了市场的公平竞争，甚至还带来严重的寻租和腐败问题[1]。由于这类题材是政策扶持的结果，并不是真实的市场需求，这种片面的鼓励措施只会使市场竞争机制扭曲，造成某类题材的文化产品过剩，带来表面的市场繁荣，实际是资源的极大浪费，影响了整个产业的效率。

为了促进国家软实力的发展，我国注重对传统文化的保护和促进。但是这样是否可以取得好的效果还有待实践进行检验。美国的文化产业稳居世界第一，但是美国既没有专门对文化产业进行管理的机构，也没有规定额外的保障或激励措施，全靠市场运作激发出和筛选出优秀的文化产品。其监管主要依靠一般性的法律，如行政法、刑法、民法、商法等，特别是依版权法（文化产业被称为版权产业），保护作者的创造热情和利益，反而带来的是真正有竞争力的文化产品。我国也应对此借鉴，真正落实"百花齐放、百家争鸣"的方针和理念，充分体现"海纳百川，有容乃大"的文化自觉和气魄。[2]

三 相关思考和建议

由于文化产业具有绿色、低碳、高附加值的特点，大力发展文化产业

---

[1] 陈宇翔、郑自立：《中国文化产业政策的架构、效能与完善方向》，《南京社会科学》2016年第1期。

[2] 陶信平：《文化产业法概论》，中国人民大学出版社2016年版，第52页。

已成为世界上许多国家包括我国的经济发展战略。文化产业的发展有自身的逻辑和规律，只有尊重和顺应这种逻辑和规律，才可能带来文化产业的繁荣与发展。我国虽然已经成为文化大国，但还不是文化强国。我国文化产业立法中存在过度管控，忽视文化产业内在规律与本质属性的情况，从而导致我国文化产业缺乏创新、缺乏活力。[1] 加强文化产业立法的理念转变，树立正确的价值目标导向，才能从根本上促进文化产业的健康、合理、有序发展，才能保证文化产业立法整个框架的逻辑性和严谨性，确保立法的高水平和专业性。

文化产业的四种价值之间不仅存在对立和冲突的一面，也存在相互促进的方面，各国应该对这些价值目标进行谨慎权衡，建立起一套相互兼容、相互促进的平衡的立法价值目标体系。对我国来说，过度重视安全和秩序已经损及自由和效率，使整个立法价值体系失去平衡。未来，我国文化产业立法应以效率价值为核心，以自由为追求，充分考虑秩序和安全价值，构建一个平衡的立法价值目标体系。

（一）以自由促进效率

自由应当在我国的文化产业立法中得到更多的重视。只有对创作者的自由进行充分保障才可能有繁荣发展的文化产业。文化产业以内容为王，以思想创造为核心，又被称为内容产业和创意产业。[2] 因此，文化产业最根本的生产要素就是创作者，而创作者只有在自由宽松的环境中才可以激发出无穷的创造力，才最有可能创造出高水平的文化作品和文化产品。美国拥有世界上最发达的文化产业，正是得益于对表达自由的高度尊重，以及创作者所拥有的宽松的创作环境。因此，对文化产业最好的促进措施就是保障创作者的创作和表达自由。

我国立法长期忽视自由的价值。在我国的文化产业立法中，无处不在的许可制，宽泛和严格的内容审查，及其解释上的极大随意性严重损害了我国文化产业的效率。

这种习惯于管控的思维观念必须予以扭转。应当最大限度地尊重作者的自由创作，自由表达，仅在必要的时候基于正当理由且以适当的手段才

---

[1] 徐升权：《促进文化产业发展的法律制度建设与创新》，《科技与法律》2010年第12期。
[2] 蔡武进：《我国文化产业体系建设的进路》，《福建论坛》（人文社会版）2014年第10期。

对其施加限制。

（二）以发展促进安全

为了实现对国家安全、政治制度安全以及文化安全的保障，我国文化产业立法层层设防，资本限制、合作限制，更严格的内容审查以及不顾市场规律对体现主流价值观、传统文化的作品大力扶持和推介，导致的结果是对文化产业效率的极大损害。只有发展才能带来安全。封闭自我，与世界隔离，与优秀的文化以及先进的思维方式、管理方式、经营方式隔离只会带来效率的低下、产业的萎缩，必然会损害国家安全、意识形态安全，最终也会失去所谓文化的影响力，文化安全也不复存在。

以发展促安全意味着，进一步降低市场准入门槛，鼓励非公资本以及外资等多种经济成分的主体进入文化市场，带来新鲜和先进的思维方式、管理方式和经营方式，形成文化市场多元主体充分、平等竞争的产业格局。以发展促安全也意味着进一步减少许可，简化登记审批手续，降低当事人的经营成本和经营风险。以发展促安全还意味着提供优良的法治环境，以及稳定的可预测的政策环境。

（三）以分级代替审查升级秩序维护方式

和平稳定的社会秩序是政府必须提供的公共产品。由于文化产业存在强负外部性效应，政府必须出手对文化产品内容进行监管，以保证相关主体的合法权益以及社会的公共利益。在内容监管方面，我国立法和执法费力最多，但监管效果似乎差强人意。而且对产业效率造成的损害已经人所共知。

内容分级制度广泛为西方国家所采纳，韩国在20世纪90年代振兴文化产业时也引进了电影等方面的分级制度。我国《电影产业促进法》制定时，分级制度是各方最为关注和期待的制度，但是最终没能纳入立法之中。我国在电影、视频、游戏等方面一律采用老少皆宜的标准，这不符合人性，也不符合文化产品本身的特性。分级制度以年龄为标准区分产品供应，符合人性规律，在世界上很多国家已经运行得非常成熟，我国完全可以参考借鉴，创新我国备受诟病的内容审查制度。

（四）注重行业自律，激发行业自我规制的主动性和积极性。

我国目前对文化产业的监管主要依靠政府的行政监管，而政府机关尤其是行业主管部门总是有过度扩张权力的冲动，因而总是倾向于过度夸大安全和秩序的价值，损害自由和效率。今后，我国可以通过简政放权，以及采取更为积极的鼓励措施推动文化领域的行业自律机制的建立和完善，激发行业自我规制的主动性和积极性。我国《电影产业促进法》第9条已经明确规定，"电影行业组织依法制定行业自律规范，开展业务交流，加强职业道德教育，维护其成员的合法权益"。在对其他文化产业的立法中也应加强对行业自律的重视。

第四章

文化产业与知识产权保护

第一节 知识产权立法与文化产业的关系

知识产权立法与文化产业发展之间存在相互促进、相互制约的关系。具体而言，上述互动关系主要体现于以下三个层面：首先，在法律政策方面：知识产权保护和运营，是文化产业得以发展的制度基础。其次，在理论研究方面：知识产权立法对于文化产业发展具有两个方面的影响，合理的知识产权保护水平能够有效地促进文化产业发展。例如，版权保护对文化产业的作用存在着两个方向的力量，它能够通过保护版权所有者的利益从而激励创新，增加文化产品的供给，促进文化产业发展，也可以因提高了文化产品价格而减少文化产品的需求、设置了思想交流的屏障影响了创新，从而对文化产业发展形成制约。[1] 最后，在国际贸易方面：文化产业"走出去"战略的实施，文化产业国际化发展的趋势，会引发国家间有关知识产权法律规则的协调与冲突，对文化产业发展过程中的商业习惯、交易规则、竞争秩序形成直接影响。版权产业发展国际化的趋势，促进了全球化版权贸易网络的形成。版权产业核心载体"作品"在各个国家和地区的流通和交易，不可避免地引发了不同交易规则、商业习惯甚至法律规范之间的冲突。引发了诸如版权产业"灰色市场"或"黑色市场"的问题，直接影响到市场主体的合法权益乃至整个产业的商业规则和竞争秩序。

产业发展与立法活动的实践中，知识产权立法与文化产业发展之间的互动关系，可以总结为两个方面：其一，文化产业发展决定知识产权立法的需求；其二，知识产权立法制约文化产业发展的水平。换言之，文化产业的发展离不开知识产权立法的引导与规范，知识产权立法也将服务于文

---

[1] 姚林青、池建宇：《版权制度与文化产业关系的辩证分析》，《现代出版》2011年第4期。

化产业发展所孕育的制度需求。

一　文化产业发展决定知识产权立法的需求

理论上，法律作为社会上层建筑的组成部分，直接受到经济基础的制约。因此，以版权为代表的知识产权法在立法的基本原则、具体制度等方面，必然会受到文化产业发展客观情况的影响。正如版权领域相关法律规范修、改、立、废的主要原因，在一定程度上就是为了回应文化产业发展实践中所孕育、形成的制度需求。

随着近年来我国文化产业成为了经济发展新的增长点，文化产业发展对于知识产权立法影响方式更为多元、影响程度更为全面。司法实践中每一个典型案例的出现，对应着制度需求与制度现状之间的冲突。意味着现有的知识产权法律规范尚未全面满足文化产业发展的制度需求，亟待通过立法的方式协调法律制度建设与市场制度需求之间的关系。近年来，有关"二次创作""商品化权"以及"合理使用"等领域的纠纷案件频繁发生，进一步反映出文化产业发展的客观情况正在与现行知识产权（特别是著作权法律规范）不断产生交集，版权资源开发与运用实践中的一系列制度障碍，亟待在知识产权立法中给予回应。例如，"著作权延伸性集体管理"问题，"短视频"领域知名博主"谷阿莫"被多家影视公司集体起诉侵犯著作权一案所引发的合理使用争议等。

同时，文化产业作为一种较为特殊的经济形态，兼具"经济"与"社会"双重属性。其产业发展存在强调市场价值的"经济效益优先"与强调精神的价值"社会效益优先"两种理念。现代著作权保护制度，是科技进步与市场经济相结合的产物。① 因此，在促进文化传播与保护个人权益之间进行利益的取舍与平衡，构成了版权立法发展与演变的一个主要线索。而法律制度进行利益平衡的过程，既是不同利益主体之间争议的过程，同时也是法律规范回应市场制度需求的过程。例如，《中华人民共和国著作权法》（修改草案）第68条，实际上减轻了网络服务商的责任，有助于促进音乐作品通过数字化途径的传播和流通。② 但是对于以音乐创

---

① 王自强：《著作权法修订与版权产业发展》，《中国版权》2013年第4期。
② 网络服务提供者为网络用户提供存储、搜索或者链接等单纯网络技术服务时，不承担与著作权或相关权有关的信息审查义务。

作者为代表的著作权人而言，则普遍认为上述规定是"为网络盗版开方便之门"。且不论上述争议的具体内容如何，结论如何，立法最终将如何选择，仅就有关数字音乐版权保护问题能够成为著作权法修改草案中的重要内容之一，就足以证明以音乐为代表的文化产业发展，对于知识产权立法的需求具有决定性影响。其他诸如"法定许可""集体管理"等方面的具体修改方案，实际上都可以理解为是著作权法律规范，对于文化产业发展所孕育制度需求的一种回应。

二 文化产业发展推动知识产权立法的进程

文化产业是一个囊括新闻出版、广播电视、音像、电影、音乐、演艺、文化旅游、会展等诸多行业在内的产业集合。[①] 自党的十八届三中全会通过了《中共中央关于全面深化改革若干重大问题的决定》以来，我国的文化体制改革和科技体制改革有序推进。2014年2月，中央全面深化改革领导小组第二次会议通过《深化文化体制改革实施方案》；2017年5月中共中央办公厅、国务院办公厅印发了《国家"十三五"时期文化发展改革规划纲要》，明确提出了"完善现代文化市场体系和现代文化产业体系"的发展规划和目标。《文化部"十三五"时期文化产业发展规划》中，明确指出加强立法是完善文化产业发展新保障的重要措施。《文化产业促进法》的起草和出台，将在法律层面打通文化产业、文化事业及相关产业融合之路。[②]

由于文化产业的知识属性，知识产权保护水平对文化产业能否实现健康有序发展至关重要。理论研究显示：宏观层面，知识产权保护力度的加强有利于地区文化产业集聚程度的提高。具体层面，提升版权保护强度有助于提高文化产业的发展绩效。[③] 文化产业的核心为创新，而文化产业主体核心竞争力的培育和知识产权意识培育具有高度的契合性。同时，文化产业主要属

[①] 例如：美国的电影业和传媒业、日本的动漫产业、韩国的网络游戏业、德国的出版业、英国的音乐产业等都成为国际文化产业的标志性品牌。转引自杨炼《文化产业立法的国际借鉴及启示》，《重庆社会科学》2012年第5期。

[②] 例如：2019年2月，多部门联合印发《加大力度推动社会领域公共服务补短板强弱项提质量 促进形成强大国内市场的行动方案》中，明确提出"到2020年文化产业成为国民经济支柱性产业"的发展目标。

[③] 郭壬癸、乔永忠：《版权保护强度影响文化产业发展绩效实证研究》，《科学学研究》2019年第7期。

于"内容产业"，具有"易复制性"等特点。因此，以传统物权和知识产权为主要内容的产权保护机制，乃是促进文化产业发展之最为重要的私法激励制度之一。① 2019年6月底公布的《文化产业促进法（草案征求意见稿）》中具体规定，进一步凸显了知识产权保护对文化产业发展的重要意义。

三 知识产权立法制约文化产业发展的水平

知识产权立法制约文化产业发展水平主要体现于两个方面：第一，得益于规范性、权威性和普遍适用性等方面的特点，知识产权立法能够规范文化产业的发展秩序，从制度上保障文化产业的有序发展；第二，受到法律规范滞后性以及适用范围局限性的影响，知识产权立法与文化产业发展的制度需求之间始终存在差距，立法的滞后会制约文化产业的发展。

在实践中，有关"著作权集体管理"的相关问题和争议，是知识产权立法制约文化产业发展水平的典型代表。业界对于我国著作权集体管理组织在管理能力、业务水平等方面存在长期普遍的质疑。② 与此同时，现有文献中也不乏对"延伸性集体管理"合理性持肯定态度的研究。有学者指出：这种模式既便于使用者利用作品，又可以保护非会员著作权人的权利，还可以最大限度地满足使用者对作品的使用。③ 也有学者从便于作品利用、有利于保护非会员著作权人利益和解决文化产品利用问题三个角度，论证了我国移植延伸性集体管理制度的必要性。④

但受制于立法方面的制约，著作权集体管理组织的相关问题不仅尚未得到及时解决，还成为了立法活动中饱受争议的焦点问题，直接导致我国

---

① 周刚志、周应杰：《"文化产业促进法"基本问题探析》，《江苏行政学院学报》2017年第1期。

② 例如针对"延伸性集体管理"的相关问题存在以下争议：首先，由于我国著作权集体管理组织在诞生之初普遍由版权局等行政机关发起设立，不可避免地具有一定官方的色彩。因而有学者认为：官方性意味着集体管理组织的创立与运作并非真正由权利人控制，所以集体管理组织无法及时反映权利人的利益与需求。也就是说在一定程度上剥夺了权利人的许可权与定价权，强化了著作权集体管理组织的垄断。对此有学者担心延伸性著作权集体管理机制的设置或有部门利益涉入，且由机构的垄断导致经营的垄断。甚至还有学者将著作权集体管理组织视为行政管理的主体并指出，"著作权集体管理组织应该是市场经济主体，而非行政管理主体，我国现行法将其错误地定位为行政管理主体或类行政管理主体，违背了市场经济规律。如果在这种制度环境中不加选择与判断，无条件地引入著作权延伸性集体管理制度，将会无限放大现行著作权集体管理制度的立法缺陷。"

③ 孟祥娟：《试析俄罗斯著作权延伸集体管理制度》，《知识产权》2011年第5期。

④ 胡开忠：《构建我国延伸性集体管理制度的思考》，《法商研究》2013年第6期。

著作权集体管理组织陷入进退两难的困境。上述问题的存在，制约了著作权集体管理组织的发展，限制了著作权集体管理组织在文化产业发展中应该具有的作用。

四　知识产权立法规范文化产业发展的秩序

首先，我国文化产业发展的现状，需要依赖于知识产权立法给予规范。确保文化产业合理、有序地发展，有赖于公平有序的竞争环境。[①] 面对我国文化产业发展存在的现实问题，亟待通过知识产权立法以规范产业发展秩序、遏制各类侵权盗版行为。因此，如何规范市场竞争秩序、激励企业创新，就成为了经济转型与升级过程中必须面对的问题。[②] 实践证明，知识产权立法能够明确创新成果权利的归属，以最有效率的方式实现"定纷止争"之目的。反不正当竞争法能够明确市场竞争活动的边界，能够有效遏制各类不正当竞争行为，为文化产业实现有序、可持续的发展提供了制度保障。

其次，通过知识产权立法以规范文化产业发展的秩序，在我国地方特色文化产业发展实践中已经取得了良好效果。例如，世界知识产权组织将福建省德化县借助版权制度发展当地特色陶瓷产业的经验命名为"德化经验"，其核心正是充分利用版权制度的特点，通过版权登记制度规范企业市场行为，借助反不正当竞争法的手段，规范产业发展的竞争秩序。进而实现了激励企业创新，提升产品价值，进而推动特色产业的升级换代，实现区域经济快速转型与发展的目标。

最后，通过法律制度来约束市场主体的竞争行为，是市场主体与政府的共同选择，也是两者探索规范竞争与激励创新长效机制的共识。与文化产业蓬勃发展趋势相伴而生的，是市场主体之间围绕着市场份额、市场机遇和商业利益等方面激烈的竞争。愈发激烈的竞争环境，为抄袭模仿、竞相压价等恶意竞争现象的出现提供了温床。如果缺乏知识产权制度的保护

---

① 例如：根据国家发改委发布的《2017 中国居民消费发展报告》显示，当前动漫游戏、网络文学、数字阅读、网络音乐、网络视频等数字文化产品成为老百姓的主要文化消费诉求。但《2017 年度中国数字阅读白皮书》指出，目前我国市场上的数字文化创作呈现出内容同质化严重，公共化程度不高等问题，不能满足大众的数字阅读需求，而且目前我国的数字阅读服务体系尚不健全完善，盗版现象严重。

② 德化经验：《版权制度助力陶瓷产业升级》，厦门大学知识产权研究院，林秀芹、肖冰《中国知识产权报》2015 年 11 月 13 日。

和反不正当竞争制度的约束，文化产业发展必然面临无序竞争的问题，以及产业规模增长乏力的趋势。以企业为代表的市场主体，作为市场竞争活动的主要参与者，也是各类恶意竞争行为的直接受害者。以政府为代表的市场管理主体，无序的市场竞争环境一方面会制约产业发展的规模和质量，另一方面也会限制产业发展中的各类创新活动。而产品和商业模式的创新，恰恰是数字环境下文化产业发展赖以持续的重要基础。于是，完善通过知识产权立法，结合反不正当竞争法的规定，营造有利于创新的市场竞争秩序，逐渐成为了文化产业发展过程中企业与政府的共同选择。

第二节　具体文化产业中的知识产权保护

对文化产业的知识产权保护，应当构建以著作权为核心，全面覆盖专利权、商标权、商业秘密、反不正当竞争的综合保护策略。根据2018年国家统计局颁布了新修订的《文化及相关产业分类》标准，文化产品的生产被具体划分为7大类，分别是：新闻出版发行服务、广播电视电影服务、文化艺术服务、文化信息传输服务、文化创意和设计服务、文化休闲娱乐服务、工艺美术品的生产。由于这些产业有自己的特性，对其知识产权保护的侧重点应当有所不同。

一　新闻出版发行服务中的知识产权保护问题

（一）新闻服务

新闻特指一种时事消息，其特征在于通过报纸、广播、电视、互联网等媒介传递，并且要求对时事的报道必须准确真实。属于公有领域的内容，因此，当一家媒体对某一事实进行报道之后，并不能排除其他媒体对该事实的报道。各国知识产权保护法律制度都强调新闻核心元素不受知识产权法律制度保护，而完整的新闻作品受到知识产权保护。新闻作品实际上是作者借助于新闻核心元素表达自己主观倾向的特殊知识产品。[①] 新闻媒体强调新闻作品知识产权属性的同时，必须高度重视新闻共享特征，千万不能为了保护新闻作品知识产权而忽视公众知情权。因此，对新闻作品的保护，应当有所限制，一方面应当着重保护作者的署名权、保护作品完

[①] 乔新生：《新闻知识产权保护应引入共享理念》，《静论者》2017年第19期。

整权和获得报酬的权利;另一方面,为了促进信息的传播,满足社会对信息的需求,其他媒体可以使用已经发表的新闻作品。从我国著作权法第22条第4款规定可以看出,我国对新闻作品的保护也是有所限制的,即对于政治、经济、宗教问题的时事性文章,其他的媒体可以无须经过其许可,也无须支付费用即可使用。① 对于其他领域的报道,比如:体育、科技、娱乐等时事性文章就不受合理使用的限制,由于这些领域的内容和公众的日常生活关系并不十分密切,所以,对其著作权的保护并没有特别的限制。

(二) 出版发行服务

出版是通过可大量进行内容复制的媒体实现信息传播的一种社会活动,发行是出版物经发行人员、经销商、书店、邮局等渠道发售到读者手里的活动。出版的内容非常广泛,包括图书、报纸、期刊、音像制品、电子出版物等,出版和发行活动基本连接在一起,这整个活动中,知识产权保护的侧重点基本一致,即保证出版发行内容的合法性。出版社都会要求投稿人保证其所投稿件为投稿人自己独立完成,如果涉及引用必须标明出处,同时会以协议的形式,要求投稿人让渡一定的权利。但是出版社对出版的内容是否有审查的义务?一种观点认为,由于出版社每年出版的内容十分庞杂,要求其对每段文字都审查,工作量太大,很难实现。另一种观点认为,如果涉嫌侵权的内容是公开出版物的内容,那么就应当认为出版社没有尽到审查义务。出版社的主要功能就是将作品出版发行,如果加重出版社的审查义务,会导致出版作品的效率降低,不利于作品的传播,而且审查成本实在太高,难以调动出版社的积极性。因此,出版社对出版的内容不应当具有审查义务,如果出版的某项作品涉嫌侵权,由被侵权人主张权利,出版社配合调查即可。

在互联网领域,例如百度文库、豆丁网等信息平台,由用户自己上传其作品,然后其他用户可以借助互联网工具浏览该作品。其中也主要涉及网络服务提供者对用户上传内容的审查问题,我国《著作权法》(修订草案送审稿)第73条规定的第1款、第2款体现了避风港原则,第3款、

---

① 报纸、期刊、广播电台、电视台等媒体刊登或者播放其他报纸、期刊、广播电台、电视台等媒体已经发表的关于政治、经济、宗教问题的时事性文章,但作者声明不许刊登、播放的除外。

第 4 款体现了红旗原则，第 1 款明确表明，如果信息网络平台只是提供技术服务，则不承担审查义务。设立避风港原则的原因就是考虑到随着互联网行业的发展、信息网络时代的来临，网络服务提供商需要处理规模庞大的大数据来维持其正常经营。① 因此，对于某些网络服务提供商来说较难事先对所有他人上传的作品进行是否侵权的审查，而且该作品上传时他既不知道且未意识到该侵权事实的存在。红旗原则指如果对版权的侵犯事实显而易见，就像是"红旗"一样具备明确性与显著性，那么网络服务商就应当主动对这种侵权行为进行制止，而不能以所谓不知道侵权事实的存在为理由来逃避其责任。因此，网络服务提供商应当主动对侵权的信息进行处理，即使是没有收到版权人的通知。如果网络服务提供商怠于行使该义务，那么就可以认定该网络服务提供商是明知道第三方的侵权行为但依然放纵损害事实的持续，应该承担相应的法律责任。② 在互联网领域应当正确理解避风港原则的适用条件，防止其被网络服务提供商滥用，从而逃避侵权责任。

二　广播电视电影服务中的知识产权保护问题

（一）广播电视服务

广播是指通过无线电波或导线传送声音的信息传播方式，由发出端广播电台和接收端组成。作为第二次工业革命的成果，广播从产生到现在已经有一百多年的历史，但是随着电视、互联网等新媒介的出现，广播在当今社会的听众已经明显减少，逐步走向没落。电视是指通过电子技术及设备传送活动的图像画面和音频信号的信息传播方式，由电视台和电视机组成。电视相比于广播，一个巨大的进步就是，不仅能听到声音，而且可以看到动态的视频画面，用户体验更加直观生动，随着产品的更新换代，电视机变得越来越

---

① "网络服务提供者为网络用户提供存储、搜索或者链接等单纯网络技术服务时，不承担与著作权或者相关权有关的审查义务。他人利用网络服务实施侵犯著作权或者相关权行为的，权利人可以书面通知网络服务提供者，要求其采取删除、断开链接等必要措施。网络服务提供者接到通知后及时采取必要措施的，不承担赔偿责任；未及时采取必要措施的，对损害的扩大部分与该侵权人承担连带责任。网络服务提供者知道或者应当知道他人利用其网络服务侵害著作权或者相关权，未及时采取必要措施的，与该侵权人承担连带责任。网络服务提供者教唆或者帮助他人侵犯著作权或者相关权的，与该侵权人承担连带责任。"

② 林承铎、安妮塔：《数字版权语境下避风港规则与红旗原则的适用》，《电子知识产权》2016 年第 7 期。

轻薄，屏幕越来越大。广播和电视在理论上十分相似，因此在涉及知识产权保护方面就有许多共同之处，其中一个非常重要的权利就是广播组织者权。我国《著作权法》第45条规定广播电台、电视台有权禁止未经其许可的下列行为：（一）将其播放的广播、电视转播；（二）将其播放的广播、电视录制在音像载体上以及复制音像载体。前款规定的权利的保护期为50年，截止于该广播、电视首次播放后第50年的12月31日。仔细解读不难发现，该条文不仅保护播放行为，而且保护节目本身，然而播放行为就是一种传递信号的行为，信号一旦传输完毕，播放也就完成，完全没有必要将广播电台、电视台的权利延伸至50年。在这里需要弄清楚信号和节目的关系，信号是传递节目的载体，节目是信号所传递的内容。广播电台、电视台作为邻接权的主体，其一般对所传播的内容不享有著作权，除非是广播电台、电视台自己创作的作品，但是如果是自己创作的作品直接适用著作权法对于作品的保护就可以了，而不必再适用邻接权的规定。

其实，广播组织者权存在的意义在于防止分流广播的受众，广播电台、电视台主要是通过播出节目插播广告从而盈利，因此需要有一个巨大的受众群体。广播电台、电视台为了提高自己节目的收听率、收视率，一般都会在节目上进行大量的投资，如支付许可费、编制节目时间表、购买播出设备以及雇用技术人员等。因此，广播电台、电视台作为传播者，其利益应当受到著作权法的保护。对广播电台、电视台而言，当今最需要控制的就是他人未经许可以任何方式实施的转播行为，因此以技术中立方式规定的转播权就是必不可缺的。而与之相辅相成的是，权利的客体并不是节目，而是载有节目的信号。与录制节目、对录制品的再复制、对录制品的发行和对节目的交互式传播等从信号中提取节目进行后续利用的行为不同，转播是同步的传播，不可能脱离对信号的传送而单独利用节目，相反必须始终借助载有节目的信号。① 信号无论是以何种形式存在，其都是出于流动的状态，转播就是一个截取流动的信号、改变其传送方向或预定目标后继续传送的动态过程。

(二) 电影服务

电影是一种视觉及听觉艺术，利用胶卷、录像带或数位媒体将影像和

---

① 王迁：《广播组织权的客体——兼析"以信号为基础的方法"》，《法学研究》2017年第1期。

声音捕捉，再加上后期的编辑工作而成。电影知识产权主要包括两个方面，即电影版权和形象权。其中电影版权主要包括基于电影作品的利用而带来的复制权、发行权、出租权、放映权、改编权等财产权。而形象权，又称商品化权，它是一种新型权利，目前对它还没有一个准确的界定，但因形象因素大多与创造性活动有关，特别是虚构角色，它满足了知识产品的构成要件，且已经具备知识产权的基本特征，因此许多学者将其列入知识产权的领域。[1] 版权交易是目前电影知识产权运作最主要的方式。电影版权交易有两种形式，版权许可和版权转让。版权许可是指版权所有者通过签订许可协议允许他人在一定条件下使用其版权产品，但仍保持其全部所有权。版权转让是指版权所有者向他人转让其对版权产品的部分或全部所有权，也就是通常所称的买断版权。电影的形象权始于美国迪士尼公司，其为了树立卡通人物米老鼠的形象，允许一些厂商免费使用这一形象，当米老鼠成名之后，一位商人购买了米老鼠形象的所有权。随着电影市场的竞争日益激烈，越来越多的公司形成了自己的电影产品品牌，并且产生了品牌授权的商业模式。品牌授权是指出借商标权和著作权等知识产权给企业用于产品、服务和促销等商业活动，这些知识产权包括名字、肖像、标志、图形、署名、角色和其中几个元素的结合等。[2] 品牌授权以两个商业实体，即自己拥有或代理商标、品牌的授权者与从事经营活动的被授权者，以契约协议为基础，后者以获得品牌授权的方式来增加商品的销售或提升消费者的情感认同，而授权者则通过授权获得相应的报酬，提升自身产品知识产权的利用率，增加回报，或继续扩大品牌的影响力，形成双方受益的局面。电影公司妥善运用电影品牌这种无形资产，将品牌授权模式合理运作，在增加收益的同时，也解决了电影品牌延伸的公司发展问题。

三 文化艺术服务中的知识产权保护问题

（一）艺术表演服务

对于歌曲、舞蹈、话剧、戏曲等艺术作品，其艺术内涵的表达，往往需要表演者来实现，尤其是那些优秀的给人留下深刻印象的演出，不仅在于剧本内容的动人，更在于表演者精湛的演绎。"台上十分钟，台下十年

---

[1] 吴汉东：《形象的商品化与商品化的形象权》，《法学》2004年第10期。
[2] 杨光琼：《电影知识产权商业运作研究》，《市场研究》2014年第1期。

功",表演者为演出付出了大量的时间和精力,这不是简单的劳动,而是创造性的付出,他们的权利应当得到著作权法的保护。① 我国法律对表演者权利的保护较为全面,但是在实际过程中,这些权利很难得到保障。在现行法中确认了表演者权的主体既包括自然人又包括单位,对职务表演中表演者和演出单位、视听表演中表演者和视听制作人的权利义务分配又缺少明确规定。这种立法的后果导致现实生活中演出单位或者影视制作单位对自然人表演者的利益侵吞:演出单位或者影视制作单位往往被直接视为表演者,享有表演者权,而其中的自然人表演者完全沦为一名普通的劳动者,忽视了表演对作品传播的知识产权属性。② 由于自然人表演者的个体性,导致其在与演出单位、影视制作者以及广播电台、电视台等谈判协商的时候往往处于不利地位,很难实现的自己的权利。因此,应当筹建表演者权集体管理组织,由表演者缴纳一定的会费成为会员,由该组织负责对会员的信息进行登记管理;与国内的表演使用者签订协议,收取许可使用费,发放许可证;根据表演被使用的情况定期向会员分配使用费;代表会员处理侵权行为等。

(二) 文化遗产保护

文化遗产可以分为物质文化遗产和非物质文化遗产,对于这两种文化遗产的保护方式是存在差异的。③ 比如长城、秦始皇兵马俑等物质文化遗产,一般由《文物法》进行规制,由文物部门进行保护管理,在实践中也便于开展,而且通过设立博物馆、旅游景区来收取门票的模式,既筹集了维护基金,又带动了本地区旅游业的发展,还推动了文化的传播,可以说是一举多得。而对于京剧、中医针灸等非物质文化遗产,目前缺乏相应的法律规制,而且需要专门的人才来传承,很难对其进行系统性的保护,在实践中很难推进,而且成本高。对于非物质文化遗产的权利属性现在依然有很大的争论,首先,非物质文化遗产到底归谁所有? 类比文物归国家

---

① 我国《著作权法》第38条规定表演者对其表演享有下列权利:(一)表明表演者身份;(二)保护表演形象不受歪曲;(三)许可他人从现场直播和公开传送其现场表演,并获得报酬;(四)许可他人录音录像,并获得报酬;(五)许可他人复制、发行录有其表演的录音录像制品,并获得报酬;(六)许可他人通过信息网络向公众传播其表演,并获得报酬。

② 陈化琴:《著作权集体管理视角下表演者权的实现机制研究》,《河北法学》2017年第5期。

③ 理论研究中,文化遗产泛指具有历史、艺术和科学价值的文物,以及人民群众世代相传的、反映其特殊生活方式的口头传说、表演艺术、民俗节庆、传统知识和实践等传统文化形式。

所有的规定，非物质文化遗产也应当归国家所有。其次，谁可以使用非物质文化遗产？非物质文化遗产是一个民族长期的历史发展过程中积淀下来的，以中医针灸为例，其最早记载于《黄帝内经》，距今有两千多年的历史，按照知识产权法的理解，其早已进入公有领域，任何人都可以开发使用。非物质文化遗产所有权归国家所有，但是任何人都可以免费地使用，看起来有些矛盾，但是却十分合理。因为，归国家所有的目的是更好地保护非物质文化遗产，国家对这些非物质文化遗产的保护提供财政支持，引导相关部门进行保护。然而对于非物资文化遗产不能为了保护而保护，而是鼓励文艺创作者努力发掘本民族的优秀文化遗产，创作出优秀的作品，从而促进非物质文化遗产的传播。

因此，真正能够直接融入现代知识产权制度的非物质文化遗产权仅是基于传统的创新和创造，而不是传统本身。[1] 如前所述，对于非物质文化遗产由于其形成的历史悠久，明显不能适用当前知识产权法律制度的规定，但是基于其所产生的创造，比如作品、标志、新药物等应当分别适用著作权法、商标法和专利法的保护。从有关知识产权保护的国际与国内法来看，大多未将传统文化纳入知识产权的保护范围，使得大量的传统文化被置于公共领域。任何人无须征得传统文化所有人或管理人的许可就可免费地使用其创作成果，而此类使用行为所产生的创作成果却成为知识产权保护的对象。[2] 而当前，我们面临的紧要问题是，如何实现好对非物质文化遗产本身的保护？比较合理的做法就是，现有的知识产权法律制度，在对其原有的权利客体进行保护的同时，也对基于非物质文化遗产的创新进行保护。至于非物质文化遗产本身，应当另行制定相应的法律法规进行保护，目前，日本、韩国、中国台湾地区对包括非物质文化遗产在内的民族文化遗产的保护，进行了单独的立法，取得了较好的结果，值得我们去学习借鉴。

四 文化信息传输服务中的知识产权保护问题

（一）互联网信息服务

互联网信息服务是指利用互联网信息资源提供的服务。现如今人们已

---

[1] 韩小兵：《非物质文化遗产权——一种超越知识产权的新型民事权利》，《法学杂志》2011年第1期。

[2] 黄玉烨：《论国家人权法视野下的传统文化权》，《知识产权年刊》，2005年，第261—262页。

经离不开互联网了，我们的衣食住行都紧密地与互联网联系在一起，国与国的竞争归根结底是科技实力的竞争，而科技竞争的核心是互联网，以及由此衍生出的大数据和人工智能。最早利用互联网提供信息服务的企业是美国的微软、谷歌和亚马逊等公司，中国互联网服务起步较晚，但是发展迅速，现在已经成长出一批像腾讯、阿里巴巴和百度这样的大公司。公司永远走在科技创新的最前沿，因此，在互联网信息服务中要注重保护公司的知识产权。

互联网领域提供的产品和服务更新换代的速度非常快，因为要提高用户的使用体验，需要对用户的反馈及时跟进，从而改进产品和服务的质量。就像快餐文化一样，很容易产生审美疲劳，互联网产品的生命周期非常短，从产品推出到被市场淘汰往往只有半年的时间，而现有的专利审查制度需要对现有专利进行技术检索，提交审查意见等，最快也需要 30 个月才能得到授权，这就造成了互联网技术快速更新和专利审查漫长之间的矛盾，这对于互联网公司的知识产权保护是非常不利的。因此，对于互联网领域的专利审查应当有别于一般的实质性审查，降低其审查的标准，尽快地授予企业专利权。商业模式的创新有机会促进互联网行业和传统行业的深度融合，以"互联网＋"为代表的技术进步、效率提升和组织变革，极大地提升了实体经济的创新力和生产力，其中的创新既包括技术的创新，也包括商业模式的创新。在"互联网＋"的经营形势下，经济增长从技术创新和商业模式创新两个纬度获得动力，有别于传统的工业经济主要是靠技术进步、技术创新获得动力的模式。[1] 专利制度作为国家创新进而提升经济发展的重要工具，在对"互联网＋"经济背景下，商业模式创新给予合理的法律保护是大势所趋。[2] 此次修改使得一批互联网行业内具有较好市场效果、较新商业模式的创新型企业，能够更好地得到保护。所谓商业模式专利，并不是指纯商业模式方法，纯商业模式方法目前仍然不是专利法所保护的客体。只有将商业模式与技术特征有效结合，才可得到审查指南的支持。

---

[1] 李旭颖：《浅析新业态背景下知识产权保护的若干新问题》，《中国管理信息化》2016 年第 15 期。

[2] 例如：2017 年 4 月 1 日开始实施的新版《专利审查指南》，把专利保护范围扩展至含有技术特征的商业模式、商业方法。

（二）增值电信服务

增值电信服务是指利用公共网络基础设施提供附加的电信与信息服务业务，其实现的价值使原有基础网络的经济效益或功能价值增高。[①] 中国的电信行业现在仍然处于被中国移动、中国联通、中国电信三家国有企业垄断的状态。但是即便如此，我国的电信业发展已经达到世界领先水平，全国大部分地区已经实现了 4G 网络的覆盖。由于我国电信行业的垄断性特征，导致各电信运营商之间的竞争不够充分，很难发挥市场的调节作用，所以近年来只能依靠政府的强制命令来"提速降费"。基于这种现实，在增值电信服务中所涉及的知识产权保护需要进一步完善。[②]

五 创意和设计服务中的知识产权保护问题

（一）广告服务

广告是指广告制作者根据客户需求，通过某些创意思维过程和技术手段制作出来的智力成果的集合体。广告在商业服务和文化传播方面发挥着至关重要的作用，尤其在互联网领域，许多网站的营利模式就是靠推送广告。对广告作品的保护主要由著作权法和反不正当竞争法来调整，在这方面的立法已经相对完善，司法审判方面也较为成熟，但是对于广告创意的保护，争议越来越多。广告创意是指广告策划人员在进行思维发散创意过程之后留下的智力成果。广告创意是一个动态的过程，先有广告创意，后有广告作品，许多学者对广告创意的保护持反对意见，因为根据著作权思想和表达的二分法，只有有形的表达受到保护，无形的思想是不受保护的，广告创意属于思想领域的东西，不应当受到著作权法的保护。

[①] 胡世明：《中国增值电信业务的发展与思考》，《数据通信》2006 年第 3 期。

[②] 理论研究与实践工作显示，该领域知识产权保护工作可以从以下几个方面开展：首先，电信企业应当制定知识产权发展战略，建立知识产权管理体系。其次要做好知识产权的确权登记工作。企业一旦开发出新的研究成果，相关的职能部门，应当立即进行评估，提出相应的保护方案，启动登记工作。对企业自己研发或者合作研发的成果分别通过专利、版权和商业秘密等法律手段予以保护，对公司使用的业务品牌通过商标注册方式予以保护。由于提供电信服务需要安装大量的基础设施，因此，要重视设备采购中的知识产权管理。设备采购贸易中如果涉及软件知识产权，应当认真审查设备供应商是否是该知识产权的合法拥有者，并在合同中明确确定知识产权方面的条款，做好权利证书的审核和后期软件升级工作，加强对设备供应商软件权利证书或著作权人授权许可文件审核。做好知识产权的市场化推广工作，尽快将自主知识产权转化为商品，为企业转型增加新的增长点。最后要完善商业秘密的保护，对自行研发的软件等技术成果，除了通过软件著作权登记保护外，对于其中的核心技术，通过商业秘密的方式予以保护。

然而，创意与作品、商业标志、专利技术、商业秘密等传统知识产权的保护对象存在紧密的联系。① 不论是作品、商标、专利，都是在创意的基础上形成的，其最初的表现形式都是特定的创意。因此，创意具备自己的独立价值和内涵。② 尤其在文化创意产业迅猛发展的今天，如果不对文化创意进行一定的保护，对于行业的健康发展极为不利。对广告创意的保护应当突破现有的知识产权保护框架，寻求其他保护途径，而且由于创意是一个动态的过程，不同阶段的创意程度和依附的载体也有所不同，所以应当对不同的阶段进行不同的保护。首先，在创意构思阶段，由于在这时，创意思想尚未形成表达，所以无法提供著作权法上的保护，但是，如果权利人在这一阶段与对此广告创意有意向的相对人达成协议，则可以适用合同法的规定，对创意进行保护，同时权利人应当尽量明确协议的内容，以便于维护自身合法权益。其次，在文案策划阶段，由于这时处于由创意思想到具体表达的过渡阶段，作品处于不断修改、变动的过程中，具体的细节需要和广告主进行协商，才能最终确定，因此，应当主要适用商业秘密保护法律制度，同时兼顾合同法和著作权法的保护。因为文案策划是否能被商业秘密保护，与文案本身的独创性高低与否、表达形式最终确定与否没有直接关系，只要其符合商业秘密的构成要件即可。最后，在广告作品形成阶段，由于广告创意与表达最终被固定下来，此时主要适用著作权法的保护。

（二）文化软件服务

我国《计算机软件保护条例》将计算机软件定义为计算机程序及其有关文档。③ 目前，大多数国家都把计算机软件当作文学作品予以类似著作权的保护，但是这种保护模式有其局限性。首先，著作权法只保护表达而不保护思想和功能，而计算机软件是表达、思想和功能的集合体，计算机软件的主要价值在于它的功能价值，而这正是著作权法所不能保护的。其次，对计算机软件的保护期过长。根据《计算机软件保护条例》，自然

---

① 任自力：《创意保护的法律路径》，《法学研究》2009 年第 4 期。
② 陈丽苹、王志轩：《我国广告创意的知识产权保护问题探析》，《中国工商管理研究》2015 年第 10 期。
③ 其中计算机程序是指为了得到某种结果而可以由计算机等具有信息处理能力的装置执行的代码化指令序列，或者可以被自动转换成代码化指令序列的符号化指令序列或者符号化语句序列。文档是指用来描述程序的内容、组成、设计、功能规格、开发情况、测试结果及使用方法的文字资料和图表等，如程序设计说明书、流程图、用户手册等。

人的软件著作权,保护期为自然人终生及其死亡后50年,法人或者其他组织的软件著作权,保护期为50年,截止于软件首次发表后第50年的12月31日。计算机软件的一大特点是淘汰率高、更新速度快,这就使得保护期显得过于久长,对一个已经被淘汰的软件仍提供保护,为他人在此软件之上的继续开发设置了障碍,不利于软件产业的开发创新,有损于公众利益。[1] 因此,对计算机软件的保护,应当在现有著作权保护模式的基础上进一步完善,首先不仅要保护计算机软件作品本身,还要延伸到对其功能的保护。既要保护计算机软件的表现形式,又要保护软件最实质、最核心的思想方法,从根本上体现对软件的价值保护。针对计算机软件保护期过长的问题,应当在以后的立法中进行修改,把计算机软件的保护期限制在10年以内。

(三) 建筑设计服务

改革开放以来,随着城市化进程的加快,城市面貌日新月异,各种造型别致的建筑进入人们的视野。从建筑构思到草图设计再到建设施工,建造本身就是一个充满挑战的创造性过程,由此产生的知识产权保护也是一个需要重视的问题。

在著作权方面,由于建筑作品的特殊性,在设计的时候要体现设计企业的设计风格,而且要借助企业的仪器设备和数据资料才能完成;又由于建筑业属于风险大、投入高的产业,建筑设计方案的拟定、建筑设计图的起草、建筑模型和建筑物的构建无一不要求严谨科学,一旦建筑出现问题,作为设计者的自然人是无法承担责任的,所以对于建筑作品一般由单位享有著作权,而自然人享有署名权和获得报酬的权利。在商标权方面,由于建筑物的不可移动性和独立性,很难批量生产,而商标主要是为了区分商品和服务的来源,因此,但就某一个建筑申请商标意义不大,但是建筑企业可以将重点放在企业自身的品牌文化建设上,向消费者传达企业自身的价值观和管理理念,构建起广泛的品牌认可度。在专利权方面,由于建筑物本身的建设受到城市规划和地理环境的制约,不可能被完全的复制,但是,建筑中的局部设计却是可以被不断重复的,比如门、窗、楼梯和装饰图案,对于这种富有美感又能批量生产的建筑设计,可以在制作成模型后申请外观设计专利。在商业秘密保护方面,根据反不正当竞争法,

---

[1] 王春艳、李成江:《软件知识产权保护模式研究》,《东岳论丛》2009年第6期。

商业秘密,是指不为公众所知悉、能为权利人带来经济利益、具有实用性并经权利人采取保密措施的技术信息和经营信息。对于建筑设计企业而言,技术信息主要包括以计算书为核心的设计图纸、特殊的施工工艺、试验技术、试验结果、预结算计算机软件、施工现场总结出来的技术成果等方面;而经营信息则主要涉及设计业务计划、财务情况、建筑工程信息、客户名录、投标方式、投标标底、标书制作方式等内容。[①] 因此,各企业应当建立符合自身情况的保密制度,在企业内部划定保密区域,对不同的资料设定不同的保密级别,与企业员工在劳动合同中约定保密义务,建立起长效的保密机制。

六 文化休闲娱乐服务中的知识产权保护问题

（一）景区景点名称的商标保护

景区是某一风景名胜区的统称,比如西湖风景区,古隆中风景区;景点是景区内某一景观的具体名称,比如西湖风景区的三潭印月,古隆中风景区的三顾堂。商标不仅区分商品和服务的来源,而且还是商品质量和企业声誉的载体,对企业的生产经营发挥着重大的作用。景区和景点的名称,很多是历史传承下来的,凝结着当地民族乃至整个中华民族的智慧,因此其知名度很高,社会影响力都很大。也正因为如此,许多景区景点的名称被一些企业和个人抢先注册为商标,而商标持有者将带有该商标的商品和服务投入市场,会使消费者误认为该商品和服务与该景区景点有一定的联系。而且旅游景区所有者和经营者以后想自己使用景区景点的名称到商品上时也会受到限制,这明显不公平,损害了原权利人的利益。

造成旅游景区景点名称被抢注的原因是多方面的,一方面我国商标注册制度过于宽松。[②] 企业和个人都可以提出商标注册申请,这为抢注商标内容的企业和个人提供了便利。而且商标局对商标的内容只进行形式审查,在公示期间,只要没有他人提出异议,一般都予以注册。另一方面,旅游景区的管理者法律意识不高。旅游景区在性质上一般属于国家和集体所有,但是,基于旅游景区管理单位在风景名胜区的开发、建设、管理与

---

① 单杰、李红梅:《建筑设计产业知识产权保护体系构建》,《商业时代》2011年第34期。
② 根据《商标法》第4条,自然人、法人或者其他组织在生产经营活动中,对其商品或者服务需要取得商标专用权的,应当向商标局申请商标注册。

经营过程中所投入的巨大精力,其景区知名度和美誉度与利益息息相关,旅游景区管理单位在使用景区景点名称上是享有在先权的。① 在现实中,地方政府和景区管理者对景区商标的保护不够重视,对商标的使用也缺乏认识,这就使得商标被抢注的情况愈演愈烈。

因此,对旅游景区景点的保护应当从多方面入手,首先,在法律制度层面,应当提高商标注册的条件。只有从事生产经营的主体才能申请注册商标,因为商标的价值在于使用,对于那些注册商标而不使用的主体,背离了立法的目的,造成资源的浪费,法律不应当保护他们的利益。其次,可以将抢注行为定义为违法行为,对抢注人进行处罚。在现实中,许多抢注人要么把抢注的商标用在自己的商品和服务上,要么把商标高价转让。对于第一种行为可以认定为混淆行为,景区景点名称被抢注,具有很强的误导性,消费者很容易将该商标与景点联系起来,造成对服务主体的误认。② 对于该行为可以通过反不正当竞争法加以规制。对于第二种行为,明显违反我国商标法的规定,只要有相应的证据,行政机关就应当予以处罚。最后,旅游景区管理者应当增强法律意识,尽快将旅游景区和景点的名称注册在自己的名下,同时要树立商标战略的意识,发掘商标的使用价值,对恶意注册的行为要运用法律武器予以制止,维护自身的合法权益。

(二) 网络游戏的知识产权保护

网络游戏也称在线游戏,由于近年来智能手机的普及,以及智能手机的便携性,使得手机端的用户数量大幅增加。③ 网络游戏是我国发展最快的文化创意产业之一,但是在这飞速发展的背后,是游戏产业大量的知识产权纠纷。

比较常见的侵权行为有以下几种,第一种是游戏名称的混淆,游戏名称对游戏产品和游戏开发商至关重要,而当一款游戏火爆起来以后,该游戏名称就很容易被相关的游戏开发商抄袭,对游戏名称抄袭很容易让玩家

---

① 臧兴东、曾璟:《论旅游景区景点名称的商标化》,《法学研究》2010年第2期。
② 刘丽娟、杨刚、黄军:《对旅游景区商标抢注现象的法律思考》,《兴义民族师范学院学报》2012年第4期。
③ 是指以互联网为传输媒介,以游戏运营商服务器和用户计算机为处理终端,以游戏客户端软件为信息交互窗口的旨在实现娱乐、休闲、交流和取得虚拟成就的具有可持续性的个体性多人在线游戏。客户端有电脑端和手机端之分。

混淆和误解,构成"搭便车"的行为,从而侵犯到原游戏开发商的利益。第二种是游戏模式的侵权,即擅自利用网络游戏中的虚拟人物,故事情节以及其他具有独创性的智力成果。第三种是"外挂","外挂"是指游戏玩家针对某个游戏对其程序进行私自篡改,改变游戏原来的特征,是一种作弊的体现,网络游戏的程序数据是得到法律保护的,而"外挂"就是通过改变这些数据、服务程序来达到在游戏中作弊的手段,这不仅影响了普通玩家游戏体验中的公平性,更是侵犯了著作权人的修改权和复制权,严重侵犯了著作权人的合法权益。① 由于网络游戏属于新兴的产业,所以在立法方面有所滞后,不能给网络游戏的健康发展提供全面的法律指引。在一些游戏产业发达的国家,比如韩国,就制定了专门的《游戏法》,这一立法值得我们去学习借鉴。另外,许多游戏开发商对某些侵权行为持默认的态度,比如对于"外挂"行为,虽然"外挂"破坏了游戏的规则,但也为游戏商带来一定程度的收益,正因为如此,很多游戏商对"外挂"的感情往往是爱恨交加,犹豫不决,这也是"外挂"问题一直得不到有效解决的重要原因。② 最后,游戏玩家缺少相应的法律意识,也为网络游戏侵权行为的发生提供了温床。为了提高游戏体验,玩家往往不惜花大价钱购买"外挂"服务,这样可以非常简单地让自己成为游戏高手。由此可见,虽然我国网络游戏行业取得了长足的发展,但是对于侵权行为的规制,依然有很长的路要走。

七 工艺美术品的生产中的知识产权保护问题

工艺美术品是指以美术技巧制成的,集艺术性与实用性于一体的作品。工艺美术品种类繁多,根据我国 2012 年制定的文化及相关产业的分类,工艺美术品包括雕塑、金属、漆器、花画、编织、刺绣、地毯、珠宝首饰等。我国工艺美术品发展历史悠久,历史上就有享誉海内外的景德镇瓷器、苏绣、丝绸等,这些工艺品不仅美观实用,而且也是中国文化的象征。

然而,当前我国工艺美术品行业发展的状况不容乐观。清华大学美术学院教授李砚祖曾说:"国内有很多工艺美术品,不缺创意,但缺品

---

① 万珩:《网络游戏模式与规则的著作权法保护》,《现代商贸工业》2017 年第 13 期。
② 孙菁雯:《浅议网络游戏的知识产权保护》,《科技经济市场》2006 年第 7 期。

牌。举例说，国内一家企业拥有120位顶尖设计师，设计了4万多件陶瓷创意产品，但这些出口产品全都会贴上外国的品牌商标，90%以上的利润都被外国企业赚得。国内知识产权得不到保护，一个产品出来，5天就会被复制。"由此可见，品牌效应在工艺美术品的销售中发挥着重要的作用。我国在工艺美术品的很多领域都已拥有高超的技艺，而把这些高超的技艺推广传播出去需要依靠品牌的推动作用。因此，国内工艺美术品的生产企业应当树立品牌意识，实行品牌战略。在品牌战略与战略管理的协同中彰显企业文化，把握目标受众，充分传递自身的产品与品牌文化的关联识别。在战略上胜出的企业最终在销售层级才有持续增量的可能，在市场层级才有品牌资产累积的可能，在企业层级才有资本形成的可能。① 同时，企业品牌的建立离不开知识产权的保护，尤其是商标和专利在工艺美术品领域的应用。鉴于工艺美术品具有美感，同时又可以大批量生产的特性，可以将某些外形别致、具有可识别性、符合商标构成要件的工艺美术的外形申请注册为商标，从而得到商标法的保护。而且，工艺美术品往往既有实用性，又具有艺术性，其实用性不妨害其艺术性，艺术性也不妨害其实用性，这两种特性可以同时存在，这种天然的优势，使得工艺美术品可以较为容易地申请到外观设计专利，从而得到专利法的保护，而且外观设计专利的保护期是10年，这对一个企业品牌的成长而言，已经足够。对那些冒用企业品牌和商标，混淆消费者，进行不正当竞争的行为，要果断地加以警告、制止，同时要寻求行政执法部门的帮助。在品牌建设的过程中，融入知识产权的保护，用品牌的力量推动中国工艺美术行业的创新，传播中国文化，从而提升整个民族文化产业的价值。通过工艺美术品制造者品牌观念的建立、品牌战略的导入、知识产权的保护，工艺美术品行业一定能够健康、快速地发展。

第三节　版权立法相关问题

　　我国文化产业的核心部分，相当于一些国家所称的版权产业、创意产业。创意的结果大多可以表现为著作权的客体。因此，版权立法是文化产

---

① 赵天华：《浅谈中国当代工艺美术品牌化发展》，《美术大观》2013年第12期。

业发展的最基础性的法律支撑。本章针对我国新时期版权立法的相关问题进行专门研究。

一 制度框架与原则方面

《国家"十三五"时期文化发展改革规划纲要》提出要加强版权保护。《纲要》提出，全面实施国家知识产权战略，以版权保护促进文化创新。互联网技术的不断发展，大大拓展了信息传播的深度和广度。这种高效率的传播方式，在为我们带来极大方便、开创了一个新的经济时代的同时，也引发了各种各样的网络侵权、盗版现象，这是全世界都面临的普遍问题。不仅严重损害了权利人的合法权益，也极大地危害了文化产业的发展。

充分利用和有效发挥版权保护制度在激励创新、优化资源配置、保护创新成果、维护竞争秩序等方面的作用，激发创造力、提升原创力、增强影响力。不断完善文化产业领域版权运营的市场机制，交易规则和竞争秩序。营造版权保护良好环境，推动版权产业持续发展，需要继续健全和完善版权相关法律制度和政策体系，客观分析版权产业发展方向，正确把握版权产业发展趋势。[①] 在不断加强著作权保护的同时，还要鼓励合法、方便地使用作品。以确保创作、保护和使用作品的良性循环，通过明确"商品化权"等具体方式，为挖掘版权高附加值作品奠定法律基础。总体而言，积极回应数字时代的发展变化，兼顾法律的稳定性与灵活性。

一方面，因数字时代传播技术变革所造就的巨大市场空间，使版权产业得以突破原有载体与渠道的束缚而实现跨越式发展。与市场机遇相伴而生的，则是盗版侵权等违法行为对产业发展的冲击。立法领域，在数字技术高速发展的背景下，因作品在创作和传播方面变化而引发的新问题尚未被法律所吸纳。网络技术的出现，改变了信息拥有者、传播者、使用者三者之间的利益格局，对传统版权制度带来挑战，传播技术创新所引发的版权制度创新。造成了法律制度与产业发展之间存在罅隙，引发了现有法律制度难以为文化产业发展提供制度保障的现实问题。

[①] 魏红：《积极推进版权保护机制优化与创新》，《中国知识产权报》2013年11月29日第10版。

例如，随着网络游戏直播行业的爆发式发展，网络游戏直播市场的不断扩大。需要不断完善市场秩序和法律法规，其中有关网络游戏直播对于游戏内容是否构成侵权难以成为版权热点问题之一。2019年1月游戏直播平台的第一个知识产权禁令出台，明确了直播平台在没有获得授权的情况下不能进行游戏直播业务。① 根据工信部最新公布的《2018年1—7月互联网和相关服务业运行情况》，仅在去年前七个月，我国的网络游戏业务收入达1113亿元。因此，直播的内容是网络直播平台的核心竞争力。从著作权保护的角度，一纸禁令的出台为网络直播活动中游戏著作权人的权益保障明确了方向。但从产业发展的角度，强化著作权保护水平是否有利于以网络为主要载体的数字经济发展尚待研究。

另一方面，以提升市场主体版权资源开发与运用的能力作为主要立法目标，推动市场主体从传统的内容创造、传播渠道占有者向版权资源运营者的转型。减少版权资源运用的制度障碍。在《著作权法》正值修改之际，需要对影响与制约版权资源开发与运用的关键问题给予足够关注，完善版权产业领域的制度设计，实现版权领域的制度创新。

例如2019年"视觉中国"公司商业模式的争议，引发业界对于版权资源如何开发运用的反思。2019年4月10日晚，全球首张黑洞照片在微信和微博上成为焦点。4月11日，因为这张图片版权问题，把一家上市公司推向了风口浪尖。因为网友发现，视觉中国在其官网注明："此图是编辑图片，如果用于商业用途，请致电400-818-××××或咨询客户代表。"而视觉中国微博客服也表示"黑洞"照片版权的确是他们的，需

---

① 案件梗概：2018年，"西瓜视频"在其App页面上公开《西瓜直播达人招募》公告，注明了游戏类招募方向包括《王者荣耀》以及招募奖励等。同时，"西瓜视频"还提供"点赞""摩天轮"等各类虚拟礼物充值、购买服务，供用户购买对主播进行打赏。腾讯公司认为，"西瓜视频"招募、组织主播直播《王者荣耀》游戏并获得巨额收益，严重侵害了申请人对《王者荣耀》享有的著作权。据此，腾讯公司以"西瓜视频"在招募、组织游戏主播直播《王者荣耀》游戏内容等行为并未获得腾讯公司授权，涉嫌侵犯《王者荣耀》著作权为由，将今日头条诉至法院。法院在审理过程中认为：依照我国法律规定，未经著作权人许可，也无著作权法规定的限制事由，利用他人作品即构成侵害著作权的行为。由于"西瓜视频"以及涉案公司对《王者荣耀》游戏的研发、运营没有投入，并且组织相关直播活动在直播《王者荣耀》游戏时，一方面获取较为客观的商业利益，另一方面既没有获得《王者荣耀》游戏著作权人的许可授权，也没有支付相应对价。其相关行为实际上是抢占了涉案游戏在网络直播市场的资源，会对《王者荣耀》游戏著作权人（本案申请人）的合法权益造成损害。2019年1月31日，法院做出禁令，裁定与"西瓜视频"相关联的"运城市阳光文化传媒有限公司""今日头条有限公司""北京字节跳动科技有限公司"三家公司立即停止"西瓜视频"App直播《王者荣耀》游戏内容。

要购买后才能使用。4月12日，国家版权局发布公告称，国家版权局将把图片版权保护纳入即将开展的"剑网2019"专项行动，进一步规范图片市场版权秩序。①明确指出"各图片公司要健全版权管理机制，规范版权运营，合法合理维权，不得滥用权利"。此类案件中，一方面被告确实存在侵权行为，另一方面原告动辄上万元的赔偿请求，也被网友普遍认为是"钓鱼维权"。②

二　具体制度安排方面

（一）加强版权管理和运用能力，完善著作权集体管理制度

目前，如何应对数字网络技术对传统版权保护制度的挑战，做到既能充分运用先进技术来传播受版权保护的作品，促进数字网络新型产业的发展，又能有效遏制不断猖獗的网络侵权盗版行为，切实维护版权所有人的合法权益，在权利人、使用者和公众之间并没有完全达成共识，因数字网络技术的运用带来的版权问题也还没有得到真正解决。③相比于国际社会，中国的著作权集体管理制度如同中国的著作权法律制度一样，起步较晚。同时，上述问题在我国表现得也更为突出。因此，我国的著作权集体

---

①　国家版权局：《图片版权保护将纳入"剑网2019"专项行动》，《电视指南》2019年第8期。

②　资料显示，中国版权图像素材2017年理论市场规模186亿元，实际市场规模14.6亿元，正版率仅8%。视觉中国是国内最大的视觉素材版权交易平台，占有40%以上市场份额，近乎垄断地位。而视觉中国以诉讼维权作为企业盈利模式的经营方式也受到了广泛质疑。统计数据显示：以"视觉中国"作为关键词有关的法律诉讼，2018年全年共有2968起，2017年更是达到了5676起，也就是说，这两年平均每天视觉中国就有15.6起官司要打。同时，在这些诉讼中，涉及知识产权与竞争纠纷的占据了大多数。例如，2017年4月，视觉中国曾将腾讯告上法庭，称其在微信企业账户及新浪官方微博中，未经许可使用了9张视觉中国拥有版权的图片，要求腾讯赔偿经济损失及维权合理开支共18万元。对此，腾讯认为在其他网站上也有不同水印的涉案图片，不能证明视觉中国享有图片的著作权。但最终，法院还是判决腾讯赔偿视觉中国4万元。

③　王自强：《数字和网络技术发展与运用中版权制度所面临的真挑战》，《中国版权》2014年第6期。同时：制约中国集体管理制度发展的一个十分重要的问题还在于相关法律体系的不完备。虽然从2001年著作权法修改到2005年《著作权集体管理条例》的制定，标志着我国已基本形成对著作权集体管理的法律框架。然而，当前有关集体管理组织的法律理念定位滞后，阻碍了版权人对集体管理组织信任度的提升，从而影响了版权授权的顺畅进行。同时，由于著作权集体管理组织的管理能力与运作水平尚有不足，导致了包括音乐作品权利人在内的社会公众对我国著作权集体管理组织存在诸多的误解与质疑。如有学者指出音乐作品权利人和使用者对著作权集体管理组织产生强烈不满的根源在于国务院著作权管理机关的管理理念不符合现代法治要求，重管制监督，轻权利保障。其根本原因在于我国相关立法仍不能够为整个著作权集体管理制度提供法律保障。

管理制度完善迫在眉睫。①

亟待解决诸多重要问题：例如，随着著作权法第三次修改草案的公布，著作权集体管理的相关问题成为热点，其中有关"延伸性集体管理"的争议更是备受关注。"延伸性集体管理"其主要作用表现为对未加入集体管理组织的著作权人作品进行管理。这主要是由于集体管理组织自身存在的垄断与治理两个根本性问题没有解决好所导致。尽管著作权集体管理组织在著作权体系的运行中承担着极其重要的功能，但它们的实践活动却普遍存在诸多问题，例如组织机构失灵，组织运营效率不足、无法充分维护权利人利益、向使用者不当收费等。然而，以上种种皆属于集体管理组织的表面性问题，而其源头主要可以追溯至两个方面，其一为治理问题，主要表现为由于集体管理组织自身治理不善，无法履行应尽的义务与职责而引发的问题；其二则为垄断问题，主要表现为由于集体管理组织滥用自身的垄断地位，实施垄断行为而引发的问题。国际上，面对互联网时代海量作品综合利用、高速流通的需求，著作权集体管理组织应克服"叠床架屋"的问题等。②例如在我国司法实践中，已出现著作权集体管理组织因涉及对非会员作品进行管理而遭著作权权利人起诉的案件，凸显了对相关行为合法性论证的必要性与重要性。

在纠纷解决方面，研究发现在著作权集体管理组织提起的著作权侵权纠纷案件中，著作权集体管理组织作为原告，如果尽量减少一起诉讼中涉案作品的数量，不仅能够降低诉讼时间与诉讼费用两个方面的成本，还能够获得相对更高的赔偿金额。于是，实施"一件作品，一个案号"的诉讼策略是其实现"较短的时间、较低的成本而获得较多的赔偿"的合理选择。此举不仅有利于著作权集体管理组织，也间接地利于著作权人。同时，此案案件的判决书数量较大，不同判决书中仅在涉案作品名称方面存在差异，其他实体性、程序性问题基本相同。意味着有限的司法资源被用于从事大量重复性工作之中。但是对于歌曲这一通常以集合形式出现的标

---

① 根据中华人民共和国《著作权集体管理条例》第2条的规定，著作权集体管理，是指著作权集体管理组织经权利人授权，集中行使权利人的有关权利并以自己的名义进行的下列活动：（一）与使用者订立著作权或者与著作权有关的权利许可使用合同（以下简称许可使用合同）；（二）向使用者收取使用费；（三）向权利人转付使用费；（四）进行涉及著作权或者与著作权有关的权利的诉讼、仲裁等。

② 黄钱欣：《"互联网+"时代著作权集体管理组织整合问题》，《现代出版》2017年第1期。

的而言，这一诉讼策略引发问题在于：原告会对同一被告，在同一时间，向同一法院，基于相同的案件事实，提起大量的诉讼。① 导致为了自身利益的实现，而对司法资源造成浪费的现实问题。

如今，恰逢我国《著作权法》与《著作权集体管理条例》修改之际，应充分利用这一机遇完善相关立法，明确著作权集体管理组织在市场交易活动中的角色与定位。以此保证著作权集体管理组织在履行职能时真正做到有法可依，并可以依法行使权利。

（二）提升版权资源再开发能力，完善版权衍生品市场关键法律制度

随着社会经济的发展，角色本身所蕴含的商业价值逐渐得到了市场主体重视。角色在文艺创作与商品交换中的二次应用价值逐渐得到开发，使其更多地脱离原作品而呈现在消费者面前并参与市场活动，如"孙悟空""葫芦娃"等角色形象。目前，对作品角色的"二次利用"，及其所形成的"衍生品市场"是版权资源实现多元化营销的有效途径。文化产业发展的客观趋势表明，以各类作品中角色为核心内容的"衍生品市场"已经成为了版权资源运营与变现的重要渠道，并逐渐成为推动文化产业发展与转型的核心力量。因此，作品角色的版权保护问题，关系到整个文化产业中"衍生品市场"的交易秩序与交易规则。② 在我国，2018年春节期间电影《捉妖记2》票房成绩斐然，主角小妖"胡巴"的卡通形象更是深受观众喜爱，制片方遂与麦当劳合作，推出印烫有胡巴头像的汉堡"幸胡堡"等新春系列新品，又与康师傅、旺旺等合作，推出定制零食饮料。③ 于是，在版权产业发展现状以及版权"衍生品"巨大市场规模的影响下，角色因具有独立于作品的经济价值而有必要受到法律保护。那么，作品的角色能否获得版权保护，以及如何获得版权保护，成为了作品衍生品市场交易规则和秩序的决定性因素之一。

---

① 许可、肖冰：《替代性纠纷解决机制在著作权侵权纠纷中的适用——以著作权集体管理组织为原告的案件为例》，《山东大学学报》（哲学社会科学版）2019年第2期。

② 2017年，全球特许授权商品联合会（The International Licensing Industry Merchandiser's Association，LIMA）发布的"授权产业市场规模研究年度报告"中显示：2016年全球电影票房381亿美元，但2016年特许授权商品的销售额达到了2629亿美元，较上年（2517亿美元）增长了4.4%，其中娱乐业及其角色形象特许商品（即狭义上的衍生品）销售额1183亿美元。数据来源：https://www.licenseglobal.com/industry-news/licensed-retail-sales-reach-2629b。[美国电影协会（MPAA）发布的2016年全球电影市场数据报告显示：2016年全球电影票房收入为386亿美元]。

③ 《著作权是卡通形象衍生品开发的关键》，http://www.ncac.gov.cn/chinacopyright/contents/518/329860.html。

但是作为作品的构成元素，角色兼具"思想与表达"双重属性，相关的法律问题和理论争议随之而起。例如，角色在商业利用过程中引发的"商品化权"问题；以及角色在文艺作品二次创作过程中引发的"同人作品"现象。于是，角色是否能够独立于作品而获得法律保护，既是理论研究中引发广泛关注的议题，也是我国版权立法、司法实践中亟须加以应对的现实问题。

当前，我国文化产业的繁荣发展，带来了商品化权的相关问题。①2017年最高法院的司法解释和各地法院在司法实践中对商品化权益的司法确认，使商品化权设权再次引发关注。②

随着版权产业的蓬勃发展，近年来因作品角色的商业性使用或二次创作行为而引发的侵权、不正当竞争案件在我国逐渐出现。作品角色能否独立于作品而获得版权保护，也因此成为我国司法实践所必须面对的现实问题。

例如，2015年7月，国产动画电影《汽车人总动员》在国内上映。迪士尼公司、皮克斯却发现，这部电影从名称、动画形象到宣传海报，都涉嫌抄袭了《赛车总动员》系列电影。③ 迪士尼公司、皮克斯遂将该片的出品方蓝火焰公司、发行方基点公司及在网站上传播了该片的聚力公司诉至法院。在一审过程中法院指出，首先，原告作品中的角色"闪电麦坤""法兰斯高"是赛车动画形象，具有赛车通常具有的结构和样式。其次，两个动画形象中被加入了拟人化设计：例如，车辆前挡风玻璃被设计成拟人化的眼睛等。进而认为，上述两个动画形象在保留赛车原有基本构造的基础上，通过拟人化的设计使车辆具有拟人化的形象，并能够通过表情表达情绪。因此，上述两个角色在既有车辆样式的基础上进行了独创性的设计，整体动画形象具有的美感属于美术作品，受我国版权法的保护。④

---

① 商品化权是基于消费者对于真实人物、虚拟角色、标志、符号等形象或事物的吸引力，从而将上述形象或事物进行二次开发、商业化利用的无形财产权。

② 胡卫萍、王学军、赵志刚：《文化资源商品化权设权的理论构想》，《南昌大学学报》（人文社会科学版）2019年第3期。

③ 陈卫锋：《"赛车"告赢"汽车人"》，《浦东开发》2017年第2期。

④ 法院认为《汽车人总动员》电影及海报中的"K1""K2"动画形象与迪士尼公司、皮克斯在《赛车总动员》及《赛车总动员2》中创作的具有独创性的"闪电麦坤""法兰斯高"动画形象实质性相似，构成著作权侵权。《赛车总动员》电影名称经过权利人的大量使用、宣传，构成知名商品特有名称，《汽车人总动员》的电影海报将"人"字用"轮胎"图形遮挡，在视觉效果上变成了《汽车总动员》，与《赛车总动员》仅一字之差，容易使公众产生误认，故构成擅自使用知名商品特有名称的不正当竞争行为。

可见，在上述案件中作品的角色可以受我国版权法保护。但限于理论层面的困境，司法实践中法院对于动画角色、小说角色或电影角色的版权保护态度上存在分歧。即便是在版权产业发达的美国，法院对于作品角色能否受版权保护的问题也存在争议。从理论的角度来看，"清晰描绘标准"和"角色即故事之标准"，作为美国司法实践中形成的判定人物角色是否可以独立取得著作权保护的检测标准。[1] 于是，在应该依法保护作品角色已经成为理论与实务界共识的前提下，通过何种方式实现对作品角色的合理保护，将直接影响到司法层面相关法律规则的适用，以及立法层面相关制度的设计。

（三）推动文化产业国际化水平，完善著作权权利穷竭制度

作为版权法律体系中的一项重要原则，发行权穷竭理论通过对版权人权利行使范围的制约，对文化产业中作品交易活动的秩序与规则产生影响。这一原则的适用，既能够在宏观层面响应国家文化产业发展的战略，也可以为企业商业模式与策略适用提供参考。在当前我国文化产业国际化、数字化的背景下，正确地理解发行权穷竭理论的原理与作用，进而在不同立法模式与规范体系中做出合理选择，对于整个文化产业的未来发展具有重要的理论意义与实践价值。

文化产业发展国际化的趋势，促进了全球化版权贸易网络的形成。文化产业核心载体"作品"在各个国家和地区的流通和交易，不可避免地引发了不同交易规则、商业习惯甚至法律规范之间的冲突。引发了诸如版权产业"灰色市场"或"黑色市场"的问题，直接影响到市场主体的合法权益乃至整个产业的商业规则和竞争秩序。在法律制度层面，版权法中的"发行权穷竭"理论（也称"首次销售"原则或"发行权用尽"原则）是与版权产业国际化、数字化发展趋势联系最为密切的法律规则之一。"发行权穷竭"理论因涉及了版权权利行使方式以及范围的合法性，因此直接决定了版权产业的交易规则与市场秩序，也能够同时影响文化产业宏观层面的发展模式以及微观层面的商业策略。故而"发行权穷竭"理论因具有影响权利行使方式的功能，构成了连接版权法律制度与市场主体商业决策之间的桥梁，也成为了文化产业发展程度的重要

---

[1] 林利芝：《永远的名侦探夏洛克·福尔摩斯——自 Leslie S. Klinger v. Conan Doyle Estate 案探讨故事角色著作权保护争议》，《知识产权月刊》2016 年第 1 期。

标志。①

根据我国国家版权局统计数据显示,2006年至2015年中国版权产业的商品出口额显示,规模有所扩大,十年间增长了近一倍,2015年商品出口额达2633.36亿美元。② 这一趋势意味着我国版权产业逐渐实现了从"引进来"向"走出去"逐步转型。那么在这一过程中,对发行权穷竭理论的演变与发展进行研究进而分析其对于产业发展的影响,就成为了一个值得理论研究给予关注的问题。特别是在我国《著作权法》尚未对相关问题予以明确规定的背景下,正确与合理地理解发行权穷竭这一法律理论,对于我国文化产业、版权产业、创意产业全球化发展进程中,相关法律规范具体规则的设计,政府主管部门宏观产业发展政策与战略的制定,以及企业在具体商业模式与经营策略的选择,均具有重要的理论与现实意义。

我国知识产权立法尚未就如何规制由平行进口引发的知识产权问题做出明确的规定。③ 司法实践亦因为法律依据的缺失而陷入了无据可循的困局。欧美的立法与司法实践表明,政府对"平行进口"问题的干预有两个主要方向:第一,采取国际穷竭原则,并采取贸易鼓励措施、维护平行进口商品流入本国市场;第二,采取国内穷竭原则以保护本国产业的国际竞争力,并采取贸易措施限制平行进口商品流入本国市场。那么在版权产业国际化趋势下,我国《著作权法》在面临修改之际应该如何在上述二者间进行选择,现有研究的关注程度尚有不足。

首先,虽然我国著作权法中尚未对"首次销售"或发行权穷竭的相关问题予以明确规定。但是发行权穷竭原则在立法中的适用将会直接引发版权产业中平行进口以及所谓"灰色市场"的问题。由于平行进口所涉及的标的物系合法制造但所涉及的进口行为则未获得标的物知识产权人之授权。故而与以假货为基础的黑色市场存在显著差异。对我国而言,现阶段我国仍处于版权产品进口国的角色,因此现实中未经著作权人许可的主体将其他国家授权发行之作品进口到我国境内销售的情形极为少见。但

---

① 朱喆琳:《"发行权穷竭"理论对我国版权产业影响研究》,《科技与出版》2018年第1期。

② 国家版权局:《中国版权产业发展十年来贡献显著》,http://www.ncac.gov.cn/china-copyright/contents/518/329860.html。

③ 蒋圣力:《自贸区背景下平行进口所涉及的知识产权保护》,《南都学坛》2017年第1期。

是，随着版权产业"走出去"战略的实施，我国市场主体在海外推广与发行版权作品的情况必将愈发普遍。也必然会出现目前版权产业发达国家的企业所面临的因不同地区差异化定价而导致平行进口的问题。那么，应该如何界定平行进口行为的合法性，如何应对因平行进口引发的版权领域竞争问题，必然会成为我国著作权法律、政策所关注的问题。

其次，以"作品"出口为主要途径的国际贸易，已经成为版权产业发展的主要趋势。进而在版权产业发展国际化、数字化进程下，与作品交易效率大幅提升相伴而来的，是整个版权产业市场对交易活动所涉及作品在法律状态在真实性与准确性方面更为严格的要求。所以，因产业发展所孕育出的降低交易法律风险的客观需求，会逐渐消除相关法律与政策中存在的模糊地带。例如我国著作权法对于发行权穷竭问题尚未加以明确的情况。进而，在相关法律与产业政策面临变化的背景下，如何使相关法律、政策真正服务于我国文化产业的发展，也必然会成为相关制度在修改与调整过程中必须加以考虑的问题。

（四）规范文化产业发展方向，完善产业划分与发展评估体系

在传播技术不断推陈出新的趋势下，文化产业作为一项传统产业不仅没有被市场创新的趋势所淘汰，反而在新的商业模式和市场需求刺激下孕育了更为可观的经济价值。而产业的划分是产业评估的基础，产业评估是检验产业划分体系是否科学、合理的有效途径，产业划分和产业评估两者之间存在相互影响与相互制约的关系。

在产业划分方面：合理的产业划分，既是理论研究和分析版权产业经济贡献的前提，也是政府引导与促进产业发展的基础。源于不同国家和地区对于文化产业在定义与内涵方面理解的差异，形成了不同的版权产业划分模式。[①] 理论研究中，文化产业与创意产业、版权产业等概念的主体内容相似，外延范围存在着近似或者交叉的关系。泛指以版权为基础的产业部门，这些部门的产销活动与版权制度息息相关，是以版权法的强有力的执法保护为生命线。[②] 自 20 世纪 90 年中后期开始，文化产业的经济潜力在以美、英、德等发达国家经济发展结构从制造业向服务业的转型过程中

[①] 王静、肖尤丹：《基于国际比较的版权产业划分标准研究》，《中国出版》2018 年第 24 期。

[②] 尚永：《美国的版权产业和版权贸易》，《知识产权》2002 年第 6 期。

逐渐被发掘,并演化成为民族文化传播与国家形象推广的重要载体。受益于传播技术的创新与突破,文化产业的经济价值得到充分释放,正逐渐发展成为推动世界经济发展的新引擎。如今,文化产业已经成为了上述发达国家推动经济增长的重要力量。根据世界银行2017年世界主要经济体排行中的前五名(美、中、日、德、英)中,美国、德国和英国的版权产业都已经成为了各自国家的新经济增长极。

虽然文化产业对于国家经济发展与转型的重要性得到了各国普遍共识,但受限于经济、文化等方面的差异,世界各国对于文化产业的认识与理解存在分歧,有关文化产业的划分也不尽相同。由于准确、科学地划分文化产业是把握产业发展状况、分析产业发展问题、判断产业发展趋势的重要基础,也是理论研究与政策制定的核心依据,更是反映版权保护水平的重要标志。据此,考虑到文化产业在促进经济增长,创造就业机会以及扩大对外贸易中发挥日益重要的作用,科学、合理地对产业的范围进行划分,成为了理论与实践共同关注的问题。

目前,在以美、欧为代表的发达国家和地区,文化产业的划分已经较为成熟,并形成了"概括型"和"列举型"两种主要模式。而我国现有的文化和版权产业划分模式系从WIPO直接引进而来,属于典型的"概括型"模式,并在近年来的一系列版权产业经济贡献调查工作中发挥了基础性的作用。但这一划分模式是否能够全面、准确地反映我国版权产业发展的实际情况,仍有待于深入的研究。下文将对现有的两种不同版权产业划分模式的特点进行分析。

"概括型"产业划分模式是指依据产业部门对版权法律制度依赖程度的高低实现对产业的划分,其核心是基于特定产业部门的发展与版权制度之间的关系,进而将文化产业特别是版权产业划分为三类或四类。该模式的形成深受Picard教授将版权产业分为:核心版权产业,依赖于版权的产业和其他版权产业三类的影响。[1] 目前,主要有美国国际知识产权联盟(IIPA)、世界知识产权组织(WIPO)和我国采取了这一模式。仅概括地提出版权产业的定义,不指明具体的产业部门,是"概括型"版权产业划分模式的主要特点。其优势在于,能够灵活地适应产业发展变化的趋

---

[1] Robert G. Picard, Timo E. Toivonen, "Issue in Assessment of the Economic Impact of Copyright", *Review of Economic Research on Copyright*, Issues, 2004, Vol. 1, No. 1, pp. 20–29.

势,及时将市场交易环境中出现的新兴产业部门纳入产业的范畴。产业发展的变化不易引起产业划分模式的改变,具有较强包容性的同时还具有稳定性强的特点。但其劣势在于因概括而导致的产业划分界限不明,不可避免地引发了产业划分模糊的问题,特别是在产业评估过程中容易导致因不同主体对产业定位的分歧而产生争议。同时,由于各国版权法律制度存在差异,制约了"概括型"产业划分模式在全球不同国家的适用。

"列举型"产业划分模式是指,通过逐一列举的方式明确文化产业中所涉及的产业部门,进而廓清版权产业的具体范围。目前,这一模式广泛应用于以英国、德国为代表的欧洲地区。"列举型"模式的主要特点在于,直观地显示了产业的组成部门。所以该模式的优势在于能够准确地体现产业发展所涉及的领域。但相较而言,其劣势在于该划分模式容易受到技术与商业模式变化的冲击,受限于该模式灵活性方面的不足,新兴的产业部门难以及时纳入产业的范畴,进而影响版权产业评估体系在应用中的准确性与时效性。

整体而言,受限于"概括型"划分模式固有的局限性,不可避免地导致产业的划分存在标准不清、边界模糊的问题,造成了文化产业范围过于宽泛的现象,例如"家具""家庭用品"和"运输业"等均被纳入产业的范畴。于是,考虑到现有模式固有的缺陷,以及我国的现实国情。现有的文化产业划分并不能全面地反映产业发展的现实情况。考虑到我国著作权法律制度的现状,有关非物质文化遗产、传统手工业等,能否被纳入版权产业的范畴之中尚存争议。因此,直接采用 WIPO 的产业划分模式,不可避免地存在范围过窄、特色不突出等问题。相较而言,直接采用"列举型"的文化产业划分模式,更符合我国现阶段产业发展的实际需求。

在产业评估方面:作为知识与文化传播的重要载体,文化产业兼具促进国民经济增长与推动社会文化发展的重要功能。有关文化产业发展评估和经济贡献的研究也受到越来越多国家与企业的关注。目前,与我国版权产业、文化产业发展程度不相匹配的是,有关产业经济贡献的评估体系是从世界知识产权组织相关报告中直接照搬而来。[1] 相较于文化产业发达的英国、德国和日本等国在长期实践中形成并完善的,具有"本国特色"的产业发展评估体系而言,我国现有的产业评估体系在科学性、全面性以

---

[1] 肖冰:《版权产业经济贡献评估体系的比较研究》,《科技与出版》2015 年第 2 期。

及专业性等方面均存在一定差距。构建一套全面、科学、客观与准确的反映文化产业发展现状的评估体系，是我国文化产业发展的必然需求。

研究显示，清晰、准确地划分文化产业范围，是评估产业发展现状，分析产业发展趋势的基础。源于文化产业在不同国家发展水平的差异，出现了不同的产业划分标准和模式。各异的产业划分模式，也从不同的维度体现了文化产业对于国民经济发展的重要作用。在国家社会经济发展和技术创新的多重因素影响下，文化产业既是各国国民经济的重要组成部分，也是各国文化传播与技术发展实现有效融合的重要载体。因此，文化产业的发展轨迹和趋势，已经被深深烙上了"国家特色"。差异化的产业划分模式，显示文化产业具有显著的"国家特色"。一方面表明了不同国家在宏观经济发展方面的差异，是影响该产业划分模式的重要影响因素。另一方面也显示出文化产业与国家优势产业发展的相互融合，成为发达国家文化产业发展的共同趋势。

同时，在国家发展战略规划、市场主体创新活动以及产业融合发展多重因素的共同影响下，文化产业逐渐具备了文化、技术和产业三个方面的属性。于是，对我国而言，文化产业评估体系的设计首先需要体现国家产业政策的导向，特别是近年来文化、版权领域的一系列国家战略的制定和规划，直接影响了我国文化产业发展的方向和趋势。在"一带一路"倡议框架下，我国出版"走出去"承载着中国文化"走出去"的社会责任。[1] 意味着从"进口者"角色向"出口者"的转变，将是我国文化产业发展的主要趋势。进而在产业评估方面，既需要对图书出版物出口或海外授权情况给予足够的关注，也需要辩证地认识传统出版与数字出版的关系，客观看待国内市场与国际市场的重要性。[2]

其次，产业评估体系的设计需要全面反映产业发展的趋势。特别是在文化传播方式不断变化的背景下，通过控制与垄断作品流通、传播方式而获利的空间逐渐被压缩。高效整合作品传播与流通渠道，延长版权产业链，成为了企业获得更多经济回报的有效途径。因此，产业评估体系也需要与技术变革背景下文化产业的价值链和产业链实现充分融合，即在产业

---

[1] 信莉丽、庄严：《文化强国视阈下我国出版"走出去"的现状审思》，《出版科学》2018年第2期。

[2] 朱喆琳：《融合、转型、内需：英国出版业发展的经验与启示》，《科技与出版》2019年第2期。

评估体系的设计方面，需要以产业评估与产业价值链实现融合作为方向，充分体现技术创新对于文化产业链、价值链的影响，全面地反映文化产业在社会经济发展中的作用。[①]

最后，产业评估体系不仅关注产业发展的经济效益还需要关注产业发展的社会影响，也即需要关注产业发展的社会效益。尤其是在国家文化发展战略的影响下，文化产业经济效益之外的社会效益，有必要在产业评估体系中有所体现。

因此，欲实现科学、客观、全面与准确评估产业发展的目标，就需要以文化产业多元化的产业属性作为出发点，并从经济、社会、文化、技术四个维度选择产业发展评估指标，进而形成具有"中国特色"的文化产业评估体系。[②]

[①] 王静、肖尤丹：《基于国际比较的版权产业划分标准研究》，《中国出版》2018年第24期。

[②] 朱喆琳：《图书出版业评估体系的国际比较——以英、德、日为研究对象》，《出版发行研究》2019年第5期。

第 二 篇
文化产业立法专门问题研究

第 五 章

文化产业领域税收制度

　　税收政策是国家进行宏观调控的重要杠杆,其在促进文化产业发展方面具有其他政策不可替代的作用。税收政策对正处在发展初期的文化产业具有特殊的价值,主要表现在税收政策支持对象的普遍性、不同主体获得支持的公平性、政策对于产业发展的杠杆撬动性等方面。通过税收优惠政策,文化产业可以获得更加广泛、公平、有效的支持。[1] 税收对文化产业发展的影响主要包括以下三个方面:一是税收为文化产业发展提供物质支持。文化产业领域中诸如电视、广播、博物馆等为受众提供公共文化产品及服务,这类公共文化产品及服务具有非排他性、非竞争性和外部性显著的特点,并且产品与服务的提供不受市场变化的影响,能够被全社会成员所共享、满足人们的文化需求。这类公共文化产品及服务需要一定的资金予以支撑运作,而政府的税收扶持政策与财政补贴,则能够为公共文化产品及服务提供必要的资金支持。这表明税收在推动我国文化产业的发展中提供了必要的物质基础与物质支持,政府需要制定有效的财政税收政策来满足文化产业发展的需求。

　　二是税收制度为文化产业发展提供适度保护。幼稚产业保护理论的基本内容中提及一个国家的新兴产业,当该产业还处于最适度规模的初期时,可能无法与国外相同产业产品进行竞争;如果通过对该产业采取适当的保护措施,能够提高其竞争能力,使得该产业在未来具有比较优势、为国民经济发展做出贡献,就应当采取过渡性的保护、扶持政策,这一政策包括关税保护。税收是调节国民收入的手段,通过收入再分配的方式调节个人与企业收入,促进企业再生产。国家利用税收进行资源分配,以促进产业的发展。

---

[1] 资料来源:http://www.hnswht.gov.cn/whcyc/gznj/content_71742.html。

我国文化产业目前处于发展的阶段，合理的文化产业税收制度能够为文化产业吸引其他产业的资金进入，为文化产业增加资金和生产要素，促进产业的发展。并且通过文化产业税收扶持政策，提高本国文化产业产品与服务的国际竞争力，例如：文化产品出口实行出口退税政策、文化产品进口的关税与非关税壁垒等，促进我国文化产业"走出去"，同时降低外国竞争对手对本国文化产业带来的竞争压力，以实现我国文化产业的发展。

三是税收对文化产业发展具有调节作用。首先，税收政策能够指明文化产业的发展方向。税收政策对文化产业的发展规划、发展目标都会产生影响。税收政策反映了国家当前对文化产业产品与服务的鼓励和限制，使得文化产业的利益主体明确未来的发展方向，合理制定相关发展政策。其次，税收政策能够规范文化产业市场的竞争秩序。税收涉及的处罚政策、奖励政策能够对文化市场竞争进行调节，降低文化市场中阴阳合同、逃税等违法行为，规范市场秩序、促进良性竞争。同时，通过税收补贴政策，鼓励积极、健康的文化产品诞生与发展，限制低俗、不良的文化产品，推动文化产业健康发展。

第一节　我国文化产业税收政策演变与现行税法规范

一　我国税收政策历史演变与现行税收制度

我国税收制度的建立与完善以改革开放为节点，可以分为两个阶段：第一个阶段是为巩固新生的社会主义制度、适应经济社会变化，建立并调整相应的税收制度，如减轻农村税收负担等。第二个阶段是为顺应改革开放，进行的一系列税收制度调整与改革。既包括"利改税"改革和"营业税改增值税"两大中国税收发展史上的里程碑式的改革，也包括对不同税种、税收缴纳方面的调整，例如：全面取消农业税，内外资企业所得税合并，个人所得税、耕地占用税的改革，环境保护税法、烟叶税法、船舶税法的实施，以及个税"起征点"、消费税的不断调整，还包括政府税收服务的改进。我国税收制度围绕着助力发展、利企惠民、便民服务三个主题，形成了多税种并进的态势。[1]

---

[1] 资料来源：http://www.chinatax.gov.cn/chinatax/n810219/n810780/c5137637/content.html。

目前，我国现行的税种有 18 类。包括个人所得税和企业所得税 2 类所得税，增值税、消费税、营业税、资源税、城市维护建设税、房产税、印花税、城镇土地使用税、土地增值税、车船税、车辆购置税、烟叶税、耕地占用税、契税、进出口税收和环境保护税。①

我国对于税收的法律规范包括两类：专门针对税收的法律规范，和其他立法中涉及税收的内容。专门针对税收的法律规范包括《中华人民共和国企业所得税法》《中华人民共和国个人所得税法》《中华人民共和国船舶吨税法》《中华人民共和国环境保护税法》《中华人民共和国烟叶税法》《中华人民共和国车船税法》《中华人民共和国税收征收管理法》等法律，和涉及个人所得税、进出口关税、车船税、印花税等 18 个税种及税收征收管理的行政法规。其他立法中涉及税收的内容，主要包括《中华人民共和国宪法》中第 56 条："中华人民共和国公民有依照法律纳税的义务"，和《中华人民共和国刑法》中有关税收犯罪的内容。

税收通过调整税收征纳关系及纳税人之间利益分配，起到调节社会经济生活的功能。国家通过设置税种、设计税率、实行减税、免税和退税政策、规定起征点和免税额等鼓励或者限制性的措施，弥补和纠正文化市场机制存在的局限，完善文化市场的运行。其中，文化产业领域涉及的税种包括：增值税、个人所得税、企业所得税、营业税、关税和土地使用税六类。其中，企业所得税的征收方式主要包括查账征收和核定征收两种方式，账证健全符合规定的，使用查账征收方式。

文化产业税收涉及的税率整理如下，包括所得税税率和增值税税率两类：

（一）个人所得税②

2018 年颁布的《中华人民共和国个人所得税法》中第 6 条第 2 点规定："非居民个人的工资、薪金所得，以每月收入额减除费用五千元后的余额为应纳税所得额；劳务报酬所得、稿酬所得、特许权使用费所得，以每次收入额为应纳税所得额。其中，劳务报酬所得、稿酬所得、特许权使用费所得以收入减除百分之二十的费用后的余额为收入额。稿酬所得的收

---

① 资料来源：国家税务总局—税收法规库。
② 资料来源：国家税务总局，http：//www.chinatax.gov.cn/n810341/n810755/c3967308/content.html。

入额减扣百分之七十计算"。① 个人所得税适用税率参见下表：

表 4-5-1　　　　个人所得税税率表（综合所得适用）

级数	全年应纳税所得额	税率（%）
1	不超过 36000 元的	3
2	超过 36000 元至 144000 元的部分	10
3	超过 144000 元至 300000 元的部分	20
4	超过 300000 元至 420000 元的部分	25
5	超过 420000 元至 660000 元的部分	30
6	超过 660000 元至 960000 元的部分	35
7	超过 960000 元的部分	45

注：1. 本表所称全年应纳税所得额是指依照本法第 6 条的规定，居民个人取得综合所得以每一纳税年度收入额减除费用六万元以及专项扣除、专项附加扣除和依法确定的其他扣除后的余额。2. 非居民个人取得工资、薪金所得，劳务报酬所得，稿酬所得和特许权使用费所得，依照本表按月换算后计算应纳税额。

表 4-5-2　　　　个人所得税税率（经营所得适用）

级数	全年应纳税所得额	税率（%）
1	不超过 30000 元的	5
2	超过 30000 元至 90000 元的部分	10
3	超过 90000 元至 300000 元的部分	20
4	超过 300000 元至 500000 元的部分	30
5	超过 500000 元的部分	35

注：本表所称全年应纳税所得额是指依照本法第 6 条的规定，以每一纳税年度的收入总额减除成本、费用以及损失后的余额。

(二)《中华人民共和国增值税暂行条例》②

根据 2017 年修订的《中华人民共和国增值税暂行条例》第 2 条规定：销售图书、报纸和杂志适用 13% 的税率，第 16 条规定销售古旧图书免征

---

① 资料来源：国家税务总局，http://www.chinatax.gov.cn/n810341/n810755/c3967308/content.html。

② 资料来源：国家税务总局，http://www.chinatax.gov.cn/chinatax/jibenfa/jibenfa0101.htm。

增值税。

（三）营业税改征增值税试点实施办法①

该条例中第1条规定："在中华人民共和国境内（以下称境内）销售服务、无形资产或者不动产（以下称应税行为）的单位和个人，为增值税纳税人，应当按照本办法缴纳增值税，不缴纳营业税。单位，是指企业、行政单位、事业单位、军事单位、社会团体及其他单位。个人，是指个体工商户和其他个人。"纳税人发生应税行为，除提供交通运输、邮政、基础电信、建筑、不动产租赁服务，销售不动产，转让土地使用权税率为11%；提供有形动产租赁服务税率为17%；和境内单位和个人发生的跨境应税行为零税率外，增值税税率为6%，增值税征收率为3%。

在进项税额不能抵扣销项税额的项目中，文化及相关产业企业均有涉及的可能，具体内容如下：

1. 用于简易计税方法计税项目、免征增值税项目、集体福利或者个人消费的购进货物、加工修理修配劳务、服务、无形资产和不动产。其中涉及的固定资产、无形资产、不动产，仅指专用于上述项目的固定资产、无形资产（不包括其他权益性无形资产）、不动产。

2. 非正常损失的不动产，以及该不动产所耗用的购进货物、设计服务和建筑服务。

3. 非正常损失的不动产在建工程所耗用的购进货物、设计服务和建筑服务。纳税人新建、改建、扩建、修缮、装饰不动产，均属于不动产在建工程。

购进的旅客运输服务、贷款服务、餐饮服务、居民日常服务和娱乐服务。

该条例中销售服务包括了：

（1）文化创意服务，具体包括：设计服务、知识产权服务、广告服务和会议展览服务。

设计服务，是指把计划、规划、设想通过文字、语言、图画、声音、视觉等形式传递出来的业务活动。包括工业设计、内部管理设计、业务运作设计、供应链设计、造型设计、服装设计、环境设计、平面设计、包装

---

① 资料来源：国家税务总局，http：//www.chinatax.gov.cn/n810219/n810744/n2048831/c2051820/content.html?from=timeline&isappinstalled=0。

设计、动漫设计、网游设计、展示设计、网站设计、机械设计、工程设计、广告设计、创意策划、文印晒图等。

知识产权服务，是指处理知识产权事务的业务活动。包括对专利、商标、著作权、软件、集成电路布图设计的登记、鉴定、评估、认证、检索服务。

广告服务，是指利用图书、报纸、杂志、广播、电视、电影、幻灯、路牌、招贴、橱窗、霓虹灯、灯箱、互联网等各种形式为客户的商品、经营服务项目、文体节目或者通告、声明等委托事项进行宣传和提供相关服务的业务活动。包括广告代理和广告的发布、播映、宣传、展示等。

会议展览服务，是指为商品流通、促销、展示、经贸洽谈、民间交流、企业沟通、国际往来等举办或者组织安排的各类展览和会议的业务活动。

（2）广播影视服务，包括广播影视节目（作品）的制作服务、发行服务和播映（含放映，下同）服务。

广播影视节目（作品）制作服务，是指进行专题（特别节目）、专栏、综艺、体育、动画片、广播剧、电视剧、电影等广播影视节目和作品制作的服务。具体包括与广播影视节目和作品相关的策划、采编、拍摄、录音、音视频文字图片素材制作、场景布置、后期的剪辑、翻译（编译）、字幕制作、片头、片尾、片花制作、特效制作、影片修复、编目和确权等业务活动。

广播影视节目（作品）发行服务，是指以分账、买断、委托等方式，向影院、电台、电视台、网站等单位和个人发行广播影视节目（作品）以及转让体育赛事等活动的报道及播映权的业务活动。

广播影视节目（作品）播映服务，是指在影院、剧院、录像厅及其他场所播映广播影视节目（作品），以及通过电台、电视台、卫星通信、互联网、有线电视等无线或者有线装置播映广播影视节目（作品）的业务活动。

（3）文化体育服务。

文化服务，是指为满足社会公众文化生活需求提供的各种服务。包括：文艺创作、文艺表演、文化比赛，图书馆的图书和资料借阅，档案馆的档案管理，文物及非物质遗产保护，组织举办宗教活动、科技活动、文化活动，提供游览场所。

体育服务，是指组织举办体育比赛、体育表演、体育活动，以及提供体育训练、体育指导、体育管理的业务活动。

（4）旅游娱乐服务。

旅游服务，是指根据旅游者的要求，组织安排交通、游览、住宿、餐饮、购物、文娱、商务等服务的业务活动。

娱乐服务，是指为娱乐活动同时提供场所和服务的业务。具体包括：歌厅、舞厅、夜总会、酒吧、台球、高尔夫球、保龄球、游艺（包括射击、狩猎、跑马、游戏机、蹦极、卡丁车、热气球、动力伞、射箭、飞镖）。

条例中"销售无形资产"是指转让无形资产所有权或者使用权的业务活动。无形资产，是指不具实物形态，但能带来经济利益的资产，包括技术、商标、著作权、商誉、自然资源使用权和其他权益性无形资产。

技术，包括专利技术和非专利技术。

其他权益性无形资产，包括基础设施资产经营权、公共事业特许权、配额、经营权（包括特许经营权、连锁经营权、其他经营权）、经销权、分销权、代理权、会员权、席位权、网络游戏虚拟道具、域名、名称权、肖像权、冠名权、转会费等。

二 文化产业领域税收优惠政策

改革开放40多年来，我国文化产业发展经历了预热期（1978—1999年）、初创期（2000—2005年）、体制改革攻坚期（2006—2011年），目前我国文化产业处于高速发展期。

在预热期，我国逐步形成了发展文化产业的共识。在初创期，党的十六大将文化事业和文化产业作为相互关联的两个重要概念提了出来，强调："积极发展文化事业和文化产业"、"发展文化产业是市场经济条件下繁荣社会主义文化、满足人民群众精神文化需求的重要途径。完善文化产业政策，支持文化产业发展，增强我国文化产业的整体实力和竞争力。"这是我国在文化建设方面的重大理论突破，推动我国文化产业逐步发展起来。[1] 由此，我国出台一系列促进文化产业发展的政策，以推动文化产业的发展。

对于文化产业发展的税收政策，我国自改革开放以来，整体的趋势是对文化产业不断推行相应的税收优惠政策。这些税收优惠政策主要针对五

---

[1] 资料来源：人民日报图文数据库，http://paper.people.com.cn/rmrb/html/2018-09/16/nw.D110000renmrb_20180916_2-05.htm。

个方面：一是促进不同文化行业的发展，如动漫、出版、电影；二是促进不同类型文化企业的发展，包括小微企业和转制企业；三是提升文化产业竞争力，包括文化企业创新和文化产品出口；四是促进文化产业创造社会价值；五是促进整个产业的发展，包括文化产业投资、文化产业与其他产业合并发展。

本文梳理了2003—2019年国家出台的文化产业领域税收支持政策，政策按照时间排序如下所示。

（一）2003年

1.《文化体制改革试点中支持文化产业发展的规定（试行）》

这一试行办法中有关财政税收的内容包括以下六点。

（1）对政府鼓励的新办的报业、出版、发行、广电、电影、放映、演艺等文化企业，给予免征1—3年的企业所得税照顾。

（2）对试点报业、出版、发行、广播、电视、电影等文化集团，符合规定的可给予合并缴纳企业所得税的优惠政策。

（3）文化产品出口可按照国家现行税法规定享受出口退税政策，文化劳务出口境外收入不征营业税，免征企业所得税；为生产重点文化产品而引进先进技术或进口所需要的自用设备及配套件、备件等，按现行税法规定，免征进口关税和进口环节增值税。

（4）文化企业纳税确有困难的，可申请减免经营用土地和房产的城镇土地使用税、房产税。

（5）鼓励兴办高新技术文化产业，鼓励、引导社会资本投资于高新技术文化产业。从事数字广播影视、数据库、电子出版等研发、生产、传播的文化单位，凡符合国家关于高新技术企业税收优惠政策规定的，可享受相应税收优惠政策。

（6）对经国务院批准成立的电影制片厂销售的电影拷贝收入免征增值税；对电影发行企业向电影放映单位收取的电影发行收入免征营业税。[①]

2.《文化体制改革试点中经营性文化事业单位转制为企业的规定（试行）》

该文件中对转制企业的税收包括两点：（1）对转制企业免征企业所

[①] 资料来源：http：//www.gov.cn/zhengce/content/2016 - 09/21/content_ 5110267. htm。

得税，原所享受的与所得税有关的宣传文化发展专项资金优惠政策相应取消。(2)文化产品出口可按国家现行税法规定享受出口退税政策，文化劳务出口境外收入不征营业税、免征企业所得税；进口所需的自用设备及配套件、备件等，按现行税法规定，免征进口关税和进口环节增值税。①

3.《文化部关于支持和促进文化产业发展的若干意见》

对出口的文化产品和文化服务有提及实施相应的税收优惠政策，原文如下："实施'走出去'的发展战略。积极争取有关部门支持，对出口的文化产品和文化服务给予优惠，在金融、保险、外汇、财税、人才、法律、信息服务、出入境管理等方面，为文化企业开拓国际市场，扩大市场份额、提高国际竞争力创造必要条件"。②

(二) 2006 年

1.《关于进一步支持文化事业发展的若干经济政策》

该文件中仅简单地说明要对宣传文化单位实行增值税优惠政策，对电影发行单位实行营业税优惠政策，原文如下："继续对宣传文化单位实行增值税优惠政策，对电影发行单位实行营业税优惠政策。有关部门要在完善相关政策的同时，突出扶持重点，更好地促进宣传文化事业健康发展。具体实施办法由财政部和国家税务总局另行制定"。③

2.《关于推动我国动漫产业发展的若干意见》

这一文件中对动漫企业的税收优惠政策主要包括以下几个方面。

(1)经国务院有关部门认定的动漫企业自主开发、生产动漫产品，可申请享受国家现行鼓励软件产业发展的有关增值税、所得税优惠政策；动漫企业自主开发、生产动漫产品涉及营业税应税劳务的（除广告业、娱乐业外），暂减按3%的税率征收营业税。享受上述优惠政策的动漫产品和企业的范围及管理办法，由财政部和税务总局会同有关部门另行制定。

(2)经国务院有关部门认定的动漫企业自主开发、生产动漫直接产品，确需进口的商品可享受免征进口关税及进口环节增值税的优惠政策。具体免税商品范围及管理办法由财政部会同有关部门另行制定。④

---

① 资料来源：http://www.gov.cn/zhengce/content/2016-09/21/content_5110267.htm。
② 资料来源：http://zwgk.mct.gov.cn/auto255/200807/t20080724_465696.html?keywords=%E7%A8%8E%E6%94%B6。
③ 资料来源：http://www.gov.cn/zhengce/content/2008-03/28/content_5647.htm。
④ 资料来源：http://www.gov.cn/zhengce/content/2008-03/28/content_5957.htm。

3.《文化建设"十一五"规划》

规划重点突出了公益文化事业的税收优惠政策："完善公益文化事业的税收优惠政策。争取国家在支持公益文化事业的税收政策上取得进展：公益性文化事业单位进口图书、期刊、电子出版物、音像制品、专用设备，体现民族特色和代表国家水准的艺术院团进口演出器材和设备等，免征进口环节关税和增值税；对社会力量举办的公益文化项目，在融资、用地、税费等方面给予与国有单位相同的政策优惠"。①

（三）2009 年

《关于继续实行宣传文化增值税和营业税优惠政策的通知》中，对出版物享受的文化产业税收优惠政策进行了界定，虽然该政策自 2009 年 1 月 1 日起至 2010 年 12 月 31 日执行，现已失效，但是可以看出当时我国对促进出版行业发展、促进文化传播的支持力度。具体内容如下。

（一）对下列出版物在出版环节实行增值税 100% 先征后退的政策：

1. 中国共产党和各民主党派的各级组织的机关报纸和机关期刊，各级人大、政协、政府、工会、共青团、妇联、科协、老龄委的机关报纸和机关期刊，新华社的机关报纸和机关期刊，军事部门的机关报纸和机关期刊。

上述各级组织的机关报纸和机关期刊，增值税先征后退范围掌握在一个单位一份报纸和一份期刊以内。

2. 专为少年儿童出版发行的报纸和期刊，中小学的学生课本。

3. 少数民族文字出版物。

4. 盲文图书和盲文期刊。

5. 经批准在内蒙古、广西、西藏、宁夏、新疆五个自治区内注册的出版单位出版的出版物。

6. 列入本通知附件 1 的图书、报纸和期刊。

（二）对下列出版物在出版环节实行增值税先征后退 50% 的政策：

1. 除本通知第一条第（一）项规定实行增值税 100% 先征后退的图书和期刊以外的其他图书和期刊、音像制品。

2. 列入本通知附件 2 的报纸。

---

① 资料来源：http：//zwgk.mct.gov.cn/auto255/200610/t20061016_472382.html? keywords=%E7%A8%8E%E6%94%B6。

（三）对下列印刷、制作业务实行增值税 100% 先征后退的政策：

1. 对少数民族文字出版物的印刷或制作业务。
2. 列入本通知附件 3 的新疆维吾尔自治区印刷企业的印刷业务。

自 2009 年 1 月 1 日起至 2010 年 12 月 31 日，对下列新华书店实行增值税免税或先征后退政策：

（一）对全国县（含县级市、区、旗，下同）及县以下新华书店和农村供销社在本地销售的出版物免征增值税。对新华书店组建的发行集团或原新华书店改制而成的连锁经营企业，其县及县以下网点在本地销售的出版物，免征增值税。

县（含县级市、区、旗）及县以下新华书店包括地、县（含县级市、区、旗）两级合二为一的新华书店，不包括位于市（含直辖市、地级市）所辖的区中的新华书店。

（二）对新疆维吾尔自治区新华书店和乌鲁木齐市新华书店销售的出版物实行增值税 100% 先征后退的政策。

自 2009 年 1 月 1 日起至 2010 年 12 月 31 日，对科普单位的门票收入，以及县（含县级市、区、旗）及县以上党政部门和科协开展的科普活动的门票收入免征营业税。对境外单位向境内科普单位转让科普影视作品播映权取得的收入免征营业税。

自 2009 年 1 月 1 日起至 2010 年 12 月 31 日，对依本通知第一条规定退还的增值税税款应专项用于技术研发、设备更新、新兴媒体的建设和重点出版物的引进开发。对依本通知第二条规定免征或退还的增值税税款应专项用于发行网点建设和信息系统建设。

享受本通知第一条第（一）项、第（二）项规定的增值税先征后退政策的纳税人必须是具有国家新闻出版总署颁发的具有相关出版物的出版许可证的出版单位（含以"租型"方式取得专有出版权进行出版物的印刷发行的出版单位）。承担省级以上新闻出版行政部门指定出版、发行任务的单位，因各种原因尚未办理出版、发行许可的出版单位，经省级财政监察专员办事处商同级新闻出版主管部门核准，可以享受相应的增值税先征后退政策。

纳税人应将享受上述税收优惠政策的出版物在财务上实行单独核算，不进行单独核算的不得享受本通知规定的优惠政策。违规出版物和多次出现违规的出版单位不得享受本通知规定的优惠政策，上述违规出版物和出版单位的具体名单由省级及以上新闻出版行政部门及时通知相应省级财政监察专员办事处。

通知中涉及的概念定义如下：

(1)"科普单位"，是指科技馆，自然博物馆，对公众开放的天文馆（站、台）、气象台（站）、地震台（站），以及高等院校、科研机构对公众开放的科普基地。

(2)"出版物"，是指根据国家新闻出版总署的有关规定出版的图书、报纸、期刊、音像制品和电子出版物。所述图书、报纸和期刊，包括随同图书、报纸、期刊销售并难以分离的光盘、软盘和磁带等信息载体。其中，图书、报纸、期刊（即杂志）的范围，仍然按照《国家税务总局关于印发〈增值税部分货物征税范围注释〉的通知》（国税发〔1993〕151号）的规定执行。

(3)"专为少年儿童出版发行的报纸和期刊"，是指以初中及初中以下少年儿童为主要对象的报纸和期刊。

(4)"中小学的学生课本"，是指普通中小学学生课本和中等职业教育课本。

此外，通知中第一条第（一）项和第（二）项规定的图书包括租型出版的图书。①

（四）2012 年

1.《"十二五"时期国家动漫产业发展规划》

规划中对动漫企业的税收优惠政策为："修订完善《动漫企业认定管理办法（试行）》，做好动漫企业、重点动漫产品和重点动漫企业认定工作。贯彻落实国家对动漫企业的各项税收优惠政策。推动出台动漫产业公共技术服务平台进口设备的税收优惠政策。企业出口动漫产品享受国家统一规定的出口退（免）税政策。境外已缴纳的所得税款可按规定予以抵扣"。②

2.《文化部关于鼓励和引导民间资本进入文化领域的实施意见》

实施意见中对民间资本进入文化领域的税收扶持政策仅说明存在该政

---

① 资料来源：http：//www. chinatax. gov. cn/n810341/n810765/n812166/n812602/c1086561/content. html。

② 资料来源：http：//zwgk. mct. gov. cn/auto255/201207/t20120712_ 473333. html? keywords = % E7% A8% 8E% E6% 94% B6。

策，没有说明具体扶持措施，原文如下："会同有关部门逐项落实鼓励和引导民间资本进入文化领域的各项政策措施，针对不同领域，研究制定具体扶持办法，加大财政、税收、金融、用地等方面的扶持力度，完善民间资本进入文化领域的政策保障机制，切实保护民间资本的合法权益"。该意见现行有效。①

3.《文化部"十二五"时期文化产业倍增计划》

相关税收政策原文如下："进一步贯彻落实关于推动经营性文化事业单位转制、扶持文化企业发展、支持文化产品和服务出口、鼓励技术创新的税收扶持政策。争取将文化产业列入《西部地区鼓励类产业目录》，西部文化企业所得税减按 15% 的税率征收。积极协调有关部门，对部分行业反映出的税负较高问题认真加以研究，逐步完善相应的税收政策"。②

(五) 2013 年

1.《财政部　国家税务总局关于动漫产业增值税和营业税政策的通知》

根据《财政部　国家税务总局关于动漫产业增值税和营业税政策的通知》(财税〔2013〕98 号) 第一项规定："对属于增值税一般纳税人的动漫企业销售其自主开发生产的动漫软件，按 17% 的税率征收增值税后，对其增值税实际税负超过 3% 的部分，实行即征即退政策。动漫软件出口免征增值税"，此项税收政策于 2017 年 12 月 31 日到期。

第二条规定：注册在河北、山西、内蒙古、辽宁（含大连）、吉林、黑龙江、江西、山东（含青岛）、河南、湖南、广西、海南、重庆、四川、贵州、云南、西藏、陕西、甘肃、青海、宁夏、新疆的动漫企业，为开发动漫产品提供的动漫脚本编撰、形象设计、背景设计、动画设计、分镜、动画制作、摄制、描线、上色、画面合成、配音、配乐、音效合成、剪辑、字幕制作、压缩转码（面向网络动漫、手机动漫格式适配）服务，以及在境内转让动漫版权（包括动漫品牌、形象或者内容的授权及再授权），减按 3% 税率征收营业税。该条执行时间自 2013 年 1 月 1 日至 2013

---

① 资料来源：http://zwgk.mct.gov.cn/auto255/201207/t20120710_473309.html?keywords=%E7%A8%8E%E6%94%B6。

② 资料来源：http://zwgk.mct.gov.cn/auto255/201203/t20120301_472833.html?keywords=%E7%A8%8E%E6%94%B6。

年7月31日。①

(六) 2014年

1.《文化部 工业和信息化部 财政部关于大力支持小微文化企业发展的实施意见》

依据我国小微文化企业迅猛发展,在活跃文化市场、激发产业活力、促进文化创新、增加社会就业、丰富文化供给、满足人民精神文化需求等方面发挥了积极作用,成为推动我国文化发展的重要力量;但小微文化企业在经营、成本、融资、人才、市场环境等方面仍面临许多困难的这一背景,结合《国务院关于进一步支持小型微型企业健康发展的意见》,制定出了《关于大力支持小微文化企业发展的实施意见》。

该意见中第十三条说明了相关的税收优惠政策:"落实税费优惠政策。落实提高增值税和营业税起征点、暂免征收部分小微企业增值税和营业税、小型微利企业所得税减半征收,以及免征部分小微文化企业文化事业建设费、部分艺术品进口关税减免等各项已出台的税费优惠政策。按照有关规定有序推进动漫企业认定工作,落实支持动漫企业发展的相关税收优惠政策。研究完善有利于非物质文化遗产生产性保护企业发展的税收政策。结合营业税改征增值税改革试点,逐步将文化服务行业纳入'营改增'试点范围"。

其中该意见支持的小微文化企业,是指演艺业、娱乐业、动漫业、游戏业、文化旅游业、艺术品业、工艺美术业、文化会展业、创意设计业、网络文化业、数字文化服务业等行业及从事非物质文化遗产生产性保护的企业中符合《中小企业划型标准规定》(工信部联企业〔2011〕300号)的小型和微型企业。②

2.《关于继续实施支持文化企业发展若干税收政策的通知》

这一政策中较为全面地说明了文化企业税收的相关政策,但该通知的税收政策执行期限为2014年1月1日至2018年12月31日,并且宣布《财政部 海关总署 国家税务总局关于支持文化企业发展若干税收政策问题的通知》(财税〔2009〕31号)自2014年1月1日起停止执行。详

---

① 资料来源:http://www.chinatax.gov.cn/n810341/n810765/n812146/n812300/c1079966/content.html。

② 资料来源:http://www.gov.cn/gongbao/content/2014/content_2771088.htm。

细如下：

（1）新闻出版广电行政主管部门（包括中央、省、地市及县级）按照各自职能权限批准从事电影制片、发行、放映的电影集团公司（含成员企业）、电影制片厂及其他电影企业取得的销售电影拷贝（含数字拷贝）收入、转让电影版权（包括转让和许可使用）收入、电影发行收入以及在农村取得的电影放映收入免征增值税。一般纳税人提供的城市电影放映服务，可以按现行政策规定，选择按照简易计税办法计算缴纳增值税。

（2）2014年1月1日至2016年12月31日，对广播电视运营服务企业收取的有线数字电视基本收视维护费和农村有线电视基本收视费，免征增值税。

（3）为承担国家鼓励类文化产业项目而进口国内不能生产的自用设备及配套件、备件，在政策规定范围内，免征进口关税。支持文化产品和服务出口的税收优惠政策由财政部、税务总局会同有关部门另行制定。

（4）对从事文化产业支撑技术等领域的文化企业，按规定认定为高新技术企业的，减按15%的税率征收企业所得税；开发新技术、新产品、新工艺发生的研究开发费用，允许按照税收法律法规的规定，在计算应纳税所得额时加计扣除。文化产业支撑技术等领域的具体范围和认定工作由科技部、财政部、税务总局商中央宣传部等部门另行明确。

（5）出版、发行企业处置库存呆滞出版物形成的损失，允许按照税收法律法规的规定在企业所得税前扣除。

（6）对文化企业按照本通知规定应予减免的税款，在本通知下发以前已经征收入库的，可抵减以后纳税期应缴税款或办理退库[①]。

3.《关于支持电影发展若干经济政策的通知》

该通知中为促进电影发展，所执行的税收优惠政策如下："对电影制片企业销售电影拷贝（含数字拷贝）、转让版权取得的收入，电影发行企业取得的电影发行收入，电影放映企业在农村的电影放映收入，自2014年1月1日至2018年12月31日免征增值税。一般纳税人提供的城市电影放映服务，可以按现行政策规定，选择按照简易计税办法计算缴纳增值税"[②]。

[①] 资料来源：http://szs.mof.gov.cn/zhengwuxinxi/zhengcefabu/201412/t20141201_1161316.html。

[②] 资料来源：http://www.gov.cn/xinwen/2014-06/19/content_2704238.htm。

4. 文化部关于贯彻落实《国务院关于推进文化创意和设计服务与相关产业融合发展的若干意见》的实施意见

这一意见中推动文化创意和设计服务与相关产业融合的财政税收政策包括："加快推进文化创意和设计服务企业认定标准制定和认定试点工作，确定企业创意设计费用税前扣除范围和标准，将《若干意见》提出的税收、土地、价格等优惠政策落到实处。经认定的文化创意和设计服务企业减按15%税率征收企业所得税，发生的职工教育经费支出不超过工资薪金总额8%的部分，准予在计算应纳税所得额时扣除。企业发生的符合条件的创意和设计费用执行税前加计扣除政策。推动落实文化创意和设计服务出口营业税免税政策。推动营业税改增值税试点有关政策在文化创意和设计服务领域落实。"目前该意见现行有效。①

（七）2015 年

1.《关于推动国有文化企业把社会效益放在首位、实现社会效益和经济效益相统一的指导意见》

为推动国有文化企业积极参与市场竞争，中共中央办公厅和国务院办公厅出台了这一指导意见，意见中表明要"落实和完善税收优惠政策。继续执行推动经营性文化事业单位转制和文化企业发展的有关政策。按照财税体制改革的总体要求，统筹研究有利于文化内容创意生产、非物质文化遗产项目经营等方面的税收优惠政策"。②

（八）2016 年

1.《动漫企业进口动漫开发生产用品免征进口税收的暂行规定》

自 2016 年 1 月 1 日至 2020 年 12 月 31 日，经国务院有关部门认定的动漫企业自主开发、生产动漫直接产品，确需进口的商品可享受免征进口关税及进口环节增值税的政策。这一条例的目的旨在进一步推动我国动漫产业健康快速发展与优化升级。③

2.《中华人民共和国公共文化服务保障法》

第四章第五十条说明了对于捐赠财产用于公共文化服务的公民、法人

---

① 资料来源：http://zwgk.mct.gov.cn/auto255/201403/t20140325_474710.html?keywords=%E7%A8%8E%E6%94%B6

② 资料来源：http://whs.mof.gov.cn/pdlb/zcfb/201509/t20150917_1461876.html。

③ 资料来源：http://zwgk.mct.gov.cn/auto255/201609/t20160919_474902.html?keywords=%E7%A8%8E%E6%94%B6

和其他组织的税收优惠政策："公民、法人和其他组织通过公益性社会团体或者县级以上人民政府及其部门，捐赠财产用于公共文化服务的，依法享受税收优惠"。①

（九）2017 年

1.《文化部"十三五"时期文化产业发展规划》

规划中涉及的税收优惠政策为："持续推动落实经营性文化事业单位转制为企业、支持文化创意和设计服务发展、支持动漫产业发展、发展对外文化贸易、支持小微文化企业发展等税收优惠政策"。②

（十）2018 年

1.《文化体制改革中经营性文化事业单位转制为企业的规定》

该文件中包括的文化企业税收优惠政策有：

（1）经营性文化事业单位转制为企业后，五年内免征企业所得税。2018 年 12 月 31 日之前已完成转制的企业，自 2019 年 1 月 1 日起可继续免征五年企业所得税。

（2）由财政部门拨付事业经费的经营性文化事业单位转制为企业，对其自用房产五年内免征房产税。2018 年 12 月 31 日之前已完成转制的企业，自 2019 年 1 月 1 日起对其自用房产可继续免征五年房产税。

（3）对经营性文化事业单位转制中资产评估增值、资产转让或划转涉及的企业所得税、增值税、城市维护建设税、契税等，符合现行规定的享受相应税收优惠政策。

（4）党报、党刊将其发行、印刷业务及相应的经营性资产剥离组建的文化企业，所取得的党报、党刊发行收入和印刷收入免征增值税③。

从政策中税收优惠的年限、涉及的税种，可以看出对经营性文化事业单位转制的企业发展前期，在税收方面具有较强的扶持力度。

2.《进一步支持文化企业发展的规定》

该文件中的税收优惠政策重点在于电影制片企业和广播电视运营服务企业：

---

① 资料来源：http://zwgk.mct.gov.cn/auto255/201612/t20161226_474962.html?keywords=%E7%A8%8E%E6%94%B6

② 资料来源：http://zwgk.mct.gov.cn/auto255/201704/t20170420_493300.html?keywords=%E7%A8%8E%E6%94%B6

③ 资料来源：http://www.gov.cn/zhengce/content/2018-12/25/content_5352010.htm。

（1）对电影制片企业销售电影拷贝（含数字拷贝）、转让版权取得的收入，电影发行企业取得的电影发行收入，电影放映企业在农村的电影放映收入免征增值税。一般纳税人提供的城市电影放映服务，可以按现行政策规定，选择按照简易计税办法计算缴纳增值税。

（2）对广播电视运营服务企业收取的有线数字电视基本收视维护费和农村有线电视基本收视费，免征增值税。①

（十一）2019年

1.《关于促进旅游演艺发展的指导意见》

该文件中提及的税收优惠政策为："符合高新技术企业认定条件的旅游演艺企业经认定后可依法享受税收优惠，企业发生的符合条件的创意和设计费用依法适用税前加计扣除政策"。②

三 特别地方的文化产业税收政策

"十三五"规划明确提出"到2020年，社会主义文化强国建设取得重要进展，国家文化软实力进一步提高"的目标。要实现这一目标必须发展好我国的文化产业，文化影视行业因存在高收入、作品传播性强、覆盖面广等优势，逐渐成为我国提升文化竞争力的重要组成部分。

基于这一政策目标与影视行业的特点，有些地区为了促进当地经济发展，利用自身的资源优势或国家扶持发展的政策优势，出台文化产业税收优惠政策，吸引影视公司前去投资、发展。这些地区包括霍尔果斯、无锡、上海、海口、东阳等城市，税收优惠政策主要涉及个人所得税、企业所得税、增值税和特别补贴4类，税收优惠方式涉及低税率、差别税率和税收返还等方式。各地区具体的文化产业税收优惠政策整理如下：

（一）霍尔果斯的税收政策

影视行业中以光线、华谊、博纳、乐视、嘉映、华策等为代表超过一半的中国主流影视公司，都已经在霍尔果斯注册了公司，其总数超过600家。与霍尔果斯有直接关系的影视明星包括范冰冰、杨幂、吴秀波、王凯、黄渤等20多位③。这些影视公司与影视明星选择在霍尔果斯成立公司

---

① 资料来源：http://www.gov.cn/zhengce/content/2018-12/25/content_5352010.htm。

② 资料来源：http://zwgk.mct.gov.cn/auto255/201904/t20190401_841268.html?keywords=%E7%A8%8E%E6%94%B6。

③ 资料来源：http://www.qlmoney.com/content/20180713-327912.html。

的原因在于,霍尔果斯对符合条件的新办企业实行了所得税优惠减免政策。

根据《霍尔果斯经济开发区招商引资财税优惠政策》(霍特管办发〔2013〕55号)文件:"2010年1月1日至2020年12月31日,对在开发区内新办的属于《新疆困难地区重点鼓励发展产业企业所得税优惠目录》范围内的企业,自取得第一笔生产经营收入所属纳税年度起,企业所得税五年免征优惠。免税期满后,再免征企业五年所得税地方分享部分,采取以奖代免的方式,由开发区财政局将免征的所得税地方分享部分以奖励的方式对企业进行补助"。其中,"新办企业"是指在2010年1月1日至2020年12月31日期间,按照法律、法规以及其他有关规定,经新疆工商行政管理机关核准注册或其他相关部门核准设立的企业、事业单位、社会团体以及其他取得收入的组织。"第一笔生产经营收入",是指产业项目投入运营后所取得的第一笔收入。①

(二)无锡产业园区的税收政策②

无锡产业园区内企业可进行虚拟注册,园区将根据企业行业类型、纳税金额等情况给予不同幅度的扶持资金、财政补助等奖励。企业则可通过在园区注册公司的形式,享受相关政策,实现合理节税。

企业节税的计算公式如下:

企业实际节税金额=企业应纳税额×园区留成比例×园区扶持比例

表4-5-1　　　　　　无锡产业园区企业节税金额

	增值税	营改增	企业所得税	个人所得税
地方园区留成比例	10%—50%	10%—50%	10%—40%	10%—40%
税收扶持比例	10%—100%			
每百万税收最高节税金额	50万	50万	40万	40万

2017年无锡市发布了《市政府关于支持无锡国家数字电影产业园建设发展若干意见》,其中税收上的优惠为:根据入园的影视公司、传媒公

---

① 资料来源:https://baike.baidu.com/item/%E9%9C%8D%E5%B0%94%E6%9E%9C%E6%96%AF%E8%B4%A2%E7%A8%8E%E4%BC%98%E6%83%A0%E6%94%BF%E7%AD%96/22433840?fr=aladdin。

② 资料来源:http://tj.zhaoshang.net/topic/cyyqssyhs#t5。

司、后期制作公司、基金公司等影视相关企业对地方税收的贡献度给予奖励。前3年，其征收的增值税、所得税按照市级留成部分的80%由专项资金进行奖励，后两年按50%进行奖励。[①]

（三）上海仓城影视文化产业园[②]

根据2014年上海出台的《关于促进上海电影发展的若干政策》中税收政策包括前两年免征企业所得税。

仓城影视文化产业园被列为国家影视文化创意产业实验区建设重点项目，根据《关于组织申报2017年度松江区产业转型升级发展专项资金（文化创意项目）的通知》，在此成立公司可以获得100万元补贴。另外，在园区的招商广告上还写道：为鼓励企业到文化产业园区投资兴业，在开办初期，从产业园区文化产业发展专项资金中通过"贴息补助"支持影视文化企业发展，具体为从取得营业收入之日起，增值税60%进行扶持，依据企业营业额大小进行扶持。

（四）海口市[③]

根据2016年《（海口市）扶持影视产业发展暂行规定》中第八条："本市影视企业自注册登记之日起，2年内企业城建税、增值税本市留成部分按100%给予奖励；从获利之年起，2年内企业所得税本市留成部分按100%给予奖励。"和第九条："凡实收资本不低于500万元，在本市常年从事影视后期制作，且当年影视后期制作营业收入占本企业总营业收入1/3以上的影视企业，2年内城建税、增值税本市留成部分按100%给予奖励；从获利之年起，2年内企业所得税本市留成部分按100%给予奖励。"

（五）东阳市[④]

根据2010年东阳市发布的《关于进一步加快横店影视产业实验区发展的若干意见》实验区内影视文化企业，从入区之年起可享受文化产业发展专项基金奖励十年，前两年企业营业税、城建税留市部分按100%，后八年按60%每年度财政分两次给予奖励；实验区内影视文化企业，从入区之年起前两年增值税留市部分按100%，后八年按60%每年度给予一次

[①] 资料来源：http://www.anjieshui.com/news/109.html。
[②] 同上。
[③] 资料来源：http://www.0898sme.com/News/Detail/51304。
[④] 资料来源：http://www.sohu.com/a/235091800_152615。

性奖励；从获利之年起前两年企业所得税留市部分按 100%，后八年按 60% 每年度给予一次性奖励。

（六）特别地方税收政策分析

地方出台的促进影视行业、文化产业园区发展的政策文件旨在招商引资的同时，也促进了影视行业蓬勃发展。并且，各地区出台的文件中可以看出，影视公司在当地注册可以享受到丰厚的税收优惠，以东阳市为例，如果一个影视公司年收入 1 亿元，净利润 2000 万元，增值税为每年 600 万元，那么这家公司在 10 年能够节税 3685.6 万元[1]。在这些地区注册公司，影视公司是最大的受益方。

但是这些地方并没有因此真正获益，霍尔果斯和无锡都出现了空壳的影视文化类公司，这种空壳公司会给当地带来税源流失的影响。2018 年 1 月，霍尔果斯开始调整税收优惠政策："要求企业必须实体落地，有固定面积的办公场地和相应的办公人员，并为员工缴纳社保，拿出企业所得税减免的 20% 用于当地投资，缴纳保证金"[2] 等，以此减少空壳公司的存在。但是，伴随着 2018 年影视行业出现的逃税行为，国家税务机关和公众舆论对于税收存在的漏洞高度关注，截至 2018 年 10 月初，有超过 100 家霍尔果斯的影视公司申请注销。[3]

通过地方政府出台招商引资文件、吸引企业注册投资，到大量影视公司注销的变化可以看出，地方为招商引资、促进自身发展指定的税收优惠政策、补助政策初衷是值得称赞的。但是在政策施行的过程中，缺乏必要的监管措施，如对空壳公司的盘查。并且针对政策在实施过程中出现的问题，如对享受优惠的企业资格审查不到位、致使空壳公司存在，以霍尔果斯为代表的地方反应措施是被动地、不积极的。这种政策施行之后，很容易形成"地方要名声、企业要低税"的所谓"双赢"局面，实际上不利于地方发展，对于影视行业本身也形成了"逃税、避税"的不良风气。

---

[1] 资料来源：http://www.sohu.com/a/235091800_152615。

[2] 资料来源：https://baijiahao.baidu.com/s? id = 1613004140052635591&wfr = spider&for = pc。

[3] 资料来源：https://baijiahao.baidu.com/s? id = 1613641803029864123&wfr = spider&for = pc。

四 违反税法的行政和刑事责任[①]

按照行为主体类型划分,税收违法行为可分为征税主体的违法行为和纳税主体的违法行为。征税主体的违法行为,是征税机关和其他行使征税权的组织实施的违法征税行为,包括征税越权、征税滥用职权、征税侵权、适用法律错误、程序违法等。

纳税主体的违法行为是纳税人和其他纳税主体实施的不履行法定的税法义务,侵害国家税收管理秩序的行为,主要又可分为违反税款征收制度的行为和违反税收管理制度的行为两类。违反税款征收制度的行为,是指纳税主体违反税款申报缴纳义务,直接侵害国家税收债权的行为,如偷税、逃避追缴欠税、骗税、抗税等。违反税收管理制度的行为,是指纳税主体违反有关税务登记、账簿凭证管理、发票管理等税法规定的权利义务,妨碍了国家税收征收权的正常行使,通常不以直接发生应纳税款的减少为结果要件的行为,如未依法设置或保管账簿、未按期办理纳税申报等[②]。我国对于税收违法行为的惩罚措施主要集中在《中华人民共和国税收征收管理法》和《中华人民共和国刑法》中。

文化产业中较为常见的税收违法行为是纳税主体违反税款征收制度,包括偷税、逃税、抗税、骗税和欠税五种违法行为,这其中文化产业从业人员较为常见的税收违法行为是偷税和逃税。

(一)偷税及其法律责任

根据《中华人民共和国税收征收管理法》第六十三条,偷税是"纳税人伪造、变造、隐匿、擅自销毁账簿、记账凭证,或者在账簿上多列支出或者不列、少列收入,或者经税务机关通知申报而拒不申报或者进行虚假的纳税申报,不缴或者少缴应纳税款"的行为。

对纳税人偷税的,由税务机关追缴其不缴或者少缴的税款、滞纳金,并处不缴或者少缴的税款百分之五十以上五倍以下的罚款;构成犯罪的,

---

[①] 资料来源:《中华人民共和国税收征收管理法》和《中华人民共和国刑法》,链接分别为:http://xxgk.ganzhou.gov.cn/c100475pk/2018-07/05/content_26fa098f5af040fca15b1fe3cc5876ba.shtml,和https://duxiaofa.baidu.com/detail?searchType=statute&from=aladdin_28231&originquery=%E5%88%91%E6%B3%95%E7%AC%AC201&count=1&cid=44c1d146805db411b3d1ffa09c8ef0c3_law&chapter=3&part=201&sheet=2#part_201。

[②] 资料来源:https://baike.baidu.com/item/%E7%A8%8E%E6%94%B6%E8%BF%9D%E6%B3%95%E8%A1%8C%E4%B8%BA/4730757?fr=aladdin。

依法追究刑事责任。扣缴义务人采取前款所列手段，不缴或者少缴已扣、已收税款，由税务机关追缴其不缴或者少缴的税款、滞纳金，并处不缴或者少缴的税款百分之五十以上五倍以下的罚款；构成犯罪的，依法追究刑事责任。

（二）逃税及其法律责任

2018年影视行业因范某某逃税一案揭开了影视行业普遍存在的逃税、"阴阳合同"的情况。针对逃税这一违法行为，刑法第201条界定了逃税罪的构成与相应的惩罚措施："纳税人采取欺骗、隐瞒手段进行虚假纳税申报或者不申报，逃避缴纳税款数额较大并且占应纳税额百分之十以上的，处三年以下有期徒刑或者拘役，并处罚金；数额巨大并且占应纳税额百分之三十以上的，处三年以上七年以下有期徒刑，并处罚金。扣缴义务人采取前款所列手段，不缴或者少缴已扣、已收税款，数额较大的，依照前款的规定处罚。对多次实施前两款行为，未经处理的，按照累计数额计算。有第一款行为，经税务机关依法下达追缴通知后，补缴应纳税款，缴纳滞纳金，已受行政处罚的，不予追究刑事责任；但是，五年内因逃避缴纳税款受过刑事处罚或者被税务机关给予二次以上行政处罚的除外。"

与逃税行为相关的逃避追缴欠税行为，刑法第203条规定逃避追缴欠税罪："纳税人欠缴应纳税款，采取转移或者隐匿财产的手段，致使税务机关无法追缴欠缴的税款，数额在一万元以上不满十万元的，处三年以下有期徒刑或者拘役，并处或者单处欠缴税款一倍以上五倍以下罚金；数额在十万元以上的，处三年以上七年以下有期徒刑，并处欠缴税款一倍以上五倍以下罚金。"

文化产业领域典型的逃税案例是知名女星范某某在2018年被曝光的偷逃税事件。这一事件由"阴阳合同"引发。江苏省税务局核查后，在2018年9月30日向范某某下达了《税务处理决定书》和《税务行政处罚决定书》，要求其将追缴的税款、滞纳金、罚款在收到上述处理处罚决定后在规定期限内缴清。至此，范某某偷税、逃税的违法行为被税务局证实，需要补缴税款共8.84亿元。[①] 并且，由于范某某在税务机关依法下达追缴通知后，补缴应纳税款和滞纳金，因此得以免于承担刑事责任。在范

[①] 资料来源：https://baijiahao.baidu.com/s? id = 1613719108293607377&wfr = spider&for = pc。

某某逃税的一案中，采取了行政处罚，即以罚代刑。

（三）抗税及其法律责任

抗税是指"以暴力、威胁方法拒不缴纳税款"的行为，需要承担的法律责任根据《中华人民共和国税收征收管理法》第 67 条："除由税务机关追缴其拒缴的税款、滞纳金外，依法追究刑事责任。情节轻微，未构成犯罪的，由税务机关追缴其拒缴的税款、滞纳金，并处拒缴税款一倍以上五倍以下的罚款。"

（四）骗税及其法律责任

文化产业领域涉及文化产品的出口，我国对于文化产品出口按照国家现行税法规定享受出口退（免）税政策。因此，可能存在企业骗取出口退税的违法行为，对于这一行为《中华人民共和国税收征收管理法》和《中华人民共和国刑法》均有相应的惩罚措施。

《中华人民共和国税收征收管理法》第 66 条："以假报出口或者其他欺骗手段，骗取国家出口退税款的，由税务机关追缴其骗取的退税款，并处骗取税款一倍以上五倍以下的罚款；构成犯罪的，依法追究刑事责任。对骗取国家出口退税款的，税务机关可以在规定期间内停止为其办理出口退税。"

刑法中，第 204 条和第 209 条涉及骗取出口退税罪的惩罚措施，分别如下：

第 204 条骗取出口退税罪："以假报出口或者其他欺骗手段，骗取国家出口退税款，数额较大的，处五年以下有期徒刑或者拘役，并处骗取税款一倍以上五倍以下罚金；数额巨大或者有其他严重情节的，处五年以上十年以下有期徒刑，并处骗取税款一倍以上五倍以下罚金；数额特别巨大或者有其他特别严重情节的，处十年以上有期徒刑或者无期徒刑，并处骗取税款一倍以上五倍以下罚金或者没收财产。纳税人缴纳税款后，采取前款规定的欺骗方法，骗取所缴纳的税款的，依照本法第二百〇一条的规定定罪处罚；骗取税款超过所缴纳的税款部分，依照前款的规定处罚。"

第 209 条非法制造、出售非法制造的用于骗取出口退税、抵扣税款发票罪："伪造、擅自制造或者出售伪造、擅自制造的可以用于骗取出口退税、抵扣税款的其他发票的，处三年以下有期徒刑、拘役或者管制，并处二万元以上二十万元以下罚金；数量巨大的，处三年以上七年以下有期徒刑，并处五万元以上五十万元以下罚金；数量特别巨大的，处七年以上有期徒刑，并处五万元以上五十万元以下罚金或者没收财产。伪造、擅自制造或者出售伪造、擅自制造的前款规定以外的其他发票的，处二年以下有期徒刑、拘役或者管制，并处或者单处一万元以上五万元以下罚金；情节严重的，处二年以上七年以下有期徒刑，并处五万元以上五十万元以下罚金。非法出售可以用于骗取出口退税、抵扣税款的其他发票的，依照第一款的规定处罚。非法出售第三款规定以外的其他发票的，依照第二款的规定处罚。"

（五）欠税及其法律责任

对于欠税及其法律责任，根据《中华人民共和国税收征收管理法》第 68 条："纳税人、扣缴义务人在规定期限内不缴或者少缴应纳或者应解缴的税款，经税务机关责令限期缴纳，逾期仍未缴纳的，税务机关除依照本法第 40 条的规定采取强制执行措施追缴其不缴或者少缴的税款外，可以处不缴或者少缴的税款百分之五十以上五倍以下的罚款。"

对于其他违反税款征收制度和违反税收管理制度的行为，如：伪造增值税专用发票、伪造税务登记证件等，文化产业领域的个人与企业均有可能涉及。依据《中华人民共和国税收征收管理法》和《中华人民共和国刑法》，这些违法行为的惩罚依据情节的严重程度，违法者将受到罚款、没收财产、有期徒刑、拘役或管制的惩罚。

文化产业中针对纳税主体偷税、漏税等违反税款征收制度的行为，我国法律的惩罚措施以追缴税款、罚款为主；构成犯罪的行为，追究刑事责任，惩罚程度设置合理。就范某某事件的惩罚及其影响，我国开展了对影视行业明星存在的偷税、逃税行为的核查，这有利于促进影视行业健康发展。但是，就影视行业的偷税、漏税等违法行为来看，反映出来的问题不是法律对于违法行为的惩罚力度不足，而是整个影视行业以追求商业利益为主、忽视社会利益的普遍现象，以及我国对于计税依据核查不足、管理不到位的问题。

因此，就税收违法行为的惩罚措施本身而言，是可以帮助文化产业整个产业树立经济效益与社会效益并举的观念，以促进文化产业生产包含商业价值、社会价值和艺术价值的文化产品。

五 税收支持文化产业发展政策现状评述

目前我国文化产业税收领域涉及的税收优惠政策，按照具体税目分类，可以分为六大类①。

（1）增值税

主要运用免税、下调增值税税率、免征进口环节增值税、出口退（免）税、先征后退等政策手段，在生产、出口、销售等环节，对重点文化产品生产企业、国务院批准成立的电影制片厂、经营性文化事业单位转制、经国务院广播影视行政主管部门批准成立的电影集团及其成员企业等机关单位及组织进行扶持。增值税是文化产业领域税收优惠政策的主要涉及税种之一。

（2）企业所得税

企业所得税涉及的文化企业包括新成立的文化企业、高新技术文化企业、新办动漫企业等。同时会给予文化企业开发新产品、研发新技术等涉及的研究开发费用在计算所得税时准许扣除。此外，还用计税扣除的方式鼓励个人、企业进行公益捐赠。

（3）个人所得税

个人所得税的优惠政策主要体现在个人对社会进行捐赠或参与公益事业时，涉及的金额会进行缴税扣除或者采用低税率。例如：拍卖品为经文物部门认定是海外回流文物的，按转让收入额的2%征收率计算缴纳个人所得税；对个人通过国家批准成立的非营利性的公益组织或国家机关对国家重点交响乐团、公益性图书馆、重点文物保护单位等宣传文化事业的公益性捐赠，经税务机关审核后，纳税人缴纳个人所得税时，捐赠额未超过纳税人申报的应纳税所得额30%的部分，可从其应纳税所得额中扣除。

（4）营业税

营业税的优惠政策涉及免征营业税和低税率缴纳营业税，如：文化宣传单位，纪念馆、博物馆等门票收入免征营业税；动漫企业为开发动漫产品提供的劳务，在2010年12月31日前暂减按3%税率征收营业税。

（5）关税

关税方面支持文化产业发展的政策主要为免征进口税，例如：自2009年1月1日至2011年12月31日，对公众开放的科技馆、自然博物馆、天文馆（站、台）和气象台（站）、地震台（站）、高校和科研机构对外开放的科普基地，从境外购买自用科普影视作品播映权而进口的拷

---

① 资料来源：http://www.hnswht.gov.cn/whcyc/gznj/content_ 71742.html。

贝、工作带，免征进口关税；为生产重点文化产品而进口国内不能生产的自用设备及配套件、备件等，免征进口关税；对经文化部、财政部、国家税务总局认定的动漫企业进口动漫开发生产用品实施免征进口关税等。

（6）房产税及土地使用税

这一税种的优惠政策为支持文化产业发展提供了物质基础，例如：文化单位转制为企业免征房产税；宗教寺庙、公园、名胜古迹自用的房产免纳房产税及土地使用税；因自然灾害等不可抗力或承担国家指定任务而造成亏损的文化单位，经批准，免缴经营用房产的房产税及土地使用税。

由上述六类税种可以看出我国在文化产业领域的税制涉及税种较为全面，税收覆盖范围包括文化产业的子产业、文化产品与服务的进出口、文化科技创新等多个方面，通过税收鼓励、支持文化产业发展的目的明确。

从文化产业的税收政策与税收优惠的整体上看，文化产业领域的税收与我国其他行业相比税率本身是较低的，例如：文化产品出口享受退税或免税政策，非营利文化产业组织免征企业所得税，营改增后现代服务业涉及的文化产业包括提供信息技术服务、文化创意服务、广播影视服务，享受6%的税率等。但是文化产品普遍存在开发固定成本高、消费不确定性程度高的特点，致使文化企业的收入稳定性低。因此，在目前实施的税率下，如果文化企业出现净利润低，甚至零净利润的情况下，对企业而言这种税负依然很高。

此外，目前我国文化产业领域的税制仍存在一些问题，例如：税收优惠政策期限短、税收体系不完善等，这些问题将在下一节详细讨论。

第二节　我国文化产业领域税制存在的问题

一　文化产业领域税收制度、体系不完善

文化产业领域不仅包括创作型的文化企业，还包括生产型的文化企业，企业类型复杂、种类多样，现行文化产业领域的税收政策相关规定都比较分散，且税源复杂多元，没有形成完善的税收制度体系。主要问题包括：

1. 文化产业税收没有独立的体系

现行的文化产业税收政策分散在增值税税法、个人所得税法，和文化部、财政部及国务院办公厅颁布的政策文件中，虽然税种多样、税收优惠政策涉及范围广，但是文化产业税收政策分散、没有形成独立的体系，这

容易造成企业缴税、政府收税的双向困难。此外，这种分散的税收优惠政策容易使得政策制定者制定出相互矛盾的政策，政策间缺乏必要的协调，容易造成管理混乱，不利于文化产业发展。

2. 税收立法层次不高、政策间缺乏协调性

现行的税收政策与优惠政策，主要来自文化部、财政部、国家税务总局和国务院办公厅的政策文件、行政法规和规章，约束力较弱，不能有效地促进文化产业企业发展。此外，一些地方政府为吸引投资、促进本地文化产业发展，采用"先征后退"的地方"特色"收税方式代替了税收优惠，如霍尔果斯，这种政策不仅引发了不同地区间的税收恶性竞争，还动摇了中央政策的权威性。诸如此类的政策反映出了我国文化产业税收政策立法层次不高，政策上中央与地方缺乏协调性、政策与政策间缺乏协调性的问题。

3. 税收优惠方式单一

我国目前施行的文化产业领域税收优惠政策主要为免税、低税率的方式，例如：文化产品出口享受退税、免税，广播影视服务享受6%的税率等。国际上施行的税收优惠政策还包括：加大费用支出抵税、延期纳税、投资抵免、亏损转结和提取风险投资准备金等方式。与之相比，我国税收优惠政策形式比较单一，加之文化产业企业具有高风险、每年收益不稳定的特征，导致针对文化产业的税收优惠政策力度减弱。

4. 缺乏有效的税收征缴、监管体制

文化产业领域的税收优惠政策有很多，但是没有出台相关的税收监管政策。虽然有法律对偷税等违法行为有明确的惩罚规定，但是文化产业领域仅依靠违法后的惩罚是无法保证企业、个人按时、按规定缴税，因为文化产业中个人创作、演绎等带来的收入非常可观。以知名女星范某某偷逃税一案引出的"阴阳合同"为例，这一案仅依靠群众举报，监督途径单一、效率低，说明我国在文化产业税收的监管体制方面还不完善。并且，"阴阳合同"与明星偷逃税的现象说明我国对于明星这一超高收入群体的税收征缴机制还不完善。近年来，一些影视及其他文化娱乐业从业者以个体工商户或者个人独资企业性质的个人工作室开展业务。按照现行的个人所得税法律法规，个体工商户和个人独资企业应妥善设置账簿，对其实际应纳税所得额适用5%—35%的税率缴纳个人所得税。然而，由于这些工作室的账册不健全，并且在类似霍尔果斯这样的地方

存在空壳公司、缴税仅由会计出差完成的情况，各地税务机关往往只能按照核定征收方式征收个人所得税。在实践中，各地的核定征收率普遍低于个体工商户及个人独资企业经营所得适用的5%—35%的税率。并且，"阴阳合同"一案不仅是税务部门对于收入核定方式存在缺陷，还包括了整个影视作品制作过程中存在做账等违法行为。这说明税收征缴、监管体制应当从影视作品制作方的账务入手，结合演员的收入与其他会计凭证，核算应缴纳税金。

5. 缺乏文化产业从业人员的税收优惠政策

我国现有的税法与税收优惠政策中，仅有稿酬的纳税比例与纳税减免比例，其他文化产业从业人员，尤其是从事创作类的人员没有直接的税收优惠激励，这与法国、美国、英国等国家相比存在税制缺失，这些国家对于文化产业从业人员，尤其是创作类人员均有免税、税收减免政策，有利于提高文化产业从业人员的积极性。我国需要弥补这一方面的税制规定空白，以促进文化产业的发展。

此外，文化产品的创作往往需要经过长期的积淀与打磨，才能有作品形成。在这之前，文化产品可能无法为创作者带来收入。而在计算纳税额时，我国缺乏对这一现象的考虑，不同于欧美等国家，允许创作者将收入按照一定原则分摊在不同年度，以在客观上实现对长时间打造杰出文化作品的鼓励。

二 文化产业企业承担的税负偏重

以美国为例。美国不征收增值税，以销售税为主征收流转税。并且，在联邦政府的层级上不征收出版物的商品销售税，各州在有自主立法权的情况下，仍要求企业缴税，但是税率一般在3%—7.5%，相比较我国17%的增值税，还是相当低的。其他国家诸如法国、日本等，文化产业的征收税率也不高，大多超过10%（详见第四节）。虽然"营改增"的措施能够降低小规模纳税人的名义和实际税负，但是从整体看，文化产业税负仍然较高。此外，对于文化企业形成的知识产权、品牌价值等无形资产，也不能进行增值税抵扣。

三 文化产业税收期限短、过渡性质明显

文化产业税收优惠政策的有效期大部分在四年至五年，这对于文化产

业中的创作型企业而言，并不能有效地扶持其发展。因为这类文化企业在发展初期需要高昂的成本投入进行创作，这种成本不仅局限于资金，而在创作型企业在发展初期可能没有利润收入，或者无法预测企业在成立第几年可以有利润收入，因此创作型企业享受的税收优惠政策时间可能很短，甚至没有，这会使得税收优惠政策无法发挥其扶持作用。例如："自2016年1月1日至2020年12月31日，经国务院有关部门认定的动漫企业自主开发、生产动漫直接产品，确需进口的商品可享受免征进口关税及进口环节增值税的政策。"就目前的政策而言，2021年开始动漫企业将额外负担税务成本；并且五年的时间是否足够动漫企业能够产生一定的盈利，以负担这部分成本；这种类似的优惠政策到期后，是否还会有相应的、连续的税收优惠政策以继续扶持产业发展，这些都值得思考。这种税收优惠方式的产业扶持政策需要有足够长的优惠期，才能真正起到促进产业发展的作用。

我国出台的税收优惠政策有涉及文化单位转制为企业的方面，这使得税收优惠政策带有明显的过渡性质，缺乏有效的激励作用。

四　税收优惠导向失灵

首先，文化企业普遍存在前期投入大、投入期较长的特点，类似"文化事业单位转制为企业，转制注册日起免征企业所得税，执行期为2009年1月1日至2013年12月31日"，这样的规定可能产生企业还未盈利就已经过了优惠期、无法享受优惠的情况。

其次，我国文化企业具有小、弱、散的特征，非源头性文化企业在"营改增"后仍然属于小规模纳税人，免征增值税，能够从中受益。但是，以原创等服务性质为主的源头性企业，由于知识产权、品牌价值等无形资产不能抵扣，或由于不能取得相应的增值税专用发票，税负反而增加。

再次，我国目前的文化企业大多属于中小企业，能够享受中小企业的税收优惠政策。但是在文化企业进行兼并重组、企业规模扩大之后，这些企业可能不再属于中小型企业，税负因此增加。

最后，"营改增"之后，许多成本都不能进行进项税额抵扣，加重了相关企业的税收负担，抑制了文化产业的发展。这些成本包括：影视制作业中的剧本创作和制作成本、演艺业中的剧目创作成本、出版业中的作者稿费及版权购买支出成本、报刊业中的稿费支出成本、广告业中的广告创意成本、艺术品业中的购买艺术品支出成本、动漫产业中的作品创作及购买支出成本等。①

五　税收优惠政策行业针对性不足

首先，我国文化产业领域的税收优惠政策主要集中于动漫产业、财政部门拨付事业经费的文化单位转制为企业、经营性文化事业单位及党报和党刊四个方面，适用范围窄，并不适用于所有的文化企业，例如具有本国特色的民族文化企业、采用传统技艺生产的企业等，这不利于文化企业之间进行公平竞争，也无法激励社会企业投资文化产业，更不利于建设文化产业的市场秩序。

其次，我国对新兴文化产业行业的税收优惠政策主要集中于动漫和软件行业，对于工艺美术、旅游等其他行业几乎没有相对应的税收优惠政策，高端文化产业发展的税收优惠政策缺失。

最后，税收优惠政策没有突出对不同文化行业和文化产品的差异性导向作用。例如，我国对待观众较少与观众海量的影视作品播放、演艺演出，实行相同的税率，这会使得具有高艺术价值、社会价值但低商业价值的文化作品，在与低社会价值但商业价值畸高的文化作品的竞争中显出劣势，进而使得这类文化作品的创作与播放积极性逐步降低，最终会影响良好社会价值观的建立。

第三节　完善我国文化产业领域税制的建议

一　国外文化产业税收政策的实践

国外文化产业税收扶持政策主要涉及四个方面，第一由于文化产业集聚产生的产业效应，对于文化产业园区或者集聚区实行特殊优惠政策；第二是对子产业有选择的实行针对性的税收政策，这主要源于文化产业涉及业态的复杂性；第三，鉴于"文化智力"和"文化创意"两个重要的生产要素对文化产业内容增值的重要作用，对从事文化创作和技术生产两类人员给予所得税减免；第四，利用各种税收政策鼓励个人、企业等社会力

---

① 夏仕平：《完善我国文化产业税收优惠政策的思考》，《当代经济》2014年第3期。

量进行文化捐赠，鼓励全社会参与和支持文化建设。

　　文化产业子产业差别税率在法国尤为明显。法国主要征收增值税，对于书籍影院票房收入、征收5.5%的低税率，但是对于色情和暴力影片征收11%的特殊附加税，并且将所征收的税款用于资助儿童剧、文艺类、科普类以及公益类节目的制作与传播；对日报、严肃音乐演出等征收2.1%的税，税率更低；对于非营利性文化企业仅征收7%的增值税。差别税率还被用于调节不同地区文化发展差异的情况，使得各地区文化产业均衡发展，例如：韩国首都圈以外的地区在创业后有收入年度起六年内减免所得税或法人税的50%；首都圈以内的地区为四年内减免50%，随后的两年内减免所得税或法人税的30%。此外，对于企业创立的不同年限，也会征收不同的税率。韩国对于文化企业采取低所得税率的征收政策，即在设立企业的前四年税率为正常税率10%，第五年为40%，第六年为70%，从第七年起恢复正常税率。[①]

　　对于文化创作人员和技术开发人员的低税率、免税政策主要体现在版权保护与出口方面，例如：美国给予其软件企业"永久性研发税优惠"。美国公司用于研究的成本费用可以获得20%的税收减免优惠。在各州的立法中，美国夏威夷州通过立法，允许将个人获得的由于转让专利、版权和商业秘密等无形资产的特许权使用费划入免税收入的范围。法国则规定：法国艺术家在欧盟内出口其原创作品需要缴纳5.5%的增值税，如果出口至欧盟境外，则无须缴纳增值税。

　　对于文化捐赠的税收减免，奥地利、比利时、保加利亚和芬兰均有施行，涉及范围包括企业和个人，例如：在奥地利，《赞助商条例》中赞助文化事项的，"最高可扣除10%的利润的税收款项；对特殊文化机构进行赞助的个人，最高可扣除10%的个人所得税；进行现金捐赠的扣除赠予和遗产税；捐助不动产的税收减免6%；其他方式捐助享受2.5%的税收减免"。

　　此外，许多国家还出台鼓励非营利性文化企业发展、中小文化企业发展、激励文化产业研发创新的税收优惠政策。

　　鼓励非营利性文化企业发展的税收优惠政策美国和法国比较有代表

[①] 甘静：《推动文化产业发展的税收政策选择——国际比较的视角》，《湖南商学院学报》2014年第2期。

性。《美国联邦税法》规定:"对从事文化产业开发的非营利性组织和机构免征各项税收;对公益性文化产业的投资资本不低于25%的,允许税前投资抵免;法人企业投资于各类文化领域的,其投资股权和资产可税前扣除,免纳公司所得税;企业法人文化捐赠产生的税前投资抵免可全部抵免公司所得税"。法国政府对于扶持非营利性文化产业的税收优惠政策主要涉及增值税与所得税,例如政府对依法资助社会福利、教育、文化艺术等服务的企业免征增值税,企业文化捐赠产生的税收可全部用于抵免所得税。

日本对于中小企业发展的税收优惠政策比较有代表性,这一政策首先界定了适用对象为提供文化商品或服务的应纳税销售额或服务额低于4亿日元的中小企业,其次说明课税方法为简易课税,对其批发文化商品的销售额按照0.3%的税率征收税款,文化服务经营收入按照1.2%的税率征收税款。另外,对其购进的文化商品或劳务服务的进项税额准许抵扣。这些政策措施有效地减轻了中小型文化企业的税收负担。

日、美两国在激励文化产业创新方面的政策值得参考。美国把科研机构设定为"非营利机构",免除其纳税义务;文化企业产品研发可享受税前4%的研发退税;美国境内影视作品的制作费用可以按其10%—25%的部分税前扣除。日本税法对于激励文化产业创新的税收优惠政策种类多,涉及范围广。对于中小企业的试验费减征6%的地方所得税或个人法人税,对试验研究费用超出销售额3%的部分,允许设备投资减税。此外,日本政府通过提供税收优惠、折旧扣除等政策支持高新技术文化企业的产品研发,规定特定文化重大产业项目可以享受最高55%的"特别加提折旧扣除"①。

我国与国外政府对于文化产业领域的课税对象、税收优惠政策适用范围基本一致。但是,与国外文化产业领域的税制相比,我国文化产业领域的税制仍有需要完善的地方,例如:税率、具体的征税对象等,这些与前文所提到的我国文化产业领域税制存在的问题基本一致。我国文化产业领域的税制如何完善、如何有效促进文化产业发展,可以借鉴国外已有的经验。

---

① 兰相洁:《美国支持文化产业发展的税收政策及借鉴》,《涉外税务》2012年第3期。

二　完善文化产业领域税制的思考

（一）完善文化产业税收体系

1. 构建完善的文化产业税收体系

完善我国文化产业领域的税制，首先需要整合文化产业领域现行的税收政策，构建完善的文化产业税收制度、体系。在这个过程中，政府需要明确自身的职能，在制定税收政策时首先明确"文化产业""文化创意服务""版权"等相关概念，其次明确说明税收政策内容，并颁布有关促进政策间协调性的文件，以保证税收政策能够有效实行。此外文化产业领域税源多样、税收种类多，政策制定者还需要明确税收政策涉及的税收来源与税收种类，尽可能保证文化产业领域的税收覆盖面。在2019年文化部出台的《文化产业法》征求意见稿中，有提及文化产业的税收优惠政策，但仅是简单说明按照现有的税收优惠政策实行。这种模糊的立法说明会给政府征收、监管，与企业缴税带来双向困难，应当避免。

2. 建立立法层次较高、优惠政策稳定的文化产业税收激励政策

立法层次较高的税收政策约束力强、传播范围广，能够让文化产业企业、从业人员及时了解信息。并且，较高的立法层级因其稳定性与连贯性，能够为文化产业发展提供持续的保证。以美国为例，美国国内收入法（The Internal Revenue Code）规定："向法律规定的文化组织捐赠款物，个人和企业能够享受减免税优惠。"这种层次的立法权威性高、普及范围广、政策持续性强，是美国文化产业接受的捐助中个人贡献率近90%的重要原因之一。

3. 采用多种税收优惠并行的激励政策

从税收理论的角度来看，税收优惠可以通过税率优惠、减税免税、成本核算、税基减免、亏损弥补等多种方式实现；从实践角度来看，国外文化产业领域多采用投资抵免、加大费用支出、延期纳税、不同发展阶段不同税率等多种税收优惠政策，我国文化产业税收优惠政策可以借鉴国外的实践经验，草拟出适合我国文化产业企业的税收优惠政策。

例如：针对中小型文化企业，因其投资回收期不确定、风险高，可以以不同文化行业子行业中小型企业平均开始有税前利润收入的年限、平均税前利润额为基础，分别制定中小型企业不同发展阶段的税率、税基减免额度，且中小型企业发展阶段税率优惠政策需要有一定的持续性，不能仅

以四年或者五年为期限。税基减免额也应当根据企业发展的不同阶段有所调整，可在企业发展初期实行较高的税基减免，在企业发展即将进入成熟阶段时实行较低的税基减免，在企业进入成熟阶段后不进行扶持发展的税基减免，在企业进入衰退期时实行促进企业创新、再发展的税基减免。

4. 建立完善的税收监督机制

文化产业具有创造性的特点，且我国存在演员超高片酬的现象，使得文化产业中企业、个人收入差异化程度高，有些企业、个人为获得高收入而选择偷逃税。自"阴阳合同"现象曝光后，我国演员普遍存在的偷逃税行为被逐渐发现，这说明我国文化产业领域税制监管体制存在问题。以演员及演员工作室为例，虽然个人工作室因其注册地、所在地存在税收优惠政策，但税收优惠不等同于偷逃税，演员与演员工作室的偷逃税行为仅依靠先群众举报、后政府核查的方式是无法起到有效监督的作用的。因此，政府应当从影视制片立项环节开始，逐步审查预算、劳务合同等，降低企业与个人的偷逃税行为的发生，并且建立较高的偷逃税惩罚标准，保证税收监管体系中"预防"与"惩罚"相辅相成。

(二) 增加文化产业领域税种，扩大税收优惠范围

1. 完善从事文化创作、技术创新的人员税收激励政策

我国对于从事文化创作、技术创新人员的税收激励政策仅体现在稿酬中，其他诸如音乐创作、绘画等创作者的税收激励政策缺失，需要出台相关政策以保护国内原创人员的积极性、吸引外国创作、创意人员。可以参考的政策有：对文化创意奖金免税、对外国专家与创意研发人员给予一定的税收减免，将一定规模的独立艺术家和艺术品中介作为增值税的一般纳税人，允许其抵扣创作费用（施正文，2013）。对于技术创新人员，则可以采用企业奖励暂不缴纳个人所得税的方式鼓励其创新积极性。同时，对艺术家、杰出文化作品等文化产业从业人员，在计算这类人员的收入纳税额时，可以考虑使用不同年度收入分摊法，降低纳税额，在客观上鼓励高艺术价值作品、杰出文化产品的创作。

2. 促进文化科技创新的税收优惠政策

首先，需要政策制定部门将现有分布在高科技、软件、动漫等领域有关文化产业创新与文化科技创新的政策、规章，与《企业所得税法》《增值税条例》中的相关规定、政策进行整合，结合产业实际需求具体化政策，例如：高新技术企业的认定、企业扶持标准等，并且要消除现行法

律、法规、政策之间的重复、矛盾和系统性等弊端，协调统一不同政策、中央与地方政策和地方间政策，以保证政策施行的有效性。在政策施行的过程中，可以通过将部门规章上升为行政法规的方式，以更高的立法层次发挥其法律效力。

其次，对文化产业科技创新产业链的每次阶段予以明确的税收优惠，结合使用直接税收优惠与间接税收优惠。文化科技创新包括投入、研发、推广、运用等多个阶段，文化科技创新的税收优惠政策需要拓展到不同阶段的各个链条上，才能使得真正推动文化科技创新，激发市场活力。此外，文化科技创新不仅要采取直接税收优惠，还要通过间接税收优惠突出税前扶持，以充分调动文化科技企业的技术创新积极性。间接税收优惠可以借鉴发达国家采用的加速折旧、投资抵免、研发费用扣除、延期纳税等税基式优惠手段的运用，以改变以往偏重税额减免与低税率的直接税收优惠方式，做到税基减免、税额减免与优惠税率三种方式相互协调配合（任春红，2009）[①]。

最后，国家需要制定鼓励中小型文化科技企业发展的税收优惠政策。对于中小型文化科技企业而言，因其具有灵活性高、专业化水平高的特点，除享受中小型文化企业的税收优惠政策外，还可享受额外的由技术创新带来的税收优惠。此处需要明确的是，企业技术创新不仅局限于企业发展高新技术，还包括企业对于传统工艺的技术改造等创新。税收优惠政策同样采用直接优惠与间接优惠相结合的方式。

3. 提高文化产业投融资的税收激励政策

美国的文化投融资优惠政策较为全面丰富。例如：在地方上，近几年各州文化税收政策开始向中小电影企业上倾斜，以鼓励中小成本电影的发展。而个人投入电影制作中的资金可以在短期内提前折旧，增强税盾的作用，同时也可以作为报税时的预扣金额，直接减少当年的税负水平。

我国在文化产业投融资的税收优惠政策可以按照企业、个人的投资比例或者投资额，建立分级税基减免、降低税率的税收优惠方式，这类税收优惠方式仅用于投资文化产业获得收益的税额抵扣。对于企业、个人对文化产业捐赠行为的税收优惠政策，将在下文进行详细描述。

---

① 任春红：《税基式优惠对技术创新更有激励作用》，《中国税务报》2009年12月2日第6版。

此外，对于不同文化产业领域，如博物馆、展览馆、文物与古建筑修复、文艺团体演出等带有公益性质的文化传播领域，税收优惠力度可高于电影、电视剧等文化商业领域的投资，实行收益差别税率制度，以鼓励社会资金进入文化产业领域。

（三）降低文化产业税负

税收扶持文化产业发展非常重要的一项措施是降低文化产业企业、个人税负，税负的降低可有步骤地进行。首先需要降低文化产业增值税的税率。与其他国家相比，我国文化产业的增值税税率较高，尤其对于一些文化企业而言，因缺乏上游可抵扣的增值税进项税，实际承担的税负较重。

其次，降低文化企业实际税负。我国文化产业已经享受到较多的税收优惠政策，但除去免除的增值税与所得税外，文化产业企业仍要缴纳城市维护建设税、文化事业建设费和教育费附加。城市维护建设税按照不同地区的税率，分别有7%、5%和1%。文化事业建设费为营业额的3%，教育费附加税率为3%。并且在文化产业增值税抵扣过程中，无形资产、文化创意服务因定价等问题很难享受到增值税的税收优惠政策，因此文化产业领域的实际税负仍然较重。

对于有民族文化特色的文化产品与服务和向非营利性文化机构捐赠艺术品这两类支持文化产业发展的产品与行为，国家应当出台相应的税收优惠政策。例如：将工艺美术业作为特殊行业实行低增值税率，对于弘扬传统文化的影视作品、动漫和游戏的企业给予税基减免、低税率的税收优惠政策。对于企业、个人捐赠文化产品以促进文化产业发展的行为，可以借鉴英国和美国的做法，给予捐赠者一定的税收减免，并降低购进艺术品的关税与增值税；对于接受捐赠的非营利性文化机构，给其接受海外捐赠免关税的待遇。

除降低增值税等国内缴纳的税之外，对于文化产品和服务的进出口也需要降低关税。例如：对于广播电视电影服务、文化艺术表演服务、网络文化服务等实行出口免关税政策，进口免关税或者低关税政策。对于科技含量高的文化产品免征关税。同时，要通过增加文化产业税收政策的信息透明度、积极与其他国家进行税收协调与情报交换、参与国际反避税方面的合作等方式，有效遏制演员、艺术家、艺术品投资商和制片商等利用各国税收政策漏洞进行国际避税和逃税活动。

（四）实行文化产业差别税率，增强政策导向性

税收政策是国家的一种调控工具，应当对文化产业市场结构、市场行为起到控制作用，对资源配置起到引导作用，使得企业能够依据市场情况调节企业行为，增强竞争力。

1. 不同文化行业实行差异税率

对于文化产业而言，不同文化行业的收入差异大，应根据不同行业的特点，具体制定税收政策，实行不同行业的差别税收优惠政策。例如：对于核心的文化产业，如新闻、出版、广电和文化艺术等产业实行低税率；对于非核心的文化产业，如娱乐服务、影视制作等高消费、高利润的行业，可按照差别税率征收较高档次的增值税。对于文化产业的支持性行业，诸如生产文化设备、文化产品制作与销售涉及的文化产品制造业和服务业，则适用普通的增值税税率。

此外，对社会价值低，但商业价值高的文化产品，诸如包含色情和暴力内容的产品，应当征收额外的特殊附加税，并且所征收的税款用于文化公益性事业，如：公共图书馆的建立与维护、对非物质文化遗产发展的扶持等。

2. 不同区域的文化产业实行差异化税率

由于我国文化产业发展存在不平衡的现象，应当根据地区文化产业发展规模实行财政扶持政策，并且各地区可以实行当地的税收优惠政策，但不能将"先征后退"等地方税收优惠等同于税收优惠、取代正常的税收优惠政策，造成区域性税收优惠政策的滥用。此外，为推动文化产业集聚产生规模效应，可设立文化产业税收优惠区或者文化产业试验区，国家可出台相应的区域性税收优惠政策，给予文化产业发展区域的特定优惠措施。例如：美国设立的罗德岛免税文化社区，在文化社区内生活的从业人员，可以享受文化作品销售免征所得税，画廊免征营业税等优惠措施。

3. 实施不同规模文化企业差异税率

对于文化产业不同规模的企业，也应当实行差别税率。对大规模企业，可采取相对较高的税率，对于中小型文化企业的差别税率，前文已经陈述，此处不再赘述。

（五）实施有利于扩大文化消费的税收优惠政策

促进文化产业发展，税收优惠政策不仅要惠及文化产品与服务的供给方，还需要惠及文化消费的需求方。对于国内的文化消费，增加文化消费

总量、提高居民文化消费水平需要文化企业提供大量文化产品与文化服务，这一点可以通过鼓励社会资本进入文化生产实现。对于电影制作、音乐制作等实行税收扶持政策，对画家、编剧、导演等从业者的收入，比照稿酬收入的有关规定，减免部分个人所得税，激发文化产业的从业者的创作积极性。对于国外的文化消费，国家应当制定有利于文化产品、服务出口的税收优惠政策，可以包括：（1）对于本国出口的文化产品实行出口退税、免税的政策，降低企业出口成本，尤其对于具有中国文化特色的文化产品、项目和服务应当实行全额免税制度。（2）鼓励国内文化企业与国外资本合作，对外资在中国境内进行文化经营活动给予一定的税收优惠政策。

（六）完善文化产业领域的税收征管体系

完善文化产业领域的税收征管体系，首先需要提高纳税人的纳税意识。依法纳税是公民的基本义务。政府部门和税务机关可以通过座谈会、信息推送和纳税宣传广告的方式向文化企业、文化产业从业个体宣传税法知识，包括文化产业领域的税收制度、优惠政策、惩罚措施，使得文化产业的从业人员了解积极纳税的好处，明白税收"取之于民，用之于民"的道理。对于纳税人提出的与税收相关的问题、意见和建议，相关的部门应当仔细倾听、认真考虑并耐心解答，增强纳税人的纳税积极性。并且，对于自觉纳税的文化企业、文化产业从业人员中的典型代表，应给予一定的奖励并宣传；对于存在逃税、骗取出口退税等违法行为的企业或者个人，按照法律规定进行惩罚、以新闻媒体作为监督手段，督促其尽快缴纳税款，并以此督促文化企业、文化产业从业人员依法纳税。此外，对于纳税人的信息与纳税情况，应当予以保密，保护其隐私等不受伤害。

其次需要加强各部门间协作，完善纳税客体的信息。文化产业因其创意性的特征，从业人员常以个人或者建立工作室的方式开展业务，纳税客体存在分散、数量多和管理难度高的情况。因此，税收征管不仅需要税务部门加强监管，还需要不同部门间进行协作，帮助税务部门从不同角度获取税源信息，并以法律规章完善各部门及相关负责人的权利和责任。这主要包括三个方面：一是建立统一的信息交换标准和信息保密、分级及披露制度，使得部门间的信息交换规范化、制度化、协调化，避免存在推诿责任、弄虚作假、延误等情况。二是建立完善的信息录入、整理、交换和分析系统，支持税收缴纳、征管与决策，形成既能够进行不同部门与税务部门的信息交换，又能够保证纳税人及时、顺利纳税的三方共用系统，提高税务部门的业务效率，优化纳税服务。三是加强网络安全建设，确保部门间信息传输的安全性和保密性。

（七）依法提供税务筹划服务

税务筹划的核心在于遵守税法，并在纳税行为发生前，进行规划、设计和安排，达到减轻税收负担的目的。税务筹划主要从可抵扣的进项税额、销项税额、利用最新的文化产业税收优惠政策和文化产业园税收优惠政策四个方面进行税务筹划。专业机构如律师事务所、会计师事务所和税务咨询机构在提供税务筹划服务时，要保证自身的专业性，熟练掌握与纳税相关的法律条例，包括纳税人的界定、税率、违法界定等，保证税务筹划的合法性，坚持事前筹划原则。其次，专业机构需要保证税务筹划的时效性，根据国家法律、政策进行适当调整，使其符合国家的相关规定。最后，纳税人在接受税务筹划服务时，要以经济性和合法性为原则，选择适合的税务筹划方案，减轻税收负担。

第 六 章

文化产业领域资本准入制度

创造公平竞争的环境,这是现代文化市场体系的基础。由于传统文化体制的积弊,非公有资本几乎被排除在文化投资领域之外,造成了文化投资主体单一、内容单调、品种匮乏的情况。2004年10月18日,文化部制定下发了《关于鼓励、支持和引导非公有制经济发展文化产业的意见》,提出一系列具体举措:进一步放宽市场准入,允许非公有制经济进入法律法规未禁止进入的文化产业领域;大力营造非公有制经济发展文化产业的良好政策环境和市场环境;支持非公有制经济参与国有文化单位的重组改造;打破所有制界限,打破地区封锁和部门封锁,坚持非公有制文化企业与国有集体文化企业同等待遇,等等。2005年4月国务院发布的《关于非公有资本进入文化产业的若干决定》以及同年7月文化部等五部委联合制定的《关于文化领域引进外资的若干意见》,进一步规定了非公有资本和外资进入文化领域的范围和原则。在试点的基础上,2005年12月下发了《中共中央、国务院关于深化文化体制改革的若干意见》,首次允许转制为企业的文化单位可以吸收部分社会资本,进行投资主体多元化的股份制改革,为社会资本进入转制文化企业提供政策性保障。值得注意的是,虽然随着政策的逐步放开,外资和民营资本开始陆续进入文化领域,但在一些行业,非公有资本的进入仍然存在障碍过多、运行不畅甚至受阻的问题。逐步打破这些"玻璃门",破除在一些与意识形态关联不大的文化行业的资源垄断,是下一步改革的关键。[1]

文化产业核心领域主要是与传媒相关的领域。随着互联网的发展,资本准入问题成为媒体改革的瓶颈,也成为影响新媒体发展的重要因素。文

---

[1] 《文化体制改革顶层设计的重点》,宣讲家网,http://www.71.cn/2014/0213/758297.shtml。

化产业能否做大做强，更快更好地发展，资本准入制度和相关立法是关键问题。本章通过针对新媒体领域的资本准入问题的研究来思考文化产业立法的修改和完善。

根据宪法规定，[①] 我国建立的是以公有制为主体、多种经济成分并存的基本经济制度。按照经济基础决定上层建筑的唯物史观基本原理，是中国共产党领导的社会主义国家建设的根基和保障。20世纪70年代之后中国改革开放的历史，总体上是从过去机械理解马克思主义基本原理，逐渐结合中国的实际，在走向社会主义市场经济的过程中，进行着所有制的改革，不断探索国有经济与私营经济、个体经济的相互边界和相互比例关系的过程。经过四十多年的发展，国民经济和社会发展的绝大多数领域都对民营资本开放，极大地焕发出经济建设的活力，如今，我国已成为世界第二大经济体。但是，基于我国主流意识形态对于传媒功能的认定，传媒作为上层建筑的重要组成部分，对于社会主义经济基础也起到重要的保护和促进作用；其中特别是新闻媒体，涉及营造良好舆论环境，是治国理政、定国安邦的大事，必须坚持党管媒体，提升主流媒体的引领力、传播力、影响力，不断壮大主流舆论，把握党对意识形态的主导权。因此，传媒领域的经济制度，成为我国开放性程度最小的领域。能否允许非公资本进入，哪些业务领域可以允许非公资本进入，在多大程度上允许非公资本进入，非公资本可以进入的政策底线在哪里，法律如何确立相关许可制度，构成了传媒领域的独特政策和法律图景。20世纪开始的文化体制改革，传媒领域也实现了走向产业化的历史性变革，但是非公资本准入制度的框架，迄今基本没有变化。而传媒领域自身的图景则发生了翻天覆地的变化，这也就是如前所述，新兴媒体已经成为传媒常态。因此，观照新媒体领域的资本准入问题、产权制度建设和改革问题，对于思考我们未来的整

---

① 《中华人民共和国宪法》第6条规定"中华人民共和国的社会主义经济制度的基础是生产资料的社会主义公有制，即全民所有制和劳动群众集体所有制。社会主义公有制消灭人剥削人的制度，实行各尽所能、按劳分配的原则。国家在社会主义初级阶段，坚持公有制为主体、多种所有制经济共同发展的基本经济制度，坚持按劳分配为主体、多种分配方式并存的分配制度"；第7条规定"国有经济，即社会主义全民所有制经济，是国民经济中的主导力量。国家保障国有经济的巩固和发展"；第11条规定"在法律规定范围内的个体经济、私营经济等非公有制经济，是社会主义市场经济的重要组成部分。国家保护个体经济、私营经济等非公有制经济的合法的权利和利益。国家鼓励、支持和引导非公有制经济的发展，并对非公有制经济依法实行监督和管理"。

体的传媒制度改革、建设现代传播体系、促进传媒产业发展都非常重要。

我国在推进媒体融合的过程中，除了党和政府的正面倡导所表达的执政党意志、国家意志和政府态度，从外部给以重要的推动和规制之外，另外，从行业、具体产业组织、媒体机构的角度看，选择何种行为模式、经营模式、业务模式；如何确定自身发展战略和经营计划，如何选定自身业务范围，这些问题在很大程度上是媒体领导者、经营者、管理者根据现行的相关政策法律因素、体制因素、市场因素以及决策者个人的利益考量综合发生作用的结果。2014年之后，推动传统媒体和新兴媒体融合的决定做出之后，虽然，媒体融合建设如火如荼，但是这一切都没有突破现行的资本准入政策范围，对此，我们需要梳理清楚新媒体领域的资本准入政策，分析其中的相关问题。

第一节 新媒体及现行资本准入政策

一 新媒体的意涵及实践分类

"新媒体"是个历史的、变动的、含义多重的概念。它的具体所指，在不同语境下，会有不同，比如可能是指内容信息传播的载体、传播的组织，运营的主体等。

（一）新媒体提供的内容及服务

新媒体提供的内容，是指通过互联网提供信息服务的活动。[1] 按照国家现行互联网治理制度，重点在四个方面。

1. 新闻信息及服务。新闻信息分为时政类新闻信息和非时政类新闻信息。其中时政类新闻信息，是指有关政治、经济、军事、外交等社会公共事务的报道、评论，以及有关社会突发事件的报道和评论。[2] 在广播电

---

[1] 《互联网信息服务管理办法》（国务院令第292号，2000年9月25日），《互联网信息服务管理办法（修订草案征求意见稿）》（2013年）维持此条文。

[2] 国务院信息办公室和信息产业部《互联网新闻信息服务管理规定》（国新办和信产部第37号令，2005年9月25日）："第二条 本规定所称新闻信息，是指时政类新闻信息，包括有关政治、经济、军事、外交等社会公共事务的报道、评论，以及有关社会突发事件的报道、评论。"国家互联网信息办公室《互联网新闻信息服务管理规定》（网信办令第1号，2017年5月2日）："第二条 本规定所称新闻信息，包括有关政治、经济、军事、外交等社会公共事务的报道、评论，以及有关社会突发事件的报道、评论。"后一规定删除了"是指时政类新闻信息"一语。

视节目中还划分为时政类新闻、社会类新闻、娱乐类新闻等。① 互联网新闻信息服务，包括互联网新闻信息采编发布服务、转载服务、传播平台服务。② 新闻性信息包括文字、言语、声音、图画、摄影、图像和视听节目等多种形式。

2. 视听节目及服务。互联网视听节目服务，是指制作、编辑、集成并通过互联网向公众提供视音频节目，以及为他人提供上载传播视听节目服务的活动。③ 其中借助宽带，由广播电视发展而来到向公众提供专网及定向视听节目服务，如交互式网络电视（IPTV）、专网手机电视、互联网电视（OTT），在主体准入条件等方面，有更为严格的管理要求。④

3. 网络出版物及服务。网络出版物指通过网络向公众提供的，具有编辑、制作、加工等出版特征的数字化作品。从事网络出版物服务包括：提供文学、艺术、科学等领域内具有知识性、思想性的文字、图片、地图、游戏、动漫、音视频读物等原创数字化作品的活动；提供与已出版的图书、报纸、期刊、音像制品、电子出版物等内容相一致的数字化作品的活动；将上述作品通过选择、编排、汇集等方式形成的网络文献数据库等数字化作品的活动以及向公众提供的活动等。⑤

4. 其他文化产品和服务。除上述内容产品之外，通过互联网生产、传播和流通的其他文化产品，主要包括：专门为互联网而生产的网络音乐、网络游戏、网络演出剧（节）目、网络表演、网络艺术品、网络动漫等互联网文化产品；将音乐娱乐、游戏、演出剧（节）目、表演、艺术品、动漫等文化产品以一定的技术手段制作、复制到互联网上传播的互联网文化产品。相应的互联网文化服务具体有：互联网文化产品的制作、复制、进口、发行、播放等活动；将文化产品登载在互联网上，或者通过互联网、移动通信网等信息网络发送到计算机、固定电话机、移动电话

---

① 国家新闻出版广电总局：《关于进一步加强社会类、娱乐类新闻节目管理的通知》2016年8月4日。
② 国家网信办：《互联网新闻信息服务管理规定》（2017）。
③ 国家广播电影电视总局和信息产业部：《互联网视听节目服务管理规定》（国家广电总局和信息产业部第56号令，2007年12月20日；国家新闻出版广电总局第3号令修订，2015年8月28日）。
④ 这在前一章有具体阐释。
⑤ 国家新闻出版广电总局和工业和信息化部：《网络出版服务管理规定》（国家新闻出版广电总局和工业和信息化部令第5号，2016年2月4日）。

机、电视机、游戏机等用户端以及网吧等互联网上网服务营业场所,供用户浏览、欣赏、使用或者下载的在线传播行为;互联网文化产品的展览、比赛等活动。①

(二)新媒体的载体

在早期,互联网属于电信一类,仅作为一种通信工具(点对点的人际传播),后来则很快具备了媒体功能(大众传播以及其他多维传播),各种专业媒体和互联网运营者通过互联网来传播自己制作的内容。随着社交媒体技术和移动互联网技术的发展,除了以 PC 为主要接收端的专业网站,还出现了社交平台上的自媒体,以及移动互联网环境下的应用程序(客户端)、聚合性资讯平台等新媒体载体。

21 世纪以来,互联网发展为国家和社会生活的重要设施,日益成为人们学习、工作、生活的新空间,获取公共服务的新平台。但其中向公众传播、提供内容服务依然是互联网的一项重要功能。现今"新媒体"概念只是指互联网与媒体相关的、以提供内容为主要服务功能的那一部分。

在 CNNIC 历年统计的各项互联网应用中,网络新闻、网络视频、网络音乐、网络游戏一直居于应用排名的前列,网络文学也有不俗的地位,网络直播、短视频在近年崛起,以上种种,都属于提供内容服务的范畴。从事此类传播服务的网站和平台都属于新媒体。

按照《互联网新闻信息服务管理规定》(2017)②的表述,提供互联网新闻信息服务有"互联网站、应用程序、论坛、博客、微博客、公众账号、即时通信工具、网络直播"等形式,这可以作为概括当前新媒体传播主要载体的依据。

1. 网站(Website)

从互联网服务及其管理角度来看,网站是从事各类互联网服务的基础平台,历年互联网络发展统计都把网站数字作为互联网基础资源的一项重要指标。

---

① 文化部:《互联网文化管理暂行规定》(文化部令第 51 号,2011 年 2 月 27 日)。
② 国家网信办:《互联网新闻信息服务管理规定》(2017):"第六条 通过互联网站、应用程序、论坛、博客、微博客、即时通信工具、搜索引擎以及其他具有新闻舆论或社会动员功能的应用向社会公众提供新闻信息采编发布、转载服务,以及提供新闻信息发布平台服务,应当取得互联网新闻信息服务许可。"

传统的内容服务方式,就是内容服务者设立各类网站将自己制作的或获得授权的内容登上网页进行发布,用户使用 PC 端上网(包括通过搜索)进入网站检视网页获取所需内容。21 世纪初以来,服务者提供空间平台而由用户自己上传内容的方式日益发展,其代表性标志便是博客的兴起。① 互联网进入所谓 Web2.0 时代。Web2.0 最重要的特点就是充分发挥用户的主动性和原创能力,形成以用户为中心的网上网下的真正互动。②

2. 微博、微信公众号、移动应用程序(App)

传统的以内容服务者和制作者为主导的传播模式根本性转变,是由于社交媒体的兴起和手机、平板电脑等通信工具组成作为接收端的移动互联网的形成。作为社交媒体主要形式的微博和微信及其公众号所具有的强大便捷的交互性,使得用户上传内容变得极其便利并且可以迅速大量转发共享,形成所谓"病毒式传播"。移动互联网的发展,用户上网设备从 PC 端转向移动端,使得原来通过网站网页来传播新闻等内容的服务转向采用各种移动应用程序(App)即"客户端"的方式进行。③

CNNIC《第 40 次中国互联网络发展状况发展统计报告》(2017 年 7 月)认定:作为信息获取的基础应用,网络新闻服务形式已经从早期的以采编分发为主的自主传播模式转化到以用户资讯需求为主的资讯平台供给模式,网络新闻的提供者和分发平台的分工也进一步清晰。内容制作方已经从以往以专业媒体为主转换到专业机构与自媒体并存,形成了专业媒体、自媒体同台竞争的格局。这种趋势也在其他内容服务中不同程度发生。

就用户对内容的感知形态来说,"两微一端"成为网络内容的新载体。各类客户端多数是原有网站采用新的应用,是网站的延伸;那些单独以客户端传播信息的如"聚合类新闻客户端"则需另行组建服务组织获

---

① 2005 年被称作博客元年。
② 闵大洪:《中国网络媒体 20 年》,电子工业出版社 2016 年版,第 165 页。
③ 2010 年被称为微博元年。随后无论个人、机构都加入微博行列。政府、企业、高校、各大传统媒体纷纷试水,而其中更是以媒体为代表。无论传统新闻媒体还是新闻网站都开设了自身的微博,微博的关注量远远超过传统媒体的发行量和收视收听量。腾讯公司于 2011 年 1 月 21 日推出一个为智能终端提供即时通信服务的免费应用程序——微信(WeChat)。微信公众平台于 2012 年 8 月 23 日正式上线,微信公众账号被分成订阅号和服务号,成为具有强大新闻采编推送能力的平台。2014 年移动应用程序(App)投入使用,2015 年广泛应用到媒体领域。

得域名，只是在形态上并不显示为传统的网站主页。至于"两微"都是由服务商提供平台，实质上都是各自网站的一项应用；包括媒体、公共机构、企业和个人等所有用户，都在这个平台上传播自己的内容。

以人民日报为例：其旗下包括人民网、人民微博等近十种新媒体载体。日常传播覆盖超过1.3亿人次，网民遍布210多个国家和地区。人民网由1997年开通的人民日报网络版发展而来，在运行中也充分发挥了与用户之间的互动功能，其1999年开通的"强国论坛"成为重要的舆论载体。人民网公司2012年在上海成功融资上市。2005年开办"手机人民网"。人民日报也有自己的微博、官方微信账号。同时，为了向世界传达中国的声音，人民网还在海外社交媒体平台上，如脸书、推特、Line、VK等开设了多语种账号群。[①] 以上，"强国论坛"等是人民网向用户提供发布内容的平台服务，"手机人民网"等是人民网使用新应用开设的移动端服务，"人民官微"等则是人民网到其他网络甚至海外网络运营者运营的社交媒体平台上设立的自媒体，它开设的"人民微博"等社交媒体平台也同样接纳其他网络运营者设立的自媒体，这种矩阵状态典型地反映了媒体融合的特点。

（四）新媒体运营者

新媒体运营者，指新媒体的所有者、管理者和网络服务提供者，即从事上述提供互联网内容产品及服务的主体，是指通过法定程序获得运营某种或数种互联网内容服务备案和许可的营利法人、非营利法人（事业单位法人、社团法人等）、特别法人（机关法人等）和非法人组织，也可能会有自然人。

在新媒体领域，作为载体的新媒体和作为内容制作、提供者的新媒体是不一样的。有许多运营者，既进行采集制作，向用户提供内容，同时也设立一定种类的平台，供用户上载内容。也有或者只提供内容或者只提供平台的运营者。在提供内容方面，也有仅仅提供自制内容，或者仅仅提供聚合他人内容的，不一而足。投资组织运营这些载体的主体，是新媒体组织。在资金来源方面，新媒体组织包括传统媒体独家兴建或者宣传部门联合传统媒体投资创建，也包括传统媒体与社会资本合资合作举办、社会资本在现行政策允许的范围内设立的新媒体。在传媒监管、资本准入政策方

[①] 参见《人民网股份有限公司2016年年度报告》（2017年4月18日）等。

面，被监管的主体是新媒体组织。按照现行政策，新媒体组织对于传播内容负有"主体责任"。[①] 对于具有新闻采编权、第一类互联网视听节目服务资格的新媒体，我们称之为国有主流新媒体。

在至今为止的新媒体架构中，微博和微信作为自媒体，都属于"用户创造内容"（UGC，User-generated Content），运营者是"两微"平台即载体的创设者。但是在"两微"设立账号创造并提供内容的，并不只是自然人，还包括众多的媒体、公共权力机构、社会团体以及各种企事业单位等，于是又细分出 PGC（Professionally-generated Content，专业创造内容）和 OGC（Occupationally-generated Content，职业创造内容）等。后两类自媒体的社会影响和责任显然不能简单等同于自然人用户，但是也没有明确为运营者。特别是"两微"正在显示出独立吸纳资金的能力，不仅是媒体、企业，还包括自然人设置的微信公众号，由于盈利可观（主要是广告收入）而获得投资的已经不是个别事例，有的自然人依托公众号为主要业务开设了公司。CNNIC《第 42 次互联网发展状况统计报告》（2018 年 7 月）指出：网络新闻自媒体从个体单位发展为新型媒介组织，进一步拓展商业化道路。为稳定持续输出高质量内容，多数头部网络新闻自媒体加大从传统媒体引进人才的力度，逐步搭建专业、完整的运营团队，朝公司化、机构化方向发展。这是近年互联网络传播架构的新现象。

2017 年 1 月 15 日中共中央办公厅、国务院办公厅印发《关于促进移动互联网健康有序发展的意见》，其第 13 条规定："繁荣发展网络文化。把握移动互联网传播规律，实施社会主义核心价值观、中华优秀文化网上传播等内容建设工程，培育积极健康、向上向善的网络文化。加大中央和地方主要新闻单位、重点新闻网站等主流媒体移动端建设推广力度，积极扶持各类正能量账号和应用。加强新闻媒体移动端建设，构建导向正确、协同高效的全媒体传播体系。在互联网新闻信息服务、网络出版服务、信息网络传播视听节目服务等领域开展特殊管理股试点。大力推动传统媒体与移动新媒体深度融合发展，加快布局移动互联网阵地建设，建成一批具有强大实力和传播力、公信力、影响力的新型媒体集团。"

结合我国新媒体运营和监管的实际状况，新媒体就是指在互联网（包

[①] 习近平：《在网络安全和信息化座谈会上的讲话》（2016 年 4 月 19 日）。

括移动互联网）环境下以提供内容产品及服务为核心功能和业务的组织。包括网络新闻信息服务组织、网络出版服务组织、网络视听节目服务组织等。这些新媒体通过网站、社交媒体平台或聚合性平台提供内容产品和服务。

二 新媒体领域资本准入的政策框架和相关规定

（一）非公资本进入传媒领域的政策演变

自20世纪70年代末，传媒开始改革至今，在整体改革进程中，其中的一个改革侧面是资本准入政策和法律制度的演变。在改革开放之前，我国将新闻行业定位为事业性质，所需经费都有国家拨付。改革开放之后，相关资金和资本的政策的演变过程是：从单纯由国家拨款运营到开始允许传媒通过广告获得收入，传媒可以通过自己的积累进行自我发展，到允许传媒行业之外的国有资本进入传媒领域，再到允许民营资本一定程度进入传媒领域，再到允许境外资本一定程度进入传媒领域。

20世纪80年代初，媒体恢复经营广告。80年代中期一些报纸开始自办发行，继而政府允许报刊社开展有偿服务和经营活动，从市场获得收益，这便开启了"事业单位、企业化经营"模式。随后，逐渐发展到允许媒体单位的可经营部分可以从其他国有企事业单位或政府部门获得投资。再后，对于媒体可以在哪些业务领域与非国有组织进行合作，非公资本（即境内民营资本、境外资本）可以投资哪些传媒领域，我国政府在不同时期的政策和法律中做出了不同的规定。当今非公资本进入传媒领域制度格局的政策发展和法律，主要体现在以下文件：中国加入世界贸易组织时的承诺书，2001年中办、国办转发《中宣部、国家广电总局、新闻出版总署关于深化新闻出版广播影视业改革的若干意见》，2003年中办、国办转发《中宣部、文化部、国家新闻出版总署、国家广电总局关于文化体制改革试点工作意见的通知》，2005年中共中央和国务院发布的《关于深化文化体制改革的若干意见》和《关于非公资本进入文化产业的若干决定》（简称"国务院10号文"）。

传媒领域历来是外资的禁区。中国入世谈判，在涉及传媒的产业方面主要是广告、发行、印刷等行业实行对外资有限制地允许进入。历次《外商投资产业指导目录》，基本没有改变。2019年通过的《外商投资法》规定国家对外商投资范围实行负面清单制度。现今有效的《外商投资准入特别管理措施（负面清单）（2018年版）》，比起前一次2017年《外商投资产业指导目录》来，在传媒相关领域只取消了禁止投资互联网上网服务营业场所这一项。①

（二）现行非公资本进入新媒体领域的具体规定

2005年中共中央和国务院发布《关于深化文化体制改革的若干意见》和《关于非公资本进入文化产业的若干决定》（国发〔2005〕10号，简称"国务院10号文"），对我国非公资本进入文化产业领域区分三种情形进行了规定：鼓励、限制、禁止。所谓鼓励，意味着不仅允许非公资本进入，而且还可以控股，乃至全资，同时，还会给予某些优惠待遇；所谓限制，就是允许非公资本进入，但是，有一些具体的限制性要求，比如只可参股，不能控股，最高比例不能超过50%，或者施加一些其他负担或特殊要求；所谓禁止，就是非公资本不得进入。这些文件内容构成了我国新媒体领域资本准入政策的总体框架。在这一整体框架之下，国务院、国家互联网信息办公室（原国务院新闻办公室）、国家新闻出版广电总局（原国家新闻出版总署和国家广播电影电视总局）、工业和信息化部（原信息产业部）、文化部以及其他综合经济管理部门、专门部门等又制定了一系列相关行政法规、规章、规范性文件和其他政策性文件，具体细化了新媒体领域的资本准入制度。这些规定具体是《互联网信息服务管理办法》（2000年）、《互联网站从事登载新闻业务管理暂行规定》（2000年）、《互联网文化管理暂行规定》（2003年、2011年）、《互联网等信息网络传播视听节目管理办法》（2004年）、《互联网新闻信息服务管理规定》（2005年、2017年）、《互联网视听节目服务管理规定》（2007年）、《网络出版服务管理规定》（2016年）、《专网及定向传播视听节目服务管理

---

① 2017年版《指导目录》的具体规定是：（1）鼓励外商进入的领域：演出场所经营；体育场馆经营、健身、竞赛表演及体育培训和中介服务。（2）限制外商进入的领域：广播电视节目、电影的制作业务（限于合作）；电影院的建设、经营（中方控股）；演出经纪机构（中方控股）。（3）禁止外商进入领域：新闻机构（包括但不限于通讯社）；图书、报纸、期刊的编辑、出版业务；音像制品和电子出版物的编辑、出版、制作业务；各级广播电台（站）、电视台（站）、广播电视频道（率）、广播电视传输覆盖网（发射台、转播台、广播电视卫星、卫星上行站、卫星收转站、微波站、监测台、有线广播电视传输覆盖网），广播电视视频点播业务和卫星电视广播地面接收设施安装服务；广播电视节目制作经营（含引进业务）公司；电影制作公司、发行公司、院线公司；互联网新闻信息服务、网络出版服务、网络视听节目服务、互联网上网服务营业场所、互联网文化经营（音乐除外）、互联网公众发布信息服务。2018年负面清单不再有"互联网上网服务营业场所"这一项。

规定》（2017年）等。这些文件有些被新的文件取代，有些被新的文件宣布时效。这些文件的规定共同构成了目前我国新媒体领域资本准入的整体制度框架。具体来说，包括新闻性信息领域的资本准入制度、网络视听领域的资本准入、网络出版领域的资本准入、网络文化产品领域的资本准入制度。以下具体阐述：

新闻性内容信息采编领域的资本准入规定。

2000年行政法规《互联网信息服务管理办法》将互联网信息服务划分为经营性和非经营性两类，从事经营性互联网信息服务的实行许可制，非经营性的实行备案制，主管机关是电信主管部门（先是信息产业部、后为工业和信息化部）。该办法规定从事新闻、出版等信息服务，要获得有关部门审核同意。在这部行政法规2013年的修订草案征求意见稿中，继续维持备案制和许可制的区分，而规定提供新闻信息服务、用户发布信息服务（即UGC），从事文化、出版、视听节目等服务，依照有关法律、行政法规规定实行许可制。[①] 这些许可大多已在2004年《国务院对确需保留的行政审批项目设定行政许可的决定》（国务院第412号令）及相关的部门规章中得到肯定。

在前列四项主要的内容服务中，由于新闻传播事关掌握意识形态领域的主导权、凝聚全党和全国各族人民的向心力、推进党和国家各项事业等重大公共利益，是定国安邦的大事，所以我国对新闻信息服务历来予以严格的规制，这也直接影响到其他类型的内容服务。

2000年，国务院新闻办公室和信息产业部发布的《互联网站从事登载新闻业务管理暂行规定》，将从事登载新闻业务的网站划分为可以从事原创新闻登载业务的新闻网站和可以登载新闻网站发布的原创新闻的网站两类，只有中央和省级新闻单位经批准可以设立前类登载原创新闻的新闻网站，非新闻单位建立的综合性互联网站（即俗称门户网站）经批准只可以转载中央和省级新闻单位的新闻，不得登载自行采写的新闻和其他来源的新闻。此规定虽并未直接涉及资金来源问题，但是我国传统新闻媒体都是国有事业单位，就在事实上界定了只有国有资本才能进入互联网新闻

[①] 《互联网信息服务管理规定》（2005）："第五条 从事新闻、出版、教育、医疗保健、药品和医疗器械等互联网信息服务，依照法律、行政法规以及国家有关规定须经有关主管部门审核同意的，在申请经营许可或者履行备案手续前，应当依法经有关主管部门审核同意。"

采编领域。① 2005 年国务院新闻办公室和信息产业部发布的《互联网新闻信息服务管理规定》，基本沿袭 2000 年"暂行规定"对互联网新闻信息服务单位的划分，由此形成了我国对于网站划分为"两类资质"进行管理的体制：一类资质网站是新闻单位或宣传部门所设立的具有新闻采编播发资格的新闻网站，包括全国性新闻网站和地方新闻网站。二类资质网站，是指只可以转载新闻单位及新闻网站所发布的新闻的商业网站。但 2005 年"管理规定"规定了新闻单位与非新闻单位合作设立互联网新闻服务单位，新闻单位股权不低于 51% 的属于一类资质，低于 51% 的属于二类资质，这里的区分不是国资和民资，而是业内资本和业外资本。业外资本是从来自新闻传媒行业之外的资本，这当然既包括非新闻单位的国有资本和民营资本，由此，为新闻网站吸纳社会资本直至上市融资提供了法律依据。"管理规定"依然明确规定禁止外资进入。② 2017 年国家网信办重新发布《互联网新闻信息服务管理规定》，重申申请互联网新闻信息采编发布服务许可的，应当是新闻单位（含其控股的单位）或新闻宣传部门主管的单位，以及禁止外资的规定。并且把新闻信息服务许可制推广到所有社交媒体平台及自媒体，还就互联网新闻信息服务提供者实行特殊管理股制度，非公有资本不得介入新闻采编业务等做出了规定。③

---

① 《互联网站从事登载新闻业务管理暂行规定》（2000）："第五条　中央新闻单位、中央国家机关各部门新闻单位以及省、自治区、直辖市和省、自治区人民政府所在地的市直属新闻单位依法建立的互联网站（以下简称新闻网站），经批准可以从事登载新闻业务。其他新闻单位不单独建立新闻网站，经批准可以在中央新闻单位或者省、自治区、直辖市直属新闻单位建立的新闻网站建立新闻网页从事登载新闻业务。""第七条　非新闻单位依法建立的综合性互联网站（以下简称综合性非新闻单位网站），具备本规定第九条所列条件的，经批准可以从事登载中央新闻单位、中央国家机关各部门新闻单位以及省、自治区、直辖市直属新闻单位发布的新闻的业务，但不得登载自行采写的新闻和其他来源的新闻。非新闻单位依法建立的其他互联网站，不得从事登载新闻业务。"

② 《互联网新闻信息服务管理规定》（2005）："第六条　新闻单位与非新闻单位合作设立互联网新闻信息服务单位，新闻单位拥有的股权不低于 51% 的，视为新闻单位设立互联网新闻信息服务单位；新闻单位拥有的股权低于 51% 的，视为非新闻单位设立互联网新闻信息服务单位。""第九条　任何组织不得设立中外合资经营、中外合作经营和外资经营的互联网新闻信息服务单位。互联网新闻信息服务单位与境内外中外合资经营、中外合作经营和外资经营的企业进行涉及互联网新闻信息服务业务的合作，应当报经国务院新闻办公室进行安全评估。"

③ 《互联网新闻信息服务管理规定》（2017）："第五条　通过互联网站、应用程序、论坛、博客、微博客、公众账号、即时通信工具、网络直播等形式向社会公众提供互联网新闻信息服务，应当取得互联网新闻信息服务许可，禁止未经许可或超越许可范围开展互联网新闻信息服务活动。""第六条　……符合条件的互联网新闻信息服务提供者实行特殊管理股制度，具体实施办法由国家互联网信息办公室另行制定。""第八条　互联网新闻信息服务提供者的采编业务和经营业务应当分开，非公有资本不得介入互联网新闻信息采编业务。"

2. 网络视听领域和电视新媒体领域的资本准入规定

2007年12月，国家广电总局、信息产业部发布《互联网视听节目服务管理规定》，并经国家新闻出版广电总局于2015年修订。按此规定，互联网视听节目服务，包括制作、编辑、集成视音频节目，通过互联网向公众提供，以及为他人提供上载传播视听节目平台等项服务，都必须获得行政许可。申请从事以上各类服务，应当具备法人资格，为国有独资或国有控股单位，且在申请之日前三年内无违法违规记录。对于申请从事新闻类视听节目服务，则有更加严格的规定：除了时政类节目早已由国家广播电影电视总局发布的《广播电视节目制作经营管理规定》（2004年）规定只许由广播电视机构制作外[1]，申请从事广播电台、电视台形态服务和时政类视听新闻服务，应当持有广播电视播出机构许可证或互联网新闻信息服务许可证；从事主持、访谈、报道类视听服务，应当持有广播电视节目制作经营许可证和互联网新闻信息服务许可证；从事自办网络剧（片）类服务的，还应当持有广播电视节目制作经营许可证。以上各项，当然都排除了非国有的获得二类新闻服务资质的商业网站。特别是从事自办频道播放视听节目，只能限于地市级以上电台电视台和中央新闻单位。未经批准，任何组织和个人不得在互联网上使用广播电视专有名称开展业务。[2]

在电视新媒体领域，随着"三网融合"的推行和深入发展，国家广电主管部门对于交互式网络电视（IPTV）、专网手机电视、互联网电视等

---

[1] 国家广播电影电视总局《广播电视节目制作经营管理规定》（国家广电总局令第34号，2004年7月19日）："第二十一条 取得《广播电视节目制作经营许可证》的机构应严格按照许可证核准的制作经营范围开展业务活动。广播电视时政新闻及同类专题、专栏等节目只能由广播电视播出机构制作，其他已取得《广播电视节目制作经营许可证》的机构不得制作时政新闻及同类专题、专栏等广播电视节目。"

[2] 《互联网视听节目服务管理规定》（国家广播电影电视总局、信息产业部令第56号，2007年12月20日；国家新闻出版广电总局令第3号修订，2015年8月28日）："第二条 ……本规定所称互联网视听节目服务，是指制作、编辑、集成并通过互联网向公众提供视音频节目，以及为他人提供上载传播视听节目服务的活动。""第八条 申请从事互联网视听节目服务的，应当同时具备以下条件：（一）具备法人资格，为国有独资或国有控股单位，且在申请之日前三年内无违法违规记录；……""第九条 从事广播电台、电视台形态服务和时政类视听新闻服务的，除符合本规定第八条规定外，还应当持有广播电视播出机构许可证或互联网新闻信息服务许可证。其中，以自办频道方式播放视听节目的，由地（市）级以上广播电台、电视台、中央新闻单位提出申请。从事主持、访谈、报道类视听服务的，除符合本规定第八条规定外，还应当持有广播电视节目制作经营许可证和互联网新闻信息服务许可证；从事自办网络剧（片）类服务的，还应当持有广播电视节目制作经营许可证。"

视听节目服务予以特别管理。国家广播电影电视总局在 2004 年发布了《互联网等信息网络传播视听节目管理办法》,① 2017 年重新发布《专网及定向传播视听节目服务管理规定》(国家新闻出版广电总局令第 6 号),规定从事专网及定向传播视听节目服务的,必须是国有独资或者国有控股法人,并且分别对从事内容提供服务、集成播控服务、IPTV 服务规定了准入标准。②

但有关网络视听节目服务限于国有资金等规定出台较晚。最初出现的一批提供网络视听服务的网站恰恰不是传统的电台电视台而是民间资本兴办的商业网站。③ 这是从政策层面需要处理和解决的问题。

3. 网络出版领域的资本准入规定

根据我国《出版管理条例》的规定,④ 2016 年,国家新闻出版广电总局、工业和信息化部发布《网络出版服务管理规定》。根据这一规定,网络出版实行行政许可。除原有传统出版单位可以申请网络出版业务外,其他单位也可以申请,但法人代表必须是中国公民。相关服务器和存储设备必须存放于境内。对于国内资本性质并无限制,但禁止外资进入:中外合资经营、中外合作经营和外资经营的单位不得从事网络出版服务。网络出版服务单位一切涉外网络出版服务业务的项目合作,须先经国家新闻出版广电总局审批。⑤

---

① 该规定被《专网及定向传播视听节目服务管理规定》(2017 年)宣布作废。
② 《专网及定向传播视听节目服务管理规定》(国家新闻出版广电总局令第 6 号):"第六条 申请从事专网及定向传播视听节目服务的单位,应当具备下列条件:(一)具备法人资格,为国有独资或者国有控股单位;……""第七条 申请从事内容提供服务的,应当是经国务院广播电影电视主管部门批准设立的地(市)级以上广播电视播出机构或者中央新闻单位等机构,还应当具备 2000 小时以上的节目内容储备和 30 人以上的专业节目编审人员。申请从事集成播控服务的,应当是经国务院广播电影电视主管部门批准设立的省、自治区、直辖市级以上广播电视播出机构。申请从事交互式网络电视(IPTV)传输服务、专网手机电视分发服务的,应当是国务院工业和信息化主管部门批准的具有合法基础网络运营资质的单位,并具有一定规模的公共信息基础网络设施资源和为用户提供长期服务的信誉或者能力。"
③ 如乐视网,2004 年 11 月开设;中国播客网,2005 年 3 月;土豆网,2005 年 4 月;以及接踵而来的优酷网、酷 6 网等。其中乐视网 2010 年在中国创业板上市,是中国第一家 A 股视频上市公司。
④ 《出版管理条例》(国务院令第 343 号,2001 年 12 月 25 日;根据 2011 年 3 月 19 日《国务院关于修改〈出版管理条例〉的决定》修订):"第七十三条 ……网络出版审批和管理办法,由国务院出版行政主管部门根据本条例的原则另行制定。"
⑤ 《网络出版服务管理规定》(2016 年):"第十条 中外合资经营、中外合作经营和外资经营的单位不得从事网络出版服务。网络出版服务单位与境内中外合资经营、中外合作经营、外资经营企业或境外组织及个人进行网络出版服务业务的项目合作,应当事前报国家新闻出版广电总局审批。"

4. 其他网络文化产品及其服务领域的资本准入规定

2003年文化部发布《互联网文化管理暂行规定》，至2011年又重新发布《互联网文化管理暂行规定》。该规定按照行政法规《互联网信息服务管理办法》，对经营性活动实行许可制，非经营性活动实行备案制。申请设立经营性互联网文化单位，应具备不低于100万元的注册资金，其中申请从事网络游戏经营活动的应当具备不低于1000万元的注册资金。虽然该规定没有直接规定有关资本准入的问题，但是可以通过"国务院10号文"、外商投资产业指导目录来确定。

简要概括，国家在新媒体领域非公资本准入的政策界限和法律规定，即具有新闻采编和首发领域，设立具有新闻采编和首发的新媒体，必须是国有资本全资或控股，采编业务和经营业务要分开，非公资本不得介入采编领域。在图文新闻转载领域和平台服务领域，民营资本可以全资进入。在网络视听节目领域，在制作、编辑、集成并通过互联网向公众提供各个环节，要求国有独资或国有控股，也就是说民营资本虽然可以进入，但是不能达到控股程度。在网络出版领域，允许民营资本全资进入，相对于图书、音像、电子、报纸、期刊出版单位从事网络出版服务，对于一般民资进入网络出版领域做出了更为具体的条件要求。同时，在上述领域，境外资本都不得进入。

三 新媒体资本准入制度特点[①]

第一，制度理念。对于新媒体资本准入政策确立的基点是，政策的制定者认为越是与维护执政党的统治地位关系密切的内容和信息，越需要对于其采编制作和传播进行更为有力的规范和控制。这种控制力量之一就是对于新媒体的资本控制。国有资本属于国家所有，国家的执政力量就可通过资本控制以及国家投资主体的代表或代理人员的控制来达到控制新媒体的目的。改革开放以来，这种理念随着社会生活的急剧变迁也从过去僵化的状态有所改进。通观我们四十多年的改革历程，虽然时有反复，但总体上还是呈现出放松的趋势。

第二，划分标准。我国对新媒体的资本准入方面的监管尺度，根据内

[①] 本章部分内容作为阶段性成果发表于《南京社会科学》2018年第1期。参见李丹林《新媒体资本准入制度——传媒产业立法的核心》，《南京社会科学》2018年第1期。

容性质和行为类型进行划分。也就是说根据与维护执政党的统治地位的关系密切程度来确定对资本准入的严宽政策的。而新闻信息，尤其是时政类新闻，是与维护执政党的统治地位密切的部分，因此，对时政类新闻的采编、制作、首发，都禁止非公资本进入或介入。然后，根据内容和信息的关涉社会生活的内容是"现实性"的还是"虚构类"的；是更多意见表达、关涉现实利益的还是单纯娱乐性的，又划分出不同的领域，确立了非公资本准入的不同界限。

对于时政类新闻信息和内容，采集制作和首发行为领域这一新闻产生的源头，要求非公资本不得介入；转发行为领域，其本身不是信息产生，只是信息传播，从传播效果的角度来看，有助于扩大原创新闻信息的覆盖范围，加快原创新闻信息的扩散速度。因此，对于单纯的传播行为，非公资本允许进入。但由于视听内容被认为在传播效果和影响力方面更大，因此，即便是传播行为，非公资本也不可单独进入，必须与国有资本联合进行，而境外资本是绝对不允许进入的。[①]

第三，相关制度。关于资本准入的理念，在允许非公资本进入的领域，为了不减弱控制力，与之配套的还有种类多样的审批、许可、备案、登记、注册、评估等制度和环节。同时，对于非公资本在绝对数量上占据多数的时候，通过相关立法政策在新媒体领域推行探索国有特殊管理股制度。在建立现代企业制度的新媒体组织内，强调党的领导与现代企业内部治理结构的融合并行。

第二节　我国新媒体资本准入制度的理论分析

一　新媒体资本准入制度存在的问题

（一）主流新媒体在寻求多元发展资金方面，面临问题

第一，要经过宣传部门、网信部门的层层审批，降低了效率。第二，所融资本如何投放使用也有较多束缚，如何在多元业务的统一体中，所融非公资本避免进入新闻采编领域是一个在具体操作中难以把握的问题。因此，要获得批准实非易事。第三，主流媒体改制上市，为了避免违反相关

[①] 这一规定，在实践中并非绝对如此。所谓 VIE 结构就是一种外资变相进入新媒体领域的方式。

政策，对于媒体的核心业务即新闻采编业务往往剥离出来不放在其中无法回避的关联交易问题，常常是证券监管部门最为关注，甚至是影响审核通过的关键因素。由此，主流媒体不得不遏制寻求更多社会资本的冲动。面对新技术的应用、媒体运营新模式的冲击，主流媒体要获得社会资本的注入发展，面临的束缚极大。①

（二）在主流媒体领域，由于是国有属性，因而其分配不能按照一般市场经济条件下的收入分配制度来确定相关管理者、经营者的收入分配与待遇

一方面，虽然主流媒体曾经与行政级别相连，也有一定的激励措施，但这种待遇受惠人员极其有限。另一方面，与现代企业制度下的多种分配制度的强大激励性相比，激励作用也不明显。由此导致近年来主流媒体优秀人才流失严重，特别是2015年之后，人才流失呈现出加剧的趋势，有人甚至认为主流媒体和主流新媒体人才流失是断崖式的流失。②许多主流媒体的优秀管理人员、采编人员纷纷跳槽，进入非主流新闻媒体机构或平台。从宏观视角来说，每个人有意义的努力和工作，对于整个传媒业的发展都是有利的，但从打造建设一流的主流新闻媒体来说，优秀人才流失是一个严峻的问题。事实证明，在同样的政策、法律环境之下，能够做得更好的关键因素，主要是人才的因素。

概括主流新媒体存在的问题，就是财和人两个方面的问题。在财的问题方面，作为一个营利性组织（无论是商业网站，还是新闻网站，都是公司法人），其发展的首要基础是要有与自身的发展目标和发展规模相匹配的资金来源和数额；新媒体的发展，要有懂得新闻业务、媒体管理、新媒体运营、市场推广、资本运作等高素质复合型人才，在新媒体发展日新月异、业务范围日渐多元、新的技术和应用不断引发新的信息采集和传播模式的环境下，眼光、意识、能力、魄力兼具的人才是稀缺资源。

尽管传媒行业的整体改革和新媒体发展取得了令人瞩目的成绩，但其中存在的问题也是不容回避的，这与现代化国家传媒发展的价值目标，与我国现阶段及未来相当长时间内，国家、社会、人民对于传媒的期待，尤

---

① 笔者曾对澎湃新闻做过调查。曾经横空出世般适应移动新媒体时代的主流媒体澎湃新闻，不得不放弃通过社会进行融资的计划，但是，仅仅靠国资拨付支撑，未来不知能够坚持多久。

② 《2015年媒体大咖纷纷离职，他们都去哪儿了》，http://www.jiupaicn.com/2015/1223/19927.html，此帖内容对于主流媒体的人员跳槽离职可以略见一斑。

其是对主流新媒体的期待还不相称。主流媒体虽然被赋予垄断性的时政新闻的采编首发权，但其所具有的规模和影响力还远远不如一些商业门户网站或移动新闻平台。对此，我们应有所深刻反思。

目前的主流新媒体，一方面，在人员、能力、资金、技术方面不能适应迅猛发展的时代要求，许多具有新闻采编资质、是网络视听节目制作首发的主流媒体网站，所拥有的用户、流量都非常小，用于开发和运营更新的资金、技术、渠道严重不足。即使那些在国家政策和体制鼓励和扶持之下成功上市或挂牌的主流新媒体，其用户数量等也远不能与一些商业网站相比。在2017年6月5日至6月11日这一周，腾讯网是访问人数最多的商业网站。而属于一类资质主流新闻网站，进入前100家的只有人民网，排名20；东方网，排名22；新华网，排名25；中国日报网，排名26；环球网，排名41；中国网络电视台，排名54。其中排名第一的腾讯网，覆盖总人数的比例是63.49%，而前述主流媒体上网人数之和占比仅为23.43%。在2017年6月26日—7月2日这一周，进入前一百位的主流媒体有，东方网，排名20；新华网，排名23；中国网，排名37；环球网，排名42；人民网，排名49；中国日报网，排名63；中新网，排名94。排名第一的腾讯网覆盖总人数的比例为62.74%；而前述主流媒体覆盖总人数之和占比仅为12.88%。①

在实践中，有些政策未能获得有效实施，一是一些新媒体的运营始终处于不确定的政策风险之中，一定程度上阻碍了主流新媒体的发展壮大，即由于受限于现行资本准入制度，主流新媒体在投融资方面有太多限制；二是导致主流新媒体在新技术研发和应用、新的传播模式的开发、新的业务领域拓展、人才队伍建设等方面的发展受到影响；三是影响了主流新媒体在更大范围内引导和影响舆论功能的发挥；四是现行主流新媒体人才流失严重，影响了主流新媒体的发展。

改革开放以来，国家在文化传媒领域有了巨大的发展和进步，这些都是在有关政策引领和法律保障下取得的。总之现行新媒体资本准入制度存在的问题是，归结为一点，现行资本准入制度未能充分将社会中存在的促进新媒体发展的巨大潜能释放出来。但是，这距打造具有更强传播能力的主流旗舰媒体、提升国家的文化软实力，与此同时还要确保意

---

① 数据来源：中国联网数据平台，http://www.cnidp.cn/enterprise/rankAnalysis.do。

识形态安全、满足人们日益增长的美好生活的愿望的目标实现，还有很大距离。

二 新媒体资本准入制度问题原因分析

（一）陈旧的意识形态观念的束缚

现有的资本准入制度，不仅对主流媒体在资金和人员方面的发展构成束缚，而且也阻碍其成长为一个具有真正责任感和品位的媒体发展目标的实现。对于非公资本进入的过度谨慎以及相关联的人才的激励缺乏问题，实际上是传统意识形态中所有制理论和分配理念带来的影响。[1] 至今，我们受旧的意识形态的束缚还未完全打破。

改革开放以来，执政党和国家意识形态在与时俱进地改变，完成了"从革命到治理"的转型，从改革开放之前将私有制和市场经济作为洪水猛兽、罪恶之源，如今已经作为健全市场体系的重要组成部分。2012年党的十八大报告继续强调"毫不动摇鼓励、支持、引导非公有制经济发展，保证各种所有制经济依法平等使用生产要素、公平参与市场竞争、同等受到法律保护。健全现代市场体系"。2015年6月，党的十八届三中全会做出的《中共中央关于全面深化改革若干重大问题的决定》指出："公有制为主体、多种所有制经济共同发展的基本经济制度，是中国特色社会主义制度的重要支柱，也是社会主义市场经济体制的根基。公有制经济和非公有制经济都是社会主义市场经济的重要组成部分，都是我国经济社会发展的重要基础。必须毫不动摇巩固和发展公有制经济，坚持公有制主体地位，发挥国有经济主导作用，不断增强国有经济活力、控制力、影响力。必须毫不动摇鼓励、支持、引导非公有制经济发展，激发非公有制经济活力和创造力"，"公有制经济财产权不可侵犯，非公有制经济财产权

---

[1] 诸多研究我国意识形态的问题文章，对于新中国成立以来之改革开放之时，意识形态的主体内容是由以下若干方面构成，概括起来，这一时期的意识形态包括了如下内容：阶级斗争理论、无产阶级专政理论、人民公社制度、一大二公的生产资料所有制，以平等之名掩盖的平均主义等。参见吴金群《中国意识形态转型30年：政治经济学的三维透视》，《理论与改革》2008年第3期；王浦劬《从阶级斗争到人民共和——我国政治学研究的逻辑转换析论》，《北京大学学报》（哲学社会科学版）2009年第1期；张宏扬《意识形态视野中的我国所有制结构探索》，《天府新论》2004年第6期；黄一玲、焦连志《建国以来中国社会转型的意识形态阐释》，《江汉论坛》2009年第2期；谢忠文《从革命到治理——1949—1978年中国意识形态转型研究》，上海社会科学院出版社2001年版。

同样不可侵犯"。意识形态的转型，为在政治和制度方面更好地解放生产力，为丰富传媒资本注入、优化分配制度，提供了坚实的制度基础。

虽然中国社会转型的大趋势不可阻挡，但在传媒领域顺应这一趋势还不够主动。对于传媒，承认其产业属性，我们经历了长期的思想认识转变和现实博弈过程。至今，我们对这一问题依然在强调其产业属性的同时，多数时候依然将其"政治属性""意识形态属性"置于优先地位。认为公有制即国有属性，是确保媒体舆论导向的物质基础。在传媒领域改革开放的进程中，我们看到，对于由传统拨付事业经费支撑媒体运行到将媒体推向市场，业外资本、非公资本进入传媒领域的路径就是从与新闻宣传关系最不密切的边缘领域开始的，随着传媒改革的深入和对市场经济、个体和私营经济认识的转变，允许非公资本进入的领域才不断向传媒的核心领域拓展。简言之，主流媒体存在问题的思想根源在于旧有意识形态对于私有制的妖魔化认识和对公有制的片面理解。

（二）若干问题的认识误区

研究非公资本进入新媒体领域的政策和相关立法，我们认为应该从知识层面、理论层面和实践层面理性认清以下几个方面的问题。

第一，不能清楚区分资本所有者和资本运营者对于传媒组织的控制关系。

在现代企业管理中，资本的所有权与运营权基本上都是分离的。我们曾经在正统的政治经济学教科书中所表述的食利者阶层的出现，是资本主义进入帝国主义阶段的特征。这对于我们认识问题的思路有巨大的消极影响，尽管在经济领域，这种知识和观念的谬误已被澄清和纠正，但在与意识形态紧密相关的传媒领域至今仍未彻底消除。所有权与经营权的分离，不仅是当代发达国家现代化企业管理的基本方式，而且也是我国社会主义市场经济中股份制、合伙制企业管理的基本形式。因此，外来资本进入企业，并非就等于资本所有者直接管控企业。现代企业，其资本可以通过资本运用、来自各个领域，投资者并不直接介入企业重大领域的决策，而企业的运营者根据法律和公司章程管理企业。实际上，主流媒体可以从多个方面获得社会资本，服务于媒体发展。这并不影响主流媒体的发展方向和社会主流意识形态的功能定位。

第二，对于非公资本是媒体发展的重要活力来源认识不足。

资本追求的是利润和增值。因此，资本所有者十分关心政治、政策、法律，以避免政治风险、政策风险和法律风险。尤其是在与主流意识形态紧密相连的媒体领域，他们不愿意因为触碰政治底线、法律底线、政策底线而受到相应的处罚和惩治。从某种意义上来说，政府设立的相关审批和许可制度，以及媒体企业能够严格地按照禁载条款、宣传纪律执法、执行纪律，就可以约束媒体的传播行为不危害社会秩序、公共利益和国家利益。

日新月异、飞速发展的信息技术为传媒的发展带来了充分的信息资源，信息的冗余和过剩成为新常态的时候，除了极少数完全依赖严格的体制控制、人为导致信息严重稀缺的地方，任何一家媒体要想获得很好的发展，就必须多方位地建立创新机制。即使在发达的西方国家，那些公共广播电视媒体，也在不断改革其组织机构、运营模式、资金来源和收费模式，以适应当今信息时代信息日趋丰富、竞争日趋激烈的现实。

对于民营资本而言，投资者期待资本的保值、增值，因此，避免各种投资经营中的风险，包括政治、政策和法律方面的风险，是投资者和经营者最为关心的事情。否则，就意味着投资失败。从这个意义上来讲，非公资本与经营者的切身利益更加密切相关，所以，它会尽可能努力不超越政策和法律界限。在一些二类资质的网站、民营资本运营的平台中，其内部设有相关政府事务部门、内容审核部门、法务部门，设计配置有大量的人工和机器的内容审查机制，甚至在很多时候比政府监管部门审查还要严格。

第三，过度担心外资利用与"VIE结构"影响国家对于媒体内容的控制。

改革开放以来，境外资本的进入，极大地推动了我国的经济与社会的发展。但我们依然有严格禁止外商投资的领域。因此，出现了大量的VIE结构。在几百家的VIE结构的境外上市公司中，互联网企业有将近80家。学者指出，第一家采取VIE结构境外上市的，正是互联网企业新浪网所属的公司。

客观理性地看待境外注册和上市选择、VIE结构的设计，就会发现，这实际上是一种基于不同国家或地区的法律政策而为了实现公司利益最大化，更快实现其发展战略，复杂专业化的资本运作的选择。从总体上说，一家企业，特别是互联网企业，在境外设立一个利益实体，吸引外资为我所用，而运营实体留在国内，确保国家可以通过法律、行业规管等方式规制其传播内容,等于在传播内容和传播收益之间建立一道防火墙。

近几年,境外上市的大批"中概股"纷纷退市,通过私有化改制之后,寻求重新在境内上市,因为境内 A 股市场高倍的市盈率对于拟上市公司来说是极大的诱惑,一旦上市成功,其市值瞬间可极大提升。如果一些在境外上市的互联网公司有此打算,这可能正是消除媒体主管部门对境外资本渗透的担心的好时机。但证券监督管理部门却不如此认为。中国证监会认为这种公司涉嫌回国圈钱,套利损害股民利益等。[1]

这样看来,那些担心外资渗透中国传媒领域,会对传媒内容产生影响力控制力的担心虽然是可以理解的,但是深入这一现象的背后的资本运作机理来看,在我们现行的内容规范制度框架之下,也不用过于担心。

第四,没有切实认识清楚资本与人的地位和作用。

就主流新媒体而言,资本来源虽然需要一定程度的规范,但这不是解决传媒领域问题的唯一要考虑的因素,还有更为重要的因素——人的问题需要考虑。在强调只有国有资本可以进入的领域,或者国有资本占据控股地位或控制地位的领域,代表党组织(书记、社长、台长、总经理、董事长、总裁等),是否具有应有的政治意识和素质、职业伦理和专业能力、经营管理能力和市场意识等,能够支撑其作为党和政府的代表将媒体管理、运营、发展好,这是最重要的问题。人的问题实质上是如何改善改革用人机制的问题。应该有一套能够切实考核选拔其综合素质和能力的方法和机制,同时在其代表国有资本行使权力的过程中,既要有充分的激励机制,又要有严格的监督和约束机制。现在的国有传媒机构的负责人群体,不时有被发现违规违纪甚至违法犯罪的情形,这些都说明,没有有效的激励机制,或者导致其离开,或者导致其通过不法手段获取利益;没有有效的监督约束机制,就会致其在违规违法犯罪的道路上越滑越远、越陷越深。因此,要打造强大的主流媒体旗舰,首先要建立和健全用人机制,通过激励机制和监督机制,建立起一支政治素质过硬、经营能力超群、政策掌握全面、热爱主流媒体的媒体经营管理队伍。只有这样,才能占领舆论阵地,或引导舆论。

---

[1] 《消灭 A 股 制度性套利 任重道远》,http://www.etf88.com/jjb/2017/0221/5035211.shtml。

第三节 关于完善和改进我国媒体资本准入制度的思考

一 完善和改进传媒资本准入政策的依据

我国新媒体领域资本准入政策存在的问题，这给我们打造能够由国有资本实际控制，并且能够很好发挥舆论导向作用，具有世界影响力的新型传播媒体带来束缚，妨碍了具有更强经济价值和社会价值创造能力的新媒体的产生。因此，我们需要对传媒领域的资本准入制度进行某些调整和改进。

党的十八大以来，党中央做出了一系列重大决定，国务院及其所属部门发布了一系列重要文件，为新媒体资本准入制度的改革和政策调整提出了依据、目标方向和要求。

这些重大决定和重要文件有：2013年11月12日党的十八届三中全会通过的《中共中央关于全面深化改革若干重大问题的决定》；2014年2月28日中央全面深化改革领导小组第二次会议审议通过的《深化文化体制改革实施方案》；2014年8月18日中共中央深化改革领导小组第四次会议审议通过的《关于推动传统媒体和新兴媒体融合发展的指导意见》；2015年8月24日中共中央、国务院发布的《关于深化国有企业改革的指导意见》；2015年10月25日国务院发布的《国务院关于改革和完善国有资产管理体制的若干意见》；2017年4月24日国务院办公厅印发的《关于进一步完善国有企业法人治理结构的指导意见》；2017年10月18日党的十九大报告《决胜全面建成小康社会　夺取新时代中国特色社会主义伟大胜利》。

党的十九大报告指出，中国特色社会主义进入了新时代，我国社会主要矛盾已经转化为人民日益增长的美好生活需要和不平衡不充分的发展之间的矛盾；坚决破除一切不合时宜的思想观念和体制机制弊端，突破利益固化的藩篱，吸收人类文明有益成果，构建系统完备、科学规范、运行有效的制度体系，充分发挥我国社会主义制度优越性；必须坚定不移把发展作为党执政兴国的第一要务，坚持解放和发展社会生产力，坚持社会主义市场经济改革方向，推动经济持续健康发展；中国开放的大门不会关闭，只会越开越大。党的十九大报告这些纲领性的内容，给我们制定和调整发展新媒体的相关政策指明了方向。

目前新媒体资本准入政策的问题，就是与发展要求还不够合拍，在解放生产力方面还有待提升，在开放方面还需再迈出步子。处理好这个问题，有助于更好地满足人民日益增长的美好生活需求。

二　新媒体资本准入政策调整与立法修改建议

（一）调整内容

1. 对于国务院《关于非公资本进入文化产业的若干决定》（2005 年）第 5 条所规定的，对"出版物印刷、发行，新闻出版单位的广告、发行，广播电台和电视台的音乐、科技、体育、娱乐方面的节目制作，电影制作发行放映领域"的文化企业，国有资本必须控股 51% 以上，建议调整为：国有资本或者控股 50% 以上，或者在确立国有资本成为实际控制人或对于企业相关重大问题有决定权的情形下，国有资本所占股份可以低于 50%。在特定情形下，也可确立国有资本占比为 1% 的国有特殊管理股制度。对于第 9 条所规定的"非公有资本不得利用信息网络开展视听节目服务以及新闻网站等业务"，建议调整为"非公资本不得介入新闻采编领域和第一类互联网视听节目的制作和上载"。

2. 对《互联网视听节目服务管理规定》做相应调整。具体调整为：非公资本不得介入一类互联网视听节目上载业务。对于具有制作上载业务的互联网视听节目服务资格的，要求国有独资、国有控股或国有资本实际具有控制地位；对于转载服务或聚合服务，接受网络用户自制节目上载服务的，允许非公资本入股、控股。应该承认二十年来民营资本经营视听服务的实践，并没有推翻长期执政，说明把民企看作洪水猛兽是完全错误的，在当前规制框架下，民资营运视听节目掀不起风浪。坚持民资禁入实际上只是为了个别央企的私利。必须改变目前条文与现实不一致，以至条文形同空文，徒然损害法律严肃性的状态。

3. 在新媒体领域探索实施特殊国有管理股制度。鉴于这一问题较为复杂，本章在第四节专门探讨。

（二）调整方式

建议由国务院在上述"决定"的基础上，重新制定政策性文件，然后修订现行的行政法规、规章，或进行新的立法。

关于新媒体资本准入政策调整的问题，是我国政治、经济、文化、社会领域的大事，不能拖得太久，也不能限于部门利益的制约而流于形式。我们认为，针对新媒体领域，需要统一立法，因为新媒体时代是各种媒体形态融合为统一通过网络传播的时代。新的立法以采取"行政法规"位阶为宜。因为针对新媒体的立法，既包含内容监管方面的问题，又包含作为产业发展的专门问题；既包含内容服务提供者的权利义务，也包含技术服务和平台服务提供方的权利义务。要避免以往行政立法中存在的行业主管部门主导制定的部门规章、规范性文件缺少全局宏观意识，及与综合经济管理部门和专门管理部门沟通协调不足的问题。以往我们针对新媒体的立法，是在区分新闻与非新闻、时政类新闻与非时政类新闻、图文新闻与音视频新闻、事实性内容与文艺虚构类内容的前提下，分别制定相关的管理规范。未来，通过行政法规的形式，将所有在互联网环境下传播的内容规范和相应产业行为纳入同一部法律文件的立法内容当中，可以为新媒体获得更好的发展机会，为未来更大力度的改革，提供应有的法律基础。

（三）在非公资本准入政策调整之后，其他相应的立法和政策调整

1. 在音视频内容领域，可以考虑将现行的"专网与定向传播视听节目"与"互联网视听节目"融合为一个领域。保留对于"广播电台、电视台形态节目"制作和内容上传的特别规定。避免在我国大力推进三网融合、传统媒体与新兴媒体融合发展、新兴媒体发展的大背景下，又做出新的区隔。

2. 针对新媒体领域的相关审批许可环节做出调整。首先，简化一些审批许可环节。《互联网视听节目服务管理规定》（2007年）第7条规定，"从事互联网视听节目服务，应当依照本规定取得广播电影电视主管部门颁发的《信息网络传播视听节目许可证》（以下简称《许可证》）或履行备案手续"。第9条规定，"从事广播电台、电视台形态服务和时政类视听新闻服务的，应当持有广播电视播出机构许可证或互联网新闻信息服务许可证。其中，以自办频道方式播放视听节目的，由地（市）级以上广播电台、电视台、中央新闻单位提出申请。从事主持、访谈、报道类视听服务的，应当持有广播电视节目制作经营许可证和互联网新闻信息服务许可证；从事自办网络剧（片）类服务的，还应当持有广播电视节目制作经营许可证"。上述规定是现行的针对所有的视听节目传播行为所做的要求。我们认为，随着资本准入政策的调整，针对《新闻出版广电总局互联网视听节目服务业务分类目录（试行）》（2017年）中所规定的第二类互

联网视听节目，可以取消制作播出这类节目要持有广播电视节目制作经营许可证的要求。

3. 对申请互联网视听节目服务的许可、对互联网视听节目许可证的发放，要严格条件、严格责任。首先对于是否符合相关资本准入规定，特别是国有资本不占据控股地位，实行国有特殊管理股方式的新媒体企业，确保国有资本对于重大事项决定权的相关条件要求，要非常具体并且能够保证实效的情况下，才能予以审批、许可和注册。对于违规做出许可决定、发放许可证者，要根据实际情况问责直接责任人员，同时对于通过虚假行为骗取许可和注册的运营者严格依法处理。

4. 在资本准入政策调整和国有特殊管理股推行之后，对于新媒体在内部职工持股、高管人员的股权激励机制，以及进行新的投融资方面，只要申请者能够制定设计出内容规范和导向保障的制度和方案，也可简化现行的审批环节。并对现行主管部门予以备案的回复、做出批准与否的决定的时间做出明确的规定。

5. 未来需要增加的审批考量要素是反垄断审查。虽然，如今在我国还未发展出特别巨大的视频网站，形成垄断，阻碍公平竞争和市场进入阻碍，但是，在资本准入政策调整之后，可以预见其所带来的鼓励和刺激作用，将使得网络视频产业迎来大发展的时代。因此，实行反垄断审查是必然的趋势和要求。

6. 为了使我国的新媒体能够发展为国际化、具有世界级体量的组织，未来可考虑在非新闻采编领域、非广播电台、电视台形态节目的视听节目制作传播领域、网络出版领域等，在外资准入方面做适当调整和一定程度的扩大开放。此可分为两步走：第一，在开放的领域，要求中国资本占绝对控股地位；第二，经过一段时间的政策运行评估，如果实施效果利大于弊，可以进一步调整为只要中国资本、中国公民成为实际控制力量也可以。

7. 对于目前不符合现行政策规定的一些新媒体，例如民营企业超过50%的股权从事视听节目服务的情形，可以通过发布相关政策予以解决。新的政策举措为：规定此类新媒体在一定期限内，引入国有资本。引入方案，可根据具体情况，做出不同设计。一种是可以转化成"国有特殊一股"类型。另一种是转化成国有资本实际控制或控股型。新媒体自身要修订公司章程，进行变更登记。如果逾期未能完成，则不予年检通过，直至吊销营业执照。

三 进行政策调整和立法所需要的配套制度和措施

（一）设立专门的组织，针对国有特殊管理股的试行方案进行研究

具体成员可包括来自政府相关部门的人员、行业协会的人员、媒体机构的成员、对之有研究造诣的人员，针对未来要推行的特殊股权设计出各种可行的模式。然后由国务院、或主管部门、或行业协会发布实施指导意见。我国在文化产业领域推行国有特殊管理股的政策信息已经释放了几年，但是缺少实质性的进展，究其原因，除了现行制度的约束，缺少具体可行方案也是一个重要方面。

（二）培育设立国有媒体投资基金

2015年10月25日，国务院发布《国务院关于改革和完善国有资产管理体制的若干意见》，其中很多内容对于新媒体资本政策调整后，如何更好推行国有特殊管理股制度，都提供了有意义的思路和指导方法。该文件"改革国有资本授权经营体制"部分，提出了"改组组建国有资本投资、运营公司""明确国有资产监管机构与国有资本投资、运营公司关系""界定国有资本投资、运营公司与所出资企业关系""开展政府直接授权国有资本投资、运营公司履行出资人职责的试点工作。中央层面开展由国务院直接授权国有资本投资、运营公司试点等工作"，等等，这些都可以适用于新媒体行业。

目前在一些地方，比如广东省、上海市都有类似的基金。国有媒体投资基金可以由国家财政拨款，也可以由国有投资机构、国有属性的企业等发起设立。然后由该基金组织作为国有资产的代表者和国有管理股权的行使者。相对于国有资产监管机构的监管对象众多且资产数额巨大，其本身又不是一个经营性组织，无法对所监管的投入企业或其他机构的国有资产真正承担责任的情形，专门的国有投资基金有其特有优势。同时，我们还要注意到，仅仅依靠国有主流媒体作为国有股权的投资者和股权行使者，在实践操作中也会存在问题。因为国有主流媒体也都有自己的运营和经营战略规划，有自己的绩效压力。在推行国有特殊管理股的过程中，国有属性的主流媒体不一定愿意作为国有特殊管理股的出资人和股权代表人。而国有媒体投资基金投资新媒体，作为国有资产的产权代表者和股权行使者，这是其义务。

（三）建立总编辑人员的遴选、培养和任命组织和机制

国有主流媒体的总编辑都是通过长期的业务磨炼、政治考验成长起来的。虽然新闻采编权目前还严格限定在既有的传统媒体和国有主流新媒体之内，但是，在二类资质从事新闻服务的网络企业、提供公众账号服务的网络企业等都已经明确要设立总编辑并完善相应制度，这样，具有良好的政治素质和业务素质、能够胜任总编辑工作的人才的需求就会很大。因此，亟须由宣传部门、新闻工作者协会、国有媒体投资基金、高等院校、新媒体行业协会等，定期举行新媒体编辑的培训、考核、认证工作，从中选拔总编辑人才。最终，在实行国有特殊管理股的新媒体，总编辑人员由宣传部门认证、国有投资新媒体委派，其绩效最终也由国有投资基金、政府主管部门联合考核，从而达到对新媒体的内容规范和确保舆论导向的目的。这在新媒体运营实践中还解决了一个重要问题，即"非公资本不得介入新闻采编"如何操作的问题。在媒体领域，决定新闻采编具体内容的岗位和人员，总编辑的工作条件、薪酬、工作考核都由国有资本机构负责，这就从实质上解决了"非公资本不得介入新闻采编领域"的问题。以避免"非公资本"对于编辑业务的影响和干扰。

（四）选择确实能够为实行国有特殊管理股的新媒体提供内容代为把关的主流媒体，建立施行国有特殊管理股的新媒体内容代为把关制度

能够提供把关服务的媒体可以是传统新闻媒体，也可以是主流新媒体。当新媒体中缺少适合的总编辑人选，或者一些新媒体由于各种因素，总编辑岗或人员缺位的情形下，要求新媒体与把关服务组织签署合同，确立内容审查把关的合作关系。在新媒体申请设立时，可将这一项作为审批设立的条件，同时也列入许可证重新申领时核查的条件。

（五）在主流新媒体内也可推行职工持股和股权激励机制

在实行国有特殊管理股之后，对于国有资本占绝对多数地位的主流新媒体，也可以进行股份制改制。对于国有主流新媒体创设发展运营有重要贡献的和关键作用的领导干部、高管人员、业务骨干，除了工资、奖金等薪酬之外，可以试行职工个人持股、高管股权激励制度。那些政治素质、业务素质强的管理人员、优秀的内容制作采编人员、核心技术人员、营销推广人员等，这些都是新媒体的核心竞争力。通过职工持股、股权激励，留住人才，非常重要。现在很多新媒体的资产规模已经很大，职工持股及对相关人员的股权激励，其所占公司全部股权的份额依然很低，不会影响

国有股权的比重。

（六）关于新媒体内部治理结构的建议

2015年9月14日中共中央办公厅印发了《关于在深化国有企业改革中坚持党的领导加强党的建设的若干意见》，2017年4月24日国务院办公厅印发了《关于进一步完善国有企业法人治理结构的指导意见》，根据这些文件的精神和具体指导，结合新媒体的实际状况，对于主流新媒体探索建构出党的领导与公司内部组织体制的有效协调机制，即由党组织和主管部门任命的新媒体行政负责人和党组织负责人要与公司的董监高人员身份和职责协调好，党组织与股东会、董事会、经营层在职权行使方面，构建良好有效的决策配合及把关机制。

现在，一些已经上市或挂牌的国有主流新媒体，在党的领导与公司内部治理之间，已经探索出一些有益的做法。我们认为这些做法有两个因素是最重要的：第一是领导和主管部门对于媒体的书记和行政负责人、法人代表人选的确定；第二是媒体公司自身的章程制定。公司章程作为具有法律约束力的企业组织运行的规则依据，必须把党组织的地位、与公司治理结构、公司决策权行使的协调关系明确规定下来，从而为公司既能自主决策，又能够坚持好党的领导提供依据和方法。

未来在用人方面，需要改革现行的干部选拔和人事任免制度。应该建立起一套新的制度和机制，对于拟任用人员不仅能够判断其是否具有政治素质，而且还能够判断其是否具有切实的相应的领导能力和学习能力，能够胜任一个股份公司，特别是公众性公司的战略决策和经营管理的能力。按照人性的一般规律，一个行为主体一般会对于决定其命运或关涉其重大利益问题的主体负责。所以，只要党委和相关政府机构具有最后决定被任命者在公司地位的最终权力，那么，就能够将党的意志贯彻到公司高管和媒体行为中。

探索好党委领导与符合公司治理要求的主流媒体内部的决策机制，在最终坚持党的领导的同时，不妨害公司的自主权行使，不违反公司法和证券法的规定、符合证券监管部门的要求，符合国资管理的要求，最为根本的是为国有主流媒体做大做强，打造旗舰提供制度保障。应该说"旗舰"不是人为一厢情愿可以打造出来的，只有在为了适应波涛汹涌、凶险难测、浩瀚无垠的大海航行，针对复杂的海上航行进行科学的理性的设计，才能真正造就出旗舰。

第七章

文化产业立法与要素市场若干问题

法律是上层建筑，是对经济基础的反映。文化产业立法，不仅仅是针对文化产品和服务方面的相关立法，同时也会涉及相关要素市场的问题，这样文化产业立法才能是全面的，才能够达到切实促进产业多样的目的。本章选取了属于文化要素市场方面的几个问题进行研究。就产业而言，首先是产品的生产，其次是产品的流通，商品的交换。但是文化产品的价值和价格、文化服务的价值和价格，不同于一般的物质商品，比较难以确定和衡量。但是，如果没有科学的、具有公信力的、被普遍接受的价值和价格衡量的机制和做法，这势必影响产品的流通、商品的交换，影响具体文化经济组织的生产经营，影响产业的发展。所以，文化产业领域，各类价值评估制度都是产业发展必需的要素，本章研究了文化资产的评估问题，为今后如何通过立法建立完善相关评估制度提供相应的思考。知识产权法律制度是文化产业发展提供基础支撑的立法。知识产权领域是各类权利主体既有利益一致又有利益相冲突的领域，同时权利人的权益与社会公共利益也同样是既具有统一又具有冲突的领域。知识产权立法对于权利主体，或某类权利主体的保护程度，影响着智力成果的生产、应用和产业的发展。因此，对于知识产权的立法效应，对于知识产权保护的强度进行评估，对于知识产权的保护力度及其对于文化产业的发展的影响进行评估，是现代国家法治建设、产业发展、权利保护的重要内容。本课题也选择了这一问题进行研究。文化产业的发展，在资本准入的政策划定的范围内，企业发展经营如何能够更便利更有保障地获取资本、资金是一个重要问题。如今文化金融成为文化产业立法的重要内容方面，研究相关问题非常必要。不同于物质生产领域，文化产业的产品、资产体现为智力成果，智力成果能够成为融资的担保物，这是文化产业发展的一个链条，但是却是一个重要的节点。文化产业立法，关于产业主体的地位、权利、治理结构、义务和责任都是产业立法最基本的问题之一。虽然，我们从公司法、企业法、合伙法、个体经营者方面都有了相关的专门立法，但是文化产业领域的主体有其特殊性。特别是近几年来一直在探讨的在文化企业试行特殊管理股问题，至今仍在探讨之中，对之进行相应的研究仍然非常必要。

第一节 文化资产评估

党的十九大报告提出要健全现代文化产业体系和市场体系，以促进文化产业的发展。健全文化产业市场体系，其中一个基础性的工作就是要完善文化资产的评估。这里的文化资产指的是不具有实物形态，以文化形态所存在、能够反映观念意识、精神、生存方式和行为模式，并且能够持续发挥作用、带来经济收益的资产。具体包括绘画、书籍、舞蹈、音乐、建筑等承载不同文化内容的、呈现为不同文化形态的物质载体。其中，文化内容主要表现为观念意识，如宗教信仰；精神产品，包括文学、艺术、学术思想等；生存方式与行为模式，诸如：社会制度、法律、礼仪和习俗等。

不同于一般的物质性资产，文化资产的无形性、智慧性和创意性，使得文化资产的价值评估颇为复杂。但是在市场交易、文化金融和文化投资的过程中，文化资产评估是必不可少的。

首先，价值评估是文化产业发展的重要基础。

评估是文化产业发展的重要基础之一。文化市场包含内容广泛，文化市场中诸如投资、文化企业并购、收藏，都需要价值评估作为交易的基础。文化企业的产品和文化企业本身的新发展，也需要评估行业进行研究，为文化产业提供理论支持。例如：文化与金融、科技融合后出现的新业态与新的经济增长点，这些新的领域都需要资产评估参与其中，共同发展。此外，评估是建设文化产业发展支持体系的重要内容之一，它是文化产业中的鉴定体系、资产评估体系、市场交易体系建设的重要的基础性工作。因此，文化产业价值评估是文化产业发展的重要基础。

其次，文化产业价值评估能够推动文化金融发展。

文化产业的发展需要金融支持，文化产业成为重要的支柱性产业也需要与金融融合。文化金融未来的发展方向是要构建多层次、多渠道和多元化的融资体系，这一体系会融合股权投资、信贷、融资租赁、基金和保险等。评估在这一过程中主要发挥促成交易和防范风险的作用。

因文化企业普遍存在风险高的特征,导致了文化企业融资困难,评估在文化企业融资中扮演了重要的角色:评估不仅包括评估资产价值,还包括研究文化企业的商业模式和营利模式,降低文化企业融资的困难性。对于投资文化企业的金融机构而言,评估帮助金融机构构建投资文化企业的信心,建立投资的风险防范体系。

文化产业价值评估和文化金融发展实际上是一个相辅相成、一体两面的过程。通过实践不断探索和完善规范,使得文化产业价值评估和文化金融有效地相互支撑,共同促进文化产业的发展。

再次,价值评估优化文化市场资源配置、完善文化市场建设。

资产评估是市场优化资源配置的重要手段。在文化市场中,文化产品生产、影视产品制作、文化企业发展都需要投资,价值评估依据评估方法、影响因素评估出产品、企业的价值,为产品、企业发展带来物质支持,使得文化市场的资源得到合理配置。

文化资产评估是文化产业发展和文化市场建设的必然产物。文化资产是人类智力劳动的成果,具有附加值高、资产类型多和价值不确定等特点,容易受到受众偏好、市场潮流的影响,使得资产价值产生波动,出现资产被高估或者低估的情况。价值评估有利于发掘文化资产真正的价值,满足不同层次文化市场的需求,有益于文化产权市场规范发展,规范文化市场的交易,促进文化资产公开公平交易。

最后,价值评估有利于文化企业发展。

文化资产价值评估为企业制定发展战略提供依据,有效的文化资产评估能够为文化企业投资融资、资产转让、兼并重组、改制上市等市场交易活动提供重要的参考依据。文化资产作为文化企业的高附加值创意资产,其价值的创造与发掘可以为企业铸造并提升品牌形象和品牌知名度。

尤其对于小微文化企业而言,资产评估是小微文化企业资产管理的出发点,为其健康发展提供专业支持,有效的评估有利于充分发掘小微文化企业的价值动力。

但是,文化资产评估也会对文化产业发展产生消极的影响。

文化资产评估机制虽然拥有诸多好处,但是这种评估机制的广泛应用会逐渐产生文化产品的"模板",这种"模板"可能会突出高经济利益的文化产品的特性,或者规定文化产品价值评估的步骤,这不仅会局限文化产品的评估，还会将文化产品的创作变成以获取高的利益为目的，而不是以满足消费者需求或者创作高质量的文化产品为创造目的。并且，这种"模板"会使得文化作品为获得高利益而趋于相同，不利于文化产业的多元化发展。

此外，需要注意的是具有正能量的文化作品，在评估后可能并不一定拥有高的经济价值。在文化产业从业者追逐经济价值的诉求中，某些文化从业者会因此而不进行具有正能量文化作品的创作与生产。长此以往，不仅有些文化产品会逐渐失去价值引导的功能，还会给整个文化产业领域带来逐利为主的不良风气，不利于文化产业领域的健康发展。

一　文化资产评估的基本内容

（一）文化资产的基本概念

1. 文化资产的概念辨析

文化资产的定义在前文中已经明确，但是文化资产易与无形资产、文化资源和文化产品等概念混淆。

无形资产带有一定的文化属性，但是并不能简单地将无形资产称为文化资产，原因在于：其一，并非所有无形资产都以文化内涵获取更高的价值，例如一项专利技术中的原料配比或独有工艺可以提升产品质量，进而获得更高的价值；其二，一些文化资产不具有物质形态，但具有形象，例如：舞蹈、音乐，仍然可以感知、可以体验，因此不能称为"无形"，这些无物质形态的资产也不能称为"无形文化遗产"。[1]

文化资源是文化资产的一部分，主要是指尚未开发或未得到充分利用的文化资产，文化产品则是文化资产进入生产阶段后形成的成果。不同于文化资产的可以私有的产权属性，文化资源是全部人类的共同财产，具有历史性、社会性和传承性，文化资产则更具现实性、专属性、排他性和创造性。对文化企业而言，文化资源是文化生产的前提，文化资产是企业存在的基础，文化产品是企业实现盈利的手段。但是，文化产品有转化为文化资产的可能，例如：小说改编成电影或电视剧，这种情况下，文化产品承担文化创造的功能，具有创造性。

此外，在实际的文化资产评估过程中，需要注意的是：文化资产不仅

---

[1] 李春满：《论文化资产的价值属性》，《中国资产评估》2013年第5期。

存在于文化企业中，也存在于非文化企业中，例如品牌。并且，在文化企业中，文化企业资产不等于企业文化资产，文化企业资产还包括了诸如企业、办公用地等文化资产。并且，对于文化企业而言，文化资产是文化企业的核心资产，文化企业价值是文化资产预期价值的折现。

2. 文化资产的类别与属性

根据不同的承载内容，文化资产可以分为四种类别：知识类，例如：学术著作、知识产权等；精神寄托类，最为突出的例子就是宗教文化；艺术类，包括艺术著作、音乐、戏剧、舞蹈、建筑艺术等；文化遗产类，包括物质文化遗产与非物质文化遗产。

文化资产有两大属性：信息价值属性与效用价值属性。文化资产本质上是一种信息资产，拥有信息的全部要素；文化资源实际上是文化信息，文化资产承担了信源的角色，承载文化信息的各种文化形态是文化信息的载体，文化资产的创造、加工过程可看作文化信息的编码，文化产品的消费过程是信息的解码过程，消费者是信息的接受者。文化资产因此具有共享性、时效性、复现性和载体依附性。信息价值通过信息载体实现，文化资产的价值则通过文化产品价值与文化服务价值实现。

效用决定物品的价值大小，文化资产效用的高低决定了文化资产的价值，文化资产的效用体现在其满足消费者文化需求的能力上。文化效用是一种复合效用，文化资产价值自然也是一种复合价值，例如巴黎圣母院同时具有审美价值、教化价值与历史价值。

（二）文化资产评估的对象与基本方法

文化资产评估的对象通常为与文化产品相关的权利价值，如著作权、商标，和投融资、重组过程中的文化企业价值两类。

1. 与文化产品相关的权利价值评估

与文化产品相关的权利价值的评估方法，常见的有三类：市场法、成本法和收益法。

（1）市场法

市场法是以市场现行价格作为价格标准，将评估对象与作为参考物的、与评估对象相同或类似的已交易资产相比较，从而调整参照物的交易价，并按照公式计算出被评估资产价格的方法。其基本公式为：

权利价值＝同类交易实例价格×调整系数

但是，市场法的使用受到多种因素的限制，例如：行业情况变化、时间、获取参照物信息的难易程度等。因此,对参照物和被评估权利的相似程度要求较高。

(2) 成本法

成本法是根据假想重新创造资产所发生的所有花费并考虑一定的损耗而评估其价值的评估方法。基本公式为:

评估值 = 重置成本 − 损耗 = 重置成本[①] × 成新率

(3) 收益法

收益法是通过估算被评估资产在未来的预期收益,并采用合适的折现率折算成现值,得出被评估资产价值的一种资产评估方法,是三种方法中最接近定量计算的方法。其基本公式为:

$$V = \sum_{i=1}^{n} \frac{KR_i}{(1+r)^i}$$

其中,V 是被评估权利的价值;K 是分成率;R_i 是被评估第 i 年可获得预期年净收益;i 是利用被评估权利持续获得收益的年限;n 是预期年限,即:被评估权利的经济寿命期,是 i 能取得的最大值;r 是折现率。[②]

但是,三种评估方法均存在一定的不足:市场法以相似的专利交易为参照物,评估本身忽略了不同权利个体的差异,评估结果难以精确;成本法以历史价格为参照来估算权利未来的价值,但文化产业产品收益本身风险较高,预测性较低,使得权利创造成本对权利收益的估计准确性低;收益法忽视了被评估权利的质量与竞争力,不能完全准确地预测被评估权利的价值。

2. 文化企业价值评估

文化企业的价值评估,是文化产业投资、融资与企业并购重组中的重要内容。

企业价值评估通常使用自由现金流模型。对于文化企业而言,诸如生产文化用品类的企业可以使用自由现金流模型仍然是合适的,但是对于存在大量无形资产的文化企业来说,企业价值评估应该突出无形资产创造的价值。而企业价值通常为有形资产创造的收入与无形资产创造的收入

[①] 重置成本是指按照当前市场条件,重新取得同样一项资产所需支付的现金或现金等价物金额。

[②] 资料来源:https://wenku.baidu.com/view/c35a38e89b6648d7c0c74613.html。

之和。

在会计计算中,无形资产创造的收入通常有两种计算方法,都是将无形资产创造的收入单独计算,并且将收益进行折现,但在折现率的选择上存在差异。具体的计算方法如下。

第一种方法是直接计算无形资产的价值。首先,找出与目标企业经营风险、财务风险和企业结构相近企业的资产回报率,或者目标企业所在行业的平均资产回报率。这一资产回报率是基于息税前利润与有形资产价值的,因此不包含融资成本、非常规项目成本与税。其次,计算出目标公司息税前利润、有形资产创造的收入。目标公司有形资产创造的收入为行业平均资产回报率,或者经营风险、财务风险和企业结构相近企业的资产回报率乘以目标公司有形资产的价值。然后,用目标公司息税前利润减去有形资产创造的收入,得到无形资产创造的收入。最后,计算税后无形资产创造的收入。并使用永续年金公式计算税后无形资产创造收入的现值。

第二种方法采用的是 Lev's Knowledge Earning Method 模型。首先,计算目标公司税后利润。其次,分离出无形资产创造的税后利润。这一步中首先要找出货币性资产创造的收入与有形资产创造的收入。货币性资产创造的收入为无风险报酬率乘以货币性资产价值。有形资产创造的收入为市场平均回报率乘以有形资产的价值。然后,用目标公司税后利润减去货币性资产创造的收入与有形资产创造的收入。再次,将无形资产创造的收入折现。折现率为无风险报酬率加上 6%。这一模型认为无形资产创造的收入在前 5 年会维持当前的增长率。在第 6 年—第 10 年时,每年的增长率逐年匀速下降,匀速下降的比率为当前增长率减去长期增长率之后,除以 6。在第 11 年之后,以长期增长率每年增长;这时需要使用永续年金公式计算有形资产创造的收入,并且折现系数与第 10 年相同。最后,加总所有无形资产创造收入的现值,得到无形资产创造的收入。

二 我国文化资产评估的现状

(一) 文化资产评估过程中的问题

虽然文化资产评估对文化产业发展具有重要的意义,但是目前文化产业的资产评估中普遍面临着以下几个方面的问题。

一是由文化产业本身的特性引发的文化资产评估难度高。这主要是由文化产业的轻资产、创意性、产品收益不确定性、容易受到消费者偏好等特点引起的。这使得现有的资产评估需要根据这些特殊性，提出新的评估技术和方案。

二是由文化产业的产业融合性、产业发展迅速性引发的文化资产评估复杂性高。文化产业的产业融合性很强，新的商业模式和营利模式层出不穷。这要求文化资产评估的方法随之创新，并具有较强的针对性，以适应市场的需求。

三是由文化企业的特点引发的文化资产评估方案可借鉴性较低。国内多数文化企业发展时间普遍偏短，初创期特征显著，收益低、风险高、预测性低、无形资产或轻资产特征明显且难以识别、产品个性化程度高、不具有可复制性等多种企业因素；以及评估过程中确权成本过高、版权登记难、中小型文化企业被忽视等环境因素的影响，使得文化资产评估难度高、评估方案可参考性较低，并且给文化企业的投融资和并购重组等带来较大影响。

（二）我国文化资产评估实践

1. 实践中的文化资产特性分析

针对文化资产评估过程中遇到的诸多问题与困难，业内人士认为可以先分析文化产业、文化资产的各类特点，将这些特点与常见的资产评估方法相结合，进行文化资产评估。而分析文化产业、文化资产的各类特点，可以从四个角度进行考虑：一是投入产出角度，文化资产存在明显的投入与产出不匹配的特征，收益容易受到复杂因素的影响；二是消费角度，文化产业是一种注意力经济和体验经济，且是一种主动消费；三是产业链角度，文化产业的产业链非常长，融合性强，因此会出现不同的权利；四是资产角度，文化企业大部分资产是无形资产，具有技术替代性、公益性、权利组合方式多样化、权利运用方式多样性、排他性的特征。[①]

这四个分析角度能够在实际文化资产评估中，帮助评估人员分析被评估资产的特性，在使用价值评估方法时，考虑到不同文化资产的差异性，进而能够有效评估文化资产价值。

2. 文化资产评估的准则

我国目前出台了《文化企业无形资产评估指导意见》《著作权资产评估指导意见》和《知识产权资产评估指南》等一系列有关文化产业资产

---

① 资料来源：http://www.sohu.com/a/217260917_99921388。

的评估准则,为评估机构进行文化资产评估奠定了基础。有关文化资产评估准则的内容将在后文详细叙述。

3. 文化资产评估的案例

除了参考理论方面的文化资产评估准则,文化资产评估还可以借助大数据、AI等技术手段。北京小土科技有限公司致力于以大数据等技术手段进行影视作品价值评估:"基于影视作品制作的全流程进行评估,把从剧本开始的每个环节都进行标准化,再根据15年的数据积累形成的指标体系进行量化,就可以用数据算出一部作品是否能成功。数据虽然不可能创造经典,但可以复制经典。"基于这一逻辑,他们认为数据可以告诉观众为什么《战狼2》大受欢迎。此外,以版权质押融资模式见长的连城资产评估有限公司,有以开心麻花的剧本、唐人影视的作品著作权等进行评估获得银行贷款的成功案例。①

(三)我国文化资产评估的准则②

我国目前主要的文化资产评估指导性文件:《文化企业无形资产评估指导意见》《著作权资产评估指导意见》和《知识产权资产评估指南》均是围绕文化资产价值及其权利价值评估这一主题。但三个文件指导资产评估的内容各有不同:《文化企业无形资产评估指导意见》侧重文化企业所拥有或者控制的,不具有实物形态,能够持续发挥作用并且带来经济利益的资源价值评估;《著作权资产评估指导意见》只说明了对著作权,及其有关权利的财产权益的评估;《知识产权资产评估指南》中明确了知识产权资产评估的范围包括:专利资产、商标资产、著作权资产、商业秘密、集成电路布图设计资产和植物新品种资产六类,并按照转让或许可使用、出资、质押、诉讼、财务报告列出五种不同目的,资产评估需要满足的条件与评估方法。

本文将主要说明《文化企业无形资产评估指导意见》(以下简称《指导意见》)、《著作权资产评估指导意见》的主要内容。

1.《文化企业无形资产评估指导意见》

第一,《指导意见》明确了文化企业的范围:"包括新闻出版发行服务企业、广播电视电影服务企业、文化艺术服务企业、文化信息传输服务

---

① 资料来源:http://www.sohu.com/a/217260917_99921388。
② 资料来源:http://www.cas.org.cn/index.htm。

企业、文化创意和设计服务企业、文化休闲娱乐服务企业和工艺美术品生产企业等。"和文化企业无形资产的定义:"是指文化企业所拥有或者控制的,不具有实物形态,能够持续发挥作用并且带来经济利益的资源。"通常包括:著作权、专利权、专有技术、商标专用权、销售网络、客户关系、特许经营权、合同权益、域名和商誉十类主要无形资产。

第二,《指导意见》认为资产评估师进行文化企业无形资产评估,需要结合经济行为类型,明确评估目的。评估目的包括两类:一是单项资产评估业务中的无形资产评估,二是企业价值评估业务中的无形资产评估。值得注意的是,企业价值评估业务中的无形资产评估所涉及的经济行为主要包括改制、并购重组和清算等。这为文化企业投融资、并购重组中的文化企业价值评估提供了参考依据。

第三,《指导意见》详细描述了十类无形资产评估时需要考虑的法律、经济、技术特征。并要求资产评估师执行文化企业无形资产评估业务时,结合文化企业特点,关注社会环境、宏观经济政策、产业政策、法律保护状况、市场竞争状况、经营条件、生产能力、文化差异、产品(作品)类型等各项因素对无形资产效能发挥的制约和激励作用,及其对无形资产价值产生的影响。并详细列出了不同类别评估无形资产的价值影响因素,和不同目的资产评估时需要考虑的资产评估的业务特点和要求,具体如下。

九类被评估无形资产价值的主要影响因素:

(1)影响著作权资产价值的主要因素包括:著作权财产权利类型、权利属性、作品特征、内容导向、收益方式、传播情况等。

(2)影响专利和专有技术资产价值的主要因素包括:专利的法律保护状况、专有技术的保密情况、专利和专有技术的技术特征、权利属性、实施情况、所实施产品或者服务的经营情况等。

(3)影响商标资产价值的主要因素包括:商标注册情况,权利属性,市场影响力,使用该商标的产品或者服务的经营情况,广告宣传状况等。

(4)影响销售网络价值的主要因素包括:销售网络的构成和范围、销售网络的运行效率等。

(5)影响文化企业客户关系价值的主要因素包括:客户构成、消费偏好和消费能力、对企业的忠诚度等。

(6)影响文化企业特许经营权价值的主要因素包括:特许经营方式、

许可经营期限与范围、许可双方权利与义务、许可费率以及支付方式等。

（7）影响以合同权益方式体现的文化企业人力资源的价值的主要因素包括：合同的合法性、公平性、服务期限、合同约定的激励措施、保密条款、竞业禁止条件等。

（8）影响文化企业域名价值的主要因素包括：域名的种类、网站的访问量、与该域名相关的业务发展情况、潜在的需求者等。

（9）影响文化企业商誉价值的主要因素包括：商誉的定义、形成方式和构成要素，重点关注企业是否存在优越的地理位置、高素质的专业团队、丰富的生产经营经验、科学而健全的管理制度、高效的组织机构、优质的产品和服务、积极的企业文化、良好的社会关系等。

不同评估目的下，需要考虑的无形资产评估业务的特点和要求，主要是针对文化企业投融资、并购、改制等情况。相关内容如下：

（1）资产评估师执行以质押为目的的文化企业无形资产评估业务，应当分析判断拟用于质押的无形资产是否符合相关法律法规的要求，了解借款人和贷款人对不同时点的无形资产价值的需求差异，分析此期间借款人经济、法律、技术等特定环境条件变化情况，审慎选定无形资产利用方式得出持续创造现金流的能力。

（2）资产评估师执行以出资或者企业改制为目的的文化企业无形资产评估业务，应当分析判断拟用作出资的无形资产是否符合相关法律法规的要求，区分评估结论是作为注册资本金折算依据，还是仅用于验证注册资本金与所有者权益账面价值之间的关系。如果以评估结论核定资本金，应当尽可能地对重要无形资产进行逐项辨认，并单独进行评估。

（3）资产评估师执行以出资、转让、许可使用等交易或者企业并购为目的的文化企业无形资产评估业务，应当关注未来权利人的利用方案，评估报告中是否存在评估假设的经济、法律、技术等特定环境与未来应用状况不匹配的情形，合理确定无形资产价值。

（4）资产评估师执行以财务报告为目的的文化企业无形资产评估业务，在确信总体价值合理的基础上，以及重要无形资产明确辨认和单独评估的情形下，可以视情况采用简便的方法对其他各类无形资产进行合理分析。

第四，《指导意见》给出的资产评估基本方法是前文陈述的收益法、市场法和成本法，但是要求在评估中恰当地选择一种或多种方法。针对三种评估方法中的构成要素，如收益期限和未来收益水平、折现率、可比案例等要素的选择与确定，提出了具体的指导方法，加强了资产评估方法的可操作性。

第五，《指导意见》列出了文化企业无形资产评估的披露要求。

2. 《著作权资产评估指导意见》

《著作权资产评估指导意见》以著作权及其相关权利的财产权益评估为主要内容。其中，著作权财产权利种类包括：复制权、发行权、出租权、展览权、表演权、放映权、广播权、信息网络传播权、摄制权、改编权、翻译权、汇编权以及著作权人享有的其他财产权利。与著作权有关权利包括：出版者对其出版的图书、期刊的版式设计的权利，表演者对其表演享有的权利，录音、录像制作者对其制作的录音、录像制品享有的权利，广播电台、电视台对其制作的广播、电视所享有的权利以及由国家法律、行政法规规定的其他与著作权有关的权利。

《著作权资产评估指导意见》要求资产评估师在执行著作权评估业务时，要进行必要的调查、收集相关信息、资料，了解并关注与著作权资产共同发挥作用的其他因素，选择合适的评估方法与方法构成要素，并对使用成本法、市场法和收益法时需要注意的关键因素进行明确。

3. 对两个指导意见的评述

整体而言，《指导意见》考虑了文化资产评估过程中可能遇到的问题，针对这些问题提出了相应的指导意见，加强了文化资产评估的可操作性，降低了文化资产评估理论方面的难度。但是，文化产业本身的多样性、发展迅速使得文化资产同样具有这两类特性，这就要求文化资产评估指导意见不断更新以满足需求。而文化资产评估的指导意见从指定、修改到公布、使用，通常需要经过相当长的一段时间，无法及时满足文化资产评估的新需求。因此，相关部门还需要建立文化资产评估的支持体系。这一内容将在"完善文化资产评估的建议"部分详细说明。

与《指导意见》中著作权资产评估的内容相比，《著作权资产评估指导意见》对著作权资产评估的指导更为集中、具体，方便资产评估师查阅、参考，指导性更强。

三 完善文化资产评估的建议

目前我国有针对文化企业无形资产评估的指导意见，也有针对知识产权、著作权评估的指导意见，但是缺少比较完善的文化资产评估机制。文化资产评估机制的构建应当包括两个方面，一是构建文化资产评估的方法体系，二是构建文化资产评估的支持体系。同时，在应用的过程中，这一评估机制应当遵循灵活性、需求导向性和社会效益与经济效益并重的原则。

（一）构建文化资产评估方法体系[①]

1. 对现有文化资产评估方法进行整合

文化资产的价值受到市场、法律、作品等多重因素的影响，不同文化资产所涉及的评估方法，所形成的实体对象、涉及的权益对象也不同。通常而言，文化资产的价值由文化资产的实体对象、权益对象决定。文化资产的实体对象包括：文学作品、音乐作品、摄影作品、电视剧、电影、游戏、动漫、周边作品等。文化资产的权益对象主要是指该资产可以获得的权利，如著作权、拍摄权、展览权、冠名权、出版权、发行权、复制权等，包含的内容多、覆盖面广。因此，需要对现有的文化资产评估方法进行整合，构建系统的文化资产评估体系。

文化资产评估的方法体系包括三个方面：一是文化资产的权益对象，其权益性质决定了资产评估方法的选择；二是文化资产的实体对象，这决定了文化资产可能带来的收益规模与收益形式；三是影响文化资产价值的环境因素，这类因素会影响文化资产的评估方法选择与收益，包括：经济运行情况、法律、社会评价、市场与需求、交易成本、作品类型、运营与管理等因素。需要注意的是，文化资产的评估方法除了成本法、收益法和现行市价法这三个传统的评估方法外，还需要探索新的评估方法，以完善文化资产评估。例如：评估者可以根据文化资产权益对象的期权性质，采用期权定价模型，考虑文化资产的合约期限、交易价格、无风险资产的利率水平以及未来收益的现价等因素，综合评估文化资产。

2. 根据文化资产评估需求不断创新

文化资产评估体系需要根据文化产业的发展、文化资产评估需求不断创新、融合新的内容，比如出台非物质文化遗产价值评估的准则。

[①] 胡晓明、陈阳：《我国文化资产价值评估的现状分析及相关思考》，《财会学习》2014年第12期。

以非物质文化遗产价值评估为例。我国是非物质文化遗产资源大国，我国颁布的《非物质文化遗产法》明确指出："国家鼓励和支持发挥非物质文化遗产资源的特殊优势，在有效保护的基础上，合理利用非物质文化遗产代表性项目开发具有地方、民族特色和市场潜力的文化产品和文化服务"。[1] 因此，这就需要对非物质文化遗产的价值有科学、全面的评估，进而为开发非物质文化遗产提供科学的依据，使得非物质文化遗产的保护、传承与开发协调发展。

对于非物质文化遗产的价值评估，可采取评分评估的方法。可以考虑以下四点：第一，非物质文化遗产的保护性、传承性；第二，非物质文化遗产产品本身的商业价值；第三，非物质文化遗产为当地带来的旅游收入；第四，非物质文化遗产对当地就业的推动作用，可以用就业人群的收入衡量。

基于这四个方面，可以考虑构建适合评估非物质文化遗产二级指标，但二级指标需要考虑被评估的非物质文化遗产的特性，有差异化地设立，这样才能有效地评估非物质文化遗产的价值。二级指标可以包括：非物质文化遗产的品质特征、非物质文化遗产立法保护和开发优惠政策、非物质文化遗产的信息化可行性、非物质文化遗产的流传范围、非物质文化遗产可创造的收益预估、非物质文化遗产创造的就业岗位等。这些二级指标可按照相同的权重加总，算出每一个方面的价值得分。

非物质文化遗产的最终价值，是这四个方面按照不同的权重加权求和。采取不同权重的原因在于，非物质文化遗产的保护与传承更为重要，需要提高权重。其他三个方面，则可以采取相同的权重。

(二) 构建文化资产评估支持体系

构建文化资产评估的支持体系包括构建与文化资产评估相关的信息数据库和培养文化资产评估人才。

这一信息数据库可利用大数据，以文化资产评估理论、准则与指导意见为基础，包括文化资产评估案例、文化资产交易信息，通过信息渠道收集文化资产评估的相关数据，使得文化资产的评估方法、评估指标、与评估要素相对公开化，为文化资产评估提供参考依据，促进文化资产评估的市场化。尤其是在文化企业的投融资、并购过程中，这类数据库可以为文

---

[1] 资料来源：http://opinion.people.com.cn/n/2013/0624/c1003-21951221.html。

化企业价值评估提供更多的参考，降低评估的难度。此外，出台文化资产评估意见的相关部门，也可使用这一数据库，找出当时文化资产评估的问题，及时提出相应的解决办法，提高文化资产评估的准确性与社会认可度。

此外，文化资产评估需要有合适的人员进行评估，这类评估人员不仅需要掌握基本的资产评估方法，还需要理解文化资产的特殊性，以准确地进行文化资产评估。因此，需要培养文化资产评估人才。

（三）应用原则

文化资产评估机制应用需要遵循灵活性、需求导向性和社会效益与经济效益并重的原则。灵活性原则旨在保证在文化资产评估的过程中，从文化资产的实际情况考虑，结合已有的类似文化资产，如著作权、商标权等的评估案例，选择适合这一资产的评估方法，准确评估文化资产。文化产业具有高风险性与收益不确定性的特征，文化资产同样具有这类特征，因此，灵活性原则要求文化资产在进行评估时不能按照某种流程或者某一公式机械地评估资产价值，而需要根据资产的特性调整评估方法。

需求导向性原则是指文化资产的评估机制应当根据市场需求、行业要求、法律规章规定进行不断更新，而不是仅仅建立机制。文化资产评估机制建立的根本目的在于使得文化资产评估能够适应文化产业的发展需求，因此这一机制需要遵循需求导向性原则，更新文化资产评估方法与文化资产评估数据库。

文化资产评估需要将社会效益与经济效益并重。因一些文化作品，例如宣扬正能量的文化作品可能不具有很高的经济效益，但是具有很高的社会效益。如果在文化资产评估的过程中仅以经济效益为价值评估的考虑原则，那么会使得文化作品失去价值导向的功能，不利于高社会效益文化作品的创作与生产，更与建设"文化强国"的战略相悖。由此，在运用文化资产评估机制的过程中，需要将社会效益与经济效益并举。

第二节　文化产业知识产权保护强度评估问题

文化产业的发展，不仅需要建立新的法律制度、完善已有的制度，还需要对既有法律和相关制度的执行效果进行评估。这样才能使制度在保护和促进文化产业发展方面发挥实际效用。知识产权保护制度，尤其是版权保护制度对促进科学技术进步、文化繁荣和经济发展具有重要意义和作用。在文化产业领域，知识产权保护会通过创新间接地促进文化产业的发展。因此，对于我国知识产权保护，尤其是版权保护强度的评估，是促进文化产业发展十分重要的一个制度性和实践性环节。

一 中国知识产权保护的现状

（一）《2018年中国知识产权保护状况》[①]

中国目前的知识产权保护呈现逐渐加强的趋势。根据国家知识产权局发布的《2018年中国知识产权保护状况》白皮书："2018年，全国各级审判机关全年审结各类知识产权案件31.9万件（含旧存）；监察机关起诉涉及侵犯知识产权犯罪案件4458件、8325人；公安机关侦破各类知识产权侵权假冒犯罪案件1.9万件，抓获犯罪嫌疑人2.79万名；行政执法机关共查处各类知识产权侵权假冒案件21.5万件。"

知识产权保护的不同方面现状如下："司法保护方面，2018年，全国地方人民法院共新收知识产权民事一审案件283414件，审结273945件，同比分别上升40.97%和41.99%。其中，新手专利案件21699件，同比上升35.53%；商标案件51988件，同比上升37.03%；著作权案件195408件，同比上升42.36%；技术合同案件2680件，同比上升27.74%；竞争类案件4146件（含民事垄断案件66件），同比上升63.04%；其他知识产权民事纠纷案件7483件，同比上升44.60%。"

"行政执法方面，组织开展'护航'、'雷霆'专项行动，加强大型展会、电子商务等重点领域及场所的专利保护；在商标、广告领域深入开展知识产权保护工作；针对网络侵权盗版展开'剑网2018'专项行动，推进软件正版化、加强对网络文化市场的监管等。积极在知识产权保护的各领域开展保护知识产权的执法行动。"

"制度方面，借助机构改革，明确国家市场监督管理局、国家知识产权局在知识产权保护方面的各项职责。对与知识产权相关的法律，涉及专利、著作权、电子商务等领域，进行修订、颁布；并完善知识产权保护相

---

① 资料来源：http://www.cnipa.gov.cn/。

关的部门规章。"

根据国家知识产权局的报告可以看出，我国在加强知识产权保护工作，尤其在新的领域，如电子商务、网络文化、广告等，深入开展知识产权保护的执法工作。并且，针对知识产权侵权旧案，也积极审结。这表明了中国对知识产权保护的重视程度不断加强。

（二）美国商会知识产权指数研究报告（2019）

根据美国商会（U. S. Chamber of Commerce）发布的全球知识产权指数研究报告"U. S. Chamber International IP index 2019：Inspiring Tomorrow"，2018年中国知识产权指数为21.45，位于统计的50个国家中的第25位，排名与2017年持平，但指数与2017年的19.08相比有所上升。下表列示了2018年知识产权指数排名前10位的国家，可以看出美国和英国的知识产权指数几乎是中国的两倍，这说明中国知识产权保护的环境还需要有所加强。

表4-7-1　　2018年知识产权指数排名前10位的国家

序号	国家	知识产权指数
1	美国	42.66
2	英国	42.22
3	瑞典	41.03
4	法国	41.00
5	德国	40.54
6	爱尔兰	40.24
7	荷兰	40.07
8	日本	39.48
9	瑞士	37.25
10	新加坡	37.12

数据来源：GIPC，2019。

由于文化产业中的知识产权保护主要是版权和商标权的保护，根据美国商会提供的数据，2016—2018年中国版权、商标权指数见表2和表3。

表 4-7-2　　　　2016 年中国版权、商标权指数

版权及相关权利	总计	2.28
	保护期限	0.53
	专有权	0.25
	针对网络盗版的合作行动	0.50
	限制的例外	0.25
	数字版权管理	0.25
	政府使用许可软件	0.50
商标及相关权利	总计	3.90
	保护期限	1.00
	使用商标的限制	1.00
	知名商标的保护	0.50
	专有权	0.50
	反对在线销售假冒商品的准则	0.25
	工业设计保护期限	0.40
	工业设计专有权	0.25

数据来源：GIPC，2017。

表 4-7-3　　　　2017—2018 年版权、商标权指数

	国家	中国		美国
类别	年份	2017	2018	2018
版权及相关权利	总计	2.28	2.53	6.75
	版权（及相关权利）保护期限	0.53	0.53	1.00
	提供必要的专有权利以防止侵犯版权和相关权利（包括网站托管，流媒体和链接）的法律措施	0.25	0.50	1.00
	在线快速禁令式禁令和禁用侵权内容	0	0	0.75
	提供反对网络盗版的准则	0.50	0.50	1.00
	版权和相关权的限制和例外的范围	0.25	0.25	1.00
	数字版权管理（DRM）立法	0.25	0.25	1.00
	明确实施政策和准则，要求政府 ICT 系统上使用的任何专有软件都应是许可软件	0.50	0.50	1.00

续表

类别	国家 年份	中国 2017	中国 2018	美国 2018
商标及相关权利	总计	3.15	3.40	5.60
	商标保护期限（续期）	1.00	1.00	1.00
	商标所有人保护其商标的能力：保护的必要条件	0.50	0.50	1.00
	可用的法律措施，提供必要的专有权，以纠正未经授权的商标使用	0.50	0.50	1.00
	提供准则，促进合作私人行动，打击假冒商品的在线销售	0.50	0.75	1.00
	工业设计保护期限	0.40	0.40	0.60
	可用的法律措施，提供必要的专有权，以纠正未经授权使用工业品外观设计权	0.25	0.25	1.00

数据来源：GIPC，2019、2018。

根据上表可以看出，中国的版权保护指数从2016年的2.28上升到2018年的2.53，主要原因在于2018年中国针对版权侵权者的积极举措和法院判决，即提供必要专有权的法律措施，以防止侵犯版权和相关权（包括网站托管，流媒体和链接），包括：（1）15个视频共享在线平台加大了执法力度，禁止访问超过570000个侵权视频，其中一些视频由海外服务器传送；（2）应中国音像版权协会的要求，卡拉OK业务禁止使用6000多首侵犯版权的歌曲；（3）乐高在针对四名国内侵权者的版权法案件中取得了重大胜利，并获得了650000美元的赔偿金。这些举措使得该指标的得分增加了0.25。

2016—2018年商标保护指数呈现先下降后上升的趋势。2016—2017年，虽然中国专利法规定了外观设计专利持有人的一般专有权，但在许多方面，外观设计专利制度与其他专利权制度不同步的经济体系为公司带来了二元挑战。法律为获得设计保护提供了有限的标准，却没有进行实质性审查，导致许多低价值专利和高失效率。据一些法律专家称，这一趋势也导致设计专利"狂魔"的出现率不断上升。首先，虽然法律确实要求绝对（全球）新颖性，但在许多其他经济体的实践中，它并未提供在国外披露与申请日之间的一年宽限期。其次，目前没有为未注册的设计或部分设计提供保护，尽管后者包含在拟议的专利修正案中。最后，侵权受保护的设计在中国很普遍。总而言之，这一现状为获得和确保有效的设计保护以及额外的成本和不确定性创造了重大障碍。它还为在设计专利制度中寻求贸易服装保护的公司提供了一些理由。但是，仍有采取合理保护措施的例子。例如，2017 年，北京知识产权法院裁定苹果公司没有侵犯中国公司深圳百利的智能手机外观设计专利，并且因为三家本地公司侵犯其标识而给运动公司 New Balance 带来了创纪录的损害赔偿。尽管如此，恶意商标申请的发生率似乎正在上升，并且数十年的滥用申请仍然存在积压。法院和商标局为解决这些问题做出的努力可能会有效果，但到 2018 年发布报告为止，新申请和旧案解决的趋势对于中国真正的品牌发展来说仍是一个不可逾越的问题。

2016—2017 年，为解决在线销售假冒商品的问题，在公私合作伙伴关系方面出现了积极的发展。在现有私营部门的基础上，商务部与中国领先的在线市场阿里巴巴的母公司合作开展了"云剑联盟"，旨在利用该公司的反假冒技术和大数据来识别在线伪造商品，并改善地方当局可用的信息和调查。由于这一前所未有的应对假冒商品的在线行动，中国该指标的得分上升 0.25。

2017—2018 年商标保护指数上升的原因在于，使用假冒商品在线销售从 2019 年 1 月开始，新的电子商务法开始施行，电子商务平台未对其网站上出售的侵权商品采取必要措施它们应该知道将被处以最高人民币 2000000 元的罚款。根据北京高等法院先前提供的例子，这些行为可能包括侵权产品的信息列在卖方网站的主页上，或者价格不合理地低于知名产品的市场价格的情况。由此，该指标的得分增加了 0.25。

（三）中国知识产权保护特点

基于上述两个报告，可以看出目前中国知识产权保护存在以下特点。

一是中国知识产权制度开始建设的时间较晚。但是在改革开放之后，中国将知识产权保护作为改革开放政策和社会主义法制建设的重要组成部分，从 20 世纪 70 年代末就开始制定与知识产权保护有关的法律法规，并积极参与相关的国际组织活动，加强与世界各国在知识产权保护领域的交流与合作。中国具有高水平的保护知识产权的法律制度，在建设初期就呈现出了与世界知识产权保护接轨的特征。对于知识产权保护的执法，中国具有较完备的知识产权执法体系，体现在完备的知识产权保护司法途径与行政途径，从法院与国家知识产权局两个途径共同保护知识产权。

二是中国专利和版权改革扩大了保护范围并加强了执法，基本的知识产权及相关内容已经逐步完善。不同级别的政府和执法机构越来越多地承认和维护知识产权，加深对知识产权价值的认识，并且逐渐具备了知识产权保护的专业知识，例如：海关当局对与知识产权有关的缉获情况进行相对较强的公开报道。此外，新的生物制药专利联系机制构建了更强大的药品专利执法制度，新的电子商务法加强了中国针对在线销售假冒商品的执法力度。最后，中国努力提高学术领域和私人领域的知识产权意识和利用知识产权的价值。

但是，目前中国的知识产权保护仍存在一定的问题。第一，知识产权侵权水平仍然很高，虽然目前的知识产权侵权行为存在一些补救、补偿措施，但是仍需要完善。第二，尽管中国针对知识产权侵权的执法工作有所改善，但是对于知识产权法律的解释仍然是分散的、缺乏系统性，并且与国际标准存在差异。第三，技术转让、市场准入、许可经营和知识产权有效商业化仍存在一定障碍，例如：以许可经营协议与技术转让要求作为市场准入的基础。第四，知识产权保障对类似商业机密的保护仍然存在不足。

二 我国知识产权保护强度评估现状

（一）知识产权保护强度评估方法[①]

目前，我国对知识产权保护强度的评估主要体现在国家知识产权局发布的 2016 年、2017 年、2018 年《中国知识产权发展状况评价报告》中。包括了知识产权创造、运用、保护和环境四个方面的一级指标，评估对象包括中国及国内各行政区、其他国家。该报告的编制目的主要有三个："一是综合、客观反映我国专利、商标、版权等各类知识产权发展水平和工作成效，展现知识产权对经济社会发展的支撑促进作用；二是形成我国知识产权事业发展的连续轨迹，为探索我国知识产权事业的长期发展规律提供依据；三是逐步建立指导知识产权事业科学发展的指标体系，及时监评估价国家和地区知识产权发展状况，反映时代和区域发展差异，为国家知识产权战略实施以及知识产权强国建设提供决策参考和依据。"

---

① 资料来源：《2018 年中国知识产权发展状况评价报告》，国家知识产权局，http://www.cnipa.gov.cn/。

报告中，对于知识产权保护的评估，集中在"保护"和"环境"两个指标中。根据评估对象的不同，指标存在差异：在以不同国家为评估对象时，考虑知识产权保护力度、执法有效性等指标。在以中国国内行政区为评估对象时，分为司法保护、行政保护和保护效果三类指标。其中，保护效果由研发投入强度、当年申请专利的规模以上工业企业比例、注册商标续展率和专有权利使用费和特许费体现，体现了国内知识产权保护制度的执行效用评估。

1. 国内各行政区的知识产权保护强度评估

对国内各行政区的知识产权保护强度评估，由3个二级指标和16个三级指标组成，各指标具体内容和权重参见下表：

表4-7-4 国内各行政区知识产权保护强度评估指标（2018年版本）

一级指标	二级指标	三级指标	权重
保护	司法保护	法院新收知识产权一审案件量（件）	1.04
		法院审结知识产权一审案件量（件）	1.04
		法院知识产权一审案件结案率（%）	1.04
		法院知识产权案件平均赔偿额（万元）	1.04
		检察机关批准逮捕涉及侵犯知识产权犯罪案件数（件）	1.04
		检察机关批准逮捕涉及侵犯知识产权犯罪人数（人）	1.04
		提起公诉的涉及侵犯知识产权犯罪案件数（件）	1.04
		提起公诉的涉及侵犯知识产权犯罪人数（人）	1.04
	行政保护	专利行政保护指数（分）	2.08
		商标行政保护指数（分）	2.08
		版权行政保护指数（分）	2.08
		知识产权海关行政保护指数（分）	2.08
	保护效果	研发投入强度（%）	2.08
		规模以上工业企业申请专利比例（%）	2.08
		注册商标续展率（%）	2.08
		知识产权使用费（万美元）	2.08
环境	制度	知识产权法规规章量（部）	4.17
		知识产权战略规划量（部）	4.17

由上表可以看出,"制度"指标旨在评估知识产权保护的立法强度。"保护"指标旨在评估执行评估知识产权保护的力度和效果,即评估知识产权保护的执法强度和其影响。其中,"司法保护"评估的是对知识产权犯罪的打击力度;"行政保护"是对知识产权行政执法行动的评估,三级指标中的各类指数是综合考虑了行政执法不同目的的得分,如查处假冒、罚款等;"保护效果"是为了表征知识产权保护带来的实际效果。

根据上述指标,2010—2018 年我国知识产权保护执法强度评估结果见图 1,其中 2010 年为基期,所以 2010 年知识产权保护指数为 100。

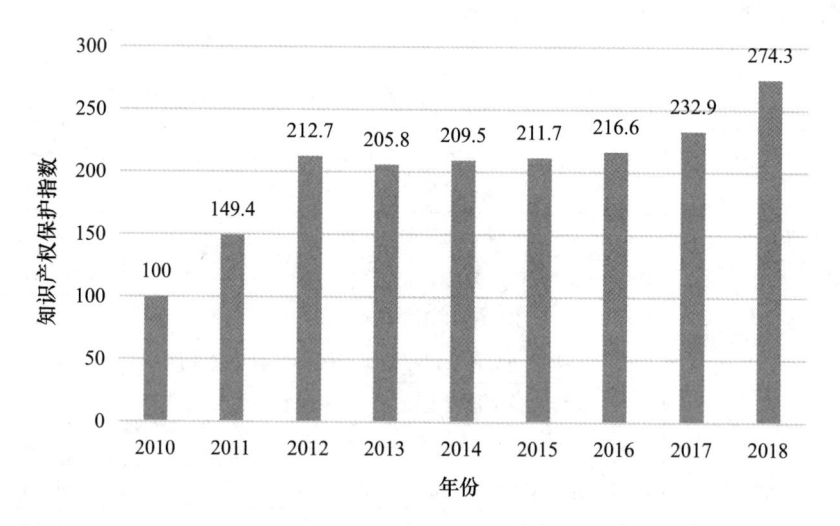

图 4-7-1 2010—2018 年知识产权保护指数变化

由上图可知,知识产权保护指数从 2012 年开始进入相对稳定的时期,2012—2016 年指数围绕 210 上下浮动,2017 年知识产权保护指数略有提升,2018 年提升效果显著,达到 274.3。这说明我国知识产权保护执法强度在不断提升。

此外,根据《2018 年中国知识产权发展状况评价报告》,2018 年国内年知识产权保护中,司法保护集中在经济发达的地区,包括广东、江苏、福建和上海;行政保护集中在东部地区,浙江、广东、江苏连续五年居于前 3 位,名次略有变化,北京、福建、山东、上海等东部地区省市领先于其他地区。但是,司法保护和行政保护指数得分全国各地区分布情况变化不大，保护效果大部分地区均有提升，西部地区提升效果较为明显。

对于我国2010—2018年知识产权保护的立法强度，由于"制度"指标的得分无法从"环境"指标中分离、单独列出。因此，本文将列出知识产权保护的"环境"指标指数，见图2。

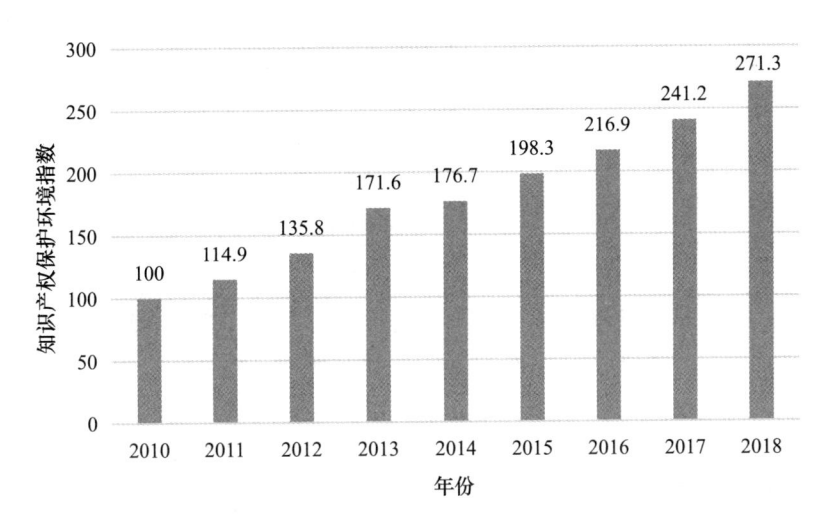

图4-7-2 2010—2018年知识产权保护环境指数变化

以2010年为基期，从上图可以看出知识产权环境指数近年来连续提高，尤其在2013年和2017年有较明显的增长，2018年知识产权环境指数为271.3，知识产权制度环境、服务环境等方面优化效果明显。

就制度环境而言，2018年，我国知识产权保护制度不断完善，知识产权保护得到全面加强。2018年，国务院常务会议通过专利法修正案（草案），全国人大常委会完成草案首次审议，推动建立侵权惩罚性赔偿制度，大幅提高侵权违法成本。2018年完成《奥林匹克标志保护条例》修订，印发《"互联网＋"知识产权保护工作方案》。2018年11月，38个部委联合印发《关于对知识产权（专利）领域严重失信主体开展联合惩戒的合作备忘录》。开展"雷霆""护航""溯源""净化"等专项行动。知识产权快速协同保护机制进一步完善。

2. 国家间知识产权保护强度评估

《中国知识产权发展状况评价报告》中，国家间知识产权保护强度的评估指标没有单独列出，主要包含在"知识产权能力"和"知识产权环境"两个一级指标中，具体如下。

表4-7-5　国家间知识产权保护强度评估指标（2018年版本）

一级指标	二级指标	三级指标	权重
知识产权能力	保护	知识产权保护力度	100/11.25
		专利发明授权量	100/22.5
知识产权环境	制度环境	立法透明度	100/27
		执法有效性	100/27
		反垄断政策效果	100/27

国家间知识产权保护强度的评估包括立法强度、执法强度、政策效果三个方面，但侧重评估知识产权保护的立法强度。其中，"知识产权保护力度"代表一国知识产权保护的有效程度。数据来源于世界经济论坛对各国保护程度按1—7的排序，1表示保护水平最低，7表示水平最高。"立法透明度"参照世界正义工程法治指数中"公开政府"指数的内容，侧重评价法治是否以公开、公正和稳定的立法体系为依托。"执法有效性"则利用世界正义工程法治指数中"法律实施"一组指数的内容，侧重评价司法和行政机关对于法律的实施是否开放、公平和高效。"反垄断政策效果"按照1—7评价反垄断政策是否有效促进竞争，1代表不能有效促进竞争，7代表能够有效促进竞争。

表4-7-6　我国国家间知识产权保护强度评估结果

年份	保护指数
2015	71.61
2016	78.51
2017	76.26

在国家间知识产权保护强度的评估结果中，可以看出"保护"指标的得分在2015—2016年提升显著，在2016—2017年出现轻微的下降情况。这说明我国的知识产权保护仍需要进一步提升。

对于"制度环境"这一指标，根据2016年、2017年、2018年《中国知识产权发展状况评价报告》，在我国知识产权环境中贡献度最高的依然是制度指标。

在国家间的比较中，2017 年，我国知识产权能力指数、知识产权环境指数分别处于世界第 5 位和第 24 位，与 2016 年相比能力指数上升 1 个位次，环境指数上升 5 个位次。尽管两个一级指数的排名不均衡的现象依然存在，但环境指数排名的快速提升表明发展不平衡的情况正在逐年改善。从得分上看，我国知识产权保护能力指数得分为 75.67，环境指数得分为 56.67，指数得分标准差较 2016 年由 13.05 降低至 10.51。从得分的提升幅度来看，知识产权环境指数提升最大，也凸显了我国近年来在强化知识产权创造、保护和运用，营造良好营商环境方面取得的积极成效。

（二）方法评述

《中国知识产权发展状况评价报告》中对中国知识产权保护强度的评估，评估对象方面，从国内各省级行政区和不同国家两个层面入手，评估结果全面、可比性强。以国内各行政区为评估对象，能够有效地展现地区间存在的知识产权保护差异，为知识产权保护程度较低的地区提高知识产权保护指明了改进的方向。而不同国家的知识产权保护强度对比，则可以看出我国与知识产权保护标杆国家的差距、存在的不足，为我国整体提高知识产权保护质量、改进营商环境提供建议。

在国内各行政区的知识产权保护强度评估中，指标方面，同时考虑了知识产权立法强度、立法强度，并且考虑了知识产权保护制度、制度执行的效果，可以体现出制度及其执行效果对经济发展的影响；而将知识产权执法强度分为"司法保护"和"行政保护"，且细化专利、版权和商标的保护指数，使得评估结果更加细致、直观。此外，这一评估由国家知识产权局编制、发布，评估结果公信力高。

但是，报告中对知识产权保护强度的评估仍然存在不足之处。

第一，知识产权保护指数覆盖的知识产权类型少。

目前的知识产权强度评估，在"行政保护"指标中，已经分专利、版权和商标分别计算保护指数。但是缺少其他类型的知识产权，如商业机密的保护指数，分类别计算的知识产权保护指数覆盖范围小。

第二，知识产权保护强度测算指标时效性不足。

无论是国内各省级行政区的知识产权保护强度评估指标，还是国家间的评估指标，从 2016 年到 2018 年共三版报告中，均未调整知识产权保护有关的指标内容。虽然未调整指标可以有效保证结果在时间上的可比性，但是这会降低知识产权保护强度评估结果的时效性，使得指标无法满足市场的需求，例如：反映电子商务领域的知识产权情况，或是数字领域的版权保护情况。

第三，国家间知识产权保护强度评估指标较为单一、笼统。

国家间知识产权保护强度的评估指标侧重于评估知识产权的立法强度，对于执法强度的评估存在不足。执法强度指标采用世界正义工程法治指数中"法律实施"一组指数的内容，侧重评价司法和行政机关对于法律的实施是否开放、公平和高效。这个指标主要关注的是执法公平与执法监督，在体现执法有效性上存在不足。并且，国家间的知识产权保护强度数据多来自第三方的评估结果，第三方评估结果的适用性和客观性都需要进一步说明。

第四，知识产权保护的效果的评估结果信服力需要提高。

对知识产权保护产生的保护效果评估，选取了"研发投入强度""规模以上工业企业申请专利比例""注册商标续展率"和"知识产权使用费"四个指标，这些指标的变动不仅受到知识产权保护制度、执法的影响，还受到企业竞争环境、研发成本等多种因素的影响。这里需要考虑的是知识产权保护制度、执法的变化，引起了这四个指标多大程度上的变化，并且需要剔除其他因素的影响以保证结果的有效性。但是，报告中仅以该指标每年的数据作为知识产权保护制度、执法带来的效用，为侧面且影响程度不明确的体现，结果缺乏信服力。

（三）完善知识产权保护强度评估的建议

知识产权保护强度的评估需要从以下方面进行完善。

第一，增加不同类型知识产权保护测度。

知识产权保护执法强度的评估不应局限于专利、商标、著作权，还可以包括商业机密。并根据专利、商标、著作权、商业机密的特征，设置有针对性的指标计算保护指数，例如：将专利分为实用型专利、创新型专利和发明专利分别计量，而不是仅根据存在的知识产权侵权案件数量、罚款数量、查处假冒案件量计算保护指数。这样分类便于评估不同类型知识产权的保护强度，进而能够具体地分析这类知识产权保护强度对产业发展、经济增长的作用。

第二，衡量知识产权保护效果的指标需要明确体现保护与效果之间的关系。

报告中选取的知识产权保护效果指标包含了专利、商标和版权三类,指标选取全面。但是保护措施对保护效果的影响程度不明确。在分析保护效果时,可以采用保护措施为解释变量、保护效果为被解释变量的回归分析中,保护措施的系数值。这样可以直观地显示出保护措施变化一单位,导致的保护效果变化程度。

第三,指标需要根据经济发展、市场需求变化进行调整,以具有较高的时效性。

知识产权保护强度评估的指标需要根据市场需求的变化不断调整,例如:加入对打击网络盗版、侵权的评估,以适应经济发展。如果指标不进行调整,那么知识产权保护强度的评估结果就失去了现实意义,不能有效评估制度是否能够促进产业发展、经济增长,或是制度是否存在需要调整的内容。

如果是为了保证3—5年内指标在时间上具有可比性,那么可以在加入新指标后,对之前的相关指标进行追溯调整。或者将新的指标单独列出,说明新的指标下,知识产权保护强度呈现怎样的情况,或者有什么变化,并以存在调整的这一期作为之后比较的基期。

如果现有的指标中包含了对类似打击网络盗版等市场关注方面的评估,则可以在分析指标的变化、知识产权保护情况的变化时,进行特别说明。

第四,国家间知识产权保护强度评估指标需要细化。

评估不同国家知识产权保护强度、进行对比,是为了找到我国知识产权保护进步的地方和仍需要改进的地方。《中国知识产权发展状况评价报告》中,对国家层面知识产权保护强度虽然分为立法强度和执法强度,但是立法强度和执法强度都应细化评估。

立法强度测评主要是立法透明度和反垄断政策的效果。知识产权立法强度的测评应该从知识产权的保护期限、法律完备程度两个角度考虑,并将知识产权立法按照专利、版权、商标和商业机密四类分类评估。立法强度的评估中可以包含立法透明度以反映产业需求,和效果类评估指标。但是这类评估指标可能因为参与评估的样本(国家)数据可获得性低,需要参考或采纳第三方的评估结果,这时需要说明第三方这一指标的评估原则、是否符合本指标设置的原则等内容,增强指标的说服力。

报告中对执法强度的评估可以改为包含执法公平性、执法效率和社会意识三个角度综合考虑。执法公平性可以采用现在报告中"执法有效性"使用的数据，但是需要说明数据的适用性。执法效率，基于数据可获得性，可以使用对知识产权侵权处理量的年增长率，或者知识产权结案与立案的比率。社会意识则可以使用由政府开展的有关知识产权保护教育、培训、讲座的数量或是年增长率表示。

第三节　文化产业融资问题
——以电影版权质押融资为例

电影是文化产业的重要组成部分。电影产业的发展有利于推动整个文化产业的繁荣，进而推动建设文化强国。就整个电影产业链来说，制作、发行、放映（院线、影院）都不同程度地面临着巨大的资金需求。这就需要积极探索融资的途径，吸引更多资本的注入。电影产业作为内容制作产业，电影版权是其重要的无形资本，由于电影行业的高风险高收益特性，吸引了越来越多的金融机构，近年来通过电影版权进行融资的新型融资方式越来越受到制片公司与金融机构的青睐，也逐渐形成了四种不同形式的版权质押融资模式。这种新型的电影融资模式有效地促进了电影行业的良性健康发展。本章节通过对文化产业中的电影产业融资过程中已经普遍存在或在将来一定时期可能出现的法律风险进行研究分析，并最终从产业立法与监管的角度得出具体的应对措施。希望能够进一步完善电影产业版权融资的理论研究，为探索新的融资模式提供相应的法理分析，同时，丰富文化产业融资环境的理论研究成果，进而推动整个文化产业的发展。

一　电影版权质押融资概述
（一）电影版权质押融资的界定

将电影的版权作为质押标的物，向商业银行申请贷款融资。如果电影公司到期无法还本付息，银行可以将质押的电影版权折价或者拍卖、变卖，银行作为质权人对质押作品后续的发行回款享有优先回收权。

（二）期待版权质押

版权包括既定版权和期待版权。现实中大多数版权质押贷款涉及的都是期待版权，即事实上质押的是版权在未来期间内所获得的收益权。

（三）版权质押融资的模式

目前金融市场与电影行业结合日益密切，但是由于电影版权价值的高风险性，银行为规避风险，在办理电影版权质押贷款时主要有以下四种模式：单一版权质押融资模式、应收账款质押融资模式、未来收益权质押融资模式和组合担保质押融资模式。[①]

1. 单一版权质押融资模式

此种模式是以版权作为质押标的，可以以一项优质版权质押，也可以多项版权组合打包为一个整体质押，获得一部或多部电影、电视剧的拍摄与制作所需资金。由于电影行业的拍摄周期长，回报周期长以及电影制作过程中巨大的资金的需求量，商业银行为了规避可能遇到的法律风险就会要求一些制片公司采取组合打包质押融资模式，慢慢地就适应了行业的现状，也是目前电影版权质押融资比较常见的一种融资模式，不少金融机构也推出了适合该种模式的信贷方式。

2. 应收账款质押融资模式

此种模式主要是影视制作公司会与发行公司签订版权预售合同，并将版权预售合同中所涉及的应收账款与电影的期待版权质押给商业银行来获得贷款的融资模式。本质上是将以因版权的许可权或邻接权所产生的债权出质。目前《应收账款质押登记办法》来对相关的登记公示等方面进行规范。

3. 未来收益权质押融资模式

这种融资模式与应收账款质押存在的主要区别就是，前者以未来的债权作为质押标的，而后者是以现有债权作为质押标的。如工商银行的影视制作项目贷款，以电影电视可产生的未来票房现金流作为还款来源，其实质是以版权及其邻接权产生的未来债权作为质押标的。

4. 组合担保质押融资模式

由于版权作为企业的无形财产，对于投资方而言，尤其是银行为了应对到期无法偿还的风险，一般会要求借款方采取除了版权及其邻接权之

[①] 虞海侠、金雪涛、方英：《我国电影产业投融资主体的博弈关系分析》，《上海金融》2012年第3期。

外，还有房产、第三方担保、个人无限连带责任等方式的组合型担保质押融资。①

二 电影版权质押融资现状

（一）立法状况

我国《担保法》第 75 条规定著作权中的财产权可以出质、第 79 条、第 80 条；《物权法》第 227 条；《著作权法》第 41 条；2010 年 11 月 25 日，为完善版权质押登记工作，促进版权市场化运用，根据我国《物权法》《担保法》与《著作权法》，国家版权局颁布了《著作权质权登记办法》，以取代 1996 年 9 月 23 日颁布的《著作权质押合同登记办法》。《登记办法》第 3 条规定的著作权以及与著作权有关的权利以及共有的著作权可以出质，第 4 条、第 5 条规定了著作权质权的设立、变更、转让和消灭的生效条件。2016 年通过的《电影产业促进法》②第 40 条第 1 款也有相关规定。

（二）实践现状

中国版权保护中心自从被国家版权局在 2002 年 8 月指定作为著作权质押登记机构以来，不断探索与创新电影版权的融资模式。

2017 年，中国版权保护中心与金融机构、政策扶持平台深度合作以影视企业为突破口推出了"版融宝"业务，其以版权质押融资与文化金融结合为服务模式，以"版权+应收账款"等的组合质押为主要业务形式之一。

目前，中国版权保护中心已经在不同地方设立并启用了五个版权登记大厅。分别是华南版权登记大厅、成都的西南版权登记大厅、上海的华东版权登记大厅、深圳的粤港澳版权登记大厅、武汉的华中版权登记大厅。这些版权登记中心的设立与启用有力地保护了版权，也为版权交易市场的进一步完善发挥了重要作用。近年来随着电影行业发展，电影的版权日渐凸显其重要性。电影版权质押融资逐渐引起了电影行业及金融行业的关注。通过电影版权进行质押融资的规模也在不断扩大并日渐成为一种不可

---

① 万幸：《中国电影版权担保融资的现实处境与风险研究》，《东南传播》2012 年第 8 期。
② 国家鼓励金融机构为从事电影活动以改善电影基础设施提供融资服务，依法开展与电影有关的知识产权质押融资业务，并通过信贷等方式支持电影产业发展。

或缺的融资途径。

三　电影版权质押融资出现的问题

虽然电影版权质押融资有了一定程度上的发展，然而仍然主要存在以下四个方面的问题，而这些问题也正是导致电影版权质押融资过程中使投资方和融资方面临一定法律风险的原因所在。

（一）版权价值评估缺乏统一标准

作为无形资产的版权是一个权利的集合。版权质押的实质也就是通过利用版权的经济价值来为主债权进行担保。故首先应该对电影的版权进行一个有效的评估。早在1993年深圳出现第一家无形资产评估事务所，我国的版权商业价值评估开始兴起，主要开展关于版权在内的无形资产商业价值的评估工作；对于无形资产步入正轨则是在2001年，中国资产评估协会制定的《资产评估准则——无形资产》[1]。2001年我国颁布的《著作权法》也是规范版权评估的重要法律制度。除此之外，中国资产评估协会颁布的《著作权资产评估指导意见》于2011年7月1日正式实施，其主要是用于规范版权融资，即将电影的版权质押给银行，来获得银行贷款。但是从目前的实践来说，对于电影版权的价值评估机构还比较缺乏、评估标准也没有完全统一、评估费用高昂，增大了版权质押的实现难度，这也正是投资者面临着版权变现难的重要原因。

（二）版权交易市场不完善，导致了版权变现难

我国尚未形成系统化、标准化的版权评估体系与版权交易市场，尽管目前我国已经存在一些版权交易中心与版权贸易基地，但是主要还是以信托和政府基金为主，个人资本目前还没有普遍性地进入。对于一些还比较欠缺信贷风险管理意识的金融机构而言，如果质押标的物处置通道不顺畅，不能及时快速地将风险进行转移与分散，将形成贷款的处置风险。根据法律规定，如果出质人不能按期归还借款时，债权人必须首先获得法院的终审判决或直接申请执行命令后才能扣押和变卖质押物并对所得价款优先受偿。除非权利人提供国家公正机关公正的强制执行证明，否则其只能通过完整的诉讼程序获得司法裁判，方可执行质押物。

---

[1]　田粟源：《电影版权评估研究》，硕士学位论文，山东财经大学，2014年。

而且在做出判决后,质权人还需申请一个单独的法院执行书才可执行判决。耗时耗力耗钱。对于版权作为无形资产,实现质权更是难上加难。①

(三) 版权质押融资业务流程复杂造成不确定成本

版权质押融资的业务流程复杂性主要体现在两个方面:其一,组合担保登记手续烦琐成本高。在版权质押融资的四种模式中,由于面临着风险的规避,组合担保的方式得到广泛应用,在涉及组合担保时,登记程序较为烦琐,查询成本也比较高昂。最主要的问题是尽管已经颁布《应收账款质押登记办法》但是并没有详细规定如何为未完成作品以及组合担保进行质押登记。其二,由于版权质押融资相对于固定资产抵押融资风险更大,目前电影制作公司通过版权质押的方式来获得银行信贷的数量和规模普遍不大,金融和担保机构对版权质押融资业务的审查也比较谨慎。另外,银行方面为了规避风险通常会要求引入第三方担保机构,还要对制片公司的相关资信情况、借款用途、还款能力、经营情况以及制片公司股东进行综合的考量与调查,最后做出综合判断。现实状况中所遇到的情况是有的企业也希望能够通过电影版权质押的方式进行融资,但是面对从审核到办理各种手续所要耗费的时长,使得一些企业宁可接受更高的融资成本选择更快速便捷的融资方式。

四 电影版权质押融资的法律风险

(一) 法律法规及政策性风险

1. 期待版权的法律地位不明确

期待版权本质上是一种期待权,我国对期待版权并没有明确的法律规定。美国好莱坞形成了预售融资模式即在电影尚未开始拍摄或者在前期筹备阶段,电影制片公司将包含导演和主创人员的剧本创作概要在交易市场进行售卖,并与发行公司签订包含授权时间、地点以及许可发行价款等相关条款的电影预售合同,然后制片公司将电影预售合同的价款以及完整的电影版权质押给商业银行以获得贷款,商业银行在考察电影制作成本与电影版权价值以及电影发行时的预期收益与市场环境等基础上决定是否要贷款给商业银行以及要贷给对方多少。同时为保证电影的如期制作完成,还

---

① 王锦慧、晏思雨:《电影版权证券化的融资模式选择》,《重庆社会科学》2014 年第 6 期。

可能要求制片公司提供完片担保。①

对于电影融资手段之一的电影版权质押融资往往是利用还未完成的电影作品的版权作为质押标的质押给银行以获得银行贷款，而非以已完成的电影作品版权进行质押融资。原因有二，一方面，由于电影行业的时效性，电影的收益主要来自票房，电影上映后版权的价值往往也在随着时间的流逝而减低，对于投资方而言，投资的吸引力就不会那么大。另一方面，在整个电影产业链中往往是前期的筹备和摄制阶段需求的资金量大，往往也是这个阶段更加需要进行电影融资，后面的宣传、发行等活动往往耗资相对较少，因此等电影摄制完成后再去融资就没有那么必要了。

面对我国电影产业所面临的利用电影版权进行质押融资的困境，有学者就提出了"期待版权质押"概念。也就是未完成电影作品是否具有版权的问题。② 从法律层面，在我国现有的法律政策体系中，关于版权质押标的，我国《担保法》第 75 条第 1 款第（三）项；《担保法司法解释》第 105 条；《物权法》第 79 条第 1 款；《著作权法》第 25 条；《著作权质权登记办法》第 3 条第 1 款均规定，著作权以及与著作权有关权利中的财产权可以出质。期待版权的质押担保没有明确的依据。我国版权质押采取的登记生效，预期版权的质押是否也需要登记等具体操作尚未明确。目前的预期版权融资也只是完全地依靠双方各自的商誉互相信任。③

以期待版权作为质押进行融资的过程中，由于期待版权并没有非常明确的法律规定，因此一旦因为融资方与投资方的版权质押合同发生纠纷而诉至法院时，法院在审理判决时可能出现两种截然不同的判决结果。一种判决结果会认为法律并没有关于期待版权是否可以出质的相关规定，缺乏相应的法律地位，期待版权质押合同可能会无效。这样就会使得银行在以期待版权作为担保标的贷款中，因合同无效而无法获得质押权人的相关权利，进而导致投资面临风险；当然也可能会出现另一种判决结果即依据《担保法》第 75 条关于质押物的规定，将期待版权列入"依法可以质押

---

① 张燕：《基于版权质押融资的电影版权价值评估问题研究》，硕士学位论文，华北电力大学，2015 年。

② 刘帅：《我国电影产业投融资模式现状问题与对策研究》，硕士学位论文，对外经济贸易大学，2015 年。

③ 赵文强：《我国电影作品版权质押法律问题研究》，硕士学位论文，大连海事大学，2014 年。

的其他权利"的范围内,以此签订的合同也受到法律保护。因此,由于司法实践中暂时还没有出现非常明确的裁判案例,这种情况就会造成投资方面临着权益受损的法律风险。①

2. 质押标的物制度存在的法律缺陷

目前,尽管我国《担保法》等法律现法规对质押标的物虽然有规定,但是对其存在的范围、时效方面等方面规定的还不是太完善。首先,现有法律对知识产权作为质押标的物的范围定义得过于固化而且在一定程度上并不能适应现在的市场的发展。《伯尔尼公约》以列举的方式说明作品的范围有文字作品、口述作品、音乐戏剧作品、美术建筑作品、摄影作品等九类,且规定了作品的应当具备独创性和可复制性。比较详细地列举了著作权保护的客体范围,但现实中知识产权的发展迅速,仅仅固定地将此九类作品作为限定范围显然不太具有实际操作性。其次,对质押标的物的时效规定得也不够准确,例如著作权人享有的财产权及其他权利的保护期限为 50 年,但现实中市场瞬息万变,随着时间的延续,剩余保护期限越来越短,相对应其价值也会越来越小。

3. 版权质押融资登记存在法律漏洞

版权本身具有其特殊性,是一种无形资产,因此在交付时并不能以实物呈现。根据我国《物权法》的规定,以著作权等知识产权中的财产权出质的,当事人应当订立书面合同,质权自有关主管部门办理出质登记时设立。由此可以看出质权进行登记后才能成立。然而这种规定存在两方面的问题:一方面,我国法律制度所规定的质押登记仅仅针对的是已经成片且有版权的情况,而对于实务中大量运用未成片电影的期待版权进行质押的质权是否需要进行登记则没有明确相应的法律规则。目前预期版权质押融资依赖的往往是投融资双方的商誉而产生的信赖。另一方面,目前组合担保的广泛应用,包含知识产权的财产集合体的融资担保登记却存在法律漏洞,有的质押标的在我国现行立法并无明确的登记机关,这就会导致版权质押融资过程中面临着登记公示难题。这种关于版权质押法律制度设计上的问题如果不加以完善,势必会造成投资方在电影版权质押融资的过程中面临较大的风险。

---

① 刘承韪、李梦佳:《我国电影产业融资法律问题研究——以〈中华人民共和国电影产业促进法〉第 40 条为视角》,《北京联合大学学报》(人文社会科学版)2017 年第 2 期。

4. 版权质押担保的实现存在法律障碍

对于版权质押融资中很大一部分是以未来收益权质押融资的模式进行的，所以就质权实现方式而言，根据《物权法》《担保法》规定，一旦质押人到期无法按时还款付息，质权人可采取拍卖、变卖、折价等方式，权利质权人享有优先受偿权，但是问题在于未来收费权作为金钱债权质押，是否可以通过债权转让方式，将收费权人直接变更为质权人，并无法律规定。这就会导致质权在实现时面临着法律障碍，对于投资方而言这也就意味着风险的存在。

（二）合同风险

1. 投资合同是否生效存在风险

一个合格的合同通常要包括以下几个要素：明确具体的标的、合同的期限（包括合同的有效期、合同各项义务的履行期等）、完善的具体交易环节的细节、通过合同约定避免出现僵局。虽然投资与收益在一般情况下具有正相关的关系。但作为投资方仍面临着未通过合理的合同条款来维护自己的利益。在投资方签订合同过程中，可能因确认生效合同的生效要件不属实，如签字人不是本人且未获得相应的授权，盖章不是其法定印章等问题导致合同无效。[①]

2. 合同履约风险

版权质押融资过程中，对于制片方与投资方之间所签署的电影投资合同中，投资方的主要义务之一便是按期支付投资款，而制作方的主要义务之一便是按期制作并交付制作成果，还可能会遇到电影项目是否能够按时按质拍摄完成以及拍摄完成后能否顺利通过电影主管部门的审片。一旦无法拍摄完成或者电影项目审查没有通过，就会造成投资方面临着制片方的违约风险。其实在一定程度上来说，电影的完工风险与审片风险也是投资方与融资方面临的共同风险。

（1）电影项目的完工风险

由于电影项目的特殊性，整个电影项目从拍摄到最终项目完成需要经历一个非常漫长的周期，那么在这个过程中就可能遇到非常多不可控的项目风险因素。在项目前期筹措资金的过程中可能会遇到无法及时筹集到足够的资金而导致项目不能及时开拍。在电影制作的过程中主要可能遇到两

---

① 甄烨：《文化创意企业融资创新模式研究》，硕士学位论文，山西师范大学，2017年。

大方面的风险。其一，客观环境的不可控。比如遇到刮风下雪等恶劣自然天气影响电影的拍摄、拍摄电影的设施设备出现问题不能拍摄、拍摄场地出现不能使用或破坏的情况等因素导致电影无法按照正常的期限拍摄完工而导致拖延拍摄或者无法完工的风险。其二，演职人员自身的风险。比如主创人员出现违反道德或法律的负面新闻、演员无法磨合剧本，演员的档期安排、演职人员身体健康出现问题、拍摄过程中出现了意外伤亡情况需要临时更换演员或者等待演员康复进而导致拍摄时间拖延、联合摄制方之间出现矛盾与意见分歧情况等风险因素。在整个烦琐复杂的电影制作过程中，以上并未全部列举的因素都有可能导致电影项目本身无法完成制作。即使以上因素都可以克服，电影也能按期拍摄完工，但是在电影发行阶段，也可能遇到档期安排时间不合适、院线无法排片等。①

在电影上映阶段也可能会遇到电影撞车大片卖座率低票房低等情况。如果一部电影无法按期完成拍摄工作或者完成了拍摄但是电影拍摄质量较差，市场反应差，收益差。那么就有可能导致作为融资方的电影制片方面临无法及时履约的困境。对于投资方来说，电影收益差，那么电影版权的价值也不会太高，则投资方面临着制片方不能及时还款而违约所带来的巨大经济损失风险。在司法实践中因无法完工或者虽然完成了电影项目的拍摄但是质量不高而导致投资方与融资方之间出现合同履约纠纷的案例并不少。如在海宁博啦啦影视传媒有限公司与北京顺合伟业影视艺术发展有限公司合同纠纷一案中，产生纠纷的原因就是被告顺合公司未按约定集数制作、未按约定主演拍摄等构成根本违约，原告博啦啦公司据此为由要求被告退还投资款。

（2）电影的审片风险

我国具有非常特殊的电影审查制度。我国《电影产业促进法》详细规定了关于电影审查的相关内容在行政审批层面来看，从剧本立项阶段到影片摄制阶段再到完成片送审阶段都有非常复杂的手续需要办理。从具体电影内容审查层面来看审查标准包括禁止载有的内容到应删减修改的内容以及国际鼓励的内容。从审查部门与审查程序层面来看，审查合格的，由国务院广播电视行政部门发给《电影片公映许可证》审查不合格的，不

---

① 吴逸君：《电影业投融资机制的国际比较以及对中国的启示》，硕士学位论文，浙江财经大学，2015年。

予发放证书。需要注意的是，如果出现"无证经营的情况"，需要承担相应的民事责任和行政责任。除了此种严苛的审查程序，还存在一个非常棘手的问题就是我国的影片审查的具体标准并没有非常清晰细化。这就导致制片方很难去把握拍摄的尺度问题。另外对于一些重大特殊题材的审查还是管制得比较严格，这就导致拍摄好的影片可能因为不能通过审核而不能正常上映，那么投资方就面临着投资款和收益无法回收的情况也即制片方违约的情况。①

类似于此种制片方如果无法按期保质地完成电影拍摄任务时，对于制片方而言，可能面临着还款期限的延长，利息支出的增加，机会的错过、市场收益的减少等。而对于投资方而言则面临着前期投入与后期的收益都面临着严重损失的巨大风险。有些制片方可能通过购买商业保险或者设计一些交易的架构或者签订一些商业条款的方式来进行避免。但对于大部分投资方来说如何通过商业保险或商业条款来避免风险，还需要具有一定的制片经验来进行规避。然而现实情况是这些措施仅仅只能在一定程度上避免投资方的损失，并不能从根本上解决问题，由于版权质押融资实际上是利用一种未来的版权收益作为质押标的，因此在电影版权质押融资的过程中，作为投资方的商业银行在面临这些种种不确定且难以避免的风险时，还是比较审慎理性地进行电影项目的投资。一般而言，投资方会选择一些综合能力较强的制片公司以版权质押的方式进行投资。比如华谊兄弟、中影集团、新画面等。电影版权质押融资作为一种影视行业突破性的融资方式，就目前来说道路还是充满着障碍。②

(三) 版权的侵权风险

此处所涉及的版权侵权风险，主要表现为版权本身的侵权风险权属风险以及 IP 改编电影版权风险。

1. 权属风险

由于对版权所有权的归属清晰明确是电影版权进行价值评估时的重要因素，版权权属没有瑕疵是保障电影版权质押融资成功进行的重要基础。一旦电影版权具有瑕疵，作品在创作过程中涉及剽窃抄袭或者没有经过别

---

① 吴逸君：《电影业投融资机制的国际比较以及对中国的启示》，硕士学位论文，浙江财经大学，2015 年。

② 赵文强：《我国电影作品版权质押法律问题研究》，硕士学位论文，大连海事大学，2014 年。

人的同意就引用属于别人的作品，在此过程一方面会影响电影版权在评估时的真实价值。另一方面，版权在将来使用过程中可能会出现因侵权而引起诉讼成本和时间成本的增加。

由于电影版权包含着多种权利，而且根据我国《著作权法》的相关规定，一旦作品创作完成即可拥有电影的版权，无须公示也无须登记，由于我国也没有强制规定要进行登记，版权交易的过程也没有强制公示，所以就造成电影版权的权属不够透明，可能出现制片方将同一版权质押给多人的情况。这样就会导致质押合同存在瑕疵，产生法律纠纷，影响质权的有效实现。

2. IP改编电影版权风险

一般电影由原创编辑或职业编辑提供剧本，此时版权可直接让渡给影视公司，版权风险较低。对于 IP 改编电影来说电影版权风险不同于一般的电影作品，其风险从最开始对 IP 的引入购买，到中期进行进一步加工创作再到后期的一系列的衍生开发等环节都存在比较大的法律风险。在利用 IP 创作电影的阶段，版权的风险大小与改编权转让约定有关。如果 IP 原作者让渡所有改编权的，则此时版权风险较小。如果 IP 原作者保留部分改编权的，则版权的风险也相对较大。所以在改编时一定要明确版权富裕的权利范围。一旦引起版权纠纷，会影响电影的整个制作过程，带来严重的经济损失。值得关注的是在 IP 的进一步开发中，往往是发生版权侵权与相关纠纷的高发期。无论是对于 IP 的形象或肖像的使用还是 IP 人物本身的使用都可能引发版权纠纷。这个过程中就要特别注意剧本版权或者是剧本的版权以及改编权等权利的授权范围与使用方式。谨慎处理好各个环节的授权，否则面临复杂的版权法律纠纷，将会严重影响电影的制作及投资者的利益，造成不必要的法律风险。①

五 电影版权质押融资风险防范的思考

版权作为一种无形资产是电影产业的核心，电影版权质押融资的方式在电影融资中的作用越来越重要，但是由于目前相关的质押登记公示制度还不够完善，版权的权属不够透明，期待版权的法律地位还不够明确等因素造成在电影版权质押融资过程中面临着种种法律纠纷，为了有效解决当

---

① 唐馨：《电影作品版权质押法律制度研究》，硕士学位论文，中国政法大学，2010年。

前对于投资方和融资方所面临的法律风险，笔者从产业立法和监管的角度来探寻应对措施。

（一）完善期待版权的相关法律制度，解决版权质权变现难

按照我国现有法律规定，期待版权并不是一种财产性权利，不能直接进行质押，有学者认为应在现有的版权质押融资问题上进行一定的创新，从法律制度上肯定期待版权的财产属性，并使其财产属性具体化，以应对目前版权市场上利用电影期待版权进行质押融资所面临的困境。① 但是需要注意的是期待版权原则上也不是一种财产性权利，只有在符合以下三个条件的情况下，才将其拟制确认为财产权利允许质押：其一，期待版权具有极大可能性转化为版权；其二，制片方已经做好前期拍摄电影的计划且已获得内部决策程序通过，并形成详细的摄制计划；其三，该摄制单位已获得影视剧主管部门的摄制许可。②

目前，对于投资方的商业银行来说，如何实现质权以及如何解决版权变现难是首先需要解决的问题。对于版权质押融资而言，本质也是一种对未来收益权的质押，由于目前司法实务中还没有纯粹针对电影版权质押融资的相关司法判例，有学者建议针对电影版权质押融资中质权的实现可以借鉴最高人民法院发布的53号指导案例中的裁判观点作为参考依据，在本案中的裁判观点这样介绍到，特许经营权的收益权能够进行质押，这种收益权其实就是应收账款，对于该种收益权由于能够在质押人无法履行还款义务时进行折价或拍卖变卖，那么为了保护质权人的利益，如果质权人主张优先受偿权时，人民法院可以判令出质债权的债务人将收益权的应收账款优先支付质权人。对于版权质押融资而言，以应收账款进行出质类似于特许经营权的收益权进行质押。借鉴此裁判观点则对于投资方的质权就有了一定保障，降低了投资方因质权变现难而面临的投资风险。③

（二）完善电影版权质押及相关公示的法律制度

1. 将期待版权纳入版权质押标的范围，完善电影版权公示制度

首先要做好电影版权登记工作。根据《著作权质权登记办法》中规定设立《著作权质权登记簿》用来规范记录版权质押的整个流程以及相

---

① 田粟源：《电影版权评估研究》，硕士学位论文，山东财经大学，2014年。
② 刘藩：《电影版权分割融资的理论基础和实践创新》，《当代电影》2011年第10期。
③ 赵文强：《我国电影作品版权质押法律问题研究》，硕士学位论文，大连海事大学，2014年。

关权属信息，让社会公众有效便捷地查明与自己有利害关系的相关版权质押情况，真正做到版权质押公开透明，减少因权属问题而产生的版权质押纠纷。对于未完成电影作品的期待版权的公示问题，在实践上不少城市已经开始创新尝试。比如上海市知识产权局于2007年首创"创意信封"登记备案制度，对创意设计者的设计内容作为证据进行固定和保护，这种举措有效地适应了现代创意产业发展对知识产权保护的需要，也进一步完善和补充了现行知识产权申请和登记相关制度。再如，北京东方雍和国际版权交易中心推出的——"版权印"。这种举措也使得将未完成作品纳入版权质押标的范围具有了一定的可行性。

2. 建立并完善期待版权质押预告登记制度

关于电影版权质权登记制度的主要问题在于期待版权质押质权的登记没有相关法律规定。针对目前大量存在的通过利用期待版权进行质押融资与期待版权相关质押登记没有明确法律规定之间的错位与矛盾，建议建立一套完善的版权质押预告登记制度，即制片方将电影期待版权预告质押给银行并在版权质押登记部门进行预告登记的方式。这样操作一方面，防止一版多卖损害投资者利益的情况出现。另一方面，保障投资方在制片方到期不能履行还本付息的义务时能够充分享有质权。办理电影版权质押预告登记手续之后，不仅在出质人也即是制片方与预告质押权人金融机构中产生一定的法律效果，而且对于第三人也能够起到提醒与警示作用，任何相关人可以通过查询与自身具有利害关系的版权质押登记情况来及时了解版权归属与其相应的权利状态。这样就可以很好地保障投资方面对期待版权质押时的权利保障，减少或有效避免版权侵权的法律纠纷。另外，通过版权预告登记后，一方面也能够及时地敦促制片方按照计划保质保量地完成电影项目的拍摄任务确保完片后将期待版权转化为既定版权，实现版权应有的价值，也能够有效地保护在先的预告登记人的权利，防止制片方一版多卖或一版多重质押的情况出现进而帮助投资方稀释风险。这种在国家登记机关进行期待版权质押登记的方式其本质上也是为了使作为质押标的的期待版权能够得到法律上的认可，为日后可能遇到的版权侵权或相关纠纷提供一个法律依据，更进一步则是为了保障作为投资方的金融机构在投资过程预期或可能遇到的法律风险，减少利益的受损。[①]

---

① 万幸：《中国电影版权担保融资的现实处境与风险研究》，《东南传播》2012年第8期。

（三）完善相关内容监管规范及电影版权审查制度

此种措施主要应对电影制片方和投资方所面临的审片风险。由于目前我国特殊的电影审查制度，尤其是审查的标准并没有明确具体，使得电影制片方即使能够把电影项目制作完成也面临着审片时无法通过的风险，一旦无法通过电影审片则会导致整个电影项目的失败，对于投资方而言，也面临着投资的决策失败，投资面临的法律风险加大的问题。因此作为监管部门与电影产业相关审查监管政策制定的政府应该立足于电影市场的现实情况，充分调研论证立法的科学性、合理性、可行性，制定出更加清晰、明确、具体、透明的内容监管政策与标准。[1] 让参与电影版权质押融资过程中的融资方与投资方都能够有一个清晰明确的标准，进而可以让制片方明白何种题材如何拍摄如何制作，让投资方有效规避因审片不通过而带来的不必要法律风险与收益受损。同时积极引导规范作为电影产业中重要参与者的行业协会通过制定有效的科学的行业指导规范来指引电影产业从业人员的有序参与，进而促进电影产业的健康发展。具体而言，就是要细化电影审查制度，规范审查程序，正确引导电影投资内容，降低融资方与投资方因电影审查而面临的法律风险。[2]

（四）完善版权交易市场、拓宽版权变现渠道

完善公开透明的版权交易市场有利于解决版权变现难的问题，对于制片方通过版权质押的方式获得银行贷款的情况，一旦出现不能及时还款付息的问题时，银行就可以将作为质押标的版权在交易市场上进行交易以获得资金，那么对于商业银行来说就仅仅依靠等待版权商业化运作后获得收益回款这一种途径，版权变现难风险就解决了。另外也可以解决由于版权变现难导致版权质押多重担保造成质权虚置的情况。

1. 统一版权价值评估体系

目前，知识产权评估越来越受到国家的重视，中国资产评估协会先后颁布实施了《资产评估准则——无形资产》与《专利资产评估指导意见》，为版权价值评估提供了一定的指导和借鉴，然而并没有形成一个统一、权威、科学、标准化的版权价值评估体系。电影版权作为一种无形资

---

[1] 王根泽：《我国影视文化产业版权质押体系的问题及完善》，《法制与经济》2016 年第 7 期。

[2] 党雷：《根植影视产业，实施双轮驱动，创建版权示范单位——西安电视剧版权交易中心的探索与实践》，《人文天下》2017 年第 18 期。

产，在转让、交易或授权开发许可的过程中，都需要对其版权价值进行有效准确的评估。从目前的实践来看，对版权的价值评估主要有三种途径：其一，协商评估，即版权的出质人与质权人就所出质的版权进行协商来确定其价值；其二，通过无形资产评估机构进行评估，此种方式的评估结果相对具有一定的可参考性；其三，根据人民法院或者著作权行政管理机构针对出质版权所做出的裁判或者裁定的价值标准，进行参考确定。专业的第三方版权评估机构的建立以及完善的电影版权评估体系对期待版权担保融资尤其重要。对内有利于为未来的电影版权开发和交易奠定基础；对外，能够在版权质押融资过程中为投资者的决策提供科学的依据，以此来降低所面临的版权变现难的风险。①

2. 鼓励发展电影产业版权质押投融资服务机构

对于电影产业的投融资服务机构主要涉及电影版权的评估机构、版权交易过程中的担保以及针对制片公司的资信评级等问题。② 电影版权质押融资是一个复杂的过程，对于投资方而言要降低风险，可以尝试通过以下几种方式来实现。首先，政府、金融机构、电影制片公司可以共同合作出资成立信用担保机构，为制片公司提供必要的信用担保和监督服务。一方面，有利于缓解投资方的信任危机降低投资风险。另一方面为整个电影版权的投融资项目保驾护航。其次，可以考虑建立电影版权投融资项目大数据信息共享平台。涵盖不同电影制片公司与影视投资企业的相关基本信息，投资项目的制作成本、票房收益、企业的信用等。这些数据可以为投资方在选择投资项目时提供依据合理引导规避风险。最后，鼓励资产评估事务所、会计师事务所、信用评级公司等一系列机构的发展，为整个电影投资项目提供一条龙服务。综上，电影版权交易市场的完善在很大程度上影响着作为质权人的商业银行是否能够制片方到期无法还本付息时及时行使质权，将作为质押标的的版权及时变现以稀释投资风险。将版权及时变现也进一步促进着电影版权质押融资的这一创新性融资方式的发展规模。③

当前电影产业与金融行业的联系日益密切，电影版权质押融资作为一

---

① 党雷：《根植影视产业，实施双轮驱动，创建版权示范单位——西安电视剧版权交易中心的探索与实践》，《人文天下》2017 年第 18 期。
② 宋文燕：《国内影视产业融资模式》，《中国中小企业》2009 年第 9 期。
③ 杨清萍：《论金融创新之电影版权信托融资》，《金田》2012 年第 8 期。

种新型的融资方式，不仅满足了电影行业对资金的巨大需求，而且对金融行业尤其是商业银行探索新的投资领域提供了有利的契机。但是由于电影版权质押融资过程中的高风险性，一些商业银行虽然也在积极与电影制片公司合作，但就整个市场而言，通过此种方式进行融资的案例还比较少。一般而言，投资方会采取谨慎理性的态度来选择投资项目。根据已经出现的案例研究发现突出的一个特点是，投资方一般会选择与品牌知名度高、综合实力强，产出的影片质量较高的电影制片公司合作。比如华谊兄弟、光线传媒、华纳影业等这些比较有名的公司，往往也就是这些大的电影制片公司更容易通过版权质押获得商业贷款，而同样具有巨大资金需求量的小制片公司往往面临重重障碍。综合全文可以看出通过电影版权质押融资的推广与发展离不开金融、担保、评估等整个生态系统的搭建与完善，更离不开整个文化产业融资环境的完善与创新。

第四节　文化产业特殊管理股问题

一　特殊管理股的各类情形

所谓"特殊管理股"是指每股具有较多投票权的股票，或通过特别立法使特殊管理股具有对重大经营决策的一票否决权。[1] 特殊管理股（或金股）论其来源是西方企业股份制的一种特别安排；是对"同股同权"一般性原则的调整；是对产权的分类和分控，以保证优先方以较少股权实现控制权。而国有特殊管理股是指国家或国有属性的主体作为股权代表的股份。国内外所适用特殊管理股的情形，具有不同种类，每一种类具有其特定的目的和追求。

（一）双层股权或多层股权制度

双层股权或多层股权制度原本是创始人股东（原始股东）在股份制改造和融资过程中，有效防止恶意收购，并始终保有最大决策权和控制权的特殊股权结构方式。双层股权结构是将公司股份分为 A 类股和 B 类股两种，多层股权结构是将公司股份分为更多类，如 A 类股、B 类股、C 类股。在这些不同类别的股份中，一般来说，每一种股份拥有同等的经营收

---

[1] 金雪涛：《我国传媒领域有效推进特殊管理股制度的思考》，《中国发展观察》2016 年第 21 期。

益权，但创始人股东的股份具有特别投票权，包括董事选举和重大公司交易的表决等。在实践上，双层或多层股权结构制度通过协议的方式，以公司章程确立下来，也被法律和证券交易机构所承认。这是一种基于自愿签署协议的方式进行的，因此是属于"私法"领域的做法。在美国历史上，由于这种做法与公司法的基本原则"同股同权"不一致，曾经被认定为违法。现在，虽然实践中依然有不同意见，但是已经为法律所承认。一般情况下，上述特殊股权不允许或基本上不允许上市流通。这就等于把重大决策的权利集中于固定的成员范围。①

从传媒和新媒体领域来看，美国、英国的传统报刊业有多家报刊组织采取双层股权结构。其目的是确保报刊的创始人及其家族，无论报刊投资主体和股权发生怎样的变化、控股主体怎样转移，但是创始人及其家族始终都能够对于一些重大问题享有决定权。国外实行该制度的传媒企业，基本上都有特殊股权不准上市流通的规定，使其为某些股东长期持有，并使该类股权维持足够的权重，确保重要决策者对文化取向的主导权。当前在互联网、新媒体领域，也有很多采取双层或多层股权结构的公司，典型的有"脸书"（Facebook）、谷歌（Google）等。我国在境外上市的互联网企业绝大多数也都采取如此结构，如腾讯、京东等。现在，有些公司为了更加强化对于公司的重大决定权的保护，在采取双重或多层结构的基础上，还进一步设计出新的保险措施，如 Facebook 的"表决权代理"制度，阿里巴巴的"湖畔合伙人制度"等。以下对相关媒体机构的做法加以具体介绍。

美国《纽约时报》：《纽约时报》实行双层股权制度，股份分为 A 类股和 B 类股。其中大多数有重要表决权的 B 类股票由在 19 世纪末全资购入该报的奥克斯—苏兹贝格家族掌握。B 类股票为特殊股权，是为了确保办报人家族能够切实掌管企业重大事务以及重要内容的决定权。与 B 类股票相比，A 类股票可全部上市流通，但没有表决权。2012 年《纽约时报》发行股票总数 14882 万股。其中，A 类股票非投票股数量 14800 万股，投票股数量 82 万股，6738 人持有非投票股证券，28 人持有投票股证券。最

---

① 张文：《"特殊管理股"究竟何以特殊》，《学习时报》2014 年 4 月 21 日。

大股东苏兹贝格家族持有 90.2% 的投票股。①

美国《华盛顿邮报》:《华盛顿邮报》则是将 A 类股规定为拥有绝对表决权的股份,全部由办报人家族持有,最大股东为 20 世纪 30 年代收购此报的梅耶家族的后代唐纳德·格雷厄姆,持有 90% 投票股。其 B 类股的股票则是可以上市流通的股票。2012 年《华盛顿邮报》发行股票总数 741 万股。其中,非投票股数量 620 万股,投票股数量 121 万股,736 人持有非投票股股票,28 人持有投票权股票。

英国《每日邮报》:《每日邮报》自 1896 年创办,一百多年来一直控制在罗斯米尔家族中。该报的股权分为投票股和非投票股两种,其中投票股只占总发行股票数的 5%,主要由罗斯米尔家族和信托公司控制,不在市场流通,这种双重股权结构保证了罗斯米尔家族对公司绝对的控制权。2012 年《每日邮报》发行股票总数 39296 万股。其中,非投票股数量 37307 万股,投票股数量 1989 万股,2135 人持有非投票股证券,622 人持有投票股证券。最大股东为罗斯米尔家族,持有 59.9% 投票股。②

美国"脸书"(Facebook):Facebook 的双层股权结构不同于前述情形。其股票分为 A 类股和 B 类股,二者在分红派息及出售现金价值上完全一致,A 类股也具有投票权,一股一票,B 股的表决权是 A 股的 10 倍,即在投票表决时,一股为十票。Facebook 在 2012 年 IPO 时,其创始人扎克伯格和其他早期投资者持有的是 B 类股票,向公众发售的是 A 类股票,A 类股每股拥有一票投票权。其中,扎克伯格持有 27.6% 的股权,但投票权则是 57.6%。③ Facebook 同时还在双层股权结构的设计外加入了一个"表决权代理协议"。投资 Facebook 的所有机构和个人投资者,都需要同 Facebook 签订"表决权代理协议",表示同意在某些特定需要股东投票的场合,授权扎克伯格代表股东所持股份进行表决,这份协议在 IPO 完成后仍然保持效力,这样就保证了扎克伯克对于 Facebook 的绝对掌控。

中国阿里巴巴:阿里巴巴网络技术有限公司(简称:阿里巴巴集团)

---

① 周成华、文远竹、陈巧媚:《英报企股权制度及治理结构探析》,《中国报业》2013 年第 21 期。

② 同上。

③ 陈广垒:《为什么高科技公司钟爱多重类别股权结构?》,http://finance.sina.com.cn/zl/bank/2017-05-02/zl-ifyetwtf9449121.shtml。

2014年9月19日在纽约证券交易所正式挂牌上市,其"湖畔合伙人制"[①]是双层股权结构的变形。在上市前的6月16日,阿里巴巴在其更新的招股书中公布了27位具有"合伙人"地位的股东(即"湖畔合伙人")名单。所谓具有合伙人地位的股东,就是指只有这些人才有权利提名董事会成员,新的董事会成员也需要所有合伙人同意才能进入董事会。比如,即使阿里巴巴的最大股东软银提名的董事会成员,也要经过合伙人同意。通过合伙人制度,阿里巴巴形成了"合伙人决定董事会、董事会决定公司"的决策过程。

(二)金股制度(Golden Share)

金股,就是表现为1股或1%股的国有特殊管理股。金股是一种在特定情形下拥有超过其他股票投票权力的名义股票,通常由政府组织持有,指在一些关系国家安全和公共利益的国有企业私有化的过程中,由政府(或财政部等职能部门)象征性地持有1股特别权益股,该股不享有分红等经济权利,不干预公司的日常经营事务,但赋予持股人对企业重大事项(如大规模并购、重要人事任免等事务)的特别发言权、否决权、提案权和批准权。金股制度起源于20世纪80年代的英国电信私有化的过程中。1984年,英国电信向市场出售50%股份,成为民营公司。在十年的减持过程中,英国政府最终完全放弃其拥有的股权与收益,只保留了1股金股。金股的权利主要体现在否决权,而不是受益权或其他表决权,几乎没有实际经济价值。私有化之后的英国电信在商业上取得了巨大成功,跻身全球顶尖电信运营商之列。该制度后来被许多欧洲国家及苏联引入。

这种做法的依据是国家的政策和法律,不是当事人协议的结果,与前述双层或多层股权结构制度有所不同,是属于"公法"领域的做法,这种做法受到了一些法律挑战。2003年,英国政府持有的英国机场集团中的"金股"被欧洲法院判定为违法,法院认为这种做法违背了欧盟内部的资本自由流通的原则。针对欧盟各国实施的国有特殊管理股情形,欧洲法院相类似的判例还有多起。

(三)新加坡报刊公司的特殊管理股

新加坡针对报刊公司实施的特殊管理股是一种融合了"公法"与

[①] 为了主导董事会事务,保证对集团的控制权,防止投资者主导公司事务,马云等阿里巴巴集团管理层在2010年7月改革公司的治理结构,推出了"合伙人"制度。由于这一制度的商讨和确立的会议是在"湖畔宾馆"进行的,于是命名为"湖畔合伙人制度"。

"私法"两种类型要素的做法。新加坡于1975年实施并于2002年修订的新加坡《报章印刷馆法令》规定："报纸公司的股份分为管理股（management share）和普通股（ordinary share）两种，管理股占总股份的1%，只能发给那些经（新闻、通信及艺术部）部长批准的新加坡公民或机构；管理股和普通股持有人享受均等经济收益权，但在有关委任或开除任何董事或报馆职员的投票表决时，每份管理股相当于拥有200普通股的表决权。"① 购买时的价格，如果是在新加坡境内发售的，就是按照当时的普通股份发售时的价格结算；如果是在新加坡境外发行的，则由主管部门去确定一个公平合理的价格结算。

新加坡针对报刊业实行的特殊管理股，是通过立法的形式确定的，这是"公法"要求的属性。但是，进入报刊公司，成为特殊管理股的资本则是私人资本。此外，其特殊管理股不是"1股"，而是"1%股"。不同于英国等的"金股"，新加坡的特殊管理股享有平等的收益权，即一定程度上带有政府性质，但又非国有。

综上，概括实行特殊管理股的做法，虽然有三种类型，但是可以归结为同一类事物，是因为它们有最低限度的内在一致性，就是与一般公司法的规定相反，确立由占据较少股份（可以少到只有1%股乃至1股）的主体，对于公司握有重大问题的决定权。在媒体类公司中，英美等国的特殊股权在于把握办报风格，或总编辑的任命权。新加坡的做法，主要是考虑通过特殊股权的形式，来增强政府对于媒体内容的控制力，但是这种控制是通过复杂的特殊股权的确立、股份发售的特定审批程序等来实现的。

二 特殊管理股制度在我国的实践

我国"特殊管理股"制度最早应用于国有企业改革。2002年江西萍乡钢铁有限责任公司改制，将国有产权通过公开招标一次性向社会整体转让，产权转让完成后，由省国资部门在新企业中设立国有金股，国有金股不干预企业生产经营，不干预经营决策，不参与分红，不承担企业生产经营中发生的一切民事责任，但如果新企业股东或董事会违背转让条款或侵犯职工合法权益，则有否决权。

我国媒介领域"特殊管理股"的来源，是2013年11月，党的十八届

---

① 黄子祺：《出版传媒企业探索特殊管理股试点初论》，《中国出版》2016年第11期。

三中全会《中共中央关于全面深化改革若干重大问题的决定》提出对按规定转制的重要国有传媒企业探索实行特殊管理股制度。2014年2月，中央全面深化改革领导小组第二次会议审议通过《深化文化体制改革实施方案》，把在传媒企业实行特殊管理股制度试点列为2014年工作要点。2014年4月，国务院办公厅发布《关于印发文化体制改革中经营性文化事业单位转制为企业和进一步支持文化企业发展两个规定的通知》，其中明确提出对转制的重要国有传媒企业探索实行特殊管理股制度，经批准可开展试点。2015年8月，《中共中央、国务院关于深化国有企业改革的指导意见》提出允许将部分国有资本转化为优先股，在少数特定领域探索建立国家特殊管理股制度。2016年4月，国务院办公厅转发中宣部等多部门《进一步支持文化企业发展的规定》提出："对按规定转制的重要国有传媒企业探索实行特殊管理股制度，经批准可开展试点"。

综上，2016年以前"特殊管理股"所针对的是转制的国有传媒企业。当时的语境是，国家对国有传媒企业转制实行"分类改革"思路，其核心部分，即时政类内容（新闻采编播），仍保留事业单位性质；非时政类传媒单位则转企改制成为企业。特殊管理股就是在这种背景下提出，在转企的部分将国有资本转化为优先股，发挥国资的杠杆作用，保证核心控制权和"党管媒体"基本原则得以贯彻。不过在2013年到2016年超过3年的时间里，特殊管理股并没有进入实施，甚至试点阶段。

近两年，特殊管理股的应用延伸到国家对民营传媒企业的股份调控。2016年5月19日，国家新闻出版广电总局召开会议，在互联网视听领域推动特殊管理股制度，即国有媒体单位持有民营视频企业股份，建议国资特殊管理股比例至少1%，拥有董事席位，对负责内容的高管任命有表决权，对内容有一定审查权。广电总局推荐5家国有媒体单位作为特殊管理股持有人。广电领域推进特殊管理股的背景是，2008年实施的《互联网视听节目服务管理规定》要求网络视听媒体必须是国有独资或国有控股，但既成事实是大部分有影响力的网络视听媒体都是民营。在网络视听领域实施特殊管理股就是通过资本介入实现对民营企业传播内容的导向。不过这次对网络视听服务提供者的股份要求处于自愿性质，至今尚无进一步的举措。

除了网络视听领域外，整个文化产业也有纳入特殊管理股考虑之列的可能。柳斌杰在《中国文化产业八大政策取向》一文中提出加强文化产业政策调控能力,其中提到"设立重要文化企业的'特殊股'制度,委派有关专家或者行业资深管理人员参与企业决策,行使'特殊股'权益,以'一票否决'的权力,把关内容、监督导向"[①]。2017 年 9 月,国家网信办出台《互联网新闻信息服务管理规定》,其中第 6 条正式提出:"符合条件的互联网新闻信息服务提供者实行特殊管理股制度,具体实施办法由国家互联网信息办公室另行制定。"

2017 年 8 月,政府在两家互联网媒体初创公司(铁血科技和一点资讯)进行试点"国家特殊管理股"制度工作。具体做法是,人民网与北京铁血科技股份有限公司签订战略框架协议,人民网将以 7.89 元/股的价格,认购铁血科技发行的 91.33 万股非限售流通股股票,总计约 720 万元,占发行后铁血科技总股本的 1.5%。这被业内看作是"特殊管理股"试点的第一个案例。此案例中,人民网将向铁血科技推荐一名董事,经铁血科技股东大会选举产生。铁血科技将设总编辑一名,并设编辑委员会,铁血科技主要股东及人民网均有权推荐编辑委员会成员候选人,或提出成员解聘建议。另外,由于人民网具备内容审核能力,铁血科技将与人民网签署内容审核服务合同,由人民网负责铁血科技的内容审核工作,铁血科技将向人民网支付内容审核费用。此外,互联网信息服务企业"一点资讯"也在进行特殊管理股试点,并由此获得了互联网信息服务二类牌照。

三 传媒领域推行国有特殊管理股要注意解决的关键问题

从我国相关政策文件和监管实践看,我们要推行的国有特殊管理股制度,不同于现行"私法"领域的"双层与多层股权结构"制度和新加坡报刊领域推行的"特殊管理股"制度,因为它们其中没有国有属性的股份;也不同于英国和其他国家曾经或现在还在推行的"金股"制度,因为这种制度是在那些能源、国防、交通、通信等战略性产业及自来水、煤气等公用事业企业等领域国营企业私有化的过程中所推行的。具体到媒介领域,我国特殊管理股特定的发展历程和话语内涵决定了对其分析应该分为两个方面,一个是在国有传媒企业转制的语境下;另一个是在民营企业改造的语境下。

---

① 柳斌杰:《中国文化产业八大政策取向》,《瞭望中国》2017 年第 7 期。

前文提到国有传媒企业转制目前实行"分类改革"的思路。这种"采编、经营"两分开的组织结构，导致传媒单位的核心资产，即采编业务游离于集团之外，不能以资产形式成为集团的有机组成部分，对传媒单位做大做强，实现核心竞争力造成了很大困扰。特殊管理股制度的介入，某种程度上提供了整体转制的条件。通过优先股的杠杆作用，既不妨碍国企整体的股份制和市场化改革，又能够保证传播内容的社会效益和舆论导向，其内容控制力不会因为民营资本的介入而有所弱化。党的十八届三中全会提出"允许更多国有经济和其他所有制经济发展成为混合所有制经济"。特殊管理股的试点为传媒企业发展混合经济提供了更大的空间和自由度，意味着民营资本不仅有可能进入，甚至可能获得控股权，在不影响意识形态安全的情况下具有更大的决策权与经营权，形成更适应市场经济的股权结构和决策体系。

就民营企业层面而言，目前在从事网络视听节目服务的网站中，许多从事这类产品与服务的新媒体虽然获得了网络视听节目许可证，但是其资本状态、股权结构并不符合现行政策和法律的要求。也就是说，大量互联网内容平台一直处在政策不确定的风险之中。如何处置是悬而未决的问题。如果坚持政策的严格性，企业经营、产业发展和文化事业的繁荣都会受到巨大影响；如果不坚持原则和政策，就造成国家意志权威性的削弱，违法乱纪难以遏制。某种程度上，特殊管理股是协调两方面矛盾的不多的政策选择之一。在研究新媒体准入政策的调整问题和推行国有特殊管理股的过程中，要首先解决好以下问题。

第一，明确实施国有特殊管理股的意义和目标。

从中央文件和国务院文件所规定的内容来看，在不同产业领域实施国有特殊管理股，有不同的意义和目标。在一些领域，推行国有特殊管理股，是减少政府干预，尽可能发挥民营资本的作用，同时确保国有股权的收益，提高效率。在传媒领域，则是在坚持党管媒体的前提下，要解放新媒体的生产力，促进新媒体的发展，同时也能够更好地管好各种资本属性和产权结构的媒体，这是新媒体领域推行国有特殊管理股的意义和目标。因此，要避免简单地将推行国有特殊管理股理解为强行介入民营资本正常运行的领域和新媒体中；也不得片面地理解为推行国有特殊管理股，只要国有资本所代表的政府意志对于媒体重大事项具有最终决定权，就可以随意扩大特殊管理股权行使的范围；也不能轻易认为只要实行了国有特殊管理股，就自然可以确保舆论导向和国家安全，新媒体发展中遇到的问题就可以轻松解决。

第二，要研究国有特殊管理股的具体股权行使者。

推行特殊管理股制度，首先要考虑特殊管理股的具体股权行使者。关于国有特殊管理股的股权行使者有四种可能的选择。一是国有资产监管部门；二是由媒体主管部门指定的主流新媒体；三是由国有媒体机构与民营资本双方协商，选择国有媒体机构作为国有特殊管理股的股权行使者；四是成立专门的国有媒体投资基金公司，以基金公司作为国有特殊管理股的股权行使者。

以上四种选择中，第一选择，国有资产管理部门既是裁判员，又是运动员，而且国资部门也并不具有媒体管理运行的经验，所以由国资部门来充任国有特殊管理股的股权行使者的做法不妥。第二种选择，由政府行业主管部门指定国有媒体作为国有特殊管理股的股权行使者，搞拉郎配，在这种情形下，入股的资金如何运作，国有媒体所投入的资金在自身对外投资上如何认定，都是一个问题。第三种选择，有双方自愿平等协商，在国有资本不具有绝对多数股权的情况下，国有资本方能够成为实际控制人，对于重大人事任免和重大内容问题有把关决定权，这不失为一种有效可行的方式。第四种选择，由专门的国有媒体投资基金来作为国有特殊管理股的股权行使者，应该是今后制度化的选择。因为成立国有基金本身就意味着它本身首先对于构成基金部分的国有资产负有保值增值的义务和责任，因此，它有积极对外投资的动机和主动性。同时作为一种商业化的投资，投资基金更了解市场，投资机构在选择合作的民营机构开办新媒体的时候，在确保对于新媒体的重大问题的控制权时，同时要考虑如何使媒体能够有盈利、有回报、有发展。基金作为一个专业投资者，有专业的判断眼光，也可以协助选择符合代表国有股权的具体代表者和关键岗位人士。而作为国有媒体投资基金，也能够执行好国家和政府对于媒体内容监管方面的政策和要求。

第三，确立不同的国有特殊管理股类型。

在新媒体领域推行国有特殊管理股的时候，不能简单移植金股模式、新加坡模式，或双重和多重股权结构模式，而应该结合现有政策和法律规定的要求，结合媒体监管的实际、新媒体发展的实际，考虑新媒体领域的特殊管理股制度的建构方案。

通过研究我国其他行业的特殊股权制度和国外的特殊股权制度，可以发现它们都是发生在证券市场上市的股份有限公司之中，即公众公司之中。结合我国的实际，这种做法既可以在公众公司中推行，也可以在实行有限责任的非公众公司中推行。[①] 未来可推行的国有特殊管理股类型有以下几种：对于具有时政新闻采编权和制作权的新媒体机构，如果是有限责任公司，不要求国有资本出资额超过50%，但是国有资本的代表在董事会中具有决定权；对于股份公司，或上市公司，国有股份达到30%即可；对于不具有"第一类互联网视听节目"上载业务的新媒体组织可根据其注册资本或股本的大小，具体确定国有特殊管理股的比重。上市公司可为1%股，非上市的股份有限公司或有限责任公司，国有管理股的比重出资由双方或多方协商。

第四，国有特殊管理股管理权限和管理机制问题。

探索国有管理股制度，目的之一是解放生产力。因此，在实行国有特殊管理股的新媒体领域，不能因循旧有做法，换汤不换药，对于新媒体的经营管理事无巨细管控太多。古人所言"无恒产者无恒心"，西方有谚语"每个人都是自己利益的最佳判断者"，所以在对于资产的管理运营中，从一个自然人的角度来说，民营资本的拥有者会更在意自己投入资金的使用和回报。因此，国有管理股权的权限范围，还要根据国有股份具体的份额来确定，但一般限制在对于总经理的任命、总编辑的任命有决策权或一票否决权。其余对于公司的日常经营、对外合作、投融资、新技术新产品研发等，不予干预。

探索新媒体国有特殊管理股，更不能忽视的是内容规范和宣传导向问题。在实行特殊管理股的新媒体内，无论是有限责任公司，还是股份有限公司，都要设总编辑岗位和制度。总编辑应该是具有相关的学历背景、从业经验和认证资格的人员。为了避免总编辑被公司利益捆绑，总编辑的薪酬应该由国有特殊管理股投资的公司发放，并且与任职公司高管基本持

[①] 我国现在文化传媒领域，在出版领域已有国有资本与民营资本通过有限责任公司的方式探索国有特殊管理股的做法。如2015年6月，国家新闻出版广电总局正式批准北京市的国有出版单位北京联合出版有限公司（出资100万元）与民营企业北京时代华语图书股份有限公司（出资400万元）共同出资设立北京话语联合出版有限责任公司，以北京联合出版有限公司拥有管理股为前提，授予新设立的"华语联合"对外出版专项出版权。"华语联合"的主管单位为北京市新闻出版广电局，主办单位为北京联合出版有限责任公司、北京时代华语图书股份有限公司，其中北京联合出版有限责任公司为主要主办单位（管理股股东）。

平。如果不设总编辑岗位，要委托国有新闻媒体代为进行内容把关。把关费用由委托机构支付。① 这一切要通过协议、公司章程确立好，作为获得许可和工商登记的必备条件。在公司之外，可以由主管部门、行业协会、专家学者、家长等人士组成审核评估组织，对于新媒体的内容传播进行评估，以此作为对编辑工作的考核与是否续聘的参考依据。总编辑的岗位职责、薪酬发放和工作考核是紧密联系在一起的，这在一定程度上应该独立于公司决策层。

第五，完善实施推行国有特殊管理股的保障机制。

民营资本为什么能够接受国有特殊管理股？除了新媒体领域巨大的商机和财富投入回报是民营资本进入的驱动力之外，还必须有制度保障促使民营资本必须做出选择。这个制度保障就是从事内容生产传播的特许经营权。面对巨大的商机，非公资本要想进入，获取从事这种经营的资格、具备合法经营的条件，就必须依据相关要求，采取国有特殊管理股的方式。这就需要我们要完善和严格审批与许可制度，这是民营资本接受国有特殊管理股的制度保障。对于我们现在从事的新闻采编、网络视听节目、网络出版和网络直播的审批与许可，今后要有更加具体细致的针对国有特殊管理股权制度的设计、代表国家进行内容编辑把关的机制、岗位和人员设置和配备的条件要求。

特殊管理股虽已试点，但推进缓慢，面临诸多阻碍。真正具有全局意义的几个重点互联网公司市值都在百亿或千亿以上，比如腾讯、搜狐、爱奇艺等，即使是1%的股份，也不是某个国有传媒企业有能力解决的。这些互联网公司大都股权关系复杂，有大量海外股东，如何实现特殊管理股落地，也是一个复杂的问题。

在这两家试点之后，特殊管理股制度并没有如预期地在传媒领域全面推广，相反，民营媒体公司将内容审核工作转包于国有公司的做法则取得了不小进展。2018年6月，今日头条、梨视频、咪咕文化以及量子云成为第一批入驻人民网第三方内容审核平台的内容创业公司。2018年8月，人民网总裁叶蓁蓁在《新闻战线》发表《主流媒体引导力，可否这样实现》的文章，详细论述了建立"内容风险管理提供服务平台"，为第三方

---

① 有学者就这一问题有较为细致的思考，课题组认为是有可行性的。参见郭全中《特殊管理股如何落地》，《中国出版传媒商报》2017年10月24日第8版。

做好内容风险管控的理念。2019年1月30日人民网发布公告称，第三方内容审核业务呈增长趋势，收入同比增长166%。目前，投资入股、战略合作，以及内容审核平台逐渐成为主流意识形态对民营公司内容安全发挥影响力的主要途径，特殊管理股只是其中之一，其未来走向尚存不确定性。

　　总的来说，我国特殊管理股制度的提出，主观上还是沿袭传统的对媒体内容、渠道和人事进行全面控制的思路，将传统媒体的审查主体纳入新媒体的内容管理和人事安排。它的落地仍有待于股权多元化制度和其他一系列配套制度的推进，有待于管理层给予该制度更具有说服力的合法性。2018年3月，中央和国务院机构改革的方案出台，广播电视、电影、新闻出版、网信等重要传播领域的管理结构发生了重大变化，电影和新闻出版改为中宣部直管。强化党对于新闻舆论工作的领导，强调文化事业的意识形态属性的方向已经清晰。当然，国家对于新闻出版转制和网络传播管理在政策上是不是会有相应的重大变化，还有待于顶层设计的进一步明确。

第 三 篇

文化产业具体领域立法研究

第 八 章

传媒产业领域立法

第一节 传媒产业的特殊性及相关立法的主要内容

一 传媒产业及其特殊性

传媒产业是信息技术快速发展的结果，随着近年来我国文化传媒进入转型期，传媒的产业特点更加鲜明，传媒产业已经成为我国新经济时代的重要产业。国家统计局《文化及相关产业分类（2018）》中规定，"文化产业是为公众提供文化、娱乐和服务的活动，以及与其有关的其他活动"，文化产业可划分为三个层次：核心层、外围层及相关层，传媒产业处于文化产业的核心层[①]位置。根据《文化及相关产业分类（2018）》，居于文化产业核心层书报刊、音像及电子出版物、广播电视、电影等支柱性行业都属于传媒产业的范畴。在文化产业领域，最主要和最特殊的部分就是传媒产业，这不仅是由于传媒产业在文化产业中的特殊地位，更重要的原因在于传媒产业中大部分是受版权保护的具有创意及发展前景的领域，也是最具意识形态属性的领域。

（一）传媒与传媒产业

按照传统对传媒的理解，传媒即传播媒介，既指传播信息的载体和工具，包括报纸、杂志、电视、广播等，也指从事信息采集、选择、加工和传输的组织，如报社、电台、电视台等。然而随着互联网和数字经济席卷全球，使我们不得不重新思考和定义什么是传媒。传媒已经不仅仅是传播媒介，传媒包含了媒介、媒体、传播内容等，是一个综合性的概念。传媒

[①] 文化产业的核心层包括新闻服务、书报刊出版发行、音像及电子出版物出版发行、版权服务、广播及电视服务、广播及电视传输、电影服务、文艺创作、表演及表演场所、文化保护和文化设施服务、群众文化服务、文化研究与文化社团服务、其他文化艺术服务。

既包括多种媒体业态或媒体组织，还包括内容生产和数据存储的机构等，是多种媒介形态、多种媒体业态形成的社会信息系统。

传媒产业是生产传播各种以文字、图形、艺术、语言、影像、声音、数码、符号等形式存在的信息内容产品以及提供各种服务的企业按照市场化方式形成的企业集群。传媒产业可按不同区域、不同行业或上下游关系形成产业组织体系。按照媒介的形态与功能，传媒产业还可以细分为若干行业，如：报纸、期刊、图书、电视、广播、电影、门户网站、网络视频、网络游戏、搜索引擎、社交媒体、自媒体、平台媒体等行业。[1] 随着市场化的深入发展，我国传媒产业已粗具规模，并进入了结构调整的转型期，从发展的角度看，传媒产业将是文化产业中经济效益显著并最具成长性的产业之一。

经过多年的发展，传媒生态已经发生了翻天覆地的变化，并且一直在变化当中。传媒生态的变化体现在一方面媒体之间的融合程度加深，传统媒体向新兴媒体演变。另一方面，大数据、人工智能、虚拟现实等技术在传媒领域的应用带来了新的产业发展契机，传媒生态的变化会带来产业组织的变化、出现新的行为类型、新的权利类型甚至形成全新的产业。

（二）传媒产业的特殊性

自党的十六大提出"文化事业"和"文化产业"的区分，国家鼓励"把能够经营的部分剥离出去，进行经营"，经营活动在中国大众传播媒介生存和发展中的地位日益重要。[2] 随着越来越多的企业行为介入媒介市场，以往存在于大众传媒个体间平衡、稳定、极少对抗的关系越来越多地被一种紧张、对抗、利益攸关的竞争关系所取代，媒介个体越来越鲜明地体现出"企业"而不是"事业"的特点。[3] 但需要注意的是，我国的文化及传媒单位，大都兼具"公益性文化事业"属性和"经营性文化产业"属性。事业属性强调传媒单位在体制上应为国家所有，并以事业单位体制进行管理，但同时要求其按照现代企业制度进行体制创新，产品要通过市场实现其价值，"事业"与"企业"不可能完全分开。但单从产业角度来说，传媒产业又是具有特殊性的产业，与一般的工业产品和服务不同，传

---

[1] 《传媒产业概念应被重新定义》，《中国经济时报》2018年6月28日。
[2] 赵子忠：《内容产业论——数字新媒体的核心》，中国传媒大学出版社2005年版。
[3] 黄升民、丁俊杰：《媒介经营与产业化研究》，北京广播学院出版社2003年版。

媒产品及服务是带有价值观和意识形态的，由于传媒产品的意识形态属性，世界上任何一个国家都会对其采取一些限制措施。例如英美的法律中都规定媒体不得享有损害国家形象、泄露国家秘密、出版淫秽色情出版物的自由等。除了各种基本立法以外，英国议会还时常对一些特殊事件进行立法，例如2002年英国议会为阻止默多克集团"蚕食"英国传媒业而专门修订了媒体并购法案。但这种限制是严格控制在最低限度内的，只有在维护国家安全、公共利益、保护个人合法权益的情形下，才有可能对媒体的自由进行限制，以减少政府过多的干预。

而我国是与这种价值取向完全相反的。在我国，国家的安全、秩序，社会的稳定要优先于传媒的自由、效率和公平。传媒具有政治属性、经济属性和意识形态三大属性，但从我国传媒的发展历史看，我国政府更强调其政治属性和意识形态属性，强调传媒"喉舌"[①]功能和舆论引导功能的发挥。由于社会政治环境和历史因素的影响，中国的传媒业在很长一段时间内被认为是纯粹的上层建筑的设施之一，传媒的舆论宣传功能被不断强调，传媒作为党和政府的"喉舌"是传媒最主要的职责，传媒的首要任务是完成党和国家的宣传任务，引导舆论。这也使得媒介机构本身意识形态化，认为只要控制了媒介工具，就可以控制意识形态。传媒产品的意识形态属性被当作一种工具，进行意识形态宣传和舆论的引导。正是基于这种特殊性，立法者要考虑从各方面保证传媒特殊性要求的实现，如审批、许可、资本准入的限制等。

传媒产品的意识形态属性决定了它比其他产品对于社会的影响更大。传媒产品内容产品、精神产品和作为影响力经济的特性，决定了其传播对目标受众行为的改变力量。如果说生产活动产生的外部性可以忽略不计，而传媒产品消费传播过程中产生的外部性却不可估量。无论是平面媒体时代、广播电视时代，还是当今媒介融合时代，传媒对于一个国家的政治秩序、经济发展、文化传承、社会风气，乃至国际竞争都发挥着至关重要的

[①] 梁启超在前人"去塞求通"思想的基础上，最早提出了报刊"耳目喉舌"的社会功能。他在《论报馆有益于国事》一文中写道："去塞求通，厥道非一，而报馆其导端也。无耳目、无喉舌，是曰废疾。……有助耳目喉舌之用而起天下废疾者，则报馆之谓也"。他认为报纸是国家和国民的"耳目喉舌"，认为报纸是"去塞求通"、促进国家富强的重要工具。所谓"耳目"，是指报纸能帮助人们掌握国内外的消息，"喉舌"则是指报纸能让上情下达，下情上传。这一思想深刻影响了近代和新中国成立后人们对新闻社会功能的认识。

作用。特别是对于一个国家和社会的未来的青少年所具有的积极影响和可能带来的消极影响，更是整个社会所关心的问题。拉扎斯菲尔德和默顿在《大众传播的社会作用》一书中提出，"传播媒介既可以为善服务，也可以为恶服务，如果不进行适当的控制，它为恶服务的可能性更大。"对传媒产业的立法和监管很大程度上是出于对传媒产品所包含的价值观和意识形态对社会所造成的影响的担忧，尤其是在互联网领域，消费者对传媒产品的消费可能会对主流价值观和文化带来冲击。

尽管传媒产业存在其特殊性，作为一个产业领域也是当代世界各国经济增长的着力点。这一点，我国自改革开放以来无论是国家还是整个社会都达成了共识。改革开放四十多年来，传媒产业化经历了艰难的过程，体现在立法和政策方面这种特定的产业化过程也对立法和政策的价值目标和内容规范产生了一定影响。

二　传媒产业立法主要内容

从顶层设计的角度来看，我国的监管部门是以"安全、秩序"为立法价值目标来进行各项规范和制度的设计。我国政治制度的"最高原则"是"坚持党的领导"。国家的整个政治结构必然与这个基本原则相匹配，传媒领域作为意识形态工作的重镇也不例外。执政党的方针政策的指导思想不仅影响了意识形态，也形成了"党管媒体""思想中心"等基本的传播观、媒介观和价值观。[①] 2016年，在我国网信事业发展的基础上，习近平提出要树立正确的网络安全观。新形势下网络安全观实际上包含两大核心内容，一个是"国家观"，即网络安全是国家安全的重要组成部分，网络信息系统的安全具有基础性和全局性；另一个是"发展观"，即网络安全与国家信息化发展相辅相成。国家决策层在顶层制度设计上对国家意识形态、安全、发展所做的基本判断，虽然不是直接针对产业的立法，但都是我国当前传媒立法监管的出发点和立足点，对于产业的发展直接发生影响。

从立法和监管的角度来看，我国传媒行业在整个文化产业中是开放程度最小、管控最严的领域。管控的严格不仅表现在传媒机构的设立、经

---

① 人民日报评论员：《把坚持正确政治方向摆在首位——二论学习贯彻习近平总书记新闻舆论工作座谈会重要讲话精神》，《人民日报》2016年2月22日。

营、管理、资本的准入，更为重要地体现在对内容的管控上。从总体上来看，传媒要坚持为人民服务、为社会主义服务的方向，坚持以马克思列宁主义、毛泽东思想、邓小平理论和"三个代表"重要思想为指导等原则性要求。我国的传媒体制是"事业单位，企业管理"，尽管强调传媒产品和服务要在市场机制中发挥作用，但传媒的事业体制保持不变，设立传媒机构都要有符合法律规定的主管单位和主办单位。从具体内容规范的角度来看，传媒产业立法不仅涉及传媒产业相关企业的设立和运营资质和程序，也涉及企业与政府的关系，与用户的关系以及与其他组织的民商事关系和法律责任等。在传媒产业的不同领域，立法和监管制度的侧重点也有所不同。

（一）新闻出版[①]

1. 新闻出版法律体系构成

直接对新闻出版活动起规范和调整作用的是国务院制定和发布的行政法规，主要包括《出版管理条例》（国务院令第343号）、《音像制品管理条例》（国务院令第341号）、《印刷业管理条例》（国务院令第315号）这也是目前专门规范新闻出版活动最高位阶的法律文件。其中，《出版管理条例》于2001年颁布，后经四次修订，最新一次修订是2016年，目前仍是新闻出版活动最主要的行政法规。更为具体的则是新闻出版主管部门制定发布的各项有关新闻出版机构的设立、运营、准入、行业标准以及内容制作传播的行政规章和规范性文件。这些文件主要有：《音像制品出版管理规定》（2004）、《期刊出版管理规定》（2005）、《报纸出版管理规定》（2005）、《印刷业经营者资格条件暂行规定》（2001）、《设立外商投资印刷企业暂行规定》（2002）、《出版文字作品报酬规定》（1999）、《新闻出版行业标准化管理办法》（2001）等，与规范性法律文件[②]一起形成了相对配套的法规体系，使得在新闻出版、编辑、印刷、发行等各个环节的管理都有法可依。

[①] 根据《出版管理条例》，本部分的新闻出版，指的是非互联网信息环境下的新闻和出版活动，包括新闻的制作、编辑、发布，以及出版物的出版、印刷或复制、进口、发行等。

[②] 如《文化部关于改进音像市场管理建设长效管理机制的通知》（2006）、《关于下发音像（电子）出版业体制改革实施方案的通知》（2009）、《关于促进我国音像业健康有序发展的若干意见》（2009）、《关于继续实施文化体制改革中经营性文化事业单位转制为企业若干税收政策的通知》（2014）等。

2. 新闻出版监管制度构成要素分析

（1）新闻出版的监管主体

专门对新闻出版活动和出版机构实施监督管理的部门，最早是成立于1987年的新闻出版署，2001年起改称新闻出版总署，2013年与广电总局整合为国务院新闻出版广电总局，直至2018年，新闻出版管理职责划入中共中央宣传部，由中宣部统一管理全国的新闻出版工作。

（2）新闻出版的行业准入

第一，在资质条件方面，根据《出版管理条例》，出版单位包括报社、期刊社和各类图书、音像、电子出版物的出版社，分为事业单位法人和企业法人两类。[①] 设立出版单位，应当具备的条件包括：有出版单位的名称、章程；符合国务院出版行政主管部门认定的主办单位及其主管机关；确定的业务范围；30万元以上的注册资本和固定的工作场所；适应业务范围需要的组织机构和符合国家规定的资格条件的编辑出版专业人员等。此外，审批设立出版单位，除了依照以上所列条件外，还应当符合国家关于出版单位总量、结构、布局的规划。[②]

《出版管理条例》所设定的设立出版单位的条件中，最重要的是要有主办单位和主管机关，这是保障"党管媒体"体制的独特设计。[③] 根据《关于出版单位的主办单位和主管单位职责的暂行规定》，举办出版单位，必须有确定的主办单位和主管单位。其中，主办单位是指出版单位的上级领导部门，出版单位不仅专业分工范围应与主办单位的业务范围相一致，其办公场所也应与主办单位在同一城市或同一行政区域。若两个或两个以上单位联合申办出版单位，应确定其中一个单位为主要的主办单位以及相应的主管单位。而主管单位是指出版单位创办时的申请者，并是该出版单位的主办单位的上级主管部门。[④]

主管单位、主办单位与出版单位之间必须是领导与被领导的关系，不能是挂靠与被挂靠的关系。《出版管理条例》在2011年修改时增加规定：

[①] 《出版管理条例》第9条："出版单位包括报社、期刊社、图书出版社、音像出版社和电子出版物出版社等。法人出版报纸、期刊，不设立报社、期刊社的，其设立的报纸编辑部、期刊编辑部视为出版单位。"

[②] 《出版管理条例》第11条。

[③] 魏永征、周丽娜：《新闻传播法教程》，中国人民大学出版社2019年版。

[④] 《关于出版单位的主办单位和主管单位职责的暂行规定》第2、4、5条。

"出版单位的主办单位及其主管机关对所属出版单位出版活动负有直接管理责任,并应当配合出版行政主管部门督促所属出版单位执行各项管理规定。"[1] 由此,全国的报刊,特别是报纸和新闻类期刊就纳入国家政权体制之内,以保证所有报刊都有确定的上级领导以及相应的共产党组织进行领导和管理。

第二,在资本准入方面,根据《外商投资产业指导目录》,"图书、报纸、期刊的出版业务""音像制品和电子出版物的出版、制作业务""网络出版服务"均被列入禁止外商投资产业目录。也就是说图书、报纸、期刊、音像制品和电子出版物的出版和制作、网络出版服务均为外资禁止进入的产业类别。需要注意的是,此处所称的"出版""出版和制作"是指出版物的编辑和制作,也就是涉及出版物内容提供的业务,均是禁止外资准入的。但是在印刷、发行等其他出版行业,外资是可以进入的。例如根据《出版管理条例》,国家允许设立从事图书、报纸、期刊、电子出版物发行业务的中外合资经营企业、中外合作经营企业、外资企业。根据《设立外商投资印刷企业暂行规定》第3条:"国家允许设立从事出版物、包装装潢印刷品、其他印刷品印刷经营活动的中外合资经营企业,允许设立从事包装装潢印刷品印刷、经营活动的外资企业"。

但这种准入是有限的。以印刷业为例,对外资实际上实行的是有限的准入,即外方持股比例应低于50%。《设立外商投资印刷企业暂行规定》第6条第(五)项规定,"从事出版物、其他印刷品印刷经营活动的中外合营印刷企业,合营中方投资者应当控股或占主导地位。其中,从事出版物印刷经营活动的中外合营印刷企业的董事长应当由中方担任,董事会成员中方应当多于外方。"

(3) 新闻出版的审批、许可、登记制度

根据《出版管理条例》,设立出版单位,应由其主办单位向所在地省级(省、自治区、直辖市人民政府)出版行政主管部门提出申请;审核同意后,报国务院出版行政主管部门审批。主办单位应当自收到批准决定之日起60日内,向所在地省、自治区、直辖市人民政府出版行政主管部门登记,领取出版许可证。出版单位领取出版许可证后,属于事业单位法人的,持出版许可证向事业单位登记管理机关登记,依法领取事业单位法

---

[1] 《出版管理条例》第49条。

人证书；属于企业法人的，持出版许可证向工商行政管理部门登记，依法领取营业执照。①

经营出版物的出版、印刷或者复制、进口、发行等任何一项业务，必须得到出版行政主管部门的许可，相应取得"出版许可证"（出版）、"印刷经营许可证"（印刷）、"复制经营许可证"（复制）、"出版物进口经营许可证"（进口）、"出版物经营许可证"（发行）。

出版单位应当针对不同类别的出版物取得相应的出版许可证。从事图书出版活动应当相应取得"图书出版许可证"，从事报纸、期刊出版活动应当相应取得"报纸出版许可证"、"期刊出版许可证"，从事音像制品出版活动应当取得"音像制品出版许可证"，从事电子出版物的制作、出版、进口业务应当取得"电子出版物出版许可证"。

中学小学教科书由国务院教育行政主管部门审定；其出版、发行单位应当具有适应教科书出版、发行业务需要的资金、组织机构和人员等条件，并取得国务院出版行政主管部门批准的教科书出版、发行资质。纳入政府采购范围的中学小学教科书，其发行单位按照《中华人民共和国政府采购法》的有关规定确定。其他任何单位或者个人不得从事中学小学教科书的出版、发行业务。

（4）新闻出版的审读、年检、备案制度

第一，报刊审读制度。报刊审读是新闻出版主管部门和报刊主管单位在报刊出版后组织有关人员，对报刊出版质量进行的审阅和评定，是对报刊出版的事后管理。2005年新闻出版总署颁布《期刊出版管理规定》《报纸出版管理规定》，规定报刊审读制度，这是首次以规章形式予以其明确的法律地位。并在2009年《报纸期刊审读暂行办法》中要求各级新闻出版行政部门和报刊主管单位设立审读机构。

全国的报刊审读由新闻出版总署负责。不同行政区内的报刊审读由地方各级新闻出版的行政部门负责。地方各级行政部门协调、指导下级行政部门和报刊主管单位对报刊进行审读，并向中央或上级新闻出版主管部门报送审读报告，研究处理审读中发现的问题等。审读包括是否有禁载内容、是否刊载虚假失实报道和发表涉及国家政策等内容，是否符合规定、

---

① 《出版管理条例》第12、15条。

重大题材是否履行备案程序、报道敏感和突发事件是否符合规定等。①

第二，报刊年度核验制度。年度核验，简称年检，是新闻出版管理部门对报刊进行阶段性监督管理的方法。新闻出版总署于2006年制定了《报纸期刊年度核验办法》。报纸、期刊均在登记地年度核验，省级新闻出版行政部门负责对本行政区域的报刊实施年度核验，若存在违法行为被查不改正或者已改正没有明显效果的，不能通过年度核验，而未通过年度核验的报刊出版单位，自第二年起停办该报刊；不按规定参加年度核验的报刊出版单位，经催告仍未参加年度核验的，由新闻出版总署撤销出版许可证，所在地省、自治区、直辖市新闻出版行政部门注销登记。②

第三，出版选题备案制度。出版单位应当保障出版物刊载的内容符合《出版管理条例》的规定。根据《出版管理条例》第20条："图书出版社、音像出版社和电子出版物出版社的年度出版计划及涉及国家安全、社会安定等方面的重大选题，应当经所在地省、自治区、直辖市人民政府出版行政主管部门审核后报国务院出版行政主管部门备案；涉及重大选题，未在出版前报备案的出版物，不得出版。具体办法由国务院出版行政主管部门制定。期刊社的重大选题，应当依照前款规定办理备案手续。"

（5）内容规范

《出版管理条例》第25条规定了新闻出版的"禁载十条"。③ 此外，条例还强调，以未成年人为对象的出版物不得含有诱发未成年人模仿违反社会公德的行为和违法犯罪的行为的内容，不得含有恐怖、残酷等妨害未成年人身心健康的内容。④

（二）广播电视

1. 广播电视法律规范体系构成

广播电视法律规范体系中位阶最高的是行政法规《广播电视管理条

---

① 《期刊出版管理规定》，《报纸出版管理规定》第47、48条。
② 《报纸期刊年度核验办法》。
③ 《出版管理条例》第25条："任何出版物不得含有下列内容：（一）反对宪法确定的基本原则的；（二）危害国家统一、主权和领土完整的；（三）泄露国家秘密、危害国家安全或者损害国家荣誉和利益的；（四）煽动民族仇恨、民族歧视，破坏民族团结，或者侵害民族风俗、习惯的；（五）宣扬邪教、迷信的；（六）扰乱社会秩序，破坏社会稳定的；（七）宣扬淫秽、赌博、暴力或者教唆犯罪的；（八）侮辱或者诽谤他人，侵害他人合法权益的；（九）危害社会公德或者民族优秀文化传统的；（十）有法律、行政法规和国家规定禁止的其他内容的。"
④ 《出版管理条例》第26条。

例》(国务院第 228 号令),此条例于 1997 年公布,2013 年和 2017 年有过两次修订。与广播电视有关的行政法规和部门规章等法律文件还包括:《广播电视设施保护条例》(2000)、《无线电管理条例》(2016)、《卫星地面接收设施接收外国卫星传送电视节目管理办法》(2018)、《卫星电视广播地面接收设施管理规定》(2018)、《有线电视管理暂行办法》(2018)、《广播电视节目制作经营管理规定》(2015)、《广播电台电视台审批管理办法》(2004)、《广播电视站审批管理暂行规定》(2004)、《广播电视无线传输覆盖网管理办法》(2004)、《广播电视安全播出管理规定》(2009)、《电视剧内容管理规定》(2010)、《电视剧审查管理规定》(2004)、《有线广播电视运营服务管理暂行规定》(2011)、《专网及定向传播视听节目服务管理规定》(2016)等。

2. 广播电视监管制度构成要素分析

(1) 广播电视监管主体

对广播电视的监管,既包括对广播电视机构——广播电台、电视台[②]设立和经营的管理,也包括对广播电视节目制作、播放、传播的管理,以及对广播电视传输网络和频谱资源等的管理。新中国成立初,广播电台是政府的一个部门,实行"(广播)局台合一"体制。1955 年,国务院《关于地方人民广播电台管理办法的规定》规定中央广播事业局是国家的广播管理机构,中央人民广播电台是其组成部门。20 世纪 60 年代以后发展为中央人民广播电台、国际广播电台、中央电视台三个部门。各省市的广播电台直属于政府,受政府和广播事业局的双重领导。1957 年以后,各省市相继建立广播事业局,对地方广播事业改为以地方领导为主。80 年代起确立"条块结合、以块为主"的分级行政管理模式,各级电台、电视台成为直属于同级政府广电部门的事业单位。广播电视管理工作最早是广播电影电视部负责,1998 年改组为国家广播电影电视总局,2013 年与新闻出版总署整合为国家新闻出版广电总局。2018 年整合中央电视台(中国国际电视台)、中央人民广播电台、中国国际广播电台,组建中央广播电视总台,作为国务院直属事业单位,归中宣部领导。[③]

此外,根据《电信条例》[①],我国的电信业由国务院信息产业主管部门进行管理。根据该条例,"电信"是指"利用有线、无线的电磁系统

---

① 国务院第 291 号令。

或者光电系统，传送、发射或者接收语音、文字、数据、图像以及其他任何形式信息的活动"，被认为包含了广播电视活动。《电信条例》第45条规定："公用电信网、专用电信网、广播电视传输网的建设应当接受国务院信息产业主管部门的统筹规划和行业管理。"信息产业主管部门也成为广播电视的监管机构之一。信息产业主管部门当时是信息产业部，2008年国务院成立工业和信息化部，履行原信息产业主管部门的相关职责。[①]

（2）广播电视行业准入

设立广播电台、电视台[②]，应当具备的条件包括：有符合国家规定的广播电视专业人员；符合国家规定的广播电视技术设备；必要的基本建设资金、稳定的资金保障以及必要的场所。[③] 审批设立广播电台、电视台，除依照前款所列条件外，还应当符合国家的广播电视建设规划和技术发展规划。此外，第10条还规定了"广播电台、电视台由县、不设区的市以上人民政府广播电视行政部门设立，其中，教育电视台可以由设区的市、自治州以上人民政府教育行政部门设立"，县级不具备设台资格。上述政府部门之外的其他任何单位和个人不得设台。

此外，国家禁止设立外资经营、中外合资经营和中外合作经营的广播电台、电视台。

（3）广播电视的审批、许可、登记制

第一，设立广播电视播出机构的许可。

各级电台、电视台都应遵循先审批、后筹建的程序。国务院广电行政部门对设立广播电台、电视台拥有统一审批权。各地设台，由达到设台主体层级的政府广电部门提出申请，经本级政府审查同意，逐级上报，经国务院广电行政部门审查批准后，方可筹建。教育电视台，中央级的由国务院教育管理部门设立，报国务院广电行政部门审查批准。地方设台，由达到设台主体资格的政府教育行政部门提出申请，征得同级广电部门同意并经本级政府审查同意，逐级上报，经国务院教育行政部门审核，国务院广

[①] 魏永征、周丽娜：《新闻传播法教程》，中国人民大学出版社2019年版。
[②] 这里的广播电台、电视台是指采编、制作并通过有线或无线的方式播放广播电视节目的机构。
[③] 《广播电视管理条例》第9条。

电行政部门审查批准，方可筹建。① 此外，根据《广播电视管理条例》第12条的规定，经批准筹建的广播电台、电视台，应当按照国家规定的建设程序和广播电视技术标准进行工程建设。建成的广播电台、电视台，经国务院广播电视行政部门审查符合条件的，发给广播电台、电视台许可证。广播电台、电视台应当按照许可证载明的台名、台标、节目设置范围和节目套数等事项制作、播放节目。

第二，从事广播电视节目制作经营业务的许可。

广播电视节目由广播电台、电视台和省级以上人民政府广播电视行政部门批准设立的广播电视节目制作经营单位制作。广播电台、电视台不得播放未取得广播电视节目制作经营许可的单位制作的广播电视节目。内容集成播出和服务，如果是非自己制作节目，这些节目必须取得"广播电视节目制作经营许可证"的机构所制作。② 根据2015年修订的《广播电视节目制作经营管理规定》，审批许可的节目制作经营机构只限于制作普通的专题、专栏、综艺、动画片、广播剧、电视剧等节目，而不得制作时政新闻及同类专题、专栏节目，后者必须由广播电视播出机构即电台、电视台制作。

第三，从事广播电视节目传送业务的许可。

随着广播电视业改革的发展，不仅节目播出和节目制作逐步分离，节目传送也开始从节目播出机构分离出来，由独立的机构经营，需要予以管理。节目传送分为无线和有线两种。通过无线方式传送由《广播电视无线传输覆盖网管理办法》规范，通过有线方式传送由《广播电视节目传送业务管理办法》规范，这两个规章都于2004年公布实施。国家对从事节目传送业务也实行许可制。使用无线传输网络许可已有《无线电管理条例》《广播电视管理条例》等行政法规规定。对以有线方式在省级行政区域内或跨省经营广播电视传送业务的审批，由《国务院对确需保留的行政审批项目设定行政许可的决定》第305项设定。

可以从事节目传送业务的限于三类机构：一是广播电视播出机构，二是广播影视集团（总台）及所属机构，三是具有无线广播电视传输覆盖能力或者拥有有线广播电视网络经营权的国有或国有控股机构。它们都必

---

① 《广播电视管理条例》第11条。
② 《广播电视管理条例》第31条。

须具备规章所规定的条件并且履行法定的审批程序，取得许可证，方可按许可的范围从事节目传送业务。

以无线方式传送节目包括利用地面无线、微波、卫星等方式。《广播电视无线传输覆盖网管理办法》规定，申请人须向所在地县级以上广电部门申请，逐级审核，报广电总局审批，领取"广播电视节目传送业务经营许可证（无线）"。申请利用微波传输广播电视节目且覆盖区域在本省范围内的和使用小功率调频、电视发射设备功率在50瓦以下进行广播的，广电总局委托省级广电部门审批。开展节目卫星传输业务的，则应向省级以上广电部门申请，报广电总局审批。

申请以有线方式从事节目传送业务许可证的程序，《广播电视节目传送业务管理办法》分为三类：第一类，申请在省级行政区域内或跨省（市）从事节目传送业务的，向地（市）级以上广电部门申请，经逐级审核，报广电总局审批，由广电总局颁发《广播电视节目传送业务经营许可证》；第二类，申请在同一地（市）行政区域内从事节目传送业务的，应向县级以上广播电视行政部门申请，经逐级审核，报省级广电部门审批，由省级广电部门颁发许可证；第三类，申请在同一省（市）内两个以上地（市）级行政区域经营节目传送业务的，按第一类办理。

除以上条件外，许可证上要明确载明传输覆盖或传送的范围、传送节目内容、传送方式、技术手段等事项。持证单位应当按此从事业务活动，不得超越，否则要承担相应的法律责任。

（4）内容规范及法律责任

广播电视的内容规范多为禁止性条款，禁播含有违法内容的节目。禁播的内容主要体现在《广播电视管理条例》第32条，该条例第32条规定有七项，这是较早的规定。① 条例第49条规定违反该条所要承担的法律责任为：责令停止制作、播放、向境外提供，收缴其节目载体，并处罚款；情节严重的，吊销许可证；违反治安管理规定的由公安机关给予处罚；构成犯罪的依法追究刑事责任。

《广播电视管理条例》规定："广播电台、电视台不得播放没有取得

---

① 主要包括："禁止制作、播放载有下列内容的节目：（一）危害国家的统一、主权和领土完整的；（二）危害国家的安全、荣誉和利益的；（三）煽动民族分裂，破坏民族团结的；（四）泄露国家秘密的；（五）诽谤、侮辱他人的；（六）宣扬淫秽、迷信或者渲染暴力的；（七）法律、行政法规规定禁止的其他内容。"

合法制作经营许可的单位制作的节目;不得播放未经批准的境外电影、电视剧和其他节目;不得擅自以卫星等方式进口、转播境外广电节目。"违反以上三条规定的,"由县级以上人民政府广播电视行政部门责令停止违法活动,给予警告,没收违法所得,可以并处 2 万元以下的罚款;情节严重的,由原批准机关吊销许可证。"此外,条例还规定不得播放按《著作权法》规定必须经著作权人许可方可使用的作品。

综观我国新闻出版和广播电视领域的立法和监管制度,在传媒产业化的进程中,党管媒体这一原则始终不动摇。在立法上体现为市场力量不得涉足时政报道和宣传领域;频道频率不得进行公司化、企业化经营,更不得将其整体打包上市;外资不得通过控股和参股的方式涉足任何国内的媒体机构。因此,我国传媒产业化改革,不是彻底的企业化或者商业化过程,而是自上而下、区别对待、内外有别的改革过程。

(三) 网络出版

随着移动互联技术越来越多地深入人们的生活,互联网成为人们获取新闻信息的重要途径,越来越多的受众选择通过 PC 端和移动端阅读新闻。互联网信息技术的普及也带来了网络出版行业的繁荣,网络出版行业的产值在我国整个出版产业产值中所占的比例在逐年增高,自 2017 年以来,我国数字出版产业全年收入规模已超 7000 亿元。与传统出版行业相比,网络出版具有出版周期较短,出版样态多元,包容信息量大,查阅便利,传播快捷,时效性强等特点,已成为读者获取各种资讯的重要渠道。但在网络出版迅猛发展的同时,盗版和侵权的现象亦层出不穷,淫秽色情、内容低俗的不良网络出版内容大量存在乃至泛滥,既对广大青少年的身心健康带来严重负面影响,也在一定程度上威胁着我国的文化安全。随着手机、电子阅读器、平板电脑等各种移动互联终端日益广泛的普及,以及微信、微博、公众号等新媒体受众面的急速扩大,网络出版业务向移动终端发展的趋势愈益明显,而这也给我国网络出版行业的监管带来了新的困境和挑战。

1. 网络出版法律规范

2000 年,《互联网从事登载新闻业务管理暂行规定》发布,该规定是对网上新闻传播活动予以规范的。2005 年,两部门又发布《互联网新闻信息服务管理规定》取代"暂行规定"。2017 年 5 月,国家网信办以 1 号令发布了新修订的部门规章《互联网新闻信息服务管理规定》,《互联网信息服务许可管理实施细则》对该规定进行了具体落实。① 在网络出版方面，2002年，原新闻出版总署与信息产业部联合颁布了《互联网出版管理暂行规定》，而"网络出版"的概念最早是在2011年《出版管理条例》中提出的，网络出版的审批和管理由新闻出版行政主管部门另行规定。2016年3月10日，由国家新闻出版广电总局与工信部联合发布《网络出版服务管理规定》正式取代2002年《互联网出版管理暂行规定》，成为网络出版领域的最新规范性文件。2016年，为建立统一开放、竞争有序的出版物市场体系，广电总局发布了《出版物市场管理规定》，重申了从事新闻出版发行活动所需要遵循的审批、许可和外资准入等问题，并明确了通过互联网等信息网络从事出版物发行业务的行业准入条件，由此形成了包括互联网新闻在内的网络出版的监管制度基础。

2. 网络出版监管制度构成要素分析

（1）网络出版的概念和范围

根据《互联网出版管理暂行规定》，"互联网出版"指的是："互联网信息服务提供者将自己创作或他人创作的作品经过选择和编辑加工，登载在互联网上或者通过互联网发送到用户端，供公众浏览、阅读、使用或者下载的在线传播行为。"而《网络出版服务管理规定》则将"网络出版服务"定义为"通过信息网络向公众提供网络出版物"。从"互联网出版"到"网络出版服务"，不仅是将移动互联网纳入范畴，"服务"的表述更为契合产业发展实际，也为管理权限的扩大预留了空间。可以说"互联网出版"的定义指向性较为明确，而"网络出版服务"的内涵和外延更大，是一个更具开放性的定义。

此外，根据《网络出版服务管理规定》，"网络出版物"指的是："网络出版物，是指通过信息网络向公众提供的，具有编辑、制作、加工等出版特征的数字化作品"。而此前的规定中并没有提出"网络出版物"这一概念。网络出版物所包含的范围也有所扩大②："（一）文学、艺术、科学等领域内具有知识性、思想性的文字、图片、地图、游戏、动漫、音视频读物等原创数字化作品；（二）与已出版的图书、报纸、期刊、音像制

---

① 魏永征、周丽娜：《新闻传播法教程》，中国人民大学出版社2019年版。

② 《互联网出版管理暂行规定》规定的互联网出版物的范围包括：（一）已正式出版的图书、报纸、期刊、音像制品、电子出版物等出版物内容或者在其他媒体上公开发表的作品；（二）经过编辑加工的文学、艺术和自然科学、社会科学、工程技术等方面的作品。

品、电子出版物等内容相一致的数字化作品；（三）将上述作品通过选择、编排、汇集等方式形成的网络文献数据库等数字化作品；（四）国家新闻出版广电总局认定的其他类型的数字化作品。"

《网络出版服务管理规定》的监管范围除了"已出版的图书、报纸、期刊、音像制品、电子出版物等内容相一致的数字化作品"之外，还增加了游戏、动漫、音视频读物、网络文献数据库等内容，更重要的是还规定了一个兜底条款，即国家新闻出版广电总局"认定的其他类型的数字化作品"。可以说《网络出版服务管理规定》基本能够覆盖从视频、音乐、文字到程序在内可以在互联网上传播的全部内容。

（2）网络出版的监管主体

由于互联网与传统新闻媒体实行不同的体制，互联网的新闻信息服务管理也呈现出独特的方式。但由于互联网及其相关产业的发展早已经超出了原有的行业边界，我国的互联网规制体系比较复杂，目前各种关于网络出版的法规、条例在各部门具体分工上语焉不详，网络出版监管主体之间的职责划分并不清楚，各管理部门职责与权限存在着一定的交叉与冲突。以网络游戏为例，根据《电信条例》，网络游戏设施和电信传输要受到工业和信息化部监管，文化部从文化和价值观的角度对网络游戏进行监管，根据《网络出版服务管理规定》，"国家新闻出版广电总局作为网络出版服务的行业主管部门，负责全国网络出版服务的前置审批和监督管理工作"。但在实践中，两部门的协调管理并不顺畅，时常会就管理权限产生争议。在发生于2009年的《魔兽世界》事件[①]中，文化部和原新闻出版总署围绕网络游戏产品的监管权限问题产生了直接冲突，暴露了我国当前

[①] 争议的导火索是《魔兽世界》的运营权由九城到网易的变更。运营主体的变更需要审批，网易为尽快完成手续，同时向文化部和原新闻出版总署提出了审批申请。2009年4月24日文化部发布关于《规范进口网络游戏产品内容审查申报工作的公告》，提出"文化部负责对进口网络游戏产品进行前置审查"。此举引起原新闻出版部署强烈不满。7月1日原新闻出版总署公布通知声称："新闻出版总署是唯一经国务院授权负责境外著作权人授权的进口网络游戏的审批部门"。在原新闻出版总署与文化部对于网游管理权存在分歧时，中央机构编制委员会办公室明确"文化部是网络游戏的主管部门"，"新闻出版总署负责网络游戏的网上出版前置审批"。可该解释并没有起到厘清职责、终止纷争的效果，反而将争议引向了新的阶段。9月19日文化部通过审批，网易发布即日起《魔兽世界》重新正式运营的公告，但此时并没有通过原新闻出版总署的审批。10月9日原新闻出版总署明确表示：《魔兽世界》未经版署前置审批，文化部的批准是无效的。11月2日晚原新闻出版总署发布通知终止《魔兽世界》审批。11月3日11时《魔兽世界》得以恢复运营。

网络出版监管主体与监管权限设置方面的弊端。虽然《网络出版服务管理规定》等规定对网络出版各监管主体的权限做了相应的划分，但各部门实际的行政裁量权不断扩大，并且网络游戏管理权并未分家的问题仍未解决，不知何时网络出版管理部门与文化管理部门的权力之争就会再现，这对正在蓬勃发展的游戏产业而言始终是一个不确定的隐患。

（3）网络出版行业准入

可以从事网络出版服务的主体有两类。一类是原有出版单位如图书、音像、电子、报纸、期刊出版单位，此类单位从事网络出版服务，应当具备的条件包括：有确定的从事网络出版业务的网站域名、智能终端应用程序等出版平台；确定的网络出版服务范围；从事网络出版服务所需的必要的技术设备，相关服务器和存储设备必须存放在中华人民共和国境内。① 另一类是其他单位。其他单位从事网络出版服务，除了第 8 条所列条件外，还应当具备以下条件：有确定的、不与其他出版单位相重复的、从事网络出版服务主体的名称及章程；符合国家规定的法定代表人和主要负责人，法定代表人必须是在境内长久居住的具有完全行为能力的中国公民，法定代表人和主要负责人至少 1 人应当具有中级以上出版专业技术人员职业资格；适应网络出版服务范围需要的 8 名以上具有国家新闻出版广电总局认可的出版及相关专业技术职业资格的专职编辑出版人员，其中具有中级以上职业资格的人员不得少于 3 名；从事网络出版服务所需的内容审校制度；固定的工作场所等。②

中外合资经营、中外合作经营和外资经营的单位不得从事网络出版服务。

（4）网络出版审批、许可、登记制度

从事网络出版服务，需要经过出版行政主管部门批准，并取得"网络出版服务许可证"。网络出版服务单位不得转借、出租、出卖"网络出版服务许可证"或以任何形式转让网络出版服务许可。

网络出版服务单位实行编辑责任制度，出版物内容审核责任制度、责任编辑制度、责任校对制度等管理制度，以保障网络出版物内容合法、出版质量合格。在禁载内容、重大选题报备、主管部门内容审读和质量检

---

① 《网络出版服务管理规定》第 8 条。
② 《网络出版服务管理规定》第 9 条。

查、年度核验等方面也都实行《出版管理条例》既定做法，体现了网络出版和传统出版实行统一标准。

（5）网络出版审读、年检、备案制度

网络出版服务单位实行编辑责任制度，出版物内容审核责任制度、责任编辑制度、责任校对制度等管理制度，保障网络出版物内容合法、出版质量合格。在禁载内容、重大选题报备、主管部门内容审读和质量检查、年度核验等方面也都实行《出版管理条例》既定做法，体现了网络出版和传统出版实行统一标准。

（6）内容规范

根据《网络出版服务管理规定》，网络出版内容规范与传统出版内容规范遵循统一标准。但同时，作为利用移动互联进行的出版活动，必须遵循上位法《网络安全法》的相关规定，"不得危害网络安全，不得利用网络从事危害国家安全、荣誉和利益，煽动颠覆国家政权、推翻社会主义制度，煽动分裂国家、破坏国家统一，宣扬恐怖主义、极端主义，宣扬民族仇恨、民族歧视，传播暴力、淫秽色情信息，编造、传播虚假信息扰乱经济秩序和社会秩序，以及侵害他人名誉、隐私、知识产权和其他合法权益等活动。"

从网络出版新规的出台到定义的扩大化，再到网络出版边界的延伸，最后到规制过程中涉及部门之间的权力博弈等，这些都反映出新时代我国互联网及其相关领域规制体系存在的问题与不足。

（四）网络视听

随着数字技术与内容的深度融合，网络视听已经成为我国网民消费的主要形态之一，网络视频及其衍生产品已经成为整个网络娱乐产业内容消费领域核心支柱，产业进入快速发展期。2018 年，网络视听行业各领域用户规模持续扩大，成为娱乐产业的核心支柱。《2019 年中国网络视听发展研究报告》显示，2018 年整个视频内容行业的市场规模为 1871.3 亿元。针对网络视听节目，《国务院对确需保留的行政审批项目设定行政许可的决定》（2005）第 304 项设定行政许可，由广电总局实施。按照这项许可，根据不同的传播主体资质和传输途径，制定了不同的部门规章，并对不同业务项目进行分类规制。

1. 以公共互联网提供视听节目服务

2007 年，广电总局和信息产业部发布《互联网视听节目服务管理规定》，重点在规制传统的公共互联网（含移动互联网）上的视听节目传播。此"管理规定"的规制对象主要包括视音频网站、视音频客户端等。根据《互联网视听节目服务管理规定》，互联网视听节目服务，是指"制作、编辑、集成并通过互联网向公提供视音频节目，以及为他人提供上载传播视听节目服务的活动。"2017年3月新闻出版广电总局发布《互联视听节目服务业务分类目录（试行）》，利用公共互联网提供视听节目服务（不含IPTV、互联网电视和专网手机电视）业务共分为四类、十七项。[①]

（1）监管主体

互联网视听节目服务行业的主管部门是广电总局，广电总局对互联网视听节目服务所涉及的各项工作进行管理，不仅包括整个互联网视听行业的发展，也包括具体的内容规范、内容安全等，对广电总局而言，监管的重点在于内容建设，而同时，信息产业部和工信部是互联网主管部门，也要对互联网视听节目进行把关。

（2）行业准入

根据《互联网视听节目服务管理规定》，包括制作、编辑、集成视音频节目，通过互联网向公众提供，以及为他人提供上载传播视听节目平台等项服务，都必须获得行政许可。申请从事以上各类服务，应当具备法人资格，为国有独资或国有控股单位，且在申请之日前三年内无违法违规记录。对于申请从事新闻类视听节目服务，则有更加严格的规定：除了时政类节目早已由国家广播电影电视总局发布的《广播电视节目制作经营管理规定》（2004）规定只许由广播电视机构制作外，申请从事广播电台、电

[①] 第一类互联网视听节目服务（广播电台、电视台形态的互联网视听节目服务）：（一）时政类视听新闻节目首发服务；（二）时政和社会类视听节目的主持、访谈、评论服务；（三）自办新闻、综合视听节目频道服务；（四）自办专业视听节目频道服务；（五）重大政治、军事、经济、社会、文化、体育等活动、事件的实况视音频直播服务。第二类互联网视听节目服务：（一）时政类视听新闻节目转载服务；（二）文艺、娱乐、科技、财经、体育、教育等专业类视听节目的主持、访谈、报道、评论服务；（三）文艺、娱乐、科技、财经、体育、教育等专业类视听节目的制作（不含采访）、播出服务；（四）网络剧（片）的制作、播出服务；（五）电影、电视剧、动画片类视听节目的汇集、播出服务；（六）文艺、娱乐、科技、财经、体育、教育等专业类视听节目的汇集、播出服务；（七）一般社会团体文化活动、体育赛事等组织活动的实况视音频直播服务。第三类互联网视听节目服务：（一）聚合网上视听节目的服务；（二）转发网民上传视听节目的服务。第四类互联网视听节目服务（互联网视听节目转播类服务）：（一）转播广播电视节目频道的服务；（二）转播互联网视听节目频道的服务；（三）转播网上实况直播的视听节目的服务。

视台形态服务和时政类视听新闻服务，应当持有广播电视播出机构许可证或互联网新闻信息服务许可证；从事主持、访谈、报道类视听服务，应当持有广播电视节目制作经营许可证和互联网新闻信息服务许可证；从事自办网络剧（片）类服务的，还应当持有广播电视节目制作经营许可证。以上各项，当然都排除了非国有的获得二类新闻服务资质的商业网站。特别是从事自办频道播放视听节目，只能限于地市级以上电台电视台和中央新闻单位。未经批准，任何组织和个人不得在互联网上使用广播电视专有名称开展业务。①

（3）审批、许可、备案制

任何单位要从事互联网视听节目服务，都应取得由广电总局颁发的视听节目许可证或履行备案手续。②申请从事互联网视听节目服务的，必须是国有独资或国有控股单位，且在三年内无违法违规记录，以及具备安全管理制度和安全技术措施、视听节目资源、技术能力、资金、专业人员等条件。③申请应当通过省级广电部门向广电总局提出，中央直属单位可以直接向广电总局提出。广电总局于40日内做出许可或不许可的决定。许可证有效期为三年，届满30日前办理续办手续。④履行备案的，是指地市级以上电台、电视台从事互联网视听节目转播服务，到省级以上广电部门履行手续。

---

① 《互联网视听节目服务管理规定》第8条："申请从事互联网视听节目服务的，应当同时具备以下条件：（一）具备法人资格，为国有独资或国有控股单位，且在申请之日前三年内无违法违规记录；……"第9条 从事广播电台、电视台形态服务和时政类视听新闻服务的，除符合本规定第8条规定外，还应当持有广播电视播出机构许可证或互联网新闻信息服务许可证。其中，以自办频道方式播放视听节目的，由地（市）级以上广播电台、电视台、中央新闻单位提出申请。从事主持、访谈、报道类视听服务的，除符合本规定第8条规定外，还应当持有广播电视节目制作经营许可证和互联网新闻信息服务许可证；从事自办网络剧（片）类服务的，还应当持有广播电视节目制作经营许可证。"

② 《互联网视听节目服务管理规定》第7条。

③ 《互联网视听节目服务管理规定》第8条："申请从事互联网视听节目服务的，应当同时具备以下条件：（一）具备法人资格，为国有独资或国有控股单位，且在申请之日前三年内无违法违规记录；（二）有健全的节目安全传播管理制度和安全保护技术措施；（三）有与其业务相适应并符合国家规定的视听节目资源；（四）有与其业务相适应的技术能力、网络资源和资金，且资金来源合法；（五）有与其业务相适应的专业人员，且主要出资者和经营者在申请之日前三年内无违法违规记录；（六）技术方案符合国家标准、行业标准和技术规范；（七）符合国务院广播电影电视主管部门确定的互联网视听节目服务总体规划、布局和业务指导目录；（八）符合法律、行政法规和国家有关规定的条件。"

④ 《互联网视听节目服务管理规定》第10条。

此外，《网络短视频平台管理规范》要求视频平台对于包括弹幕在内的视频内容实行"先审后播"，还要设立"违法违规上传账户名单库"，将根据所上传的节目违法违规的程度，对相关人员做出禁播的决定。

（4）内容规范

在传统传媒领域如新闻出版、广播电视，其内容都是专业机构制作并经过审核之后才能出版或播出，与传统传媒领域内容不同，网络视听行业的内容来源十分广泛，像短视频、UGC、弹幕等内容中可能包含对未成年人甚至对文化、价值观带来不良影响的部分。因此，以公共互联网提供视听节目服务不仅要根据《互联网视听节目服务管理规定》第14条，互联网视听节目服务单位应当按照"许可证"载明或备案的事项开展服务。根据《关于加强互联网视听节目内容管理的通知》，列举互联网视听节目必须及时剪节、删除的内容共计21项，要求互联网视听服务单位完善节目内容管理制度和应急处理机制，加强审核把关。2019年，中国网络视听节目服务协会发布了《网络短视频平台管理规范》和《网络短视频内容审核标准细则》。其中，《细则》也包含21类禁止内容和100条审核标准。其内容主要是要求早恋、抽烟酗酒、打架斗殴、滥用毒品等影响未成年人健康成长的内容不能出现，并且不允许宣传"丧文化""非主流婚恋观"等不良文化。

此外，2018年3月颁布的《关于进一步规范网络视听节目传播秩序的通知》坚决禁止非法抓取、剪拼改编视听节目的行为，这意味着网民在上传原创与二次创作视频时将面临严格监管。[①]

2. 以专网及定向视听节目服务

2004年，国家广电总局发布《互联网等信息网络传播视听节目管理办法》，对通过各种信息网络和接收终端传播各类视听节目做出全面规定。2016年国家新闻出版广电总局发布《专网及定向传播视听节目服务管理规定》，废止2004年的管理办法。管理规定以"专网、公众、定向、终端"为基本要素，以向公众提供的专网及定向视听节目服务为管理对

[①] 视听节目不得含有以下内容：（一）反对宪法确定的基本原则的；（二）危害国家统一、主权和领土完整的；（三）泄露国家秘密、危害国家安全或者损害国家荣誉和利益的；（四）煽动民族仇恨、民族歧视，破坏民族团结，或者侵害民族风俗、习惯的；（五）宣扬邪教、迷信的；（六）扰乱社会秩序，破坏社会稳定的；（七）诱导未成年人违法犯罪和渲染暴力、色情、赌博、恐怖活动的；（八）侮辱或者诽谤他人，侵害公民个人隐私等他人合法权益的；（九）危害社会公德，损害民族优秀文化传统的；（十）有关法律、行政法规和国家规定禁止的其他内容。

象，主要包括交互式网络电视（IPTV）、专网手机电视、互联网电视等。

（1）监管主体

国务院广播电视主管部门负责全国专网及定向传播视听节目服务的监督管理工作。县级以上地方人民政府广播电视主管部门负责本行政区域内专网及定向传播视听节目服务的监督管理工作。

（2）审批及审查制度

2018年7月公布的《国家广播电视总局职能配置、内设机构和人员编制规定》中设置"媒体融合发展司"负责协调推进三网融合，管理发放信息网络传播视听节目许可证，承担广播电视视频点播业务的审批工作。专网及定向传播视听节目实行播前审查：传播电影、电视剧等节目，应当符合相关管理规定；传播时政类视听新闻节目，应当是地市级以上广播电视台的新闻节目；不得转播、链接、聚合、集成非法的广播电视频道、视听节目网站和未取得许可的单位开办的节目。①

从事专网及定向传播视听节目服务，应当取得《信息网络传播视听节目许可证》，根据其业务类别、服务内容、传输网络、覆盖范围等事项分类核发。其第7条规定："从事内容提供服务的，应当是经批准设立的地（市）级以上广播电视播出机构或者中央新闻单位等机构，还应当具备2000小时以上的节目内容储备和30人以上的专业节目编审人员。从事集成播控服务的，应当是经批准设立的省级以上广播电视播出机构。从事交互式网络电视（IPTV）传输服务、专网手机电视分发服务的，应当是工信部门批准的、具有合法基础网络运营资质的单位。外商独资、中外合资、中外合作机构，不得从事专网及定向传播视听节目服务。"

《专网及定向传播视听节目服务管理规定》还对上述不同类别业务做出了规范。

内容提供服务单位，负责建设和运营内容提供平台，组织、编辑和审核节目内容。其播出的节目应当经过集成播控服务单位设立的集成播控平台统一集成后方可提供给用户，应当建立健全节目审查、安全播出等节目内容管理制度，发现含有违法违规内容的节目，立即删除并保存有关记录，并向主管部门报告。

集成播控服务单位，负责集成播控平台的建设和运营，负责对内容提

---

① 《国家广播电视总局职能配置、内设机构和人员编制规定》第17条。

供服务单位播出的节目的统一集成和播出监控,负责电子节目指南(EPG)、用户端、计费、版权等管理。建立健全安全播控管理制度,发现接入集成播控平台的节目含有违法违规内容时,立即切断节目源并向主管部门报告。在提供接入服务时,应当查验内容提供单位的"许可证",不得擅自插播截留、变更内容提供服务单位播出的节目信号。

传输分发服务单位应当遵守有关安全传输的管理规定,建立健全安全传输管理制度,保障网络传输安全。不得擅自插播、截留、变更集成播控平台发出的节目信号和电子节目指南(EPG)、用户端、计费、版权等控制信号。

专网定向提供视听节目的流程,由内容提供单位审核,由集成播控单位集成,然后由传输分发单位提供给用户,可以确保终端节目合法合规。

(3) 行业准入

国家广播电影电视总局2017年发布《专网及定向传播视听节目服务管理规定》(国家新闻出版广电总局令第6号),规定从事专网及定向传播视听节目服务的,必须是国有独资或者国有控股法人,并且分别对从事内容提供服务、集成播控服务、IPTV服务规定了准入标准。[①]

(4) 内容规范

《专网及定向传播视听节目服务管理规定》第16条规定了专网及定向传播视听节目服务单位传播的节目不得包含的内容,具体包括不得破坏宪法、法律、行政法规的实施,危害国家和民族利益、民族团结,危害社会公德、扰乱社会秩序,侵害未成年人合法权益等。

(五) 影视剧产业

1. 影视剧产业法律规范体系构成

我国影视剧产业的主要监管部门是国家广播电影电视总局以及各地方

[①] 《专网及定向传播视听节目服务管理规定》(国家新闻出版广电总局令第6号):"第6条 申请从事专网及定向传播视听节目服务的单位,应当具备下列条件:(一)具备法人资格,为国有独资或者国有控股单位;……""第7条 申请从事内容提供服务的,应当是经国务院广播电影电视主管部门批准设立的地(市)级以上广播电视播出机构或者中央新闻单位等机构,还应当具备2000小时以上的节目内容储备和30人以上的专业节目编审人员。申请从事集成播控服务的,应当是经国务院广播电影电视主管部门批准设立的省、自治区、直辖市级以上广播电视播出机构。申请从事交互式网络电视(IPTV)传输服务、专网手机电视分发服务的,应当是国务院工业和信息化主管部门批准的具有合法基础网络运营资质的单位,并具有一定规模的公共信息基础网络设施资源和为用户提供长期服务的信誉或者能力。"

广播电影电视总局。目前规范电视剧产业的主要法律文件有《电视剧内容管理规定》《广播电视安全播出管理规定》《电视剧审查管理规定》等。规范电影产业方面的法律文件主要有《电影审查规定》《电影剧本（梗概）备案》《电影片管理规定》《电影制片、发行、放映经营资格准入暂行规定》《广播电影电视部关于中外合作摄制电影的管理规定》等。此外，广电总局为了规范广播电影产业的立法程序，使立法程序更加科学化和规范化还专门颁布了《广播电影电视立法程序规定》，对各局（司）的职责和立法的起草、规定的审查进行了细致的规定。

2. 影视剧产业监管制度构成要素分析

（1）备案、公示制

根据《电视剧内容管理规定》，国产剧、合拍剧的拍摄制作实行备案公示制度。国务院广播影视行政部门负责全国拍摄制作电视剧的公示。省、自治区、直辖市人民政府广播影视行政部门负责受理本行政区域内制作机构拍摄制作电视剧的备案，经审核报请国务院广播影视行政部门公示。

（2）审批、许可、审查制

《电影产业促进法》将剧本梗概、电影的审批权下放，参加影展的报备口径、举办影展的审批权下放，取消"摄制电影片许可证（单片）""摄制电影许可证"，使"电影片公映许可证"成为准予公映的唯一凭证。"电影片公映许可证"同时也成为电影进入互联网、电影网、广播电视网等信息网络传播的凭证这就使得线上和线下统一了标准。

根据《电影审查规定》，由广电总局负责电影剧本（梗概）备案和电影片审查的管理工作。广电总局电影审查委员会和电影复审委员会负责电影片的审查。省级广播影视行政部门负责本行政区域内所有影片的审查工作。

《电影产业促进法》引入专家评审体系，进行电影审查应当组织不少于五名专家进行评审，由专家提出评审意见。专家的评审意见做出审查决定的重要依据。引入专家评审制，政府层面保留基础监管职能，不仅简化了审查流程，将对电影本身质量、内容、思想等多方面的考量权利归还于大众，也有利于电影市场环境的自行优化。

国产剧、合拍剧、引进剧实行内容审查和发行许可制度。未取得发行许可的电视剧，不得发行、播出和评奖。国务院广播影视行政部门设立电视剧审查委员会和电视剧复审委员会。省、自治区、直辖市人民政府广播影视行政部门设立电视剧审查机构。履行电视剧审查职责的广播影视行政部门,应当建立健全审查制度,规范审查程序,落实审查责任;聘请有较高学术水平、良好职业道德的专家对申请审查的电视剧履行审查职责。

(3) 内容规范

《电视剧内容管理规定》第5条规定,电视剧不得载有下列内容:(一) 违反宪法确定的基本原则,煽动抗拒或者破坏宪法、法律、行政法规和规章实施的;(二) 危害国家统一、主权和领土完整的;(三) 泄露国家秘密,危害国家安全,损害国家荣誉和利益的;(四) 煽动民族仇恨、民族歧视,侵害民族风俗习惯,伤害民族感情,破坏民族团结的;(五) 违背国家宗教政策,宣扬宗教极端主义和邪教、迷信,歧视、侮辱宗教信仰的;(六) 扰乱社会秩序,破坏社会稳定的;(七) 宣扬淫秽、赌博、暴力、恐怖、吸毒,教唆犯罪或者传授犯罪方法的;(八) 侮辱、诽谤他人的;(九) 危害社会公德或者民族优秀文化传统的;(十) 侵害未成年人合法权益或者有害未成年人身心健康的;(十一) 法律、行政法规和规章禁止的其他内容。

(4) 资本准入

根据《电影产业促进法》第24条,企业具有与所从事的电影发行活动相适应的人员、资金条件的,经国务院电影主管部门或者所在地省、自治区、直辖市人民政府电影主管部门批准,可以从事电影发行活动。

企业、个体工商户具有与所从事的电影放映活动相适应的人员、场所、技术和设备等条件的,经所在地县级人民政府电影主管部门批准,可以从事电影院等固定放映场所电影放映活动。

国家鼓励法人、其他组织通过到境外合作摄制电影等方式进行跨境投资,依法保障其对外贸易、跨境融资和投资等合理用汇需求。①

(5) 内容规范

《电影审查规定》第13条规定了十项电影片禁载内容②,《电影产业

---

① 《电影产业促进法》第41条。
② 电影片禁止载有下列内容:(一) 违反宪法确定的基本原则的;(二) 危害国家统一、主权和领土完整的;(三) 泄露国家秘密,危害国家安全,损害国家荣誉和利益的;(四) 煽动民族仇恨、民族歧视,破坏民族团结,侵害民族风俗、习惯的;(五) 违背国家宗教政策,宣扬邪教、迷信的;(六) 扰乱社会秩序,破坏社会稳定的;(七) 宣扬淫秽、赌博、暴力、教唆犯罪的;(八) 侮辱或者诽谤他人,侵害他人合法权益的;(九) 危害社会公德,诋毁民族优秀文化的;(十) 有国家法律、法规禁止的其他内容的。

促进法》第16条则规定了八项①,增加了"煽动民族仇恨、民族歧视,侵害民族风俗习惯,歪曲民族历史或者民族历史人物,伤害民族感情,破坏民族团结","宣扬吸毒,渲染暴力、恐怖,传授犯罪方法"这几项内容。此外,《电影审查规定》还规定了九种应删减修改的情形。

第二节 传媒产业监管的核心问题

传媒产业立法的核心问题即内容监管与产业发展问题。从政府的角度来看,政府这只"有形的手"干预产业发展,对传媒产业内容进行规范,可以使内容产业的发展与社会经济发展目标始终保持一致。从产业的角度来看,产业发展受经济利益的驱动,依赖于市场的全面自由化。但如果不加制约任其自由发展,则可能带来内容市场的鱼龙混杂,甚至夹杂淫秽、色情等内容。即使在强调自由经济的国家,也会对传媒内容进行一定程度的调控。在传媒监管方面,法律如何规定取决于其立法价值目标。不同国家的立法价值目标存在很大差异,在此立法价值基础上构建的传媒产业立法和监管体系也呈现出不同的图景。例如英国虽然通过法律法规对媒体给予必要的限制,但在这些限制适用之前,政府必须证明它对媒体的限制是必要的,同时保持在最低的限度。美国将新闻出版自由写入宪法第一修正案,在国家和政府所追求的秩序价值之前,这些国家都将自由价值、效率价值放在首位。但就我国而言,我国的传媒宣传功能和意识形态功能居于首位。随着改革开放和传媒市场的发展,传媒立法虽然由过去的将文化传媒作为意识形态工具到意识到要发展传媒产业,尊重产业属性,并逐渐采取符合经济规律和产业发展需求的措施和手段,将经济杠杆和调控刺激机制引入传媒立法和监管。但传媒领域的意识形态属性仍是立法者紧抓不放的焦点,这主要体现在不愿放松对于内容的控制上。我国传媒产业立法的

---

① 《电影产业促进法》第16条,电影不得含有下列内容:(一)违反宪法确定的基本原则,煽动抗拒或者破坏宪法、法律、行政法规实施;(二)危害国家统一、主权和领土完整,泄露国家秘密,危害国家安全,损害国家尊严、荣誉和利益,宣扬恐怖主义、极端主义;(三)诋毁民族优秀文化传统,煽动民族仇恨、民族歧视,侵害民族风俗习惯,歪曲民族历史或者民族历史人物,伤害民族感情,破坏民族团结;(四)煽动破坏国家宗教政策,宣扬邪教、迷信;(五)危害社会公德,扰乱社会秩序,破坏社会稳定,宣扬淫秽、赌博、吸毒,渲染暴力、恐怖,教唆犯罪或者传授犯罪方法;(六)侵害未成年人合法权益或者损害未成年人身心健康;(七)侮辱、诽谤他人或者散布他人隐私,侵害他人合法权益;(八)法律、行政法规禁止的其他内容。

秩序目标，对产业发展更多形成的是制约和阻碍而非促进。

一　传媒产业内容规范

我国现行法律对于借助各种媒介形式、在专业媒体、自媒体和网络环境等各种平台所传播的内容，都规定有相应的法律标准。从总体上来看，传媒产业的内容规范既包括对传媒内容的监管机构和内容监管标准的规定，对内容的制作、审核、许可、播出方面的规定，也包括对违反内容规范和内容侵权所应承担的法律责任等方面的规定，这些条款共同构成了传媒产业的内容规范。

（一）传媒内容的积极条款

1. 新闻出版

在原则方面，《出版管理条例》第一章总则第3—5条规定了从事新闻出版活动应遵循的基本原则，包括出版活动必须坚持为人民服务、为社会主义服务的方向，坚持以马克思列宁主义、毛泽东思想、邓小平理论和"三个代表"重要思想为指导。从事出版活动，应当将社会效益放在首位，实现社会效益与经济效益相结合。公民依法行使出版自由的权利，各级人民政府应当予以保障。公民在行使出版自由的权利的时候，必须遵守宪法和法律等。

在设立条件方面，《出版管理条例》在第二章出版单位的设立与管理中，规定了设立新闻出版单位应具备的条件，其中最重要的是要有符合国务院出版行政主管部门认定的主办单位及其主管机关，这就排除了个人设立出版机构的可能。设立出版单位的申请书应当载明出版单位及其主办单位和主管单位的名称、地址，主要负责人的姓名、住址、证明文件，出版单位的资金来源及数额等信息。

国务院出版行政主管部门应当自受理设立出版单位的申请之日起60日内，做出批准或者不批准的决定，设立出版单位的主办单位应当自收到批准决定之日起60日内，向所在地省、自治区、直辖市人民政府出版行政主管部门登记，领取出版许可证。报社、期刊社、图书出版社、音像出版社和电子出版物出版社等应当具备法人条件，经核准登记后，取得法人资格。此外，出版单位的变更和中止也要按照规定办理审批手续。[1]

---

[1] 《出版管理条例》第17条。

在内容规范方面，出版单位应当保障出版物刊载的内容符合《出版管理条例》的规定。图书出版社、音像出版社和电子出版物出版社的年度出版计划及涉及国家安全、社会安定等方面的重大选题，应当经所在地省、自治区、直辖市人民政府出版行政主管部门审核后报国务院出版行政主管部门备案；具体办法由国务院出版行政主管部门制定。期刊社的重大选题，应当依照前款规定办理备案手续。①

在法律责任方面，出版物的内容不真实或者不公正，致使公民、法人或者其他组织的合法权益受到侵害的，其出版单位应当公开更正，消除影响，并依法承担其他民事责任。

2. 广播电视

在原则方面，《广播电视管理条例》规定，广播电视事业应当坚持为人民服务、为社会主义服务的方向，坚持正确的舆论导向。县级以上人民政府应当将广播电视事业纳入国民经济和社会发展规划，并根据需要和财力逐步增加投入，提高广播电视覆盖率。国家支持农村广播电视事业的发展。国家扶持民族自治地方和边远贫困地区发展广播电视事业。《广播电视管理条例》对广播电台、电视台的设立条件、变更台名和节目以及终止都做了相关规定：

在设立条件方面，设立广播电台、电视台，应当具备广播电视专业人员、技术设备、必要的基本建设资金等条件。审批设立广播电台、电视台，除依照前款所列条件外，还应当符合国家的广播电视建设规划和技术发展规划。经批准筹建的广播电台、电视台，应当按照国家规定的建设程序和广播电视技术标准进行工程建设。建成的广播电台、电视台，经国务院广播电视行政部门审查符合条件的，发给广播电台、电视台许可证。广播电台、电视台应当按照许可证载明的台名、台标、节目设置范围和节目套数等事项制作、播放节目。

广播电台、电视台变更台名、节目设置范围或者节目套数，省级以上人民政府广播电视行政部门设立的广播电台、电视台或者省级以上人民政府教育行政部门设立的电视台变更台标的，应当经国务院广播电视行政部门批准。广播电台、电视台终止，应当按照原审批程序

---

① 《出版管理条例》第20条。

申报，其许可证由国务院广播电视行政部门收回。因特殊情况需要暂时停止播出的，应当经省级以上人民政府广播电视行政部门同意；未经批准，连续停止播出超过 30 日的，视为终止，应当依照前款规定办理有关手续。

在内容规范方面，广播电台、电视台应当提高广播电视节目质量，增加国产优秀节目数量。广播电台、电视台应当按照国务院广播电视行政部门批准的节目设置范围开办节目。广播电台、电视台对其播放的广播电视节目内容，应当进行播前审查，重播重审。①

3. 网络视听

根据《网络短视频平台管理规范》，互联网音视频内容生产和分享平台实行编辑责任制度，节目内容先审后播。节目内容具体包括标题、简介、弹幕、评论在内的内容。此外，在内容集成和播出领域，如果并非网络平台自己制作节目，平台所播放的节目也必须由取得"广播电视节目制作经营许可证"的机构制作，以此保证互联网平台所播放的内容符合相关规范。

4. 影视剧

《广播电视管理条例》规定，设立电视剧制作单位，应当经国务院广播电视行政部门批准，取得电视剧制作许可证后，方可制作电视剧。电视剧的制作和播出管理办法，由国务院广播电视行政部门规定。②

《电影产业促进法》要求，进行电影审查应当组织不少于五名专家进行评审，由专家提出评审意见。专家的评审意见应当作为做出审查决定的重要依据。取得电影公映许可证的电影需要变更内容的，应当依照本法规定重新报送审查。③

（二）传媒内容的禁载条款

目前我国法律位阶的禁止性传播规定有两个，一是《网络安全法》第 12 条，另一个是《电影产业促进法》第 16 条。虽然分别适用于网络传播和电影领域，但也为其他领域的下位阶禁止规范提供了参照。《网络安

---

① 《广播电视管理条例》第 33 条。
② 《广播电视管理条例》第 35 条。
③ 《电影产业促进法》第 18 条、第 19 条。

全法》第 12 条规定：

> 不得利用网络从事危害国家安全、荣誉和利益，煽动颠覆国家政权、推翻社会主义制度，煽动分裂国家、破坏国家统一，宣扬恐怖主义、极端主义，宣扬民族仇恨、民族歧视，传播暴力、淫秽色情信息，编造、传播虚假信息扰乱经济秩序和社会秩序，以及侵害他人名誉、隐私、知识产权和其他合法权益等活动。

《电影产业促进法》第 16 条规定了电影剧本不得含有的八项内容[①]。在行政法规和部门规章方面，仍有很多禁载条款用以规范传媒产业的内容。

1. 新闻出版

在原则方面，《出版管理条例》第 5 条规定，公民在行使出版自由的权利的时候，不得反对宪法确定的基本原则，不得损害国家的、社会的、集体的利益和其他公民的合法的自由和权利。

在内容规范方面，根据《出版管理条例》第 26 条，任何出版物不得含有下列内容：

> 反对宪法确定的基本原则的；危害国家统一、主权和领土完整的；泄露国家秘密、危害国家安全或者损害国家荣誉和利益的；煽动民族仇恨、民族歧视，破坏民族团结，或者侵害民族风俗、习惯的；宣扬邪教、迷信的；扰乱社会秩序，破坏社会稳定的；宣扬淫秽、赌博、暴力或者教唆犯罪的；侮辱或者诽谤他人，侵害他人合法权益的；危害社会公德或者民族优秀文化传统的；有法律、行政法规和国家规定禁止的其他内容的。此外，条例还强调，以未成年人为对象的

[①] 电影不得含有下列内容：（一）违反宪法确定的基本原则，煽动抗拒或者破坏宪法、法律、行政法规实施的；（二）危害国家统一、主权和领土完整，泄露国家秘密，危害国家安全，损害国家尊严、荣誉和利益，宣扬恐怖主义、极端主义的；（三）诋毁民族优秀文化传统，煽动民族仇恨、民族歧视，侵害民族风俗习惯，歪曲民族历史或者民族历史人物，伤害民族感情，破坏民族团结的；（四）煽动破坏国家宗教政策，宣扬邪教、迷信的；（五）危害社会公德，扰乱社会秩序，破坏社会稳定，宣扬淫秽、赌博、吸毒，渲染暴力、恐怖，教唆犯罪或者传授犯罪方法的；（六）侵害未成年人合法权益或者损害未成年人身心健康的；（七）侮辱、诽谤他人或者散布他人隐私，侵害他人合法权益的；（八）法律、行政法规禁止的其他内容。

出版物不得含有诱发未成年人模仿违反社会公德的行为和违法犯罪的行为的内容，不得含有恐怖、残酷等妨害未成年人身心健康的内容。

内容涉及重大选题，未在出版前报备案的出版物，不得出版。

其他禁止性条款包括：任何单位和个人不得伪造、假冒出版单位名称或者报纸、期刊名称出版出版物。出版单位不得向任何单位或者个人出售或者以其他形式转让本单位的名称、书号、刊号或者版号、版面，并不得出租本单位的名称、刊号。出版单位及其从业人员不得利用出版活动谋取其他不正当利益。出版单位不得发行其他出版单位出版的出版物。

根据《网络出版服务管理规定》，网络出版内容规范的禁载条款与传统出版内容规范遵循统一标准。但同时，作为利用移动互联网进行的出版活动，必须遵循上位法《网络安全法》中对内容的相关规定。

2. 广播电视

在设立条件方面，《广播电视管理条例》第10条规定，广播电台、电视台由县、不设区的市以上人民政府广播电视行政部门设立，其他任何单位和个人不得设立广播电台、电视台。此外，国家禁止设立外资经营、中外合资经营和中外合作经营的广播电台、电视台。

在内容传输方面，未经批准，任何单位和个人不得擅自利用有线广播电视传输覆盖网播放节目。禁止任何单位和个人侵占、哄抢或者以其他方式破坏广播电视传输覆盖网的设施。

广播电视发射台、转播台经核准使用的频率、频段不得出租、转让，已经批准的各项技术参数不得擅自变更。任何单位和个人不得侵占、干扰广播电视专用频率，不得擅自截传、干扰、解扰广播电视信号。

在内容规范方面，广播电台、电视台禁止制作、播放载有下列内容的节目：危害国家的统一、主权和领土完整的；危害国家的安全、荣誉和利益的；煽动民族分裂，破坏民族团结的；泄露国家秘密的；诽谤、侮辱他人的；宣扬淫秽、迷信或者渲染暴力的；法律、行政法规规定禁止的其他内容。

广播电台、电视台不得出租、转让播出时段。广播电视发射台、转播台不得擅自播放自办节目和插播广告。《广播电视管理条例》还规定，广播电台、电视台不得播放没有取得合法制作经营许可的单位制作的节目；不得播放未经批准的境外电影、电视剧和其他节目；不得擅自以卫星等方式进口、转播境外广电节目。违反以上三条规定的,由县级以上人民政府广播电视行政部门责令停止违法活动,给予警告,没收违法所得,可以并处2万元以下的罚款;情节严重的,由原批准机关吊销许可证。

3. 网络视听

《电信条例》第五章"电信安全"部分,规定了不得利用电信网络制作、复制、发布、传播的内容信息。① 申领互联网新闻信息服务许可证的依据是《互联网信息服务管理规定》(2000),该规定第15条规定了不得制作、复制、发布、传播的内容。② 申领"广播电视节目制作经营许可证",要符合《广播电视节目制作经营管理规定》(2004)的要求。该规定第22条规定了广播电视节目禁止载有的内容。③

《关于加强互联网视听节目内容管理的通知》列举了互联网视听节目必须及时剪节、删除的内容共计21项,要求互联网视听服务单位完善节目内容管理制度和应急处理机制,加强审核把关。《关于进一步规范网络视听节目传播秩序的通知(2018)》要求坚决禁止非法抓取、剪拼改编视听节目的行为,这意味着网民在上传原创与二次创作视频时将面临严格监管。④《网络短视频平台管理规范(2019)》要求,网络短视频平台不得未

---

① 《电信条例》第56条。

② 《互联网信息服务管理规定》第15条:互联网信息服务提供者不得制作、复制、发布、传播含有下列内容的信息:(一)反对宪法所确定的基本原则的;(二)危害国家安全,泄露国家秘密,颠覆国家政权,破坏国家统一的;(三)损害国家荣誉和利益的;(四)煽动民族仇恨、民族歧视,破坏民族团结的;(五)破坏国家宗教政策,宣扬邪教和封建迷信的;(六)散布谣言,扰乱社会秩序,破坏社会稳定的;(七)散布淫秽、色情、赌博、暴力、凶杀、恐怖或者教唆犯罪的;(八)侮辱或者诽谤他人,侵害他人合法权益的;(九)含有法律、行政法规禁止的其他内容。

③ 《广播电视节目制作经营管理规定》第22条:广播电视节目制作经营活动必须遵守国家法律、法规和有关政策规定。禁止制作经营载有下列内容的节目:(一)反对宪法确定的基本原则的;(二)危害国家统一、主权和领土完整的;(三)泄露国家秘密、危害国家安全或者损害国家荣誉和利益的;(四)煽动民族仇恨、民族歧视,破坏民族团结,或者侵害民族风俗、习惯的;(五)宣扬邪教、迷信的;(六)扰乱社会秩序,破坏社会稳定的;(七)宣扬淫秽、赌博、暴力或者教唆犯罪的;(八)侮辱或者诽谤他人,侵害他人合法权益的;(九)危害社会公德或者民族优秀文化传统的;(十)有法律、行政法规和国家规定禁止的其他内容的。

④ 视听节目不得含有以下内容:(一)反对宪法确定的基本原则的;(二)危害国家统一、主权和领土完整的;(三)泄露国家秘密、危害国家安全或者损害国家荣誉和利益的;(四)煽动民族仇恨、民族歧视,破坏民族团结,或者侵害民族风俗、习惯的;(五)宣扬邪教、迷信的;(六)扰乱社会秩序,破坏社会稳定的;(七)诱导未成年人违法犯罪和渲染暴力、色情、赌博、恐怖活动的;(八)侮辱或者诽谤他人,侵害公民个人隐私等他人合法权益的;(九)危害社会公德,损害民族优秀文化传统的;(十)有关法律、行政法规和国家规定禁止的其他内容。

经授权自行剪切和改编电影、电视剧、网络电影、网络剧等各类广播电视视听作品，不得转发 UGC（用户生产内容）上传的电影、电视剧、网络电影、网络剧等各类广播电视视听作品片段。在未得到 PGC（专业生产内容）机构提供的版权证明的情况下，也不得转发 PGC 机构上传的电影、电视剧、网络电影、网络剧等各类广播电视视听作品片段。《网络短视频内容审核标准细则》也包含 21 类禁止内容和 100 条审核标准。其内容主要是要求早恋、抽烟酗酒、打架斗殴、滥用毒品等影响未成年人健康成长的内容不能出现，并且不允许宣传"丧文化""非主流婚恋观"等不良文化。专网及定向传播视听节目服务单位传播的节目应当符合法律、行政法规、部门规章的规定，并且不得含有《专网及定向传播视听节目服务管理规定》规定的八项内容。①

4. 影视剧

《电视剧内容管理规定》第 5 条规定了电视剧不得载有的 11 项内容。②《电影审查规定》第 13 条规定了 10 项电影片禁载内容③，《电影产

---

① （一）违反宪法确定的基本原则，煽动抗拒或者破坏宪法、法律、行政法规实施；（二）危害国家统一、主权和领土完整，泄露国家秘密，危害国家安全，损害国家荣誉和利益；（三）诋毁民族优秀文化传统，煽动民族仇恨、民族歧视，侵害民族风俗习惯，歪曲民族历史和民族历史人物，伤害民族感情，破坏民族团结；（四）宣扬宗教狂热，危害宗教和睦，伤害信教公民宗教感情，破坏信教公民和不信教公民团结，宣扬邪教、迷信；（五）危害社会公德，扰乱社会秩序，破坏社会稳定，宣扬淫秽、赌博、吸毒，渲染暴力、恐怖，教唆犯罪或者传授犯罪方法；（六）侵害未成年人合法权益或者损害未成年人身心健康的；（七）侮辱、诽谤他人或者散布他人隐私，侵害他人合法权益；（八）法律、行政法规禁止的其他内容。

② （一）违反宪法确定的基本原则，煽动抗拒或者破坏宪法、法律、行政法规和规章实施的；（二）危害国家统一、主权和领土完整的；（三）泄露国家秘密，危害国家安全，损害国家荣誉和利益的；（四）煽动民族仇恨、民族歧视，侵害民族风俗习惯，伤害民族感情，破坏民族团结的；（五）违背国家宗教政策，宣扬宗教极端主义和邪教、迷信，歧视、侮辱宗教信仰的；（六）扰乱社会秩序，破坏社会稳定的；（七）宣扬淫秽、赌博、暴力、恐怖、吸毒，教唆犯罪或者传授犯罪方法的；（八）侮辱、诽谤他人的；（九）危害社会公德或者民族优秀文化传统的；（十）侵害未成年人合法权益或有害未成年人身心健康的；（十一）法律、行政法规和规章禁止的其他内容。

③ 电影片禁止载有下列内容：（一）违反宪法确定的基本原则的；（二）危害国家统一、主权和领土完整的；（三）泄露国家秘密，危害国家安全，损害国家荣誉和利益的；（四）煽动民族仇恨、民族歧视，破坏民族团结，侵害民族风俗、习惯的；（五）违背国家宗教政策，宣扬邪教、迷信的；（六）扰乱社会秩序，破坏社会稳定的；（七）宣扬淫秽、赌博、暴力、教唆犯罪的；（八）侮辱或者诽谤他人，侵害他人合法权益的；（九）危害社会公德，诋毁民族优秀文化的；（十）有国家法律、法规禁止的其他内容的。

业促进法》第 16 条则规定了八项①，增加了"煽动民族仇恨、民族歧视，侵害民族风俗习惯，歪曲民族历史或者民族历史人物，伤害民族感情，破坏民族团结"，"宣扬吸毒，渲染暴力、恐怖，传授犯罪方法"这几项内容。《电影审查规定》还规定了九种应删减修改的情形。此外，领取"电视剧发行许可证"，要符合《电视剧内容管理规定》（2010）。该规定第 5 条规定了电视剧不得含有的内容。② 领取"电影公映许可证"（2017），要符合《电影产业促进法》的相关规定，该法第 16 条规定了电影不得含有的内容。③

从我国传媒内容规范来看，对内容的限制性条款所涵盖的范围十分广泛，涉及国家安全、民族关系、文化、特定群体等方方面面。传媒立法不仅要解决不同主体之间的利益协调问题，还要解决私权与国家公权力的冲突问题。如何合理分配私权利与公权力，也是在制定内容规范时需要考虑的问题。根据卢梭的《社会契约论》，国家公权力的获得是因为作为国家

---

① 《电影产业促进法》第 16 条，电影不得含有下列内容：（一）违反宪法确定的基本原则，煽动抗拒或者破坏宪法、法律、行政法规实施；（二）危害国家统一、主权和领土完整，泄露国家秘密，危害国家安全，损害国家尊严、荣誉和利益，宣扬恐怖主义、极端主义；（三）诋毁民族优秀文化传统，煽动民族仇恨、民族歧视，侵害民族风俗习惯，歪曲民族历史或者民族历史人物，伤害民族感情，破坏民族团结；（四）煽动破坏国家宗教政策，宣扬邪教、迷信；（五）危害社会公德，扰乱社会秩序，破坏社会稳定，宣扬淫秽、赌博、吸毒，渲染暴力、恐怖，教唆犯罪或者传授犯罪方法；（六）侵害未成年人合法权益或者损害未成年人身心健康；（七）侮辱、诽谤他人或者散布他人隐私，侵害他人合法权益；（八）法律、行政法规禁止的其他内容。

② 《电视剧内容管理规定》第 5 条：电视剧不得载有下列内容：（一）违反宪法确定的基本原则，煽动抗拒或者破坏宪法、法律、行政法规和规章实施的；（二）危害国家统一、主权和领土完整的；（三）泄露国家秘密，危害国家安全，损害国家荣誉和利益的；（四）煽动民族仇恨、民族歧视，侵害民族风俗习惯，伤害民族感情，破坏民族团结的；（五）违背国家宗教政策，宣扬宗教极端主义和邪教、迷信，歧视、侮辱宗教信仰的；（六）扰乱社会秩序，破坏社会稳定的；（七）宣扬淫秽、赌博、暴力、恐怖、吸毒，教唆犯罪或者传授犯罪方法的；（八）侮辱、诽谤他人的；（九）危害社会公德或者民族优秀文化传统的；（十）侵害未成年人合法权益或者有害未成年人身心健康的；（十一）法律、行政法规和规章禁止的其他内容。

③ 《电影产业促进法》第 16 条：电影不得含有下列内容：（一）违反宪法确定的基本原则，煽动抗拒或者破坏宪法、法律、行政法规实施；（二）危害国家统一、主权和领土完整，泄露国家秘密，危害国家安全，损害国家尊严、荣誉和利益，宣扬恐怖主义、极端主义；（三）诋毁民族优秀文化传统，煽动民族仇恨、民族歧视，侵害民族风俗习惯，歪曲民族历史或者民族历史人物，伤害民族感情，破坏民族团结；（四）煽动破坏国家宗教政策，宣扬邪教、迷信；（五）危害社会公德，扰乱社会秩序，破坏社会稳定，宣扬淫秽、赌博、吸毒，渲染暴力、恐怖，教唆犯罪或者传授犯罪方法；（六）侵害未成年人合法权益或者损害未成年人身心健康；（七）侮辱、诽谤他人或者散布他人隐私，侵害他人合法权益；（八）法律、行政法规禁止的其他内容。

一分子的公民将其部分权利交由国家代为行使,而这部分代为行使的权利就演变成为了国家公权力。公权力的扩张意味着私权利的萎缩,同样,私权利的扩张也意味着公权力的萎缩。但公权力行使的目标和归宿是更好地保障公民权利,而不是限制私权利。

另外,通过比较这些禁载条款,我们可以看出这些规范条文之间看似相同,实际上并不完全一样。例如网络出版领域遵循的先审后播标准与传统媒体规范保持一致。而广播电视节目与专网及定向传播视听节目(IPTV、互联网电视和专网手机电视)尽管在内容角度属于同类,但仍采用了不同的内容标准。即使对于同一监管对象如广播电视节目,不同法律条文所设定的禁止性条款有细微差异。尽管这种差异有时很小,仍然会给法律的适用带来问题。从监管的角度来说,监管部门力求对传媒产业各领域都可管可控,应该考虑对同类内容设立同样的标准。现在,在同一个平台上同样的内容类型,在内容标准方面却有不同,这是不妥当的。此外,根据《立法法》规定的不同位阶法律文件的效力等级,《电影产业促进法》是上述范围中最高位阶的法律,其第 16 条实际上可以视为对以视听状态呈现的内容设置了禁止底线。对立法者来说,应该以此法规定为依据,对有关行政法规、部门规章的不同表述的禁载条款做一次清理,至少,在执行过程中应该以较高位阶的法律规定为准则,贯彻执行低位阶法律文件的有关规定。

二 内容规范的立法价值

(一) 立法价值

学者李丹林教授提出,法律,作为主体本质力量的对象化,本身就是一个价值体系。立法者把他对社会发展和社会秩序的价值期望和追求赋予法律,法律也就成为立法者实现其社会目标的有效工具。这种体现在法律之中的特定时代和特定社会的立法者的社会目标和价值取向就是法律价值目标。[①] 学者李林教授认为,立法价值是指立法主体的需要与立法对象(法律所调整的对象)之间的相互关系,表现为立法主体通过立法活动所要追求实现的道德准则和利益。推进传媒产业法律化,关键在于探究传媒

---

① 李丹林:《我国新世纪文化传媒政策的演进及价值取向分析》,《南京社会科学》2013 年第 1 期。

产业立法的价值。没有立法价值的指引，产业立法将会失去科学的指导和正确的方向。"价值先行"是所有立法活动的前提，要明确需要什么样的法，才能制定出符合一定利益需求且能达成一定价值目标的法。由此可见，立法并不是盲目和随意的，在立法这样一个制定和创造规则的过程中，立法价值是立法的灵魂和精神，用以确保所创设出来的规则具有立法主体所期待的实效并符合立法主体特定的利益需求。所以，立法的首要问题，不是法律规范的制定，而是价值取向的选择。[1]

（二）内容规范体现的立法价值

我国的文化传媒政策和立法的目标一直在追求培育市场、推进产业发展，尽可能提升文化传媒领域的各项经济指标，但从我国立法的价值目标来看，秩序价值和安全价值始终居于首位。在传媒领域，所有关于传媒的规范，包括政策、法律、监管制度，都是以维护和保证舆论和意见的一致性，也就是"意识形态"的安全性为宗旨。公民权利、公共利益、产业利益、促进创新等都必须围绕这一宗旨来确定其地位。换言之，传媒法律政策在促进产业发展的效率价值与维护利益格局的秩序价值的关系中，"秩序价值"始终位于优先次序；在稳定目标和自由诉求的关系中，"稳定"始终居于核心地位。由此决定的文化传媒立法及运行实践带来的问题在规范层面是公平价值的缺失，在实践层面是对传媒领域管制的非科学性。[2] 在内容规范条款中，存在很多立法宗旨与立法目的相矛盾的法律条款。例如《出版管理条例》所规定的主旨与产业发展的目的并不相符，第 4 条规定从事出版活动，应当将社会效益放在首位，实现社会效益与经济效益相结合。第 5 条规定了公民享有出版自由的权利，但设立出版机构要受到很多限制，设立的条件包括国有性质，有主办单位和主管单位，这就排除了一般组织和个人设立出版机构的可能。仅从法律和行政法规的规定角度来看，是把出版自由绝对否定的。无论是原则、设立条件、设立程序还是设立主体，都并非从产业发展角度，而是从舆论控制的角度出发进行规定的。《广播电视管理条例》更是直接指出，广播电视事业应当坚持为人民服务、为社会主义服务的方向，坚持正确的舆论导向。[3]

---

[1] 陈清洋：《中国网络视听媒介规制研究》。

[2] 李丹林：《我国新世纪文化传媒政策的演进及价值取向分析》，《南京社会科学》2013 年第 1 期。

[3] 《广播电视管理条例》。

实际上，立法价值目标很大程度上要受到文化和政治思维的影响。正如前面提到的，传媒内容标准制定者很多时候并不在意合理平衡各种不同群体的需求和利益，不在意理性科学的具体规则的制定和实施，制定者在意的是能否给管控者提供更大的可随时调控的空间。这种尚未脱离传统政治文化的政治思维，也导致我们在向市场经济转型、产权制度改革过程中存在顾虑和反复。政府主管部门在希望传媒机构能够通过参与市场活动，形成规模效应的同时，又担心非公有成分的扩大会削弱其对传媒控制的基础。因此现行制度和法律中对非公有资本的市场准入、资本运营、人员入职等规定了很多明显属于非理性的许可、审批、申请等环节。[①] 内容规范应该为内容的创作创造宽松、有利的条件，创作更丰富内容的节目，提高社会文化服务水平。产业的发展注重的是生产效率、效益和回报，无论是对传媒机构的设立、许可，内容的传输、制作、中止程序性的要求，实际上都只会降低效率，阻碍产业发展。

三　内容规范与产业发展

随着传媒技术的发展和传媒市场的变化，国家立法机关、政府主管部门不断推出应对新的传媒表现和格局的制度、规范和措施，这也从侧面体现出市场和政府的博弈：市场的波动影响产业立法，而产业立法又对产业的发展产生加速或减缓的影响。在传媒产业的发展过程中，我国对传媒产业各个环节的具体法律法规和监管政策不断地在增多和细化。以互联网领域为例，从互联网诞生之初几乎处于立法空白的状态到如今已经形成了细密严格的监管体系。政府主管部门的监管举措和约束机制也呈现为从简单到复杂、从粗糙到细密、刑罚范围有所扩大、不同媒体形态的监管趋于统一标准的趋势。这些法律规范和监管措施中既有促进产业发展的部分，也有阻碍产业发展的部分。

促进产业发展的部分主要体现在税收优惠制度、资本制度等，例如《电影产业促进法》在真正国家立法层面明确将电影产业纳入其中，说明已将其列为拉动内需、促进就业、推动国民经济增长的重要产业。专项资金、财政端口、税收优惠等扶持，鼓励引导金融机构、保险机构、融资担保机构进入电影产业服务市场等一系列利好政策的实行，也促进了影视产

---

① 李丹林：《传媒法治、现代化转型与文化变革》，《南京社会科学》2017年第4期。

业市场活力的激发，具体制度在第三章中有所论述。此外，对产业起促进作用的立法还体现在对知识产权的保护上。例如《电影产业促进法》规定，与电影有关的知识产权受法律保护，任何组织和个人不得侵犯。县级以上人民政府负责知识产权执法的部门应当采取措施，保护与电影有关的知识产权，依法查处侵犯与电影有关的知识产权的行为。国家鼓励公民、法人和其他组织依法开发电影形象产品等衍生产品。[①] 未经权利人许可，任何人不得对正在放映的电影进行录音录像。阻碍产业发展的立法和制度主要表现在以下几个方面。

第一，立法宗旨与立法目标并不一致。

尽管从改革开放以来，国家强调发展才是硬道理，对传媒领域贯彻效率价值，并给予各种优惠政策。但当效率价值和秩序价值发生冲突时，秩序价值始终是优先的。然而"文化产业"区别于"文化事业"，它是靠产品市场、自由交易和消费者需求所驱动的，效率价值是产业发展的首要目标。而我国目前有一些立法文件甚至是以"产业促进法"命名的文件如《电影产业促进法》所体现的仍是将对于事业功能要求的，与产业发展具有内在张力的社会效益目标放在首位。再比如在网络安全立法方面，将对于网络传媒内容方面的规范和控制混同于对于网络安全的保护，这样，不仅带来安全防范目标的错位，而且对于传媒带来过度的管控。[②] 这也在一定程度上解释了我国为什么对内容管控如此之严。但当我们将更多注意力放在对行业准入、内容的管控时，在设计与产业相关的法律规范时往往只是在原有的法律框架内进行小修小补，没有设计、制定、完备相关的法律制度，甚至有些政策十分匆忙，我国也不乏急风暴雨式的、一刀切式的处罚制度，这些都很有可能引发监管措施之外的问题，给行业带来诸如影视行业的税务大地震这样的影响，这对产业的破坏力是十分巨大的。

第二，传媒主管部门往往既是传媒政策法规的制定者，也是传媒政策法规的执行者或监管者，可能会引发不公平问题。

当监管者既是行业规定的制定者，又是行业的监管者时，是否会引发不公平，以及是否需要有效的监管机制监督监管者是否履行好相应的监管职责。我国的传媒监管主体例如中宣部、广电总局等既要致力于法律文件

---

① 《电影产业促进法》第 7 条。
② 李丹林：《传媒法治、现代化转型与文化变革》，《南京社会科学》2017 年第 4 期。

的制定，又要履行监管职责主要是行为监管。与行政管理下级必须服从上级，通过行政命令方式进行管理不同，监管是依法监管，监管机构依法独立监管，法律是最高权威，监管机构只对法律负责，争议最终可以通过司法途径或其他第三方途径加以解决。但传媒监管机构在对新闻出版、广播电视、网络出版等行业进行监管时，更倾向于沿用行政审批的方式如对刊号的审批、频道的审批等，以审批许可的方式代替监管对象经营行为的监管。这种做法不仅抬高了行业准入门槛，不利于非公有资本在传媒产业内的流动。从另一方面来看，获得了行业准入资格的企业因此而获得了近乎垄断型的利益，行业门槛所带来的不公平问题对企业活力失和产业利益的损失。

传媒内容的标准制定者在很多时候并不注重合理平衡各种不同群体的需求和利益，也不注重理性科学的具体规则的制定和实施，立法者在意的是能否给管控者提供更大的可随时调控的空间，尤其是当立法者本身也兼具监管者身份的时候。例如从《互联网出版管理暂行规定》（2002）到《网络出版服务管理规定》（2016），从"互联网出版"到"网络出版服务"，不仅是将移动互联网纳入范畴，"服务"的表述更为契合产业发展实际，也为管理权限的扩大预留了空间。可以说"互联网出版"的定义指向性较为明确，而"网络出版服务"的内涵和外延则更大，为管理权限创造了扩大解释的可能。

第三，在面对当前的传媒生态环境，传媒立法出现滞后，许多重要的领域存在着法律真空地带。

例如《广播电视管理条例》是第一部专门针对广播电视行业而制定的国务院条例，在广播电视业发展中起到了非常重要的作用。但是传媒生态的变化催生了传媒变革，使得其中有些内容已经不能适应新的变化，例如，广电、电信技术的相互融合遭遇到壁垒森严的行业条块分割，导致矛盾重重，需要重新确认传媒监管体系的内容。而且，由于历史的局限性，《广播电视管理条例》的立法观念主要是为了保证国家基础产业的安全，而不是为规范产业中各主体的行为，因此对传媒市场的建立、运作以及开展有效竞争等内容基本没有涉及，特别是缺乏有关传媒监管的机构、原则、权力、手段和对监管者的监督机制的规定。随着广电集团的设立和传媒市场结构重组的演进，传媒集团之间开展公平竞争也缺乏必要的法律基础。

第四，某些法律规范监管措施本身的不确定性对产业发展的影响。例如中国电影的审查制度，没有可以贯彻始终的标准可依，审查人员、政策变动、领导一致，甚至一封匿名信，都有可能影响电影的命运。倾尽人力、物力、财力制作的电影无法过审，这不仅对投资方来说是沉重的打击，也对整个电影产业起到不好的示范作用。2015年，中国国家互联网信息办公室（以下简称"网信办"）因新浪存在违法登载新闻信息、账号审核把关不严、抢发散播不实消息等问题，约谈了新浪公司的主要负责人，而这一举动直接导致新浪股价在纳斯达克市场的常规交易中下跌2.11美元，跌幅达到5.63%。2018年4月，今日头条旗下的"内涵段子"因导向不正、格调低俗等突出问题被广电总局永久关停，这主要是由于"内涵段子"中的内容与国家的主流意识形态方向发生偏离。从整个传媒生态来看，随着监管部门对内容监管的收紧，传媒产业内容的生产和传播都会变得更为谨慎和小心翼翼。

第九章

IPTV 政策法律及产业发展

我国文化事业与文化产业发展过程中的广播电视领域,伴随媒介融合,文化产业产生了一种新的业态——IPTV。IPTV 的发展历程,充分说明了相关政策和立法对于一个新兴产业发展的至关重要的影响。既有的政策和立法是如何过度强调管制而束缚和限制了产业的发展。因此文化产业促进立法的路径,一是要予以扶持和保障;二是要适当解禁和松绑。某种意义上后者更为重要,这是培育合格的市场主体、发挥市场作用、激发文化产业内容动力的根本。

第一节 IPTV 的含义和政策发展

一 IPTV 的属性

"IPTV"的英文全称为"Internet Protocol Television",意思是"网络协定电视",是指用宽频网络(宽带)作为介质传送电视信息的一种系统。是一种利用宽带网,集互联网、多媒体、通信等技术于一体,向家庭用户提供包括数字电视在内的多种交互式服务的新技术。

从技术原理上讲,IPTV 就是在电视上通过宽带网络收看节目的一种形式。用户可以通过电视机、PC 端及移动终端享受 IPTV 服务。IPTV 是互联网和电视媒介融合的产物。通俗地讲,IPTV 就是给传统电视媒介加入了时移、点播等部分互联网的功能,把单向的"Broadcasting"(广播)变成了双向的"Interactive"(互动)。IPTV 不仅具有传统电视的直播、点播服务功能,还融合了互联网和通信业务的各种应用,强调交互性、精准化传播,可以满足用户不断增长的家庭娱乐和文化需求。所以 IPTV 也被称作交互式电视。

我国广电行业对于 IPTV 的解释是:中国现阶段所指的 IP 电视是指通

过可控、可管理、安全传送并具有质量保证的有线 IP 网络，提供基于电视终端多媒体业务。其中的有线 IP 网络可以是电信宽带网，也可以是五类线网和经过 IP 化改造的有线电视网。IP 电视与互联网电视的区别在于：前者运行在城域网上，后者运行在广域网（互联网）上。① 目前，中国的 IP 电视业务主要运行在电信宽带网上。虽然 IPTV 使用 TCP/IP 传输协议，但只能通过专网或城域网传输，而不能通过公共互联网提供服务。所以 IPTV 电视业务属于"专网定向视听节目服务"。② 与有线电视一样也具有电子节目指南、用户管理、条件接收、网络管理等系统，同时还具有数字版权管理系统（DRM）和适应流媒体的内容分发网络（CDN），IPTV 集成播控平台由广电播出机构提供与管理，电信运营商可申请传输许可。就我国的国情而言，我们现在形成的 IPTV 的业务展开模式是广电系统与电信系统进行协调配合。在广电系统内形成"统一体系、两级架构"的播控体系，在广电行业和电信行业之间形成"广电主导、共同合作"的运营模式。

在具体运营实践中，国内的 IPTV 运营主体都是电信运营商，现在是三大运营商：中国电信、中国联通、中国移动。用户获得 IPTV 服务是由电信运营商主导的通过家庭宽带在专用网络中收看视频节目的电信增值服务。从实质上看，虽然通过广电部门制定的文件和相关立法，主张"广电主导"，但实际上 IPTV 更多的则是作为电信运营商家用宽带的附加产品。和家庭宽带、家用电话等产品打包销售。在 IPTV 整体设计时，所有 IPTV 机顶盒一般都只能连接服务专用的网络，不能访问公共互联网。因此，IPTV 的内容和真正的网络电视相比，自由度和开放度是比较有限的。但是相比传统的有线电视，能够提供点播视频、直播、回看等服务，因此，IPTV 还是具有一定的比较优势的。近几年，IPTV 用户增速提升，尤其是 2018 年之后，三大基础电信运营商都获得了广电主管部门合法的 IPTV 内容传输许可证之后，到 2019 年 3 月底，IPTV 用户已达

---

① 国家广播电影电视总局发展研究中心：《中国视听新媒体发展报告（2011）》，社会科学文献出版社 2011 年版，第 96 页。

② 《专网及定向传播视听节目服务管理规定》（第 2 条）规定所称专网及定向传播视听节目服务，是指以电视机、各类手持电子设备等为接收终端，通过局域网络及利用互联网架设虚拟专网或者以互联网等信息网络为定向传输通道，向公众定向提供广播电视节目等视听节目服务活动，包括以交互式网络电视（IPTV）、专网手机电视、互联网电视等形式从事内容提供、集成播控、传输分发等活动。

2.72 亿。[1]

之所以专题研究 IPTV 问题，是因为相对广播电视领域的新业态 OTT 电视、手机电视，其政策的设计和监管不同，IPTV 电视可以进行电视直播节目，这是 OTT 电视、手机电视所不具有的业务形态，也是互联网视频网站所不具有的业务形态。IPTV 的政策制定、理念确立和相关法律制度，通过 20 年的实践发展和力量博弈，如今已经非常全面完整地展现出来。

综上，IPTV 是媒介融合的具体体现，是我国三网融合政策推动的一个产物，通过 IPTV 的发展和存在问题的研究，我们可以借此审视我国媒体政策和法律问题的一个侧面。

二 IPTV 发展进程回顾

可以说 IPTV 的发展，技术是内在原发力，市场需求是外部诱导力，如何发展，快慢兴衰、发展模式则是由宏观立法、相关政策和具体监管措施，简言之即制度因素左右和制约的。IPTV 产业发展的历史，根据国家相关政策的出台和实施为时间节点，划分为三个阶段。

第一阶段：2004—2009 年，早期阶段。2004 年，电信行业的中国电信和网通对 IPTV 进行实验室测试。同时，也在一些地方进行小规模的用户试验，接收端更多依赖 PC 终端。截至 2004 年底，国内 IPTV 用户数量为 4.6 万户。虽然在 2005 年广电总局向上海文广新闻传媒集团颁发了首个 IPTV 运营牌照，但是，对于提供宽带内容传输服务的电信机构，广电主管部门始终没有能够在政策上和法律上确认其合法的主体地位。电信企业提供 IPTV 传输和介入业务，被广电主管部门多次勒令停止。[2] 到 2009 年 4 月 15 日，国务院办公厅发布《电子信息产业调整和振兴规划》，指出要"加快第三代移动通信网络、下一代互联网和宽带光纤接入网建设，开发适应新一代移动通信网络特点和移动互联网需求的新业务、新应用，带动系统和终端产品的升级换代。支持 IPTV（网络电视）、手机电视等新兴服务业发展。建立内容、终端、传输、运营企业相互促进、共赢发展的新体系"。2009 年 5 月 19 日，国务院批转同意发改委《关于 2009 年深化经济

---

[1] 工信部：《2019 年 1—3 月份通信业经济运行情况》，http://iptv.lmtw.com/yj/201904/169949.html。

[2] 《IPTV 的历史回顾及发展分析》，http://iptv.lmtw.com/IPro/201711/150558.html。

体制改革工作的意见》，落实国家相关规定，实现广电和电信企业的双向进入，推动"三网融合"取得实质性进展首次提出广电和电信双向进入。这两份文件，也正是针对这样的局面而发布的。在这一阶段，尽管 IPTV 的业务拓展都是在没有制度保障的情形下进行，但是到 2009 年底，IPTV 用户数量发展到 470 万户。政策虽然是主导性因素，但是，IPTV 是"极具商业价值的互动媒体平台"，[①] 市场的需求，显示出其顽强的生命力。

第二阶段：2010—2015 年，试点推广阶段。2009 年两项政策性文件的发布，作为序曲，推动三网融合进入实质性发展阶段，IPTV 建设进入较少政策阻碍和不断强化监管的时期。这一时期 IPTV 从用户规模和产业规模来说都是一个大发展的时期。2010 年 1 月，国务院印发《国务院关于印发推进三网融合总体方案的通知》（国办发〔2010〕5 号）发布，明确规定："广播电视播出机构负责 IPTV、手机电视集成播控平台的建设和管理，负责节目的统一集成和播出监控，负责电子节目指南（EPG）、用户端、计费、版权等管理。其中，用户端、计费管理由合作方协商确定，电信企业可提供节目和 EPG 条目，经广播电视播出机构审查后统一纳入节目源和 EPG。"2010 年 6 月，印发《国务院办公厅关于印发三网融合试点方案的通知》（国办发〔2010〕35 号）。根据这些文件，明确了 IPTV 集成播控平台的建设和管理由广播电视播出机构负责。

2010 年 7 月 13 日，广电总局发布《关于三网融合试点地区 IPTV 集成播控平台建设有关问题的通知》（广局〔2010〕344 号），简称"344 号文"。这一文件确立了我国 IPTV 运营和监管的基本框架、模式。对于 IPTV 集成播控平台开展平台建设、统一规划管理、运营模式、内容管理、安全监管和进度等方面做出了具体指示和要求。2012 年 6 月 11 日国家广电总局发布《关于 IPTV 集成播控平台建设有关问题的通知》（广发〔2012〕43 号）。这一通知对于电视和电信的融合的模式进行了进一步的具体设计。具体内容包括涉及 IPTV 集成播控平台建设的体系、模式、功能、职责等方面。核心是加强内容的集成播控、严格内容服务者的义务，限定内容传输者的行为范围。同时要求，IPTV 集成播控总平台和分平台、全国性 IPTV 内容服务平台和升级内容服务平台、IPTV 传输服务业务，均应分别

---

① 《2004—2016 中国 IPTV 用户规模变迁之路》，http：//iptv.lmtw.com/IPro/201701/140777.html。

取得国家广电总局颁发的相应项目许可证后，方可对接并开展业务。

政策的利好因素为 IPTV 发展松绑，到 2010 年底，IPTV 用户数就达到了 800 万户。截至 2015 年底，中国电信 IPTV 用户数达到了 4100 万户左右，中国联通的 IPTV 用户数也超过了 900 万户，国内 IPTV 的总用户数为 5000 万户（未将中国移动用户数统计在内①），已经超过有线体系中可双向交互的数字电视用户。IPTV 作为电视的一种主流形态正式进入中国的电视领域。②

第三阶段：2015 年至今，快速发展阶段。2015 年 4 月 24 日新闻出版广电总局发出《国家新闻出版广电总局关于当前阶段 IPTV 集成播控平台建设管理有关问题的通知》（新广电发〔2015〕97 号）。根据这一文件和此前的文件，主管部门对于如何使 IPTV 成为可管可控的制度探索已经成熟，内容可能失控的顾虑逐步消除，IPTV 的牌照发放取得进展。2015 年 8 月 25 日，国务院发布《三网融合推广方案》（国办发〔2015〕65 号）。至此 IPTV 产业推广在全国落地，政策性壁垒完全解除，电信运营商以宽带接入为切入点，推进基础设施建设；中央和省级节目集成播控平台逐步建立、整合，并统一节目播控。③ 截至 2018 年 5 月，全国 IPTV 用户数达到 1.39 亿户，到 2019 年 3 月已达 2.58 亿户。④ 总平台与按照总分架构与 30 多个省市自治区分平台签署了合作协议，IPTV 集成播控总分平台与多个运营商合作不断推进。

工信部公布的 2019 年 1—2 月通信业经济运行情况显示，截至 2 月底，三家基础电信企业发展 IPTV 用户达 2.67 亿户。显然，IPTV 已成为中国电视媒体传播的最为重要的渠道，超过有线电视、卫星电视、地面电视、OTT TV 等，事实上成为我国最大的电视传输平台。⑤ 2018 年 IPTV 的收入达到 100.45 亿元，比 2017 年（67.61 亿元）增长 48.57%。⑥

此时，IPTV 已被主流意识形态认为，IPTV 业务既具有技术创新的优

---

① 中国移动由于自行运营了 OTT 电视业务，所以在很长的时间内，中国移动未能获得 IPTV 运营的牌照。6 月 13 日广电总局才向中国移动广东分公司核发 IPTV 内容传输的许可证。

② 《2004—2016 中国 IPTV 用户规模变迁之路》，http://iptv.lmtw.com/IPro/201701/140777.html。

③ 刘磊：《IPTV 发展梳理与监管思考》，《数字传媒研究》2018 年第 3 期。

④ 《4 月起在全国统一开展 IPTV 专项治理》，http://iptv.lmtw.com/yj/201903/168493.html。

⑤ 《广电总局整治 IPTV：向有线电视看齐》，http://iptv.lmtw.com/yj/201903/168482.html。

⑥ 中国国家广播电视总局：2018 年全国广播电视行业统计报告。

势，又具有可管可控优势，成为网络视听产业重要的新媒体业态以及国家重要的宣传舆论阵地。①

三 我国 IPTV 制度的设计理念

（一）IPTV 制度的设计理念

从广电主管部门来说，对于 IPTV 制度的设计和体系建构就是为了建成"可管可控"的新的视听内容的传播形态。IPTV 领域主要有三类业务组织：内容集成播控组织、内容服务组织、内容传输组织。这三类组织的业务相互配合，构成了整个 IPTV 服务的整体运营过程。每一部分的功能职责都不一样，核心就是把住 IPTV 传输的内容的源头，同时在每一个环节也要力求可管可控。

早期，虽然相关政策都提到并强调推进三网融合，但是，那时主要还是从提升信息化的角度进行三网融合，对于 IPTV 所属行业始终存在基于利益博弈而认识不一致，在权力划分尚不十分明确的时候，广电部门是一直谨慎地甚至是拒绝电信运营商擅自进行 IPTV 业务。这也是前述分析的广电和电信两大行业"缠斗"不休的原因。这种局面延续至 2010 年，终于确立了 IPTV 也是建设可管可控的传播体系、是建设新型电视传播媒体强化舆论引导力的举措，于是，IPTV 作为广电主管的领域终于明确。广电总局的 35 号文、334 号文基于可管可控的理念，2016 年发布的《专网及定向传播视听节目服务管理办法》，对于 IPTV 运营的各个环节都规定了相关的审批许可，同时，还通过内容集成播控主体的地位和功能的设计，是所有 IPTV 传播的内容的组织和传播控制在主流媒体平台手中。这使得 IPTV 与互联网电视、手机电视有了很大的不同。②

---

① 《中国视听新媒体发展报告（2018）》，2018 年，第 37 页。

② 我国的广电新媒体有三种类型。其中互联网电视领域，集成服务许可持证机构是：中国网络电视台、上海广播电视台、浙江电视台和杭州市广播电视台（联合开办）、广东广播电视台、湖南广播电视台、中国国际广播电台、中央人民广播电台。内容服务许可持证机构是中国网络电视台、上海广播电视台、浙江电视台和杭州市广播电视台（联合开办）、广东广播电视台、湖南广播电视台、中国国际广播电台、中央人民广播电台、江苏电视台、国家新闻出版广电总局电影卫星频道节目制作中心、湖北广播电视台、城市联合网络电视台、山东电视台、北京广播电视台、云南广播电视台、重庆网络广播电视台。在手机电视领域，手机电视集成播控服务许可持证机构是中央电视台、中央人民广播电台、杭州市广播电视台、上海广播电视台、辽宁广播电视台、中国国际广播电台。国家广播电视总局网站，http：//www.nrta.gov.cn/col/col110/index.html? uid=11575&pageNum=2。

IPTV 的可管控体现在全国统一规划、统一标准、统一组织，采取中央、省两级构架的集成播控平台。中央设立 IPTV 集成播控总平台，由中央电视台具体负责建设和运营，考虑到 IPTV 用户主要以省为中心接入，各省设立的 IPTV 集成播控分平台，由中央电视台会同各省电视台联合建设和运营。总平台与分平台采用统一设计开发的系统软件，实行统一业务运营支撑系统（BOSS，含计费、用户认证等）管理、统一电子节目指南（EPG）管理，实现统一的计费和用户认证。IPTV 集成播控总平台和分平台的技术方案、系统软件（包括 BOSS 管理系统、EPG 管理系统和版权管理系统等）由中央电视台组织开发和提供。

所以，现在全国只有一家获得一级播控平台的许可证，这就是中央电视台，现在为中国国家广播电视总台，具体运营其 IPTV 业务的组织，是爱上电视传媒有限公司。

集成播控主体负责节目的组织，但是具体节目内容的组织、编辑、审看、播出和相应 EPG 条目的制作，负责节目的定价、版权和广告投放播放则由专门的内容服务平台进行。这些内容服务平台实际上也就是中央电视台和各省级电视台。

在我国，IPTV 的内容的传输是由专门的电信企业来负责的。虽然从技术原理上来说，IPTV 和有线电视并没有什么区别，但是，鉴于我国特定的行业划分和对应的监管体制，我国的 IPTV 的传输就是专门有电信企业借助电信网络进行传输。现在从事 IPTV 的内容传输业务的三家电信企业有中国联通、中国电信、中国移动。三家电信企业在各省的分公司可以承担在各省的 IPTV 的传输业务。

而对于承担具体传输服务的电信企业来说，只能依据内容服务提供的节目进行传输，不允许有任何擅自改变节目内容的行为，否则将会承担相应的法律责任，在下面我们会对相关法律责任进行分析。

第二节　我国 IPTV 监管制度的构成要素分析

基于广电和电信（工信）两大系统的机构设置和职责设定的特殊历史，形成了我国 IPTV 独特的监管制度。这些监管制度制定和设立的依据，是在我国相关的法律、行政法规所提供的宏观立法框架之下，由广播电视主管部门通过一系列的规章、规范性文件来实现的。

从三网融合的角度来看，IPTV 的发展是电信行业进入广电领域的具体体现。因此，制度构建还是以广电主管部门的意志为主。2015 年 11 月 23 日国家新闻出版广电总局局务会议审议通过《专网及定向传播视听节目服务管理规定》，并于 2016 年 4 月 25 日以国家新闻出版广电总局发布的总局令（第 6 号）的形式发布，该规定自 2016 年 6 月 1 日起施行。标志着我国的 IPTV 监管制度，经过多年的摸索，终于较为全面完整地构建。

一 IPTV 法律规范体系构成

IPTV 的建设，实际上是我国在改革开放过程中，加强法制建设、推进市场经济发展、深化传媒机构改革、同时不断探索新时期如何加强广播电视舆论阵地建设的宏观背景之下，技术和市场因素综合作用的产物。这就要从国家整体的法律体系层面来看待与 IPTV 问题相关的法律规范。我国宪法序言所昭示的我国的国家性质、政治体制，宪法规定的经济制度、国家机构制度、相关新闻文化基本制度以及公民基本权利，都构成了 IPTV 行业的规范基础和制度基础。

IPTV 从根本上讲是内容生产和传播行业，同时又是广播电视、电信、互联网交叉融合的领域。因此，在签署对于传媒法律体系的分析，对于我国媒介融合背景下的传媒立法进程中所提到的相关法律规范，如关于网络立法，与内容相关的国家安全、网络安全方面的立法，关于促进文化产业发展方面的具体立法规范，关于知识产权方面的立法等，也都构成了 IPTV 发展过程中会涉及的要遵守的法律规范。

当然，直接对 IPTV 的发展和运营产生规范调整作用的是针对广播电视、电信和互联网三大领域监管、对新闻采编和传播领域制定的具体行政法规范。属于行政法规位阶的有国务院制定和发布的《广播电视管理条例》《电信条例》《互联网信息服务管理办法》以及国务院某些"决定"。更为具体的则是广播电视主管部门制定发布的各项有关内容制作传播的行政规章和规范性文件，以及信息产业部门、文化管理部门、网信部门制定和发布的相关规范性文件。这些文件主要有：2004 年 7 月 6 日国家广播电影电视总局发布的《互联网等信息网络传播视听节目管理办法》（如今这一文件已被现行的《专网和定向传播网络视听节目管理规定》取代），2008 年 1 月 31 日起施行的《互联网视听节目服务管理规定》（由信产部和总局联合发布，信产部令第 56 号）等。在具体规范性文件中，《专网及定向传播网络视听节目服务管理规定》以及前述的"344号文""43号文""97号文"构成了IPTV制度的基本依据。

二　IPTV的监管主体

IPTV是广电和电信融合的产物，但是，IPTV的监管职权主要是由广电部门行使。其中的理由在于从政策制定者和主管部门的认识来看，IPTV从根本上也属于"重要的舆论宣传阵地"，必须建立可管可控的有效机制。因此，IPTV的具体运营体系的设计、相关设施和制度建设的验收、相关许可证的审批发放，以及对于与IPTV有关的违法行为的处罚都由广电主管机关行使。根据《中共中央深化党和国家机构改革方案》，新组建的国家广播电视总局必须"加强党对新闻舆论工作的集中统一领导，加强对重要宣传阵地的管理，牢牢掌握意识形态工作的领导权"。新组建的中央广播电视总台，"作为国务院直属事业单位，归口中央宣传部领导"。无疑，IPTV的各项工作，必须接受党的宣传部门领导，这是我国传媒法制特色在IPTV监管方面的具体体现。

虽然确立了广电主管部门主管IPTV，但是，在IPTV具体运营过程中，还要受到其他相关部门的监管。这包括工信部门、文化部门、网信部门、版权管理部门、市场监管部门等。各监管部门的职权和作用的发挥，在下面的许可审批制度部分再具体阐释。总之，为了实现可管可控，上述部门从内容方面、运营方面都对IPTV的运营产生直接和间接的影响。

三　IPTV的行业准入

为了确保IPTV的可管可控，现行IPTV制度对于从事IPTV的相关业务规定了严格的准入条件，实际上也就是只有当前能够从事广播电视业务和电信业务的机构才可进入IPTV业务领域。具体如下所示。

1. 资质条件。从事IPTV业务的组织，只能是属于广播电视行业的机构和电信行业的机构，而且，这些机构都是既有的机构，到目前还未有专门为IPTV的业务新设立的机构。而具体负责IPTV运营的主体，可以是获得集成播控许可证的媒体机构投资控股设立的企业组织。

申请从事交互式网络电视（IPTV）传输服务、专网手机电视分发服务的，应当是国务院工业和信息化主管部门批准的具有合法基础网络运营资质的单位，并具有一定规模的公共信息基础网络设施资源和为用户提供长期服务的信誉或者能力。

申请从事内容提供服务的，应当是经国务院广播电影电视主管部门批准设立的地（市）级以上广播电视播出机构或者中央新闻单位等机构，还应当具备 2000 小时以上的节目内容储备和 30 人以上的专业节目编审人员。

申请从事集成播控服务的，应当是经国务院广播电影电视主管部门批准设立的省、自治区、直辖市级以上广播电视播出机构。

2. 资本条件。从事 IPTV 相关业务的组织，应该具有法人资格，为国有独资或者国有控股单位。现行法规明确规定：外商独资、中外合资、中外合作机构，不得从事专网及定向传播视听节目服务。也就是在 IPTV 领域，外资不得进入。民营资本虽然可以进入，但是不能达到控股地位。

根据三网融合的政策，广电主管部门和电信主管部门对于广播电视机构和电信企业的性质、地位的规定，资本准入的要求，IPTV 的集成播控服务提供者、内容服务提供者可以是事业法人，也可以是企业法人。内容服务提供者也是同样情形。IPTV 内容传输者电信运营商，都是企业法人。在资本准入方面，作为事业法人的，是由国家拨款，或靠自身的经营性业务积累，民营资本、外资都不可进入。作为企业法人，民营资本可以进入，但是国有资本具有控股地位。承担 IPTV 的内容传输业务的电信运营商都是国有独资公司。

当然，政策允许获得许可证的集成播控单位可以灵活操作 IPTV 的运营组织，这也是为资本准入提供灵活的途径。专门进行播出的机构——广播电视台，不允许非公资本进入，但是具体集成工作的运营主体是允许成立企业法人，采取市场化机制，可以引入外部资本，实现上市，再做大的基础上做强。如百视通就是一个典型代表，百事通是作为一个一级集成播控中心的上海广播电视台的 IPTV 业务的运营机构。[①] 虽然非公资本可以进入节目制作领域，按照现行政策和法律文件内容，非公资本也甚至可以进入为集成播控平台提供具体运营服务的领域，但是，这些都不能冲击公有资本对于内容播控和服务本身的业务的控制。

[①] 2015 年 6 月百视通吸收合并东方明珠及发行股份和支付现金购买资产并募集配套资金的重大资产重组。重组后的百视通将变更为"上海东方明珠新媒体股份有限公司"（下称"东方明珠新媒体"）继续承担原有业务。

四　IPTV 审批、许可、登记制度

IPTV 在进行全面业务的过程中，所涉及的审批、许可、登记种类，几乎涵盖了我国现行广播电视、互联网、电信领域的各个方面，这也是本项目专门选择这一典型领域进行研究的原因之一。

（一）从事 IPTV 服务所需的许可

根据我国 IPTV 制度和实践结构，IPTV 业务由三大环节组成：内容集成播控业务、内容提供业务、内容传输业务。从事这三种业务都需要先获得审批，由审批机关颁发相应的许可证，持证机构方可合法进行相关业务。未经许可从事相关业务，或者在从事相关业务时，未能按照相关法律规范从事业务活动，都要承担相应的法律责任。在 IPTV 业务领域，依据现行法律，有如下审批许可制度。

IPTV 内容集成播控许可证。一级播控牌照：1 张。也就是总平台。在实践中牌照的持有主体就是中国中央广播电视总台。分平台，也就是二级集成播控机构牌照。按照现行广播电视台体制，每个省级电视台都有资格获得。但是具体获得必须在各项软件硬件条件都符合要求，经总局验收之后才予以发放。每个省台必须按照相关技术标准进行相应的硬件和软件建设，经广电总局验收通过之后，才可以核发，这个有资格和得到牌照之间需要时间，因此发牌采取的是后置审批的方式。

获取集成播控许可证之后，持证主体可以从事的业务活动是：总平台，也就是全国性 IPTV 内容平台的接入认证和播出情况监看；全国 IPTV 平台系统软件的统一开发和提供；组织实施国家新闻出版广电总局制定的 IPTV 编码、传输及技术接口标准；全国 IPTV EPG 的统一设计和管理；全国 IPTV BOSS 系统、用户管理系统、计费系统和版权管理系统的统一管理；全国 IPTV 经营性数据的统计、管理；全国性增值服务项目的规划设计、开发运营。总平台负责将全国性内容服务平台的节目信号集成后统一传送至各分平台。IPTV 集成播控分平台，经总平台授权负责，在全国 EPG、BOSS、计费、DRM 系统统一管理的基础上，负责对本省 IPTV 内容服务平台的接入认证和播出情况监看；本省 BOSS 系统管理；EPG、版权管理等技术系统的本地部署和应用；本省 IPTV 用户的开通、鉴权、计费等日常运营管理；本省增值服务项目的规划设计、开发运营；本省 IPTV 经营性数据的统计、管理；本省 IPTV 市场的开发拓展和客户服务。按照

总平台的规划和授权，分平台负责与所在省 IPTV 传输系统进行具体技术对接，负责将总平台传来的节目信号与本省内容服务平台的节目信号集成在一起，经一个统一接口接入到本省 IPTV 传输系统。

2. IPTV 内容服务许可证

IPTV 内容服务许可证，有全国性内容服务许可证、区域性内容服务许可证、省级内容服务许可证几种类型。现在全国性内容服务许可证的持有机构是中央电视台和上海电视台。各个省台都是省级内容服务许可证的持有者。

3. IPTV 传输服务许可证

IPTV 传输许可证，现在有 3 张，有以南方地区为主的中国电信和以北方地区为主的中国联通。

（二）从事 IPTV 业务需要前置获得审批并依法需要申领的许可证

在 IPTV 业务中，除了上述活动要获得许可证之外，IPTV 集成服务传输的内容，也需要具有合法资格制作传播的内容。这些内容的制作传播，根据现行法律规定，还涉及如下的许可证。

1. 设立广播电视播出机构的审批

IPTV 业务，不同于 OTT 业务，不同于视频网站，它是拥有电视直播功能的业务形态，其播出的节目具有"广播电视节目"属性，也就是说集成播控平台和内容服务平台在本质上还是广播电视机构。根据我国的相关法律规定，从事广播电视活动，需要获得设立广播电视机构的审批许可。[1]

根据《广播电视管理条例》第 12 条的规定，经批准筹建的广播电台、电视台，应当按照国家规定的建设程序和广播电视技术标准进行工程建设。建成的广播电台、电视台，经国务院广播电视行政部门审查符合条件的，发给广播电台、电视台许可证。广播电台、电视台应当按照许可证载明的台名、台标、节目设置范围和节目套数等事项制作、播放节目。

获得了设立广播电视机构的许可，在从事的业务范围中，就包括广播电视新闻内容的采编和传播业务。因此，不再需要另行取得传播新闻信息的许可。

---

[1] 《广播电视管理条例》第 8 条、第 9 条、第 10 条、第 11 条等的规定。

2. 从事电信业务的审批与许可

我国法律明确规定 IPTV 的内容传输业务由电信运营商运营。成为一个电信运营商,首先应该获得电信主管部门的审批,同时对于电信运营商能够从事的电信业务,根据业务的种类不同,还需要获得从事特定业务的许可。根据《电信条例》(2016)的规定,国家对电信业务经营按照电信业务分类,实行许可制度。经营电信业务,必须依照本条例的规定取得国务院信息产业主管部门或者省、自治区、直辖市电信管理机构颁发的电信业务经营许可证。未取得电信业务经营许可证,任何组织或者个人不得从事电信业务经营活动。IPTV 业务,包含电信增值业务在其中。①《电信条例》第 14 条规定,从事增值电信业务,如果是跨地区业务,首先要获得国务院信息产业主管部门或者省、自治区、直辖市的审查批准,然后申领"跨地区增值电信业务经营许可证"或"增值电信业务经营许可证"。

3. 从事信息网络传播视听节目的许可

IPTV 节目是通过宽带传输,具有交互性的特征,也就是具有互联网属性的节目传播。②因此,从事 PITV 业务,还需要根据《互联网视听节目服务管理规定》,申领"信息网络传播视听节目许可证"。

4. 从事广播电视节目制作经营业务的许可

根据《广播电视管理条例》第 31 条规定,广播电视节目由广播电台、电视台和省级以上人民政府广播电视行政部门批准设立的广播电视节目制作经营单位制作。广播电台、电视台不得播放未取得广播电视节目制作经营许可的单位制作的广播电视节目。内容集成播出和服务,如果是非自己制作节目,这些节目必须由取得"广播电视节目制作经营许可证"的机构制作。

5. 电影公映许可和电视剧发行许可

我国对于电影和电视剧,具有特殊的监管制度和要求。我国《电影产业促进法》对于电影的制作拍摄公映规定了具体的审批许可要求。该法第 17 条规定"法人、其他组织应当将其摄制完成的电影送国务院或者省、

---

① 参见《电信业务分类目录》规定的增值电信业务"B1 第一类增值电信业务"所列各项。
② 在实践中,有的时候,人们笼统地称呼互联网电视的时候也将 IPTV 包括在其中。在我国,根据现行的监管制度,互联网电视是有专门界定的,是与 IPTV 并列的一种新兴广播电视类型,这就是属于"定向传播"的 OTT。

自治区、直辖市人民政府电影主管部门审查"。① 在审查通过之后，颁发电影公映许可证。关于电视剧，《电视剧内容审查管理规定》（2010）第三章集中对电视剧的发行许可做出了规定。该规定第 15 条规定"国产剧、合拍剧、引进剧实行内容审查和发行许可制度。未取得发行许可的电视剧，不得发行、播出和评奖"。该规定第四章也规定，"电视台在播出电视剧前，应当核验依法取得的电视剧发行许可证"。

6. 广告登记

IPTV 在进行内容传播的同时，也会发布广告。根据我国《广告法》的规定，广播电台、电视台、报刊出版单位从事广告发布业务，应当向县级以上地方市场监管机构部门办理广告发布登记。② 利用互联网进行广告发布，也需要进行广告登记。③ IPTV 的广告发布兼具了传统大众传播媒体和互联网广告发布的属性。

五　IPTV 的内容规范

直接对于 IPTV 做出内容标准的依据是《专网及定向传播视听节目服务管理规定》。该规定第 16 条的内容是"专网及定向传播视听节目服务单位传播的节目应当符合法律、行政法规、部门规章的规定，不得含有以下内容：（一）违反宪法确定的基本原则，煽动抗拒或者破坏宪法、法律、行政法规实施；（二）危害国家统一、主权和领土完整，泄露国家秘密，危害国家安全，损害国家荣誉和利益；（三）诋毁民族优秀文化传统，煽动民族仇恨、民族歧视，侵害民族风俗习惯，歪曲民族历史和民族历史人物，伤害民族感情，破坏民族团结；（四）宣扬宗教狂热，危害宗教和睦，伤害信教公民宗教感情，破坏信教公民和不信教公民团结，宣扬邪教、迷信；（五）危害社会公德，扰乱社会秩序，破坏社会稳定，宣扬淫秽、赌博、吸毒，渲染暴力、恐怖，教唆犯罪或者传授犯罪方法；（六）侵害未成年人合法权益或者损害未成年人身心健康；（七）侮辱、诽谤他人或者散布他人隐私，侵害他人合法权益；（八）法律、行政法规禁止的其他内容"。

---

① 2018 年国务院机构改革，将新闻出版和电影的管理职权划归中共中央宣传部。现在关于电影的中央层级的监管部门不是国务院的组成部分。
② 《广告法》第 29 条规定。
③ 《广告法》第 44 条规定。

根据现行法律规定，IPTV 的内容标准，不仅仅是体现在《专网及定向传播视听节目服务管理规定》之中。前述那些内容制作和传播活动需要获得的审批、许可、登记所依据的法律文件中所规定的内容的积极标准和禁载条款，都构成了 IPTV 的内容规范。

《广播电视管理条例》（1997）第 32 条规定了应当禁止制作、播放的内容。①《电信条例》第五章"电信安全"部分，规定了不得利用电信网络制作、复制、发布、传播的内容信息。② 申领互联网新闻信息服务许可证的依据是《互联网信息服务管理规定》（2000），该规定第 15 条规定了不得制作、复制、发布、传播的内容。③ 申领"广播电视节目制作经营许可证"，要符合《广播电视节目制作经营管理规定》（2004）的要求。该规定第 22 条规定了广播电视节目禁止载有的内容。④ 领取"电视剧发行许可证"，要符合《电视剧内容管理规定》（2010）。该规定第 5 条规定了电视剧不得含有的内容。⑤ 领取"电影公映许可证"（2017），要符合

---

① 《广播电视管理条例》第 32 条：广播电台、电视台应当提高广播电视节目质量，增加国产优秀节目数量，禁止制作、播放载有下列内容的节目：（一）危害国家的统一、主权和领土完整的；（二）危害国家的安全、荣誉和利益的；（三）煽动民族分裂，破坏民族团结的；（四）泄露国家秘密的；（五）诽谤、侮辱他人的；（六）宣扬淫秽、迷信或者渲染暴力的；（七）法律、行政法规规定禁止的其他内容。

② 《电信条例》第 56 条规定。

③ 《互联网信息服务管理规定》第 15 条：互联网信息服务提供者不得制作、复制、发布、传播含有下列内容的信息：（一）反对宪法所确定的基本原则的；（二）危害国家安全，泄露国家秘密，颠覆国家政权，破坏国家统一的；（三）损害国家荣誉和利益的；（四）煽动民族仇恨、民族歧视，破坏民族团结的；（五）破坏国家宗教政策，宣扬邪教和封建迷信的；（六）散布谣言，扰乱社会秩序，破坏社会稳定的；（七）散布淫秽、色情、赌博、暴力、凶杀、恐怖或者教唆犯罪的；（八）侮辱或者诽谤他人，侵害他人合法权益的；（九）含有法律、行政法规禁止的其他内容的。

④ 《广播电视节目制作经营管理规定》第 22 条：广播电视节目制作经营活动必须遵守国家法律、法规和有关政策规定。禁止制作经营载有下列内容的节目：（一）反对宪法确定的基本原则的；（二）危害国家统一、主权和领土完整的；（三）泄露国家秘密、危害国家安全或者损害国家荣誉和利益的；（四）煽动民族仇恨、民族歧视，破坏民族团结，或者侵害民族风俗、习惯的；（五）宣扬邪教、迷信的；（六）扰乱社会秩序，破坏社会稳定的；（七）宣扬淫秽、赌博、暴力或者教唆犯罪的；（八）侮辱或者诽谤他人，侵害他人合法权益的；（九）危害社会公德或者民族优秀文化传统的；（十）有法律、行政法规和国家规定禁止的其他内容的。

⑤ 《电视剧内容管理规定》第 5 条：电视剧不得载有下列内容：（一）违反宪法确定的基本原则，煽动抗拒或者破坏宪法、法律、行政法规和规章实施的；（二）危害国家统一、主权和领土完整的；（三）泄露国家秘密，危害国家安全，损害国家荣誉和利益的；（四）煽动民族仇恨、民族歧视，侵害民族风俗习惯，伤害民族感情，破坏民族团结的；（五）违背国家宗教政策，宣扬宗教极端主义和邪教、迷信，歧视、侮辱宗教信仰的；（六）扰乱社会秩序，破坏社会稳定的；（七）宣扬淫秽、赌博、暴力、恐怖、吸毒，教唆犯罪或者传授犯罪方法的；（八）侮辱、诽谤他人的；（九）危害社会公德或者民族优秀文化传统的；（十）侵害未成年人合法权益或者有害未成年人身心健康的；（十一）法律、行政法规和规章禁止的其他内容。

《电影产业促进法》的相关规定,该法第 16 条规定了电影不得含有的内容。①

通过比较这些禁载条款,我们可以看出这些规范条文之间并不完全一样,大同小异。从文字上看,是大同小异,但是在具体执行的时候带来的问题就并非如此了。

从监管的角度来说,监管部门要力求将 IPTV 建设成可管可控的新兴业态,应该考虑对于同类内容设立同样的标准。现在,在同一个平台上同样的内容类型,在内容标准方面却有不同,这是不妥当的。

根据《立法法》规定的不同位阶法律文件的效力等级,《电影产业促进法》是上述范围中最高位阶的法律,其 16 条实际上可以视为对以视听状态呈现的内容设置了禁止底线。为体现我国法律制度的严肃性,本项目认为,应该以此法规定为依据,对有关行政法规、部门规章的不同表述的禁载条款做一次清理,至少,在执行过程中应该以法律规定为准则,贯彻执行低位阶法律文件的有关规定。

六 IPTV 制度中的法律责任

《专网及定向传播节目服务管理规定》列举了多种违规违法行为,并针对这些情形规定了具体的法律责任。特别是该规定第 27 条针对内容传播方面的法律责任规定得十分细致。具体有:未按照"信息网络传播视听节目许可证"载明的事项从事专网及定向传播视听节目服务的;违规传播时政类视听新闻节目的;集成播控服务单位未对内容提供服务单位播出的节目进行统一集成和播出监控或者未负责电子节目指南(EPG)、用户端、计费、版权等管理的。

为了确保 IPTV 内容的可控,该规定第 28 条、第 29 条还针对一些行为规定了法律责任。第 28 条是针对集成播控平台、内容服务平台和内容

---

① 《电影产业促进法》第 16 条:电影不得含有下列内容:(一)违反宪法确定的基本原则,煽动抗拒或者破坏宪法、法律、行政法规实施的;(二)危害国家统一、主权和领土完整,泄露国家秘密,危害国家安全,损害国家尊严、荣誉和利益,宣扬恐怖主义、极端主义的;(三)诋毁民族优秀文化传统,煽动民族仇恨、民族歧视,侵害民族风俗习惯,歪曲民族历史或者民族历史人物,伤害民族感情,破坏民族团结的;(四)煽动破坏国家宗教政策,宣扬邪教、迷信的;(五)危害社会公德,扰乱社会秩序,破坏社会稳定,宣扬淫秽、赌博、吸毒,渲染暴力、恐怖,教唆犯罪或者传授犯罪方法的;(六)侵害未成年人合法权益或者损害未成年人身心健康的;(七)侮辱、诽谤他人或者散布他人隐私,侵害他人合法权益的;(八)法律、行政法规禁止的其他内容。

传输组织直接违反有关的内容来源、节目信号以及相关控制信号的行为做出的规定。具体有：专网及定向传播视听节目服务单位转播、链接、聚合、集成非法广播电视频道节目、非法视听节目网站的节目和未取得内容提供服务许可的单位开办的节目的；集成播控服务单位擅自插播、截留、变更内容提供服务单位播出的节目信号的；传输分发服务单位擅自插播、截留、变更集成播控平台发出的节目信号和电子节目指南（EPG）、用户端、计费、版权等控制信号的。

第29条分别对各种类型做出了规定。

一类是与注册登记事项有关的行为：相关组织变更股东、股权结构等重大事项，未事先办理审批手续的；专网及定向传播视听节目服务单位的单位名称、办公场所、法定代表人依法变更后未及时向原发证机关备案的；采用合资、合作模式开展节目生产购销、广告投放、市场推广、商业合作、收付结算、技术服务等经营性业务未及时向原发证机关备案的；集成播控服务单位和传输分发服务单位在提供服务时未履行许可证查验义务的。

二类是与安全保障相关的行为：未按专网与定向传输节目管理规定的要求建立健全与国家网络信息安全相适应的安全播控、节目内容、安全传输等管理制度、保障体系的；集成播控服务单位和内容提供服务单位未在播出界面显著位置标注播出标识、名称的；内容提供服务单位未采取版权保护措施，未保留节目播出信息或者未配合广播电影电视主管部门查询，以及发现含有违反本规定的节目时未及时删除并保存记录或者未报告广播电影电视主管部门的；集成播控服务单位发现接入集成播控平台的节目含有违反本规定的内容时未及时切断节目源或者未报告广播电影电视主管部门的。

三类是技术保障方面的行为：用于专网及定向传播视听节目服务的技术系统和终端产品不符合国家有关标准和技术规范的；向未取得专网及定向传播视听节目服务许可的单位提供与专网及定向传播视听节目服务有关的服务器托管、网络传输、软硬件技术支持、代收费等服务的；未向广播电影电视主管部门设立的节目监控系统提供必要的信号接入条件的；专网及定向传播视听节目服务单位在同一年度内3次出现违规行为的。

四类是妨碍公务、虚假欺骗的行为：拒绝、阻挠、拖延广播电影电视主管部门依法进行监督检查或者在监督检查过程中弄虚作假的；以虚假证明、文件等手段骗取"信息网络传播视听节目许可证"。

上述这些类型的违法行为,内在的共同性就是被监管部门认为会脱离监管部门对于内容的要求、导致内容失控。而从这点就可以看出,整个 IPTV 制度的构建,就是期望通过借助电信运营的宽带渠道,广播电视机构获得更多的用户,进而更好地占领舆论阵地。[①]

第三节　IPTV 制度中的政策和法律问题的思考

一　IPTV 监管制度的核心

IPTV、互联网电视和手机电视,这三种新型电视业态,从技术本质上来说,没有实质性的区别。都是含有网络数字因素的交互性特点视听节目。随着移动互联网的发展,IPTV、OTT 的内容、传统手机电视的内容也都可通过移动端收看。但是,之所以对 IPTV 进行特殊的、更为严格的监管,就在于政策和法律赋予的 IPTV 可以从事电视直播内容的资格,并可从事相关的业务。这也就是广电行业认为 IPTV 业务是广电问题,而不是电信问题的依据。由于直播节目可以及时制作采编首发新闻节目,所以,对于 IPTV 的内容获取、提供服务都规定了严格的准入条件,这也就是集成播控平台总分体制的建设的条件和要求。对于要想受众提供什么内容、能想受众提供什么内容;如何防范超出集成播控平台、内容服务平台提供的内容进入 IPTV,规定了严厉的法律责任。虽然 OTT、手机电视不能进行直播节目,但是,对于不能直接获取接入公共互联网领域的节目,传播内容集成商提供的节目也有严格的要求。

二　IPTV 运营过程中版权问题的思考

IPTV 集成传输的内容,除了集成播控主体、内容提供服务主体自己

[①] 这些不仅从相关规定上可以做出这样的理解,从广电部门的监管和执法工作中,也可以得知。比如根据新闻报道,山东广电局在 2019 年的工作中,4 月下旬至 5 月底在全省开展 IPTV 专项治理,清查各种违法行为和违规内容,重点整治省 IPTV 集成播控分平台内容审核主体责任落实不到位问题、电信企业自建 EPG/Launcher 平台和自行引入未经审核的视听内容的行为,全面推进 IPTV 行业深度整改,着力维护 IPTV 发展秩序。参见《山东开展 IPTV 专项整治》,http://iptv.lmtw.com/yj/201904/170017.html。安徽广播电视台 IPTV 集成播控平台实现了对电信 IPTV 直播频道节目的统一播控,标志着安徽省 IPTV 规范管理进入新阶段。参见《安徽省电信 IPTV 直播节目信号源实现全面割接》,http://iptv.lmtw.com/IZC/201809/161888.html。

享有著作权的，也有需要通过著作权许可的方式，获得相应的权利。但是，鉴于 IPTV 的提供的是广播电视属性的节目的交互式的传播，同时，在具体运营过程中，会与其他广播电视传输渠道产生版权纠纷。由此，这些纠纷是何种权利之争，难以判断。这既有著作权立法滞后的问题，也有如何具体适用著作权法的问题。

IPTV 的业务体系主要包括点播服务、直播服务、轮播和时移回看等，其中，对于时移回看服务，定性为信息网络传播权范畴还是广播权范畴就存在很大争议。同时，电视台、播控平台、运营商和内容合作方作为 IPTV 的四个主要运营主体，其所承担的版权风险也有明显差异，并且可能互相影响。

由于采取内容集成播控的总分平台体系，全国省级以上 IPTV 的内容重合度在九成以上，一家平台有问题则可能辐射多家平台。同时，IPTV 出现的侵犯他人版权的内容，在集成播控主体、内容服务主体、内容传输主体之间是否要承当连带责任，实践中也存在不同的主张。

2018 年发生的"山东有线诉山东联通和山东广电新媒体公司"一案，① 对于基于 IPTV 截取有线电视信号的行为性质的不同认定，引发了关于著作权修订的探讨。根据法院审理的意见，本案的核心问题是山东联通和山东广电新媒体公司合作开展的交互式网络电视（简称"IPTV"）业务，非法截取了山东有线的直播信号，擅自播出央视加密频道第 3、第 5、第 6、第 8 套节目。一审法院认定被告的行为构成不正当竞争，判决被告向原告支付损害和合理支出 300 万元。而二审法院改判赔偿 5000 万元。

类似案件还有不少，对于这一案件，有专业人士提出如下问题：本案明明是广播组织者的频道"信号"被侵权，为什么不能适用著作权法

---

① 该案的基本案情是：原告山东广电网络有限公司享有对于中央电视台的综艺频道、体育频道、电影频道和电视剧频道在山东地区的经营管理的权利。而被告中国联合网络通信有限公司山东省分公司（以下简称"山东联通公司"）、山东海看网络科技有限公司（以下简称海看网络公司）未经其授权，就在其 IPTV 平台播放上述电视频道的节目，同时还在节目下部播放"山东有线统一全省客服热线 96123"的滚动字幕。原告认为被告的做法构成对自己的不正当竞争，遂向法院提起诉讼，请求被告支付损害赔偿金 5000 万元。一审法院济南中院认定被告行为构成不正当竞争，判决被告赔偿原告损失和合理支出 300 万元。双方均不服判决。二审法院山东高院认为原被告双方存在直接竞争关系，原审判决赔偿金额过低，故对于广电网络公司主张的 5000 万元经济损失赔偿予以支持，要求原审被告立即停止转播行为。本案入选由中国传媒大学媒体法规政策研究中心评选的"2018 年度中国传媒法十大事例"。

下的广播组织权保护而却不得不去适用反不正当竞争法？如何理解广播组织权的客体——信号？它是指信号所载的"节目"，还是飘浮在空中的频率，信号结束后，是不是就意味着广播组织权保护的终止？广播组织权保护的客体是否还应该包括"紧密相关的滞后转播信号"？比如，现在十分普及的"电视回看"信号，如果侵权者侵权使用的是电视回看中的信号，而不是天空中直播的同步转播信号，能否判定为侵犯了广播组织权？[①] 本案是 IPTV 内容传输者和内容服务提供者通过截取有线电视信号，未经许可提供他人版权节目给自己的用户，那么，在这种情形下，是作为内容服务提供者承担侵权责任或基于不正当竞争行为承担责任，还是内容服务提供平台和内容服务传输机构共同承担相关责任，这在实践中不能一概而论。本案的行为表现是"劫持信号"，显然，这是被告双方共同故意行为。在 IPTV 发生的侵犯他人著作权的行为中，内容传输服务商并不知晓内容服务提供商提供的作品是属于未经许可的作品，对此应该如何认定？有观点认为，应该如同本案传输服务提供商和内容服务提供者、集成播控服务者共同承担连带责任，本项目研究者认为，不应该如此一刀切下结论。不同于集成播控平台和内容服务平台，内容传输服务者对于类似"劫持信号"的导播行为，或非法接入专网之外的内容，传输服务者发挥了主导和控制作用，应该承担相关责任。但是仅仅是传输内容服务提供者提供的节目，传输服务提供商就不应该承担连带责任。

现在，由于相关立法在很大程度上还是前互联网时期制定的，一些新的信息技术带来的新的传播方式，不能落入到既有的法律规范的调整之中，这给认定侵权行为、维护相关主体的合法利益带来了争议。所以传媒政策和法律问题，除了关于行业准入、内容标准方面的规范，与时俱进的著作权立法充满智慧、更加符合社会发展整体利益并尽可能在此前提下做好利益平衡的版权案件审理裁判都非常重要。

关于视听节目，现在有三大领域：传统广播电视节目；新兴广播电视节目；存在于互联网公共网络的视频内容。现在这三大领域，认为 IPTV 是传统广播电视节目的主要侵权主体，同时也是网络视频内容的主要侵权

---

① 参见严波在"2018 年度中国十大传媒法事例发布会暨学术研讨会"上的发言，见微信公众号"中传法学"，2018 年 1 月 10 日。

主体。① 在 2019 年推行的"剑网 2019"行动中,将 IPTV 侵犯版权的工作也作为一项重要内容。②

在主管部门力图将 IPTV 建设成舆论阵地的时候,IPTV 应该尽可能防止侵权(版权)行为的发生。同时,正如 IPTV 自身的体系结构的情形,一旦被认定侵权,比如集成播控平台提供了侵权作品,可能很多分平台都会引发连带侵权行为。因此,在一直致力于 IPTV 的可管可控的传播媒介,而缺少了科学的机制和法治思维,这很可能会严重影响 IPTV 的健康发展,而最终会影响 IPTV 的用户数量、收视时间、开机率、激活率等,从而使 IPTV 的受众实际上减少降低。

三 关于 IPTV 政策的反思

随着媒介融合,由传统广播电视行业主导的领域有 IPTV、OTT 和手机电视,这些都统一纳入《专网及定向传播节目服务管理规定》调整范围之中。从产业角度看,这是三种很相近的新型业态。从意识形态角度看,主管部门将这三类电视类型,尤其是 IPTV 当作了占领舆论阵地的重要举措。③

但是回顾 IPTV 的发展历史,研究 IPTV 法律制度的各项要素,有几个方面是值得思考的。

第一,在主管部门力图建设可管可控的这一新兴业态时,仅仅是考虑尽可能地把可管可控的各个环节都设计得极其严密,但是看来还没有更多科学性的思考。IPTV 从节目的供给、集成、服务、传输,以及对于公共互联网接入的防范、运营主体任何方面的变化,包括经营组织等都规定了

---

① 《首个 IPTV 侵权案待解》,http://tech.qq.com/a/20110706/000069.htm;《IPTV 侵权顽疾被曝多地均存在地方广电被诉属首次》,http://ip.people.com.cn/n1/2016/0516/c136655-28353383.html 等。

② "严厉打击 IPTV、OTT 及各类智能终端等流媒体硬件和各种流媒体软件、聚合类软件非法传播他人作品的行为,严厉打击通过电商平台销售各种破解版、越狱版 OTT 产品的行为。"《"剑网 2019"启动严查 IPTV 侵权、图片公司乱维权和自媒体洗稿!》,http://iptv.lmtw.com/INews/201904/169904.html。

③ 在 2019 年 3 月 27 日,国家广播电视总局在北京召开全国 IPTV 建设管理工作会议。会议强调 IPTV 是广播电视在新媒体领域的重要延伸,是重要的宣传思想文化平台和意识形态阵地。认为 IPTV 建设管理关系国家政治安全、文化信息安全、意识形态安全,关系满足人民美好生活新期待。《国家广播电视总局召开全国 IPTV 建设管理工作会》,http://www.nrta.gov.cn/art/2019/3/27/art_112_43254.html。

不得擅自进行，如果说这些极其繁杂的环节设计、义务要求、责任追求，都是为了"可管可控"的话，但是"管控"本身并不是目的，那么应该是给予运营者统一的内容标准、行为标准，如此，才可以使得运营者获得更好的制度环境。

第二，综观 IPTV 制度的构建，还是缺乏互联网思维、缺乏用户意识，与党中央国务院所倡导的未来要发挥好市场的作用缺少契合度。当今时代，在互联网，尤其是移动互联网迅猛发展的情形下，人们已经处于信息爆炸的环境之中，还力图依循传统的管控思维，沿用传统的管控模式，这可能会影响到用户体验并导致用户流失。国内关于 IPTV 的权威网站"流媒体网"，① 登载文章指出，如今，IPTV 已经开始遇到 IPTV 服务退订率增高、用户体验不理想、用户活跃度降低（流失、沉默）等情况，是 IPTV 运营必须要面对的痛点。②

第三，IPTV 是基于技术的发展带来的新的电视业务形态，未来随着新技术的发展，一定会有更多新型的升级替代型的业务出现。曾经广播电视主管部门对于 IPTV 电视在一定历史时期的技术水平所决定的黄金时期不允许 IPTV 的发展，如今，在允许发展的同时，耗费大量的制度成本为 IPTV 的运营者设定过多的监管许可审批备案等环节，这是否能够确保 IPTV 能够更好地发挥其功能和作用，值得深思。因此，从 IPTV 的发展和政策演进、现行法律制度的设计来看，如果不能够按照以"人民为中心"的原则科学合理地制定政策和立法，这既不能很好地履行"守土有责"维护意识形态阵地，也不能促进产业更好地发展，为人民更好地服务。

---

① 参见流媒体网"关于我们"的介绍，https://www.lmtw.com/sitemap/aboutus.html。
② 《当 IPTV 尘埃落定 我们还能做些什么？》，http://iptv.lmtw.com/IPro/201903/168541.html。

第十章

游戏产业领域立法

第一节 我国游戏产业的现状与历史

自20世纪90年代末我国网络游戏兴起至今,网络游戏产业作为文化产业中的一个重要组成部分在呈现出空前的繁荣景象。截至目前我国网络游戏已经创造出巨大的经济价值并带动了相关产业的发展。该产业越来越成为新兴文化产业的重要支撑,其在经济效益方面展现的爆发力应该引起更多关注。

本书所研究的网络游戏是通常意义上所指的网络游戏,网络游戏(Online Game)也被称为"在线游戏",简称"网游"。网络游戏是区别于单机游戏而言的必须借助互联网进行的多人游戏,它是指多名游戏玩家借助计算机或移动设备在一定的规则下对人物角色和场景进行操作以达到娱乐和交流互动目的的游戏产品集合。从载体和呈现形式上看网络游戏主要分为端游、页游和手机游戏三种类型。从游戏玩法上看网络游戏则包含角色扮演游戏(Role-playing Game)、策略游戏(Strategy Game)、模拟类角色扮演游戏(Simulation Role-playing Game)、即时战略游戏(Real-Time Strategy)、第一人称视角射击游戏(First Personal Shooting Game)等。

我国政策文件关于网络游戏的定义较为明确,与本书所研究的网络游戏范围基本相符合。2004年文化信息产业部发布的《关于网络游戏发展和管理的若干意见》中将网络游戏称为"一种通过网络信息技术实现的娱乐方式,其中蕴含了特定的文化观和价值观的新型产业"。[1] 而到2010年文化部审议通过的《网络游戏管理暂行办法》中更加明确了网络游戏的概念:"网络游戏是指由软件程序和信息数据构成,通过互联网、移动

---

[1] 资料来源:http://www.cac.gov.cn/2015-02/05/c_1114267591.htm。

通信网等信息网络提供的游戏产品和服务,其表现形式主要包括以客户端、网页浏览器及其他终端形式运行的各种网络游戏"。① 司法层面将网络游戏的定义为"一种必须以用户的客户端为载体以互联网为传播介质的游戏产品,它通过 TCP/IP 协议从而实现多个玩家共同参与"②。在司法过程中对于游戏的法律性质一般采用"拆分法"将外在部分认定成美术作品,内在部分认定成计算机软件。

国内第一款真正意义上的网游是 2000 年 7 月由华彩公司(中国台湾)在内地市场推出的其自主研发的图形网络游戏《万王之王》③。与此同时由中国台湾华义国际代理的日本 JSS 公司开发的《石器时代》于 2000 年 4 月和 2001 年 1 月先后在中国台湾和大陆地区运营,成为第一款真正意义上在中国台湾和大陆火爆的网游。此后国内第一批网游用户被逐渐培养起来,游戏产品也渐渐丰富。

短短数年间,中国游戏市场迅速发展起来。其中韩国网游强大的研发实力和研发速度是不可或缺的推动因素,包括欧美传统单机游戏开发商例如暴雪等也开始重视网络领域,还有一大批国外中小公司开发团队以及国内互联网产业的兴起。④ 2004 年 5 月盛大网络公司在美国纳斯达克股票市场上市成功,代表着内地游戏市场的真正崛起。根据中国版协游戏工委整理发布的游戏产业报告统计,2005 年本土网络游戏收入 22.6 亿元,占到整个网络游戏市场的 60% 的份额,2006 年中国网络游戏市场规模为 65.4 亿元人民币,同比增长 73.5%;2007 年为 105.7 亿元人民币,同比增长 61.5%;2008 年则为 183.8 亿元,同比增长 76.6%。在这一年中国网络游戏市场规模迎来其产业发展进入成熟期的最后一个增长高峰,这一年也是中国网络游戏产业发展的转折点。可以说 2005—2009 年是国内网络游戏市场最高歌猛进的几年。

网络游戏市场展示出巨大爆发力的同时也带了许多泡沫,为了对新兴的网游市场进行引导和管理,针对网络游戏的监管的政策文件开始出现。

2009 年后网络游戏产业发展进入成熟期,游戏市场规模逐年扩张的

---

① 资料来源:http://www.gov.cn/flfg/2010-06/22/content_1633935.htm。
② 张学军:《网络游戏知识产权的司法认定》,《人民司法》2015 年第 19 期。
③ 《网游十年史记》,https://games.qq.com/a/20091020/000309.htm。
④ 资料来源:https://baijiahao.baidu.com/s?id=1589160395576022713&wfr=spider&for=pc。

情况下增速放缓,产业发展进入平稳上升时期。中国游戏市场实际销售收入在 2018 年达到 2144.4 亿元接近 2010 年实际销售收入的 6.5 倍。实际上,中国游戏市场实际销售增长率在 2014 年后开始呈现下降趋势,与此同时网络游戏用户规模增长率下降至 10% 以下。[①] 网络游戏产业发展至今似乎开始触及天花板,除网络游戏玩家的需求改变,用户获取难度增加等因素的影响,增速放缓的主要原因还是游戏市场已经接近饱和状态,每年涌入市场的游戏产品数不胜数且缺乏新意,无法吸引更多新玩家,也难以提起老玩家们的兴趣。同时引进的国外网游产品也失去了之前的魔力。

2009 年前后,App Store 和智能手机得到普及,手机游戏呈现爆发式增长,网络游戏市场上一度出现端游、页游、手游三足鼎立的局面。此后 2015 年成为手机网络游戏至关重要的一年,这一年网易自主研发的手机版《梦幻西游》正式上线拉开了手游的辉煌序幕。手机版的《梦幻西游》是在《梦幻西游 2》的基础上自主研发的一款号称"真正的回合制 MMORPG"手机游戏。它的出现标志着 PC 端大型网络游戏已经可以通过手机端呈现,也意味着中国手游开始为世界手游的发展做出贡献。2015 年末腾讯的《王者荣耀》诞生。2016 年和 2017 年《王者荣耀》与 2018 年推出的两款"吃鸡"手游成为中国市场的现象级游戏产品。这些游戏的火爆让游戏企业看到移动端游戏的巨大潜力,手机端网络游戏后来居上成为市场领域新的蓝海。

历经十几年的发展,该产业已经成为目前文化产业中非常具有潜力和值得关注的经济增长点。笔者整理了自 2000 年至 2018 年我国网络游戏产业历年的销售收入状况,如下图所示,18 年间网游产品的年销售收入从最初的 0.3 亿元人民币增长至 2018 年的 2144.4 亿元人民币,网络游戏产业发展至今已经成为信息产业和文化产业中的支柱产业。网络游戏中国如今已经超越美国成为全球最大的游戏市场,市场规模超过两千亿元。据《2017 年中国游戏产业报告》显示,截止到 2017 年末中国游戏行业总体营业收入约为 2189.6 亿元,目前排名全球第一。其中网络游戏对行业营业收入预计全年营业收入约为 2011.0 亿元占比最大。[②] 尽管 2018 年网络

[①] 数据来源:2018 年中国游戏产业报告。
[②] 中国音数协游戏工委(GPC)、伽马数据(CNG)、国际数据公司(IDC)发布:《2017 年 1—6 月中国游戏产业报告》,http://www.199it.com/archives/617891.htm。

游戏产业整体增速放缓，游戏市场实际销售收入依然占到全球游戏市场比例的 23.6%。① 网络游戏产业在市场中的价值得到肯定。借盛大游戏董事长王佶所说："游戏产业作为一个新兴经济体已经超越过去几十年的文化产业，成为了新文化产业中真正的龙头"②。除销售收入外，截至 2018 年底，我国网络游戏用户数量达到 6.26 亿人，海外收入约为 644 亿元人民币，其他网络游戏周边产业，如电子游戏竞技市场的收入为 834.4 亿元人民币，游戏从业者的数量达到 145 万人。③

图 4 - 10 - 1　2000—2018 年我国网络游戏产业年销售收入及逐年增长率变化

2018 年初到 2019 年初被媒体和行业称为网络游戏产业的一场"寒冬"，起因是 2018 年 3 月，原属国家新闻广电总局的游戏版号申请工作突然停滞。许多游戏公司为了规避政策风险不得不寻求新的突破口，尝试申请临时试运营或者直接将公司重心转向海外发行。政策倒逼企业优化升级，迫使在国内游戏市场增长遇到瓶颈的游戏企业们将目光望向国外市场，从而提升自身的自主创造力，进而实现民族网络游戏的崛起。这种"逼迫"未尝不是没有效果的，2018 年底的数据显示，中国自主研发的网络游戏产品在海外市场的实际销售收入已经达到 95.9 亿美元，同比增长

---

① 新华网，中国文化娱乐行业协会信息中心 & 中娱智库：《2017 年中国游戏行业发展报告》。
② 资料来源：http://finance.sina.com.cn/roll/2018 - 02 - 26/doc-ifyrvaxf0823340.shtml?source = cj&dv = 2。
③ 中国音数协游戏工委（GPC）、伽马数据（CNG）、国际数据公司（IDC）：《2018 中国游戏产业报告》。

超过15%。① 未来国产游戏产品"走出去"的步伐会进一步加快。

我国的网络游戏自 2000 年起步至今，网络游戏市场日趋成熟。"网游"从一个边缘化的新事物逐渐引起公众和政府的重视，回顾网络游戏的发展历程有问题但比问题更大的是机遇，政府在其中起到的鼓励和监督作用可以说是关键性的。在将近二十年的网络游戏产业发展过程中，政府发挥的作用是重要的，大多数政府制定的与之相关的产业政策还是用来规范产业的监管政策都在特定的发展阶段起到了不可代替的作用，但问题也同样存在。

第二节　我国游戏产业的监管制度

政府政策是政党意志与民意的结合，而监管政策的出现则是产业界和政府及社会其他方面互动的结果。由于全球信息产业都在飞速发展，我国政府对软件和互联网产业一向采取鼓励性的产业政策，网络游戏行业也借此东风从无到有逐渐发展起来。对于诸如这样的新兴产业，我国一贯的政策模式可以概括为一种以宏观调控部门为主导，以扶持和培育部分优先发展的企业为目标，以严格的审批和规章制度为工具，通过对国内市场的选择性保护、政府导向的产业重组、政府资助合作研究开发计划等为手段，最终达成扶持产业发展和扩大出口的政策目的。② 而根据上一节的梳理，在政府对于网络游戏产业进行管控的历程中可见，我国政府文化产业的政策监管模式与传统的产业政策模式大同小异。网络游戏产业作为文化产业中的一个分支自然也在同样的产业政策模式下成长壮大。

由此看来，我国网络游戏监管政策的实质是政府通过一定的政策工具来引导和规范市场运作主体进而达到预期目标，而政策制定的最终目的是扶持网络游戏产业的发展。而与产业发展相关的行政管制、立法手段和司法手段则是保证产业政策能够有效实施的重要方法，因此政府在整个产业发展过程中扮演的角色具有"双重性"，发挥着扶持和监管两方面的功能。此外在我国特殊的市场经济制度下，政府不可能在提出一个发展目标

---

① 中国音数协游戏工委（GPC）& 伽马数据（CNG）联合发布《2018 年中国游戏产业报告》。

② 周振华：《产业政策的经济理论系统分析》，中国人民大学出版社 1991 年版。

之后放任市场和企业自由发展，网络游戏产业自身的局限性也要求政府加强监管。

对于网络游戏的发展我国政府一直奉行先鼓励后治理，鼓励与监管并存的治理模式，积极发挥着政府职能和作用。经过近二十年的摸索我国网络游戏呈现出以鼓励出口为政策导向，大力保护国内市场，拥有广泛严格的审批制度和规章，以及广泛直接的行政干预为特征并且以优先保护未成年人的身心健康为原则的政策模式。

一　网络游戏的监管及审批主体

游戏产业发展之初，网络游戏政策的颁布单位有中共中央、国务院、文化部、新闻出版总署等，而政策制定主体则包括文化部、国家经贸委、公安部、信息产业部、外经贸部、海关总署、工商局、新闻出版总署、信息产业部、国家工商总局、国家版权局等多个部门。

在实际监管过程中，各部门权责也各有侧重，其中经贸部门和信息产业部门负责监管电子游戏设备及其零、附件的生产、销售环节，公安部门负责对电子游戏经营场所的治安管理以及消防安全检查，外经贸部门负责对电子游戏设备及其零、附件加工贸易的审批和管理工作，海关负责对电子游戏设备进、出口的监管，工商行政管理部门负责对电子游戏经营场所的重新审核登记。

通过对政策文件的进一步研究可以发现，由于早期的网络游戏监管的重点是针对"上网服务营业场所"的治理，而在2000年颁布的《关于开展电子游戏经营场所专项治理的意见》第7条中，明确写明文化部是电子游戏经营场所主管部门。因此在这一时期针对网络游戏的监管和专项治理行动中，文化部的监管主体地位最为突出。

2005—2009年参与网络游戏治理的政府部门变得更多。文化部、经贸部门、信息产业部门、公安部门、海关、工商行政管理部门在各自的职权范围内成立了全国网吧工作协调小组。这一时期，面对更佳复杂的监管需求，监察部、卫生部、中国人民银行、新闻出版总署、中央综治办也被吸纳进来，原小组也调整为全国网吧及网络游戏管理工作协调小组。其中文化部依然在网络游戏监管工作中占有重要地位。在2008—2009年的两年中，国务院和中央编办都在颁布关于网络游戏审批、监管的归口政策文件，根据这些文件新闻出版总署也一直在强调自己对于网络游戏的"审批"权，在网络游戏监管中的实际作用不断强化。两部门在各自职责范围内依法对所涉及的网络游戏服务实施监督管理。网络游戏的产业政策日益完善，也基本勾画出来了以文化部为主，广电总局为辅等多部委牵头管理的网络游戏管理体系。

此外游戏企业想要开展网络游戏运营业务，需履行如下的审批程序：

```
取得通信管理部门颁发的"电信与信息服务业务经营许可证"
              ↓
取得新闻出版管理部门颁发的"互联网出版许可证"
              ↓
取得国家版权局颁发的"计算机软件著作权登记证书"
              ↓
取得新闻出版广电总局相关部门办理的审批文号
              ↓
文化行政部门备案
```

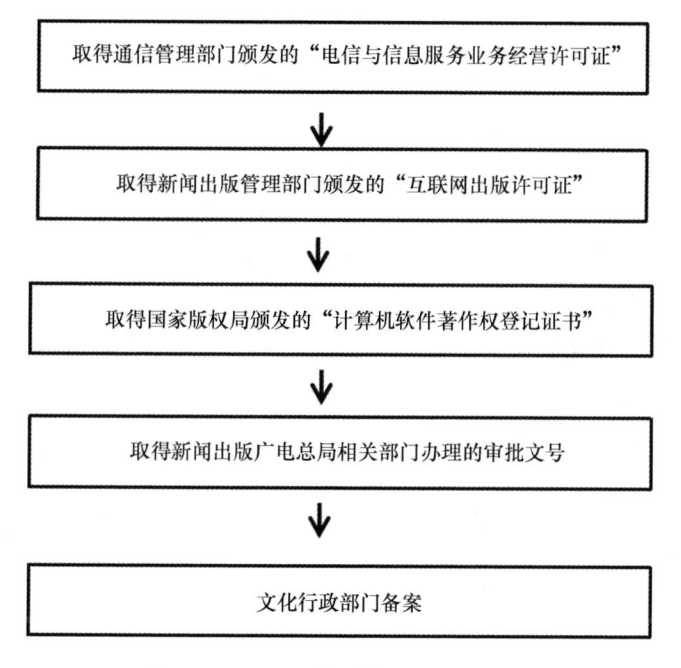

图 4-10-2　网络游戏产品审批流程

如果网络游戏公司仅进行网络游戏开发是不需要经过审批程序的，一旦涉及游戏产品的上线运营则首先需要取得通信管理部门颁发的"电信与信息服务业务经营许可证"，然后取得新闻出版管理部门颁发的"互联网出版许可证"，在这段时间内，游戏生产商可以委托具备出版资质的出版社出版该网络游戏产品。游戏产品开发完成准备上线运营时，还需要取得国家版权局颁发的"计算机软件著作权登记证书"，并在新闻出版广电总局取得审批文号。游戏产品完成上网运营后还需要及时向文化行政部门备案，接受文化部的内容审查。此外如果是在国内运营进口网游产品，需要先经过文化部的内容审查并出具批准文件，方可顺利上网运营。而在对一款网络游戏产品的审批过程中,通常一套审批流程走完需要 4—6 个月的时间,大多数游戏公司会选择专门的版号申请中介以避免在复杂拖沓的审批流程上浪费过多时间。通常一款手机游戏版号的申请价格在 1 万—2 万元人民币,游戏公司会计算好产品上市时间,提前准备审批。

二 网络游戏的主要监管政策及表现

表 4 - 10 - 1　　　　　2000—2018 年间主要的网游监管政策

颁布时间	颁布单位	政策名称
2000 - 06 - 12	文化部等七部委	《关于开展电子游戏经营场所专项治理的意见》
2000 - 09 - 25	国务院	《互联网信息服务管理办法》
2001 - 12 - 25	国务院	《出版管理条例》
2002 - 09 - 29	国务院	《互联网上网服务营业场所管理条例》
2003 - 12 - 18	新闻出版总署等四部委	《关于开展对私服外挂专项治理的通知》
2004 - 02 - 17	国务院办公厅	《关于展开网吧等互联网上网服务营业场所专项整治的意见》
2004 - 02 - 26	中共中央、国务院	《中共中央国务院关于进一步加强和改进未成年人思想道德建设的若干意见》
2004 - 05 - 14	文化部	《关于加强网络游戏产品内容审查工作的通知》
2005 - 03 - 29	财政部、海关总署、国家税务总局	《关于文化体制改革试点中支持文化产业发展若干税收政策问题的通知》
2005 - 04 - 13	国务院	《关于非公有资本进入文化产业的若干决定》
2005 - 07 - 12	文化部、信息产业部	《文化部、信息产业部关于网络游戏发展和管理的若干意见》
2005 - 06	新闻出版总署	《网络游戏防沉迷系统开发标准》
2006 - 03	新闻出版总署	《网络游戏防沉迷系统实名认证方案》
2007 - 01 - 25	公安部、信息产业部、文化部和新闻出版总署	《关于规范网络游戏经营秩序查禁利用网络游戏赌博的通知》
2007 - 02 - 25	文化部、国家工商行政管理总局等十四部委	《关于进一步加强网吧及网络游戏管理工作的通知》
2007 - 03 - 12	教育部、信息产业部等八部委	《关于保护未成年人身心健康实施网络游戏防沉迷系统的通知》
2008 - 07 - 07	文化部、国家工商行政管理总局、公安部	《关于网吧管理工作有关问题的通知》

续表

颁布时间	颁布单位	政策名称
2008-07-10	国务院办公厅	《国务院办公厅关于印发文化部主要职责内设机构和人员编制规定的通知》（国办发〔2008〕79号）
2008-07-11	国务院办公厅	《国务院办公厅关于印发国家新闻出版总署（国家版权局）主要职责内设机构和人员编制规定的通知》（国办发〔2008〕90号）
2009-03-26	财政部、国家税务总局	《关于文化体制改革中经营性文化事业单位转制为企业的若干税收优惠政策的通知》
2009-04-24	文化部办公厅	《关于规范进口网络游戏产品内容审查申报工作的公告》
2009-06-04	文化部、商务部	《关于加强网络游戏虚拟货币管理工作的通知》
2009-07-01	新闻出版总署办公厅	《关于加强对进口网络游戏审批管理的通知》
2009-09-28	新闻出版总署办公厅	《关于进一步加强对进口网络游戏审批管理的通知》
2009-09	新闻出版总署、国家版权局、全国"扫黄打非"工作小组办公室	《关于印发〈中央编办对文化部、广电总局、新闻出版总署《"三定"规定》中有关动漫、网络游戏和文化市场综合执法的部分条文的解释〉的通知》（中央编办发〔2009〕35号）
2009-09	新闻出版总署、国家版权局、全国"扫黄打非"工作小组办公室	《关于贯彻落实国务院〈"三定"规定〉和中央编办有关解释，进一步加强网络游戏前置审批和进口网络游戏审批管理的通知》
2009-11-13	文化部	《关于改进和加强网络游戏内容管理工作的通知》
2010-06-03	文化部	《网络游戏管理暂行办法》
2010-07-29	文化部	《关于贯彻实施〈网络游戏管理暂行办法〉的通知》
2011-07-01	国家新闻出版总署、中央文明办等八部委	《关于启动网络游戏防沉迷实名验证工作的通知》
2011-02-17	文化部	《互联网文化管理暂行规定》
2013-02-05	文化部、国家互联网信息办公室、工商总局	《关于印发〈未成年人网络游戏成瘾综合防治工程工作方案〉的通知》
2013-07-17	国务院新闻出版广电总局	《国家新闻出版广电总局主要职责内设机构和人员编制规定》
2014-10-01	国家新闻出版广电总局办公厅	《关于深入开展网络游戏防沉迷实名验证工作的通知》
2015-03	文化部	《文化部关于加强网络游戏宣传推广活动监管的通知》
2016-05-24	国家新闻出版广电总局办公厅	《国家新闻出版广电总局办公厅关于移动游戏出版服务管理的通知》

续表

颁布时间	颁布单位	政策名称
2016-12-01	文化部	《文化部关于规范网络游戏运营加强事中事后监管工作的通知》
2016-12-02	文化部	《网络表演经营活动管理办法》
2017-12	中宣部等八部门	《关于严格规范网络游戏市场管理的意见》
2018-08-30	教育部等八部门	《综合防控儿童青少年近视实施方案》

（一）大力整顿网吧，规范市场秩序

这里的网吧主要是指"通过计算机等装置向公众提供互联网上网服务的网吧、电脑休闲室等营业性场所"①。在网络游戏刚刚出现的几年间，电子游戏经营场所的数量激增，出现了网吧过多过滥的现象，由于缺乏相应的监督管理，大量违法、违规经营行为给当时的社会治安和青少年成长健康带来极大威胁。网吧秩序的混乱已经引发媒体和社会的广泛关注，政府不得不将监管重点放在对网吧等电子游戏经营场所的秩序整顿上。

2000年6月，以文化部为核心的国家经贸委、公安部等七部委联合发布《关于开展电子游戏经营场所专项治理的意见》，拉开网吧整治序幕。这次专项治理活动颇为严苛地厉，治理行动包括，严格查处各地无证照或证照的网吧，依法查处或取缔中小学校周边200米以内的电子游戏经营场所。同年6月，北京海淀蓝极速网吧的一场恶意纵火事件，让监管部门更加意识到网吧市场的秩序混乱，对网吧行业的整顿更加迫在眉睫。2000年9月，国务院发布的《互联网上网服务营业场所管理条例》中对网络游戏经营场所应该具备的条件做出规定，明确了违法经营者的相关法律责任，强调了未成年人的合法权益保护问题。

2004年3月，政协委员们联名提案倡导整顿网吧，积极营造有利于未成年人成长的文化环境。与此同时新华社发布出自中央精神文明建设指导委员会的《中共中央国务院关于进一步加强和改进未成年人思想道德建设的若干意见》再次强调了《关于开展电子游戏经营场所专项治理的意见》中的相关监管措施，同时还提出要严格审查面向未成年人的游戏软件

---

① 资料来源：http：//www.gov.cn/banshi/2005-08/21/content_25106.htm。

内容。① 文件下达后各部委纷纷据此介入网络游戏监管中，文化部根据《意见》成立进口游戏产品内容审查委员会加入网络游戏审核工作，并参与对网吧的整治。团中央下属中国青少年网络协会推出绿色网游计划，首次尝试对国内网络游戏进行分级，区分未成年人游戏与成人游戏，不过随后被叫停。

（二）控制国外网游，强化内容审查

网络游戏最初兴起于欧、美、日、韩等地区，因此在国内游戏市场兴起的过程中，大量在国外已经上市运营的游戏产品争先涌入中国市场，尤其是韩国的网游产品。根据笔者统计，在2001年到2003年比较有影响力的36款网络游戏中，有将近2/3来自韩国。2002年上海UBI签约育碧，欧美游戏也开始进入中国市场。

表4-10-2　　　　　2001—2003年国内主要游戏产品，标出为韩游

2001年	《第四世界》《千年》《红月》《热血传奇》《龙族》《金庸群侠传》《三国世纪》《大话西游》
2002年	《魔力宝贝》《倚天》《决战》《精灵》《古龙群侠传online》《三国演义online》《天使之奇迹》《孔雀王》《疯狂坦克》《神泪》《魔剑》《遗忘传说》《新西游记之大唐天下》《天堂》《天骄》《N-age》《轩辕剑ONLINE》
2003年	《仙境传说》《骑士Online》《无尽的任务EQ》《百战天虫》《传奇3》《凯旋》《剑侠情缘ONLINE》《传奇世界》《A3》《魔兽世界》

然而当时对于游戏进口并没有严格的把关措施，国内外游戏开发商和运营商又急于趁此机会抓住网游发展的封口赚一波快钱，致使市场上出现了很多粗制滥造的网游产品，有些只是半成品的产品就已经被国内代理商迫不及待地买回来宣传上市。国内的游戏市场已经形成，然而游戏产品生产力低下却造成了供不应求的局面，以韩游为代表的国外游戏产品"乘虚而入"。一些进口游戏产品的情节和设计过于暴力、色情，有些腐朽落后文化也通过网络游戏传递，腐蚀着未成年人的心灵。

这些问题引起了相关监管部门的注意。文化部发布的《互联网文化管理暂行规定》则明确将"网络游戏列为互联网文化产品"加以规范，要

---

① 资料来源：https://www.chinacourt.org/article/detail/2004/03/id/109413.shtml。

求进口经营网络游戏应当报文化部进行内容审查。① 2004年5月文化部《关于加强网络游戏产品内容审查工作的通知》在综合之前规定的基础上，将进口游戏产品内容审查委员会明确为进口网络游戏产品的日常审查机构②，并对内容审查的审查范围、审查流程以及所需的登记材料做出了详细的规定，同时提出网络游戏经营单位需要得到"网络文化经营许可证"。这不仅代表着网络游戏产业的经营门槛提高，也标志着文化部开始正式介入该产业的监管。③

（三）鼓励国产网游，扶持与监管并重

这一时期的网络游戏兴起并能够迅速产业化得益于国家政策的支持和鼓励，政府对待网络游戏的态度一开始就是较为积极的。2000年6月，国务院发布《关于印发鼓励软件产业和集成电路产业发展若干政策的通知》提出对于软件产业和集成电路产业的激励措施，规定通过政策引导，鼓励资金、人才资源等手段促进我国信息产业快速发展。④ 这一政策的颁布为网络游戏产业的发展打开了方便之门。

面对韩国网络游戏在长期霸占国内市场的局面，2004年政府加强了对国内网游产业的扶持力度。2004年1月14日，第一届CHINA JOY在北京举行。与游戏产业相关的政府部门新闻出版总署、文化部、团中央的相关领导出席该会展，还有为数众多的游戏公司、数码公司，网络游戏在社会和产业界的影响及地位得到提升。2004年10月，新闻出版总署正式启动"中国民族网络游戏出版工程"，宣布从2004年至2008年将投资10亿至20亿元用以开发100种优秀大型民族网络游戏出版物，并公布《傲世online》等21款第一批入围的网络游戏作品名单，凡列入工程的网游项目将获得包括管理、税收、资金等方面的政策支持。⑤

当时国内游戏市场以代理为主的根本原因还是技术上的限制，网络游戏核心技术的80%都掌握在国外游戏生产商手中⑥。为解决这一问题，2003年9月，"网络游戏通用引擎研究及示范产品开发"与"智能化人

---

① 资料来源：http://www.gov.cn/flfg/2011-03/21/content_1828568.htm。
② 资料来源：http://www.gov.cn/bumenfuwu/2006-11/24/content_2600287.htm。
③ 孙司芮：《我国网络游戏政府监管问题研究》，硕士学位论文，东北师范大学，2016年。
④ 资料来源：http://www.gov.cn/zwgk/2011-02/09/content_1800432.htm。
⑤ 谢非非：《2004年中国网络游戏发展分析报告》，选自2004—2005年：中国传媒产业发展报告。
⑥ 资料来源：http://www.wangchao.net.cn/bbsdetail_76190.html。

机交互网络示范应用"两个项目被纳入国家863计划,这是我国首次将有关网络游戏技术研发这类文化产业发展相关的项目纳入国家科技计划,为支持网游产业发展政府投入资金500万元。政府的目的是能够通过该计划,为国内游戏厂商建设核心技术平台,进而支持和保护中国游戏软件的自主知识产权。金山软件和世模科技两家企业是该计划的首批受益者[1],在政府扶持下成功在当时的国内网络游戏生产企业中占得一席之地。2004年9月,信息产业部依据《中共中央国务院关于进一步加强和改进未成年人思想道德建设的若干意见》及其他部委举措,将网络游戏划入电子信息产业发展基金资助项目,每年面向全社会公开项目招标以支持国产网络游戏产业的发展。[2] 同时,信息产业部还举办软件设计大赛,鼓励健康游戏。

(四) 强化审批管理,明确监管主体

网络游戏服务属于互联网信息服务业的子行业[3],受政府行政部门监管及行业协会约束。从上一阶段的梳理情况来看,中共中央、全国人大、国务院、团中央、新闻出版广电总局、国家版权局、文化部、工信部、公安部、国家工商总局等都能够成为网络游戏的监管主体。网络游戏产业发展之初,对于网络游戏的监管主体有很多,较为杂乱,监管并不成体系。随着产业发展与监管实践的发展成熟,文化部(文化和旅游部)和新闻出版广电总局(国家广播电视总局)逐渐成为网络游戏最为突出的两个监管主体。但两部门之间的分工不甚明确,因为对法律政策的理解不同,也造成了自设审批、重复审查的现象。为了厘清两部门在网络游戏审批方面的权责,国务院、中央编办曾出台多部归口政策进行调整。

直至2009年中央编办出台《关于印发〈中央编办对文化部、广电总局、新闻出版总署"三定"规定中有关动漫、网络游戏和文化市场综合执法的部分条文的解释〉的通知》的出现。根据该通知的规定,文化部是动漫的主管部门,对动漫进行统一的宏观管理和日常管理。[4] 具体的分

---

[1] 陈党:《网络游戏产业发展与政策扶持》,《河南理工大学学报》(社会科学版)2016年第2期。

[2] 《中共中央国务院关于进一步加强和改进未成年人思想道德建设的若干意见》(中发〔2004〕8号)。

[3] 《国民经济行业分类》(GB/T 4754-2017),第64页。

[4] 资料来源:http://www.gapp.gov.cn/news/1663/103168.shtml。

工是由文化部负责动漫和网络游戏相关产业规划、项目建设、产业基地、市场监管以及会展交易，而国家新闻出版总署负责对游戏出版物的网上出版发行进行前置审批。

该解释出台之后，新闻出版总局在网络游戏产业监管中的权力被明显削弱，成为在文化部的统一管理下，负责"网络游戏的网上出版前置审批"的单纯的审批单位。文件中对"前置审批"的监管范围进行了明确，"指在经工业和信息化部门许可后通过互联网向上网用户提供服务之前由新闻出版总署对网络游戏出版物进行审批。"此外未经前置审批擅自上网的产品的处罚权也交由文化部负责，新闻出版总署不能对已经上网的网络游戏进行处理。文件还强调网络游戏产品一经上网完全交由文化部管理，而对于经新闻出版总署前置审批过的网络游戏，文化部也应该允许上网，不可重复审查。如此一来，文化部与新闻出版总署在网游监管领域的职权划分更加清晰。

（五）深化网吧治理，规范网游虚拟币

对于网吧的管理一直是网络游戏市场监管的重点，政府主管部门为此出台专项整治政策。2007年1月，公安部、信息产业部、文化部和新闻出版总署联合发布《关于规范网络游戏经营秩序查禁利用网络游戏赌博的通知》，在全国范围内查禁利用网络游戏赌博现象，规范网络游戏经营秩序[①]。2007年2月，文化部、国家工商行政管理总局、公安部等十四部委联合印发《关于进一步加强网吧及网络游戏管理工作的通知》，进一步督促各地监管部门加强对网吧的监管力度并实施预防、干预、控制网络成瘾系统工程。2008年7月，文化部、国家工商行政管理总局、公安部联合发布《关于网吧管理工作有关问题的通知》，一方面要求严格限制目前的网吧数量，在不增加总量的基础上优化结构；另一方面要求强化日常监督并逐步推进网吧连锁，改善和提升网吧产业。[②] 截至此时，市场上大量黑网吧被取缔，尤其是学校周围、城乡接合部、农村地区的网吧环境被重点整治。在经历了长达9年的发展与大力整顿之后，国内网吧的市场秩序终于得到较大改善，网吧经营逐渐走上正轨。

此外，网络游戏虚拟币被越来越广泛地应用于网络游戏的经营服务

---

① 资料来源：http://www.chinaeclaw.com/show.php?contentid=21474。

② 资料来源：http://www.china.com.cn/policy/txt/2008-08/30/content_16359856.htm。

中，由于游戏付费模式的转变，玩家在网络游戏中预付充值卡、预付金额或点数等也具备一定价值，这在促进网络游戏产业发展完善的同时也存在很多问题。首先虚拟币由运营企业发售，用户权益很容易被侵犯，其次虚拟币大量发行和广泛使用会对现有的市场秩序造成一定程度的干扰。因此对于网络游戏虚拟币的规范管理被提上日程。2007年1月《关于规范网络游戏经营秩序查禁利用网络游戏赌博的通知》、2007年2月《关于进一步加强网吧及网络游戏管理工作的通知》以及2009年6月《关于加强网络游戏虚拟货币管理工作的通知》中都对网络虚拟货币做出限制。对于虚拟货币的限制包括严格市场准入、规范发行和交易行为以及严厉打击利用虚拟货币从事赌博等违法犯罪行为。①

（六）开发防沉迷系统，加强未成年人保护

网络游戏对未成年人的生活娱乐方式以及身心健康带来的影响是巨大的，这种影响在这一时期达到一种前所未有的情况。2005年，韩国游戏《劲舞团》被引入中国。该游戏凭借玩法简易，音乐时尚动听，人物造型生动可爱的特点吸引了大批青少年玩家，同时带动了国内休闲类音乐舞蹈网游如雨后春笋般地涌现。尽管《劲舞团》在大陆地区被文化部承认为第一批适合未成年人的网络游戏产品，但它还是因为过分影响青少年学习生活而多次成为媒体和社会关注的焦点。《劲舞团》对当时正值青春年少的"80后""90后"的影响非常之大，"葬爱家族""杀马特"引领了当时的时代潮流。此外自2005年，《征途》开启免费模式后，2006年是中国网游市场全面转向免费运营的一年，当年公测的八十几款网游几乎全部免费。

网络游戏免费模式导致网络游戏玩家进一步低龄化。这些因素都导致了社会舆论尤其是家长老师们对于网络游戏的质疑和批判。为此，2005年新闻出版总署先后制定《网络游戏防沉迷系统开发标准》以及《网络游戏防沉迷系统实名认证方案》，将未成年人的每天的游戏时间设定为每天3小时为健康时间，以此来督促网络游戏开发、运营等企业高度重视未成年人保护工作，增强关爱未成年人身心健康的责任意识。

2007年，新闻出版总署、公安部等八部委联合颁布《关于保护未成年人身心健康实施网络游戏防沉迷系统的通知》，防沉迷系统开始正式上

---

① 资料来源：http://www.gov.cn/zwgk/2007-03/14/content_551192.htm。

线。该系统主要利用技术手段对未成年人游戏在线时长进行限制，系统规定每天累计3小时为"健康"的游戏时间，超过3小时之后的2个小时为"疲劳"时间，玩家收益减半，超过5小时玩家收益为零，以此迫使未成年人下线。该系统的实施对网络游戏企业起到了一定的约束作用，但在实际应用中依然存在一些技术漏洞，在最初推行期间并未起到很好的监管效果。

（七）加强税收优惠，鼓励外资进入

对于新兴产业，我国政府一贯采用扶持与监管并重的举措。2005年至2008年国务院、文化部、版署、中共中央以及财政部先后发布《文化部、信息产业部关于网络游戏发展和管理的若干意见》等相关扶持政策。相较于前一时期网络游戏产业被纳入电子信息产业和软件产业的项目来看，此时的网络游戏产业正借着政府大力鼓舞文化产业的东风大力发展，并明确将网络游戏纳入了政府鼓励文化企业的范畴。其中2005年4月国务院颁布的《关于非公有资本进入文化产业的若干决定》中大力支持和鼓励社会非公资本进入网络游戏领域。同年9月出台的《文化部、信息产业部关于网络游戏发展和管理的若干意见》则对这一时期的网络游戏产业进行了较为全面的反思和梳理，并提出未来的发展方向与现阶段的产业发展目标，将构筑产业体系、培育产业人才、支持国产企业、培育产业孵化器以及发展产业周边作为产业政策扶持的重点。

在财税方面财政部给予的支持力度更大，2005年《财政部、海关总署、国家税务局关于文化体制改革试点中支持文化产业发展若干税收政策问题的通知》规定对政府鼓励的新办文化企业可免征3年企业所得税，2009年的《财政部、国家税务总局关于文化体制改革中经营性文化事业单位转制为企业的若干税收优惠政策的通知》中则规定在文化产业支撑技术等领域内，按照规定认定的高新技术企业可减免15%的税率征收企业所得税，而在文化企业划定的具体范围中则包含网络游戏软件。除了减免企业各类税收，允许非公有制资本进入网络游戏产业之外，侧重开发游戏生产的核心技术，鼓励游戏人才培养，建设产业孵化基地，打造民族精品以及包括促进游戏出口，优化产业结构，支持高校、科研机构加强政策产业研究等都是这一时期政府引导网络游戏产业健康快速发展的具体举措。

（八）强化内容审查，实施动态监管

网络游戏起步至今已经发展了十年时间，网络游戏产业在给我国经济做出巨大贡献的同时自身也存在很多问题。一些网络游戏开发商和运营商为了攫取一时的经济利益而将带有血腥、暴力、色情、赌博等不良甚至违法违规的内容的产品带入市场，给辨别能力较低的青少年带来严重的负面影响。同时网游产品原创精品匮乏、产品结构单一、缺乏文化内涵等问题也严重限制了中国网络游戏的健康发展。为了整治网络游戏市场的这些积弊自文化部明确在网络游戏监管中的主导地位之后，对于网络游戏的内容监管开始更加细致、严格。《网络游戏管理暂行办法》中规定了十条网络游戏的内容准则，将以下十条内容列入禁止范畴。

（一）违反宪法确定的基本原则的；

（二）危害国家统一、主权和领土完整的；

（三）泄露国家秘密、危害国家安全或者损害国家荣誉和利益的；

（四）煽动民族仇恨、民族歧视，破坏民族团结，或者侵害民族风俗、习惯的；

（五）宣扬邪教、迷信的；

（六）散布谣言，扰乱社会秩序，破坏社会稳定的；

（七）宣扬淫秽、色情、赌博、暴力，或者教唆犯罪的；

（八）侮辱、诽谤他人，侵害他人合法权益的；

（九）违背社会公德的；

（十）有法律、行政法规和国家规定禁止的其他内容的。

同时明确规定了最高处 30 万元罚款、没收违法所得等处罚措施，并在随后颁布的《互联网文化管理暂行规定》中再次强调了以上十条内容准则，并规定其适用于除网络游戏之外的其他互联网文化产品。

通常情况下，一款网络游戏上线后正常情况下会持续运营很多年，这就要求负责监管的部门做好跟踪管理的工作。2010 年 7 月，文化部发布《关于贯彻实施〈网络游戏管理暂行办法〉的通知》其中强调"省级文化行政部门和文化市场综合执法机构应当按照《网络游戏管理暂行办法》第 14 条之规定，加强对网络游戏内容实质性变动的管理。网络游戏运营企业应当对网络游戏内容的实质性变动进行自查，并履行审查或备案手

续。对于有异议的部分，由文化部网络游戏内容审查专家委员会进行裁定。"① 2016 年 12 月 1 日发布的《文化部关于规范网络游戏运营加强事中事后监管工作的通知》中再次强调要对"网络游戏市场全面实施'双随机一公开'监管。要求提高网络游戏随机抽查工作水平并及时向社会公布查处结果"。

此外，一部成功的网络游戏产品，除了要具备专业的游戏开发商，强大的运营商，还需要做好充足的宣传推广工作。一款网游的前期宣发费用往往是巨大的。为此，文化部的内容审查延伸到网络游戏的宣发阶段。2015 年发布的《文化部关于加强网络游戏宣传推广活动监督的通知》就曾提到要"进一步将网络游戏宣传推广内容纳入监管视线。并建立健全企业黑名单制度等"②。

（九）实施实名验证，规范网游广告

2011 年 7 月，国家新闻出版总署、中央文明办、教育部等八部委联合印发《关于启动网络游戏防沉迷实名验证工作的通知》，要求全国各有关监督部门与网络游戏企业落实网络游戏防沉迷实名验证工作，防沉迷系统成为网络游戏审批管理的必要的前置审批条件，也意味着是否具备完善的防沉迷系统称为网络游戏产品能否上线运营的必要条件。

《通知》还规定，为了防止未成年人盗用或使用虚假成年人信息，公安部所属的全国公民身份证号码查询中心承担全国网络游戏防沉迷实名验证工作，按照新制定的《网络游戏防沉迷实名验证流程》及时有效地验证企业报送的身份信息并反馈。③ 新闻出版行政部门负责协调网络游戏防沉迷系统实施工作，文明办负责宣传引导工作。2013 年由全国网吧和网络游戏管理工作颁布的《未成年人网络游戏成瘾综合防治工程工作方案》的通知中规定"文化行政部门、新闻出版行政部门要按照'三定'规定及中央编办发〔2009〕35 号文件要求，在各自职权范围内督促网络游戏经营单位落实'适龄提示'、'网络游戏未成年人家长监护工程'及网络游戏防沉迷系统"。④

---

① 资料来源：http://www.gov.cn/gongbao/content/2003/content_62503.htm。
② 资料来源：http://www.gov.cn/xinwen/2016-12/06/content_5143968.htm。
③ 资料来源：http://www.law-lib.com/law/law_view.asp?id=358178。
④ 资料来源：http://www.ccm.gov.cn/zgwhscw/gfxwj/201302/cff00b38d13e4df8aa7d90e6015f8d75.shtml。

除了防沉迷系统的升级，对未成年人的保护还体现在限制游戏广告方面。2015 年 2 月《中华人民共和国广告法（修订草案）》中明确规定"禁止在针对未成年人的大众传播媒介、频率、频道、节目、栏目上发布网络游戏广告"①。而在 2015 年 4 月 24 日正式通过的《中华人民共和国广告法》中这一规定被修改为"在针对未成年人的大众传播媒介上不得发布医疗、药品……以及不利于未成年人身心健康的网络游戏广告"②。

（十）加强移动游戏管理，规范网络游戏直播

网络游戏在起步期就一直备受社会舆论质疑，"电子鸦片"的说法一直未曾间断，如今手游的爆发再次将"游戏成瘾"对青少年群体的负面影响推至社会和主流媒体的面前。2017 年 7 月，人民日报和人民网连续对《王者荣耀》发表五篇评论文章，分别从陷害人生、社交游戏监管刻不容缓、移动时代的忧患、家庭教育问题等方面对这款游戏发出了深刻的批判和质疑。随后，新华社与《光明日报》也连续发表多篇评论文章，批评其给社会尤其是青少年群体带来的负面影响。

为了加强对移动网络游戏的监管，2016 年 6 月国家新闻出版广电总局率先发布《国家新闻出版广电总局办公厅关于移动游戏出版服务管理的通知》，用于规范手机游戏出版秩序，规定游戏出版服务单位负责移动游戏内容审核等。《通知》中将"移动网络游戏通过信息网络向公众提供下载或者在线交互使用等上网出版运营服务行为"规定为移动游戏出版服务。③《通知》还规定由游戏出版服务单位负责移动游戏的内容审核、出版申报及游戏出版物号申领工作同时网络游戏出版服务单位应取得国家新闻广电总局网络出版服务许可并具有游戏出版业务范围。④

2016 年 12 月 2 日，文化部发布《网络表演经营活动管理办法》规范网络表演经营活动，并规定对于网络游戏技法展示和解说的管理参照此办法。《办法》要求从事网络表演经营活动的单位必须申请"网络文化经营许可证"，并具备内容自审和实时监管能力。在内容方面禁止使用未取得文化行政部门内容审查批准文号或备案编号的网络游戏产品进行表演活动。这一办法是目前发展迅速网络游戏直播产业重要的监督管理标准，为

---

① 2015 年 2 月，《中华人民共和国广告法（修订草案）》。
② 《中华人民共和国广告法》（2015），第 40 条。
③ 资料来源：http://www.sapprft.gov.cn/sapprft/contents/6588/298011.shtml。
④ 同上。

规范网络游戏直播行业提供依据。

第三节　我国游戏行业发展存在的问题

一　"私服"、"外挂"屡禁不止，网络盗版问题依然存在

"私服"和"外挂"问题，一直是我国的网络游戏发展中两个非常严重的问题，"私服"就是将网络游戏的服务器化为个人拥有用以模仿知名度较高的游戏产品，以免费的方式吸引游戏玩家在自己的服务器玩耍赚取收益，私服的出现与国产网络游戏的兴起可谓相伴而生；"外挂"指利用计算机技术通过改变软件的部分程序制作的作弊程序，常针对一个或多个网络游戏，外挂的产生甚至早于早期网游《石器时代》。

私服和外挂都属于侵权行为，会严重影响正常玩家的游戏体验，损害正规游戏公司利益。进而破坏原创的积极性。为了保护研发者的利益，净化市场环境，我国明文规定"盗号""外挂"是违法的，然而由于利益使然还是有很多玩家进行这些不法行为活动。"私服"和"外挂"问题直接侵害到了游戏开发商和游戏运营者之间的利益关系，如果不能被很好地治理都会严重影响游戏行业的健康发展。

私服和外挂屡禁不止一是因为免费，二是因为的确为游戏带来了乐趣，有些网络游戏私服比官服的体验还要好，有些游戏因为运营不当早早退出市场，只靠民间私服和外挂存活，延续一部分老玩家的游戏情怀。

从法律的角度来看，则是执法不严，执法力度不够深入的结果。伴随网络游戏近几年的飞速发展，玩家和游戏行业要求打击"私服"、"外挂"，呼吁保护虚拟财产的呼声日渐高涨。2003年，新闻出版总署、信息产业部、国家工商行政管理总局、国家版权局、全国"扫黄"打非工作小组办公室中央五个部委召开新闻发布会，决定将"私服""外挂"问题作为专项治理对象纳入整顿、规范市场经济秩序和"扫黄""打非"的整体部署。主要打击对象有两类，一是从事"私服""外挂"行为的网站及销售"私服""外挂"客户端程序光盘、游戏充值卡的网点；另一类则是违规进行光盘复制和游戏充值卡加工的企业。[①]

政府制定的法规在执行力度上不够。政府最早开始进行监管的网络游

---

① 资料来源：http：//www.pkulaw.cn/fulltext_ form.aspx? Gid = 50983。

戏经营场所问题，并一直以此作为市场监管的重点工作。早在 2000 年文化部就曾发布《关于开展电子游戏经营场所专项治理意见》，并一直强调网吧等场所不得经营含有色情、赌博、暴力等信息的内容，但是，由于受经济利益的驱动，网吧经营网络暴力游戏直至今日依然是公开的秘密。目前对私服外挂行为进行处罚的法律依据包括《互联网上网网络服务营业场所管理条例》《知识产权法》《专利法》等。但是由于没有专门的规定和明确的处罚条款，执法部门所能够采取的有效手段只有没收机器、罚款等。处罚金额与巨额违法所得相比微不足道，难以起到应有的威慑作用。

这些灰黑产业已经逐渐发展成规模，想要彻底整治我国的网络游戏产业积弊还有很艰难的路要走。纵观网络游戏的监管政策以及司法判例对于灰黑产的监管和打击，依然存在一定程度的缺失，长此以往必将成为我国网络游戏产业发展的最大阻碍。

此外，网络游戏起源于国外，国内的游戏企业在发展之初对国外产品具有很强的依赖性，中国网游企业大多从国外购买游戏产品代理权在国内运营，资金较为雄厚的公司可以买断代理权甚至版权，但有时为了省去不菲的代理费也会同很多小公司一样采用"盗版"的手段牟利。

在网络游戏发展最迅速的 2004—2009 年，绝大多数网吧中 90% 以上的网络游戏均为盗版。有公司依靠盗版发家致富，也有大公司因此走向灭亡。2002 年创建的浩方对战平台是中国曾经最早最大的游戏对战平台，可为玩家提供基于互联网的多人联机游戏服务，诸如《魔兽世界》《反恐精英》《星际争霸》等经典暴雪游戏都能在该平台玩到，当然无一例外均为盗版。当时暴雪这些经典游戏的国内发行权的唯一真正持有者是神州奥美，奥美作为曾经的单机游戏巨头在 2002 年 9 月开始涉足网游，然而其斥巨资买下的正版版权却因为浩方的出现大大失去原有的价值。2006 年 4 月奥美将浩方告上法庭并索赔 1.2 亿元。奥美主张自身权利，浩方却声称"平台与版权无关"。上海市一中院以"奥美游戏软件的生产、销售权等权益的获得均缺乏相应证据佐证"为由驳回申请。[①] 在此期间奥美曾多次在自身平台及媒体宣誓自己的"正统身份"，还推出一份"正版软件使用授权规范"[②]，结果在盗版横行的年代这份"规范"却成为业内无人问津

---

① 资料来源：https://www.txwb.com/Article/wyzy/zxdt/200706/6546.html。
② 资料来源：https://max.book118.com/html/2018/0531/169794383.shtm.html。

的笑话。

对于如此猖狂的市场盗版现象，政府执法显得过于疏懒。专门负责打击侵权盗版的全国"扫黄打非"工作小组办公室、文化部、中华人民共和国新闻出版总署、国家版权局以及其他有关部门如工商局、公安部等在这一问题面前全部失灵。一些政策的出台甚至助长了网游的盗版风气。好在版权法逐渐健全，让网游盗版问题不再像之前一样猖獗，但由于版权侵权认定过程较为复杂，在法律政策方面网络游戏的版权保护还有待完善。

二 审批程序冗杂，政策随意性过高

网络游戏管理部门的分工在政策法规中没有被充分明确，政策文件未能跟随新出现的实际情况进行及时调整，新老规则交织在一起，使得各部门对复杂问题纠缠不清，进而增加了网络游戏企业的政策风险。游戏企业想要开展网络游戏运营业务，需履行如下的审批程序：如果网络游戏公司仅进行网络游戏开发是不需要经过审批程序的，一旦涉及游戏产品的上线运营则首先需要取得通信管理部门颁发的"电信与信息服务业务经营许可证"，然后取得新闻出版管理部门颁发的"互联网出版许可证"，在这段时间内，游戏生产商可以委托具备出版资质的出版社出版该网络游戏产品。游戏产品开发完成准备上线运营时，还需要取得国家版权局颁发的"计算机软件著作权登记证书"，并在新闻出版广电总局取得审批文号。游戏产品完成上网运营后还需要及时向文化行政部门备案，接受文化部门的内容审查。此外如果是在国内运营进口网游产品，需要先经过文化部的内容审查并出具批准文件，方可顺利上网运营。

在一款网络游戏产品的审批过程中，一旦其中一个环节受阻就可能面临难以挽回的损失。通常一套审批流程走完需要4—6个月的时间，虽然游戏产品的审批流程复杂拖沓，但大多数游戏公司会依靠专门的版号申请中介。一款手机游戏版号的申请价格在1万—2万元人民币，游戏公司通常会计算好产品上市时间，提前准备审批，但2018年3月新闻出版广电总局的版号申请工作骤停，让大多数游戏公司已经制作完成的游戏产品无法上线盈利。例如腾讯公司推出的两款"吃鸡"游戏产品均是如此。

网游的迅猛发展与它的政策规范是脱节的。直到21世纪初，我国才开始对网络游戏的影响加以重视，制定相应政策文件。但国家颁布的规范网络游戏市场的工作性文件大都是以通知的形式下发，缺乏长久有效的管

理效力。在数量繁多的政策文件中只有 2010 年文化部的《网络游戏暂行管理办法》为部门规章级别的法律文件，对网络游戏进行了较为系统的规范并制定相应的惩罚机制。但如今看来这部规章也出现了严重的滞后性，对于最近几年手机网游市场的问题缺乏有效的制约。

总体上看部门有关网络游戏市场监管方面的法律法规制定虽多但大多是为解决当时较为迫切的具体问题。过于有针对性的政策文件很难解决日新月异的网络游戏市场出现的新矛盾，因此监管政策整体看来滞后性较强。① 这种监管政策与产业发展之间的滞后性是一直存在的。从 1999 年网络游戏最初进入中国市场，到文化部、新闻出版总署反应过来先后出台政策进行密集监管中间间隔了近 4 年的时间；从 2012 年手机端网络游戏出现，到 2016 年国家新闻出版广电总局办公厅开始重视手游市场管理同样间隔了近 4 年的时间。

此外政策的随意性过大。监管政策的突然改变很可能给一些网络游戏企业带来毁灭性的打击。比如 2000 年突然发布的游戏机禁令，让国内的游戏机以及单机游戏公司迅速凋零，单机游戏产业错失黄金发展期直到现在也难以恢复生机。

2004 年 4 月国家广电总局又突然发布一则《关于禁止播出电脑网络游戏类节目的通知》全面禁止网络游戏相关电视节目，要求"各级广播电视播出机构一律不得开设电脑网络游戏类栏目，不得播出电脑网络游戏节目"②。不少当时收视率颇高的电视节目被迫立刻下架，包括 BTV-8 的《游戏任我行》，旅游卫视的《游戏东西》，CCTV-5 的《电子竞技世界》等都立即停播。直至网络直播兴起，游戏直播以及电竞比赛直播兴起，网络游戏栏目在互联网上再次兴起。

2018 年 3 月份，国家新闻出版广电总局发布通知称由于机构改革所有游戏版号暂停发放③，同年 8 月份教育部等 8 部门发布《综合防治儿童青少年近视实施方案》对网络游戏实施总量调控，游戏版号变得极其稀缺，一时间大量中小游戏企业受到打击。

政策的突发性带给企业的风险是很难预估的，对于网络游戏这个文化

---

① 燕道成：《国外网络游戏管理及启示》，《中国青年研究》2009 年第 8 期。
② 资料来源：http://www.china.com.cn/policy/txt/2004-04/22/content_5550263.htm。
③ 资料来源：http://www.sapprft.gov.cn/sapprft/contents/7063/300680.shtml。

产业的"敏感部分"来说不确定性更高,政策监管刹车过急,企业很容易猝死。

三 过分依靠行政手段,防沉迷问题成隐忧

目前政府对网络游戏的监管手段太过单一。而在国家管制、市场主体自律、社会监督等各种手段中,目前过于偏重国家管制;而在国家管制的过程中,各种法律手段的综合使用显然欠缺。① 正常的情形应该是民事、行政、刑事手段齐头并进,但是事实是在保护未成年人网络安全以及治理网络游戏产业的其他问题时有关部门都更加偏重追究对方的行政责任和刑事责任。

在相关治理实践中,相关部门偏向于采用"剑网专项行动""净网专项行动"等跨部门、突击式的治理方式。监管部门掀起这些专项治理行动的过程中往往会采取较为直接高效的行政手段进行惩戒,这种选择的确可以在短时间内最快奏效,但却并非长远之计。行政手段可以在短期内迅速处理市场突发事件,达到一定的应急效果,但对于正处在上升阶段且自身问题颇多的网络游戏产业来说,新的矛盾点频频出现,单一的政府规制手段难免会顾此失彼。更值得注意的是,行政手段本身会具有主动性、强制性等特点,而我国对于行政权的使用的规范还比较缺乏,长期依赖于这一监管手段,容易导致权利滥用的现象,反而不利于产业发展。

对于未成年人的保护一直是网络游戏监管的重要考量。许多的禁止性政策也是从保护未成年人身心健康,避免网游成瘾的角度制作实施的。但总体看来政策在这方面的呈现监管颇多,保护不足的状态。

首先关于未成年人的网络保护的立法处于供给不足的状态。其一是缺乏专门性的立法,在现有的法律中关于改问题的专门性法律有且仅有一部《未成年人保护法》,因此缺乏关于未成年人网络保护的专门法律,同时也欠缺一部能够协调各个法律法规中相关条文的系统性规定。其二是法律效力层级低,有关未成年人网络安全保护的规定以规范性文件居多,调整的问题和范围也比较狭窄,缺少权威性。

其次在技术手段方面,政府和企业也曾进行过多方尝试,防沉迷系统和网游实名制度都不失为有益的尝试,但实际效果有限。防沉迷系统和网

---

① 张新宝、林钟千:《互联网有害信息的依法综合治理》,《现代法学》2015年第2期。

游实名制都针对青少年游戏玩家做出了严格的限制条件，然而，上有政策、下有对策。身份证号生成器可以轻松破解网络游戏实名制和防沉迷系统的技术限制，使用多个游戏账号或者干脆使用父母的账号都让这些技术手段的预期功能大打折扣。这些技术手段的控制，仅仅是一个软件系统，治标难治本。

第四节　关于保护和促进游戏产业发展的思考

法律政策给网络游戏企业带来的影响是迅速且严重的。未来政策的制定的一举一动还将继续牵引着网游产业的前进。从法律政策制定角度看，网络游戏产业日渐成熟和多元化，互联网技术日新月异，与此同时，网络游戏监管政策也不能一成不变。政策监管应该具有继承性同时也应保持灵活性，分级管理与多方共治等良好的变化在未来将会走向成熟，但这个过程或许会很缓慢。从法律政策目的角度看，无论是鼓励政策还是监管政策主要任务都是努力为我国网络游戏产业提供合理的政策法规框架。大力鼓励自主研发和人才培养，更好地鼓励国产原创力量从而优化产品结构，提升文化品位，推动游戏产品精品化、国际化，让网络游戏产业得到长远发展。

其他国家的网络游戏发展程度及政策虽然不一，但发展过程也都产生了越来越多的纠纷和复杂的法律问题，但是针对网络游戏的专门的立法还是相当少见的。一方面是立法自身存在着滞后性，很多法律的出台还需要更长远的观察和研究；另一方面，游戏比之动漫、电影等文化产业所涉及的问题的范围更加广泛，一旦涉及立法，可能会牵扯多个立法部门，不太可能适用单一的法律法规来解决所有问题。而在未来的政策立法过程中应该更加重视以下几方面的问题。

一　鼓励发展并防止过度监管

网游产业发展至今，所创造的经济效益和所带来的社会影响与其被重视程度是不匹配的。网游产业的快速兴起是在互联网时代下人们休闲娱乐和文化消遣的强烈需求下应运而生的，这一产业在全球范围内已经具备一定的规模，其所创造的经济效益也已经值得引起广泛关注。2016年全球娱乐行业的总收益额达到8698亿美元，其中游戏产业收益总额达1011亿美元，而电影的收益总额则为 399 亿美元。① 相比于发展较为成熟的电影产业，游戏产业作为新兴的文化娱乐行业所能创造的经济效益显然更具爆发力。然而游戏本身的主要功能是消遣娱乐，并且具有容易成瘾，受众低龄化等与生俱来的问题，也让游戏一直被社会和媒体"污名化"，网络游戏更是被认为是一种毒害青少年身心健康的精神鸦片。"游戏成瘾"的个别案例让众多父母对市面上几乎所有游戏产品望而生畏，有些父母甚至直接拒绝自己的子女在达到一定年龄前接触电子产品。虽然可以有效杜绝游戏成瘾的潜在风险，但在当前互联网快速发展的背景下这种做法却是因噎废食。

正因如此，政府对于游戏产业的态度也是充满矛盾的，一方面希望游戏产业能作为文化产业和电子信息产业结合的产物为国民经济继续带来巨大的经济效益；另一方面又因为顾及游戏产业发展给大众尤其是青少年带来的负面影响，而不得不采取极为严厉的监管手段。过于严苛的监管措施会成为网络游戏产业发展的掣肘，若要产业在未来能够可持续发展，继续发挥其潜在的经济价值则需要更加明确和完善的产业政策的引导和平衡。

网络游戏产品的主要功能是休闲娱乐，游戏玩家们通过不断克服游戏设置中的障碍和关卡达成"通关"目标或者是通过不断击败游戏对手来获取精神上的成就感。伴随游戏产业的日渐成熟和游戏玩家们更高的神经需求，网络游戏品类也愈加丰富。养成类的手机网络游戏，例如《旅行青蛙》《恋与制作人》等会通过达成游戏玩家们的心理诉求带给玩家虚拟世界中的满足感，沙盒类的游戏例如《我的世界》会通过玩家自己的设计创造出玩家心目中的"世界"，在玩家获得成就感的同时提升创造力。

早在 2016 年全球游戏玩家就已经超过 20 亿②，游戏在为玩家们提供消遣娱乐的同时也在积极发挥其他功能。游戏的教育功能越来越成熟，游戏本身就是融合美术、音乐、建筑、科技等多种艺术和技术元素的创造物，将游戏产品与历史、科学、军事等专业知识相结合再应用于教育培训、军事训练等的游戏产品被视为教育游戏或称为严肃游戏。严肃游戏产业在国外尤其是美国的发展已经达到一定规模，而在国内的开发和应用还

---

① 数据来源：2016—2021 年游戏+互联网市场运营模式研究报告。
② 数据来源：市场研究公司 Newzoo 2016 年发布的游戏研究报告。

并不普遍。除此之外，网络游戏产品的文化功能以及基于其社交系统所产生跨文化传播功能都是值得进一步开发和利用的功能。因此政府应该明确鼓励网络游戏产业发展，积极开发并加强利用游戏娱乐功能之外的其他功能，在全面审视网络游戏产品的社会功能的前提下有所侧重地加以引导和鼓励并防止过度干预。

二　加强政策建设构建服务框架

网络游戏产业从萌芽到日渐成熟是一个漫长的发展过程，在每个发展阶段政府都应该制定与这个阶段的产业特征相适应的政策并构建服务产业发展的政策框架。比如在游戏产业萌芽期，政府政策的重点目标在于鼓励社会资源向新兴产业靠拢并努力改善市场环境，降低企业交易成本，支持技术研发等。而在游戏产业发展的成长期和繁荣期，政策规制的重点则应该分为自我强化与对外扩张两个阶段。自我强化就是要完善产业自身的体系化建设，加强产业创新能力；对外扩张则是提升产品质量，加强精品化建设，扩张海外市场规模。为此政府应该用好三类政策工具。

一是促进游戏研发和创新的政策，主要包括资助技术开发、人才培养、支持创新等政策。技术研发是网络游戏产业长期发展的基础性工作，欧美、日韩等国家游戏产业的发达得益于它们强大的游戏研发能力，相比之下我国大部分游戏公司的研发技术还比较薄弱，创新能力普遍不足。二是优化外部市场环境的政策，主要包括改革管理制度、制定行业标准、完善知识产权制度、改善融资环境等政策，这类政策促进网络游戏产业健康发展，清除市场障碍必不可少的条件，目前关于促进文化产业发展或是电子信息产业发展的政策中对这些多有涉及，但针对网络游戏产业的规定或划分还需进一步明确。三是扩大和优化市场需求的政策，包括财政补贴、税收减免等政策。对于网络游戏产业完全可以视为创新型文化产业的重要部分享受政府的财政税收优惠。

此外目前国内的网络游戏市场基本呈现腾讯、网易与其他的格局，而资源过度集中对于整个网络游戏产业的健康发展是不利的，因此加强对中小企业的扶持力度是为网络产业增添活力的重要手段。网络游戏从研发到运营需要强大的资金支持也需要非常专业的高素质人才，制定更有针对性的综合性政策，加大对中小企业的政策倾斜，增强研发税收优惠，深化财政金融扶持政策是目前产业政策制定需要考虑的问题。

三 综合运用多种手段监管

目前看来规制网络游戏的政策虽多，但难免显得杂乱而无章，并且存在着多头管理的问题，难免出现互相扯皮推诿的现象，并且单纯的政策，其法律效力是比较低的，虽然较为灵活适用，但长此以往并不能达到完全法治的目的。在管理机制方面，积极学习国外管理经验，建立政府主导、合作监督和行业自律等多重监管机制，同时简化审批流程并在严把质量关的同时降低行业准入门槛。

至于法律政策较分散，效力层级低的问题，相关部门也有所注意，近期出台互联网相关法律规范，未来很可能会适时地出台单独的网络游戏法来提高对网络游戏行业的法律约束力。除此之外，相关部门将采取更有力的监管措施加大对违法的处罚力度。政府执法部门应该加强各部门之间的配合，对于网络游戏运营中的盗版、暴力色情等突出问题给予严厉打击，从而保证众多政策规范的落实。

四 完善行业自律体系

除了来自政府部门的监督，网络游戏行业还存在一些企事业单位或社会组织委员会、自律联盟。网络游戏行业不仅是文化产业的分支同时也被视为互联网信息服务业的子行业之一，受到多个相关部门的监督管理，其行业行政主管单位包括工业和信息化部、国家新闻出版广电总局、文化部。同时，与其他互联网信息服务业相比，游戏行业的自律机制还需进一步加强，其现有的自律监管机构包括中国互联网协会、中国音像与数字出版协会游戏出版工作委员会和中国软件行业协会游戏软件分会。但是总体来说国内游戏行业自律体系所起到的规范作用十分有限，人员设施老旧，实际作用不明显，尤其是近两年行业自律协会的维护越发松散，而游戏企业自身的自律意识又相当薄弱。而前面提及的网络游戏分级在国外都是依靠具有权威性的行业自律协会组织实施的，国内这一环节的空白也是实施分级制度的一大阻碍，加强行业自律，鼓励支持有独立性的行业协会的建设是未来网络游戏健康发展的重要举措。

一方面，这些行业组织应当具备一定的中立性，制定行业标准以及行业规范和自律公约等发挥对网游企业的约束作用。另一方面也让这些组织协调政府管部门与网游企业之间的互动管理，为政府主管部门制定游戏产业政策和监管政策提供更加科学有效的咨询服务，同时起到双向监督的作用。

五　尝试游戏分级

对网络游戏进行分级管理是美国、欧盟、日本等发达国家和地区保护未成年人网络安全的重要手段。网络游戏作为文化产业的重要分支，对整个互联网产业的发展具有重要意义。进行网络游戏分级的意义主要表现为两点：一方面是规范和促进网络游戏产业的发展，另一方面是加强对未成年人的保护。①

具体来看目前世界上最典型的游戏分级体系有欧洲的泛欧洲游戏信息组织（PEGI）、美国的娱乐软件定级委员会（ESRB）和日本的电脑娱乐评价机构（CE-RO）②，它们无一例外都是相对独立的非营利性自律组织。

PEGI 是由欧洲互动软件联合会（Interactive Software Federation of Europe，ISFE）组织成立的非营利性组织，它并独立负责游戏分级体系的管理工作。PEGI 系统正在被三十多个国家使用。这套系统目前拥有严格的制度规定，并获得了发行商们的广泛认可。ESRB 的历史则更为悠久，其针对的年龄层在 3—17 岁以上。分级标准包括"EC"（EARLY CHILDHOOD）、"E"（EVERYONE）、"E10+"（EVERYONE 10+）、"T"（TEEN）、"M"（MATURE）、"AO"（ADULTS ONLY）、"RP"（RATING PENDING）7 个类型，经过审查的游戏产品在外包装上都有明显的 ESRB 的标志。③ CE-RO 是由负责日本网络游戏产业行业自律和分级审查的网络共同体特别委员会独立出来的。其分别标准是年龄为 18、17、15、12 岁以上以及全年龄层，内容包括恋爱、性、暴力、恐怖、饮酒、抽烟、赌博、犯罪、毒品、语言与其他 11 大项，22 个小项。④

网络游戏分级一直是国际上比较通行的管理方式，不少国内专家学者也都认为它有利于不同年龄段的网络游戏玩家选择内容上适合本年龄段的游戏产品，尤其有利于保护未成年人免受违禁游戏危害。政策立法方面早在 2009 年，文化部、国家文物局发布《文化部、国家文物局关于贯落实〈中共中央办公厅、国务院办公厅关于进一步净化社会文化环境　促进未

---

① 资料来源：http://www.ftchinese.com/story/001073658? full=y&archive。
② 同上。
③ 资料来源：https://www.esrb.org/。
④ 资料来源：http://finance.sina.com.cn/roll/20041012/073029779t.shtml。

成年人健康成长的若干意见〉的通知》中就强调网络文化内容产品审查和监督,并提出要"深化和细化网络游戏管理,出台网络游戏分级运营管理等相关办法"。① 这是网络游戏主管部门第一次提出要对其进行分级管理。虽然具体的办法还没有真正出台,但在当时看来似乎是一个积极的信号,遗憾的是分级管理制度始终没有真正提上日程。

文化部文化市场相关负责人曾明确表示应该对该问题从内容、标准、可操作性等多方面进行慎重的研究和论证。政府和部分学者主张网络游戏分级是国外网络游戏管理模式,并不完全适合我国国情,而且,国外分级管理的实践也证明,"分级"并不能有效解决青少年"网瘾"问题。因此我国政府曾在 2010 年明确表示不会采取国外分级的办法,而是要探索适合我国国情的行之有效的管理方式。②

但时过境迁,网络游戏行业又经过了近十年的发展,互联网技术水平得到新的提升,所谓的适合我国国情的管理方式依然没有出现,而关于游戏内容分级管理的说法却再次被提及。不过正如文化部的所秉持的观点,国外的网络游戏分级是在游戏机和单机游戏产品繁荣发展的背景下设立的,拥有自己的市场背景和国情,照搬照抄未必合适。按照网络游戏在国内被"妖魔化"的程度游戏产品似乎就不应该面向未成年人而存在,因此在年龄分层这一点上就难以进行划分。不过对于网络游戏内容审查制定相应的细分标准在未来的政策管理中还是可以加以突破的。

网络游戏发展至今经历过野蛮生长也经历过夹缝求生,如今是平稳发展时期同时面临着产业发展的瓶颈,为了行业的长足发展未来的每一部政策文件的出台都应该更加慎重。

---

① 资料来源:http://www.mofcom.gov.cn/article/b/g/201704/20170402558112.shtml。
② 资料来源:http://www.gov.cn/gzdt/2010-01/27/content_1520528.htm。

第十一章

文化演出、广告、旅游产业立法

第一节 文化演出产业立法

一 文化演出及文化演出产业

（一）演出

演出消费是人们精神生活的重要内容，在我国，法律对"表演"的界定较为宽泛，在《营业性演出管理条例》及其实施细则中规定，只要以营利为目的，通过一定营利方式为公众举办的演出活动就是表演。关于"表演"的法律性质，各国大体上有两种做法：把"表演"视为"创作方法"，但采用著作权法保护，如英国和美国；把"表演"看作"著作类别"，受到法律较全面保护，如德国、中国、法国等多数大陆法系国家。在本质上表演是原创作。表演改变了原有的本质表演形式、用途，"是使艺术作品首次在观众面前呈现其自身，它给音乐和戏剧文本的符号以生命"。而且，无论是国内外的立法都承认，不同的表演者表演同一部作品和不同的作家选择同一个主题创作作品都具有原创性。此外，表演本身是独立的，如音乐、戏剧、舞蹈等作品，如没有被表演，就很难成为真正的作品。

根据演出的性质，可以将其分为营业性演出和公益性演出两大类。根据文化部《营业性演出管理条例实施细则》第2条的规定，营业性演出是指以营利为目的，通过下列方式为公众举办的现场文艺表演活动：(1) 售票或者接受赞助的；(2) 支付演出单位或个人报酬的；(3) 以演出为媒介进行广告宣传或者产品促销的；(4) 以其他营利方式组织演出的。[①] 公益性演出指的是通过演出的形式参与公益中来，不以营利为目

[①] 《营业性演出管理条例实施细则》。

的，即不以追求利润的最大化为目标。无论是集体还是个人，都可以通过各种公益活动、公益基金、公益网站等途径，通过直接参与、捐赠、公益广告、公益歌曲等方式参与进来。

（二）文化演出产业

根据国家统计局发布的《文化及相关产业分类（2018）》，本部分所指的文化演出产业包括非借助大众传播介质的创作表演服务以及与之相关的文化经纪代理服务。其中，创作表演服务包括营业性演出和公益性演出，演出形式有戏曲、歌舞、话剧、音乐、杂技、马戏、木偶、展览等。文化经纪代理服务包括策划、组织、实施各类演出活动及演出经纪活动等。演出经纪人员，包括在演出经纪机构中从事演出组织、制作、营销，演出居间、代理、行纪，演员签约、推广、代理等活动的从业人员和在县级文化主管部门备案的个体演出经纪人。[①]

演出产业链各环节包括文艺表演团体、演出场所、演出中介机构和演出票务等。2009年国务院通过的《文化产业振兴规划》中，将发展文艺演出院线作为发展文化产业的八项重点工作之一。2011年，广州大剧院的落成，使得国内形成国家大剧院、上海大剧院、广州大剧院三家国家级剧院三足鼎立的局势，有效地推动了地域性演出的发展。"十二五"规划期间，继续将演艺产业作为重点发展的文化产业之一。与此同时，随着经济的迅速发展，民众的文化需求不断增加，文化消费日益增多，对文化产品的选择性增强。云南、浙江、湖南、辽宁、天津、四川等地的演出市场开始形成自己的特色文化发展行业。以《云南印象》为代表的云南旅游演艺崭露头角；浙江民营戏剧发达，农村演出市场的繁荣程度在全国位居前列；湖南娱乐性演出、天津的相声、四川的名人大型演出效应在全国都有一定的影响、这些省市逐渐构成了全国演出市场的第二阵营。随着全国大型演出剧团转企改制的推进，陕西、安徽等地在安徽演艺集团、重庆演艺集团、山西演艺集团等演出集团的推动下，作为演出市场的第三阵营逐渐活跃。

演出产业作为基础性文化产业之一，在文化市场中占据重要地位，对经济的发展有极大的辐射和拉动作用。根据文化和旅游部发布的2018年文化和旅游发展统计公报，截至2018年末，全国共有艺术表演团体

---

① 《演出经纪人员管理办法》第3条。

17123 个，从业人员 41.64 万人。全国艺术表演团体共演出 312.46 万场，国内观众 13.76 亿人次，其中赴农村演出 178.82 万场，占总演出场次的 57.2%。全国艺术表演团体共实现总收入 366.73 亿元，比上年增长 7.2%，其中演出收入为 152.27 亿元。

二 文化演艺产业立法状况

文化演艺产业作为文化产业的重要组成部分，在产业发展过程中不仅要遵守一般性法律法规如《著作权法》《民法通则》《反不正当竞争法》《合同法》等法律文件中与产业发展相关的规定，还要遵守专门的行政法规、部门规章等规范性法律文件。

2012 年接连出台《营业性演出管理条例》《营业性演出管理条例实施细则》。《营业性演出管理条例》对全国及各地区营业性演出的主管部门、经营主体的设立条件、外资准入等方面进行了规定。《营业性演出管理条例实施细则》还对演出管理、演出证管理和罚则做了进一步规定。

《涉外艺术文化表演及展览管理规定》（2012）提出要加强对涉外文化艺术表演及展览活动的管理，对从事中国与外国通过民间渠道开展商业及非商业性文化艺术表演及展览的主体进行资格认定，并遵循资格认定程序。此外，申报涉外商业和有偿文化艺术表演及展览（展销）项目，必须由经文化行政部门认定的有对外经营商业和有偿文化艺术表演及展览（展销）资格的机构、场所或团体提出申请，报文化部审批。经文化部批准后，方可与外方签订正式合同。

《经纪人管理办法》（2012）规定，经纪人从事经纪活动，应当遵守国家法律法规，遵循平等、自愿、公平和诚实信用的原则，并由各级工商行政管理机关负责对经纪人进行监督管理。经纪人在经纪活动中，应当遵守相关规则，工商行政管理机关应当依据有关规定，对经纪人提供的信息及服务进行监督检查。原《经纪人管理办法》（国家工商行政管理局第 36 号令）同时废止。

《演出经纪人管理办法》（2013）提出，从事演出经纪服务应取得演出经纪资格证书，并由文化部监督中国演出行业协会组织实施演出经纪人员资格认定工作。各级文化主管部门负责本辖区内演出经纪人员经纪活动的监督管理。

2016 年 2 月 6 日，国务院印发《关于修改部分行政法规的决定》（国务院令第 666 号），对《互联网上网服务营业场所管理条例》、《营业性演出管理条例》、《娱乐场所管理条例》（以下统称条例）等行政法规的部分条款予以修改。条例明确，对互联网上网服务营业场所经营单位、营业性演出经营主体、娱乐场所准入审批实施"先照后证"；文化行政部门负责对市场主体擅自从事互联网上网服务、营业性演出、娱乐场所经营活动的行为依法予以查处取缔；文化行政部门对文化市场经营活动实施信用监管。

（一）主管部门

根据《营业性演出管理条例》：

> 国务院文化主管部门主管全国营业性演出的监督管理工作。国务院公安部门工商行政管理部门在各自职责范围内，主管营业性演出的监督管理工作。县级以上地方人民政府文化主管部门负责本行政区域内营业性演出的监督管理工作。县级以上地方人民政府公安部门、工商行政管理部门在各自职责范围内，负责本行政区域内营业性演出的监督管理工作

从事演出经纪活动的个体，必须取得演出经纪资格证。根据《条例》所规定的条件，设立演出经纪机构，应有 3 名以上取得演出经纪资格证书的专职演出经纪人员。根据《演出经纪人管理办法》：

> 文化部指导监督中国演出行业协会组织实施演出经纪人员资格认定工作。各级文化主管部门负责本辖区内演出经纪人员经纪活动的监督管理。

根据《经纪人管理办法》，各级工商行政管理机关负责对经纪人进行监督管理。其主要职责是包括经纪人的登记管理；对经纪活动进行监督管理、保护合法经营、查处违法经营；指导经纪人自律组织的工作等。

（二）审批许可制

根据《营业性演出管理条例》及其实施细则的规定：

> 营业性演出是指以营利为目的、通过下列方式为公众举办的现场

文艺表演活动：（1）售票或者接受赞助的；（2）支付演出单位或者个人报酬的；（3）以演出为媒介进行广告宣传或者产品促销的；（4）以其他营利方式组织演出的。

因此，判断是否为营业性演出绝不是单纯看其是否公开售票，不管通过何种方式取得的收入或运用商业市场的运作方式都属于营业性演出，都应该按其规定办理有关审批手续。

若要举办营业性演出，则需要持有"营业性演出许可证"的公司，在演出日期3日前向文化主管部门提交符合《营业性演出管理条例》第17条规定的文件。① 申请举办营业性舞台演出，还应当提交文艺表演团体、演员同意参加演出的书面函件。

（三）准入制度

依据2005年国务院颁布的《营业性演出管理条例》，营业性演出单位的设立需要满足以下条件：

（1）设立文艺表演团体，应当有与其演出业务相适应的专职演员和器材设备。设立演出经纪机构，应当有3名以上专职演出经纪人员和与其业务相适应的资金。演出经纪人是在演经济活动中，以收取佣金为目的，为促成他人交易而从事居间、行纪或者代理等经纪业务的自然人、法人和其他经济组织。（2）设立文艺表演团体，应当向县级人民政府文化主管部门提交申请；设立演出经纪机构，应当向省、自治区、直辖市人民政府文化主管部门提出申请。申请人取得营业性演出许可证后，应当持许可证依法到工商行政管理部门办理注册登记，领取营业执照。（3）设立演出场所经营单位，应当依法到工商行政管理部门办理注册登记，领取营业执照，并依照有关消防、卫生管理等法律、行政法规的规定办理审批手续。演出场所经营单位应当自领取营业执照之日起20日内向所在地县级人民政府文化主管部门备案。

---

① 《营业性演出管理条例》第17条：申请举办营业性演出，提交的申请材料应当包括下列内容：（一）演出名称、演出举办单位和参加演出的文艺表演团体、演员；（二）演出时间、地点、场次；（三）节目及其视听资料。

文艺表演团体变更名称、住所、法定代表人或者主要负责人、营业性演出经营项目，应当向原发证机关申请换发营业性演出许可证，并依法到工商行政管理部门办理变更登记。演出场所经营单位变更名称、住所、法定代表人或者主要负责人，应当依法到工商行政管理部门办理变更登记，并向原备案机关重新备案。

外国投资者可以与中国投资者依法设立中外合资经营、中外合作经营的演出经纪机构、演出场所经营单位，但是不得设立中外合资经营、中外合作经营、外资经营的文艺表演团体，不得设立外资经营的演出经纪机构、演出场所经营单位。而且，设立中外合资经营、中外合作经营的演出经纪机构、演出场所经营单位，应当通过省、自治区、直辖市人民政府文化主管部门向国务院文化主管部门提出申请，省、自治区、直辖市人民政府文化主管部门收到申请后2日内出具审查意见报国务院文化主管部门审批。国务院文化主管部门自收到省、自治区，直辖市人民政府文化主管部门的审查意见之日起20日内做出决定：批准的，颁发营业性演出许可证；不批准的，应当书面通知申请人并说明理由。

（四）信用备案制

工商行政管理机关应当依据有关法律法规，对经纪人提供的信息及服务进行监督检查。根据监督检查的结果，建立经纪人及经纪执业人员的档案并予以公示；建立经纪人及经纪执业人员的信用记录；对经纪人及经纪执业人员实施信用分类监管；对有违法违规行为或参与违法违规活动的经纪人及经纪执业人员应当向社会公示。

工商行政管理机关应当建立健全经纪执业人员备案制度，并将经纪执业人员备案情况作为经纪人及经纪执业人员档案、信用记录、信用分类管理的重要依据。

（五）行为规范

经纪人在经纪活动中，应该遵守以下规则：提供客观、准确、高效的服务；经纪的商品或服务及佣金应明码标价；将定约机会和交易情况如实、及时报告委托人；妥善保管当事人交付的样品、保证金、预付款等财物；按照委托人的要求保守商业秘密；如实记录经纪业务情况，并按有关规定保存原始凭证、业务记录、账簿和经纪合同等资料；收取佣金和费用应当向当事人开具发票，并依法缴纳税费；法律法规规定的其他行为规则。

根据《经纪人管理办法》第17条和第18条，经纪人不得有下列行为：

未经登记注册擅自开展经纪活动；超越经核准的经营范围从事经纪活动；对委托人隐瞒与委托人有关的重要事项；伪造、涂改交易文件和凭证；违反约定或者违反委托人有关保守商业秘密的要求，泄露委托人的商业秘密；利用虚假信息，诱人签订合同，骗取中介费；采取欺诈、胁迫、贿赂、恶意串通等手段损害当事人利益；通过诋毁其他经纪人或者支付介绍费等不正当手段承揽业务；对经纪的商品或者服务作引人误解的虚假宣传；参与倒卖国家禁止或者限制自由买卖的物资、物品；法律法规禁止的其他行为。

（六）法律责任

违反《营业性演出管理条例》第14条规定，未经批准举办营业性演出的，由县级人民政府文化主管部门责令停止演出，没收违法所得，并处违法所得8倍以上10倍以下的罚款；没有违法所得或者违法所得不足1万元的，并处5万元以上10万元以下的罚款。

经纪人违反《经纪人管理办法》第18条行为规范第（一）、（二）、（五）、（七）、（九）、（十）项规定，由工商行政管理机关按照有关法律法规及行政规章予以处罚；违反本办法第18条第（三）、（四）、（六）、（八）项规定，由工商行政管理机关视其情节轻重，分别给予警告、处以违法所得额三倍以下的罚款，但最高不超过3万元，没有违法所得的，处以1万元以下的罚款。[1]

---

[1] 《经纪人管理办法》第22条。

三 对文化演艺产业立法的思考

在我国，文化演艺事业与文化演艺产业难以划分明显的界限。发展文化演艺产业与我国政府提出的加大公共文化服务的目标相一致，为了实现提高公务文化服务水平的要求，无论是在基础设施、资源和服务内容，还是人才、资金、技术方面，都需要政府建立完善的法律政策保障机制。20世纪五六十年代，政府投入大量资金于剧院等基础设施建设上，改革开放以后把重心转移到经济建设上，减少了对公共文化服务的投入。而进入2000年以来，尤其是中共第十七届六次会议召开之后，政府提出要加大公共文化服务，又开始注重文化设施的建设。然而直到今天我国的公共性文化服务还是比较少，只能让市场去决定。但由于营业性演出是我国文化演艺产业的主体，对文化演艺产业的立法和监管也主要集中于与营业性演出有关的方面。政府一方面想把演艺行业推向市场，但另一方面对它的管理又并不适合市场。演出经营主体包括剧团、剧场、演出公司都是需要办理经营许可证的，并且每一台演出都需要报批，层层审批需要时间，再加上宣传时间，这就导致会错失很多商机，严重影响文化演出的市场效率，与市场脱轨。

此外，虽然营业性演出包括售票和接受赞助两种方式，但以售票为主的商业性演出占据了市场主流，受政府和社会赞助的文化演出所占比例很少。尽管国家鼓励社会资本进入文化产业领域，但缺乏具体的法律规定，可操作性不强，社会资本大都处于观望状态，没有法律和政策的明确指引，社会资本很难在文化演出领域发挥作用。实际上在世界很多发达国家和地区，艺术表演类产品得到政府和社会的大量资助，观众花很少的钱就可以看演出。例如我国香港地区，由于票价不高，歌手可以连续开十几场演唱会。而到了大陆，由于票价太贵，最多也只能连续开三场，这就错失了很多商机。

第二节 广告立法与监管制度

一 广告与广告产业

广告是商品经济发展的产物：自从人类有了商品与商品间的交换，有了顾客与市场，就有了广告活动。① 从词源意义上讲，广告源于拉丁文 Advertere，其意为注意、诱导、传播。中古英语时代（约 1300—1475 年）演变为 Advertise，意指"使某人注意到某件事"，或"向他人通知某事，以引起他人的注意"。直到 17 世纪末，英国开始进行大规模商业活动，这一时期，"广告"一词才开始广泛流行使用。广告已不再指单纯的广告行为，而是一系列广告活动。静止的名词概念 Advertise 也被动词概念 Advertising 所取代。"广告"作为一个外来词在汉语世界里出现则源于日本。在日本的明治时代，日本首次将 Advertising 译成"广告"。

西方世界对广告的界定主要是从广告的目的、意图等角度出发的，例如 1894 年，Albert Lasher（美国现代广告之父）认为，广告是印刷形态的推销手段，这个定义含有在推销中劝服的含义。1948 年，美国营销协会的定义委员会（The Committee on Definations of the American Marketing Association）形成了一个有较大影响的定义：广告是由可确认的广告主，对其观念、商品或服务所做之任何方式付款的非人员式的陈述与推广。《韦伯斯特词典》（1977 年版）中，广告是指在通过直接或间接的方式强化销售商品、传播某种主义或信息、召集参加各种聚会和集会等意图下开展的所有告之性活动的形式。英国《简明大不列颠百科全书》（2015 年版）对广告的定义是：广告是传播信息的一种方式，其目的在于推销商品、劳务服务、取得政治支持、推进一种事业或引起刊登广告者所希望的其他的反映。

我国多是从要素的角度定义广告。《中国广告年鉴》中，广告包括"广告本身、广告宣传和广告经营，它既包括由广告客户支付费用，通过利用各种媒介和形式来宣传商品、传递信息，也包括非经营性的各类广告、声明、启示等"。我国《广告法》（2015）指出，"本法所称广告，是指商品经营者或服务提供者承担费用，通过一定的媒介和形式直接或间接地介绍自己所推销的商品或者所提供的服务的商业广告。"从《广告法》的定义可以看出，与广告有关的要素包括：（1）有偿性，广告是一种通过付费来进行的宣传活动；（2）通过媒介进行传播，媒介可以是直接性，也可以是间接性的，但不通过任何媒介传播的宣传活动并不是广告；（3）广告的目的具有盈利性质，广告活动是围绕推销商品来展开的，其

---

① 陶信平：《文化产业法概论》，中国人民大学出版社 2016 年版。

目的就是通过广告宣传活动来提高商品的销售,从而获利;(4)有明确的相关主体,即广告主,也就是商品的经营者或者服务提供者。可以说,《广告法》中定义更加强调了广告的商业特性。[1] 但广告不仅与市场经济的发展密切相关,与社会和文化产业的发展也有很深的渊源。广告产品不仅是商品,更是一种包含意识形态和价值观念的文化产品,各种文化活动以及文化产品通过广告"广而告之",并得以传播,因此广告产业是文化产业的重要组成部分。

二 广告产业的发展历程

我国是世界上最早拥有广告的国家之一。早在西周时期,《诗经》的《周颂·有瞽》一章里已有"箫管备举"的诗句,据汉代郑玄注说:"箫,编小竹管,如今卖饧者吹也。"可见西周时期,卖糖食的小贩就已经懂得以吹箫管之声招徕生意。而后又出现了"悬帜"类的酒旗广告。北宋毕昇发明印刷术后,印刷广告不断增加,到了清代,木版年画十分流行,内容多为戏剧人物及"福""禄""寿""喜"等几项子画,许多商人用木版画做商品包装,包装广告得到发展。

近代鸦片战争后,外国商人为了推销产品,开始在中国创办商业报纸。如香港英文报《中国之友》等,刊登商品、行业等广告。1858年,中国人有了自己创办的第一份中文商报《香港船头货价纸》,也就是后来的《中外新报》。《中外新报》以商情、船期等广告为主要内容。我国的广告在一战期间得到了短暂的发展,除报刊广告,其他广告形式如广播广告、霓虹灯广告、路牌广告、橱窗广告等降级出现。在上海等发达地区,广告代理也开始兴起。但总体看来,中国的广告业取得了一定发展,但极不均衡,水平也较低。

中国的广告业真正作为一个产业得到兴起和发展是在新中国成立后尤其是改革开放以后,我国的广告产业的发展主要经历了以下几个阶段。

(一)第一阶段:产业复兴期(1979—1982)

1979—1982年是中国现代广告业的恢复期。1979年,党的十一届三中全会召开,思想上的"拨乱反正"为广告业的发展铺平了道路。1979

---

[1] 参见全国人大法工委编《中华人民共和国广告法释义及其相关法律法规》,中国方正出版社1995年版,第7—8页。

年 1 月 14 日上海《文汇报》发表了《为广告正名》的文章，为中国广告业的恢复做了舆论准备。1979 年 1 月 28 日，上海电视台率先发布电视广告，带动了广告业在全国各地的恢复。1979 年 8 月，北京广告公司成立。[①] 广告活动的经营和发布主要依靠大众媒介，媒介在整个广告产业结构中处于核心和强势地位，这是由于中国媒介的特殊体制和政府行政管制赋予媒介的广告资源的垄断性经营所造成的。此外，广告投放的类目也以日用品、烟酒类为主，并未形成规模。

（二）第二阶段：初步发展期（1983—1992）

改革开放后，我国加快了建立社会主义市场经济体制的进程，为广告市场的发展提供了良好的外部环境。一个突出表现在于国家允许外资和私营企业从事广告经营活动，这就使得我国广告产业的所有制结构发生了变化，突破了过去单一的国营和集体所有制结构。外资企业进入广告领域，私营、民营广告企业也开始崛起。1986 年北京成立了我国第一家中外合资的广告公司——电扬广告公司。此外，随着商品经济的发展，广告投放商品类别也日益多样化。这一时期广告产业初具规模。

（三）第三阶段：快速发展期（1992—2001）

1992 年邓小平在南方谈话中提出"改革开放要大胆一些，敢于试验，没有一点闯的精神，就走不出一条好路"。这番话为迷途中的改革开放指明了道路，自此以后，我国私企得到了更为开放的发展环境，个体经济随着整个国民经济的发展而不断前进。随着改革开放的进一步深入，改革由思想层面向制度层面推进。中共第十四次代表大会第一次明确提出把社会主义基本制度和市场经济结合起来，建立社会主义市场经济体制。1993 年，国家工商行政管理局、国家计划委员会印发《关于加快广告业发展的规划纲要》并于 1994 年 1 月 1 日正式施行。《纲要》关于发展广告产业的目标中指出：

> 要争取用 10 年左右或者稍长一些时间，逐步建立起企业自主经营，政府依法监督管理，以代理制为基本运营制度，广告发布前审查为基本保障，最大限度发挥行业协会自律与协调作用的新机制。建立以具备全面、综合服务能力的广告公司为主干，以高效、畅通的媒介

[①] 魏卓明：《改革开放三十年我国广告业的发展历程》，《甘肃科技》2008 年第 16 期。

网络为支撑,能够提供全方位、多层次、高质量、高效益服务的广告促销体系和信息传播体系。

此外,《纲要》还对发展广告产业的指导思想、基本原则和发展目标及重点做出了明确的表示,并制定了一系列的政策措施以确保产业规划的执行。其中主要内容包括加强完善中央及地方各级广告管理机关;进行广告代理制试点,理顺广告公司与媒介的职能分工关系;积极开展广告发布前审查制度试点,建立广告发布前审查制度以及进一步加强广告法制建设等。

《纲要》进一步明确了中国广告业在经济社会发展中的重要地位,提出加快发展广告业,对于拓宽国内、国际市场信息交换渠道,辅佐企业开拓市场和引导消费,促使我国商品在国际市场竞争中后来居上,具有重要意义。1992年和1993年,我国广告的年增长率分别为93.42%和97.57%,是改革开放以来增长速度最快的两年,广告产业由此进入了快速发展时期。这一时期,涌现出一批有实力的广告公司和大量专业技术人才,大大提升了广告行业发展水平。在此期间,广告从业人员和广告经营单位的数量快速增长。中国的广告教育也得到蓬勃发展,全国有近200所高校开办了广告专业。

(四) 第四阶段:稳定发展期(2002年至今)

2001年,中国正式加入世界贸易组织,根据协议,自2005年12月以后,将取消开展传媒业务必须成立合资公司的限制,外国广告公司可以以独资的方式及进入。一些知名的跨国广告企业如奥美、智威汤逊等竞相进入中国市场。广告业的开放使广告活动的主体、企业组织形式、竞争方式都呈现出多元化和国际化的趋势。大型广告公司出现,市场逐渐集中,广告市场的话语权由媒体向广告主转移。这一时期,也出现了一批有实力的广告公司如李宁、海尔等开始走向国际市场。我国广告产业发展进入了相对成熟和规范的阶段,产业发展速度趋于稳定,产业结构进一步趋于合理。随着媒介可视化时代的到来,网络广告、手机广告、楼宇广告、电梯广告、户外广告等新的广告形式越来越多地出现在人们的生活中,广告主的选择更加多样化,广告投放分流的趋势日渐明显,市场不再是传统媒体的天下,不同的广告形式演绎着新的盈利方式。

三　广告产业立法现状

对广告产业进行立法，一方面旨在规范广告管理者、广告经营者、用户以及消费者等主体之间的活动，对规范广告市场主体行为，维护良好的社会经济市场秩序、防止消费者合法权益受到侵害方面有重要作用，对行业进行立法层面的规范在另一方面也可以更好地发挥广告在促进生产、指导消费、促进贸易、提高人民生活水平等方面的作用。

我国广告法法律体系主要包括以下几个层次：一是宪法。宪法是我国的根本大法，具有最高的法律效力。宪法规定了我国社会主义市场经济体制，赋予了包括广告活动主体在内的市场经济主体的基本权利和义务，是最高行为规范。二是法律。法律不仅包括专门规范广告行业的法律即1994年通过的《广告法》（后经两次修订），还包括《民法通则》《反不正当竞争法》《消费者权益保护法》《物权法》《产品质量法》《药品管理法》等法律的部分条款。其中，《广告法》不仅是一切广告活动必须遵守的基本法律规范，也是制定相关行政法规、规章和规范性文件以及地方性法规的立法依据。三是行政法规、部门规章和规范性文件，是国务院根据宪法和法律制定的有关广告的行政管理方面的规范性文件。主要包括《广告管理条例》《广告管理条例实施细则》《广告经营资格管理办法》《医疗广告管理办法》《户外广告登记管理规定》等。四是地方性法规，由各行政区域制定的规范性文件，是全国性法律和行政法规的有效补充。

1982年国务院颁布了第一个全国性的规范广告业的法规——《广告管理暂行条例》，文件中明确规定，"私人不得经营广告""广告收费按统一标准执行"。但《广告管理暂行条例》只是初步规范广告市场，使我国广告活动纳入行政监管的范围内。1987年继续颁布《广告管理条例》，确立了市场化的制度，明确规定个体工商户可以经营广告。为了贯彻简政放权、优化服务的改革精神，进一步激发市场活力，1988年，《广告管理条例实施细则》（国家工商行政管理总局第18号令）出台，进一步指导管理条例的可操作性，规定了申请经营广告业务的企业除了符合企业登记等条件还应具备的条件，办理广告经营者登记手续的流程等。

1993年，开始了我国广告审查的进程。广告审查始于1993年颁布的《关于设立广告审查机构的意见》，规定由广告审查委员会对全国的广告进行审查，并在《关于广告发布前审查程序的规定（试行）》和《广告审查标准（试行）》中规定了广告发布前的审查程序和标准。这对广告行业的健康发展有重大意义。

在1994年发布的《广告审查标准》中，明确规定："凡违反国家有关广告管理法律、法规，不符合本标准要求的广告，一律不得发布"[①]。随后，相继出台了针对不同领域广告的审查标准例如医药、烟草、烟酒等。《印刷品广告管理暂行办法》《户外广告登记管理规定》《广告显示屏管理办法》《店堂广告管理暂行办法》和《关于加强电视直销管理的通知》等法规对使用各种不同媒介进行展示的广告进行了规定。

1994年10月27日，《中华人民共和国广告法》出台，广告产业有了基本法，正式纳入国家法制建设的轨道上。2012年2月，出台《大众传播媒介广告发布审查规定》，对于大众媒介广告审查员的资格认定、培训程序以及工作职责都做出了详细的规定。2015年，第十二届全国人大常务委员会第十四次会议表决通过的新《广告法》，将互联网广告信息纳入监管。2017年颁布《互联网信息内容管理行政执法程序规定》和《网络产品和服务安全审查办法（试行）》。此外，国家工商总局还在此期间下发《现行广告法规汇编》《虚假广告典型案例汇编》等文件，指导基层工商监管部门有效地开展网络广告的监管工作。

四　广告产业主要监管制度

（一）广告审查制度

广告审查制度是指广告审查机关在广告交付设计、制作、代理和发布前，对广告主的主体资格、广告的内容和表现形式、有关证明文件或材料的审查，并出具与审查结果和审查意见相应的证明文件的一种广告管理制度。广告审查是为了保证广告内容真实、合法，它是在工商行政管理机关的监督指导下进行的。

广告审查既是广告经营者、广告发布者的权利，也是其必须履行的法定义务。广告经营者、广告发布者依法律、行政法规查验有关证明文件，核实广告内容；要按照国家有关规定建立、健全广告业的审查制度，要有熟悉广告法的管理人员和编审人员。对内容不实或证明文件不全的广告主广告经营者不得提供设计、制作、代理服务，广告发布者不得发布。

[①] 《广告审查标准》。

根据《广告法》的规定，利用广播、电影、电视、报纸、期刊以及其他媒介发布药品、医疗器械、农药、兽药等商品的广告和法律、行政法规规定应当进行审查的其他广告，必须在发布前依照相关法律、行政法规由有关行政主管部门对广告内容进行审查，未经审查，不得发布。[①]

1. 广告主体资格的审查

《广告经营许可证管理办法》第 2 条规定，广播电台、电视报刊出版单位，事业单位，法律、行政法规规定应进行广告经营审批登记的单位，领取广经营许可证后，方可从事相应的广告经营活动。广告审查机关首先要求广告主提交营业执照和其他生产、经营资格的证明文件。这也是审查广告主是否是合法组织、有无与其广告相关的权利能力和行为能力。广告是否合法必须以广告主的合法资格为前提和条件。只有当广告拥有经国家工商行政管理机关核准登记的拥有生产、经营某种商品、提供某种服务的营业执照，并根据自己要求发布的广告提供其与营业执照上核定的生产、经营范围相一致的证明后，广告审查机关对广告主的主体资格的审查才算完成。

2. 广告内容和表现形式的审查

主要是审查广告内容与客观事实是否相符、有无虚构和隐瞒真相，尤其是对一些涉及质量标准的和一时难以证明广告内容真实性的商业广告，还要求出示由质量检验机构对广告中有关商品质量内容所出具的证明文件和确认广告内容真实性的其他证明文件。除了对广告内容真实性审查之外，还要对表现广告内容的文字、画面、声音等广告表现形式进行审查，以保证广告表现形式与广告内容相符且真实。

> 根据《广告法》，广告主自行或者委托他人设计、制作、发布广告，应当具有或者提供真实、合法、有效的下列文件证明：营业执照和其他生产、经营资格的证明文件；质量检验机构对广告中有关商品质量内容出具的证明文件；确认广告内容真实性的其他证明文件。

3. 广告审查的程序

(1) 承接登记。广告审查机关接受广告主提出的广告审查申请时，

[①] 《广告法》。

首先要进行登记，对广告主的一些基本情况，如姓名、地址、广告内容及其表现形式，进行登记，并按照广告法规的相关规定，向广告主收取广告主主体资格证明和广告内容及其表现形式真实性的证明材料。

（2）审查人员初审。完成承接登记后，广告审查人员开始初审工作，把广告内容及其表现形式与广告主所提供的各种证明文件或材料一一进行对照，按照广告法规进行全面审查。审查完成后，广告审查人员应提出初审意见，交复审人员进行复审。

（3）广告业务负责人复审。初审完成后，广告业务负责人应对广告审查人员的初审意见进行复审，并根据复审结果提出复审意见。根据复审意见，决定是否准许进行该广告的代理或发布。

（4）建立审查档案。广告审查完成后，有关承接登记、初审、复审全部过程的记录材料应进行归档，以备查验。

> 对于未查验证明、核实内容的广告经营者、广告发布者，视其情节予以通报批评、没收非法所得、处以 3000 元以下罚款；由此造成虚假广告的，必须负责发布更正广告；给用户和消费者造成损害的，承担连带赔偿责任。

（二）市场准入制度

关于市场准入的规定主要体现在《广告管理暂行条例》中，《广告管理暂行条例》规定：

> 专营广告的广告公司和兼营或者代理广告业务的企业、事业单位，必须按照工商企业登记管理条例规定，申请登记领取营业执照。承办外商广告的单位，必须经省、自治区、直辖市以上进出口管理委员会审查同意。私人不得经营广告业务。

从法律规范本身可以看出，广告监管部门鼓励国有和集体所有制广告企业发展，对外商投资企业和私营广告企业则有严格限制。《广告管理条例》第 6 条规定：

> 允许个体工商户经营广告业务，但经营广告业务的单位和个体工

商户，应当向工商行政管理机关申请，分别办理审批登记手续：（一）专营广告业务的企业，发给《企业法人营业支招》；（二）兼营广告业务和事业单位，发给"广告经营许可证"；（三）具备经营广告业务能力的个体工商户，发给"营业执照"；（四）兼营广告业务的企业，应当办理经营范围变更登记。

关于成立广告公司的注册资金，《企业法人登记管理条例施行细则》规定：

> 广告设计和制作企业注册资本不低于10万元，个体工商户注册资本不低于3万元。《广告经营者、广告发布者资质标准及广告经营范围核定用语规范》规定成立综合型广告企业，注册资本不少于50万元。

（三）资本准入制度

自改革开放以来，一方面，政府从法律层面逐渐降低了对私营广告公司和外资广告公司的进入壁垒。《广告管理暂行条例》规定：

> 专营广告的广告公司和兼营或者代理广告业务的企事业单位，必须按照《中华人民共和国工商企业登记管理条例》规定，申请登记，领取营业执照。承办外商广告的单位，必须经省、自治区、直辖市以上进出口管理委员会审查同意。私人不得经营广告业务。

《关于设立外商投资广告企业的若干规定》规定了外商投资广告企业注册资本、年经营额以及客户数量：

> 外商投资广告企业，注册资本不得低于30万美元，设立分支机构，注册资本全部缴清，年营业额不低于2000万元人民币，必须拥有至少3个固定广告客户。

《广告经营者、广告发布者资质标准及广告经营范围核定用语规范》规定：综合型的广告企业，注册资金不少于50万元。对外资广告公司逐渐降低进入壁垒。《外商投资广告企业管理规定》对广告客户数量不再作要求。关于执行了《〈关于设立外商投资广告企业的若干规定〉有关问题的通知》提出外商投资广告企业必须中方控股。《外商投资广告企业管理规定》允许外资拥有中外合营广告企业多数股权但股权比例最高不超过70%。从一系列的法律、法规可以看出，对外资进入我国的广告产业，进入门槛逐步降低。

（四）税收制度

广告业作为服务业，但和其他服务业的税率相同费率不同，税费负担不平衡，给广告业企业的经营以及税收征管都带来一定难度。相对于其他服务业，广告经营企业除了涉及营业税、城市维护建设税、教育费附加和企业所得税等外，还要缴纳文化事业建设费。根据1997年颁布的《文化事业建设费征收管理暂行办法》的规定，在中华人民共和国境内依照《中华人民共和国营业税暂行条例》的规定缴纳娱乐业、广告业营业税的单位和个人，为文化事业建设费的缴纳义务人，应当依照本办法的规定缴纳文化事业建设费，文化事业建设税的税率为3%。对于竞争日益激烈的广告企业，3%的支出大大增加了企业的成本，导致纳税人出于利益驱动的本能，在申报纳税时尽量往免征"文化事业建设费"的项目靠，但税收征管机关因为不能事无巨细的监管企业的日常经营，对于企业的项目无法全面监控，在税收管征上造成难度。

2001年初开始实施的《企业所得税税前扣除法》，把企业每年度可在税前扣除的广告费用支出限制在销售额的2%以内。2001年8月13日，国家税务局公布，对制药、食品、日化、家电、通信等与百姓生活密切相关的企业，放宽了广告支出限制：

允许在销售（营业）收入8%的比例内据实扣除广告支出；对高新技术企业、风险投资企业，允许5个纳税年度内广告支出据实扣除。此外，允许高新技术企业、风险投资企业及需要提升地位的新生成长型企业，在拓展市场的特殊时期，广告支出可据实扣除或适当提高扣除比例。

广告公司的营业收入很大一部分来自于企业投放广告的代理费用，原来需要经常与消费者见面的广告投放大户受法律政策掣肘，企业广告投放下降，使得广告公司普遍经营困难，一些小型广告公司更是难以维继。这一举措更加符合市场规律，有助于支持国内重点企业以及广告行业的迅速健康发展，广告支出限额的"放"，会为整个广告行业的发展带来不少机会。

五 对广告产业立法和监管制度的思考

从立法层次上看，我国广告产业立法多为部门规章，由于部门规章法律效力较低，而且从法理上说，部门规章更偏向于政府的抽象行政行为，因此从整体上说，广告法的法律效力不高。更为重要的是，这种宪法、法律、行政法规、部门规章、地方性法规的金字塔结构的广告法律规范体系，在一定程度上折射了广告管理的政府权力主导特征。

从立法程序上看，广告产业立法并未做到充分尊重广告业、广告业从业者的权利与意见。例如《广告法》自颁布以来，经历了两次修改，但其中很少有对产业起促进作用的激励性条款，更多的是对广告内容的规范和限制，以至于此法一出，修法呼声旋即出现工商行政管理部门力主修订《广告法》，但由于工商行政管理部门在修订的过程中依旧强调监管部门的责任和义务，或者说广告市场主体的合法权利，始终被有意或无意地回避[①]，出现政府（行政）权力压缩广告产业其他合法权利，出现权力的失衡。

从立法内容上看，我国的广告审查侧重于对广告行为规范和广告内容的审查，过于依赖外部监管。从法律规范中可以看出，无论何种形式的广告审查，其设计目的就是在源头上对广告内容的真实性进行把关，在广告发布前能做到防患于未然，以实现事先预防虚假广告。而广告产业要想真正获得自由发展，在行为规范和所发布的内容方面应主要依赖企业的社会责任和商业道德而进行的自律措施。

第三节 旅游产业立法与监管制度

一 旅游及旅游产业

德国的蒙根·罗德认为，旅游的狭义的理解是那些暂时离开自己的驻

---

① 徐卫华：《论广告法的修订应该缓行》，《时代经济论坛》2008年第3期。

地，为了满足生活和文化的需要，而作为经济和文化商品的消费者逗留在异地的人的交往。也就是说旅游是一种社会交往活动。美国的伯特·麦金托什认为旅游可定义为在吸引和接待旅游及其访问者的过程中，由于游客、旅游企业、东道政府以及当地居民的相互作用产生的各种现象和关系的总和。我国经济学家于光远将旅游定义为现在社会中居民的一种短期性的特殊生活方式，这种生活方式的特点是：异地性、业余性和享受性。

旅游业，通常是指凭借旅游资源和设施，直接或间接从事招揽、接待旅游者，为其提供交通、游览、住宿、餐饮、购物、娱乐信息等服务的综合性产业。[①] 就其性质而言，旅游是一种社会经济和文化活动，反映了人们对社会文化的需求与社会满足这种需求的关系。旅游也是一项对地区经济、文化、环境等有重要推动意义的产业。随着我国经济的快速发展和人民生活水平的提高，旅游消费的需求进一步加大，旅游业进入了快速发展的阶段。旅游业的发展对于提高当地居民的精神文化生活水平、保存和发扬当地特有的文化、促进地区间的文化交流、达到共同进步起到积极的作用。由于旅游业是一个跨部门多、牵涉面广、受制约因素多的产业，它的社会地位和作用的重要性、与其他行业间关系的复杂性等决定了必须对其进行规范，规范和整顿旅游市场，促使旅游业健康发展，促进旅游产业和文化产业的互动发展，推动我国整个国民经济和社会的良性运行。

旅游产业作为一个直接为人服务的行业，与人们生活水平也有直接的关系。旅游产业的定位过程，也是不断深化的旅游业和经济社会关系的一个认识过程。从旅游业四十年的发展中可以真切感受到整个社会需求提升带来的生活观念、生活水平、生活方式的各种改变。伴随着改革开放和经济社会的发展进程，我国旅游业的发展大致经历了四个阶段。

（一）初创阶段（1979—1986）

1979年，国家提出要大力发展旅游事业。国家第一个关于旅游业发展的战略性文件《国务院关于加强旅游工作的决定》（1981年国务院80号文件）提出了旅游业的发展目标，首先旅游事业在我国既是经济事业的一部分，又是外事工作的一部分，旅游业发展要政治经济双丰收，这是用以确定旅游业"中国式道路"特征的定位；其次是把旅游放在经济领域中，认为旅游事业是一项综合性事业，是国民经济的一个组成部分，是关

[①] 参见韩玉灵《旅游法教程》，高等教育出版社2010年版，第3—4页。

系国计民生的一项不可缺少的事业,这是第一次关于旅游产业重要性的精准定位,为旅游产业后来的发展奠定了基础。

(二) 产业化进程阶段(1986—1998)

这个阶段从 1986 年国民经济"七五"计划到 1998 年 12 月,中央经济工作会议把旅游业明确为国民经济新的增长点。1986 年,旅游业发展规划纳入国家第七个国民经济发展计划,旅游产业成为国民经济的重要组成部分,开始了产业化进程。旅游业产业化进程和国家 20 世纪 90 年代开始的扩大内需和经济结构转型同轨同频同行。随着 1992 年国家市场机制的建立,旅游产业在国民经济发展中承担更大的责任,开启产业化、市场化发展进程。

(三) 市场进程深入阶段(1998—2009)

从 1998 年到 2009 年,节假日制度的推出带动了普通民众旅游风生水起,旅游市场的繁荣兴旺。在国家整体转型继续深入推进经济结构转型的大背景下,为充分发挥旅游业在保增长、扩内需、调结构等方面的积极作用,2009 年国务院《加快发展旅游业的意见》(国发〔2009〕41 号)提出,把旅游业培育成为国民经济的战略性支柱产业和人民群众更加满意的现代服务业,之后《中华人民共和国旅游法》颁布,第一部《国民休闲纲要》出台,推动旅游业在国民生活中发挥更重要的作用。

(四) 全面融入国家战略阶段(2010 年至今)

党的十八大以来,按照国家《关于促进旅游业改革发展的若干意见》(国发〔2014〕31 号),旅游业以主动与新型工业化、信息化、城镇化和农业现代化相结合的更大格局,以对经济社会文化生态多方协同的改革精神,全面融入国家战略体系,在推动旅游+、大旅游、全域旅游、智慧旅游的过程中,转型升级形成了新格局。其中,全域旅游不仅是符合现代旅游产业规律的发展要求,而且是促进经济社会统筹推进和协调发展的重要载体。

二 旅游产业法律规范体系

我国有两种法律规范在同时调整旅游社会关系:其一是新中国成立以来尤其是改革开放以来由国家制定的各种一般性法律和法规,如《合同法》《民法》《反不正当竞争法》《文物保护法》《环境保护法》《行政许可法》等。由于旅游活动就其本质而言属于民事活动,所以要像大多数行业一样遵守上述一般性法律和法规；其二是旅游业专门的法律法规，如《旅游法》《旅行社管理条例》《导游人员管理条例》《旅游饭店行业规范》《风景名胜区管理暂行规定》等。它们的制定，体现了旅游业的固有规律，起到了一般性法律难以起到的作用，使旅游立法更具有针对性。

2001 年，国家旅游局颁布《导游人员管理条例》，并规定：

在中华人民共和国境内从事导游活动，必须取得导游证。取得导游人员资格证书的，经与旅行社订立劳动合同火灾导游服务公司登记，方可持所订立的劳动合同或证明材料申请领取导游证。

2009 年，国务院颁布《旅行社管理条例》，提出：

本条例所称旅行社，是指从事招徕、组织、接待旅游者等活动，为旅游者提供相关旅游服务，开展国内旅游业务、入境旅游业务或者出境旅游业务的企业法人。并对旅行社的设立、经营、变更、外资准入及其承担的法律责任等做出了明确规定。

2013 年，第十二届全国人大第二次会议通过《旅游法》，这是专门规范旅游活动的基本法，在我国境内和境内组织到境外的游览、度假、休闲等形式的旅游活动以及为旅游活动提供相关服务的经营活动，都适用该法。在本法中，对旅游产业的地位、旅游者的基本权利和义务、旅游经营管理、服务合同等都进行了相应的规定。

2018 年 3 月，国家旅游局颁布《旅游行政许可办法》（中华人民共和国国家旅游局令第 46 号），规定了旅游许可制的基本条件和申请程序，并规定：

旅游主管部门应当建立健全旅游行政许可监督检查制度，采取定期或者不定期抽查等方式，对许可实施情况进行监督检查，及时纠正行政许可实施中的违法行为。

2018 年 12 月颁布的《国家级文化生态保护区管理办法》提出：

国家级文化生态保护区建设管理机构应当根据非物质文化遗产各个项目、文化遗产与人文和自然环境之间的关联性，依照确定的保护区域范围、重点区域和重要场所保护清单，制定落实保护办法和行动计划。

2019年3月，文化和旅游部制定了《国家全域旅游示范区验收、认定和管理实施办法（试行）》和《国家全域旅游示范区验收标准（试行）》。国家建立全域旅游产业运行监测平台，对示范区和创建单位旅游产业运行情况进行动态监管。

2019年5月，文化和旅游部颁发《文化和旅游规划管理办法》，要求政策法规司制定指导全国文化和旅游工作的总体规划，以作为其他各类规划的重要依据，并协助各地方做好专项规划。

三 旅游产业监管制度

（一）旅游产业监管主体

《旅游法》规定：

国务院对全国旅游业发展进行综合协调。县级以上地方人民政府应当加强对旅游工作的组织和领导，明确相关部门或者机构，对本行政区域的旅游业发展和监督管理进行统筹协调。

县级以上人民政府旅游主管部门和有关部门依照本法和有关法律、法规的规定，在各自职责范围内对旅游市场实施监督管理。县级以上人民政府应当组织旅游主管部门、有关主管部门和市场监督管理、交通等执法部门对相关旅游经营行为实施监督检查。

（二）旅游产业行业准入

在资质条件方面，《旅游法》规定：

设立旅行社，招徕、组织、接待旅游者，为其提供旅游服务，应当具备下列条件，取得旅游主管部门的许可，依法办理工商登记：有固定的经营场所；有必要的营业设施；有符合规定的注册资本；有必要的经营管理人员和导游；法律、行政法规规定的其他条件。

申请经营国内旅游业务和入境旅游业务的,应当取得企业法人资格,并且注册资本不少于30万元。申请经营国内旅游业务和入境旅游业务的,应当向所在地省、自治区、直辖市旅游行政管理部门或者其委托的设区的市级旅游行政管理部门提出申请,并提交符合本条例第六条规定的相关证明文件。

在资本准入方面,《旅游法》规定:

外商投资旅行社,包括中外合资经营旅行社、中外合作经营旅行社和外资旅行社。外商投资企业申请经营旅行社业务,应当向所在地省、自治区、直辖市旅游行政管理部门提出申请,并提交符合本条例第六条规定条件的相关证明文件。省、自治区、直辖市旅游行政管理部门应当自受理申请之日起30个工作日内审查完毕。予以许可的,颁发旅行社业务经营许可证;不予许可的,书面通知申请人并说明理由。

设立外商投资旅行社,还应当遵守有关外商投资的法律、法规。外商投资旅行社不得经营中国内地居民出国旅游业务以及赴香港特别行政区、澳门特别行政区和台湾地区旅游的业务,但是国务院决定或者我国签署的自由贸易协定和内地与香港、澳门关于建立更紧密经贸关系的安排另有规定的除外。

(三)旅游产业审批、许可、登记、备案制
根据《旅游法》:

旅行社可以经营的业务包括:境内旅游;出境旅游;边境旅游;入境旅游;其他旅游业务。旅行社经营第二项和第三项业务,应当取得相应的业务经营许可。旅行社不得出租、出借旅行社业务经营许可证,或者以其他形式非法转让旅行社业务经营许可。

《旅行社管理条例》规定:

旅行社取得经营许可满两年,且未因侵害旅游者合法权益受到行政机关罚款以上处罚的，可以申请经营出境旅游业务。

申请经营出境旅游业务的，应当向国务院旅游行政主管部门或者其委托的省自治区、直辖市旅游行政管理部门提出申请，受理申请的旅游行政管理部门应当自受理申请之日起20个工作日内作出许可或者不予许可的决定。予以许可的，向申请人换发旅行社业务经营许可证；不予许可的，书面通知申请人并说明理由。

旅行社设立分社的，应当向分社所在地的工商行政管理部门办理设立登记，并自设立登记之日起3个工作日内向分社所在地的旅游行政管理部门备案。

根据《旅游行政许可办法》：

旅游行政许可由旅游主管部门或者具有旅游行政许可权的其他行政机关在其法定职权范围内实施。旅游主管部门内设机构和派出机构不得以自己的名义实施行政许可。

旅游主管部门可以在其法定职权范围内委托具有权限的下级旅游主管部门实施行政许可，并应当将受委托的旅游主管部门和委托实施的旅游行政许可事项予以公告。委托的旅游主管部门对委托行为的后果，依法承担法律责任。受委托的旅游主管部门在委托范围内，以委托的旅游主管部门名义实施行政许可，不得转委托。

（四）法律责任

《旅游法》第95条规定：

未经许可经营旅行社业务的，由旅游主管部门或者市场监督管理部门责令改正，没收违法所得，并处一万元以上十万元以下罚款；违法所得十万元以上的，并处违法所得一倍以上五倍以下罚款；对有关责任人员，处二千元以上二万元以下罚款。

旅行社未经许可经营本法第29条第一款第二项、第三项业务，或者出租、出借旅行社业务经营许可证，或者以其他方式非法转让旅行社业务经营许可的，除依照前款规定处罚外，并责令停业整顿；情节严重的，吊销旅行社业务经营许可证；对直接负责的主管人员，处二千元以上二万元以下罚款。

四 对旅游产业立法和监管的思考

我国旅游产业立法存在的主要问题是立法层次低，缺乏权威性。我国现行的旅游法律规范包括法律、行政法规和部门规章等，这些法律、行政法规和部门规章，主要涉及旅行社、导游和出入境方面，还有些涉及旅客运输损害赔偿方面的法规。我国旅游业的专门法规都是由国家旅游局（现为中华人民共和国文化和旅游部）或地方旅游管理机构颁布，有的法规甚至并不是专门为旅游业而颁布的，在适用上有一定的局限性。甚至有些法规很不协调，跟不上我国旅游业发展的步伐。这与我国旅游业长远的发展目标也并不相符。例如在饭店方面，国家旅游局在2006年第10号公告称，将《绿色旅游饭店》定位我国旅游饭店业的行业标准。这和我国现有的《旅游涉外饭店星级划分及评定》构成了旅游饭店的立法基础。虽然我国已经制定可一些规章制度，但这些规章制度的里层层次比较低，内容比较片面，不能更好地规范饭店在经营管理中出现的问题。随着旅游业的发展，缺乏专门的法律，使得我们已经无法面对繁荣的旅游业及其周边产业所带来的各种各样的纠纷和管理问题。

旅游产业的立法中缺乏的重要内容是对传统文化如何保护和传承的问题。文化是不可再生资源，对其进行长期有效的规划保护能使其价值达到最大化呈现。例如对古镇要进行长期有效的规划保护，如对建筑层高、外观、风貌、特色进行一定的限制，使其处于严格控制之中，对其有效性保护与合理性的利用可以最大限度地减少对古建风貌的破坏，这些在立法中体现较少，是今后立法者在立法时需要考虑的重要问题。

第四篇
地方和域外文化产业立法研究

第十二章

地方文化产业立法

  我国是一个多民族共存、多元文化共同发展的国家，文化产业发展呈现出了明显的地域差异。经济发展迅速的一线城市，往往依托经济、技术和人才队伍，着力创新和发展文化产业的新兴业态，在文化产业地方立法上表现出来的特征是公共文化服务、财政扶持、新兴文化产业类型方面的规范比较超前和详细；而一些文化旅游名城依托的是自然资源或者本地特色传统文化，产业立法侧重于保护自然资源或者发扬传统文化，在保护民族文化遗产、文化旅游融合、传统文化发扬和继承方面的规范和支持手段更为丰富。统筹考虑全国各地方的文化产业立法的现状，把握我国地方文化立法实践现状，可以为国家层面的文化立法提供基础性的支撑。

  由于文化内涵的丰富深厚，文化产业的涵盖范围极为广泛，涉及多行业、多环节、多种类文化要素。在这种要素多元性的情况下，为全国文化产业的发展提供法制保障，文化产业促进法将具有一定的普适性，目前发布的草案确定在创作生产、文化企业、文化市场三个环节发力，在人才、科技、金融财税等方面予以支持。在各地经济、文化、财政实力等方面有一定差距的现实情况下，为了使全国各地方都能够享受到未来促进法的保驾护航，产业立法要配套相应的地方立法和政策，才能使法条落地，给文化产业更强、更快的推动力。均衡考虑地方立法与政策的优越和不足，可以增强国家文化产业立法的实践意义，使国家立法与地方立法能够承上启下、法律和政策起到相辅相成的作用。

  由于我国在文化产业促进方面的上位法缺失，在文化产业飞速发展的这 20 年间，为了消除产业发展的障碍，给文化产业增添活力，国务院不断针对文化产业领域出台支持与促进政策，给文化产业的发展带来了巨大的动力。地方政府以中央的政策精神和原则为核心，结合自身的发展优势和发展程度，因地制宜，与时俱进地制定和落实具体可行的地方性文化产业促进措施。在政策先行的情况下，文化市场、文化产品、文化企业、人才引进、投融资等方面具备了具体的运行机制来落实和保障，有地方性的《文化产业专用发展资金管理使用办法》《文化产业投资管理办法》《文化产业从业人员培训管理办法》等政策基础的铺垫，地方立法与政策为未来文化产业立法的实施和执行做足了准备。

　　文化产业立法有着明显的地域差异性、要素多元性、政策先行性的特点，为了将地方经验吸收到我国文化立法中，使得文化产业全方位、多层面均能得到促进，加快政策法律化的进程，应当对我国现行的地方文化产业促进政策进行剖析研究。本章主要围绕地方文化产业立法与政策，首先，通过对全国文化产业地方性立法政策的历程进行整体梳理，了解我国地方在支持与促进文化产业发展上的立法情况，在过去20年地方立法政策的成果之上开拓创新，继往开来。其次，以产业发展较为领先的北京市、上海市、江苏省、湖南省和深圳市为研究标本，分析归纳文化产业发展较好的各地方立法与支持政策的特点、优势与不足。最后，总结地方在鼓励与促进文化产业发展方面的立法经验，为国家层面的《文化产业促进法》的出台和相关行政法规、规章的完善奠定一定的基础。

　　地方文化产业立法政策对《文化产业促进法》具有重要的启示意义。经过20年的地方文化产业政策的积淀，在如何促进产业发展的立法问题上，地方立法提供了宝贵的经验。从产业发展程度高、见效快、成果多的城市促进政策中，可以发现，刨除阻碍产业发展的痼疾，加大财税投入、拓宽融资渠道、扩大奖励机制等措施才能对文化产业起到真正的促进和引导作用。尤其是在产业发展的源头上解决问题，针对中小型文化企业的投融资，可以结合奖励机制，解决投资风险大、效益低的根本性问题，鼓励多机构、多行业、多方式参与到文化企业的资本运营。资本市场的顺畅流通，才能给产业带来源源不断的活力。

第一节　地方文化产业立法政策发展脉络

　　地方文化产业的立法依据主要是宪法、法律、行政法规和中央政策。目前为止，全国各地在促进文化产业发展的综合立法上，地方性法规总计两部：2009年1月1日实施、2019年8月22日进行修订的《深圳市文化产业促进条例》；2009年5月1日实施的《太原市促进文化产业发展条例》。地方在促进文化产业发展上，主要以国务院的各项促进政策为立法依据，制定了丰富的地方文化产业支持政策。以中央政策发布时间为横轴，地方文化产业扶持政策数量为纵轴，可以形成一条基本走势不断向上的条形图。根据中央政策发布的时间，笔者尝试对地方促进政策进行阶段性地划分：2000 年国务院发布《关于支持文化事业发展若干经济政策》[1]至 2008 年，为地方政策的成长期；2009 年国务院发布《文化产业振兴规划》到 2013 年，为地方政策的突破期；2014 年国务院办公厅发布《文化体制改革中经营性文化事业单位转制为企业和进一步支持文化企业发展两个规定（2014）》[2] 至 2018 年再次发布两个规定[3]，为地方文化产业促进立法的稳定发展期。以时间为导航，下文依次对我国地方上在文化产业方面的促进立法和扶持政策进行梳理总结。

一　2000 年至 2008 年：成长期

1996 年 9 月 5 日，国务院发布了《国务院关于进一步完善文化经济政策的若干规定》。[4] 文件表明了中央对发展文化产业的决心和信心，指明了在经济上扶持文化产业的四项措施：一、开征文化事业建设费；二、鼓励对文化事业的捐赠；三、继续实行财税优惠政策；四、建立健全专项资金制度。除了加大财政投入力度外，也透露出了支持手段将向着拓宽资金投入渠道的方向发展，目标是形成符合市场经济要求的筹资机制和多渠道投入体制。2000 年 3 月 9 日，陕西省文化厅发布了《加快发展我省文化产业的意见》[5]，作为地方文化产业第一个省级支持政策，明确将加快发展文化产业作为文化工作的一个重点来抓，要求各级文化部门制订发展规划，落实文化产业政策。

---

[1] 国务院：《关于支持文化事业发展若干经济政策的通知》，2000 年 12 月 18 日，国发〔2000〕41 号。

[2] 国务院办公厅：《关于印发文化体制改革中经营性文化事业单位转制为企业和进一步支持文化企业发展两个规定的通知》，2014 年 4 月 17 日，国办发〔2014〕15 号。

[3] 国务院办公厅：《关于印发文化体制改革中经营性文化事业单位转制为企业和进一步支持文化企业发展两个规定的通知》，2018 年 12 月 18 日，国办发〔2018〕124 号。

[4] 国务院：《关于进一步完善文化经济政策的若干规定》，1996 年 9 月 5 日，国发〔1996〕37 号。

[5] 陕西省文化厅：《关于加快发展我省文化产业的意见》，2000 年 3 月 9 日，陕文发〔2000〕4 号。

2000年12月18日，国务院发布了《关于支持文化事业发展若干经济政策的通知》①。在之前的文化经济政策基础之上加大了财政支持，细化了文化事业建设费、出版物增值税先征后退的规定，实行电影事业免征增值税、营业税等五项经济政策，并提出完善"宣传文化发展专项资金""优秀剧（节）目创作演出专项资金""国家电影事业发展专项资金""电影精品专项资金"和"出版发展专项资金"等专项资金制度。为落实上述政策，地方开始加强制定本地文化产业发展相关促进政策。如表所示：

表4-12-1　地方文化产业发展相关促进政策（2001—2003年）

时间	文件
2001年3月25日	湖南省《关于加快文化产业发展若干政策措施的意见》
2001年8月11日	浙江省杭州市《关于加快文化产业发展若干经济政策的意见》
2001年12月31日	安徽省《关于继续支持文化事业促进文化产业发展若干经济政策》
2002年9月3日	西藏自治区《关于加快发展我区文化产业的若干意见》
2003年7月31日	河北省唐山市人民政府《关于大力发展文化事业和文化产业的若干意见》
2003年8月26日	内蒙古自治区《关于支持文化事业和文化产业发展若干政策》

2001年3月25日，湖南省委省政府发布了《关于加快文化产业发展若干政策措施的意见》②，领先全国各地对鼓励地方文化产业发展制定了一套较为完善的促进机制：推行建立多元化的文化产业投入机制，实行税收、土地、文化产业项目建设方面的扶持政策，文体娱乐场所与工商企业实行同价政策，支持文化产业加大技术研究开发力度，鼓励文化产业单位拓展境外市场。紧接着，杭州市、安徽省等地连续推行地方文化产业发展政策，主要的支持手段包括以下几个方面：第一，加大财政的投入力度，并且要求逐年增加资金投入。第二，税收优惠政策，比如杭州市文化单位的电子设备年折旧率可达到20%。第三，融资投资政策，财政给予一定的贷款贴息，贴息资金列入政府年度财政预算。第四，各地结合自身产业发展特色，提出重点扶持的文化产业类型，形成以重点文化产业为主导，相关产业联动发展的格局。比如，杭州市政策表明把文化旅游、文体娱

---

① 国务院：《关于支持文化事业发展若干经济政策的通知》，2000年12月18日，国发〔2000〕41号。

② 中共湖南省委、湖南省人民政府：《关于加快文化产业发展若干政策措施的意见》，2002年3月25日，湘发〔2002〕4号。

乐、现代传媒、教育培训和艺术品这五个行业作为优先发展的文化产业，而西藏自治区把文化旅游、文化娱乐、文艺演出、影视音像、艺术培训和艺术品等作为优先发展的文化产业，内蒙古自治区则重点扶持影视业、演艺业、出版业、传媒业、展览业。第五，加快文化体制改革，加大对国有文化事业单位改革力度。非营利性机构继续保留事业单位的性质，可以得到财政重点支持。而经营性文化事业单位则进行企业化改造，走市场化道路，将自负盈亏。第六，鼓励社会力量兴办文化产业，形成多元化投资机制。为了建立起文化产业的投融资体制，鼓励社会参与建立文化发展基金，设立文化投资公司。第七，建立和完善人才激励制度，可以将文化品牌或者文化科研技术成果等无形资产入股并享受收益分配。

在该阶段，杭州市的促进政策属于全国模范，支持力度较大且支持范围较广，具有较为长远的产业发展计划。优先采取行动推动文化消费，积极培育文化市场。大力发展文化中介机构，完善文化经纪人制度。并且，积极推动文化产业与信息产业的结合，加快信息港基础设施建设，积极推进"三网合一"步伐，发展传媒网络。

2003年12月31日，国务院发布了《文化体制改革试点中支持文化产业发展和经营性文化事业单位转制为企业的两个规定》[1]，为推动文化体制改革试点工作，在引导社会资本投资、免征企业所得税、文化产品出口退税、进口关税等若干方面继续丰富财政税收优惠。自此，新闻媒体经营部份允许吸收社会资本，社会资本兴办文化企业可享受国有文化企业同等待遇，投资人以商标、品牌、技术、科研成果等无形资产评估作价出资组建文化企业（作价入股占注册资本的比例不超过40%）。2005年，国务院发布《关于非公有资本进入文化产业的若干决定》[2]以及《中共中央、国务院关于深化文化体制改革的若干意见》[3]，鼓励和支持非公有资本进入政策许可的文化产业领域（排除了《国务院关于非公有资本进入文化产业的若干决定》第8条所涉业务），为文化体制改革输入注入强大的动力，逐渐形

---

[1] 国务院办公厅：《关于印发文化体制改革试点中支持文化产业发展和经营性文化事业单位转制为企业的两个规定的通知》，2003年12月31日，国办发〔2003〕105号。

[2] 国务院：《关于非公有资本进入文化产业的若干决定》，2005年4月13日，国发〔2005〕10号。

[3] 中共中央、国务院：《关于深化文化体制改革的若干意见》，2005年12月23日，中发〔2005〕14号。

成以公有制为主体、多种所有制共同发展的文化产业格局和统一、开放、竞争、有序的现代文化市场体系。上述《决定》和《意见》出台后，全国各地文化产业相关政策与时俱进进行了更新和调整，为地方深入文化体制改革、加快文化领域结构调整、完善文化产业体系做好准备。如表所示：

表4-12-2　　　　地方文化产业发展相关促进政策（2004—2005年）

时间	文件
2004年4月14日	重庆市《文化体制改革试点中支持文化产业发展和经营性文化事业单位转制为企业的两个实施办法（试行）》
2004年4月15日	重庆市《关于积极培育文化市场加快发展文化产业的意见》
2004年5月17日	陕西省文化厅《关于加快非公有制文化产业发展的意见》
2004年10月12日	甘肃省《关于加快和促进文化产业发展的意见》
2005年12月28日	深圳市人民政府印发《关于加快文化产业发展若干经济政策》
2005年2月3日	石林彝族自治县《关于深化文化体制改革、加快文化产业发展的实施意见》
2005年3月22日	杭州市《关于进一步推进杭州大文化产业发展的若干意见》
2005年5月31日	广东省《转发国务院关于非公有资本进入文化产业的若干决定》
2005年6月21日	呼和浩特市《关于贯彻内蒙古自治区人民政府支持文化事业和文化产业发展若干政策的实施意见》
2005年8月25日	青海省转发省文化厅《关于贯彻国务院关于非公有资本进入文化产业的若干决定的意见》
2005年8月26日	九江市《加快文化产业发展若干意见的通知》
2005年11月3日	陕西省《贯彻国务院关于非公有资本进入文化产业若干决定的实施意见》
2005年11月7日	湖南省《关于非公有资本进入文化产业的意见》
2005年11月28日	四川省《关于贯彻文化体制改革试点中支持文化产业发展和经营性文化事业单位转制为企业的规定的意见》

在此期间，地方政策大力扶持文化企业，给予财税优惠，比如重庆市对纳税确有困难的文化企业，可申请减免土地使用税、房产税。而且，积极引导社会资本投入文化产业，对投资兴办文化企业的，在政策许可范围内可以减少行政审批环节，简化审批手续。除此之外，各地方尤其重视技术创新型产业的发展，加大对高新技术促进文化产业相关政策的扶持，鼓励兴办高新技术文化企业。为了能达到深入推进文化产业升级的目标，政策支持中小型文化单位向"专、精、特、新"方向发展，鼓励、引导社会资本投资高新技术文化产业。

2006年，国务院办公厅转发财政部中宣部《关于进一步支持文化事业发展若干经济政策的通知》[1]，继续对宣传文化单位实行增值税优惠政策，对电影发行单位实行营业税优惠政策，并从电影放映收入中提取5%建立"国家电影事业发展专项资金"。2008年10月12日，国务院办公厅发布《文化体制改革中经营性文化事业单位转制为企业和支持文化企业发展两个规定》[2]。自此开始，该项政策成为国务院针对文化产业整体发展的常规促进政策，之后在2014年和2018年又进行了政策更新。在支持文化企业发展的规定中，分别在财税、投融资、资产和土地、工商管理方面给予了政策倾斜。以知识产权等无形资产评估作价出资组建文化企业，非货币财产作价入股占注册资本的比例不超过70%，在之前40%的基础上又有了提升。投融资方面首次提出研究制定著作权、文化品牌等无形资产的评估和质押办法，引导商业银行对文化企业给予贷款支持，鼓励商业银行创新信贷产品，加大信贷支持。在《规定》的引导下，金融机构在文化产业的参与度立竿见影。在地方立法与政策的发布上，江苏省和山东省整体政策完善情况较为领先。江苏省苏南地区各市纷纷响应省政府的鼓励政策，紧跟着发布了地方文化产业促进政策。其中，无锡市的财政支持力度极大：对新入选"全国文化企业30强"的文化企业，给予不超过800万元的一次性奖励。对上一年度综合实力前十强的文化企业，根据新增贡献程度给予最高不超过200万元的奖励。除上述列举，政策提出对经营优秀的文化企业、作出实际投资贡献的文化企业等给予多项高额的财政奖励。除了对文化企业的奖励之外，还积极鼓励原创文化产品生产，对原创影视产品、舞台剧和优秀文化项目等给予最高不超过200万元的一次性奖励，支持文化产业核心技术研发，给予最高不超过100或200万元的配套资助。更重要的是，无锡市政府要求金融管理部门将金融机构对文化企业的支持力度和信贷业绩纳入绩效考核，鼓励金融机构对文化企业提供创新信贷服务。融资担保机构为中小文化企业提供服务的，可以根据担保额获得政府补助。发行中长期债券的文化企业、实现境内外上市的文化企业可以获得费用补贴等财政性支持。可以说，无锡市在引导财政投入、风险投

---

[1] 国务院办公厅：《国务院办公厅转发财政部、中宣部〈关于进一步支持文化事业发展若干经济政策〉的通知》，2006年6月9日，国办发〔2006〕43号。

[2] 国务院办公厅：《关于印发文化体制改革中经营性文化事业单位转制为企业和支持文化企业发展两个规定的通知》，2008年10月12日，国办发〔2008〕114号。

资、信贷和担保服务、企业融资支持方面给予了巨大的实际性优惠。

2006年至2009年1月，文化体制改革初见成效，地方产业立法和政策大大增强了支持力度，积极推动各地文化产业促进措施多管齐下。三年间，全国各地多个省市出台了促进文化产业发展的新政策，总计34部。如表所示：

表4-12-3　　　　地方文化产业发展相关促进政策（2006—2009年）

省级（10部）	地级（24部）
1. 江苏省《关于加快文化事业和产业发展若干经济政策的通知》	1. 南京市《关于加快文化产业发展若干经济政策的意见》
	2. 无锡市《关于加快文化产业发展的实施意见》
	3. 苏州市《关于加快文化事业和文化产业发展若干经济政策的意见》
	4. 常州市《关于加快文化事业和文化产业发展若干经济政策的意见》
	5. 扬州市《关于加快文化事业和文化产业发展若干经济政策的意见》
安徽省	6. 六安市《关于支持和促进我市文化产业发展的意见》
辽宁省	7. 沈阳市《促进文化产业发展若干政策措施》
	8. 朝阳市《促进文化产业发展若干政策意见》
2.《海南省支持文化体制改革和文化事业文化产业发展若干政策》	
山西省	9. 运城市《关于认真贯彻落实十七大精神进一步加快我市文化产业大发展的若干意见》
3. 陕西省《加快发展我省文化产业若干政策措施》	
4. 山东省《关于深化文化体制改革加快文化产业发展的若干政策》	10. 聊城市《促进文化建设加快文化产业发展若干政策》
	11. 青岛市《关于加快文化产业发展若干政策》
	12. 滨州市《关于加快文化产业发展的若干政策》
	13. 烟台市《关于深化文化体制改革加快文化产业发展的若干政策》
	14. 济南市《关于深化文化体制改革加快文化产业发展的若干政策》
	15. 莱芜市《关于深化文化体制改革加快文化产业发展的若干政策》

续表

省级（10部）	地级（24部）
5. 福建省《关于印发福建省非公有资本进入文化产业的若干意见》	16. 厦门市《厦门市促进文化产业发展若干政策》 17. 厦门市《厦门市促进文化产业发展财政扶持政策实施细则》
广东省	18. 广州市《关于继续解放思想深化文化体制改革推动文化事业和文化产业加快发展的决定》
	19. 肇庆市《肇庆市关于进一步扶持文化产业发展的若干配套政策》
	20. 郴州市《关于加快郴州文化事业和文化产业发展的若干意见》
6. 吉林省《支持文化体制改革和文化产业发展若干政策》	21. 长春市《关于促进文化事业及文化产业发展的若干意见》
7. 陕西省《关于金融支持陕西文化产业做大做强的指导意见》	
8. 天津市工商行政管理局《关于支持我市文化体制改革和文化产业发展的意见》	
河北省	22. 张家口市《张家口市推进文化产业发展的若干政策》
河南省	23. 洛阳市《关于文化产业发展和文化体制改革的若干扶持意见》
黑龙江省	24. 哈尔滨市《关于促进群力新区金融商务文化产业建设发展的若干意见》
9. 海南省工商局《关于服务文化体制改革与文化产业发展的若干措施》	
10. 宁夏回族自治区《关于加快文化产业发展若干政策意见》	

二 2009年至2013年：井喷期

2009年9月26日，国务院发布了《文化产业振兴规划》。这是我国第一部文化产业专项规划，标志着文化产业已经上升为国家的战略性产业。此前不久，国务院还发布了《关于进一步繁荣发展少数民族文化事业的若干意见》[1]，提出了许多繁荣发展少数民族文化事业的政策措施。2010年4月1日，《中华人民共和国著作权法》第二次修正后实施。2011年6月1日，《中华人民共和国非物质文化遗产法》正式实施。立法进程

---

[1] 国务院：《关于进一步繁荣发展少数民族文化事业的若干意见》，2009年7月23日，国发〔2009〕29号。

的加速，给文化产业的发展开启了更加繁盛的新时代。各地文化产业立法与政策齐头并进，百花齐放，尤其在金融支持方面形式更加多样化，资本主体也更加丰富。五年共计发布了 55 部地方支持性政策，保持着促进政策发布的速度和质量。如表所示：

表 4 – 12 – 4　　　　地方文化产业发展相关促进政策（2009—2012 年）

省级（22 部）	地级（33 部）
1. 内蒙古自治区《关于进一步促进文化产业发展的若干政策意见》	
2. 福建省《关于进一步推动福建文化产业发展若干政策》 3. 福建省人民政府办公厅转发省委宣传部、中国人民银行福州中心支行、省财政厅《关于金融支持福建省文化产业振兴和发展繁荣实施意见》 4. 福建省对外贸易经济合作厅、福建省委宣传部《关于促进文化产业对外开放的若干政策》	1 南平市《进一步加快推动文化产业发展若干政策》
	2 龙岩市《关于推动龙岩市文化产业发展若干政策》
	3. 泉州市《进一步推动泉州市文化产业发展若干措施》
	漳州市人民政府办公室转发人民银行漳州市中心支行、漳州市文化广电新闻出版局《关于金融支持漳州市文化产业振兴和发展繁荣的指导意见》
	5. 宁德市人民政府《宁德市促进文化产业发展若干意见》
广东省	6. 肇庆市《肇庆市关于把文化产业培植成为支柱性产业的实施意见》
	7. 佛山市《关于加快文化产业发展的若干意见》
	8. 中山市《关于进一步加快文化产业发展的意见》
	9. 惠州市《关于加快我市文化产业发展的若干意见》
	10. 梅州市《关于印发梅州市鼓励扶持文化产业项目发展优惠政策》
	11. 东莞市人《关于加快文化产业发展的若干意见》
5. 湖南省转发省工商局《关于发挥工商行政管理职能促进文化产业发展的若干措施》	12. 株洲市《关于加快文化产业发展的若干意见》
	13. 湘潭市《进一步支持文化事业和文化产业发展的若干政策措施》
	14. 张家界市人民政府办公室转发市工商局《关于支持文化产业发展的若干措施》

续表

省级（22 部）	地级（33 部）
6. 江西省地方税务局《江西省地方税务局关于支持文化产业发展加快建设文化大省若干优惠政策和服务举措》	15. 吉安市人民政府办公室《关于转发市地税局支持现代服务业及文化产业加快发展税收优惠政策和服务措施 50 条》
7. 青海省人民政府办公厅转发省工商局《关于支持文化产业市场主体发展意见》	
8. 安徽省《关于加快文化产业发展的若干政策意见》	
甘肃省	16. 白银市《关于批转金融支持白银市文化产业振兴和发展繁荣实施意见》
	17. 定西市《批转人民银行定西市中心支行关于金融支持全市旅游文化产业做大做强指导意见》
河南省	18.《鹤壁市加快文化事业和文化产业发展若干政策（试行）》
9. 江苏省转发省文化厅等部门《关于金融支持文化产业发展若干意见的通知》 10. 江苏省《关于加快文化产业振兴若干政策》	19. 徐州市《加快文化产业发展推进重大项目建设的实施办法》
	20. 连云港市《关于加快文化产业振兴若干政策》
	21. 宿迁市《关于加快文化产业发展的实施意见》
	22. 南通市《关于加快文化事业和文化产业发展若干政策的意见》
	23. 苏州市《关于加快苏州市文化产业发展若干政策意见》
11. 重庆市工商行政管理局《关于深入贯彻落实十七届六中全会精神助推文化产业大发展大繁荣的实施意见》	
12. 海南省《关于支持文化产业加快发展若干政策》	
吉林省	24. 通化市《支持文化产业发展若干政策》
13. 贵州省《关于振兴文化产业的意见》	
14. 天津市《关于鼓励和支持我市文化产业发展的实施意见》	
15. 陕西省陕西保监局、陕西省文化厅转发保监会、文化部《关于保险业支持文化产业发展有关工作》 16. 陕西省《关于实施项目带动战略促进文化产业发展的意见》	25. 宝鸡市人民政府办公室转发人行宝鸡市中心支行《关于金融支持宝鸡文化产业振兴和发展繁荣指导意见》
	26. 咸阳市《关于实施项目带动战略促进文化产业发展的实施意见》

续表

省级（22 部）	地级（33 部）
17. 广西壮族自治区《关于加快文化产业发展的实施意见》	
18. 山西省文化厅、中国工商银行山西省分行《关于贯彻落实支持文化产业发展战略合作框架协议》	27. 晋城市地方税务局《关于支持文化产业发展税收优惠政策和服务举措》
19. 青海省人民政府办公厅转发省金融办《关于金融支持文化产业发展实施意见的通知》	
20. 山东省委办公厅、省人民政府办公厅印发《关于促进文化产业振兴的意见》	
21. 上海市委宣传部、市金融办、市发展改革委等《上海市金融支持文化产业发展繁荣的实施意见》	
浙江省	28. 湖州市《关于进一步加快文化产业发展的实施意见》
湖北省	29. 荆门市《关于支持文化产业加快发展的意见》
安徽省	30. 合肥市《合肥市支持文化产业发展若干政策（试行）》
四川省	31. 泸州市《关于加快文化产业发展的意见》
广西壮族自治区	32. 南宁市《关于印发南宁市加快文化产业发展的若干政策》
22. 北京市工商行政管理局《支持文化产业创新发展的工作意见》	
黑龙江省	33. 哈尔滨市人民政府办公厅转发市委宣传部、市金融办《关于金融支持文化产业发展的若干意见》

三 2014 年至 2018 年：稳定发展期

这一阶段，是我国文化立法的丰收时期。2017 年，《中华人民共和国电影产业促进法》《中华人民共和国公共文化服务保障法》《中华人民共和国网络安全法》《中华人民共和国国歌法》陆续公布实施，《中华人民共和国文物保护法》进行了修订。2018 年，《中华人民共和国公共图书馆法》颁布。一系列立法成果加强了我国文化产业的健康发展。

2014 年，国务院发布《关于推进文化创意和设计服务与相关产业融合发展的若干意见》①和《关于加快发展对外文化贸易的意见》②。文化产业的促进政策在不断地稳定发展，2014年至2018年，地方上共发布了33部综合性文化产业促进政策。如表所示：

表4-12-5 地方文化产业发展相关促进政策（2014—2018年）

省级（9部）	地级（24部）
1. 河北省《关于推动全省文化产业加快发展的若干意见》	1. 沧州市《关于加快文化产业发展的意见》
2. 山西省《山西省支持文化产业加快发展的若干措施》	2. 朔州市《朔州市加快文化产业发展的若干措施》
陕西省	3. 安康市《关于加快文化产业发展的实施意见》
3. 青海省文化和新闻出版厅《青海省丝绸之路文化产业带发展规划及行动计划（2018—2025）》	
4. 青海省《关于加快发展文化产业的意见》	
5. 甘肃省《甘肃省"十三五"文化产业发展规划》	
江西省	4. 新余市《关于加快文化产业发展的实施意见》
内蒙古自治区	5. 兴安盟行政公署《关于进一步促进全盟文化产业发展的若干政策意见》
	6. 呼和浩特市《关于进一步促进文化产业发展的实施意见》
辽宁省	7. 大连市《关于壮大文化产业的若干意见》
6. 广西壮族自治区文化厅、财政厅《关于促进特色文化产业发展的实施意见》	
河南省	8. 洛阳市《加快我市文化产业发展实施方案》
7. 吉林省《关于金融支持文化产业发展的实施意见》	9. 四平市《关于金融支持文化产业发展的实施意见》
	10. 辽源市《关于金融支持文化产业发展的实施意见》
8. 浙江省《关于进一步推动我省文化产业加快发展的实施意见》	11. 台州市《印发台州市文化产业"十三五"发展规划》
	12. 台州市人民政府批转《关于加快文化产业发展的实施意见》的通知

---

① 国务院：《关于推进文化创意和设计服务与相关产业融合发展的若干意见》，2014年3月14日，国发〔2014〕10号。

② 国务院：《关于加快发展对外文化贸易的意见》，2014年3月3日，国发〔2014〕13号。

续表

省级（9 部）	地级（24 部）
安徽省	13. 合肥市《促进文化产业发展政策实施细则》
湖北省	14. 武汉市《关于加快文化产业创新发展若干政策》
	15. 荆州市《关于加快文化产业发展的若干意见》
	16. 黄冈市《关于推进文化产业突破性发展的意见》
福建省	17. 福州市《关于进一步加快福州市文化产业发展若干政策》
	18. 厦门市《进一步促进文化产业发展补充规定》
9. 山东省《关于加快发展文化产业的意见》	19. 滨州市《关于推动文化产业发展的意见》
	20. 菏泽市《关于促进文化产业发展的实施意见》
	21. 济南市《关于进一步加快文化产业发展的实施意见》
	22. 淄博市《关于进一步加快文化产业发展的实施意见》
	23. 东营市《关于加快发展文化产业的实施意见》
广东省	24. 广州市《关于加快文化产业创新发展的实施意见》

四 现状

2019 年，国务院办公厅发布了《关于进一步激发文化和旅游消费潜力的意见》①。今年截至 9 月 24 日，全国各地共发布了共 9 部综合性文化产业促进政策。省级政府及各部门发布了 3 部 [湖北省《关于加快全省文化产业高质量发展的意见》、江西省《关于进一步支持文化产业发展的若干意见（试行）》、江西省文化厅《关于实施"一县一品"战略发展特色文化产业的指导意见》]，地级市政府及各部门发布了 5 部 [呼和浩特市《关于推进呼和浩特市文化旅游融合发展的实施意见》②、襄阳市《襄

---

① 国务院办公厅：《关于进一步激发文化和旅游消费潜力的意见》，2019 年 8 月 23 日，国办发〔2019〕41 号。

② 呼和浩特市人民政府：《关于推进呼和浩特市文化旅游融合发展的实施意见》，2019 年 4 月 2 日，呼政发〔2019〕14 号。

阳市加快文化产业高质量发展若干政策》①、自贡市《自贡市促进文化创意产业发展若干政策（试行）》②、无锡市《无锡市文化产业高质量发展三年行动计划（2019—2021年）》《关于推动无锡市文化产业高质量发展的若干政策》、武汉市《武汉市文化产业招商引资扶持若干规定》③]，县级发布了1部（北京市大兴区《大兴区促进文化创意产业发展暂行办法》④）。全国各地整体都在促进文化产业发展上有所作为，地方政策稳中求新，在不违反上级政策的范围内给予了各种扶持措施，地方上形成了基本的文化产业促进机制。

第二节 地方文化产业立法政策典型分析

纵观我国文化产业相关政策，采取了纲领性的综合政策规范与分类细化管理相结合的模式，多部门联动的特点日益凸显，涉及如下内容：文化金融、文化旅游、文化科技、文化娱乐（动漫、设计、网络、电影、出版、实体书店）、文化贸易、文化公共服务、知识产权、传统文化保护、对外交流、文化改革。

文化产业相关促进政策特点总结如下：

第一，文化旅游融合趋势明显。各省市地区都将文化旅游产业视为文化产业发展的重要战略，近些年来发布了许多政策促进发挥文化旅游资源、打造文化旅游地方特色品牌，例如《九江市人民政府关于扶持文化旅游产业发展的若干意见》《铜仁地区促进文化旅游产业建设的扶持奖励暂行办法》《中共淄博市委办公厅、淄博市人民政府办公厅关于促进文化旅游产业融合发展的若干政策》《内蒙古自治区人民政府关于推进自治区文化旅游融合发展的实施意见》《呼和浩特市人民政府关于推进呼和浩特市文化旅游融合发展的实施意见》《中共广西壮族自治区委员会、广西壮族自治区人民政府关于加快文化旅游产业高质量发展的意见》等。

---

① 襄阳市人民政府《关于印发襄阳市加快文化产业高质量发展若干政策的通知》，2019年3月25日，襄政发〔2019〕7号。

② 自贡市人民政府：《关于印发〈自贡市促进文化创意产业发展若干政策（试行）〉的通知》，2019年4月9日，自府发〔2019〕4号。

③ 武汉市人民政府：《武汉市文化产业招商引资扶持若干规定》，2019年8月1日，武政规〔2019〕19号。

④ 北京市大兴区人民政府：《大兴区促进文化创意产业发展暂行办法》，2019年4月23日。

第二，积极推动文化创意产业融合发展，数字创意产业、网络文学、文化科技融合热度持续提高。2017年4月，文化部发布首个"数字文化产业"概念的政策文件——《关于推动数字文化产业创新发展的指导意见》，到2020年，数字创意产业将成为产值规模达8万亿元的新支柱产业之一。工信部和财政部1月印发的《关于推进工业文化发展的指导意见》、国务院7月印发的《新一代人工智能发展规划》等均与文化产业密切相关。

第三，注重文物、文化名城、特色小镇、传统文化、传统工艺保护，坚持文化扶贫。各地先后纷纷出台了地方文物保护条例，传统文化保护条例，传统工艺保护办法。特色小镇是实施乡村振兴战略的重要途径，是打赢脱贫攻坚战的重要举措，近些年地方连续出台了建设特设小镇的政策，例如《重庆市人民政府办公厅关于培育发展特色小镇的指导意见》《安徽省国土资源厅关于支持和促进特色小镇建设的意见》《湖北省人民政府办公厅关于印发湖北省特色小镇创建工作实施方案的通知》《武汉生态特色小镇建设市级资金奖补办法》《山东省特色小镇精细规划编制技术要点》《江苏省政府办公厅转发省发展改革委等部门关于规范推进特色小镇和特色小城镇建设实施意见的通知》《云南省人民政府关于加快推进全省特色小镇创建工作的指导意见》《广西特色小镇培育阶段动态评估细则》。

第四，加强文化行业组织建设。2017年5月，中共中央办公厅、国务院办公厅印发《关于加强文化领域行业组织建设的指导意见》，从明确职能定位、做好培育发展工作、加强自身建设、强化规范管理等方面对文化领域行业组织建设提出了具体的要求。有两个文化领域的行业组织走在了改革前列：3月，中共中央办公厅印发《中国文联深化改革方案》，中国文联率先进行改革。5月，中国作协发布了《中共中国作家协会党组关于巡视整改情况的通报》，明确表示，中国作协将从严掌握、严格管理领导干部和企业家入会。

第五，文化公共服务逐渐完善。2015年，国务院推行《国务院办公厅关于推进基层综合性文化服务中心建设的指导意见》。2016年底，我国颁布了《中华人民共和国公共文化服务保障法》。地方上，七省市已出台文化公共服务地方性法规：《广东省公共文化服务促进条例》《上海市社区公共文化服务规定》《江苏省公共文化服务促进条例》《浙江省公共文化服务保障条例》《天津市公共文化服务保障与促进条例》《湖北省公共文化服务保障条例》《陕西省公共文化服务保障条例》。

第六，促进对外贸易和外商投资，鼓励企业交流。我国现行《对外贸易法》第五、六、七条分别规定了平等互利原则，最惠国待遇、国民待遇等待遇，对采取歧视性的禁止、限制或者其他类似措施的反制措施等。近年来，我国文化企业海外投资运营遇到所属国家或地区的一些差别化、歧视性待遇，除采取必要贸易反制措施外，也需要研究适当放开外商在我国投资文化产业的措施。另外，目前我国网络文化领域存在个别境外投资者在我国境内提供文化产品和服务，事实上已突破了现行外资准入许可的现象，从积极扩大开放角度看，宜疏不宜堵。今年 6 月，国家发展改革委、商务部发布《外商投资准入特别管理措施（负面清单）（2018 年版）》和《自由贸易试验区外商投资准入特别管理措施（负面清单）（2018 年版）》，在文化领域，分别取消了禁止外商投资互联网上网服务营业场所的规定；取消演出经纪机构须由中方控股的限制，将设立文艺表演团体由禁止投资改为中方控股，释放了推进开放的积极信号。建议后续结合形势需要，稳妥推出更多开放性举措，进一步激活合理投资需求，扩大我国文化产业发展生态。

政府对文化产业的支持主要通过财政、税收、金融、土地、人才等手段实施，主要表现如下：（1）财政政策主要表现为中央和地方各级财政投入设立的各专项产业发展资金；（2）税收政策主要体现为增值税、企业所得税、个人所得税、营业税等税种的减免等优惠税收政策；（3）金融政策主要包括银行信贷扶持政策、资本市场融资政策、保险支持政策、投资基金政策等；（4）土地政策主要侧重于对文化产业项目、文化产业园区、特殊文化产业主体实施优惠的土地供应和利用政策

立法进程明显加快，各地文化产业发展程度不同，良莠不齐，部分优秀区域先行出台并实行地方的促进条例，对本地文化产业的发展起到了良好的推动作用，可以为《文化产业促进法》的制定和实施提供示范和立法经验。

一 北京市

1. 北京市文化产业立法概述

2006 年，《北京市促进文化创意产业发展的若干政策》开始实施，北

京市文化产业政策制定启动了加速引擎，接下来三年连续发布了《北京市文化创意产业发展专项资金管理办法（试行）》《北京海关支持北京市文化创意产业发展的若干措施》《文化创意产业集聚区基础设施专项资金管理办法（试行）》《北京市文化创意产业贷款贴息管理办法（试行）》《北京市文化创意产业担保资金管理办法（试行）》《北京市文化创意产业创业投资引导基金管理暂行办法》《关于金融支持首都文化创意产业发展的指导意见》《北京市关于支持中国动漫游戏城发展的实施办法（试行）》《北京市关于支持网络游戏产业发展的实施办法（试行）》《北京市关于支持影视动画产业发展的实施办法（试行）》等多项产业促进发展政策。如表所示，北京市在文化产业20年的发展历程中，围绕文化相关产业不断出台利好政策支持文化产业发展。

表4-12-6 北京市文化产业相关立法

	地方法规		
1	北京市非物质文化遗产条例	2019.06.01	北京市人大常委
2	北京市信息化促进条例	2007.12.01	北京市人大常委
3	北京历史文化名城保护条例	2005.05.01	北京市人大常委
4	北京市实施《中华人民共和国文物保护法》办法	2004.10.01	北京市人大常委
5	北京市公园条例	2003.01.01	北京市人大常委
6	北京市图书馆条例	2002.11.01	北京市人大常委
	地方政府规章		
1	北京市文化娱乐场所经营单位安全生产规定	2018.02.12	北京市政府
2	北京市人民政府关于修改《北京市利用文物保护单位拍摄电影、电视管理暂行办法》等26项规章部分条款的决定	2018.02.12	北京市政府
3	北京市利用文物保护单位拍摄电影、电视管理暂行办法	2018.02.12	北京市政府
4	北京市地下文物保护管理办法	2014.03.01	北京市政府
5	北京市文化市场综合行政执法办法	2012.01.01	北京市政府
6	北京天竺综合保税区管理办法	2010.03.01	北京市政府
7	北京市公共服务网络与信息系统安全管理规定	2006.01.01	北京市政府
8	北京市传统工艺美术保护办法	2002.09.10	北京市政府

续表

	地方规范性文件		
1	大兴区促进文化创意产业发展暂行办法	2018.12.20	北京市大兴区人民政府
2	关于推进文化创意产业创新发展的意见	2018.06.21	中共北京市委员会，北京市政府
3	关于促进首都文化金融发展的意见	2018.02.05	北京银监局，北京市文资办
4	关于保护利用老旧厂房拓展文化空间的指导意见	2017.12.31	北京市政府
5	北京城市总体规划（2016年—2035年）	2017.09.29	中共北京市委、北京市人民政府
6	北京市西城区促进出版创意产业园区发展办法	2016.11.01	北京市西城区人民政府
7	北京市"十三五"时期加强全国文化中心建设规划	2016.06.03	北京市人民政府
8	东城区文化创意产业发展专项资金管理办法（试行）	2016.04.07	北京市东城区人民政府
9	北京市文化创意产业发展专项资金项目奖励实施细则（试行）	2016.01.29	北京市国有文化资产监督管理办公室
10	北京市文化创意产业发展专项资金项目补助实施细则（试行）	2016.01.29	北京市国有文化资产监督管理办公室
11	北京市文化创意产业发展专项资金企业项目征集评审管理办法（试行）	2016.01.29	北京市国有文化资产监督管理办公室
12	北京市房山区人民政府办公室关于印发支持小微文化创意企业发展意见	2015.12.22	北京市房山区人民政府
13	北京市推进文化创意和设计服务与相关产业融合发展行动计划（2015—2020年）	2015.04.07	北京市政府
14	北京市人民政府关于促进文化消费的意见	2014.12.30	北京市政府
15	《北京市文化创意产业功能区建设发展规划（2014—2020年）》和《北京市文化创意产业提升规划（2014—2020年）》	2014.05.26	北京市政府
16	关于促进文化与商务融合加快发展新型文化业态的实施意见	2013.12.18	北京市文化局、北京市商务委员会
17	关于进一步鼓励和引导民间资本投资文化创意产业若干政策	2013.10.01	北京市政府
18	北京市顺义区促进文化创意产业发展若干意见	2013.06.01	北京市顺义区人民政府
19	北京市文化创新发展专项资金管理办法（试行）	2012.08.16	北京市财政局

续表

20	北京市金融工作局、中共北京市委宣传部关于印发金融促进首都文化创意产业发展意见	2012.07.17	北京市金融工作局、北京市政府
21	中国人民银行营业管理部关于做好文化金融工作支持北京建设中国特色社会主义先进文化之都的意见	2012.02.27	北京市发展和改革委员会
22	北京市文化创意产业发展专项资金管理办法实施细则	2010.11.20	北京市财政局
23	关于大力推动首都功能核心区文化发展的意见	2010.11.01	中共北京市委
24	北京市文化创意产业创业投资引导基金管理暂行办法	2009.11.01	北京市文化创意产业领导小组
25	关于金融支持首都文化创意产业发展的指导意见	2009.07.03	中国银行业监督管理委员会北京监管局、中国人民银行营业管理部（北京）
26	北京市文化创意产业担保资金管理办法（试行）	2009.04.09	北京市文化创意产业领导小组
27	北京市文化创意产业贷款贴息管理办法（试行）	2008.04.15	北京市文化创意产业领导小组
28	北京市文化创意产业集聚区基础设施专项资金管理办法（试行）	2007.08.29	北京市发展和改革委员会
29	北京海关支持北京市文化创意产业发展的若干措施	2006.12.20	北京海关
30	北京市文化创意产业发展专项资金管理办法（试行）	2006.12.11	北京市财政局
31	北京市促进文化创意产业发展的若干政策	2006.11.07	中共北京市委员会、北京市发展和改革委员会
（一）新闻信息服务			
1	北京市广播电视局关于进一步加强广播电视和网络视听文艺节目管理的实施细则	2018.12.24	北京市广播电视局
2	大兴区促进互联网产业发展暂行办法	2018.12.20	北京市大兴区人民政府
3	北京市新闻出版广电局广播电视公益广告扶持项目评审办法（试行）	2015.03.17	北京市新闻出版广电局
（二）内容创作生产			
1	关于推动北京影视业繁荣发展的实施意见	2019.02.01	中共北京市委员会、北京市政府
2	北京市广播电视局关于进一步加强广播电视和网络视听文艺节目管理的实施细则	2018.12.24	北京市广播电视局

续表

3	北京市实体书店扶持资金管理办法	2018.10.09	北京市新闻出版广电局
4	北京市传统工艺美术保护发展资金管理暂行办法实施细则	2018.06.13	北京市经济和信息化委员会
5	北京市工艺美术大师示范工作室管理暂行办法	2018.06.13	北京市经济和信息化委员会
6	北京影视出版创作基金章程（试行）	2018.04.02	北京影视出版创作基金管理办公室
7	北京市人民政府关于进一步加强文物工作的实施意见	2017.12.31	北京市政府
8	北京市西城区促进出版创意产业园区发展办法	2016.11.01	北京市西城区人民政府
9	北京市博物馆备案管理规定（试行）	2016.01.17	北京市文物局
10	北京工艺美术发展基金管理办法	2015.05.08	北京市财政局、北京市经济和信息化委员会
11	北京市音像电子网络出版物奖励扶持专项资金管理办法（试行）	2014.02.03	北京市财政局、北京市新闻出版局
12	北京市图书出版奖励扶持专项资金管理办法（试行）	2014.01.22	北京市财政局、北京市新闻出版局
13	北京市文物及历史文化保护区专项资金管理办法	2013.10.18	北京市财政局、北京市文物局
14	北京市网络视听节目服务管理办法（试行）	2013.08.16	北京市广播电影电视局
15	北京市原创动漫形象作品专项扶持资金管理办法（试行）	2013.08.05	北京市文化局
16	北京市绿色印刷出版物奖励资金管理办法（试行）	2013.01.06	北京市新闻出版局
17	北京市原创动漫作品扶持办法（试行）	2012.07.25	北京市文化局
18	北京市促进民营美术馆发展的实施办法（试行）	2012.06.04	北京市文化局
19	北京市文物局关于加强北京市文物商店管理的暂行规定（试行）	2010.12.01	北京市文物局
20	北京市关于支持影视动画产业发展的实施办法（试行）	2009.10.14	京文创办发〔2009〕4号
21	北京市人民政府办公厅关于加强本市非物质文化遗产保护工作的意见	2006.01.12	北京市政府
22	北京市文化局关于北京市公共图书馆计算机服务网络管理的规定	2005.01.14	北京市文化局
23	北京市优秀长篇小说创作出版专项资金管理办法	2004.06.01	北京市新闻出版广电局

续表

24	北京市图书馆条例实施办法	2003.05.01	北京市文化局
25	北京市报刊出版引导资金资助项目管理办法	2016	北京市新闻出版广电局
26	北京市提升出版业传播力奖励扶持专项资金管理办法	2016	北京市新闻出版广电局
27	北京市关于支持网络游戏产业发展的实施办法（试行）	2009	北京市文化创意产业领导小组
30	北京市关于支持中国动漫游戏城发展的实施办法（试行）	2006	北京市文化创意产业领导小组
（三）创意设计服务			
1	中关村国家自主创新示范区集成电路设计产业发展资金管理办法	2016.10	北京市中关村科技园区管理委员会、北京市海淀区人民政府
2	北京市推进文化创意和设计服务与相关产业融合发展行动计划（2015—2020年）	2015.04.07	北京市政府
3	北京市设计创新中心认定管理办法（试行）	2013.06.06	北京市科学技术委员会
4	关于促进新区设计产业发展的若干意见	2013.05.30	北京市大兴区人民政府、北京市经济技术开发区管理委员会
5	北京市促进设计产业发展的指导意见	2010.10.12	北京市政府
（四）文化传播渠道			
1	北京市涉外宾馆卫星电视广播地面接收设施接收卫星传送境外电视节目管理规定	2018.02.12	北京市广播电视局、北京市公安局、北京市国家安全局
2	北京市多厅影院建设补贴管理办法	2013.11.26	中共北京市委员会、北京市广播电影电视局
3	北京市社区和农村数字电影管理办法（试行）	2006.06.01	北京市文化局
4	北京市电影放映单位安全管理规范（试行）	2005.03.24	北京市文化局
（五）文化投资运营			
1	北京市文创产业园区认定及规范管理办法	2018.06.20	中共北京市委、北京市人民政府
2	关于加快市级文化创意产业示范园区建设发展的意见	2018.06.20	中共北京市委、北京市人民政府
3	北京市政府核准的投资项目目录（2018年本）	2018.03.21	北京市人民政府
4	北京市人民政府关于扩大对外开放提高利用外资水平的意见	2018.03.15	北京市人民政府

续表

5	北京市西城区人民政府关于印发北京市西城区促进出版创意产业园区发展办法	2016.11.01	北京市西城区人民政府
6	关于进一步鼓励和引导民间资本投资文化创意产业若干政策	2013.10.01	北京市政府
7	北京市工商行政管理局关于支持文化产业创新发展的工作意见	2012.11.19	北京市工商行政管理局
8	北京市文化创意产业集聚区基础设施专项资金管理办法（试行）	2007.08.29	北京市发展和改革委员会
(六) 文化娱乐休闲服务			
1	北京市公园配套建筑及设施使用管理办法（试行）	2015.01.10	北京市园林绿化局
2	北京市公园文化活动管理指导书	2012.10.22	北京市园林绿化局
3	北京市公园管理工作规范	2009.05.15	北京市园林绿化局
4	北京市地方税务局关于京郊农民从事"农家乐"观光旅游服务业税收管理问题的通知	2005.04.11	北京市地方税务局
5	北京市财政局、北京市地方税务局关于调整我市娱乐业营业税税率的通知	2000.02.24	北京市财政局、北京市地方税务局

2014年，北京市牵头制定了《北京市文化创意产业功能区建设发展规划（2014—2020年）》和《北京市文化创意产业提升规划（2014—2020年）》，完成全国首个省级文创产业空间布局规划，首次明确提出了全市文创产业错位发展的空间格局，提出建立"一核、一带、两轴、多中心"的空间格局和"两条主线带动、七大板块支撑"的产业支撑体系，推进文化产业科学布局，避免同质化竞争。牵头制定了《北京市人民政府关于促进文化消费的意见》，为促进首都文化消费持续健康发展发挥重要保障作用。牵头制定《北京市关于推进文化创意和设计服务与相关产业融合发展的行动计划（2015—2020年）》，明确实施十大行动计划及八项保障措施，为推动创意设计向实体经济渗透提供政策支撑。

2015年，北京市《加快发展首都知识产权服务业的实施意见》《关于进一步推动知识产权金融服务工作的意见》等相关政策，为影视剧、图书出版等知识密集型行业提供更好的版权保护和服务。

2016年，北京市紧密结合文化创意产业发展的新形势、新趋势、新任务，从发展内容、发展方式、产业主体、市场拓展、资金支持等多个层面，出台若干政策措施，为产业发展提供助力、保障和规范。围绕传承发展传统文化、满足市民群众精神文化需求，出台《关于支持戏曲传承发展的实施意见》以及《北京市实体书店扶持资金管理办法（试行）》《北京市实体书店扶持项目管理规定（试行）》《北京市实体书店扶持项目评审细则（试行）》等政策措施；围绕推动融合发展，出台《关于积极推进"互联网＋"行动的实施意见》《关于促进旅游业改革发展的实施意见》等有关政策文件；围绕深化国有文化企业改革，出台《关于加强分类监管推动市属国有文化企业健康发展的实施意见》《北京市文化企业国有资产监督管理暂行办法》等系列政策措施；围绕促进文化消费，制定《北京惠民文化消费季项目活动管理办法（试行）》《北京惠民文化消费季项目资金管理办法（试行）》《北京市惠民文化消费电子券实施管理办法（试行）》《北京市惠民低价票演出补贴项目管理办法》等系列办法；围绕推动对外文化贸易，出台《关于加快发展对外文化贸易的实施意见》《北京市提升出版业传播力奖励扶持专项资金管理办法》等政策文件；围绕解决企业融资难题，出台《北京市文化创意产业发展专项资金企业项目征集评审管理办法（试行）》及相关配套细则。重点领域出台的一系列扶持政策，进一步完善了文化经济政策体系，为文化创意产业发展提供了更加全面的制度支撑。

2017年，北京市出台新的总体规划——《北京城市总体规划（2016年—2035年）》，明确了"四个中心"的战略定位，即全国政治中心、文化中心、国际交往中心、科技创新中心，其中国际交往、科技创新都和文化密切相关；为了拓展城市文化空间，北京市发布了《关于保护利用老旧厂房拓展文化空间的指导意见》；为了解决文物合理使用、安全保存的问题，北京市出台了《关于进一步加强文物工作的实施意见》。

2018年，北京市首次以市委市政府名义发布文创产业政策《关于推进文化创意产业创新发展的意见》印发，指出重点聚焦创意设计、媒体融合、文创智库等领域并提出相应的支持与引导方向，并指出"文化空间拓展行动、重点企业扶持行动、重大项目引导行动、文化消费提升行动、文化贸易促进行动、文化金融创新行动、文创品牌集成行动、服务平台共享行动、文创人才兴业行动"九大行动。在文化金融方面，北京银监局、北京市文资办印发《关于促进首都文化金融发展的意见》，从强化文化金融政策支持、搭建文化金融组织服务体系、助力培育"文化+"产业融合发展新业态、加大对文化产业的资金投入、加快文化金融服务产品创新、优化文化金融业务流程和管理模式、塑造首都文化产业金融服务平台、协同建设首都文化金融良好生态圈八方面提出意见。在文化投资方面，出台了《北京市人民政府关于扩大对外开放提高利用外资水平的意见》和《北京市政府核准的投资项目目录（2018年本）》，指出北京将进一步放宽文化领域的外资准入限制，确立企业投资主体地位，激发市场主体扩大合理有效投资和创新创业的活力。在资金扶持方面，北京市明确了《北京市实体书店扶持资金管理办法》、《北京市传统工艺美术保护发展资金管理暂行办法实施细则》《北京影视出版创作基金章程（试行）》。在文化产业园发展促进方面，北京市发布了《北京市文创产业园区认定及规范管理办法》和《关于加快市级文化创意产业示范园区建设发展的意见》，文化园区正在成为推动北京市文化中心作为总体规划战略主轴的重要力量。在文化产业监管方面，制定了《北京市文化娱乐场所经营单位安全生产规定》《北京市广播电视局关于进一步加强广播电视和网络视听文艺节目管理的实施细则》《北京市人民政府关于修改北京市利用文物保护单位拍摄电影、电视管理暂行办法等26项规章部分条款的决定》。

2019年，北京市发布了《北京市非物质文化遗产条例》，在影视产业发展方面出台了《关于推动北京影视业繁荣发展的实施意见》，提出了"投贷奖"联动、IP软环境优化、影视园区建设、京津冀协同发展等10个方面的发展战略，并从"健全机制、政策统筹、完善统计、队伍建设和作品评价"等方面制定了5项保障措施。为加强顶层设计、强化先发优势、增强发展活力，北京市将加紧提升文化科技融合水平，北京市各区也将结合市级政策实际研究制定相应的配套措施，形成以行业政策为支撑、各区配套政策为基础的"1+N+X"政策体系，并完善落实各类保障措施，推动文化产业一系列促进政策尽快落地实施并释放效能。

2. 北京市文化产业立法评析

第一，北京市文化产业立法主要凸显出来的优点有以下几处：

1. 文创产业规划具有前瞻性。在文化创意产业提升、文化创业空间、文化产业融合等方面规划都带头领先进行了科学合理的布局。在2014年，北京市就首先制订了《北京市文化创意产业提升规划（2014—2020年）》，为文化产业的发展提出了一系列具体政策要求。为了解决北京市文化创意产业发展存在缺乏顶层设计、市场化程度不高、投融资体系和要素市场有待完善、高端创意人才和复合型人才短缺、产业整体配套不足等问题，提出了构建"3+3+X"文化创意产业体系的方针。具体包括优化升级文化艺术、广播影视、新闻出版三大传统行业，壮大广告会展、艺术品交易、设计服务三大优势行业规模，推动发展文化与科技、文化与金融、文化与其他产业多元融合，涵盖了三方面的具体发展规划。并且，提出了研究制定《北京市文化创意产业促进条例》，围绕奖励文化精品创作、培育龙头文化企业、扶持小微和少数民族文化企业等研究制定有针对性的配套政策，逐步推动文化产业立法和政策配套。在深化文化体制机制改革、加强文化要素市场建设、加快扶持市场主体发展、整合各类设施土地资源、强化人才队伍系统支撑等方面都亮起了积极支持的信号灯。紧接着，在2015年，北京市发布了《推进文化创意和设计服务与相关产业融合发展行动计划（2015—2020年）》，在财税、知识产权经营、人才培养、土地设施保障、企业培育、对外合作开放、统计评估服务机制等方面给出了指导性的政策。

2. 政府资金支持力度大，提供资金扶持之外，还积极推动引入民间资本、外资、金融机构投资。在政府专项资金扶持方面，围绕具体的文化产业种类发布了针对性的资金扶持版法，比如《北京市实体书店扶持资金管理办法》《北京市传统工艺美术保护发展资金管理暂行办法实施细则》《北京影视出版创作基金章程（试行）》《北京工艺美术发展基金管理办法》《北京市音像电子网络出版物奖励扶持专项资金管理办法（试行）》《北京市图书出版奖励扶持专项资金管理办法（试行）》《北京市文物及历史文化保护区专项资金管理办法》《北京市原创动漫形象作品专项扶持资金管理办法（试行）》《北京市绿色印刷出版物奖励资金管理办法（试行）》《北京市原创动漫作品扶持办法（试行）》《北京市优秀长篇小说创作出版专项资金管理办法》《北京市提升出版业传播力奖励扶持专项资金管理办法》《北京市关于支持网络游戏产业发展的实施办法（试行）》等。在资金扶持和管理方面，北京市一系列的规范性文件有重要的参考意义。政府除了自身投资，还积极与其他机构、企业开展跨部门、跨地域的协同合作，共同推动北京文化创意产业发展。比如，与国家开发银行、建设银行等12家银行签订合作协议，为北京文化创意产业获得1200亿元授信。与北京证监局签订《上市备忘录》，建立首都文化企业登陆资本市场的绿色通道。吸引万达文化产业集团落户北京，参与环球影城、文化保税园等一系行业龙头项目建设。先后与天津、河北联合举办三地文化创意项目推介会，促进京津冀文化创意产业深度合作。在解决文化企业融资方面，也有《关于进一步鼓励和引导民间资本投资文化创意产业若干政策》等一系列政策支持文化企业引进民间资本和外商投资。2018年发布的《北京市人民政府关于扩大对外开放提高利用外资水平的意见》，进一步放宽文化相关领域的外资准入限制，简化外商投资企业办事流程，采取"多证合一""单一表格、一窗受理"等措施，并缩短审批时限。

3. 发展特色的"1+N+X"政策体系，政策支持覆盖面广泛。以2011年《关于发挥文化中心作用加快建设中国特色社会主义先进文化之都的意见》为统领，北京市出台了《关于金融促进首都文化创意产业发展的意见》《北京市工商行政管理局关于支持文化产业创新发展的工作意见》等一系列促进文化创意产业发展的政策文件。特别是2014年出台了《北京市文化创意产业功能区建设发展规划（2014—2020年）》《北京市文化创意产业提升规划（2014—2020年）》和《北京市人民政府关于促进文化消费的意见》，2015年出台了《北京市推进文化创意和设计服务与相关产业融合发展行动计划（2015—2020年）》，"1+N+X"政策体系更加完备，北京文化创意产业发展的总体政策框架基本形成。

4. 文化产业园功能发挥突出，产业功能区促进政策完善。2014年，北京市首先发布了《北京市文化创意产业功能区建设发展规划（2014—2020年）》，构建"一核、一带、两轴、多中心"的空间发展格局，"两条主线带动，七大板块支撑"的功能区产业支撑体系。统筹引导20个文化创意产业功能区的产业空间布局，文化科技融合主线重点依托中关村海淀园，文化金融融合主线以金融街片区为核心，文化艺术板块重点建设天坛—天桥核心演艺功能区、戏曲文化艺术功能区、798时尚创意功能区、音乐产业功能区，传媒影视板块着力建设CBD—定福庄国际传媒产业走廊功能区、中国（怀柔）影视产业示范区等。文化产业功能区建设是北京市推动文化产业发展的重要举措，围绕促进文化产业功能区发展，提出了构建"1+7+N"功能区综合保障产业立法体系，即"一揽子基础认定政策，七项综合保障措施，若干个性发展策略"，协同应用法规、经济、行政三种调节手段，从政策扶持、措施保障和个性发展等方面，系统把握功能区建设所需的要素体系，引导和规范不同功能区的长期、健康、可持续发展。七项综合保障措施包括体制机制保障、人才队伍保障、财政税收保障、金融支持保障、建设用地保障、对外合作保障、公共服务保障。

第二，北京市文化产业立法还需要完善的不足之处在于："1+N+X"政策体系需要加快完善，框架性、纲领性的文件之外，还需要有效、有力、全面、具体的"N"和"X"来将制度落实下去。《关于推进文化创意产业创新发展的意见》实际上就是文化创意产业一个统领的意见，就是所说的"1"。"N"是指在"1"之下会有若干条政策来支撑或者更为具体，每一个行业、每一个领域或者每一个方面来制定一些政策。"X"是为了实现每一项"N"，具体来支撑政策实施的一系列举措。目前，在该意见的统领之下，陆续出台了《关于推动北京影视业繁荣发展的实施意见》《关于保护利用老旧厂房拓展文化空间的指导意见》等文件，但是文化+系列政策的设计还有很大的缺口，政策内容缺乏对具体领域的全面设计，加快对其他文化领域的政策研究，尤其需要尽快制定推动文化科技、文化旅游、文化娱乐、文化体育等方面的政策研究。文化产业方面立法层级较高的都是监管性质的规范，有关促进、扶持、保护文化产业发展的政策立法层级较低。可见，在文化焕发出更大的力量的今天，支持和促进的手段缺乏创新，但监管的压力却越来越大。目前阶段，应该将之前各部门的政策进行梳理，制定文化产业政策清单，尽快弥补对文化+多个领域的制度缺口。

二　上海市

1. 上海市文化产业立法概述

上海有着"东方巴黎"美誉，是中国的历史文化名城，拥有独特的建筑文化、曲艺文化、生活文化，江南的吴越传统文化与移民带入的洋文化融合形成了独特的海派文化。上海的文化建设取得了巨大成就，文化产业也已成为上海国民经济发展的重要支柱性产业，在文化领域呈现出多元参与、开放创新、活力十足的发展图景。作为中国文化产业的发展重点，上海近两年陆续出台了"上海文创50条""'上海文化'品牌三年行动计划"等政策和发展规划。下文中,笔者将具体分析上海市文化产业相关促进政策。

表4-12-7　　　　　　　上海市文化产业相关立法

	地方法规		
1	上海市非物质文化遗产保护条例	2016.05.01	上海市人大常委
2	上海市公园管理条例(2015修正)	2015.08.01	上海市人大常委
3	上海市社区公共文化服务规定	2013.04.01	上海市人大常委
4	上海市历史文化风貌区和优秀历史建筑保护条例(2011修正)	2012.02.01	上海市人大常委
5	上海市文化娱乐市场管理条例(2010修正)	2010.09.17	上海市人大常委
	地方政府规章		
1	上海市文化娱乐市场管理条例实施细则	2015.05.22	上海市政府
2	上海市公共文化馆管理办法(2015修正)	2015.05.22	上海市政府
3	上海市公共图书馆管理办法(2015修正)	2015.05.22	上海市政府
4	海市外滩风景区综合管理暂行规定(2014修正)	2014.05.07	上海市政府
5	上海市文化领域相对集中行政处罚权办法(2010修正)	2010.05.28	上海市政府
6	上海市科学技术奖励规定		上海市政府
	地方规范性文件		
1	上海市传统工艺振兴计划	2019.02.28	上海市人民政府
2	关于促进沪台经济文化交流合作的实施办法	2018.06.01	上海市人民政府
3	关于加快本市文化创意产业创新发展的若干意见	2017.12.12	中共上海市委、上海市人民政府
4	上海市人民政府关于加快发展本市对外文化贸易的实施意见	2014.12.01	上海市政府
5	中国(上海)自由贸易试验区文化市场开放项目实施细则	2014.04.10	上海市人民政府
6	松江区文化产业发展专项资金使用管理办法	2012.08.10	上海市松江区政府
7	上海市群众文化奖励基金	2011.12.27	上海市文化广播影视管理局
8	上海市文化事业建设费征收办法	2011.01.01	上海市人民政府

续表

9	上海市金融支持文化产业发展繁荣的实施意见	2010.07.19	中共上海市委、上海市金融办、上海市发展和改革委员会、上海市财政局、上海市文化广播影视管理局、上海市国有资产监督管理委员会、上海市新闻出版局、中国人民银行上海分行、中国证券监督管理委员会上海监管局、中国银行业监督管理委员会上海监管局、中国保险监督管理委员会上海监管局
10	上海市宣传文化专项资金管理暂行办法		
11	上海市促进文化创意产业发展财政扶持资金		
12	上海文化发展基金会图书出版专项基金资助实施办法		
（一）新闻信息服务			
1	上海市工业互联网产业创新工程实施方案	2018.07.09	上海市政府
2	上海市新闻出版专项资金监管和绩效评价管理办法（修订稿）	2016.10.11	上海市新闻出版局
3	上海市新闻出版专项资金管理办法	2014.10.31	上海市新闻出版局
4	上海市新闻出版局关于做好当前新闻报刊出版管理工作的通知	2009.05.26	上海市新闻出版局
5	上海市新闻出版局关于做好当前新闻报刊出版管理工作的通知	2009.05.26	上海市新闻出版局
6	上海市报刊主管单位审读工作实施办法	2007.01.01	上海市新闻出版局
（二）内容创作生产			
1	上海市传统工艺振兴计划	2019.02.28	上海市政府
2	打响"上海出版"品牌三年行动计划（2018—2020年）	2018.10.08	上海市新闻出版局
3	关于促进上海出版产业发展的实施办法	2018.06.05	中共上海市委宣传部、上海市新闻出版局、上海市发展和改革委员会、上海市经济和信息化委员会、上海市教育委员会、上海市科学技术委员会、上海市财政局、上海市人力资源和社会保障局、上海市规划和国土资源管理局、上海市文化广播影视管理局、上海市地方税务局

续表

4	关于促进上海艺术品产业发展的实施办法	2018.06.05	中共上海市委宣传部、上海市文化广播影视管理局、上海市发展和改革委员会、上海市教育委员会、上海市科学技术委员会、上海市财政局、上海市人力资源和社会保障局、上海市规划和国土资源管理局、上海市国家税务局、上海市地方税务局、上海市金融服务办公室
5	关于促进上海动漫游戏产业发展的实施办法	2018.06.05	同上
6	关于促进上海网络视听产业发展的实施办法	2018.06.05	同上
7	关于促进上海影视产业发展的实施办法	2018.06.05	同上
8	关于促进上海演艺产业发展的实施办法	2018.06.05	同上
9	上海市美术馆管理办法（试行）	2018.06.01	上海市文化广播影视管理局
10	上海市工艺美术产业发展三年提升计划（2017—2019年）	2017.11.08	上海市经济和信息化委员会
11	修订《上海市出版物进口单位进口图书在沪印制管理办法》	2015.06.20	上海市新闻出版局
12	上海市地方标准《博物馆、美术馆服务规范》	2015.03.01	上海市质量技术监督管理局
13	上海市工艺美术产业发展三年行动计划（2014—2016年）	2014.09.13	上海市经济和信息化委员会
14	上海市出版专业技术人员继续教育实施办法	2013.07.01	上海市新闻出版局
15	上海动漫游戏产业发展扶持奖励办法（2012年版）	2012.07.26	上海市文化广播影视管理局
16	上海市市级非物质文化遗产保护专项资金管理办法	2012.06.07	上海市财政局、上海市文化广播影视管理局
17	上海市电影剧本（梗概）备案、立项、电影片初审管理办法	2010.07.01	上海市文化广播影视管理局
18	上海市新闻出版局支持出版产业发展的若干意见	2009.04.01	上海市新闻出版局
19	上海市《国产电视动画片制作备案公示管理制度暂行规定》实施细则	2006.08.01	上海市文化广播影视管理局
20	上海市传统工艺美术保护规定	2001.02.09	上海市政府
21	上海市广播电影电视局、上海市财政局关于贯彻《国家电影事业发展专项资金上缴的实施细则》的通知	1996.08.01	上海市广播电影电视局、上海市财政局

续表

22	海文化发展基金会图书出版专项基金		
23	上海科技专著出版资金章程实施办法（修订）		
24	上海文艺创作精品、优品和文艺家配套扶持实施办法		
	"原动力"中国原创动漫出版扶持项目		
（三）创意设计服务			
1	上海市人民政府关于贯彻《国务院关于推进文化创意和设计服务与相关产业融合发展的若干意见》的实施意见	2015.02.01	上海市人民政府
2	关于进一步促进本市广告业发展的指导意见	2011.10.19	上海市政府
（四）文化投资运营			
1	上海市文化产业园区认定办法（试行）	2008.09.25	中共上海市委、上海市文化广播影视管理局、上海市新闻出版局、上海市经济委员会
2	上海市文化产业示范基地建设推进办法（试行）	2008.09.25	中共上海市委、上海市文化广播影视管理局、上海市新闻出版局
（五）文化娱乐休闲服务			
1	上海市公园绿地游乐设施管理办法	2017.03.25	上海市绿化和市容管理局
2	上海市地方标准《景区旅游休闲服务设施规划导则》	2015.12.01	上海市质量技术监督管理局
3	上海市旅游局、上海市文化市场行政执法总队关于进一步推进本市文化旅游规范景区创建工作的通知	2011.02.23	上海市旅游局、上海市文化市场行政执法总队

2016年3月，上海市为推动文化产业发展，发布了《上海市文化创意产业发展三年行动计划（2016—2018年）》。该计划由总体要求、五项主要任务、十条重点举措、四项保障措施和重点项目表组成，为沪上文化创意产业未来三年的发展绘就了清晰的蓝图。

2017年，上海市政府发布《关于加快上海文化创意产业创新发展的若干意见》，即"上海文创50条"，围绕推动文化重点领域发展、构建现代文化市场体系、引导资源要素向产业集聚等目标，上海提出具体50条举措，确立了上海文化产业发展的行动指南。聚焦影视、演艺、动漫游戏等产业板块，立足于加快构建现代文化市场体系，突出进一步增强市场主体发展活力、加大重大项目推进力度等七方面工作，从发挥财政资金引导和杠杆作用、合理减轻企业税费负担等四方面，为促进上海市文创产业发展提供支撑保障。

2018年，为深入落实"上海文创50条"，上海连续发布《关于促进上海动漫游戏产业发展的实施办法》《关于促进上海网络视听产业发展的实施办法》《关于促进上海演艺产业发展的实施办法》《关于促进上海艺术品产业发展的实施办法》《关于促进上海影视产业发展的实施办法》《关于促进上海文化装备产业发展的实施办法》《促进上海创意与设计产业发展的实施办法》等多个实施办法，涉及上海市文化领域各项重点发展产业。制定《上海市文化创意产业园区管理办法》《上海市文化创意产业示范楼宇和空间管理办法（试行）》等，完善产业园区、示范楼宇和空间建设工作。发布《2018年度上海市促进文化创意产业发展财政扶持资金项目申报指南》。上海通过鼓励优化产业布局，推动创新发展，打好政策"组合拳"，逐渐形成全方位的文化产业发展政策体系。

2. 上海市文化产业立法评析

第一，上海市文化产业立法主要凸显出来的优点有以下几处。

1. 重视建立本地文化产业自主品牌。2018年，上海制订《全力打响"上海文化"品牌加快建成国际文化大都市三年行动计划（2018—2020年）》，全市上下形成合力，全力打响"上海文化"品牌，加快推进全球影视创制中心、亚洲演艺中心、艺术品交易中心、全球动漫游戏原创中心和全球电竞之都建设，吸引更多优秀文化作品在上海首发、首演、首映、首展。5月，第十届全国"文化企业30强"名单公布，东方明珠新媒体、上影集团、世纪出版入选本届"文化企业30强"，其中世纪出版集团首次入选。10月，第二届"上海文化十强十佳十人十大品牌活动"名单公布，阅文信息、新文化传媒、德必集团等荣获文化企业十强，风语筑、开心麻花、笑果文化等荣获文化企业十佳。近年来，上海文化产业重点企业和产品品牌影响力不断增强，在细分领域逐步构建了一批有标识度的新兴上海文化品牌矩阵，建立起全球、国家、市级三个层次的自主品牌梯队。

2. 重视文化产业人才储备。上海坚持"人才是第一资源"，以人才培育和储备为重点发展文化产业，着力集聚更多优秀人才，构建优秀文化产业人才的"基地"和"大本营"。近年来，上海提出"文教结合提升专项行动"，开展"文化名家选拔推荐""青年文艺英才培养计划"，越来越多的产业人才、文化名家选择扎根上海。上海市教卫工作党委、市教委、市委宣传部等七部门联合发布《上海市文教结合 2018 年工作要点》，提出要通过深化部校共建新闻学院机制、加大人才工作室"筑巢引凤"力度、开展紧缺文化艺术技能人才培训、深化建设一流文艺人才培养机构等手段聚焦重点，千方百计引进和培育文化艺术人才。

3. 贯彻包容开放的优势。《2018 年上海自贸区文化艺术蓝皮书》显示：截至 2017 年末，国家对外文化贸易基地（上海）累计吸引注册资本已达到 343 亿元，当年新增注册资本超过 24 亿元；当年贸易规模突破 350 亿元。今年 8 月，上海市政府发布了《上海市新一轮服务业扩大开放若干措施》（以下简称《若干措施》），进一步放宽了服务业外资市场准入限制，涉及投资、文化娱乐、旅游、出版、拍卖、商贸等服务产业。此外，在引领服务消费转型升级方面，也提出推进医疗旅游、邮轮旅游、体育赛事、展览等服务业发展。

4. 资金扶持力度大。除了上海文化发展基金会对上海市重大文艺创作和文化发展基金会及各专项基金项目资助，每年各个部门围绕文化产业都提供了专项资金扶持补贴，如上海市文创办提供上海市促进文化创意产业发展财政扶持资金、上海市文广影视局、市文物局提供上海市动漫游戏产业发展扶持资金（扶持金额：1000 万元）、上海民营文艺表演团体发展扶持资金（扶持金额：800 万元）、上海市公益性演出专项资金（扶持金额：1500 万元）、上海市高雅艺术进校园专项资金（扶持金额：300 万元）、上海市国有院团下基层演出补贴专项资金（扶持金额：500 万元）、上海市社会力量举办博物馆扶持资金（扶持金额：1000 万元）、上海市网络视听产业专项资金（扶持金额：1000 万元）、上海市群众文化项目资助专项资金（扶持金额：700 万元）、上海市公共文化建设创新项目（扶持金额：150 万元）等若干资金补贴政策。2019 年，为贯彻落实"上海文创 50 条"，更好地发挥财政资金的杠杆作用和放大效应，引导社会资本投向实体经济，全力打响"上海文化"品牌，上海市还设立了"上海文化产业发展投资基金"。

第二，上海市文化产业立法还需要完善的不足之处在于：首先，上海文化产业要继续深入落实"上海文创 50 条"，要着力破除产业发展制约问题，着力解决当前文化企业最关切的投融资、专业服务6机构、公共平台建设、知识产权保护等问题。着重优化营商环境，深化"放管服"改革，持续推进"证照分离"改革试点，普及落实减税新政，着力在文化领域坚持系统施策，让市场充分发挥作用。其次，从完善行业自律机制的角度出发，构建机构自律与他律的隔离带，加强行业组织、民间团体的文化产业促进作用。

三 江苏省

随着文化产业迎来大发展大繁荣，以北、上、粤、苏、浙为第一方阵的格局已初步形成。北京源于特殊的政治、经济、文化、教育中心地位，得"天时地利人和"之优势；上海作为文化"大码头"，发挥资本优势撬动文化市场；江苏的文化产业发展指数位居省域前列，文化企业享有优质的发展政策。江苏省在文化产业立法上，以省人民代表大会常务委员会和省政府牵头，省文化厅及其他部门进行细化落实，总体布局完善，政策与时俱进，促进机制形式多样，重点突出，政策匹配，不断激励企业创新。

目前，省人大常委会在文化产业及其相关领域已出台下列十多部地方性法规：《江苏省历史文化名城名镇保护条例》（2010年修订）[①]、《江苏省非物质文化遗产保护条例》（2013年修订）[②]、《江苏省人民代表大会常务委员会关于加快发展江苏省文化产业的决议》《江苏省软件产业促进条例》《江苏省中小企业促进条例》《江苏省企业技术进步条例》《江苏省人民代表大会常务委员会关于促进全民阅读的决定》《江苏省文物保护条例》（2017年修订）、《苏南国家自主创新示范区条例》《江苏省专利促进条例》（2019年修订）。江苏省人民代表大会常务委员会已启动江苏省文化产业发展"十四五"规划前期研究，决定将加快《江苏省文化产业促进条例（草案）》立法进程。

1. "十五"期间（2001—2005年）

2001年，为贯彻落实江苏省《2001—2010年文化大省建设规划纲

[①] 江苏省人民代表大会常务委员会：《江苏省历史文化名城名镇保护条例》，2010年9月29日，省人民代表大会常务委员会公告第12号。

[②] 江苏省人民代表大会常务委员会：《江苏省非物质文化遗产保护条例》，2013年4月1日，江苏省人民代表大会常务委员会公告第125号。

要》省政府在《江苏省政府关于加快文化大省建设若干经济政策的意见》① 中提出"十五"期间，省财政预算内每年安排省文化专项经费1500万元，每年安排省级文物维修保护补助经费1000万元，省社会科学发展和规划经费700万元。2002年，江苏省政府发布《关于进一步加强基层文化建设的意见》②，推进了文化馆、图书馆、文艺站等文化机构的建设。10月25日，江苏省人民政府成立江苏省文化产业发展有限公司。2003年，江苏省文化产业集团有限公司正式挂牌，是全国首家由省政府直接出资组建的国有大型文化企业；2004年，江苏省文化产业集团被文化部命名为"国家文化产业示范基地"；2005年，新华社发表文章称江苏省文化产业集团走出了中国文化产业发展的"第三条道路"；2006年，江苏省文化产业集团与南京航空航天大学共建的文化产业研究中心被文化部挂牌为"国家文化产业研究中心"。

2. "十一五"期间（2006—2010年）

2006年，《江苏省关于加快文化事业和产业发展若干经济政策》③ 发布，通过设立省级文化产业引导资金，采取贴息、补助等方式扶持文化产业发展，重点支持动漫等文化产业的发展。文化企业自主创新参照《江苏省政府关于鼓励和促进科技创新创业若干政策的通知》享受税收、政府专项资金、贴息、担保、贷款等优惠政策④，促进产学研结合和科技成果转化。10月4日，《中共江苏省委、江苏省人民政府关于发展先进文化建设文化江苏的决定》⑤ 从文化服务能力、竞争能力、创新能力三方面提出了发展新要求。11月6日，《江苏省关于加快动漫产业发展若干意见》⑥ 把动漫作为重点扶持产业，采取了诸多促进措施：在省级文化产业引导资金

---

① 江苏省政府：《关于加快文化大省建设若干经济政策的意见》，2001年5月25日，苏政发〔2001〕74号。

② 江苏省政府：《关于进一步加强基层文化建设的意见》，2002年8月12日，苏政发〔2002〕95号。

③ 江苏省政府：《关于加快文化事业和产业发展若干经济政策的通知》，2006年9月19日，苏政发〔2006〕113号。

④ 江苏省政府：《关于鼓励和促进科技创新创业若干政策的通知》，2006年6月7日，苏政发〔2006〕53号。

⑤ 中共江苏省委、江苏省人民政府：《关于发展先进文化建设文化江苏的决定》，2006年10月4日，苏发〔2006〕23号。

⑥ 江苏省政府《关于加快动漫产业发展若干意见》，2006年11月6日，苏政办发〔2006〕129号。

中专门设立动漫产业发展引导资金,设立省级动漫原创大奖,表彰鼓励动漫出版和播映机构增加我省动漫原创产品的出版、刊载和播出比例等。在"十一五"期间,建立了4个国家级动画产业基地。12月15日,《江苏省政府关于加强文化遗产保护工作的意见》[1] 推进历史文化名城、名镇(街区、古村落)保护工作的深入开展。12月28日,《江苏省文化体制改革试点工作方案》[2] 发布,促进经营性文化事业单位改革,坚持以市场为导向,以转企改制为重点。江苏省文化企业所提供的文化产品和文化服务的质量有大幅提高,企业集团化规模效益逐渐显现,像江苏广电集团、江苏出版集团、江苏新华日报报业集团等单位经济效益都有明显增长。12月30日,根据《江苏省"十一五"文化发展规划》[3] 的文件内容,全省文化产业增加值占GDP的比重到2010年将达到9%,文化产业将成为国民经济新的增长点。

"十一五"期间,文化产业专项资金扶持重点项目524个,资助金额7.25亿元。政府除了设立专项基金,还为文化创意产业的发展提供价格低廉的公共服务设施和产业发展所需的软硬件。在文化创意领域,税收、土地租用和贷款都实施了一定的优惠政策。此外,2010年,江苏省委、省政府组建了国内第一支文化基金——紫金文化产业发展基金,两期40亿元投资资金支持了29个股权项目。2010年7月,江苏省三网融合的试点工作于正式开始,文化消费者都可以通过数字网络媒体进行文化原创、复制和传播,媒介融合发展也带动了文化创意产业的发展与繁荣。7月12日,《江苏省人民政府关于加快文化产业振兴若干政策》[4] 对"十二五"期间政府对文化产业的投入提前进行部署:省级设立初始规模20亿元的江苏紫金文化产业发展基金,将城镇数字影院建设列入重点支持项目,采用无偿资助、贷款贴息及股权投入等方式给予扶持,对我省进入三网融合试点的单位享受各项税收优惠政策,建立《江苏文化出口重点企业和项目

---

[1] 江苏省政府:《关于加强文化遗产保护工作的意见》,2006年12月15日,苏政发〔2006〕144号。

[2] 中共江苏省委、江苏省人民政府:《江苏省文化体制改革试点工作方案》,2006年12月28日,苏发〔2006〕33号。

[3] 中共江苏省委、江苏省人民政府:《江苏省"十一五"文化发展规划》,2006年12月30日,苏发〔2006〕34号。

[4] 江苏省人民政府:《关于加快文化产业振兴若干政策》,2010年7月12日,苏政发〔2010〕75号。

目录》并给予优先支持，建设用地优先安排给文化产业建设项目使用，文化人才引进纳入"江苏省高层次创新创业人才引进计划"和"现代服务业百名人才出国培训计划"。

3. "十二五"期间（2011—2015年）

2011年，江苏省《关于加强社会主义法治文化建设的意见》[①]《江苏省新闻出版局、省依法治省领导小组办公室、省人民政府法制办公室、省司法厅关于命名全省农家书屋法治文化建设示范区和表彰创建活动先进单位的决定》[②]《江苏省高级人民法院关于为实施文化建设工程提供有力司法保障的指导意见》[③]连续发布，将法治文化建设摆在了重要位置。此外，文化厅等多个部门共同印发《关于加强文化科技创新意见》[④]《关于金融支持文化产业发展若干意见》[⑤]在促进文化科技、文化金融融合方面提出了多项举措，包括加大文化产业信贷支持，拓宽投融资渠道，发展保险市场，构建文化类无形资产流转评估体系等。

2012年，《江苏省农村公共文化服务管理办法》[⑥]《江苏文化建设工程实施办法》[⑦]相继出台，统筹城乡发展。6月21日，《江苏省"十二五"文化发展规划》[⑧]，首次将"公共文化设施网络覆盖率"列入"十二五"经济社会发展主要指标：至2015年，全省公共文化设施网络覆盖率将达到90%以上，并提出新兴文化业态在文化产业的比重达60%。江苏

[①] 中共江苏省委员会省政府：《关于加强社会主义法治文化建设的意见》，2011年5月11日，苏办发〔2011〕17号。

[②] 江苏省新闻出版局、省依法治省领导小组办公室、省人民政府法制办公室、省司法厅：《关于命名全省农家书屋法治文化建设示范区和表彰创建活动先进单位的决定》，2011年11月22日，苏新出政发〔2011〕43号。

[③] 江苏省高级人民法院：《关于为实施文化建设工程提供有力司法保障的指导意见》，2011年12月5日，苏高法发〔2011〕14号。

[④] 江苏省政府办公厅：《关于加强文化科技创新意见》，2011年5月23日，苏政办发〔2011〕70号。

[⑤] 江苏省政府办公厅：《关于金融支持文化产业发展若干意见》，2011年8月10日，苏政办发〔2011〕116号。

[⑥] 江苏省政府：《江苏省农村公共文化服务管理办法》，2012年3月1日，江苏省人民政府令第77号。

[⑦] 江苏省委办公厅省政府办公厅：《江苏文化建设工程实施办法》，2012年3月2日，苏办发〔2012〕14号。

[⑧] 江苏省政府办公厅：《江苏省"十二五"文化发展规划》，2012年6月21日，苏政办发〔2012〕122号。

省商务厅等四部门制定了《关于进一步推进全省对外文化贸易意见》[1]，全省文化企业重点文化产品参加境外文化贸易展销会对其摊位、展品运输费用给予补贴，省自办展和重点组织展全额补助，推荐展给予80%的补助。省级现代服务业（文化产业）发展专项引导资金通过贷款贴息、项目补贴、保费补助等多种方式支持文化出口。

2013年，《关于进一步加强文化产业园区（基地）建设的意见》[2]在培育文化产业示范园区及示范基地方面做出部署和努力，在政府资金、土地使用、税收优惠、工商登记、基础设施建设、科技奖励申报、贷款（投资）风险补偿基金、校企合作方面都提出了优惠政策。

2014年，江苏全省文化广电新闻出版工作会议在南京召开。会议提出要从推动文化产业企业发展、加强集聚区建设、增强市场活力、扩大文化开放4个方面入手，不断提高文化产业规模化、集约化、专业化水平。完善公共文化服务体系，实施重大文化产业项目，建立健全多层次文化产品和要素市场，进一步提高文化开放水平。

2015年，《江苏省重点文化产业示范园区、重点文化产业示范基地认定管理办法》[3]出台，利用一批主业优势明显、综合效益突出、辐射带动作用大的文化产业园区提升文化产业的整体实力。另外，《省政府办公厅关于推进公共体育服务体系示范区建设的实施意见》对加强建设公共体育服务体系提出了新要求和新措施，到2015年，苏南80%、苏中和苏北60%创建任务都顺利完成。《江苏省政府关于加快提升文化创意和设计服务产业发展水平的意见》[4]等文件，对全省文化创意和设计服务产业发展作了全面部署。提出了"文化创意产业＋"行动计划，在与互联网、资本市场、科技创新、文化消费等领域融合发展方面实施了诸多举措，例如推广"文创贷"等文化金融产品，探索建立文化金融合作试验区，给予高新技术文化产业3亿元扶持资金等。

---

[1] 江苏省政府办公厅：《关于进一步推进全省对外文化贸易意见》，2012年8月16日，苏政办发〔2012〕154号。

[2] 江苏省政府办公厅：《关于进一步加强文化产业园区（基地）建设的意见》，2013年5月7日，苏政办发〔2013〕76号。

[3] 江苏省文化厅：《江苏省重点文化产业示范园区、重点文化产业示范基地认定管理办法》，2015年5月19日，苏文规〔2015〕2号。

[4] 江苏省政府：《关于加快提升文化创意和设计服务产业发展水平的意见》，2015年4月8日，苏政发〔2015〕39号。

"十二五"期间,为贯彻落实上述一系列利好政策,江苏省文化厅举办了一系列文化保护、人才奖励和促进产业发展等活动,如表彰年度文化信息工作先进个人和文化年鉴优秀组稿人、江苏省高校校园文化建设优秀成果申报评选、《江苏文化遗产志》非物质文化遗产篇章编纂、江苏省图书馆学情报学学术成果、江苏省公共图书馆优秀服务成果评奖、首届江苏文化创意设计大赛、江苏省科技企业家(文化产业)专题培训班、江苏省"双创计划"人才、团队(文化类)申报、国家文化科技提升计划项目、文化部科技创新项目申报。

4. "十三五"期间(2016—2020年)

《江苏国民经济和社会发展"十三五"规划建议》要求进一步促进文化产业健康繁荣发展,扶持优秀文化产品创作生产,加快推进社科强省建设,打造高端智库和特色智库。增加公共文化投入,推进全民阅读,加快建设"书香江苏"。强化文化创意引领,促进文化融合,提高文化产业规模化、特色化、集约化、专业化发展水平。深入推进文化体制改革和文化开放。

2016年3月,江苏召开文化改革发展领导小组会议就《2016年省文化改革发展工作要点》展开讨论。一是发展创意文化产业,促进文化与科技、旅游等产业融合发展。二是培育骨干文化企业,大力扶持"专、精、特、新"的小微文化企业发展,打造一批文化产业强县、名镇、特色村。三是优化文化市场环境,发挥省文投集团、省文交所的作用,加快培育资本、产权、版权、技术、人才等文化要素市场。此外,江苏省人民政府办公厅发布了《关于推进基层综合性文化服务中心建设的实施意见》[①]《关于做好文化文物单位文化创意产品开发工作的通知》[②],《江苏省省级现代服务业(文化)发展专项资金使用管理办法》(2016年修订)[③] 等一系列文化产业政策逐渐成熟。

"十三五"期间,江苏省不断加大文化产业发展的推进力度,推动体

---

① 江苏省政府办公厅:《关于推进基层综合性文化服务中心建设的实施意见》,2016年9月8日,苏政办发〔2016〕98号。

② 江苏省政府办公厅:《江苏省政府办公厅关于做好文化文物单位文化创意产品开发工作的通知》,2016年12月12日,苏政办发〔2016〕148号。

③ 江苏省财政厅:《江苏省省级现代服务业(文化)发展专项资金使用管理办法》,2016年2月4日,苏财规〔2016〕4号。

制机制创新、资本市场建设、产业集约聚集的全面发展。为推动文化与科技的深入融合，出台了《关于促进文化科技融合发展的二十条政策措施》《江苏省重点文化科技企业管理办法》《江苏省重点文化科技产业园管理办法》等一系列重要政策。为推动文化与金融的融合，出台了《文化金融合作试验区创建实施办法（试行）》《文化金融特色机构认定管理办法》《文化金融服务中心认定管理办法》《开拓海外文化市场行动方案（2016—2020）》等系列政策性文件，配合"一带一路"愿景与行动的实施，推动文化贸易供给侧结构性改革，努力创成一批省级文化金融合作试验区，规定了四个方面的创建内容及标准，并制定了三级15项指标组成的认定评估指标体系，由人民银行南京分行具体实施，每两年组织认定一次。

5. 江苏省文化产业立法评析

多年来，江苏省在推进文化产业发展进程中，政策内容丰富，对文化企业给予财税、金融、用地、贸易等多方面激励，对文化演艺、新闻出版、广播电影电视、互联网信息服务等重点行业实行特殊扶持政策，对网络视听、移动多媒体、数字出版、动漫游戏等新兴产业加大扶持。政策针对性强，尤其在基层文化服务、动漫产业、创意设计产业、文化金融和文化科技融合方面政策力量雄厚，不断突破创新，为推动文化产业发展提供了源源不断的政策支撑。在知识产权保护方面，建立健全知识产权纠纷技术鉴定、专家顾问制度；在人才培养方面，除了不断推行各项文化人才计划，重点建设了专业化高端智库，通过整合高校、科研机构等各方资源，构建社科成果向决策转化的便捷通道；在财政投入方面，除了省现代服务业引导资金、省文化产业引导资金等政府资金引导，还设立了江苏紫金文化产业发展基金和江苏省文化产业集团，健全文化投入稳定增长机制，有效发挥文化领域各类专项资金和基金作用；在税费优惠方面，积极开展高新技术企业的认定试点；在金融服务方面，建立完善创意设计企业无形资产评估体系；在用地政策方面，建设文化创意产业可以优先计划实施。

四 湖南省

1. 湖南省文化产业立法脉络

2001年，湖南省委省政府发布《中共湖南省委、湖南省人民政府关于加快文化产业发展若干政策措施的意见》①《湖南省人民政府关于支持文化事业发展若干政策》②，文化产业发展迎来了新阶段。2010年2月11日，中共湖南省委、湖南省人民政府印发《湖南省文化强省战略实施纲要（2010—2015年）》③，为打造文化强省做出了全面布局。弘扬湖湘文化，加快发展《湖南日报》、湖南广播电视台等新闻媒体，抓好红网、华声在线等重点新闻网站建设，以长株潭为核心文化增长极，以大湘西为新的文化增长极，带动全省文化产业全面、协调发展。提出了以下保障措施：（1）深化文化体制改革：完善国有文化资产监管体制，全面推开文化行政管理体制改革。（2）完善建设文化强省的政策法规体系：出台金融机构支持文化强省建设政策，创新文化无形资产质押担保制度，畅通文化产业"绿色贷款通道"，完善文化投融资服务平台。（3）加大建设文化强省的投入：省财政每年安排文化产业引导资金1亿元，从2010年起设立文化事业发展资金，设立湖南文化产业投资基金（公司）。（4）加大建设文化强省的人才保障：实施宣传文化系统"五个一批"人才培养工程。同年11月，湖南省文化和旅游产业投资基金理事会成立。2012年，《〈中共湖南省委关于贯彻党的十七届六中全会精神加快建设文化强省的意见〉重要举措部门分工方案》④，提出了50项具体重要举措并落实分工，每项措施后都加以备注牵头实施单位以及主要参加单位，规定十分详细，例如第11条规定：继续开展精神文明建设"五个一工程"奖、省社会科学奖、湖南新闻奖、湖南出版政府奖评选，设立湖南文学艺术奖。（牵头单位：省委宣传部，主要参加单位：省人力资源和社会保障厅、省财政厅、省文化厅、省广电局、省新闻出版局、省社科联、省文联、省作协）。2015年5月20日，《湖南省人民政府关于加快发展对外文化贸易的实施意见》⑤

---

① 中共湖南省委、湖南省人民政府：《关于加快文化产业发展若干政策措施的意见》，2002年3月25日，湘发〔2002〕4号。

② 湖南省人民政府：《湖南省人民政府关于支持文化事业发展若干政策》，2001年6月4日，湘政发〔2001〕12号。

③ 中共湖南省委湖南省人民政府：《湖南省文化强省战略实施纲要（2010—2015年）》，2010年2月11日，湘发〔2010〕4号。

④ 中共湖南省委办公厅、湖南省人民政府办公厅：《〈中共湖南省委关于贯彻党的十七届六中全会精神加快建设文化强省的意见〉重要举措部门分工方案》，2012年5月22日，湘办发〔2012〕19号。

⑤ 湖南省人民政府：《关于加快发展对外文化贸易的实施意见》，2015年6月1日，湘政发〔2015〕18号。

发布，加大促进对外文化贸易业务的开展，并建立文化产品与服务出口重点企业数据库和对外文化贸易基地，同时出台了《湖南省文化综合发展专项资金管理办法》①。

2. 湖南省文化产业立法评析

第一，湖南省以保护非物质文化遗产、发展文化旅游为核心。湖南省是非物质文化遗产大省。千百年来，汉族与土家族、苗族、侗族、瑶族等少数民族共同生活在这片热土上，形成了一批丰富多彩的非物质文化遗产。目前，湖南有人类非物质文化遗产代表作名录项目4个；国家级非遗保护项目118个，国家级代表性传承人76人；省级非遗保护项目324个，省级代表性传承人247人。湖南省逐步建立起了国家、省、市、县四级非物质文化遗产名录保护体系及代表性传承人保护机制。2016年5月27日《湖南省实施〈中华人民共和国非物质文化遗产法〉办法》发布。2018年，为保护历史文化街区，湖南省出台了《湖南省历史文化街区划定和历史建筑确定技术指南》和《湖南省历史文化名村保护规划编制技术指南》（试行）。2019年，湖南省与北京银行长沙分行签署战略合作协议，在未来三年内提供意向性授信300亿元，用于支持湖南省文化旅游产业发展。

第二，以提高公共文化服务、促进湘台文化交流为新要旨。2011年，《湖南省实施〈公共文化体育设施条例〉办法》②。2015年，湖南省政府开始实施《湖南省现代公共文化服务体系示范区创建工作方案》③《中共湖南省委办公厅、湖南省人民政府办公厅关于加快构建现代公共文化服务体系的实施意见》④。湖南省文化厅牵头起草形成了《湖南省加快构建现代公共文化服务体系实施意见》及《湖南省基本公共文化服务保障实施标准》（征求意见稿），提出建立稳步增长的公共文化财政保障机制，丰富文化产品及服务供给和创新公共文化服务手段的措施。2016年，发布了《湖南省人民政府办公厅转发省文化厅等部门关于做好政府向社会力量

---

① 湖南省财政厅、湖南省文化厅：《湖南省文化综合发展专项资金管理办法》，2015年9月14日，湘财教〔2015〕54号。

② 湖南省人民政府：《湖南省实施〈公共文化体育设施条例〉办法》，2011年1月24日，湖南省人民政府令第250号。

③ 湖南省人民政府办公厅：《湖南省现代公共文化服务体系示范区创建工作方案》，2015年6月15日，湘政办发〔2015〕56号。

④ 中共湖南省委办公厅、湖南省人民政府办公厅：《关于加快构建现代公共文化服务体系的实施意见》，2015年9月29日，湘办发〔2015〕39号。

购买公共文化服务工作实施意见的通知》①和《湖南省人民政府办公厅关于推进基层综合性文化服务中心建设的实施意见》②。2018 年,《湖南省人民政府办公厅关于深化湘台经济文化交流合作的实施意见》③把湘台文化的深化发展成为新时期的战略措施。

第三,以文化产业园为主要发展平台。湖南深谙文化产业园区是做强做大文化产业、推动文化领域创新创业的综合载体,近年来,湖南着力推进文化强省建设,先后出台了扶持小微文化企业、深化文化金融合作、发展对外文化贸易等系列政策措施。2012 年,《关于发挥工商行政管理职能促进文化产业发展的若干措施》④具体内容包括了支持文化产业园区发展、支持广告产业发展、支持新兴文化产业,将引导社会资金、行业龙头企业和配套企业进入文化产业园区。2014 年 7 月 17 日,《湖南省人民政府关于加快文化创意产业发展的意见》⑤政策重点是加快建设文化产业创新示范基地,形成突出产业集聚区。目前,湖南省已有包括马栏山视频文创产业园、长沙天心文化(广告)产业园、湘潭昭山文化产业园等近 60 个文化创意产业园区,成为湖南文创企业快速成长的沃土。

第四,以少数民族文化和基层农村文化为主要抓手。2009 年,《湖南省人民政府关于进一步繁荣发展少数民族文化事业的意见》⑥。在工作形式上,灵活采用专门领导小组组织落实具体工作,如成立武陵山区(湘西)土家族苗族文化生态保护实验区建设工作领导小组,成立湖南省历史文化名城(镇、村)和古民居保护协调领导小组,成立湖南省民族文化工作领导小组等工作小组开展具体任务。在财政扶持上,设立专项项目和专项资金,如大湘西地区文化生态旅游精品线路建设专项拟支持项目、湖

---

① 湖南省人民政府办公厅:《湖南省人民政府办公厅转发省文化厅等部门关于做好政府向社会力量购买公共文化服务工作实施意见的通知》,2016 年 1 月 12 日,湘政办发〔2016〕6 号。

② 湖南省人民政府办公厅:《关于推进基层综合性文化服务中心建设的实施意见》,2016 年 6 月 28 日,湘政办发〔2016〕48 号。

③ 湖南省人民政府办公厅:《关于深化湘台经济文化交流合作的实施意见》,2018 年 10 月 16 日,湘政办发〔2018〕61 号。

④ 湖南省人民政府办公厅转发省工商局:《关于发挥工商行政管理职能促进文化产业发展的若干措施》,2012 年 2 月 16 日,湘政办发〔2012〕10 号。

⑤ 湖南省人民政府:《湖南省人民政府关于加快文化创意产业发展的意见》,2014 年 7 月 17 日,湘政发〔2014〕23 号。

⑥ 湖南省人民政府:《关于进一步繁荣发展少数民族文化事业的意见》,2009 年 12 月 27 日,湘政发〔2009〕41 号。

南省民宗委办公室负责省级民族专项资金（民族文化）项目申报。在农村基层以文化建设方面，出台了《中共湖南省委办公厅、湖南省人民政府办公厅关于进一步加强基层文化建设的意见》[1]《中共湖南省委办公厅、湖南省人民政府办公厅关于进一步加强农民素质教育提高农民科技文化水平的意见》[2]《中共湖南省委办公厅、湖南省人民政府办公厅关于加强农村文化建设的实施意见》[3]等文件。

五 深圳市

1. 深圳市文化产业立法概述

深圳市是创新能力强、高新技术人才高度集聚的城市，具备国家创新城市与经济中心城市的双重地位，创新是其城市竞争力的核心，是粤港澳大湾区经济发展创新驱动力的提供者，应当担当先行者的作用，引领区域文化产业在产业结构、科技与制度上的创新。早在2003年，深圳就确立了文化立市战略目标，制定了一系列扶持推动文化产业发展的政策。2004年，在我国振兴和大力发展文化产业的大背景下，文博会应运而生，落户深圳。2005年12月，深圳市就连连发布了多项促进文化产业发展的政策，《关于大力发展文化产业的决定》[4]《关于加快文化产业发展若干经济政策》[5]《关于建设文化产业基地的实施意见》[6]《深圳市文化产业发展专项资金管理暂行办法》等规定增强了深圳文化产业的扶持力度。

2008年，深圳率先出台《文化产业促进条例》，在2019年又进行了修正。《深圳市文化产业促进条例》分为总则、创业发展扶持、出口扶持、资金支持、人才培养与引进、附则六章。总则部分，提出了促进文化

---

[1] 中共湖南省委办公厅、湖南省人民政府办公厅：《关于进一步加强基层文化建设的意见》，2002年9月9日，湘办发〔2002〕6号。

[2] 中共湖南省委办公厅、湖南省人民政府办公厅：《关于进一步加强农民素质教育提高农民科技文化水平的意见》，2003年6月10日，湘办发〔2003〕12号。

[3] 中共湖南省委办公厅、湖南省人民政府办公厅：《关于加强农村文化建设的实施意见》，2006年9月18日，湘办发〔2006〕26号。

[4] 中共深圳市委深圳市人民政府：《关于大力发展文化产业的决定》，2005年12月2日，深发〔2005〕18号。

[5] 深圳市人民政府：《关于加快文化产业发展若干经济政策》，2005年12月28日，深府〔2005〕217号。

[6] 深圳市人民政府：《关于建设文化产业基地的实施意见》，2005年12月28日，深府〔2005〕218号。

产业发展的五个原则：(1) 统筹规划、协调发展；(2) 鼓励自主创新；(3) 扶持特色和优势文化产业；(4) 强化知识产权保护；(5) 社会效益和经济效益相统一。其中 (1)、(2)、(4) 和 (5) 与《文化产业促进法》草案第三条中的"创新性发展""社会效益与经济效益相统一"、第四条中的"促进文化产业结构调整和布局优化"相呼应和第五条相统一。条例在第七条详细列举了市文化主管部门的八项职责。第二章"创业发展扶持"具体包括了建立健全交易服务平台、强知识产权保护制度建设、扶持文化产业园区和基地的建设、引导成立行业协会、发展文化中介机构、优先采购本国创新型文化产品、文化企业以及高新技术产业享受优惠、建立文化产业发展激励机制。第三章"出口扶持"鼓励和支持文化企业依法从事出口业务，开展国际营销，充分利用中国（深圳）国际文化产业博览交易会，组织有影响的文化商业项目到境外参加国际演出、评比和展览活动。第四章"资金支持"提出了支持文化企业通过发行债券、股票等方式在国内外资本市场筹集资金，文化产业发展专项资金的运作和管理以及投入绩效评估机制、年度评估、监督检查。第五章"人才培养与引进"包括的措施有文化产业人才的培养和引进机制的建立，文化产业教学、科研和培训基地的建立、民族（传统）文化的技艺大师的授业、高端人才和紧缺的专业人才的引入。

2010 年，深圳市《中共深圳市委办公厅、深圳市人民政府办公厅关于全面提升深圳文化软实力的实施意见》[①]，树立了建立创新型、智慧型、力量型城市文化的基本定位，加强公共智库建、国际文化创意中心、文学艺术、公共文化服务、"设计之都"品牌等多个系统工程建设。

2011 年，深圳市出台《深圳市人民政府关于印发深圳文化创意产业振兴发展政策的通知》[②] 以及《深圳市人民政府关于印发深圳文化创意产业振兴发展规划（2011—2015 年）的通知》，将文化与科技、金融推进深度融合，对十大重点产业进行总体布局，凸显"设计之都""创意城市"城市形象。

2012 年，《深圳市人民政府办公厅关于印发深圳市文化发展"十二

[①] 中共深圳市委办公厅、深圳市人民政府办公厅：《关于全面提升深圳文化软实力的实施意见》，2010 年 3 月 17 日，深办发〔2010〕4 号。

[②] 深圳市人民政府：《关于印发深圳文化创意产业振兴发展政策的通知》，2011 年 11 月 14 日，深府〔2011〕175 号。

五"规划的通知》①提出，将文博会打造成为国际知名品牌，培育文化创意产业龙头企业，重点建设和提升华侨城创意文化产业集聚区等园区基地，深圳报业集团、深圳广电集团、深圳出版发行集团努力做大做强，加大对网络游戏、数字音乐和网络书刊等新兴网络出版形式的扶持。"十二五"期间，市政府每年集中5亿元资金，设立文化创意产业发展专项资金，并设立深圳创意设计奖，加大政府对文化创意产品和服务的采购力度，建立符合文化艺术创作规律的青年人才和作品的评估资助体系。11月，深圳市人民政府发布了《关于促进文化与科技融合若干措施的通知》②，实施文化与科技融合"十大工程"。2013年，制定了《深圳市基层公共文化服务规定》③。

2015年，深圳又制定了《深圳文化创新发展2020（实施方案）》，创新是深圳文化发展的核心动力。在政策的推动下，深圳市文化创意产业成效显著，文化科技企业迅速崛起，例如华侨城、华强方特，连续入选全国文化企业30强。深圳市充分发挥自身优势，大力促进文化科技的深度融合，探索出了"文化＋科技""文化＋创意"等"文化＋"产业发展的新模式。一系列政策法规，有力地推动产业高质量发展，是文化产业成为深圳市国民经济新支柱。

2016年，深圳市人民政府办公厅发布《深圳市文化发展"十三五"规划》④，文件内容详细确切，规定了具体的文化公共设施（如深圳市当代艺术与城市规划馆、深圳文学艺术中心、深圳美术馆新馆、深圳图书馆调剂书库）、文化活动（如"深圳晚八点""温馨阅读夜""光影星期五"等常设公共文化服务活动）、品牌文化（如文博会艺术节、戏曲名剧名家展演、深圳读书月、创意十二月），在文化产业体系构建方面提出了许多举措，包括发挥"文化＋"的功能，推动文化创意园建设，利用文博会资源举办系列文化创意专业展会，支持文交所搭建新闻出版、广播影视内

---

① 深圳市人民政府办公厅：《关于印发深圳市文化发展"十二五"规划的通知》，2012年3月6日，深府办〔2012〕1号。
② 深圳市人民政府办公厅：《印发关于促进文化与科技融合若干措施的通知》，2012年11月20日，深府办〔2012〕52号。
③ 深圳市文体旅游局：《深圳市基层公共文化服务规定》，2013年4月11日，深文体旅〔2013〕200号。
④ 深圳市人民政府办公厅：《深圳市文化发展"十三五"规划》，2016年11月15日，深府办〔2016〕31号。

容版权登记和交易平台等。2018 年，制定了《深圳市文化创意产业园区认定管理办法》（2018 年）[①]。

2019 年，第十五届深圳文化博览会顺利举办。文博会汇集了 10 万多件海内外文化产品、6000 个文化产业投融资项目，大力推动了深圳文创产业向前发展。2 月 18 日，中央发布《粤港澳大湾区发展规划纲要》，为深圳文化的产业发展提供新的机遇，大湾区公共文化服务体系、文化创意产业体系、文化市场、文化生活等各方面都有了崭新的发展方向。在 2019 年 3 月 21 日的文化创意产业创新发展座谈会上，深圳发布了《关于加快文化创意产业创新发展的意见》。作为粤港澳大湾区中心城市和核心引擎，深圳正在以"文化创新发展 2020"为总抓手，努力打造全球区域文化中心城市和国际文化创新创意先锋城市。

2. 深圳市文化产业立法评析

深圳市在文化产业立法上表现出了因地制宜、多元创新、注重品牌、系统全面、针对性极强，其规划、实施方案、促进措施等政策可落实到各具体文化产业园区、文化公共设施、文化活动项目。此外，还需要加强以下政策支持：深化粤港澳大湾区合作，促进共同发展。粤港澳大湾区涵盖两种政治制度，三个独立的法律体制，给区域内文化产业所需生产要素的流动带来一定的阻碍，但是多元化的制度背景也为该区域带来独特的优势。政府所要做的应当是打通流动通道，引导要素流动，促进区域内资源的合理分配。资本的融通有利于区域资本优化配置，让资金流动到需要的地方发挥更大的作用，因此进一步健全资本流通体系，对推动区域文化产业发展有重要的意义。

[①] 深圳市文体旅游局：《深圳市文化创意产业园区认定管理办法》，2019 年 1 月 30 日，深文体旅规〔2018〕8 号。

第十三章

域外文化产业立法

我国文化产业领域的《电影促进法》已实施近两年,《文化产业促进法》(草案)也经过反复的修改,列入十三届全国人大常委会五年立法规划。可以说,目前我国文化产业法制建设已经进入了关键时期,参考和借鉴外国文化产业立法的具体经验对于我国《文化产业促进法》的制定以及我国文化产业法律体系建设来说都具有重要的现实意义。本章首先梳理不同国家对文化产业的界定、分类,其次对比不同国家对文化产业进行立法的内容,最后反思不同国家文化产业立法,以资借鉴。

第一节 不同国家对于文化产业的界定和分类

根据联合国教科文组织(UNESCO)和关税贸易总协定(GATT)[1]等国际组织文件中的界定,文化产业是文化性的创作、生产和配送的商品和服务的结合,受到知识产权的保护,文化产品和服务的首要经济价值来源于它们的文化价值,通过生产和利用知识产业,它们有创造财富和工作岗位的潜力。在分类上,文化产业通常包含印刷、出版、多媒体、视听、唱片、电影制品,以及工艺品和设计,在某些国家它还包括建筑、表演艺术、运动、乐器制造、广告和文化旅游[2]。在另一些书面文件中,文化产业又表述为"创意产业""版权产业"和"内容产业"等,这是因为文化产业的所指随着时代的变迁而变化,它的范围适应统计的需要而调整,它的具体称谓因为表达的习惯而不同。一个处于发展、变动中的文化产业概

---

[1] 即世界贸易组织(World Trade Organization,WTO)的前身。
[2] Guiomar Alonso Cano Alvaro Garzón Georges Poussin. 2000. Culture, Trade and Globalization: Questions and Answers [M]. Paris: UNESCO Publishing.

念，有助于在国家、地区政府在特定政策指导下，更准确地把握其发展规模，更及时地发现其中存在的问题，更好地为文化产业的发展出谋划策。

这里从不同国家、地区对于文化产业的界定和分类开始说起。

不同国家对文化产业的界定、分类不尽一致，这些区别反映了鲜明的时代特色、特定的发展面向和目标。在中国，台湾地区从 2002 年开始提出发展"文化创意产业"①，而香港地区则将其表述为"文化及创意产业"，后者由英语中的 Cultural and Creative Industry 直译而来，即"文化及创意产业"。在国外，英国将文化产业表达为"创意产业"（Creative Industry），美国为"版权产业"（Copyright Industry），法国为"文化产业"（Industrie culturelle），日本和韩国为"内容产业"（コンテンツ産業／콘텐츠 산업）。通过对比这五个国家对于文化产业的界定标准、时代背景和发展面向，可以发现：

一方面，国外对文化产业的界定和分类往往采取一定的原则、标准，而非简单地罗列和叠加。

其一，英国将创意产业界定为"那些起源于个人创造力、技能和才能，并且通过创造和开发知识产权来创造财富和就业机会的活动"②。根据1998年发布的《英国创意产业纲领性文件》，按照"就业人数—产值""成长潜力"和"创新性"三个标准，将创意产业分为广告、建筑艺术、艺术品与文物交易、工艺品制作、时尚设计、时装设计、电影及音像制作、互动休闲软件、音乐制作、表演艺术、出版业、软件开发、电视广播十三个类别。英国政府注意到，创意产业呈现出与其他产业融合发展的特质，于是通过对不同产业部门之间"重合"的方式创意产业进行界定。在数文媒体部 2018 年 12 月 6 日发布的《数文媒体部部门经济估算报告》中，创意部门按照与文化部门、数字部门相互重合的区域，被划分为四个类别，分别是：（一）无重合类：广告与市场推广、建筑艺术、时尚设计、翻译和口译活动；（二）创意部门与文化部门重合类：工艺品制作、博物馆、画廊和图书馆、摄影、表演和视觉艺术、文化教育；（三）创意部门与数字部门重合类：印刷出版（图书、报纸等）、电脑游戏、软件出

---

① 由"中華民國行政院"于 2002 年 5 月依照《挑戰 2008：國家發展重點計畫》制訂的"發展文化創意產業計畫"所確定。

② 详见英国数文媒体部（DCMS）于 1998 年编制的《英国创意产业纲领性文件》（The UK Creative Industries Mapping Document）中的定义。

版、电脑编程、电脑资讯活动；（四）创意部门与文化部门、数字部门重合类：电影、电视、广播、录影、录音。

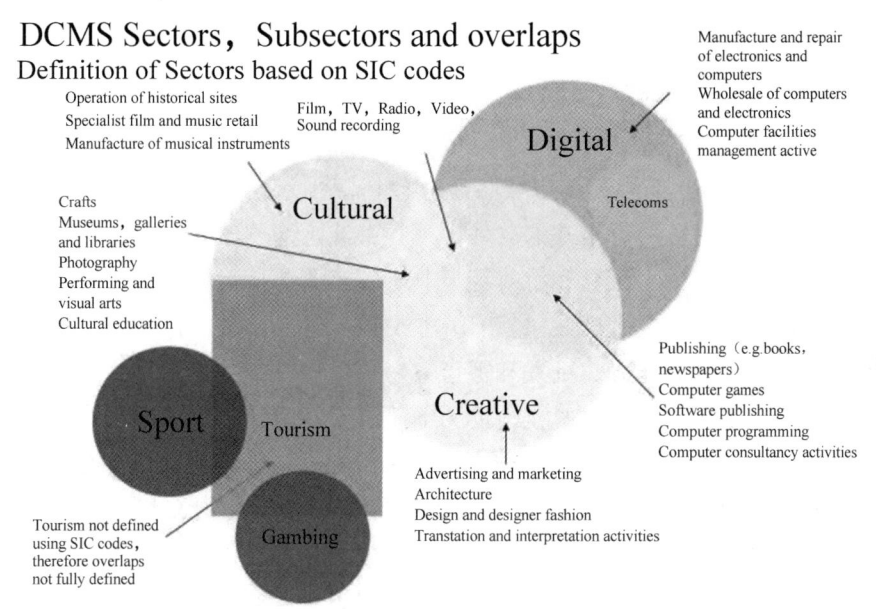

DCMS Sectors, Subsectors and overlaps
Definition of Sectors based on SIC codes

- Operation of historical sites
- Specialist film and music retail
- Manufacture of musical instruments

Film, TV, Radio, Video, Sound recording

Digital
- Manufacture and repair of electronics and computers
- Wholesale of computers and electronics
- Computer facilities management active

Cultural
- Crafts
- Museums, galleries and libraries
- Photography
- Performing and visual arts
- Cultural education

Telecoms

Sport　　Tourism

Tourism not defined using SIC codes, therefore overlaps not fully defined

Gambing

Creative
- Advertising and marketing
- Architecture
- Design and designer fashion
- Transtation and interpretation activities

- Publishing (e.g. books, newspapers)
- Computer games
- Software publishing
- Computer programming
- Computer consultancy activities

Civil Society spans across all industries, both within DCMS sectors and outside

Note: Size of shapes/overlaps not to scele

Soure: Office for Statistics Regulation, based on information provided in DCMS Sectors Economic Estimates Methodology Document

图 4-13-1　英国文化产业组成

根据各自的统计目的，英国的政府部门、行业协会等主体往往自行调整他们所理解的文化产业的范围——比如，为了统计税收减免情况，英国税务及海关总署（HM Revenue & Customs）将创意产业的范围局限于电影、高档电视剧、动画、视频游戏、儿童电视剧、戏剧和乐队[①]；又如，为了对调查对象进行细分，英国创意产业联合会（Creative Industries Federation）在 2018 年的一份报告中按照子部门关键特质划分四类，分别是"创意企业"（包括后三者）、"创意商业"、"津贴补助组织"和"自由职业者"。报告将创意产业分为 12 类：广告和市场推广、建筑艺术、工艺品、设计（产品、图形、时尚）、电影/电视/录像/广播和摄影、信息技

[①] 详见英国税务及海关总署（HM Revenue & Customs）于 2018 年 6 月发布的《创意产业统计报告》（Creative Industries Statistics）。

术/软件和电脑服务、出版、博物馆/画廊和图书馆、音乐/表演和视觉艺术、动画和视觉特效/音响效果。

其二，美国对版权产业的界定参考了世界知识产权组织（World Intellectual Property Organization，WIPO），认为版权产业即是"版权在其中发挥特定作用的活动和产业"。以版权因素在产业中发挥的作用大小为依据，美国将版权产业划分为"核心产业""部分产业""非专门产业"和"共生产业"四个部分，其中核心产业包括图书、期刊报纸、电影、录制音乐、广播电视、所有格式的软件、视频游戏，部分产业的范围包括纺织面料、珠宝、家具、玩具和游戏等，非专门产业包括运输服务、电信和批发、零售贸易等，共生产业包括 CD 播放器、电视设备、录像机、个人电脑等产品的生产制作方、批发和零售方。

其三，法国关于文化产业的定义不甚清晰，这是因为法国政府并不情愿将文化定义为"产业"，而是更多地突出其公共事业的属性。在对于文化产业分类的问题上，主要包括为展现传统文化服务的文化基础设施建设、文化设施的管理、图书出版、电影、旅游业等方面，而体育健身、广告咨询、信息传播和信息服务等文化产业的边缘产业、交叉行业则不属于政府的文化政策所强调的范围之内。

其四，日本对内容产业的诸多定义中，较受认可的是日本经济产业省于 2009 年作出的解释，即"在逻辑或者语言上比较难以说明'想要传达的'，通过影响、音响等技术向他者传递，这就是所谓的内容，而内容的制作和流通这种商务形式则构成了内容产业"[①]。还有学者的定义："运用日本拥有的文化资源，充分扩大关联商品、服务的输出，吸引海外观光客。为提高与中国、印度等工业大国制造品的差别化，通过运用日本固有的文化、生活方式的新制品、创意等感性诉求，寻求具有高附加值的服务。"[②] 在内容产业的划分类别上，比较有代表性的是日本数字内容协会于 2009 年发布的《关于数字内容市场规模和内容产业结构变化的调查研究》中，内容产业被进行了这样的区分：一是按照承载媒介，划分为由通过各种各样的传媒进行流通的影像、音乐、游戏、动画、声音、文字等表

---

① 経済産業省.2009.政策別に探す［EB/OL］. http：//warp.da.ndl.go.jp/info：ndljp/pid/286890/www.meti.go.jp/policy/index.html，2009 - 07 - 17。

② 饶世权：《日本文化产业的立法模式及其对我国的启示》，《新闻界》2016 年第 11 期。

现要素构成的信息内容和以数字形式记录下来的数字内容；二是按照类别，划分为影像业（电影、动漫）、音乐业、游戏业、出版业（图书、教材、动漫书刊）。

其五，韩国对文化产业的界定明显借鉴了欧洲的相应表述①，将其称为"内容产业"（Content Industry）或"数字内容产业"（Digital Content Industy），即"制造、开发、包装、销售信息产品及其服务的行业，具体有媒体印刷品、电子出版物、音像传播等"。在《基本法》修订版中，韩国为文化产业的定义中加入"数字内容"的概念。韩国将文化产业细分为15项具体的行业，分别是广播电视、报纸、杂志、互联网、广告、音像、演艺、卡通形象、漫画、动画、游戏、电影、出版、工艺、旅游。

另一方面，国外对于文化产业的界定反映了鲜明的时代特色，反映了其特定的发展面向和目标。

其一，英国是全世界最早定义现代意义上文化产业的内涵，同时也是最早制定相关战略发展规划及政策的国家。布莱尔政府在1997年"新英国"战略发展构想下，于1998年出台了《英国创意产业路径文件》，将文化创意产业提升至国家经济战略的新高度，由此明确提出"创意产业"（Creative Industry）的概念，并界定了它的内涵——尽管从内涵、外延上看，"创意产业"与先前的"文化产业"（Culture Industries）并没有太多实质性的区别。在当时，发展创意产业一方面被广泛地认为是搭上数字技术发展的"快车"，为英国艺术、媒体的未来找到的一条出路。另一方面，发展创意产业的计划与托尼·布莱尔的"新工党"现代化项目的联系非常密切，比如布莱尔认为中小型企业在促进就业增加方面有巨大的潜力（英国创意产业以中小型企业为主，促进了一大批人就业），明确指出"我们应该通过减轻行政负担，取消对小企业的烦琐规定及拓宽融资渠道来使个人建立企业变得更容易"。

其二，美国是目前世界上文化产业的第一强国。由于美国高度重视版权的保护，使用更多的术语是"版权产业"（Copyright Industry），可见法律作为一种保护机制对于该国文化产业发展的重要性——其《版权法》

---

① 1995年西方七国信息会议正式提出"内容产业"或数字内容产业。1996年欧盟发布《信息社会2000计划》将内容产业的内涵界定为"制造、开发、包装、销售信息产品及其服务的行业，具体有媒体印刷品、电子出版物、音像传播等"。

甚至可以追溯至 1790 年的华盛顿政府时期，经过了 200 多年的修订和完善而发展至今。

其三，法国是几百年来欧洲甚至全世界的文化中心之一，其文学、美术、建筑、电影等文化艺术取得了极高的成就，这与法国政府对发展文化的重视和支持分不开。一方面，政府认为应当把文化权利作为一项福利提供给公民，应当降低公民参与文化活动的门槛，使每个人都能平等进入、参与并享受文化；另一方面，政府将文化视作促进经济发展的有效途径，逐年增加文化投资的数额，后者在国家经费预算中所占的比例也在逐年提高。但是，法国对于本研究所探讨的"文化产业"概念采取了非常审慎的保留态度，这主要是出于法国对文化传统的尊重，对于"文化产业"所蕴含的商业属性、产业属性的质疑和抵触。尽管如此，包括文化部在内的法国政府部门在其出台的官方文件中还是使用了"文化产业"的表述，试图通过文化产业抵消包括英语文化、好莱坞电影等外来文化的影响，寻找民族文化生存的可能性，扩大传统文化的发展空间。法国的文化产业的基本发展路径是向内发展而非一味地扩大其外延，在这种思路的影响下，他们以一种审慎、保留的方式，为文化产业划定相对狭窄的范围。

其四，2000 年普京执政初期所面对的俄罗斯时局，可谓矛盾丛生、百废待兴，这不仅表现在社会转型过程中的政局动荡、经济疲敝和国际地位衰落等方面，更体现为文化软实力衰弱、国家认同感低落、意识形态真空和文化事业发展的迟滞上，失范、无序、混杂和多元等特点导致整个俄罗斯陷入前所未有的精神迷失和文化危机之中。具体表现为：国家意识形态陷入真空状态、投资不足造成文化事业全面衰落、低俗文化泛滥导致社会道德滑坡、文化领域国际形象一落千丈等。针对以上种种文化危机和社会病症，普京重拾俄罗斯传统文化精髓并将其与现代化强国战略相结合，提出了当代俄罗斯意识形态和文化价值构建的核心理念——"新俄罗斯思想"（Новая Российская Идея），"新俄罗斯思想"终于以总统令的形式在 2014 年底正式批准的《俄罗斯国家文化政策基础》（Основы государственной культурной политики）中明确为国家意志，成为今后一个阶段俄罗斯文化建设发展遵循的基本准则。

其五，日本是世界上文化产业第二大国，文化产业在该国国民生产总值中占有相当高的比例。20 世纪 90 年代，日本泡沫经济崩溃，制造业出口竞争力衰落。在政府的强势推动下，漫画、动画、游戏等文化产业快速

发展。目前，日本是世界上最大的动漫制作国和输出国，日本动画在全国

其六，韩国文化产业的发展起步较晚，但目前已经形成了风靡世界的"韩流"，可见该国文化产业的发展规模和影响力。在1997年亚洲金融危机的过程中，韩国政府对于外向型经济带来的国民经济脆弱问题进行了深刻的反思，进而发现了文化产业在经济增长中的潜力，1998年金大中政府提出"文化立国"的战略，并且相继出台了《文化产业振兴基本法》《文化产业发展五年计划》《21世纪文化产业前景》等文件，于2009年成立了专门性的政府机构"文化产业振兴院"（Korea Creative Content Agency，KCCA）。

第二节 不同国家的文化产业立法对比

以上我们通过对比、分析了各国文化产业的概念和分类，为研究的继续深入奠定了基础。为了推动文化产业的更好发展，各国普遍的做法是在文化产业领域内进行立法——作为制度性保障的文化产业立法有助于规定政府积极保护和促进文化产业的发展，有助于保护公民的基本文化权利。在我国，过去五年中，文化立法数量翻了一番，改变了我国长期以来文化领域立法较为薄弱的局面[①]。2018年3月，更有一部专门的《文化产业促进法》被建议列入全国人大常委会的五年立法规划。这里不妨以英国、美国、法国、日本和韩国为例，比较这五国文化产业的立法内容、立法宗旨和立法特色。

一 立法内容

（一）英国

英国除了作为基础的版权法，如1709年《安妮女王法》[②]、1843年《版权法》之外，并没有针对创意产业的发展制订专门性的法律法规。但

---

① 魏晓阳：《〈文化产业促进法〉未来可期》，http://cssn.cn/fx/201805/t20180504_4222981.shtml 2018-5-4/2019-8-13。

② 《安妮女王法》，原名为《为鼓励知识创作授予作者及购买者就其已印刷成册的图书在一定时期内之权利的法》（An Act for the Encouragement of Learning, by Vesting the Copies of Printed Books in the Authors or Purchasers of such Copies, during the Times therein mentioned），1709年由英国议会颁布，1710年生效，是世界上第一部保护作者权益的法律。

是该国包括数文媒体部（DCMS）在内的政府部门定期发布的各种报告和政策文件起到了一定的作用，这些作用体现在：一是为创意产业提供发展规划，比如1998年数文媒体部①下设的"创意产业特别工作小组"第一次发布《创意产业路径文件》（Creative Industries Mapping Document），指出政府要重视创意产业对经济的贡献，以及发展产业所面临的问题。2001年数文媒体部出台了《文化创意十年规划》（Culture and Creativity：The Next Ten Years），为英国创意产业的发展制定了中长期规划，同时"创意产业特别工作小组"第二次发布《创意产业路径文件》，回顾了创意产业几年以来的发展，要求人们更加重视创意产业发展所做出的贡献。二是统计和分析创意产业的经济贡献，比如数文媒体部在2007年、2009年两次发布《创意产业经济评估》（Creative Industries Economics Estimates），呈现了创意产业的总增加值、出口、就业数量和企业数量的统计数据，直观地反映了创意产业对英国经济的贡献——到了2016年10月，《创意产业经济评估》被《数文媒体部经济评估》（DCMS Sectors Economic Estimates）所取代，后者呈现了数文媒体部所覆盖的、包括创意产业、文化部门、数字部门在内的8个部门对英国经济的贡献，评估指标包括总增加值、地区增加值、企业数量和就业数量。三是培养创意产业人才、扶持中小型创意企业，比如数文媒体部在2018年3月发布的政策文件《创意产业：行业交易》（Creative Industries：Deal Sector）中就提到要启动"对可能最有效提高中小企业生产率和增长的行动的审查"，以营造更有利于创意产业发展的商业环境。四是推动有关机构利用数字技术等，比如负责传播通讯的次长卡特男爵（Lord Carter）于2009年公布了《数字英国》（Digital Britain）白皮书和实施计划，旨在将英国打造成世界的"数字之都"，提出要建成覆盖所有人口的宽带网络的目标等，以及数文媒体部2019年7月更新的《5G试验平台和试验计划》（5G Testbeds and Trials Programmes），旨在帮助有关行业了解按照国际标准部署5G新技术所面临的挑战。

英国传媒监管的独特景观是：自律监管，或称"行业自律"（self-regulation）、共同监管（co-regulation）、法定监管（regulation）三重模式交叉并存。

---

① 当时称"文化传媒体育部"（Department of Culture, Media and Sports）。

英国在报刊方面实行的是自律监管机制。第二次世界大战之后，解除了短暂的战时政府管控后，英国报刊界开启了行业自律监管时代。1953年，报刊业成立了"报刊业总评议会"（General Council of the Press）。1962年，成立了报刊业评议会（Press Council）。1990年6月，报刊业评议会被报刊投诉委员会（Press Complaint Commission，PCC）取代。2014年9月，PCC停止运行。目前，英国的报刊界自律监管进入了两个自律监管组织并存的新时期。其中一个名为"独立报刊标准组织"（Independent Press Standard Organization，IPSO），全英国绝大多数全国性报刊和1000多家地方性报刊已加入其中。另一个名为"铭刻"（IMPRESS），现在也有不少于31家的报刊机构加入其中。

英国的广播电视监管，实行法定监管和共律监管模式。英国《2003年通讯法》（Communications Act）颁布之后，成立了通讯办公室（Office of Communication）。该机构是英国电子通信和传媒领域独立、统一的监管机构，直接对议会负责。由此，英国成为应对媒介融合，率先成立统一监管机构的欧洲国家。通讯法确立了通讯办公室作为所有商业性的广播电视机构以及通信监管者的地位。

通信办公室具体的运行机制和监管方式是：通信办公室向议会负责；对于属于其监管领域的行为，制定规制法规并执行这些法规。通信办公室也有权力与竞争市场监管局一起执行竞争法。具体执法措施包括受理投诉，对于违反广播电视守则的内容播出行为和其他违法行为进行处罚。同时，通信办公室要向社会和监管对象提供履行职责的根据，进行市场和消费者的研究并发布研究报告和所搜集到的数据。BBC有自身独特的监管机制。根据BBC皇家宪章、政府协议和2003年通信法，BBC是由BBC信托（BBC Trust）监管。在2006年现行的皇家宪章颁发之后，2007年3月签署的谅解备忘录对于通信办公室和BBC信托在监管BBC方面的各自角色和责任进行了新的安排和界定。有些方面由BBC信托监管，一些方面由通信办公室监管，有些方面则由二者共同监管。比如，在节目标准方面，由BBC总裁提出BBC1和BBC2在播放新闻和事实节目的要求和安排，必须经过向通信办公室征询意见之后，才能够实施。2017年颁布的新一轮的皇家宪章扩大了通信办公室对BBC监管的权力范围，通信办公室成为BBC的外部监管机构。

在网络方面，英国将对于传统媒体的监管拓展到网络领域。即属于来自传统平面媒体的内容,纳入报刊自律监管系统;来自广播电视机构的内容,纳入广播电视监管系统。对于网络视频,在一开始建立了视频点播自律监管机制。后来发展成由行业自律机构与通信办公室共同监管,2016年之后完全由通信办公室监管。对于自媒体上的 UGC 的内容(包括社交媒体的内容和其他非专业内容服务提供者产生的内容和信息)由网络服务提供商以及各种主体参与的自律和共治的方式进行规范和约束。由此,英国对于网络 UGC 内容规范的基本格局:一方面英国政府并不直接从事网络内容的日常监管,另一方面英国没有专门针对网络内容管理的立法,而是沿用既有的法律,或是进行一些补充立法。对于网络内容的规范与净化工作,主要由互联网的行业自律组织网络观察基金组织(Internet Watch Foundation,IWF)来承担。其他主要的互联网信息内容行业自律组织有互联网服务提供商协会(The Internet Service Providers Association,简称 ISPA)、独立移动设备分类机构(The Independent Mobile Classification Board,简称 IMCB)、视频点播联盟(The Authority for Television on Demand,ATVOD)等。

表 4-13-1　　　　　　　美国文化产业立法示意

相关法	版权保护	《版权法》《版权保护期延长法》《数字千年版权法案》《防止数字化侵权及强化版权赔偿法》《版权和分配改革法案》《卫星家庭观众扩展和再授权法案》《知识产权保护和法院修正案》《家庭娱乐和版权法》《优先考虑知识产权资源和组织法》《卫星电视扩展和地方主义法案》《解锁消费者选择和无线电竞争法案》
	广播电视	《电信法案》
	艺术人文	《国家艺术及人文事业基金法》《联邦税收法》

(二) 美国

美国政府将文化产业视同其他产业一样,以市场为导向,奉行不干预的政策。在这一前提下,美国并没有一部直接以文化产业命名的立法文件、政策文件,因此通过与之相关的政策文件间接地梳理。首先,鉴于文化产业在美国又被称为"版权产业",可以发现版权保护为文化产业的发展奠定了的基础,版权立法构成了文化产业立法中的重要部分。前文提到,美国早在 1790 年就推出了第一部《版权法》,而现行《版权法》则是 1976 年颁布的版本,部分条款于 1980 年生效,载于《美国法典》第 17 编。在 1976 年《版权法》的基础上,美国政府不断推出新的法规,包括1998年《版权保护期延长法》[①]、《数字千年版权法》[②]、2000年《防止数字化侵权及强化版权赔偿法》[③]、2004年《版权和分配改革法案》、2004年《卫星家庭观众扩展和再授权法案》、2004年《知识产权保护和法院修正案》、2005年《家庭娱乐和版权法》[④]、2008年《优先考虑知识产权资源和组织法》、2010年《卫星电视扩展和地方主义法案》、2010年《解锁消费者选择和无线电竞争法案》等。其次,政府在文化领域的"去管制化"为文化产业争取了自由发展的空间,比如1996年《电信法案》推动了传媒所有权规制的调整,催生了一大批跨媒介、跨市场的大型传媒企业,也导致包括新闻在内的文化产品从此更全面、彻底地按照市场规律进行生产和经营。再次,政府对艺术及人文艺术项目的支持政策间接地推动了文化产业的发展,比如1965年《国家艺术及人文事业基金法》和1913年《联邦税收法》[⑤],前者保证了对非营利性文化项目的资助,后者则规定对非营利文化团体、机构和公共电视台、广播电台免征所得税,并减免资助者的税额,还规定包括"交响乐和类似团体"[⑥]在内的8种人文艺术组织可以享受免税待遇。最后,美国政府在文化产业领域采取了许多具体措施,包括前文提到的税收减免政策,以及专项拨款资助、鼓励国际贸易、吸引境外投资、培养文化产业人才等。

具体到传媒领域来看,主要的立法内容如下:

根据美国《无线电法》(1912年)的相关规定,无线电波频率是公有财产,由联邦政府管理。依据1934年的《通讯法》,电子频道资源同样属于公共资源,必须为公众利益服务。因此,美国对于媒体产权和市场占

[①] 《版权保护期限延长法》将自然人的版权期限、公司的版权期限分别延长至70年和95年。

[②] 《数字千年版权法》对网上作品著作权的保护提供了法律依据,为从事有关软件、电影、音乐等行业的公司提供了支持。

[③] 《防止数字化侵权及强化版权赔偿法》通过加大针对侵犯作品版权行为的民事惩罚力度,以法律形式保护计算机软件等创造性作品的版权。

[④] 《家庭娱乐和版权法》由四个部分组成,分别是"艺术家与防盗版法""家庭电影法""国家电影保存法"和"孤本作品保存法"。

[⑤] 美国《税法》于1913年颁布,经历了多次修改并沿用至今。

[⑥] 《联邦税收法》规定的八种团体分别是指"交响乐和类似团体""促进爵士乐发展的音乐节或音乐会组织者""合唱艺术团体""组织青少年艺术家演出的团体""组织艺术展览的团体""促进戏剧表演的团体""舞蹈艺术团体和学校""促进对历史文物欣赏和保护的团体"和"促进手工艺发展的团体"。

有率的规制,主要考虑两个方面的因素。一个是为了保障内容和信息的充分与多样性,对媒体交叉产权和媒体市场占有率方面有具体要求和限制。特别是广播电视领域,曾经有很严格的要求。1975年,联邦通讯委员会通过的报纸和广播交叉所有权规则,禁止为同一社区提供服务的公司拥有对报刊和广播电视的交叉所有权。但在2017年,联邦通讯委员会取消了对报刊和广播电视交叉所有权的规制。20世纪七八十年代之后,伴随着联邦通讯委员会推行"去管制"(de-regulation)的政策,这些束缚降低、废止了不少。另外一个方面是从市场竞争反垄断的角度所进行的考虑。在外资方面,美国《1934年通信法》规定,禁止向外国人或其代表颁发地面广播电视台的营业许可,外资对广播电视媒体的直接出资不得超过其资本金的20%,间接出资不得超过25%。电信法后来的修订中,规定外国公民不得拥有无线电视台。但是对于有线电视和卫星电视领域,对外资未做禁止性规定。对于外国法人和自然人收购媒体有线电视系统,美国联邦通讯委员会要进行"先决性公共利益审查",司法部还要进行反垄断审查。对于涉及电信业务的境外收购,还组成一个由多个政府部门专业人士组成的"电信小组"进行国家安全方面的审查。

在美国,传统报业组织依然是其新闻业的主流。报业创办人或家族为了能够始终握有对报纸办报风格和原则的控制权,多采取特殊股权结构的方式来进行。美国一些最具影响力的报纸如《纽约时报》《华尔街日报》《华盛顿邮报》都是如此。

在美国,设立平面媒体如同开办任何商业企业一样,只要满足商业注册条件即可,并不需要得到任何官方机构或社团组织的批准。例外的情形在于出现"交叉产权"的情况,此时独立监管机构(比如美国联邦通讯委员会,FCC)就可能也对报纸的创办加以干涉。

在广播电视方面,根据国会通过的通讯法成立的联邦通讯委员会,作为独立监管机构负责广播电视领域的监管,后来相关互联网领域也纳入到联邦通讯委员会的监管范围之中。监管措施具体包括审查许可、颁发广播电视执照、确立节目政策、监督广播电视机构的播出行为以及市场行为。通讯法也明确规定,在赋予联邦通讯委员会的监管职权的同时,并不允许它对于广播电视组织在内容采编方面进行事前审查。如果联邦通讯委员会制定的规则、采取的行为被认为违反了宪法,广播电视机构、公众、相关协会或组织可依法提起行政诉讼或宪法诉讼。

由于美国宪法第一修正案要求"国会不得制定关于下列事项的法律：确立国教或禁止信教自由；剥夺言论自由或出版自由；或剥夺人民和平集会和向政府请愿申冤的权利"，美国没有专门针对内容管理的政府机构。但是，由于互联网最早、最快发展于美国，美国对于互联网领域制定有大量的专门法律法规。美国是最早对互联网内容进行约束和管理的国家。美国关于互联网的信息法规，涉及面广泛，既有针对互联网的宏观规范，也有微观的规定，包括行业进入规则、电话通信规则、数据保护规则、消费者保护规则、版权保护规则等。专门针对内容方面的有诽谤和色情作品抑制规则和反欺诈与误传法规等。

此外，对于发达的社交媒体，美国政府也采取了一系列措施试图建立起完备的社交媒体治理体系，主要包括：加强社交媒体账号的规范化管理；重视社交媒体的公共伦理与隐私权；强化社交媒体的专业化运营；突出社交媒体在危机事件中的信息窗口作用；高度重视社交媒体的信息安全问题。2015年12月，奥巴马签署了《网络安全信息共享法案（2015）》，该法案允许美国国土安全部等情报机构向私营企业要求共享其用户信息和相关数据以应对国家安全威胁。

表 4-13-2　　　　　　　　**法国文化产业单行法结构示意**[①]

文化产业单行法	文化遗产	《保护及修复历史遗迹法》《古迹保护法》《建筑法》《博物馆法》
	图书出版	《图书单一价格法》《出版自由法》《交流自由法》
	广播电视	《电台和电视台法》《视听产品保护法》
	新闻传播	《新闻法》
	语言保护	《法语使用法》
	文艺教育	《艺术教育法》
	知识产权	《著作权法》《文化艺术产权法》《知识产权法典》
	数字文化	《创新与互联网法》《文化例外2号法》
相关法	财税支持	《文化赞助法》《电影资助法》《预算法》
	人才扶持	《文化宪章》
	文化管理	《外省化法》

---

① 表格引自蔡武进、彭龙龙《法国文化产业法的制度体系及其启示》，《华中师范大学学报》（人文社会科学版）2019年第2期。

(三) 法国

法国有重视文化产业发展的深厚历史传统，为此建立了一套完善的法律保障体系，其特点是"不制定统一的关于促进文化产业建设的法典，而是针对具体的文化产业领域出台专门调整某一领域社会关系的文化产业单行法律、法令"[①]，即实行在包括文化遗产、图书出版、广播电视、新闻传播、艺术教育、数字文化等各个文化领域的单行法模式。在文化遗产方面，法国政府出台了《保护及修复历史遗迹法》（1962年、1967年）、1967年《古迹保护法》、1977年《建筑法》、2002年《博物馆法》；在图书出版方面，出台了1981年《图书单一价格法》、1981年《出版自由法》、1986年《交流自由法》；在语言保护方面，通过了1994年《法语使用法》；在广播电视方面，出台了《电台和电视法》（1974年、1982年、1986年）；在新闻传播方面，出台了《新闻法》（1984年、1986年）；在知识产权方面，出台了1957年《文化艺术产权法》，更在1992年将本国与知识产权有关的单行法汇编成统一的《知识产权法典》；在艺术教育方面，出台了1987年《艺术教育法》；在数字文化方面，法国出台了2010年《创新与互联网法》、2012年《文化例外2号法》；此外，1974年《文化宪章》、1982年《外省化法》、1959年《电影资助法》和2003年《文化赞助法》分别从不同方面保障文化产业的发展，包括支持青年艺术家、文化管理由中央集权向地方分权过渡和更好提供资金支持等。

20世纪80年代以前的欧洲，传媒组织通常被看作政治体系的有机组成部分。这一体制具有两个基本原则：非政府和非商业。基于此，以广播电视为代表的、面向全国服务的、统一的媒介在欧洲多数国家应运而生。这种公共服务体制大多是通过一个强大的、高度集中的、有国家财政支持的、服务于全国的公共机构来提供。以法国为例。法国政府对报纸业进行资助，鼓励报纸宣传政府政策。同时，法国广播电视具有国家垄断传统。"二战"后，法国建立了唯一的广播电视机构——法国公共广播电视公司。公司负责人由政府内阁任命，向情报信息部长述职，国民议会决定对该公司的拨款，内政部官员直接对广播电视的内容进行监督。即使是20

[①] 蔡武进：《我国文化产业法律体系建设的进路》，《福建论坛》（人文社会科学版）2014年第10期。

世纪 80 年代媒介体制逐步改革后，政府和政治家依然对媒介企业具有一定控制力。

（四）俄罗斯

为实施文化大国重建战略，进入 21 世纪以来俄罗斯政府在"新俄罗斯思想"的统摄下构建形成了以宪法为立法依据，以文化立法等法律法规为基础保障，以《俄罗斯文化》等若干纲领性文件为发展规划，以强化国家文化奖励制度和文艺教育为辅助手段的文化政策体系。据俄罗斯文化部法律政策信息库网站统计，截至 2015 年，俄罗斯联邦共出台文化类法律法规及政策文件 8186 部，仅文艺事业活动方面就有基础文艺类政策法规 784 部，其中包括造型艺术类 3 部、电影艺术类 176 部、音乐艺术类 141 部、舞蹈艺术类 9 部、马戏杂技类 132 部、戏剧艺术类 171 部、民间文艺创作类 15 部等。此外，还包括文化遗产类政策法规 2625 部、博物馆类政策法规 1183 部等。这些政策法规在俄罗斯国家体制整体转型的背景下，紧密围绕掌控国家文化领导权，旨在维护俄罗斯文化话语权、保障公民文化活动权利、保护俄罗斯民族文化遗产与民族文化特色、发挥爱国主义与人道主义的文化价值、发展国家文化事业和文化产业、促进文化国际交流推广等国家核心利益，为实现国家文化认同和民族精神重建、推进普京时期俄罗斯文化治理和文化发展提供了制度保障和政策引领，为实施俄罗斯文化强国战略提供了重要支撑。

在报纸方面，俄罗斯有国有属性的报纸、也有国有资本与民营资本合营的报纸，也有民营的报纸。在苏联解体之前，俄罗斯的报纸均为国有，苏联解体之后，开始了报纸属性的多元时代。俄罗斯境内总共有 3 万多家报纸，根据 2017 年 3 月的数据显示，排名前五的报纸分别是《消息报》《生意人报》《公报》《俄罗斯报》《新报》。其中，《消息报》是苏联就有的报纸，在苏联解体后，1992 年 11 月 3 日开始私有化进程，2008 年至今由国有属性的俄罗斯天然气媒体公司掌控。《生意人报》在经过多次股权变更后归私营机构艾舍·斯曼弗所领导的传媒集团控股。《公报》在 2015 年前是由一家名为"SANOMA"的俄罗斯民营媒体与英国金融时报和美国华尔街日报合作出版，各占 33% 的股份，在 2015 年 11 月的时候由俄罗斯人德米恩·库德里维西弗获得该报全部股权。排名第四的《俄罗斯报》得到俄联邦国家财政预算的支持，属于俄罗斯国家控股媒体。排名第五的《新报》76% 的股份属于全体集团成员所有，14% 的股份属于一个叫列别杰夫的商人所有，此外10%的股份归米克哈尔·戈尔巴乔夫所有。《新报》属于政府财政支持的报纸。

在广播电视方面，全俄国家电视广播公司（VGTRK）是单一国有性质，始建于1990年，经营多个电视和电台频道。然而，国家并不是全额控股这些电视台，只占51%的股份，其余49%的股份被阿布拉莫维奇协会和国家媒体集团（NMG）持有。《今日俄罗斯（RT）》是2013年底由"俄新社""俄罗斯之声"、俄塔社和新闻网站smi.ru联合成立的一个非营利性机构，其国际频道完全由国家提供资金支持，包括英语、西班牙语和阿拉伯语的广播。国际电视频道"世界""俄罗斯公共电视台"也是由国家出资。

俄罗斯天然气媒体公司也控股着一部分媒体，这也属于国家控股，包括两个国家电视频道（NTV和娱乐频道TNT），以及卫星频道NTV-PLUS，五个电台，一个出版社，一些报纸和杂志等。俄罗斯国家媒体集团（NMG）也控制着大量媒体，分别拥有"第一频道""第五频道"和"REN TV"25%的股份，此外还拥有《俄罗斯新闻社》（PCH）和《消息报》的一部分股份。

在媒体私营资本方面，俄罗斯传媒大亨艾舍·斯曼弗，拥有Mail.ru集团公司超过50%的股份，其他的股东主要有南非传媒集团Naspers（27.6%），新媒体技术公司（一家俄罗斯公司）（17.9%）和中国腾讯公司（7.4%）。此外艾舍·斯曼弗还拥有《生意人报》，以及期刊《钱》《权力》《火》《周末》和《公司的秘密》等出版物的股份。

米克哈尔·普罗霍罗夫也是俄罗斯传媒界巨头之一，他的传媒集团"Onexim"控制着RBC传媒集团公司，以及一些杂志和网站，包括电视台《24小时莫斯科》和《莫斯科信托》，电台"莫斯科FM"，"莫斯科说"，报纸《莫斯科晚报》和新闻门户网站"m24.ru"等。《NTB》于1993年成立，之前由俄罗斯媒体大亨弗拉基米尔·古辛斯基的公司Media-Most所有。普京于2001年通过一些政治手段将《NTB》的股权转让到了俄罗斯天然气媒体公司的控制之下。

在2017年3月，最新收视率排名前五的电视台分别是："今日俄罗斯（RT）""第一电视台"俄罗斯24"俄联邦电视频道"和"NTB"。

俄罗斯的新媒体，主要是传统媒体开办的在线形态。2016年俄罗斯网络媒体排名前五的分别是"今日俄罗斯（RT）"、Life.ru、The Village、

RBC 和《消息报》。The Village 是一家具有自由主义倾向的在线新闻网站，属于一家叫 Look At Media 的传媒公司，RBC 新闻网站属于同名的俄罗斯 RBC 媒体集团，由米克哈尔·普罗霍罗夫领导的"Onexim"集团控股了 RBC 媒体集团。

2016 年 5 月到 2017 年 4 月，在俄罗斯使用人数最多的社交网站排名前五的分别是：联系网（VK）、Facebook、同学网、YouTube 和 Twitter。2014 年 Mail.ru 集团以 15 亿美元的价格收购了联系网（VK）全部的股份。Mail.ru 集团以提供邮件服务起家，现拥有联系网（VK）、同学网、我的世界三家社交网站，此外还有 Mail.ru 和 My.com 等门户网站。

根据 2016 年 5 月至 2017 年 4 月的数据，搜索引擎排名前五的分别是 Yandex、谷歌、Mail.ru、流浪者和必应。排名第一的 Yandex 是一家俄罗斯本土互联网企业，旗下的搜索引擎在俄国内拥有接近 50% 的市场占有率。其主要控股公司为 Yandex N.V.，在纳斯达克上市，超过 50% 的股份是自由流通股。流浪者是于 1996 年创立的俄罗斯互联网企业，排名第四，曾在俄罗斯多年占据第一搜索引擎的位置，辉煌一时，但是近些年来的市场占有率不断下降，被谷歌和 Yandex 远远甩在身后。

在媒体监管方面，在 2008 年，由原来的俄罗斯通信文化保护部，分离出一个部门，主要负责传媒监管，对电子媒体和大众传播、信息技术、通信、个人数据处理等方面进行监督，此外还对无线电活动及组织进行监督，确保以上组织和活动符合俄罗斯相关法律的规定。

俄罗斯对于境外资本进入俄罗斯有一定的限制。2014 年俄罗斯制定颁布了《大众传媒法》，该法于 2016 年 1 月 1 日生效。根据该法，外国资本不能拥有 20% 以上的俄罗斯媒体股权，且禁止外国人在俄罗斯担任俄罗斯大众媒体的创始人。具体来说：除非俄罗斯联邦和国际条约中另有规定，外国政府、国际组织，以及他们控制的组织、外国实体组织、外国公民、无国籍人士、拥有另一国国籍的俄罗斯联邦公民集体或个人等外国股东在俄罗斯大众传媒的资本不能大于 20%。除非国际条约、外国另有规定，国际组织，以及由他们控制的组织、外国实体组织、有外资参与的组织、外国公民、无国籍人士、俄罗斯公民或者俄罗斯法人同时是另一国国民的，无论是组织还是个人，都无权担任俄罗斯大众媒体的创始人，成为俄罗斯大众媒体的法人。

表 4-13-3　　日本文化产业立法示意

文化产业单行法	新闻/出版物/广播电视	《宪法》《国家公务员法》《地方公务员法》《民事诉讼规则》《少年法》《民法》《刑法》《放送法》《电波法》《电波监理委员会设置法》《放送法实行规则》《放送法施行令》《基干放送局开设有基本标准》《关于电波法地传播障害防止的规则》
	文化艺术	《文化艺术振兴基本法》《内容产业创造、保护及有效利用促进法》《促进美术品在美术馆公开法》《文字、印刷物振兴法》《重要文化的景观的选定与申请等相关规则》《电影盗版防止法》《展览会上美术品损害补偿法》《剧场、音乐厅堂等灵活运用法》
	信息通信	《电波法》《高度信息通信网络社会形成基本法》《电气通信事业法》《有线电气通信法》《网络安全基本法》
	观光旅游	《国际观光事业促进法》《国际观光酒店建设法》《旅行业法》《实施运用地域传统艺能等活动的观光及特定地域工商业振兴法》《促进外国人观光旅行简易化的国际观光振兴法》《观光立国推进基本法》《观光圈建设中观光旅客来访及滞留促进法》《观光圈建设中观光旅客来访及滞留促进法实施规则》
	知识产权	《著作权法》《著作权法施行规则》《著作权法施行令》《著作权管理事业法》《著作权等管理事业法施行规则》《知识产权基本法》

（五）日本

日本当前在文化产业方面的立法大致上分为五个方面[①]：一是规范新闻、出版物、广播电视的法律，比如1947年《日本国宪法》第13条[②]、第19条[③]、第21条[④]、第23条[⑤]为保护表自由提供了根本的依据，进一步为包括报纸、期刊和图书等内容产业的发展提供了保障，同时《国家公务员法》第111条、《地方公务员法》第62条、《民事诉讼规则》第11条、《少年法》第61条，以及《民法》《刑法》等法律法规也对新闻出版自由做出限制[⑥]，而广播电视方面的基本法律是1950年4月通过的"电

---

① 详见饶世权《日本文化产业的立法模式及其对我国的启示》，《新闻界》2016年第11期。
② 第十三条（尊重个人，国民有生命、自由和追求幸福的权利）：全体国民都作为个人而受到尊重。对于谋求生存、自由以及幸福的国民权利，只要不违反公共福利，在立法及其他国政上都必须受到最大的尊重。
③ 第十九条（思想及意志的自由）：思想及意志的自由，不受侵犯。
④ 第二十一条（集会、结社、言论等表现的自由，通信的秘密）：①保障集会、结社、言论、出版及他一切表现的自由。②不得进行检查，并不得侵犯通信的秘密。
⑤ 第二十三条（学术自由）：保障学术自由。
⑥ 梁关：《日本新闻媒介的自律与他律》，《国际新闻界》1998年第1期。

波三法",即《放送法》[1]《电波法》[2]和《电波监理委员会设置法》[3],相关的实施细则包括 1951 年《放送法实行规则》《放送法施行令》,此外还有 1951 年《基干放送局开设有基本标准》、1965 年《关于电波法地传播障害防止的规则》等专项事务法令;二是规范文化艺术产业的法律,这些比较明确的法律诞生于 20 世纪末文化产业思想规范文化艺术产业的法律发展成熟、文化立国战略已经确立的大背景下,具体包括作为基础法的 2001 年《文化艺术振兴基本法》、2004 年《内容产业创造、保护及有效利用促进法》,作为专门事务法的 1998 年《促进美术品在美术馆公开法》、2005 年《文字、印刷物振兴法》《重要文化的景观的选定与申请等相关规则》、2007 年《电影盗版防止法》、2011 年《展览会上美术品损害补偿法》、2012 年《剧场、音乐厅堂等灵活运用法》等;三是信息通信方面的法律,包括前文提到的 1951 年《电波法》[4]、2000 年《高度信息通信网络社会形成基本法》[5]、1985 年《电气通信事业法》[6]、1954 年《有线电气通信法》[7]和 2014 年《网络安全基本法》[8]等;四是观光方面的法律,包括 1950 年《国际观光事业促进法》、1951 年《国际观光酒店建设法》、1952 年《旅行业法》、1992 年《实施运用地域传统艺能等活动的观光及特定地域工商业振兴法》、1997 年《促进外国人观光旅行简易化的国际观光振兴法》、2006 年《观光立国推进基本法》,以及 2008 年《观光圈建设中观光旅客来访及滞留促进法》《观光圈建设中观光旅客来访及滞留促进法实施规则》等;五是知识产权方面的法律,包括 1970 年《著作权法》(1971 年全面修改)、1971 年《著作权法施行规则》《著作权法施行

---

[1] 《放送法》规定了日本广播协会和民间私营广播的性质地位、业务范围、经营管理。
[2] 《电波法》规定了电波和广播的技术问题。
[3] 《电波监理委员会设置法》规定了设置独立的委员会以全面指导和管理广播活动。
[4] 《电波法》于 1951 年制定,2014 年最终修订,旨在确保电波的公平、高效利用,规范电波的分配与适用。
[5] 《高度信息通信网络社会形成基本法》于 2000 年制定,2014 年最终修订,旨在确定高度信息通信网络社会的形成的基本理念、政策相关的基本方针,明确国家、地方团体的责任,设置高度信息通信网络社会推进战略部,制作、确定重点计划,重点迅速推进高度信息通信网络社会形成。
[6] 《电气通信事业法》于 1985 年制定,2014 年最终修订,旨在确保电气通信运营的正当、合理、促进公平竞争,保护利用者的利益,增进社会福祉。
[7] 《有线电气通信法》于 1954 年制定,2014 年最终修订,用以规定和调整有线广播。
[8] 《网络安全基本法》于 2014 年制定,旨在确保网络安全。

令》、2000年《著作权管理事业法》、2001年《著作权等管理事业法施行规则》、2002年《知识产权基本法》。

(六) 韩国

韩国从1998年开始陆续推出一系列针对文化产业的法律法规,形成了以"基本法"为中心、各领域专门法并行的基本格局。1999年,韩国政府通过了指导文化产业发展的基本法律《文化产业振兴基本法》,使韩国成为了世界上最早制定文化产业促进法的国家之一[①]。该法对文化产业概念进行了清晰界定,规范了文化产业的行业门类,并且制定了振兴文化产业的基本方针政策,为文化产业的快速发展打下了扎实的法律基础。在《基本法》及其执行法令、执法规则之外,韩国还有针对各个领域制定的专门法律、执行法令、执法规则,主要包括2016年《内容产业促进法》[②]《"内容产业促进法"执行法令》《"内容产业促进法"执行规则》、2014年《流行文化艺术产业发展法》[③]《"流行文化艺术产业发展法"执行法令》《"流行文化艺术产业发展法"执行规则》《广播法》[④]《"广播法"执行法令》[⑤]。此外,韩国还有《工艺文化产业促进法》《旅游促进法》《国家体育促进法》《文化艺术教育支持法》《关于促进报纸等的法案》《电影和录像宣传法》《印刷文化产业促进法》《出版文化产业促进法》[⑥]《著作权法》《电影振兴法》《演出法》《唱片录像带暨游戏制品法》等一系列专门法。

在作为文化产业重要组成部分的传媒领域,韩国针对平面媒体、广播电视构建了比较完善的法律体系。

在平面媒体方面,1987年韩国《新闻基本法》废除以后,全国性日报增加到13家。1997年以后大致形成了10大报的格局。尤其以《朝鲜日报》、《东亚日报》和《中央日报》"三巨头"局面为主。经过20世纪

---

① 穆宝江:《韩国文化产业发展与中韩文化产业合作》,吉林大学,2012年。
② 《内容产业促进法》旨在通过为内容产业发展提供必要事项,建立内容产业的基础。
③ 《流行文化艺术产业发展法》旨在为大众文化艺术产业奠定基础,并设置与企业、流行文化艺术家等有关的事项,以建立良好的流行文化,有助于提高人民的文化生活质量。
④ 《广播法》通过保障广播的自由和独立,提高广播的公共责任,促进保护观众的权利,形成民主的舆论,改善民族文化,促进广播的发展和促进公益事业。
⑤ 详见KOCCA官网. [EB/OL]. http://chn.kocca.kr/ch/main.do.
⑥ 详见11월에 새로 시행되는 법령을 알려 드립니다 [EB/OL]. http://www.korea.kr/news/pressReleaseView.do? newsId = 156082226 2015 - 10 - 28 / 2019 - 8 - 17。

80 年代的报业同业联盟以及政府的各种优惠政策的倾斜，已成为名副其实的报业财阀。这些报业财团虽然以股份有限公司的名义存在，但实际上资本的组成并不多样，大多维持以家族为中心的所有制体系。总体来说，韩国报业的所有制结构，是资本掌握支配权，以所有者为顶点，形成所有权、经营权、编辑权三权合一的结构。

在广播电视方面，韩国主要由三大无线电广播电视公司（同时经营电台和电视台）垄断，它们分别是完全公营体制的韩国广播公司（KBS）、公营体制与商业化运营相结合的文化广播公司（MBC）和完全民营体制的首尔广播公司（SBS）。

韩国政府对广播电视领域的规制一方面通过比较完备的法律规范，另一方面政府的文化观光部主要负责制定广播业发展政策，间接掌控频道资源分配。而具有半民间性质的自治机构"广播委员会"进行直接监管，不但明确规定电视剧分级标准、社会制作的节目配额等，而且在广告时间分配、广告内容、公益广告比重等方面进行监督。

韩国关于媒体的法律有如下方面：《反垄断以及公平贸易法》对垄断行为、非法营销行为、不公平贸易行为进行了相关的约束。同时针对报道费和广告费的合作问题，《公证买卖法》23 条对不公正贸易行为也进行了规定。

韩国在传媒产业政策制定方面，依循如下原则：（1）确立公平竞争的市场结构的政策；（2）能使新闻业投入的资源发挥出最大的效益的政策。鼓励把人力、物力、技术等要素向新闻产品充分扩充；（3）为了使新闻企业生产的新闻信息，有利于市民社会的形成，须制定能发挥中介作用的政策。通过政策促进思想与信息的多样性，以及思想的公开市场的形成。

韩国媒体仲裁委员会（Press Arbitration Commission，也译为韩国言论仲裁委员会）成立于 1981 年。韩国言论仲裁委员会于 2009 年对《言论仲裁法》进行了修改，把仲裁范围扩大到门户网站和网络电视媒体。针对新媒体，仲裁委员会有如下职权：（1）要求删除违法报道；（2）受理对错误或失实报道发表的评论引发的争议；（3）处理转发转载错误报道；（4）研究搜索网站删除错误报道的方案；（5）明确新媒体也在新的言论仲裁法适用范围内。韩国曾经认为综合性新闻网站、社交媒体等新媒体在法律上不是媒体，但仲裁委员会将"长期发布对社会的报道、评论、信息等新闻的电子刊物"看作"类似新闻服务",并将因此引发的纠纷纳入言论制裁制度的处理范围。

二 立法特色

其一,在英国,没有一部法律文件从宏观上对文化领域进行全面、系统地规定,但在文化产业的某些具体领域散落着一些法律、法规以规范此领域的发展,包括广播影视、遗产保护和新媒体等。另外,在税法、劳工法等其他领域的法律中,也有一些与文化产业相关的规定。

其二,美国已经形成了定位明确、层阶清晰、相互衔接、体系完备的文化产业发展法律体系。该体系主要由宪法、文化产业发展的基本法律、知识产权法、针对文化产业的行业性法律、其他相关法律等五种不同类型的法律构成,这些法律和法规为美国的文化产业发展提供了理念、政策和实践的法律指导和保障,使美国的文化产业发展有法可依,有章可循。[①]首先,宪法作为美国文化产业发展的基本法,它明确了文化自由权和平等权是公民的合法文化权益,明确了对专利和版权的鼓励和保护;其次,美国通过制定文化产业发展基金法,明确规定政府直接负有支持文化事业发展的义务;再次,在本土知识产权保护方面建立了以保护版权为核心、以注册登记制和财产权保护制为途径的完善的法律体系,同时还积极加入国际版权保护体系推动知识产权保护的国际化进程;最后,美国还制定了针对文化产业的行业性法律、与文化产业密切相关的法律。

其三,法国在文化产业领域所采用的立法模式,可以被理解为是一种相对分散的单行法结构,即法国没有制定统一的文化产业促进法,但是在文化遗产、图书出版、广播电视、新闻传播、艺术教育等各个文化行业,依靠文化产业单行法来进行具体的调整于规制。[②] 根据蔡武进等学者的研究,法国的文化产业单行法不少是对文化产业政策的总结和提升,因而法国文化产业基本原则一方面延循了文化政策的基本原则,同时又坚持和内化了基本法治精神,注重政府文化权力的规制和公民文化权利的有效保障,从国家、社会、公民三个层面,公民权利保障、传统文化保护、文化

---

① 刘恩东:《美国文化产业发展的法律支持体系》, http://www.ce.cn/culture/gd/201508/13/t20150813_6212153.shtml 2015-8-13/2019-9-16。

② 蔡武进、彭龙龙:《法国文化产业法的制度体系及其启示》,《华中师范大学学报》(人文社会科学版)2019年第2期。

安全维护三个角度强调文化产业法的站位。①

其四,俄罗斯文化产业立法主要是俄罗斯政府在"新俄罗斯思想"的统摄下,以宪法为其立法依据,以文化立法为主要内容,以《俄罗斯文化》等若干纲领性文件为发展规划,以强化国家文化奖励制度和文艺教育为辅助手段的文化政策体系。

其五,日本文化产业立法呈现出两大特色,一是专门化,二是延续性。一方面,正如我国学者所概括的那样:"日本文化产业的立法模式是特别法、专门法等单行法构成的体系有的特别法、专门法之间存在交错,比如规范新闻、出版物、广播电视的法律与规范文化艺术或内容产业的法律之间有交叉,但不能因此否认日本文化产业立法模式的专门法体系化模式。"由此决定了日本对文化产业法律的理解,没有普通法与特别法的区别,因而在法律适用上,只能适用专门法。另一方面,日本文化产业立法并非是经过预先通盘设计的,而是在早期相关专门性立法的基础上,随着具体社会环境、产业发展不断进行调整逐渐形成、完善的。

其六,韩国文化产业立法具有以下特点,包括:法律之间体系清晰、分工明确、配套制度完善、适合国情和区域特点。首先,韩国文化产业的三部基本法对于韩国文化产业有重要的意义,可以说没有健全法制体系就没有今天的"韩流";其次,韩国《文化产业振兴基本法》在规定了基本原则和方针的基础上,还规定了许多内容产业振兴政策的配套制度(如完成担保制度、指定优秀文化商品或企划的制度、价值评估机构的相关制度等),不足之处由其他调整个别领域的法律完善,形成了完整的法律体系;最后,韩国政府在文化产业制度建设方面充分考虑到了韩国国土狭小、民族成分单一、经济结构不均衡等国情,在制定法律的过程中保持了一定的灵活性以适合该国的实际情况。

三 不同国家文化产业立法的启示

通过以上分析,我们可以从英、美、法、日、韩等国的文化产业立法中找到值得反思与借鉴的地方。根据国内学者的研究,英、美、法、日、韩五国的文化产业的发展模式可以分为三个类型:分别是以美国为代表的

---

① 蔡武进、彭龙龙:《法国文化产业法的制度体系及其启示》,《华中师范大学学报》(人文社会科学版)2019年第2期。

"市场驱动型",以英法为代表的"资源驱动型"和以日韩为代表的"政策驱动型"①。而作为一种重要的调控手段、规制手段的立法与不同发展模式相对应,分别取决于、服务于以上三种发展模式,并且反过来形塑和强化了既有的发展模式。通过对这三种模式的分析,可以探寻国外文化产业的发展经验和对我国的启示。

在"市场驱动型"发展模式下,政府对文化产业采取鼓励自由竞争的立场。美国联邦政府不设置文化部,而是在各州层面上设置文化管理机构,遵循文化产业发展规律,给予开放、优惠的扶持政策,鼓励多元投资机制和多种经营方式。② 一方面,在充分掌握市场法则、严格遵守市场规律的前提下,美国文化产业通过产品开发、建立全球销售网络、宣传促销和捆绑销售等多种手段和方法,延长文化产品的产业链,实现利润的最大化;另一方面,为了推动文化企业的自由扩张、促进文化行业的充分竞争、提高媒体产业成熟度和国际竞争力,美国政府逐步放宽对媒体的管制③,具体包括1948年的派拉蒙判决④、1971年的《黄金时间机会条例》、1984年里根政府对传媒所有权限制的放松、1996年克林顿政府签署的《联邦电信法》放宽了对传媒所有权和跨媒体所有权的限制。

在"资源驱动型"发展模式下,政府强调文化多样性、自主性和地方性,鼓励文化创造和文化参与。对英国来说,该国悠久的文化历史、文化多样性以及深厚的文化积累,为该国创意阶层的形成提供了成长环境,具体包括:实施旧城改造,挖掘和利用城市文化资源;支持短期展览、社区艺术竞赛等活动;开设大量公共剧院、博物馆,营造艺术氛围;注重对创意人才的培养,激发创意才能;对法国来说,艺术和文化的财富超越于政治制度,是实现民族团结和同一性的强力保障,政府积极扶持文化产业的发展,具体来说包括以下几点:一是地区政府在文化产业发展上享有高度文化自主权,比如巴黎"白色之夜"和夜间游乐场、里尔火车站改造、马赛地中海文化主题博物馆等;二是传统文化场所的面目更新,包括鲁贝游泳池改建的博物馆、罗浮宫朗斯分馆、圣德尼发电厂改造的电影制片厂等。在国际贸易中,法国提出了"文化例外"的主张,强调文化产品的

---

① 熊澄宇:《世界文化产业研究》,清华大学出版社2012年版。
② 向勇:《文化产业导论》,北京大学出版社2015年版。
③ 同上。
④ 派拉蒙判决打破了好莱坞对电影产业的垄断地位,营造了相对公平的竞争环境。

特殊性，从 WTO 附属贸易规则上限制美国强势文化产品的入侵。前文提到，我国正处于文化产业法治建设的关键时期、窗口时期，《文化产业促进法》（草案）已正式列入十三届全国人大常委会五年立法规划。法国文化产业法对我国来说有重要的参考、借鉴意义——首先，应当在法治建设与文化建设相统一的基础上推进文化产业的发展；其次，政府对文化产业必须依法"干预"，走法治化的政府主导、市场推进与社会协同之路；最后，要以文化管理制度现代化为基础，将引导和保障创新作为我国文化产业法着力的关键点。

在"政策驱动型"发展模式下，政府对文化产业采取以政策为主导的立场，积极制定文化产业振兴政策，推动文化对外输出，重视文化产业的辐射带动作用。作为世界文化产业强国的日本、韩国，两国政府都把文化产业发展作为国家战略来实施，不断完善立法，推进战略规划，各自在全球范围内形成了竞争优势。对于日本来说，日本文化产业以动画、动漫、游戏、出版等为主，特别是动画产业在全球市场占据绝对优势，达到六成以上。日本独特的"行政指导体制"强调不直接运用法律手段而是以相关法令为依据，通过产业部门行政主管机构提出劝告、建议、指示、期望、要求、警告、命令等行政裁决方式，促使企业接受政府的意图并付诸实现——政府扮演文化企业的领航员、仲裁者、银行家和保护人的角色，给文化产业注入巨大活力[1]。对于韩国来说，韩国文化产业以影视、游戏、动画、音乐、民俗等为主，特别是韩剧影响巨大，在全世界刮起"韩流"旋风。韩国通过扶持建设一批文化产业园区，深入挖掘文化资源，推进创意创新，打造文化品牌，促进文化产业集聚发展。

世界文化产业发展历程表明，任何国家和地区的发展模式都不可能在另一地区简单复制，而一个国家和地区的区情特点和历史文化，又总是深刻影响着这一地区的现在和未来，深刻影响着其文化产业发展的实践活动。上述分析只是对国内外文化产业发展中几种比较典型的模式进行了概括，实践中文化产业的发展模式还有很多，如项目推动模式、文化产业园区带动模式、兼并重组模式、投资拉动模式，显然，任何一种模式都不可能孤立的起作用，都必须与其他模式相结合，在实际中权变地加以运用。发达国家文化产业发展的经验说明，各国政府在推动本国文化产业立法中

---

[1] 骆莉：《日本文化立国战略推动下的文化产业发展》，《东南亚研究》2006 年第 2 期。

都扮演了重要角色，尤其是在文化产业发展的初期。目前，我国的文化产业发展尚处于初期阶段，由于政府在国家经济管理中的特殊地位，往往能比企业更容易成本更低地获取宏观经济的信息，通过政府推动能够在发展效率和成本上占据优势。因此，政府往往成为推动区域文化产业发展的最初动力。此外，随着我国市场经济体制的不断完善，市场在资源配置中的作用不断强化，文化产品和服务中的商品特征日益突出。作为市场经济下兴起的新型业态，文化产业为了获得持久的发展动力，必须遵循市场经济自身的运作规律，政府的作用将逐渐弱化，从大包大揽的直接管理转向间接的、经济手段的干预。

第十四章

关于文化产业促进法立法的若干思考

2004年,"文化产业促进法"的立法工作就已列入中宣部《关于制定我国文化立法十年规划（2004—2013）的建议》，党的中共十八届四中全会审议通过的《中共中央关于全面推进依法治国若干重大问题的决定》，提出要制定文化产业促进法。2015年9月，原文化部会同中宣部、中央网信办、全国人大教科文卫委员会、发展改革委、科技部、财政部、原国土资源部、商务部、人民银行、税务总局、原工商总局、原新闻出版广电总局、统计局等部门建立文化产业促进法起草工作机制，组建了起草领导小组、工作小组和专家咨询组，2018年党的十三届人大一次会议将"文化产业促进法"列入了"未来五年的立法规划"。2019年6月27日，《文化产业促进法（草案征求意见稿)》发布。2019年12月13日，司法部发布《文化产业促进法（草案送审稿)》。按照立法工作程序，经国务院审议后报请全国人大常委会审议。"党的十八届四中全会明确指出，制定文化产业促进法就是要把行之有效的文化经济政策法定化，以健全促进社会效益和经济效益有机统一的制度规范。"[1]

至此，似乎关于文化产业立法的讨论研究便可以尘埃落定了。但是我们并不认为如此，毕竟这还仅仅是一个还未进入立法机关的草案送审稿。即使未来立法机关通过并实施了，仍需要探讨评估其立法的质量、实施的效果。因此，从科学研究的角度来说，探究文化产业促进发立法的相关问题，只有进行时，没有完成时。

---

[1] 司法部：《文化产业促进法（草案送审稿)》起草说明。

一 科学制定文化产业促进法要思考处理的若干关系

（一）立法目的与法律原则

立法目的是制定该法律主观上要达到的目标。与该部法律要遵循的法律原则之间是手段与结果的关系。在立法目的明确的情形下，法律原则具有特定的逻辑要求，否则，整部法律的实施，就有可能难以达到立法目的。由此，更为重要的问题是，立法目的必须明确、明晰。如果立法目的不明晰，或者偏离了立法初衷和立法的客观现实需求，或者要追求多重目的而这些目的是相互冲突的，即使通过利益平衡也难以协调的，这样的立法目的设定就不合理，那么立法原则也就难以准确确立，这也会严重影响立法质量，导致立法实施的效果难以预测。立法原则：不是立法活动的原则，是为了实现立法目的，体现在法律文本各个条款中的精神，也就是每一个条款所规定的内容以及所有条款组合成一个有机整体所包含的核心精神，通过这一精神外化为各项条款，立法目的得以实现。

如果立法目的不明确、表述不清晰、原则不科学，会导致立法的各个部分相互矛盾、相互冲突，或互不衔接、不具有可操作性。甚至会诱发新的违反犯罪行为。消费是人的本性所决定的，文化消费是人的感官需求和精神需求、情感需求的具体要求，因此，在经济发展到一定程度，人民的收入达到温饱之后，文化消费就是一个自然而然的事情。因此，文化消费本身不是文化产业促进法的立法目的。如果将促进消费作为文化产业促进法的目的，那就偏离了促进产业发展的动机。实际上通过要素市场的建设，通过人才的培养、通过更好的文化服务建设，是能够在收入一定的情形下，改变消费结构，更多用于文化消费的。消费的需求是产业发展的动力。

（二）宣示性条款与规范性条款

法律是一种公共政策，但是不同于一般的政策。一般政策仅仅是作为一种引导性的，政策主要表达的是政府要进行的行为，这种行为主要不是由法律来规范。但是，政府的行为会对于公民和社会组织的行为的范围、行为的领域的划定和调整产生影响。这些影响可以通过命令—要求性的途径来发生，也可以是通过引导、激励性的途径来实现。国家、政府期望个人或社会组织通过特定的行为达到怎样的目标，这就需要通过立法的方式，通过一些激励性的规范、诱导性的规范、命令或禁止性的规范来引导人们的行为。

文化产业促进立法，需要宣示性的条款，这就是把已经通过实践证明的符合经济规律、符合文化产业发展规律要求的政策肯定下来，其实就是对于政府要积极作为，或消极不作为的情形做出规定。我们现在处在社会转型期，各种观念、各种利益博弈激烈。稍有不慎，就有可能回头或倒退。文化产业立法也需要规范性的条款。因为法律本身就是行为规范的集合。没有规范性条款，法律不具有可操作性，法律就难以实施。如果法律不通过相关的行为规范，引导人民更多地愿意从事文化产业领域的生产经营行为，比如愿意来投资、愿意去融资、愿意去研发、愿意去生产、愿意去开发、愿意去营销和服务、愿意去从事各种要素市场的相关行为，那么，这个促进法就是不能落地，法律就无法实现其立法目的的。

（三）经济杠杆、法律制度的保障

无论是政策、还是法律，如果以促进产业发展为目的，其前提都需要在制定这些制度性的文本时，要透彻人性，以及基于人性的特质而决定的经济发展规律。经济杠杆的调节对经济的发展具有重大的影响乃至决定的作用，这是一条经济规律。因此，促进产业发展，一定要注重运用好经济杠杆。文化产业不同于其他行业，主要在于其生产的内容性产品有价值观要素，特别是对于强调价值观一元的国家和地区，这更是文化产业、内容产业监管的重要问题。同时，人类社会长久形成的相关伦理道德、文化习俗、宗教意识，也导致不同国家不同民族对于内容的要求和禁忌，既有普遍一致的要求，也有各自特殊的规范。

正是由于精神领域的产品的标准的复杂性，因此，对于内容标准一刀切也往往是不可行的。同时，历史也表明，对于内容标准一刀切，会形成寒蝉效应，影响创意，阻碍思想、文学、艺术、各种文娱形式的创新繁荣，也会阻碍产业的发展。所以，对于内容的规范，除了要进行直接通过立法或其他形式表明"禁载"要求，同时，还可以通过对于内容的分类，针对不同类别，通过经济杠杆来对不同类型的内容的创作、生产进行调节，以促进更优质的内容的创作，限制性的内容的制作和传播，还较小对产业发展带来不利影响。比如有些国家对于具有更多艺术性但是难以获得更多大众接受，其市场价值难以实现的作品予以特定资金支持的制度，间接来说也有助于文化产业的发展。因为这些创意未来都有可能成为文化资源，或文化产品的原材料。同时，一些国家对于一些不适宜所有社会成员接触的内容，通过分级制，对于不利于未成年人接触的内容产品，通过法律设定更高的税率，来去控制这类内容的生产和传播，等等。当然，在互联网时代，针对可能会是人产生沉迷、特别是青少年沉迷的文化产品，也可以通过经济杠杆的形式，进行相应的控制。

（四）政府调控与市场调节

产业的活力来自市场。我国社会主义市场经济的发展，政府职能的转变，政府从办产业向管产业，从资产所有者向资本所有者转变，就要培育合格的市场主体。因此，文化产业促进立法，就促进的主体而言，当然是政府，但是政府促进作用的发挥，除了积极地通过经济杠杆，提供各种优惠保障措施之外，更为主要的是政府如何从过度陷入经济事务的直接运行一定程度地抽离处理出来，将资源配置的功能更多让市场发挥，不同避免扭曲市场信号。当然，市场的作用，也会有失灵，也会被操纵，还会有各种不正当竞争的情形存在。政府的作用更多要在建构统一文化产品市场、要素市场方面发挥引导作用，消除和减少阻碍统一市场形成的各种制度性屏障，维护好市场秩序，而不是替代经济组织直接参与市场活动。对于相关扶持性资金的使用也尽量通过竞争性的方式来选择支持的对象，将资助对象行为的经济效益和社会效益按照一定的权重作为选择的条件。

对于国有文化投资机构，不能将其看作政府的附庸。既然投资是一种商业行为，依然要以投资的经济回报作为首要考虑的因素。有资料表明，全国3000多个文化园区，有2/3都处于闲置荒废状态，不能不说是在投资建设之前对经济效益、投资回报缺少必要的考虑有关。处于荒废或闲置的园区，浪费了大量资金、资源，也没有带动更多的就业、也没有为人民的文化消费和精神需求的满足带来更多的影响，其社会效益也无从谈起。

（五）政府规制、行业自律、产业联盟、维权组织

就产业发展而言，当政府管不了、管不好、管起来成本过大的时候，让产业发展更多地让位于市场机制，这并不意味着放手单个产业主体沉浮于市场的波涛中。行业自律、维权组织以其特定的属性和功能，应充分发挥其作用。同样，在避免政府基于长官意志、有限的信息制定的可能严重脱离实际的计划或行政命令的方式组织生产和流通的时候，产业联盟、各种中介机构、平台则可以更好地发挥作用。通过行业自律组织，形成行业自律规范和相关标准，通过维权组织帮助从业者和经济组织化解风险，更好地保障权益和解决纠纷，通过产业联盟、各类中介、平台为资源流动、

整合、产品生产、销售、服务提供便利和条件，这样才能够走出源自高度集中的计划经济体制而引发的改革过程的一放就乱、一乱就管、一管就死的怪圈。历史证明，过度管控，最直接最突出的表现就是高度集中的计划体制曾将国民经济拖入濒临崩溃的边缘，"放"是建设有中国特色的社会主义道路、走市场化道路是必由之路。如何放是一个关键问题。因此，消解政府的外在强制，更好地发挥内生于市场、内生于产业、内生于经济组织本身的相关组织的作用，是"放"的一个硬币的两面。

（六）不同属性、不同规模的经济主体的地位

产业促进法，要为所有性质的产业组织提供公平的竞争环境，同时还有为天然具有弱势地位的中小企业提供更多保障。

产业促进法，目的是解放生产力，激发内生动力。而真正具有内在动力的是资本的所有者对于资本收益的追求。由此来看，那些民间投资者实际上会更加具有责任心。所以，对文化产业领域的各组织，当国有企业依仗国家资本或拥有的更多文化资源、更多准入资质和经营特权的话，发展出更大规模，这实际上说明，如果民营资本与国有资本有同样的准入机会、可以获得同样的资质，同样也可以发展成支柱性的产业组织。与此同时，在支柱性的产业组织之外，文化产品的丰富、服务的便利多元，更是众多中小微民营组织个体来承担。因此，文化产业促进法应该对割裂不同所有制的文化经济主体赋予同等的地位。

对于文化产业的促进，应该给予中小微企业的制定特殊政策：文化产业的生产，包括内容性的产品，包括含有创意的、非物质文化遗产要素在其中的各种工业性制造或手工制作的产品，也包括提供餐饮旅游服务等，这些领域，个体、小微企业都可从事。众多小微企业不仅解决自身的生存生活奔小康富裕的问题，还可带动就业。但是，小微企业不同于具有一定规模的公司制企业，内部治理结构、财务账簿等也难以按照标准的公司规范进行。因此，如何在小微企业的征税管理、信贷政策、专项基金的获取等方面，制定适合其需求的优惠政策，保护其权益，应是产业促进法应有的内容。

（七）文化资源保护与商业开放利用

文化产业生产的产品和服务也要消耗原材料，这些原材料，除了一定的物质性原材料，研发设计人员的创造性智力成果，还包括以传统文化非物质遗产形态存在的人文成果、乃至自然环境为资源。这也就是文化产业不同于其他产业的特殊性所在。因此文化资源往往也是特定地区特定人群

世代的生活和生产建设赋予其深厚的文化内涵的存在。如果人为改变，或因为不当商业利用而招致其受到损害、变异，这不符合人类自身存在的意义。所以，文化产业促进法在为文化企业发展提供各种杠杆激励、权益保障的同时，对于如何利用文化资源应该做出科学理性的要求。这是一个典型的社会效益优先的问题。也就是说，对于这类资源的开发利用，无论是公益性的，还是商业性的，都不能以损害、破坏、扭曲、毁灭文化资源为代价。

二 关于文化产业促进法的原则

（一）法律原则的意义与分类

法律基本原则"是整个法律活动的指导思想和出发点，构成法律体系或法律部门的神经中枢"，[1] 文化法的基本原则，是指文化法体系所贯彻的、体现文化法的基本价值理念的法律原则。[2] 文化法作为一个新兴的法律部门，各国难有统一之法典。因文化法规范之分散，文化法要成为一个相对独立而且完整的法律部门，更需要有文化法之基本原则的整合作用与协调作用。[3] 进一步具体到文化产业领域，根据我国关于文化产业领域的界定，范围也较广，在制定产业促进法的时候，也需要相应的法律原则的整合和协调作用。

在与立法相关的原则中，有不同层面、不同功效的原则。具体有政治原则、立法行为原则、贯彻立法宗旨的原则（这也是通常所言的该法的原则）。政治原则，这是一个国家主流意识形态体现在该国全部法律体系的制定中的指导思想。在我国就是执政党的意识形态的要求，坚持党领导一切的具体体现。立法的技术原则，就是如何制定法律所秉持的态度和方法。比如民主立法、开门立法；宜粗不宜细；分类进行等。而贯彻立法宗旨的原则，这关系到这一法律制定是否科学、立法目的能否实现的问题。因为这些法律原则体现贯穿整部法律的价值理念，制约整部法律的各项条款，是一部法律是否科学、是否有质量的核心问题。我们称之为该部法律的立法基本原则。一部法律的立法基本原则是立法过程中的转换载体和必

---

[1] 沈宗灵：《法理学》，高等教育出版社1994年版，第40页。
[2] 周刚志、李琴英：《论"文化法"：契机、体系与基本原则》，《江苏行政学院学报》2018年第6期。
[3] 同上。

经环节。①

在各种立法进程中，实质就是立法者在自觉或不自觉地揭示和反映社会基本结构和内在运行机理的基础上，按照自身的价值愿望和意志追求，梳理和拟定符合其要求的关系形态和行为模式，赋予不同的现实活动及其实际结果以不同的合法性，并辅之以法律上的对待——或者保护、容忍或者抑制、打击——给予法律责任的设定。② 因此，科学的立法应该是恰当表述立法基本原则，如有多项法律原则需要注意思考其中的相互关系。

（二）文化产业促进法草案中的"法律原则"

2019年6月22日文化部发布的《文化产业促进法（草案征求意见稿）》、2019年12月13日司法部发布的《文化产业促进法（草案送审稿）》。两份文件相比较，两份文件都是75条，后者对前者的9个条文进行了修改。

在完全保持不变的其余条文中，其中第三条的内容是"第三条［发展方针］国家坚持以人民为中心，坚定文化自信，坚持中国特色社会主义文化发展道路，坚持为人民服务、为社会主义服务，坚持百花齐放、百家争鸣，坚持创造性转化、创新性发展，坚持弘扬社会主义核心价值观，坚持社会效益优先、社会效益与经济效益相统一，推动文化产业高质量发展"。

这一条的关键词是"发展方针"、表述的内容有多重意义。根据法学原理，有一些属于政治原则，一般法律原则，有一些属于文化产业立法基本原则，有一些属于具体方法和手段的非原则性意义。其中"国家坚持以人民为中心，坚定文化自信、坚持有中国特色社会主义文化发展道路，坚持为人民服务、为社会主义服务，坚持百花齐放""弘扬社会主义价值观"这些属于政治原则；"坚持社会效益优先、社会效益和经济效益相统一，推动文化产业高质量发展"属于该法的立法基本原则的表述；"坚持创新性转化、创新性发展"属于具体方法和手段的表述。

曾有学者对于我国学者在研究文化立法中，有关文化立法或文化产业立法应该坚持的立法基本原则的主场和阐释存在的问题进行过归纳概括：

---

① 石东坡：《文化立法基本原则的反思、评价、重构》，《浙江工业大学学报》（社会科学版）2009年第6期。

② 同上。

其一，尚未区分政治原则和法律原则。政治原则不能够对于文化立法中的权利义务的配置提供相应的比较直接的指导和引领。其二，尚未区分一般原则和特有原则。尚且停留在一般的立法原则的层面上，缺乏对于文化立法基本原则的特殊性的认识和把握。才是文化立法基本原则的出发点和落脚点。其三，尚未区分立法的指导思想和基本原则，忽视立法基本原则的相对独立性。①

（三）文化产业促进法的立法基本原则的"实然"和"应然"

文化领域，无论是事业领域、还是产业领域，还是更为广泛和抽象意义上的文化，由于不同于物质生产领域，具有精神性特点，因此，强调其最终对于社会的影响是积极的、正面的、美好的，这是毫无疑问的。这也就是在文化领域强调"社会效益"的意义所在。现在文化产业促进法草案拟定的立法基本原则呈现为"坚持社会效益优先、社会效益和经济效益相统一"这样一种实然状态。新时期文化产业的发展，要依靠良好的法治环境，通过科学立法来促进其发展。这也正是我们正在进行的文化产业促进法的立法活动的原因所在。就文化产业促进法的立法而言，如何能够通过立法实现文化产业的"双效统一"，是一个需要深入研究的问题。

党的十九届四中全会通过的《中共中央关于坚持和完善中国社会主义制度、推进国家治理体系和治理能力现代化现代化的若干重大问题的决定》，首先指出中国特色的社会主义制度是党和人民在长期实践中探索形成的科学制度体系。紧接着提出，坚持和完善党的领导制度体系，要提高科学执政、民主执政、依法执政的水平。因此，科学立法是在执政党科学执政、依法执政的基础，是我们推进国家治理体系和治理能力现代化的具体路径。

文化产业促进法，这一法律的功能不言而喻在于促进文化产业发展，就是要进一步解放文化领域的生产力，使之更好更快发展。从产业角度看，发展就是效率更高、规模更大、品质更优。文化产业促进法只有在为文化产业经营主体提供良好的法律保障的情形下，才能解决发展的内生动力，使文化产品和服务变得丰富、多元、优质，法律实施的效果与立法目的相一致。这实际上也是提升国家硬实力、软实力的必经之路，是满足人们对美好生活需

---

① 石东坡：《文化立法基本原则的反思、评价、重构》，《浙江工业大学学报》（社会科学版）2009年第6期。

求的重要条件。所以促进产业发展，人们对美好生活需求的实现，获得感、幸福感的提升，不仅是社会稳定的基础，也是对现行政治制度的合法性的有力证明、是夯实执政之基的最好保证。这便是最大的社会效益的实现。由此经济效益和社会效益在文化产业不断向好的发展中走向统一。

如今，我们要制定文化产业促进法，这也就应该体现为该法的立法宗旨。由此，逻辑地，文化产业法的立法目的是提升整个产业领域的发展速度，保障具体经济主体有更好的经营条件，获得收益，来生产提供更多更好的文化产品。文化产业促进立法就应该坚持发展的方针，要注重对于整体产业和个体文化经济组织的效率、经济效益的促进，对于阻碍产业发展，遏制产业发展内生力的因素，对于文化产业组织在经营过程中会面临的风险，通过立法，通过制度设计、制度建设、权利义务的设定，进行降解。这部立法，如果不是首先考虑效率价值、而是首先考虑如何保障和提升文化产业经济组织的效益和从业人员的权益，其实就不需要制定这部法律。因为我们已经有了很多关于文化领域的监管法律，那些立法，都是从首先确保维护社会效益的原则出发进行制定的。之所以还需要制定产业促进法，是因为这些既有的立法或政策，对于产业的发展，某种程度上还是妨碍、限制。因此，如果还重复关于行业监管的法律原则，这样的立法难以达到促进产业发展的目的。新中国成立以来的历史经验表明，仅仅强调社会效益、不尊重经济规律，不注重发展，社会效益也难以实现。

当然，文化产业领域的产品，更多体现为含有价值观、思想、意义、审美要素的信息、创意内容，会对于消费者、也就是社会成员，尤其是未成年人的思想、观念、行为、品位等产生影响。所以，对于文化经济主体的生产提供的产品和服务，也要针对其可能引发的不良社会后果，也就是会损害公共利益的问题，进行相关的义务设计以避免和防范，或为追究法律责任提供依据。因此，理性的产业促进法，在强调效率价值的同时，还要坚持维护公共利益原则。

在现实中，往往将"坚持社会效益优先"习惯性理解为要加强"管制"。在这样的思维制约下，逻辑地，一部法律的所有条款都要首先考虑"社会效益"，实际上就是又在给行为主体施加更多管束、义务；产业发展所需要的那些条件都难以通过立法切实建立起来。如此便难以真正促进产业发展。产业不能发展，经济动荡、停止、衰退，这便是社会不稳定的根源，实现"社会效益"也就成为一句空话。如果法律实施的结果与立法宗旨、立法目的相反，这不是一种科学的立法。

回顾我们的历史，尤其是改革开放的历史，中国人从来没有像今天这样自豪和自信过，因为我们有过去不可比拟的物质生活和精神生活。这恰恰就是由于改革开放，坚持发展就是硬道理，也就摒弃过去不讲效率、不讲经济效益的"穷过渡"、缺少现代性、合理性、逻辑性的口号式原则"抓革命、促生产"，如此，才有了我们的经济腾飞，才有了今天最强有力的执政党执政的合法性的依据。因此，切实贯彻经济效益原则于产业促进法的每一个条款，不仅使产业本身得以促进发展起来，同时也为社会提供极大的精神文化产品，满足人民对美好生活的向往的需求，人民安居乐业，获得感、幸福感提升，自然接受现行的统治秩序、治理体制和机制。这便是最大社会效益了。反之如果亦如既往地理解"社会效益优先"，不讲求经济效益，活着为了所谓的"社会效益"而可以牺牲"经济效益"，实际上就是又在给行为主体施加更多管束、义务；产业发展所需要的那些条件都难以立法建立起来，产业不能发展，经济动荡、停止、衰退，这便是社会不稳定的根源，优先强调的"社会效益"也就成为一句空话。法律实施的效果与立法宗旨、立法目的相反。从现代化、现代性的意义上来说，这样的立法缺少合理性，这也就是一种科学的、现代的立法，显然，这和我们现在强调，尤其是十九届四中全会提出的推进国家治理体系和治理能力现代化。

现代化理论的奠基人马克斯·韦伯从分析资本主义的起源入手，总结和归纳出资本主义社会与前资本主义社会的不同，继而为人们认识此前的传统社会与此后的现代社会提供了方法论意义的指导和理论基础。社会的转型，就是指前现代社会在其历史演进中逐渐具备了现代性，最终转化成一个现代社会的过程。按照韦伯的观点，现代化主要是一种心理态度、价值观和生活方式的改变过程。换句话说，现代化可以看作是代表我们这个历史时代的一种"文明的形式"。现代化就是"合理化"，是一种全面的理性的发展过程。"归根到底，产生资本主义的因素乃是合理的常设企业、合理的核算、合理的工艺和合理的法律，但也并非仅此而已。合理的精神，一般生活的合理化以及合理的经济道德都是必要的辅助因素。"

所以，文化产业促进大的基本立法价值，在应然的意义上，应该是将追求经济效益原则作为手段性价值，社会效益作为目的价值。必须先利用好手段，目的才能实现。因此，作为立法的基本原则，在具体条款中展开的应该是如何是文化产业发展更具内生动力,也就是社会主体更愿意从事文化产业领域的生产经营,更愿意将更多投资投入这一领域,有更优秀的人才愿意进入这一领域,进而带动这一领域的新技术不断研发、应用;新产品、新模式、新业态不断涌现。

因此,科学的立法,就文化产业促进法而言,效率价值应是该部立法的基础价值,发展原则应体现在每一个条款的规定之中。维护公共利益原则是确立政府行为、文化产业各类组织和个体的行为边界的依据,保障社会效益最大限度实现是文化产业立法的终极性目标。如此,文化产业才能切实实现"双效合一"。

三 对于《文化产业促进法(草案征求意见稿)》与《文化产业促进法(草案送审稿)》的评析

显而易见,这部法律草案的文稿所彰显的价值追求,对于未来我国文化产业的更快更好的发展,进而带动我国文化事业的繁荣,人们更充分更有质量的文化消费,获得幸福感、满足感意义重大。我们都知道政策虽然具有与时俱进性、灵活性,但是相比较于法律,其不稳定性也是很突出的。通过法律把国家关于文化产业发展的态度、政府相关职责规定下来,这无疑对于文化产业持续性地,更好地发展,是提供了法律保障。

这两个文本对于在文化产业发展过程中,注重对于中国自身内在智慧、知识、精神因素的挖掘、培养、传承,有其划时代的意义。如今能够充分认识到要从连续不间断的五千年的文明中寻找我们的根基、发展的智慧和动力,这是一种理性的体现。但是,在经历了"文革"的浩劫,我们要想切实对于传统文化民族智慧发扬光大又是多么不易,因为我们曾经断代。所谓断代就是我们没有通过学校教育、社会教育和大众传播,给特定的几代人进行传统文化、人文精神和知识、具有审美要素的活动的知识传承和熏陶。这部法律草案所规定的关于人才、学科方面的规定,对于文化产业人才的培养无疑具有重要推动作用。同时,这也从一个侧面是对于全民族的人文素养、创意基因、精神思想领域的境界提升都具有意义。

这两个文本规定的内容,从科学的角度来看,存在的问题也是突出的。整体的立法思考缺少改善现代国家治理制度背景下的转变政府职能、要充分尊重和发挥市场作用的意识,观念陈旧。我们目前对于文化产业领域的关键环节是开放程度不够、政府管控过多,导致产业发展受到过多束缚。实际上减少或降低现有的束缚，市场和社会等活力既然释放或激发出来，不需要一味高喊国家鼓励、国家倡导，一切都有国家和政府作为发动力，通过人们的自由选择，通过人们对于自身的切身利益的追求，产业就会发展起来，破除束缚就是促进。

我们欣喜地注意到条款使用了"创作自由"一词，文化产业领域主要是以精神产品为核心的领域，只有营造自由的，或者不伤害自由的环境里，创作还可能真正产生的丰富的，大量的、高质量的产品。但是作为产业，仅仅有"创作自由"是不够的，应该有整体的"经济自由"，经济自由所需要的保障都应该在产业促进法中体现出来，这样"创作自由"才不会落入口号式的空谈，对于产业的促进也才能够真正实现。现在，该文本的很多条款以及我们现行的既有的各项监管制度和准入制度都是与自由的要求相悖的。

草案送审稿对于草案征求意见稿的修改，体现了科学性的提升。具体是：第一处：送审稿第9条增加了"鼓励各地区突出特色、体现差异、保护文化生态"，增加的内容，体现了文化产业促进法的特殊功能和价值、避免在产业发展中单纯追求商业价值，伤害我们的文化根本，意义重大。这也是建构有中国底蕴、中国特色的思想体系、学术体系和话语体系的基础。如果一部法律的实施效果本末倒置，这部法律的制定就不是科学的。第二处：送审稿第9条删除了"追求真善美、抵制假恶丑"。法律从根本上是一种行为规范。"追求真善美、抵制假恶丑"，难以成为一种具体的行为规范，不具有可操作性，删除之，是清理掉一个立法表述不科学的瑕疵。第三处：第31条，征求意见稿表述为"国务院文化和旅游主管部门、广播电视主管部门和国家网信部门、国家新闻出版（版权）主管部门、国家电影主管部门、国务院文物主管部门负责会同国务院财政部门制定"，送审稿修改为"国务院和省、自治区、直辖市人民政府负责制定"。

第31条的修改，对于习惯性的部门本位立法，或者借立法争取更多权力的动机，是一个遏制。同时送审稿的表述所体现的制度设计更为科学。中国幅员辽阔，各地区经济发展、文化传统很大，对于文化产业的促进、公共文化服务保障，应该赋予地方政府更多的权力，这样才能更有针对性地、更适应本地方需求地做出决策或决定。总体来说，文化产业促进法送审稿草案可以看作我国自改革开放以来良好的文化经济政策集大成的体现、由中国特色的社会主义法律体系建设的一个新的进展。但是，可能是由于这部立法这样的一个现实基础，个人认为在这部法律的规定和表述中还有诸多不科学的地方，希望能够继续修改，臻于完善。比如第三章，标题为"文化企业"，依据立法逻辑，这一章应该针对文化产业领域的具体经济组织的相关设立条件、行为、义务做出规定，但是，在本章各条中，只有第27条、28条、29条是针对文化企业做出的规定。而其余各条都是针对国家、政府做出规定的。其中，第30条对于"国企国资"的规定，与第27条、第36条的相关规定是冲突的。此外，有些条款内容规定重复，有些表述只是一种口号，难以成为切实的行为规范，有些表述缺少与上下文的逻辑关系，等等。

最后，在我们不断迈向民族伟大复兴的征途中，在进行社会主义法治建设的进程中，我们仍然需要的是解放思想、创新观念、尊重规律、尊重人本身的主体地位，如此我们才可无往而不胜。

第 五 编

文化法治的实施

第一章

文化管理体制改革

　　文化管理体制的形成与社会经济条件密不可分，而对其变化产生最直观的影响因素即文化体制的变化。我国改革开放四十多年来，文化体制在社会经济环境的变化和中央顶层认识的进步等因素的影响下，先后发生了三次较大的变化。文化一词包含的范围随社会经济的发展而愈发复杂，因此难以明确界定，文化软实力作为当前国际竞争的重要方面，在政治、经济、思想领域都发挥着重要作用，越来越成为综合国力的重要组成部分，因此国家对文化建设的关注度不断提升。自改革开放伊始，国家就对文化管理体制进行了一系列广义上的改革。党的十五大确立了"大力发展文化产业"的方针政策；2005年12月，中共中央、国务院《关于深化文化体制改革的若干意见》指出各级政府要加快明确文化行政管理部门职责，最终建立自主运营的文化管理体制；2011年，党的十七届六中全会通过了《中共中央关于深化文化体制改革 推动社会主义文化大发展大繁荣若干重大问题的决定》；2012年，党的十八大报告从实现"两个一百年"奋斗目标的高度，提出建设社会主义文化强国的战略任务；2015年《中共中央关于制定国民经济和社会发展第十三个五年规划的建议》明确将文化建设作为"五位一体"建设中的关键一环。党的十八大通过的《中共中央关于全面深化改革若干重大问题的决定》指出："要紧紧围绕建设社会主义核心价值体系、社会主义文化强国深化文化体制改革，加快完善文化管理体制和文化生产经营机制，建立健全现代公共文化服务体系、现代文化市场体系，推动社会主义文化大发展大繁荣。"党的十九大报告中也着重谈及了社会主义文化事业的发展"要深化文化体制改革，完善文化管理体制，加快构建把社会效益放在首位、社会效益和经济效益相统一的体制机制"。文化管理体制改革作为当前我国体制改革的重要方面，是实现我国全面建成小康社会和文化强国战略目标的重要途径，在新时期，文化管理体制方向的改革有了新的要求和新的趋势。

第一节　文化管理体制的现状

一　研究综述

我国文化管理体制并非数十年来一成不变。随着改革开放的不断推进，改革领域，改革范围的不断扩大，我国文化事业一直面临着持续的挑战和变化。学界对于文化事业以及文化管理体制的探讨也早有起步。不同领域的学者均对文化行政管理提出了自己的看法。2003年，黄飚在其所著的《文化行政学》一书中对我国文化行政体制及所面临的当代环境进行了分析，详细描绘了当下文化行政体制，点明了文化管理体制的现状，同时预测了我国文化行政体制改革的发展趋势，同时在书中着重提出了法制对于文化事业发展的重要性，并且对文化法制提出了要求。凌金铸教授在对文化体制改革的论述中提出传统计划经济体制下，计划经济体制阻碍了文化产业的发展。他认为新中国成立初期受苏联影响，"政府就像一个超级文化大公司，控制一切资源，依靠政府权威和强制力手段，并通过文化行政机构和文化事业、企业单位的组织体系，对文化生产和消费统一管理"[①]。而这种形式固然精密，事实上则会给政府造成巨大的财政压力，同时限制市场的发展，不能满足人民群众多样性的文化需求。他认为，正是"文化市场这个体制外的力量，给文化体制改革打下了一个坚实的支点，撬动了文化体制变革这项浩大工程"。李媛媛在其《深化文化行政管理体制改革问题探析》一文中针对改革的背景持与凌金铸同样的观点。她认为文化行政管理体制改革的背景原因之一也是计划经济思想的残留过多地限制了文化市场的活力，行政力量的过多干涉导致文化事业习惯于自上而下的行政命令式管理，同时注重程序而忽略结果，最终加重政府的财政负担。她认为：在全面深化改革时代，政府文化管理体制改革必须有破有立，"破"表现为改革与社会主义市场经济及社会发展阶段不相适应的文化观念、生产方式和体制机

[①] 凌金铸、王俞波：《文化体制变革与文化产业增长》，《上海交通大学学报》（哲学社会科学版）2011年第5期。

制;"立"则表现为建构新的文化管理体制模式,培育市场主体及营造市场健康发展的政策环境。① 而在这场"破"与"立"的改革中,将党的意识形态融入文化市场,引领文化事业,成为了我党执政能力面临的严峻的考验之一。

二 历史阶段梳理

事实上自党的十一届三中全会以来,中央对于文化事业的探索从未停止。学界通说将国家在文化领域的探索分为三个方面:探索、全面展开和全面深化。

首先是探索阶段。这一阶段位于改革开放初期,计划经济的思维仍然深深影响着文化领域内行政管理工作的开展,但是与之前相比仍然有着较大的进步和尝试。

新中国成立初期大部分艺术表演团体被统包统管,这种体制存在诸多弊端:如缺乏自主权;平均主义严重,缺乏竞争机制;机构臃肿,缺乏流动机制和淘汰机制;结构布局不平衡、不合理;政府对艺术表演团体缺乏宏观指导、规划、协调、服务和监督等。②

为此,国家做出如下表所示的尝试:

表 5-1-1　　　　　我国文化促进政策(1978—2000 年)

年份	部门	措施	领域
1978 年	文化部	恢复中国京剧院、中国青年艺术剧院、中国儿童剧院、中央实验话剧院、中央歌舞团等所属艺术表演团体建制和名称	艺术表演
1980 年	全国文化局长会议	坚决地有步骤地改革文化事业体制,改革经营管理制度,开展责任承包制度	文艺领域
20 世纪 70 年代末	中共中央、国务院和文化部	出台了诸多关于艺术表演团体改革的文件,指导艺术表演团体改善结构布局;推进试行多种所有制形式和经营方式;实行聘任合同制或演出合同制;改革劳动人事制度和劳动报酬制度;建立健全文化市场体系,拓宽投融资渠道;政府部门在业务、人事、财务等方面下放或放宽管理权限等。	体制革新

---

① 李媛媛:《深化文化行政管理体制改革问题探析》,《科学社会主义》2017 年第 5 期。
② 国务院法制办公室:《中华人民共和国法规汇编》第 8 卷,中国法制出版社 2005 年版,第 671—672 页。

续表

年份	部门	措施	领域
1991年、1996年	国务院	批转《文化部关于文化事业若干经济政策意见的报告》；《关于进一步完善文化经济政策的若干规定》，通过开征文化事业建设费、鼓励对文化事业的捐赠、继续实行财税优惠政策、建立健全专项资金制度	经济政策
1996年	党的十四届六中全会	提出文化体制改革的指导思想、目标任务、方针原则，要求"坚持把社会效益放在首位，力求实现社会效益和经济效益的最佳结合"	文化体制改革
2000年12月18日	国务院	发布《关于支持文化事业发展若干经济政策的通知》，调整多项经济政策，增加对文化事业的财政投入①	经济政策

在基层实践蓬勃开展的同时，中央顶层设计也一同跟进，出台了多个相关文件。1996年党的十四届六中全会通过了《关于加强社会主义精神文明建设若干重要问题的决议》指出"改革文化体制是文化事业繁荣和发展的根本出路。改革的目的在于增强文化事业的活力，充分调动文化工作者的积极性，多出优秀作品，多出优秀人才"。

表5-1-2　　我国文化促进顶层设计（1997—2001年）

时间	主体	文件	内容
1997年	中共中央	《关于进一步做好文艺工作的若干意见》	文化管理适应我国国情，认真执行现有文艺法规的同时，抓紧制定广播、电视及美术、演出、娱乐市场等方面的法规
2001年8月	中共中央批转中宣部、广电总局、新闻出版总署	《关于深化新闻出版广播影视业改革的若干意见》	要求抓住总体改革的总体布局，明晰改革原则，同时在新闻出版领域提出了相对明确具体的措施

针对这一时期文化体制的变化，文化领域法律规章制度的建设同样与之配合做出了长足的努力。

表5-1-3　　我国文化领域法律规章（1978—2002年）

年份	主体	文件
1988年	文化部、国家工商行政管理局	《关于加强文化市场管理工作的通知》

---

① 刘仓：《中国文化体制改革探析》，《当代中国史研究》2018年第4期。

续表

年份	主体	文件
1993年11月	中共中央	《关于建立社会主义市场经济体制若干问题的决定》
1994年11月	中共中央办公厅、国务院办公厅	《关于加强和改进书报刊影视音像市场管理的通知》
1997年8月	国务院	《营业性演出管理条例》
1999年3月	国务院	《娱乐场所管理条例》
2001年8月	国务院	《印刷业管理条例》
2001年12月	国务院	《音像制品管理条例》《电影管理条例》和《出版管理条例》
2002年9月	国务院	《互联网上网服务营业场所管理条例》

1978年至2002年这一段时间可谓是国家对于文化体制改革的探索期，为接下来的十年文化体制改革的全面开展提供了丰富的经验。

2002年至2012年之间的十年通常被认为是文化体制改革的全面展开时期。以2002年党的十六大报告作为理论起点，党的十六大报告提出，要"抓紧制定文化体制改革的总体方案"。

表5-1-4　我国文化领域改革顶层设计（2002—2011年）

时间	文件	内容
2002年	党的十六大报告	抓紧制定文化体制改革的总体方案
2005年12月23日	《关于深化文化体制改革的若干意见》	将文化事业与文化产业相区分，对文化事业单位的改革提出了要求；加强和改进文化领域宏观管理，加快转变政府职能，明确文化行政管理部门职责，理顺文化行政管理部门与所属文化企事业单位的关系。健全文化法律法规和政策体系，加强文化立法，通过法定程序将党的文化政策逐步上升为法律法规
2006年3月14日	《中华人民共和国国民经济和社会发展第十一个五年规划纲要》	把文化建设纳入国家整体规划
2006年9月	《国家"十一五"时期文化发展规划纲要》	

续表

时间	文件	内容
2011年10月	《关于深化文化体制改革 推动社会主义文化大发展大繁荣若干重大问题的决定》	坚持中国特色社会主义文化发展道路、努力建设社会主义文化强国

按照改革的原则与思路,党中央与政府展开了一系列实践意义极强的改革动作。

表5-1-5 **我国文化领域改革措施(2003—2012年)**

时间	主体	文件	内容和意义
2003年	国务院	《文化体制改革试点中支持文化产业发展的规定(试行)》和《文化体制改革试点中经营性文化事业单位转制为企业的规定(试行)》	推动经营性文化事业单位向文化企业转变
2003年2月28日	文化部	《2003—2010年文化市场发展纲要》	规划文化市场发展的主要目标、发展思路、文化市场建设和管理的保障措施等,力争到2010年初步建成统一、开放、竞争、有序的社会主义文化市场体系
2003年9月4日	文化部	《关于支持和促进文化产业发展的若干意见》	促进了文化产业的加快发展
2004年8月	中共中央办公厅、国务院办公厅转发中宣部、文化部等	《关于在文化体制改革综合试点地区建立文化市场综合执法机构的意见》	为建立文化市场综合执法机构提供了政策支撑
2005年12月23日	中共中央、国务院	《关于深化文化体制改革的若干意见》	要加强文化产品和要素市场建设、完善现代流通体制、建立健全市场中介机构和行业组织、加强文化市场监管等
2009年9月	国务院	《文化产业振兴规划》(指导文化产业发展的纲领性文献)	确提出发展文化产业的指导思想、基本原则和规划目标,部署了8项重点任务,发展重点文化产业、实施重大项目带动战略、培育骨干文化企业、加快文化产业园区和基地建设、扩大文化消费、建设现代文化市场体系、发展新兴文化业态、扩大对外文化贸易

续表

时间	主体	文件	内容和意义
2010年4月11日	中共中央办公厅、国务院办公厅	《中央宣传部关于党的十六大以来文化体制改革及文化事业文化产业发展情况和下一步工作意见》	总结党的十六大到2010年文化体制改革的历程，确定了文化体制改革的主要任务
2011年10月	中共十七届六中全会	《关于深化文化体制改革推动社会主义文化大发展大繁荣若干重大问题的决定》	
2012年2月23日	文化部	发布《文化部"十二五"时期文化产业倍增计划》	为文化产业的具体发展制定了详细而完备的长远计划

2012年至今为文化体制改革的全面深化时期，与之前十年不同，文化体制改革更偏重于对于政府职能的要求。2002年至2012年十年间基本完成了文化市场的建立和完善，2012年之后的文化管理体制改革将重点集中在"管理"的改变上。党的十八大强调，要"深化文化体制改革，解放和发展文化生产力"，更好地保障人民基本文化权益，全面提高人民的思想道德素质和科学文化素质，不断增强中华文化的国际影响力。2013年11月，党的十八届三中全会做出《关于全面深化改革若干重大问题的决定》，明确提出了国家治理体系和治理能力现代化的总目标，其中第十一个问题即"推进文化体制机制创新"，对于文化管理体制做出了专门论述[①]；2014年2月，中央全面深化改革领导小组通过了《深化文化体制改革实施方案》。2017年，中共中央办公厅、国务院办公厅印发了《国家"十三五"时期文化发展改革规划纲要》，对文化发展改革的总体要求、加强思想理论建设、提高舆论引导水平、培育和践行社会主义核心价值观、加快现代公共文化服务体系建设、完善现代文化市场体系和现代文化产业体系、传承弘扬中华优秀传统文化、提高对外开放水平、推进文化体制改革创新等问题做出系统规划。

按照顶层设计的要求，文化行政单位由"办文化"向"管文化"转变。以"转变职能、简政放权"为主要内容，国务院推进文化管理体制

---

① "完善文化管理体制。按照政企分开、政事分开原则，推动政府部门由办文化向管文化转变，推动党政部门与其所属的文化企事业单位进一步理顺关系。建立党委和政府监管国有文化资产的管理机构，实行管人管事管资产管导向相统一。"

改革，简化行政审批权限。

表5-1-6　　我国文化管理机制改革（2012—2017年）

时间	主体	文件	改革内容
2012年7月	国务院	《国家基本公共服务体系"十二五"规划》	
2013年至2017年	文化部		取消了3项行政审批事项
	国家文物局		取消了3项行政审批事项
	文化部		废止了《文化部创新奖奖励办法》等3项文件
	新闻出版广电总局		取消了15项行政审批事项
2014年3月3日	国务院	《关于加快发展对外文化贸易的意见》	
2015年1月	中共中央办公厅、国务院办公厅	《关于加快构建现代公共文化服务体系的意见》和《国家基本公共文化服务指导标准（2015—2020年）》	
2016年	中共中央办公厅、国务院办公厅	《关于进一步深化文化市场综合执法改革的意见》	要高度重视文化市场管理问题，推动现代文化市场体系建设，更好地维护国家文化安全和意识形态安全，更好地促进文化事业文化产业繁荣发展
2016年11月1日	中央全面深化改革领导小组	《关于进一步加强和改进中华文化走出去工作的指导意见》	
同2016年12月	文化部	《文化部"一带一路"文化发展行动计划（2016—2020年）》	
2016年12月25日	十二届全国人大常委会第二十五次会议	《中华人民共和国公共文化服务保障法》	
2017年10月18日	中国共产党	党的十九大报告	对于全面深化改革的原则性要求

通过上述三个历史阶段的梳理可以发现，我国文化管理体制的变化随文化体制的变动而不断调整。文化体制从计划到市场的转变、文化事业和文化产业相区分、公共文化基础设施的建设等变动要求文化管理体制从经济，法律等方面做出应对，此外要求政府转变职能，从管控型政府到服务

型政府，从依靠"行政权力"管控文化领域到应用党的"意识形态"引导社会主义文化市场，文化管理体制改革的理论和实践一直在进步。

三 不同领域文化管理体制现状

文化管理职能部门分工管辖的文化、艺术、文物、博物馆、群艺馆、图书馆、广播影视、新闻出版等各种类型的文化服务事业或产业，而国务院的机构设置则围绕上述展开。

表 5-1-7 文化管理体制具体领域的改革（1949—2006 年）

年份	阶段	改革内容
1949 年	新中国成立初期	文化教育委员会及专司文化事化管理的中央文化行政职。同时，成立文化部文物局，内设办公室、图书馆处、博物馆处、文物处、资料室5个机构
1978 年 9 月	探索阶段	对外文化交流工作，由文化部归口管理
1980 年底		文化部内设司局增至 21 个。设立国家文物事业管理局，内设 15 个机构
1982 年 4 月		国务院进行机构改革，将文化部、对外文化联络委员会、国家出版管理局、国家文物局和外文出版发行事业局，合并成立文化部，同时设立广播电视部
1985 年 7 月		国务院批准文化部设立国家版权局，出版事业管理局改称国家出版局
1986 年		国家出版局改为国务院直属机构，中央决定将文化部电影事业管理局划归广播电视部
1987 年 1 月		撤销国家出版局，设立直属国务院的新闻出版署
1987 年 6 月		文化部文物事业管理局改为国家文物事业管理局，扩大自主权，计划单列
1988 年 6 月		国家文物事业管理局改称国家文物局
1983 年		在广电领域，广电部党组《关于广播电视工作的汇报提纲》中提出了经典的"四级办"方针
1984 年		文化部先后召开全国文物工作会议和全国博物馆整顿改革座谈会。进一步发布相关文件，这些文件的发布，进一步推动了广电领域的体制改革，促进了广电事业的发展
1988 年 5 月 6 日		在出版发行领域，中宣部和新闻出版署联合发布《关于当前出版社改革的若干意见》
1998 年		国家文物局升为副部级文化行政管理机关；各个具体领域配合做出了相应的调整：在文博领域（博物馆、文物），针对群众文化事业，文化部推出"群众文化群众办，国家、集体、个人一起上"的方针

续表

年份	阶段	改革内容
2013年	全面探索阶段	文化管理体制的改革主要集中在广播和电影电视领域，在部门设置上并没有过多变动。根据《国务院机构改革和职能转变方案》，组建国家新闻出版广电总局①。将国家新闻出版总署、国家广播电影电视总局职责整合，设立国家新闻出版广播电影电视总局（正部级），为国务院直属机构，加挂国家版权局牌子

时间	文件	内容
2003年至2005年间	《文化体制改革试点中经营性文化事业单位转制为企业的规定（试行）》《关于进一步加强互联网管理工作的意见》《关于文化体制改革中经营性文化事业单位转制为企业的若干税收政策问题的通知》等	对文化管理体制改革的具体事项进行了规定
2006年	《国家"十一五"时期文化发展规划纲要》	对文化体制改革的持续深入推进提出了要求，并从"积极稳妥地推进改革、着力解决改革中的重点难点问题及坚持改革促发展"三个方面进行了工作部署

第二节　文化管理体制的问题

　　文化管理体制改革进程中有一个重要节点，就是2003年在北京召开的文化体制改革试点会议。至此，文化管理体制改革正式从中央向地方转移。2005年召开了全国文化体制改革工作会议，会上发表了《关于深化文化体制改革的若干意见》，表明文化管理体制改革已由地方试点向全国推广转变。2006年3月，全国文化体制改革工作会议在北京召开，新确定了89个试点地区和170个试点单位。2009年8月、2010年8月和2011年5月，全国文化体制改革经验交流会、全国文化体制改革工作会议和第四次全国文化体制改革工作会议分别在南京、青岛和合肥召开。会议强调深入推进文化体制改革，讨论编制了"十二五"时期文化改革发展规划纲要，统筹推进文化体制改革发展，提出演艺产业要按时完成一定指标，增强了改革发展的紧迫性。

　　改革的结果也很明显。各级地方政府基本实现了市、县（市、区）

---

① 为进一步推进文化体制改革，统筹新闻出版广播影视资源，将国家新闻出版总署、国家广播电影电视总局的职责整合，组建国家新闻出版广电总局。

文化广电新闻出版"三局合一"。一些文章认真整理了2003年以来地方政府实施文化管理部门体制改革的详细数据。从数据整合的结果不难看出，这是一次自上而下的改革。改革的重点是简化政府机构和转变政府职能。但值得注意的是，在部门转型过程中，各地对部门职能的界定并不相同，主要集中在"体育"和"旅游"两大类。把这两类人放在同一个部门管理是否合理值得怀疑。同时，各部门的整合只是部门办公室的整合，或是部门职能的重叠，值得探讨和关注。"大部门制"改革不是简单的部门重叠，文化管理体制改革中还存在一些未解决的问题。

一 计划经济体制对文化管理体制影响的残留

计划经济体制有其鲜明的特点，体现在文化管理水平上，形成了以下特点。首先，他们习惯了政府的"安排"，即习惯了政府对文化部门的控制。文化归根结底是意识形态的反映，中国文化体制改革的最终重点仍然是把党的意识形态融入文化宣传。这样，党政宣传作为文化管理的重要职能部门，在文化事业发展中发挥着重要作用。但事实上，正是由于意识形态的过重，阻碍了文化事业的自由发展。政府既是文化生产的投资者和组织者，又是文化生产的生产者和监管者。文化行政部门陷入"经营文化"的微观管理，弱化了其宏观调控功能。文化单位依靠政府的财政拨款生存，听从政府的政治指示，与社会和市场长期脱节。几次文化工作会议都强调文化体制改革问题。最直观的表现就是文化单位实行责任承包制。通过积极融入市场，迎合社会主义文化市场的需要，从而降低政府文化行政投入的成本，最终实现转型成功的目标。

文化体制改革给文化管理体制带来的挑战在于，在"政府安排"的长期环境下，文化单位的发展相对而言是有充足的资金和制度支持的。在一定程度上，政府行政为文化事业的发展提供了有力的支持。一旦离开政府的行政支持，在文化法治不健全的情况下，一些文化产业的发展将非常困难。文化综合执法队伍由于维权难、文化本身的抽象性，不能完全依法行政。文化部门习惯于对程序负责，而不是对结果负责，这是"大系统"改革希望改善的现象之一。文化行政部门的生产只靠投入，不靠产出，没有设定绩效基准，增加了政府的财政负担，是许多地区财政赤字的重要原因之一。文化产品是由计划而非市场需求决定的，没有需求响应机制，导致政府管理效率低下，文化资源浪费。同时，同一地区不同部门之间对同一文化产业的重复建设和投资,会造成公共资源的浪费,降低公共资源的利用效率。近年来,政府职能随着文化管理体制改革而转变,从"办文化"的管理模式走向"管人、管事、管资产、管引导"的政府服务模式。然而,从发展的现实来看,文化领域产业集群的建立是政府在垄断政策下强制干预市场的结果。实际上,它还没有摆脱计划经济的影响。

其次,"自上而下"的管理体制阻碍了文化市场的创新。相反,文化事业缺乏自下而上的反馈发展。这与我国长期以来的事业单位"树形结构"有着直接关系。有学者认为,我国文化管理体制一直高度依赖行政管理,在中央统一领导下,行政管理具有"部门结合、条块分割、双重领导、分级管理"的特点。

这种管理体制使得我国文化部门实际上处于一个横向和纵向交叉管理的网络之下。不同部门划分、不同政策分离造成的行政壁垒阻碍了公平竞争市场体系的形成。实际上,中国文化行政管理顶层设计的起点,可以看作是2004年《关于在文化体制改革综合试验区设立综合执法机构的意见》的颁布,2013年《国务院机构改革和职能转变规划》的颁布,行政管理组织结构进一步优化建立,是加快文化行政领域多数制改革的重要标志。然而,在计划经济的指导下,文化领域管理组织的网格化问题尚未完全解决。在旧的计划经济体制下,政府过去常常通过政策文件来解决问题。同时,由于全国市场的统一配置,决定生产哪些文化产品、提供哪些文化服务的命令,不会对中央政府和地方政府产生太大的影响,全国呈现出统一的趋势。但是,精神需求和物质需求是不一样的。精神文明建设的最大特点是个性化、多样化。在21世纪,应该实现国有化和国际化。同时,文化作为信息传播的载体,应与科学技术的发展相结合,共同发展和进步。文化产业也成为经济发展的支柱。因此,要把文化生产与人民群众的需求联系起来,必须坚持以人民群众为中心,满足个人文化需求的宗旨,真正生产出人民群众喜闻乐见的产品。传统的文化行政秩序生产不能满足上述需求,也不能满足市场的需求,合理配置资源。"大部门制"改革的目标之一是提高政府的行政管理能力和效率,使政府更好地服务市场,最终到达服务市场,满足资源的合理配置,真正实现"五位一体"的快速发展。

二 文化管理立法落后于文化发展

从我国当下的文化活动和文化市场来看,目前,我国对于公共文化投入总量和占比仍然偏低，政府仍然不善于理顺文化市场。而随着全球多元文化共享的发展趋势，人民的文化需求、消费能力、鉴赏力都在迅速提升，满足人民对美好生活的文化需要，是理顺政府和市场关系的重要着力点。中国特色社会主义文化是为了满足人民现实需求、服务人民生产生活、提升人民生活幸福感的文化。因此，政府在理顺与市场关系的同时，要注重提升文化产品和服务数量与质量，克服完全以市场为导向的文艺创作的缺陷，将党的意识形态融合其中，坚持让人民成为中国特色社会主义文化的实践者、创造者和享有者。

当前文化管理呈现出的趋势是"补丁式"立法。固然通过法治对文化领域进行管控不能做到绝对的超前，但是我国的文化行政管理体制却也未能做到对于新出现的文化领域新业态及时反应，并且迅速做出相应的文化立法对新业态进行调整。因此，由于文化法治建设的不健全，在文化领域出现具体问题时，相关行政部门常常会面临无法可依的境地，只能通过行政干预或临时发文予以解决，这种解决方法虽然方便快捷，但是并不能从根本上解决问题，有时甚至会产生各地标准相冲突的现象。长此以往会导致形成各部门路径依赖，甚至有法不依的情况。当代中国文化行政管理体制想要进行彻底转型，不仅应该顺应世界性的政府改革潮流而进行适应性改变，同时也应该符合市场经济发展在文化领域的要求。

据新制度经济学家诺斯介绍，该制度由社会认可的非正式约束、国家规定的正式约束和实施机制三部分组成。目前，我国文化领域的管理以政策法规为主，中央层面的立法并不完善。随着文化管理体制改革的深入和"一带一路"建设的深入，中国文化向世界传播的趋势不断扩大，中国文化领域立法不足的问题日益突出。最直观的是，目前文化领域的法律水平相对较低，地方性法规较多，国家性法规较少；法律法规不完善，立法盲点较多；立法内容更多的是注重管理而不是服务。现阶段，我国文化法制基本建立，主要根据宪法第 22 条[①]，中国现行的文化立法应当以文化事业、文化产业、历史文物和非物质文化遗产为重点。但是，现行法律在全

[①] 《中华人民共和国宪法》第 22 条："国家发展文艺、新闻、广播电视、出版发行、图书馆、博物馆，为人民和社会主义服务，开展群众性文化活动的文化馆和其他文化事业。国家保护名胜古迹、珍贵文物和其他重要历史文化遗产。"

国各级人民代表大会上都没有相应的国家立法。个别立法偏重于原则，不能对这一领域的产业发展起到指导和控制作用。各种行政法规和地方性法规补充了法律的不足。据不完全统计，截至2017年，全国共有法律法规3.8万多部，其中文化法律法规1042部，占总数的2.7%，文化法律法规仅占总数的1.7%。我国的文化法治建设经历了从无到有、从粗到细、从分权到制度的发展过程，但总的来说，仍然是以制度为主导的。改革开放以来，我国先后颁布和修订了《电影管理条例》《广播电视管理条例》《出版管理条例》《音像制品管理条例》等一批行政法规，《印刷业管理条例》《商业演出管理条例》《娱乐场所管理条例》。从以上规范不难看出，我国文化产业发展缺乏相关立法，立法水平不高。但是，文化产业并没有高层次的立法。以电影产业为例，2016年11月7日，十二届全国人大常委会第二十四次会议审议通过了《电影产业促进法》，并于2017年3月1日正式实施。但是，与中国电影业的崛起速度相比，《电影产业促进法》的立法进程相对落后。2002年电影产业化改革启动后，行业准入门槛降低，大量社会力量涌入，迅速刺激了中国电影产业的崛起。从2010年到2016年，几乎没有相关法律对电影业进行规范，相关部门对文化执法的愿望必然受到限制。

因此，当前我国文化法治建设比较薄弱，如新闻传媒立法、影视立法、出版立法、演艺娱乐立法、动漫游戏立法、新媒体直播立法、网络社交立法等。这些与文化产业有关的立法，目前绝大多数都是以暂行条例、办法、通知等各种行政法规、部门规章的形式存在。目前现行的文化产业方面的立法不仅位阶低，而且法律效力也低，显然不能够适应文化产业发展的需要。在我国，对艺术文化产业、新闻出版、社团文化等进行管理规范的规章制度较少，缺乏对文化事业的功能定位。即使之前出台过与文化建设发展相关的法律条文，但是在日益多元化发展的文化建设面前，仍然显得较为乏力。

2014年10月，党的十八届四中全会将文化法治建设作为全面法治的重要内容，提上国家战略议事日程。政府文化管理职能转变的实质是由全能型政府向指导型政府转变，由权力型政府向责任型政府转变。政府作为文化体制改革的主导力量，需要不断强化公共文化管理职能、服务型政府和法治政府的特征，这也是当前行政体制改革的基本方向。

三 中央顶层设计和地方实践中的错位

经济体制改革强调的是"自下而上"的，通过市场需求来影响上层建筑的循序渐进式改变，而文化管理体制改革却因其自身的特殊性、复杂性和艰巨性，要求政府在文化管理体制的改革中扮演积极的引导者的角色。因此，"自上而下"的文化管理体制改革模式本身并不存在问题。事实上的问题在于，我国行政体系自上而下的"树状结构"决定了地方文化单位在管理体制改革中始终处于被中央调配的被动地位，各地方政府的改革事实上存在内在动力不足的情况也是可以预想的。除我国政府组织形式的影响外，由于我国文化管理体制的逐步改革和管理体制改革的局限性，很容易表现出不同地区的特点和不同领域之间的不平衡，这将直接导致地区差异的不断扩大，文化领域的产业差异和层次差异。文化产业的差异使得中央政府不可能实行统一管理，而是采取一定的"制度柔性"的方式。因此，中央政府通过简化行政、分散权力、鼓励地方政府充分发挥主观能动性，逐步取代中央政府的集中管理。当政策目标的灵活策略在各个行业和地区实施时，就会转化为具体实施路径选择的多样性。仍以文化管理立法为例，我国现行的文化法律法规缺乏统一的规章制度，除立法起步慢之外，更为重要的原因是我国各地地区发展速度差异较大，且我国民族众多、文化建设状况与发展状况不尽相同。虽然各地区出台了一些相关规定，但是由于各个地区为了凸显本区域的特色，各个阶段出台的规章制度没有进行良好的统一，由此衍生出一系列的矛盾和冲突，降低了社会的信任感和归属感。以我国非物质文化遗产的立法为例，国家范围的立法范围过于狭窄，导致各地在实践中因为对非物质文化遗产的范围不明确，从而导致不能对各地的非物质文化遗产做有效保护。我国《非物质文化遗产法》第2条[①]中对于非物质文化遗产列举出的几项中并没有包含各地的文化现象这一内容，但从前文论证中可看出，非物质文化遗产的特征有"世代相传""不断被再创造""为社群提供认同感和持续感"几点，各地不

---

① 《非物质文化遗产法》第2条："本法所称非物质文化遗产，是指各族人民世代相传并视为其文化遗产组成部分的各种传统文化表现形式，以及与传统文化表现形式相关的实物和场所。包括：（一）传统口头文学以及作为其载体的语言；（二）传统美术、书法、音乐、舞蹈、戏剧、曲艺和杂技；（三）传统技艺、医药和历法；（四）传统礼仪、节庆等民俗；（五）传统体育和游艺；（六）其他非物质文化遗产。"

同的现象文化具有这几点特征，比如颇具争议的家谱文化，也契合上述法律条文中对于非物质文化遗产的定义。从法律条文解释来看，上述条文第六款的"其他非物质文化遗产"完全可以解释家谱文化的内涵，家谱文化可以且应当纳入其中，但目前的法律规定未将其明确作为非遗的保护对象，对于家谱文化作为非遗来保护，更多的是一种理论研究和呼吁，立法层面对该问题的重视和规范回应不够。因此，目前对非物质文化遗产的保护虽然由一国实践扩展为多国实践，但非物质文化遗产的内涵仍不完全明晰，各国对非物质文化遗产的界定并不统一，我国也不例外。虽然有些地方政府或民间组织已经认识到保护家谱文化的必要性和紧迫性，但因为我国并没有相关法律明确将家谱文化列入保护对象的范畴，也导致了无法可依的较为尴尬的局面。

由于我国文化领域的政策法规不完善，地方政府文化绩效评价体系尚未形成，中央政府对地方政府的公共资源和财政支持有限，"灵活政策"很可能演变为地方政府寻求利益和逃避责任的"防弹衣"。文化执法领域容易发生"地方化""部门化""小团体化"的现象。这不能算作中央与地方的"不良博弈"，然而确实可以看作中央的顶层设计与地方实践中的错位现象，这严重阻碍了文化管理体制改革的进程。此处仍以非物质文化遗产的保护为例，我国目前对于非物质文化遗产的保护模式及方法不完善，世界各国现行对于非物质文化遗产的保护模式主要是行政保护和法律保护，行政保护包括对非物质文化遗产采取确认、立档、研究、保存、保护、宣传、弘扬、传承和振兴等多种措施进行保护，主要是政府进行主导作用；法律保护是以法律的形式保护非物质文化遗产，两种模式都有优点也有缺陷。目前在我国，保护非遗的方法也基本是这样。

中国法律确立的非物质文化遗产保护体系包括：调查体系，通过对非物质文化遗产的调查，全面了解和掌握非物质文化遗产资源的类型、数量、分布、生活环境、保护现状和存在的问题。《非物质文化遗产法》规定了政府部门组织的普查和社会团体等由个人进行的调查方式；名录制度，即建立名录，突出保护重点；传承制度，即，保护反映中华民族优秀传统文化的非物质文化遗产，采取继承、传播等措施，保护具有历史、文学、艺术、科学价值的非物质文化遗产，通过现代传媒手段和公共文化机构及学校教育方式，向社会大众特别是青少年进行宣传、展示、教育和传播。以贵州、重庆为例，通过数据收集和实地调研，目前，保护中华民族优秀传统文化的主要途径有：政府将其列为非物质文化遗产保护对象，统一宏观保护，地方政府进行自身的继承和发展，一些社会组织对其进行保护。这些主体在受到保护时，基本上都是受保护的，法律是恢复非物质文化遗产，并对非物质文化遗产中记载的文化习俗进行整理。但这些方法并不能从本质上和根本上实现对非物质文化遗产的保护，也没有列入普通遗产文化重点保护名录。它们往往只是停留在表面，不保护它们所包含的文化和精神。政府不宣传，也不设置特殊权利。非物质文化遗产的传承者大多没有发自内心的强大力量，不知道如何有效保护，更谈不上大量的文化和精神宣传。在一定程度上，非物质文化遗产保护实践中发现的问题也反映了文化管理体制中存在的问题。中央的顶层设计不能充分调动地方非物质文化遗产组织、团体或传承人的积极性，使非物质文化遗产得到积极传承。由于首都或地方经济发展等原因，地方政府达不到中央立法设计的初衷，形成顶层设计与地方实践的错位，最终影响到文化产业本身。

四 地方文化立法缺失

文化具有自主性、多元性、创造性和开放性等本质特性，因此，试图通过一种全国统一的立法方式对文化进行管理并不能满足文化管理体制的需要，相反会重蹈计划经济体制下文化管理的覆辙。作为社会领域重要组成部分之一，文化领域的管理很大程度上与文化领域的自治息息相关。从这个意义上来说，文化立法对国家的要求是更多的自主权和更加个性化的立法处理。但是这并不意味着国家需要完全独立于文化领域为文化而服务，国家在服务于文化的同时，也需要在制定文化政策与做出文化决定的过程中形塑国家的文化气象。文化权的内涵在于尊重少数人的文化权利；保护个人的文化权免受他人侵犯；为充分实现个人或集体的文化权利而积极采取措施；尊重个人自由的追求和接受科学进步方面的信息；保护知识产权；为进行科研活动和创造性活动提供便利。

在当下"文化宪法"的概念盛行的情况下，我国现行宪法建构的文化规范结构中，文化权在宪法文本中首先是以国家义务的客观价值秩序或者制度的姿态存在的，这种规定方式就导致长期以来我国存在的诸多文化问题主要是国家强制性统一立法来解决的。从我国现行宪法关于文化权保障的指导精神和方向来看，文化立法在文化管理体系中是行政管理最坚实的保障基础。国家顶层设计据此做出了一系列回应，然而鉴于文化本身的多元化属性的影响，国家立法只能维持在"宜粗不宜细"的层面。以非物质文化遗产的保护立法为例，法律规范的制定是为了指导实践的更好进行，如果法律条款无法贯彻执行，那就形同虚设，没有意义。然而国家的《非物质文化遗产法》中有些法律条款很难凭空直接落实，需要地方立法的配合。例如，《非物质文化遗产法》的规定①，但在现有的知识产权法律法规中，却很难找到可以直接适用于非物质文化遗产的规定。1990 年通过的《著作权法》第 6 条就规定②，但该保护办法至今仍未出台，给民间文学艺术作品的保护带来极大的困惑。我国《非物质文化遗产法》只有 44 条，其中大部分都是原则性的条款，还需要其他配套法规和制度才能落实，同时需要与现有的法律相协调，然而现有的其他配套法规等也不完善，因此在落实中实际上是很难贯彻这些法律的。这时就体现出了各地方具体落实《非物质文化遗产法》时配套出台相关规章的重要性。

当文化立法权在横向的国家权力配置中被突出强调其重要性并且为之进行宽泛的原则性立法后，需要马上面临的问题就是文化立法权在纵向国家文化权力中的落实和保障问题，对这一问题的回答仍然需要注意借鉴文化的本质特性的同时认真探讨地方立法权限的问题。从文化与国家的关系来看，面对文化的自主性、多样性等属性，国家应该坚持辅助性原则，也就是说，当文化事务完全能够由个人或者社会自主完成时，国家就不应该介入，同样，当文化事务能够由较低层级的政府或者文化单位自主解决时，上级政府或者文化单位也不宜干预。③ 根据《立法法》第 72 条第 2 款④、《立法法》第 82 条第 3 款⑤。根据这两个条文，我国将地方立法权的主体下放到了设区的市一级，表明了国家对于地方自主需求的积极回

---

① 《非物质文化遗产法》："使用非物质文化遗产涉及知识产权的，适用有关法律、行政法规的规定。"
② "民间文学艺术作品的著作权保护办法由国务院另行规定"。
③ 黄明涛、喻张鹏：《论我国文化立法的基本原则及其完善路径》，《三峡大学学报》（人文社会科学版）2018 年第 5 期。
④ 《立法法》第 72 条第 2 款："设区的市的人民代表大会及其常务委员会根据本市的具体情况和实际需要，在不同宪法、法律、行政法规和本省、自治区的地方性法规相抵触的前提下，可以对城乡建设与管理、环境保护、历史文化保护等方面的事项制定地方性法规。"
⑤ 《立法法》第 83 条第 3 款："设区的市、自治州的人民政府根据本条第一款、第二款制定地方政府规章，限于城乡建设与管理、环境保护、历史文化保护等方面的事项。"

应，扮演"准自治主体"的设区的市，借由地方立法这个理性交往的制度化平台，有权针对"历史文化保护"等地方性事务进行立法。立法法的这次修改，一方面表明对文化的地方性的尊重，也反向证明了文化的繁荣应该首先依赖地方政府的积极作为。

然而地方政府并没有合理利用自身的"文化立法权"，具体表现为文化事业单位效率低下，地方政府管理部门管理手段单一，文化企业无法"断奶"，缺乏竞争力，公共文化服务水平较低，很难满足公众需求。在具体实施中，政府并没有通过结合自身的文化特色来针对具体文化领域的事务进行精准把控，如各类文化事务行政审批，各地虽然均在进行"三局合一"的改革，但是并没有真正做到通过立法的形式规制文化执法，文化行政行为。增强地方的自主性，从事无巨细的管理角色中走出来，着重进行大方向的把控更多的还是需要地方政府自身的努力。其次，地方政府的立法也没有做到从直接管理向间接管理的转变。计划经济体制下高度集中的行政命令统一管理严重影响了市场主体创造财富的积极性，要改变单一的行政管理方式，学会用法律去规范、政策去引导调节，而这其中的度很难把握，地方政府由于其自身的立法技术存在缺陷，往往本着"不做就不错"的观点，在文化市场引导方面的立法明显不足，有些冷门文化领域的立法甚至尚无法律进行规制，我国文化领域的分类尚不细致，不能做到像其他国家例如欧美或日本一样对文化产业做细致精细的立法，地方政府在立法过程中也就"顺理成章"地忽略了对于市场的把控。目前我国地方层面的文化立法仍然集中在"文化事业"而非"文化产业"层面。最后，政府立法的观念没有做到从管企事业单位到向管社会和文化市场的转变。在社会主义市场经济体制下，市场才应该是政府管理的中心，地方立法更多要为了文化市场而服务，政府立法除了保障职能外，也需要通过立法实现对于市场秩序的维护和对文化市场的监管。即切实扮演好市场监管的角色，为文化单位的经营发展提供良好的环境。因此，地方政府的立法应该明确其立法本意和立法目的，然而目前我国各地方的文化立法仍然存有大量计划经济体制的影响，"行政命令"多而"服务保障"少，没有做到充分发挥《立法法》中给予地方政府的立法权，因此实现各地文化市场管理中的多元共治，充分发挥各地不同的文化特色也就更加无从谈起。

第三节　大部门视野下文化管理体制改革的路径

"大部制"又称大部门体制,是指政府机构在职能相同或相近的情况下,为了减少机构和职责的重叠,提高政府效率而进行的综合性设置和整合。习近平对此也有相关指示[①]。机构和行政体制改革必须按照新时期国家治理面临的主要矛盾、价值观、理念和任务进行。我国实行大规模行政体制改革的历史悠久。2018年党的十九大明确提出要深化国家机构和行政体制改革。在新的历史时期,我们要借鉴过去的成功经验,总结新的方法和新的思路,纠正现存的问题,促进大规模的行政体制改革的发展,以规范化、科学化、高效化为方向。面对中国经济、社会和公共管理领域的重大变化和复杂需求,2013年11月12日,党的十八届三中全会通过了《中共中央关于全面深化改革若干重大问题的决定》,指出"优化政府组织结构"的要求[②]。在党的十八届三中全会上,中央决策者首次提出了实现国家治理现代化的问题,"全面深化改革的总目标是完善和发展中国特色社会主义制度,推进国家治理体系和治理能力现代化",积极稳妥地推进政府大型部门改革进程。一般认为,党的十八大以来,我国大部制改革已进入内涵式改革的重点领域。加强改革顶层设计,实现国家治理体系和治理能力现代化。比如,国家治理现代化的目标是重塑政府行政价值观念,建立政府职能转变的一般性、专门性机制,推动政府职能转变为法治。国家治理现代化不仅是制度改革的手段,也是制度改革的目的。以往的过程性改革在本质上并不能促进政府职能的转变。要在民主政治、市场经济和法治国家的权力结构改革上取得突破性进展,即完善民主选举制度、完善政府与市场社会的关系和法律法规,解决权力来源的合法性、政

[①] 全面深化改革的总目标是完善和发展中国特色社会主义制度,推进国家治理体系和治理能力现代化,即坚持中国特色社会主义道路。国家治理现代化是一个不断推进的过程,在不同阶段有不同的侧重点,从而决定了主要制度改革的方向。

[②] 转变政府职能,必须深化体制改革。优化政府机构设置、职能配置和工作流程,健全决策权、执行权、监督权相互制约、协调的行政运行机制。严格绩效管理,突出责任落实,确保权责一致。统筹党政和群众组织改革,理顺部门责任。积极稳妥地推行大部门制。优化行政区划设置,探索推进有条件的省直管县(市)体制改革。严格控制事业单位编制,严格按照规定的岗位配备领导干部,减少事业单位和领导岗位,严格控制财政供养人员总数。推进事业单位编制管理科学化、规范化、法制化。

府权力的边界和国家权力的合法性问题。

文化管理体制改革提出了建设服务型政府的要求，而大部门改革又与服务型政府建设密切相关。一方面，改革的直接目标是推进服务型政府建设。从政府权力的性质看，政府拥有的公共权力来自社会，政府受公民委托行使代表公民的权力。这种代理关系在一定程度上决定了政府管理应遵循公民的意愿，充分行使公民赋予的公共权力，积极承担代理责任，并提供相应的基本服务，满足公民经营的需要。建设服务型政府，必须坚持以人为本、执政为民的理念。因此，应建立政府内部机构，以满足为公民提供公共服务的需要。在此基础上，公民将承认政府的统治地位，赋予政府合法性。事实上，"大部门制"理论为服务型政府建设提供了坚实的理论基础。另一方面，推进政府职能转变与服务型政府建设有机结合，是改革的职能之一。在"大部门制"改革中，明确和明确了政府各行政部门的职责，有助于把分散的职责系统地整合起来，提高工作效率，为公民提供更加有效的服务。"大系统"改革涉及一系列关系民生的重大问题。比如，国家食品药品监督管理局的成立，直接促进了食品药品安全质量的稳步提高，为公民的生命健康提供了保障。最终，"大部门制"改革调整了原有的政府体制，与其他行政组织混在一起，有大量的分支机构。从以前的微观管理到应用宏观调控手段实现系统管理，进一步为市民提供了便捷的服务。文化管理体制改革的有效路径就是政府管理模式和政府职能的转变。总的来说，管理体制改革对政府的行政能力提出了极高的要求，而"大部门制"改革正是通过精简政府机构来实现提高政府行政效率和转变政府行政职能的功能。因此，从"大系统"的角度改革文化管理体制是可行的。新时期，中国治理的新思想和新实践，丰富了国家治理现代化的内涵。现实和理论进一步表明，在国家治理现代化体系建设中，任何一个层次的大规模体制改革都应该得到推进。从目标上看，首先要考虑如何使改革体现出更加鲜明的时代特征和中国特色。

一　加快推进政府文化管理机构改革进程

完善文化管理体制，既要坚持中国特色社会主义文化发展道路，又要努力激发全民族的文化创新和创造力。完善文化管理体制的核心是转变政府职能，完善文化法治体系，有效解决文化管理体制的多重分权问题。因此，在不断转变政府职能的基础上，完善文化管理体制，需要继续深化文化事业单位改革，推进政企分开、管办分开，推动事业单位法人治理结构的建立和完善，强化公益属性，即继续推进"大系统"改革，坚持以"大系统"改革为重点，以"精简组织"为重点，并建议提高效率。改革开放以来，随着我国市场经济的发展，随着科学技术的进步，文化领域的新兴产业不断涌现，文化企业不断壮大。目前，社会分工更加专业化，市场交易范围不断扩大，交易水平不断提高。原有的计划经济管理体制使市场交易成本增加，管理更加复杂。因此，迫切需要政府完善旧的管理体制，逐步减少计划经济体制的影响，建立一套适应市场经济发展和当前文化领域的管理体制。

从多数制的角度推进文化领域政府管理体制的完善，可以以一般行政管理体制为对照，比如，首先要深化文化领域行政审批制度改革。总结新国务院深化行政审批制度改革的主要举措，要求之一是全面清理行政审批事项，提高取消和下放许可事项的"含金量"，规范办理行政许可事项，鼓励社会公众创业创新。这些措施在文化管理领域也可以借鉴。文化管理体制改革可以推进权力清单、责任清单和负面清单制度，实行动态管理。明确省、市、县政府文化主管部门公布权责清单的要求和时限，国务院部门开展权责清单编制试点。二是优化政府组织结构。要完善行政组织和行政程序法律制度，深化行政体制改革，创新行政管理模式，推进各级政府行政权力规范化、法制化。加强宏观调控。

管理体系建设需要长期坚持，并结合时代不断调整。同时，领导要根据市场需求和人民群众的物质文化需求，从顶层设计和宏观布局的角度进行思考。同时，中央政府向部门和地方下放权力的过程中，还存在着较大的障碍和较多的困难。由于我国幅员辽阔，民族成分丰富多样，国情复杂，文化领域的统一管理无法平衡地方的发展。但仍要坚持中央简政放权、地方管理体制改革和主观能动性增强，在转变政府职能、提高管理能力、提高管理水平的基础上，探索最优的管理方法放弃计划经济固有的思维。这样，才能更好地弥补改革内部力量的不足，改变中央与地方本不该形成的所谓"博弈"关系。因此，在文化管理体制改革中，以"制度推进"代替"边缘突破"显得尤为重要。此外，要在推进管理体制改革的同时，加大与管理体制改革有关的文化政策和资金支持力度，不能落后，确保地方改革均衡稳定发展。此外，为给改革提供借鉴，应尽快建立文化管理的统一考核，形成谁管谁负责、有权不移交责任的工作模式。

上述建设法治政府的方法，特别是在提高文化管理能力方面，需要政府在自身能力之外，在文化管理的相关领域进行协调调整。

二　转变政府与市场之间上下级监管关系

深化文化管理体制改革的目标之一是形成统一、开放、竞争、有序的文化市场体系，进一步发挥市场在文化资源配置中的基础性作用。中国文化体制改革的实践成果为中国特色社会主义的文化自信奠定了坚实的基础。我们要坚定中国特色社会主义道路、理论和制度的信念。归根结底，我们应该坚持文化自信。文化自信是一种更基本、更深层、更持久的力量。完成中华民族伟大复兴，发展社会主义文化事业，文化自信是重中之重。这就要求政府理顺自身与文化市场的关系。片面的管理和控制不能满足文化市场的发展需要。要关注市场需求，变堵为疏。

文化管理体制改革是文化发展的动力，也是文化市场中文化产业发展的保障。因此，理清市场与政府的制度边界，优化政府的管理模式，充分发挥政府与市场的两种力量，具有十分重要的意义。在具体实施上，首先，政府要从注重从微观管理转向宏观谋划。首先要减少中央对具体事情的具体控制，比如对各种文化产业的行政审批，不需要亲自动手。相反，它可以增强地方政府的自主权，让地方政府通过自己的立法来规范地方文化市场，增加更多的市场活力，把中央政府从无规模经营的角色中解放出来，集中控制大方向。二是由直接管理向间接管理转变。在计划经济体制下，高度集中的行政命令统一管理，严重影响了市场主体创造财富的积极性。要转变单一的行政管理模式，学会用法律来规范，用政策来指导和规范；按照政企分开、政事分开的原则，推动政府部门从管理文化向发展文化转变，推动党政部门与其所属的文化企事业单位进一步理顺关系。建立党委和政府监管国有文化资产的管理机构，实行管人管事管资产管导向相统一。例如在国有传媒行业的改革中，根据党的十八届三中全会所做的决议："对按规定转制的重要国有传媒企业探索实行特殊管理股制度。推动文化企业跨地区、跨行业、跨所有制兼并重组，提高文化产业规模化、集约化、专业化水平。在坚持出版权、播出权特许经营前提下，允许制作和出版、制作和播出分开。"这就对于政府在监管市场的过程中的行政行为提出了相对严格的要求。最后，政府应该从直接管理文化企事业单位转变为管理社会。在社会主义市场经济环境下，政府管理的中心应该是文化市场，而不是单个企事业单位。随着文化产业向经济支柱产业的发展趋势，很容易造成行业外独立企事业单位、行业垄断和内部管理混乱的现象。政府理顺与市场关系的中心之一，就是要避免把企事业单位作为重点对象的管理方向，同时要发挥好市场监管作用，为文化单位的经营发展提供良好的环境。同时，要充分发挥市场和政府的作用，实现文化市场管理的多元治理。

社会主义文化的发展需要坚持意识形态的宣传教育。政府在支持和管理市场的同时，也需要对意识形态进行引导和管理。但是，作为一项复杂而艰巨的任务，大系统改革是一个长期的过程，需要逐步推进。在处理好与市场的关系之前，政府首先要处理好党政关系。有学者将各种文化功能划分为三种基本类型：文化政治管理功能、文化经济管理功能和文化社会管理功能。在此基础上，政府应明确区分相关管理机构的管理方向，不能一概而论所有的文化管理机构。同时，由于文化本身的夸大性、感染性和导向性，文化领域的企事业单位必须坚持党的领导和党的思想指导。涉及社会舆论引导和控制、思想宣传教育的文化企事业单位，要与党委宣传部的管理相衔接，而经济管理和社会管理的职能应该是推进文化部门改革的重点之一。

其次，要处理好文化管理部门之间的内部关系。在部制改革下，组织调整没有从原来的多个文化行政部门的职能转变为同一组织下的内部部门的职能，即不是各部门职能的简单叠加。否则，这种不触及实体部门核心的做法，就达不到改革的初衷。整合制度设置，科学合理界定各部门职能范围，理顺权责关系，有利于突破原有限制，降低政府管理成本，提高体制机制运行效率。此外，要优化"党委领导、政府管理"的文化管理模式；高效规范的治理，主要体现在应对经济、社会和公共管理领域的重大变化和复杂需求，转变政府职能"高效"是指提高各组织的运行效率，"标准化"是指科学专业的组织设置和职能配置。因此，文化管理体制改革的基础是政府对"大部门制"内涵和基本要求的明确认识。内涵式改革与过程性改革最大的区别在于，通过增加或减少职能总量，不适应市场经济体制和社会发展的需要，而是调整和优化现有制度的功能，提高行政效率。此次改革旨在顺应供给侧结构性改革发展的需求，建设人民满意的公共服务型政府，调整和优化政府机构职能，努力全面提高政府效率。要充分体现"高效规范"改革特色的内涵。

当然，客观地说，中国的文化市场本身需要对政府的努力做出回应。中国目前的文化形态发展极不平衡。从内部看，文化发展不平衡表现为文化资源配置不合理、区域与城乡文化发展不平衡、公共文化事业与经营文化产业利益交叉，而产业壁垒和区块分割对生产要素流动和配置的制约，仅靠政府的引导是无法解决的。"大系统"改革只能管理政府管理等方面，不能直接影响市场的资源配置。改革的目标是减少政府对具体事务的控制和对市场的控制。因此，仅仅依靠政府的努力是远远不够的。从外部看，中国文化软实力的影响力还有较大提升空间。中国奉行独立自主的和平外交政策。改革开放以来，中国从未在国际舞台上挑起过国际争端，始终在发展本国经济中发挥着重要作用。随着国际地位和影响力的不断提高，它在国际事务中也发挥着越来越重要的作用。但是，在综合国力的较量中，与经济、军事、科技相比，中国以文化价值观为基础的软实力还不足以充分向世界展示中国的形象，不利于党和国家事业的全面发展。因此，在国家大力扶持文化事业和文化产业的同时，文化领域自身也要关注发展质量和趋势，勇于在世界舞台上展示中国的实力和形象，配合政府的文化管理，最终实现文化领域的真正繁荣和发展。

三　完善文化领域相关立法

（一）文化基本法的制定

宪法中关于文化的规范就在于为整个文化法律规范体系的统一提供指引。但是，由于宪法中有关文化的规定毕竟过于原则和抽象，为了能够有效地将文化宪法确立的文化基本国策、文化基本权利与单行文化法规范连接起来。进入21世纪后，很多国家开始通过制定文化基本法来补充宪法之不足。

然而有学者并不赞同，具体理由有：第一，文化基本法的地位无法清晰界定。如果将宪法在整个法律体系中的地位比之为文化基本法在文化法律体系中的地位文化，那么文化基本法既要做到兼顾文化立法领域的各个方面，又要起到提纲挈领的作用。运用宪法的立法思想做比较来形容的话，即"宜粗不宜细"，但是却不能完全满足文化领域的需求。因此很难做到整体文化立法体系的协调统一。第二，文化基本法囊括范围难以确定。文化基本法的制定面临着对象难以确定的困境，因为在现实中文化本身即是一个难以明确界定的内涵。一旦轻易立法，很可能会与已经立法的相关范畴产生立法冲突，从而导致法律部门的交叉，重复立法，浪费司法资源。立法的对象随科技和传媒的发展也会不断变化，文化基本法不能囊括甚至超前立法。第三，立法技术不成熟导致法律草案本身的制定存在障碍。正因为文化的对象难以确定，包罗万象，因此现有立法技术很难将所有文化内容糅到一部文化基本法之中。第四，纵观全球关于文化基本法的制定情况，目前制定文化基本法并不是世界对文化领域进行保护的主流，现有已经制定文化基本法的国家积累的经验并不足以为中国制定文化基本法提供完备经验。然而这并不是完全不可行的，宪法中的将文化权利设定为国家的基本义务和公民的基本权利，因此事实上可以将文化国策与文化基本权利的内容化作更为具体的法律条文加以确定；另外，宪法作为国家的根本大法，有指导单行法立法的作用，因此可以将宪法中的文化原则融会贯穿于单行文化立法之中，同时也可着手文化基本法的制定。

（二）文化领域其他法律法规的制定

今天，中国已进入全面建成小康社会的决定性阶段。中华民族正处于伟大复兴的关键时期，文化在综合国力竞争中的作用越来越明显。文化是民族凝聚力和创造力的重要源泉。文化始终是经济政治发展的重要支撑，不仅在文化法治实践中，而且在深化改革、扩大开放的关键时期。文化建设法治化是文化发展过程中的一个根本问题。国家文化发展目标的实现需要一套标准体系的保障。如何构建我国文化法治，为文化发展繁荣提供制度支撑，是一个值得探讨的新课题。与中国的政治、经济和社会建设相比较，文化法治建设仅仅初步形成了法律构想，还没有完全进入制度化建设阶段，现有的法律规范不仅数量少，而且排名较低。"十三五"规划中明确提出要推进文化产业与公共文化的融合。因此，我们需要《公共文化服务保障法》、《文化产业振兴法》等基本法，明确界定文化领域的一些基本问题，保证构建完善的文化法律体系，实现两者的融合。在我国，规范文化艺术产业、新闻出版、社区文化等管理的规章制度很少，缺乏文化事业的功能定位。尽管有关文化建设和发展的法律规定此前已经出台，但面对日益多元化的文化建设，这些法律规定仍然很薄弱。其次，要提高立法水平，平衡地方立法。除了《著作权法》、《广告法》、《文物保护法》、《非物质文化遗产法》等几部来自全国人大的法律外，目前文化市场上的规章制度大多由各部委制定，而且法律水平和效力不高，各地、各部门立法成果参差不齐。最后，完善文化市场的单行法。信息技术带来了大媒体、大整合的时代，文化市场涌现出一批新兴产业。由于立法滞后，这些新兴文化产业还存在一些立法空白。因此，必须完善文化立法的范畴，确保有法可依。无论是在文化产业领域，还是在文化产业市场，公共利益和私人权利的保护都缺乏与时俱进的文化法律条文来解释；无论是在公共文化领域，还是在文化产业领域，不能依靠、不能跟随的情况更加突出。随着科学技术和网络系统的发展，许多文化资源的共享、文化侵权、文化信息的非法渗透、文化产品的仿真技术等都变得越来越具有空间性和数字化。与传统的实体文化产品相比，它们有着技术上的进步，这也给立法和司法带来了更大的挑战，特别是在证据收集方面，要采取更为先进的司法鉴定方式进行甄别。文化符号体系、文化产品交易方式和文化侵权的多样性要求文化立法不仅要及时，而且要创新，以提高立法质量，这是新时期文化法治的必然选择。

　　建立和完善文化法制的具体途径是：一是加强文化产业发展质量立法工作。要加快制定文化产业相关规章制度，依法合理分工和安排。二是加强社会公共文化服务法制建设。政府应严格规范公共文化单位的属性、权利义务、政策等，在此基础上，加强公共文化服务运行机制建设，增强法律对公共文化服务的保护作用。三是完善保障群众基本文化权利体系。要制定相关法律法规，保障人民群众享有优质文化产品，使人民群众在依法办事的条件下发展、创造和创新文化成果和文化活动。四是加快文化体制改革。深化改革，通过立法规范国有文化单位股份制，创新法人管理体制。同时，通过完善立法促进社会公共文化服务的改革与创新。五是加强文化建设管理，构建促进网络文化健康发展的法律体系。要明确法律对实施对象的适应性和针对性，并纳入相应的管理方案；充分认识文化管理的缺陷，及时出台新的文化产业服务法律法规和表现形式。创新文化立法管理理念。要更新文化立法理念，必须深刻认识文化立法的紧迫性。要通过法律程序加以规范，制定一系列与文化立法有关的法律法规。同时，要注意文化立法的后期完善，按照科学原则，通过民主实施的方式，加强人民群众对文化立法和自身文化权益的关注，使人们深刻认识到，文化立法是对文化权益的保护和保障。在引导文化立法参与方面，要充分体现群众性和自发性，科学分析群众性的概念，构建一套完善的反映中国特色社会主义文化的法律体系。

加强文化法治化宣传教育。首先,要推进法治宣传与教育理念的融合。其次推进文化宣传与行政管理相结合。通过有效的宣传方式,让人民群众和管理者深刻认识到法治在文化建设中的重要性,让人民群众监督管理者。最后,要促进文化法治化宣传与人民群众切身利益的有机结合。

第二章

公共文化服务保障法治的实施

第一节 公共文化服务保障的基本理论

一 公共文化服务内涵

（一）公共文化服务的基本概念

从"公共文化服务"这一概念的字面表述可以视为"公共文化"和"公共服务"两个概念的交集概念。从"公共文化"的性质来看，其主要涉及的是社会学领域，论及"公共文化"需要追溯至西欧罗马时期，之后由于人类文明的发展，经济、政治、文化体系的不断飞速发展尔后成为了现今的公共文化。在中国，我们通常所说的公共文化是相对于经济文化而提出的概念，体现出其公益性、提供公共文化主体的特殊性即人民政府以及公共文化对象的普遍性。故此，公共文化可以理解为"旨在满足群众文化需求、保障相应文化权益，以普及、传播相关知识、文化，由政府主导、社会参与所形成的各类型文化机构及其服务之总和。"①

从"公共服务"来看，哈贝马斯的"公共领域"论是学界开始注意到公共文化的契机，而代表着多数人利益的"公共"概念也正是产生于18世纪左右的欧洲地区。哈贝马斯认为，"公共领域"是在产权制度清晰的前提下从"私人领域"中分化出来，与私人领域相对的，即出现了"公共性"这个概念。②"所谓公共性乃是社群成员之间，针对其生活领域中的公共事物，进行公共讨论和公共对话后的成果，亦即形成符合公共利

---

① 杨奎臣、谭业庭、李凤兰：《公共文化服务立法基本问题定位：社会法范畴与促进型模式》，《云南行政学院学报》2013年第1期。

② 闫平：《服务型政府的公共性特征与公共文化服务体系建设》，《理论学刊》2008年第12期。

益的共识,以确保公共领域的构建及民主价值的实现。"① 而"服务"概念要追溯至服务行政。通说认为,行政方式总的来说可以进行三种划分:② 统治行政的方式、管理行政的方式以及后来出现的服务行政方式。三种方式在服务对象方面存在以下主要区别,统治行政方式的相对人是小部分人而非大部分人,管理行政方式是作为统治行政方式和服务行政方式的中间阶段,其服务对象慢慢地从少数人转向多数人和公共性,但其间存在许多问题和不足,算不上真正的服务行政模式,而只有服务行政模式的服务对象不仅是多数人、体现出充分的公共性,并且其以达到服务对象满意为最高标准,从形式和实质两个方面做出了要求。"如果说管理行政是以效率的追求为主要导向的话,那么服务行政将把这种效率的追求附加到服务对象所获得的服务质量上来,从而带动整个行政行为系统为公众利益服务或提供安全利益保障……"③ 因此,服务行政模式的"服务"主要体现在以下方面:④ 首先接受"公共支持"是政府组织存在的基础,政府的权力和财力均源于社会和公众,政府组织获得公共社会和公众支持具有正当性;其次,"公共精神"这种理念在服务行政的行为方式中是必要要求,相对于传统行政模式忽视了道德和价值的内在要求,服务行政模式更加强调追求公正、自由、平等、民主的状态;再次,实现"公共价值"是服务行政模式的理想追求,服务型政府的行为要符合公平正义、正当无私的要求;最后,满足"公共需求"是服务行政模式尊重公民权利的具体表现,为了公共服务在公民间可以达到平等享有的程度,从而让公民都有一定的文化满足感,特别是对各个领域中处于弱势的主体实质平等化是公共服务的发展趋势。

综上分别对"公共文化"和"公共服务"以及进一步对"公共"和"服务"的拆分研究,公共文化服务是指服务主体为非营利性的国家或其他组织面向不特定的、多数的公众提供的满足服务对象公共文化需求、促进文化生活质量的产品和服务的总和。

---

① 曹鹏飞:《公共性理论研究》,党建读物出版社2006年版,第3页。
② 闫平:《服务型政府的公共性特征与公共文化服务体系建设》,《理论学刊》2008年第12期。
③ 张康之:《寻找公共行政的伦理视角》,中国人民大学出版社2002年版,第186页。
④ 闫平:《服务型政府的公共性特征与公共文化服务体系建设》,《理论学刊》2008年第12期。

(二)公共文化服务的规范内涵

1. 宪法上的规范基础

我国《宪法》在文本上多处都对"文化"权利进行了直接或者间接的规定和确认。[①] 从文字分析来看,《宪法》全文对于"文化"的规定和描述共达25处,属于在《宪法》中规定得较多的内容。其中,将文化置于极为重要的位置,此条款在最高位阶的法规范上赋予了公民享有文化方面的宪法性权利。[②] 类似于上述第十四条、第十九条、第四十七条都对发展文化事业进行了积极性规定,尤其在第二十二条规定中的"文学艺术事业、新闻广播电视事业、出版发行事业、图书馆博物馆文化馆"等事业是公共文化服务的典型具体服务类型。我们可以从《宪法》中所涉及的一部分规定可以发现,《宪法》主要是将文化权利分为了两个分支,也即加入和互享。[③] 公共文化可以从公众参与权与分享权进行理解,亦即公众有权利在生活工作学习中参与到有关公共文化的活动中,并且对此进行分享和交流。

整个公共文化在公众层面的发展便是以"国家或其他非营利组织←→公民个人←→其他公民"这种双向机制进行运转。"国家或其他非营利组织→公民个人"是指国家或其他非营利组织为公众提供公共文化资源,公民可以从国家或其他非营利性组织处获取一定的公共文化资源;"国家或其他非营利组织←公民个人"是指公民在接收到提供公共文化资源后对提供公共文化资源的主体的反馈行为;"公民个人←→其他公民"是指公民个人与其他公民在获取公共文化资源之后与其他公民进行自身所拥有的公

[①] 《宪法》序言中第二句就描述道:"中国各族人民共同创造了光辉灿烂的文化,具有光荣的革命传统。"《宪法》第14条规定:"……国家合理安排积累和消费,兼顾国家、集体和个人的利益,在发展生产的基础上,逐步改善人民的物质生活和文化生活。……"《宪法》第19条规定:"……国家发展各种教育设施,扫除文盲,对工人、农民、国家工作人员和其他劳动者进行政治、文化、科学、技术、业务的教育,鼓励自学成才。……"《宪法》第22条规定:"国家发展为人民服务、为社会主义服务的文学艺术事业、新闻广播电视事业、出版发行事业、图书馆博物馆文化馆和其他文化事业,开展群众性的文化活动。国家保护名胜古迹、珍贵文物和其他重要历史文化遗产。"《宪法》第47条规定:"中华人民共和国公民有进行科学研究、文学艺术创作和其他文化活动的自由。国家对于从事教育、科学、技术、文学、艺术和其他文化事业的公民的有益于人民的创造性工作,给以鼓励和帮助。"

[②] 罗冈钰:《依法构建我国公共文化服务基本制度体系研究》,《法制与社会》2019年第3期。

[③] 李国新:《公共文化服务保障法的制度构建与实现路径》,《图书情报工作》2017年第16期。

共文化资源交换的互动行为。结合上述公共文化的参与性和分享性，恰好与这个运行机制吻合，而公共文化服务便是第一阶段中公民参加公共文化活动、获取公共文化资源的具体形式，体现的是一种参与性，亦即公共文化服务具有参与性。

2. 法律上的规范基础

在法律层面，2016 年通过了《公共文化服务保障法》，随着本部法律的通过，我国的综合公共文化服务事业首次在狭义的法律位阶上取得了直接的依据。也正由于本部法律的问世，我国公民的文化权利得到了进一步保障，使公民获取了更多的精神满足感。[1] 同时，《关于深入推进公共文化机构法人治理结构改革的实施方案》也相继出台实施。

具体而言，《公共文化服务保障法》在体例上分为了两大部分，第一部分为本部法律的总则，进行了概括性和原则性的规定，具有指引整个公共文化服务系统开展的作用；第二部分类似于分则，主要是规定了公共文化设施建设与管理、公共文化建设提供、保障措施、法律责任和附则。在详细的规定里，主要有以下内容：首先是在总则部分对公共文化服务是什么和包括了什么的问题进行规定；其次，总则部分还规定了我国的公共文化服务制度在具体的施行阶段应当总体上遵循怎样的精神和理念；再次，公共文化服务是一项系统的工程，其中包含了多项复杂且细致的具体机制和制度，限于《公共文化服务保障法》的篇幅，"分则"采用重点列举的立法技巧对重要的几项制度进行了列举式规定，强调了这几项制度在整个公共文化服务制度中的突出作用，亦即协调、服务标准化以及相关的开放等制度；复次，"分则"部分还突出了公共文化服务提供主体的责任，主要从政府组织和公共文化服务领域的人事建设和监督管理等；最后，《公共文化服务保障法》特设法律责任一章，对公共文化服务相关主体做出不履职或者错误履职、瑕疵履职的规定，这也是权力和责任相统一的体现，有利于督促相关主体积极投入公共文化服务的实施过程中。

从定义出发，公共文化服务是指政府主导、社会力量参与，以满足公民基本文化需求为主要目的而提供的公共文化设施、文化产品、文化活动以及其他相关服务。我们再次对该定义进行细分，公共文化服务的主要参

---

[1] 刘忱：《公共文化服务体系建设的实践考察与建议》，《中共中央党校学报》2012 年第 6 期。

与者包括了两部分,即负责统筹组织的政府以及在公共文化服务过程中参加进来的社会力量,其目的是满足公民基本文化需求,其内容主要包括公共文化设施、文化产品、文化活动。在法规范上,《公共文化保障法》对上述三个子内容进行了进一步的明确。① 与上述中宣部、文化部等7部门于2017年9月初联合印发了《关于深入推进公共文化机构法人治理结构改革的实施方案》强调重点建设公共图书馆、博物馆、文化馆、科技馆、美术馆等公共文化机构。而文化产品和文化活动是指一定程度在硬件设施即文化设施的支撑下而提供的公共文化服务。

综上,作为主要从法学视角出发的研究,我们认为应当从法规范的角度出发,采用《公共文化服务保障法》的表述,并且参考上述对公共文化服务基本概念的分析,从更深的理论层面理解该概念,同时从公共文化服务的主体、客体、内容及性质全方位地把握公共文化服务这一概念。

二 公共文化服务的价值

(一) 保障人民基本权益,满足公民基本文化需求

按照中央相关决策精神,公共文化服务是增强公民文化幸福感的重要进路,总体分析主要涵括了以下几个特点:② 一是公益性,这是与营利性相对的特点,商业活动中基本上都是以营利为目的,而公共文化服务是政府活动,非商业活动,不具有营利性,一般是不收取费用或者收取少量必要费用。二是基本性,即公共文化服务并不意味着要提供各种各样的、不区分等级和必要性以及成本投入收益的文化供给,在内涵上该制度主要从核心的和基本的文化供给出发,倾向于保障基础的文化幸福感。我们所称的基础文化幸福感,目前常见的是公民有权从各种新兴媒体、图书报纸、文化艺术品、文化展览品和文化活动等途径获取文化满足感。听广播看电视的权益,由各级电台电视台承担,即使发展数字电视也要保证一些基本

---

① 《公共文化保障法》第14条规定:"本法所称公共文化设施是指用于提供公共文化服务的建筑物、场地和设备,主要包括图书馆、博物馆、文化馆(站)、美术馆、科技馆、纪念馆、体育场馆、工人文化宫、青少年宫、妇女儿童活动中心、老年人活动中心、乡镇(街道)和村(社区)基层综合性文化服务中心、农家(职工)书屋、公共阅报栏(屏)、广播电视播出传输覆盖设施、公共数字文化服务点等。"

② 李长春:《认真贯彻落实党的十七大精神,大力推进文化改革发展》,《文化强国之路——文化体制改革的探索与实践》,人民出版社2013年版,第98—99页。

频道是免费的公共服务；在此基础上，可以再发展别的频道，提供增值服务。读书看报的权益，主要由公共图书馆承担，因此公共图书馆要建设好，逐步走向免费开放。文化艺术品和文化展览品的赏析，主要由公共的博物馆、纪念馆、美术馆等提供，让人民群众充分享受我们国家的历史文化遗产和现代文化成果，受到艺术的熏陶、文化的传承、精神的启迪。参与公共文化活动的权益，主要由各级文化馆、群众艺术馆、科技馆、青少年宫、社区文化中心等承担，开展丰富多彩的群众性文化活动。三是均等性，即不管是城市还是农村，发达地区还是欠发达地区，富人还是穷人，都一律平等地享受公共文化服务的供给，从形式和实质上都突显了平等性。特别是国家财政层面对我国中西部的制度建设加强了资金支撑，更加突显了平等性原则的要求。四是便利性，即文化设施要网点化，在居住地一定距离内，要有群众文化活动场所，方便群众就地就近开展和参与文化活动。

上述公共文化服务的四个特征是宪法赋予我国公民应有的权利在文化领域中的体现。我国宪法在书面上和规范上赋予了我国公民大量的权利，但在实施上由于缺乏相关下位法的具体规定以及不能直接适用于司法阶段，故我国宪法规定的公民权利在无法充分地实现和被享有。但在公共文化服务的领域中，正是实现公民相关权利的好机会。

同时，公共文化服务的重要目标在于不断满足公民的基本文化需要，保证公民的基本文化权益可以得以实现。随着我国经济的快速发展，我国人民基本已经摆脱了"吃不饱，穿不暖"的困境，除了基本的物质需求以外，我国人民还对公平、正义、法治、文化等方面有着强烈的需求。在文化方面，公共文化服务这种形式是满足我国人民文化需求的最有效途径。这是对服务型政府的基本要求，是我国人民的权利，也是党和政府的责任。这种责任的一大特点就在于，公共文化服务建设的目的是为了服务与人民的文化需求。

（二）促进社会主义和谐文化建设

在人类社会生活和不断传承和发展的历史过程中，文化承担着传送带和载体的作用。社会主义发展到了一个新的阶段，在这个大背景下的和谐文化最主要的理念和精神便是以和谐为主，要求文化领域的各方各面在自我发展中兼顾和谐的基调，和谐文化是一项系统的工程，即包含了思想意识、标准化行为、建设的方法等多个方面，表现出公民对此的概括性认识，是中国特色社会主义文化建设的不可或缺的一角。① 同时，该制度在发展和谐文化的方面起着极其重要的作用，是实现该目的必不可少的手段之一，并且在逻辑上分析，它们存在必要条件联系。不断加强物质文化的建设，推动文化的多层次相互协同作用是必要途径。而公共文化服务正式社会主义和谐文化建设中的物质文化环节以及文化多层次中的主要部分。

社会主义和谐文化的良性发展的重中之重便是公共文化服务制度。社会主义和谐文化的特征在于其"和谐"，而和谐在理论和实践中都可以理解成协调，建设社会主义和谐文化同时也是保证文化协调的过程。众所周知，马克思理论认为，经济基础决定上层建筑，文化建设是与经济建设相互统一的，经济发展也是文化发展的前提。坚持以经济建设为中心，推进政治、经济、文化、社会建设全面发展，是推进中国特色社会主义建设的应有之义。值得我们深思的是，着眼于公共文化服务的发展，并且铸牢我国文化自信的来源基础，是促进中国特色社会主义政治、经济、文化协同发展和良性发展的不可或缺的一部分。②

（三）保护传统文化，传承创新中华文化

放眼世界各国文化发展历程，我们中华文明是世界上独有的从未间断的文明。将灿烂辉煌的中华文化源远流传下去，使中华文化不仅在国内被继承而且更要定位于传播至全球，这是先辈们对我们的期盼也是尊重文化本身的要求。各种各样的文化皆可在特定的社会团体或个人处寻求出最终传播的方式方法，当然各种各样的社会团体和个人也皆可在某种特定的文化制度中寻觅到自我憧憬的价值。从这个角度出发，每个人都有去寻求和享受特定文化的权利，去追寻自我幸福的权利。也正因为这个原因，多数国家都将文化权利作为公民提高幸福感的权利，将其包含于人权的范畴之内。

我们认为，由于公共文化服务的受众广、形式统一、来源丰富等原因，公共文化服务是传承和发展中华文化的最有效方法。在上述"人"与"文"的关系中，我们强调社会个人的发展对文化传承的重要性，而公共文化服务给社会个人提供了优秀的硬件设施和软件来源，是社会个人

---

① 宋一：《社会主义和谐文化建设视野中的公共文化服务体系》，《陕西理工学院学报》（社会科学版）2008年第2期。

② 同上。

发展所不可或缺的。对于创造功能，基于公共文化服务的"国家或其他非营利组织—公民个人—其他公民"这种双向机制，公民在接受了文化的输入之后可以结合自身的分辨与思考，与其他主体进行讨论及再生产，是对中华文化创新的必要制度设置。

第二节　公共文化设施管理制度

一　公共文化设施的概念与内涵

《公共文化服务保障法》和《黑龙江省公共文化设施管理规定》在其各自的前半部分对公共文化设施进行了抽象式的概括，限定于建筑物、场地和设备等形式，并使用列举的方式进行了规定。[①]

《城市用地分类与规划建设用地标准》中将建设用地在服务设施领域中分为了两大块，即"公共管理与公共服务设施用地"和与之对应的"商业服务业设施用地"，这两个分类其中都包含了文化设施内容。其中，第一类中的文化设施是指由政府加以控制用来保障基础民生需求的服务设施，并且这种类型多数情况下为非营利的公益性设施，好比如公共图书馆、博物馆、科技馆、纪念馆、美术馆、展览馆和综合文化活动中心、文化馆、青少年宫、儿童活动中心、老年活动中心等。第二类中的文化设施是指主要通过市场配置起主导作用的，多数情况下以营利为目的的服务设施，好比如剧院、音乐厅、电影院、歌舞厅、网吧、溜冰场等。[②]

根据上述从规范意义出发的分析，公共文化设施在内涵上包含以下特点：首先是公共性，同政治、经济一样，文化生活也是人们日常生活、学习和工作中的基本需求，由政府控制的公共文化设施在设置上就是为了满

[①]　《公共文化服务保障法》第14条规定："**本法所称公共文化设施是指用于提供公共文化服务的建筑物、场地和设备，主要包括图书馆、博物馆、文化馆（站）、美术馆、科技馆、纪念馆、体育场馆、工人文化宫、青少年宫、妇女儿童活动中心、老年人活动中心、乡镇（街道）和村（社区）基层综合性文化服务中心、农家（职工）书屋、公共阅报栏（屏）、广播电视播出传输覆盖设施、公共数字文化服务点等。"《黑龙江省公共文化设施管理规定》第3条规定："本规定所称公共文化设施，是指由各级人民政府或者社会力量举办的，向公众开放用于开展文化活动的公益性的博物馆、图书馆、纪念馆、科技馆、档案馆、群众艺术馆（文化馆）、乡镇综合文化站、美术馆、文化宫、青少年宫、社区文化活动中心（文化活动室）等建筑物、场地和设备。"

[②]　褚凌云、邓屏、杨卫武：《公共文化设施满意度实证研究》，《经济师》2011年第7期。

足群众基本民生需求，从功能上而言更是为了保证我国公民都能享受到公共文化服务，而不因为性别、民族、宗教等无关因素所影响；其次是公益性，公共文化设施是由政府所控制的，并且有公共财政作为运行支撑，不直接从公民获取公共文化设施的管理费、保养费、人工费等必要费用，它的设置准则是实现增强公民在文化层面的幸福获得感，是落实法规范和法原理中的公民文化权利，开展的方式是免费或低价向公民开放；最后是开放性，从形式上来说，公共文化设施作为公共文化服务的硬件基础，其面对的对象是所有的公民，并且以各种形式进行宣传从而鼓励当地与外地的公民积极参与，从实质上来说，公共文化设施开放期间还接受社会公民的监督，实为一种互动机制。①

二 我国主要的公共文化设施现状

在研究《公共文化服务保障法》关于设施的规定过程中，我们发现这些设施包括但不限于图书馆、博物馆、文化馆（站）等。基于现行法律法规对公共文化设施的专门立法规定程度以及影响程度的考量，我们主要从博物馆、文化馆（站）的角度进行分析。

（一）博物馆

在我国，公民享有文化权利，摄取文化知识的一个关键场所就是博物馆。博物馆事业的发展在公共文化服务制度乃至于整个文化领域都发挥着极其重要的作用，这在法学领域中体现在我国专门制定了《博物馆条例》对相关事宜进行了规定。《博物馆条例》在法规范上以博物馆的所有权归属是否为国家为分类基准将"博物馆"细分为"国有博物馆"和"非国有博物馆"。② 从我国博物馆发展数量的增长状况来看，21世纪以来一直保持着较高的增长速度，博物馆从1949年的21个到2018年的4918个，增长233.2倍，这在世界博物馆发展历史上是极为罕见的。现今，我国的博物馆在规划和建设体系中，呈现出以国家级的为首、省级和重点行业的为重点，同时国有的为主、非国有的为辅的特点。③

---

① 李钧、应联行、王珏：《杭州城市公共文化设施现状调查》，《城市问题》2014年第2期。
② 《博物馆条例》第2条规定："博物馆包括国有博物馆和非国有博物馆。利用或者主要利用国有资产设立的博物馆为国有博物馆；利用或者主要利用非国有资产设立的博物馆为非国有博物馆。"
③ 黄哲京：《我国博物馆章程建设现状分析》，《故宫博物院院刊》2014年第3期。

从宪法的地位和法律效力来看，直接明确规定发展博物馆事业可以看出，博物馆相关事业的开展属于我国文化领域建设的重点内容。[①] 与博物馆领域建设直接或者间接相关的法律规范中，除了具有最高法律位阶的宪法以外，还包括了许多法律和地方立法以及规章，其中以《博物馆条例》为最。该条例是为了解决当初博物馆领域建设不统一，建设水平和建设标准参差不齐的情况，同时吸收了各地较为成熟的地方立法经验，对博物馆事业的建设、发展和管理进行了专门性的规定，是规范该领域的最主要依据。具体而言，从体系上看《博物馆条例》明确规定了博物馆的设立条件、提供社会服务、规范管理、专业技术职称评定、财税扶持政策等方面，并且设定了公、私博物馆的平等性原则，不搞差异化和区别化对待，使私有博物馆也能在文化事业建设上有平等的主体地位；同时该条例对文化艺术品和文化展览品进行明确的规定，从这些文物的获得、管控、防护，以及使用和处理等方面系统地规划规定等。尽管近年来我国的博物馆事业在数量和规模、管理方式上取得了喜人的成就，但是仍面临着部分问题。

博物馆的整体数字化建设有待加强。目前我国博物馆事业建设和发展中比较偏向关注硬件设施的建设，但并没有给予同等的关注于数字化建设。就博物馆的藏品而言，我国多数博物馆的藏品很多被藏于博物馆的实体库房之中，无论是相关的研究者还是博物馆文化爱好者都不易于接触到该类藏品资料，并且由于结合文物安全保卫制度的一些原因，就连博物馆研究人员也很难对相关文物做到充分的了解。基于现实中博物馆的基础条件，博物馆的展览方式都是将相关的展品进行轮流展示而不可能同时将所有的展品进行展览。但是，数据化管理能够有效地帮助摆脱这个困境，既能合理利用博物馆的基础设施和空间又能充分发挥各个博物馆所管理的展品价值。在数字化管理中，参观者或研究者不必亲自赶赴博物馆内并且见到展品实物，而只用通过计算机和互联网的便利就可获取相关信息。还有学者认为，现今我国的博物馆建设和发展还有些许不足，主要有：首先是对于博物馆的定义不够明确。这个问题主要体现在，博物馆是什么，什么

[①] 《宪法》第22条规定："国家发展为人民服务、为社会主义服务的文学艺术事业、新闻广播电视事业、出版发行事业、图书馆博物馆文化馆和其他文化事业，开展群众性的文化活动。国家保护名胜古迹、珍贵文物和其他重要历史文化遗产。"

样的文化基础设施才能算作博物馆,认定它的形式标准和实质标准具体有哪些,这个问题是很多问题的源头,因为如果不能厘清要研究事务的内容和本质,那之后的辛劳也只能是空中楼阁。其次是博物馆的管控模式存在问题。根据以往的实践经验,博物馆的各项工作主要是由文物主管部门负责。可因为经济、科学技术、文物形式等方面的快速发展,其中一大批的博物馆的工作职能或者运营方式已经不止于文物的保护和展览,有许多自然博物馆即使不含有文物,但是有稀缺的标本,所以上述博物馆不是文物部门主管。并且,在21世纪初期,我国的博物馆数量以惊人的速度增长,这类博物馆不只是数量的增长,而且也带来了很多创新的模式,比如科学普及、休闲娱乐以及文化传播等与文物保护关系不大的事项,如此,文物主管部门无法有效地应对新出现的现象,行政部门对博物馆事业管理的混乱现象。实际情况是,我国大部分省市都存在着博物馆不经过文物主管部门而自行成立和发展,它们无法保证在文物主管部门的监管从事各项活动,这种情况对其起着消极的作用。故此有学者表示,可以考虑对该事业的管理制度进行重构,比如说在文化部下设专门的负责机构来进行监管,然后将这种体制延伸到地方各级文化行政机构,从而从制度构建方面优化该事业的发展势头。[①] 又有学者认为:应当加强对博物馆审核设立与注册登记管理,具体可以从明确行政审批的实施机关、规范审批申报的必备要件、细化审核设立的申报材料、规范行政审批的实施程序、推行分类(分级)审批的尝试五方面着手。对于违法违规行为,应该制定相应的罚则。[②]

(二) 公共图书馆

在公民生活中,关于公共文化服务基础设施的印象,除了上述的博物馆,最常见的便是公共图书馆,该种类设施在我国公共文化服务领域中占据着不可替代的地位,它是搜集、整理、收藏图书资料以供人阅览、参考的机构,是我国公民接受公共文化服务的主要场所之一。与博物馆领域相比,公共图书馆在法学领域内甚至专门制定了法律进行规定,即《公共图书馆法》。并且《公共图书馆法》在法规范上对什么是"公共图书馆"进

[①] 陈博君、岳峰、杜凤娇:《博物馆大发展中的欣喜与忧虑》,《人民论坛》2013年第3期。
[②] 邢致远:《博物馆审核设立与注册登记管理的实践探索和政策性建议》,《中国博物馆》2012年第4期。

行了定义。① 新中国成立 70 周年以来，尤其是在改革开放以来，随着党和国家对公共文化服务的重视，我国的公共图书馆事业取得了飞速发展。在数量上，公共图书馆从 1949 年的 55 个到 2018 年的 3176 个，增长了 56.7 倍，在质量上，公共图书馆的馆舍环境、藏书数量、阅读方式等方面都进步飞快。我国从"六五"到"十五"期间，基本实现了县县有图书馆的目标。"十一五"期间，公共图书馆已基本实现全覆盖，地市级公共图书馆覆盖率为 79.3%，县级公共图书馆覆盖率为 85.1%。②

现阶段，我国的公共图书馆建设呈现着建设不均衡的状态，从中央到地方都取得了十分迅速的进步，但是国家图书馆以下的各级图书馆事业建设水平都不一致，各个省市对公共文化服务设施建设的重视程度不一，导致场馆建设、藏书购入、专业人才引进的情况差异较大。比如，就省级公共图书馆而言，2016 年公共图书馆最多的省份是四川省共 203 个，最少的是海南省 23 个，差距将近十倍，少数民族地区图书馆数量也处于劣势，宁夏、西藏、新疆分别只有 26 个、81 个、107 个；2016 年公共图书馆从业人数最多的是广东省共 4360 人，最少的是 323 人，少数民族地区图书馆从业人员数量也比较少，宁夏、西藏、新疆分别只有 555 人、189 人、1092 人；并且从上还可以看出，各地的人员数量配备也相差较大，作为图书馆数量最多的四川省并没有当然地拥有最多的从业人数，四川省的图书馆从业人数仅 2371 人，将近只是广东省的一半。③ 其次，政府责任不够明确，公共图书馆的设置责任主体是各级人民政府。④ 然而，事实上并不是各地政府都对图书馆事业按要求地履行了相应职责，部分政府出现了责任不到位、保障措施不到位的情形，虽然各地的经济水平都在飞速的发展，但图书馆事业并没有相应地得到兼顾，最终导致当地公民的基本文化需求不能得到很好的满足。再者，服务体系还有待完善，在很长的一段时间里，部分地区将图书馆作为城市标志性建筑或者装饰性建筑来看待，而

---

① 《公共图书馆法》第 2 条规定："本法所称公共图书馆，是指向社会公众免费开放，收集、整理、保存文献信息并提供查询、借阅及相关服务，开展社会教育的公共文化设施。"

② 柯平：《〈中华人民共和国公共图书馆法〉全面保障我国公共图书馆体系化建设》，《图书馆建设》2018 年第 1 期。

③ 韩永进主编：《中国图书馆年鉴——2016 年全国公共图书馆事业统计》。

④ 《公共图书馆法》第 4 条规定："县级以上人民政府应当将公共图书馆事业纳入本级国民经济和社会发展规划，将公共图书馆建设纳入城乡规划和土地利用总体规划，加大对政府设立的公共图书馆的投入，将所需经费列入本级政府预算，并及时、足额拨付。"

较少将图书馆的覆盖面积和服务面积作为主要的斟酌因素，这也导致图书馆的各个网点之间无法形成科学合理的体系结构，无法为公民提供便捷科学的文化服务。复次，图书馆的功能性定位不明确，整个公共图书馆体系由各式各样的子成员构成，而不同的图书馆所侧重的功能任务也有所区别，它们之间属于分工合作，互相配合的关系从而构成我国的公共图书馆服务体系。然而，从功能分类的角度来看，现实中部分公共图书馆出现了职责不清、分工不明等情况。最后，工作人员配备有待完善，公共图书馆作为公共文化服务的主要设施，其集服务性、专业性、文化性、技术性于一身，故而想要建设科学系统的公共图书馆体系、更好地提供公共文化服务，必须为公共图书馆配备专业的工作人员。就目前而言，随着各地的人才立法持续推进，大环境下对人才引进工作都更加地重视，但是在图书馆领域成效较低，缺少专门的人才引进机制，难以引进高端的图书馆管理人才。[1]

论及公共图书馆建设的状态，不得不着眼于《公共图书馆法》。在我国，公共图书馆与法学领域结合研究开始于1980年，到了21世纪初，则开始了《图书馆法》的研究与起草，至2004年6月陷于停顿，2008年底重新启动，直至2017年11月4日，通过了《公共图书馆法》。[2] 这部法律的颁布与实施对理论界和实务界都有非凡的意义。首先，《公共图书馆法》从法律上对公共图书馆进行了定义。[3] 其中很好地包含了理论界中对"公共图书馆"定义的通说三要素，即开放性、教育性、公共文化设施的性质，规定了公共图书馆的大多数功能。再者，推动公共图书馆事业快速发展，就现今而言，我国的五级行政区划中除了乡一级之外，已经基本建立了公共图书馆基础设施的体系，其中县级以上政府设立的公共图书馆数量达到3153个，总馆藏超过9亿件册，2012年的年度流通人次为4个亿，2016年超过7亿。《公共图书馆法》从规范制度层面贯彻党和国家关于文化建设的各项政策精神，从制度层面给予公共图书馆良好系统的建立支

---

[1] 杨玉麟、李国新、赵洗尘等：《〈公共图书馆法〉立法基础与必要性研究》，《中国图书馆学报》2010年第2期。

[2] 李国新：《〈中华人民共和国公共图书馆法〉的历史贡献》，《中国图书馆学报》2017年第6期。

[3] 《公共图书馆法》第2条规定："本法所称公共图书馆，是指向社会公众免费开放，收集、整理、保存文献信息并提供查询、借阅及相关服务，开展社会教育的公共文化设施。"

撑，并且《公共图书馆法》的立法由下至上，先天性地吸收了地方各级已有的合适经验，从规范上提供了有力支撑。① 再次，呼应新时代背景下对文化的需求，习近平在党的十九大指出，我国的社会主要矛盾已经发生改变。②《公共图书馆法》强调了公共文化服务事业平衡发展、协同进步，缩小东西部差距、城乡差距，实现公共文化服务质量均等化。③ 复次，确立了公共图书馆建设、管理的责任主体，公共图书馆是典型的公共文化服务基础设施，如果想要通过建设发展好优质的基础设施从而提高公共文化服务体系，那么其重点在于设施的建设网点形成科学、成体系化的高质量硬件体系。《公共图书馆法》第 14 条规定："县级以上人民政府应当设立公共图书馆。地方人民政府应当充分利用乡镇（街道）和村（社区）的综合服务设施设立图书室，服务城乡居民。"规定哪些地方一定要建立公共图书馆，保证从基层到省市级行政区划内都能有公共图书馆，形成了地区和人口分布为标准的公共图书馆建设系统。④ 并且《公共图书馆法》还对经费和人员配置方面进行规定。⑤ 公共图书馆属于广义的公共基础设施，其建设、管理、运行和保障都需要有足额的经济支撑和专业人才运作，特别是该条规定中所用措辞"及时""足额"对于以往的预算经费拨付拖延或不足导致公共图书馆服务质量不高甚至无法开展这种现象在规范上予以了明确的解决。同时，《公共图书馆法》更是在制度上解决了以往人员配置不完善的问题，从形式上强调了不同类别的专业人才的重要性以

---

① 孟慧芳：《基于〈公共图书馆法〉立法的几点思考》，《贵图学苑》2018 年第 4 期。

② 中国特色社会主义进入新时代，我国社会主要矛盾已经转化为人民日益增长的美好生活需要和不平衡不充分的发展之间的矛盾，我国稳定解决了十几亿人的温饱问题，总体上实现小康，不久将全面建成小康社会，人民美好生活需要日益广泛，不仅对物质文化生活提出了更高要求，而且在民主、法治、公平、正义、安全、环境等方面的要求日益增长。习近平：《决胜全面建成小康社会　夺取新时代中国特色社会主义伟大胜利》，《人民日报》2017 年 10 月 28 日。

③ 《公共图书馆法》第 7 条规定："国家扶持革命老区、民族地区、边疆地区和贫困地区公共图书馆事业的发展。"第 31 条规定："县级人民政府应当因地制宜建立符合当地特点的以县级公共图书馆为总馆，乡镇（街道）综合文化站、村（社区）图书室等为分馆或者基层服务点的总分馆制，完善数字化、网络化服务体系和配送体系，实现通借通还，促进公共图书馆服务向城乡基层延伸。总馆应当加强对分馆和基层服务点的业务指导。"

④ 李国新：《〈中华人民共和国公共图书馆法〉的历史贡献》，《中国图书馆学报》2017 年第 6 期。

⑤ 《公共图书馆法》第 4 条："县级以上人民政府应当将公共图书馆事业纳入本级国民经济和社会发展规划，将公共图书馆建设纳入城乡规划和土地利用总体规划，加大对政府设立的公共图书馆的投入，将所需经费列入本级政府预算，并及时、足额拨付。"

及一定的配比。① 最后，对服务方式进行了创新，注重发挥互联网、电子数据的传播方式，明确了各地人民政府在建设实体公共图书馆的同时，还需要注重发挥互联网、电子数据的便捷性、快速性特点，打造高效便民的数字化公共图书馆。②

（三）文化站

我国基层鲜有博物馆、图书馆，在基层，公共文化服务的传播方式比较单一。文化站是由国家设立在最基层的公共文化事业机构，常见于乡、镇、城市社区、街道办事处、区公所等行政区划内的行政区划公共文化事业机构。在法规范上对"文化站"做出了明确的定义。③ 随着对城市地区和非城市地区文化建设协调推进的强调，文化站的发展和完善也受到了越来越多的关心。因为相较于城市地区而言，基层公共文化服务建设具有更高的难度，公共文化工作由于基层人口结构和素质因素难以展开且之后的成果也难以保持。此后，各地各级政府越来越注重文化基础设施的发展，也加大了对此的投入力度和管理力度。至此，基层公共文化服务在意识建设和硬件建设上都取得了不错的成就，有力地推动了基层公共文化服务事业，减少了城乡公共文化建设的差距。但是由于各种原因，现阶段的基层文化站建设还存在着许多不足。

傅才武通过田野调查的方法，对湖北、重庆、山东等5省10个文化站进行了实证研究，他认为国家投入了更多的财政从而直接使文化站设施水平和综合服务能力得到了较快的提升，所考察的文化站在占地面积、功能室种类、藏书量、演出服装、各种收藏类文物数量、开放时间都得到了

---

① 《公共图书馆法》第19条规定："政府设立的公共图书馆馆长应当具备相应的文化水平、专业知识和组织管理能力。公共图书馆应当根据其功能、馆藏规模、馆舍面积、服务范围及服务人口等因素配备相应的工作人员。公共图书馆工作人员应当具备相应的专业知识与技能，其中专业技术人员可以按照国家有关规定评定专业技术职称。"

② 《公共图书馆法》第8条规定："国家鼓励和支持发挥科技在公共图书馆建设、管理和服务中的作用，推动运用现代信息技术和传播技术，提高公共图书馆的服务效能。"第40条规定："国家构建标准统一、互联互通的公共图书馆数字服务网络，支持数字阅读产品开发和数字资源保存技术研究，推动公共图书馆利用数字化、网络化技术向社会公众提供便捷服务。政府设立的公共图书馆应当加强数字资源建设、配备相应的设施设备，建立线上线下相结合的文献信息共享平台，为社会公众提供优质服务。"

③ 《乡镇综合文化站管理办法》第2条规定："本办法中的乡镇综合文化站（以下简称'文化站'），是指由县级或乡镇人民政府设立的公益性文化机构，其基本职能是社会服务、指导基层和协助管理农村文化市场。"

显著的提升。文化站各项设施、服务的快速增长必定离不开工作人员的增多，在选取的文化站中发现，工作人员的增长速度较快，导致养人负担变重，基层文化站的人员配置方面有着很大的不同，甚至有一些地方的文化站由于经费的协调原因直接被取消，当然，面对这种情况，各地政府都采取了一定的解决措施，但事实证明这些解决措施并没有很好地发挥作用。在支出情况方面，人员工资福利支出占了很大一部分的比重，所调研的乡镇综合文化站的人员工资福利支出普遍已经提高了一半以上。最后，各地的文化站发展呈现出不均衡的状况，且差异较大。[1]

还有学者从农村公共文化绩效评估的角度分析文化站当时出现的一些不良情况，他认为，文化站的发展之所以困难重重的一个原因是，在非城市地区公共文化服务领域缺少科学有效的绩效机制。首先是绩效评估机制在结构上有缺陷，这个问题的来源是其上位机制存在问题，亦即非城市地区的公共文化服务制度在结构上出现了问题，从而自上而下导致了绩效机制的不足。从英国的"自然正义"到美国宪法规定的"正当程序原则"，其内涵也许发生着些许变化，但无一不呈现着对公平公正价值的追求，如"自己不能做自己的法官"，而在文化站的绩效评估体系中的评估主体方面却有违背这一古老法则的倾向，因为多元结构的评估主体才能保证整个评估程序的公平公正以及整个绩效评估体系的有效性。最后，绩效评估的效率不够高，具体体现为微观环节的细小节点评估效率低下和宏观层面的重复评估。[2]

第三节　公共文化服务提供制度

公共文化服务设施的发展和建设在整个公共文化服务制度里面占据着不可替代的位置，原因在于在很多情况下，它是整个公共文化服务输出的硬件基础，缺少这部分基础便无法提供相应的服务，它跟公共文化服务提供制度在很多时候属于硬件支持和软件输出的关系。构建科学的设施体系制度，在于服务于整个公共文化服务体系满足公民基本文化需求、促进社会主义文化事业发展的目的。公共文化服务设施与公共文化服务提供之间

---

[1]　傅才武、许启彤：《基层文化单位的效率困境：供给侧结构问题还是管理技术问题——以5省10个文化站为中心的观察》，《山东大学学报》（哲学社会科学版）2017年第1期。

[2]　张楠：《农村公共文化服务绩效评估缺失及其改进——基于江苏乡镇文化站的考察》，《湖南农业大学学报》（社会科学版）2012年第3期。

联系密切，提供公共文化服务是设施的使命归宿。

一 公共文化服务提供的形式

公共文化服务的提供相对于商业活动而言，其最明显的特征在于具有公益性，而此公益性最主要的就是公民可以不付费或者少付费便可以享用。《公共文化服务保障法》为学理上的免费开放提供了制度上的支撑，明确了我国的公共文化服务提供以是否收费为标准分为了完全免费、部分时候免费、部分群体免费等。[1] 为全体公民免费提供基本文化产品与服务是政府不可推卸的文化责任，是服务型政府的必然内涵。[2] 公共文化服务的主体和目的都是其公益性的合理来源，但出于对部分不可逆的文物建筑和遗址等提供更好的保护，这类博物馆受到了比一般博物馆更加严格的保护从而无法实现全面开放。免费开放的内容主要是指对公共文化设施的场所及其内部承载的内容或者服务进行开放，比如常见的图书馆、博物馆、文化站、科技馆、艺术馆等。

公共数字文化建设是指将现代互联网、电子数据等相结合，依照一定标准建立标准规范，并且遵循一定的科学性、规范性、实用性原则来进行推进标准广泛应用。此处从国家层面和地方各级政府二元主体考虑，由国家层面对数字化建设来规划和设定，并由地方各级政府进行具体的贯彻落实。[3]

文化志愿者服务。文化志愿者服务在公共文化服务提供方面具有不可替代的作用，是公民在文化领域参与行政不可替代的路径。从概念上来看，文化志愿服务意味着这类主体不以盈利为出发点，而是出于某种原因自发的投身于公共文化的发展中来，同时也因此对该主体在该领域的相关

---

[1] 《公共文化服务保障法》第31条："公共文化设施应当根据其功能、特点，按照国家有关规定，向公众免费或者优惠开放。公共文化设施开放收取费用的，应当每月定期向中小学生免费开放。公共文化设施开放或者提供培训服务等收取费用的，应当报经县级以上人民政府有关部门批准；收取的费用，应当用于公共文化设施的维护、管理和事业发展，不得挪作他用。公共文化设施管理单位应当公示服务项目和开放时间；临时停止开放的，应当及时公告。"

[2] 胡智锋、杨乘虎：《免费开放：国家公共文化服务体系的发展与创新》，《清华大学学报》（哲学社会科学版）2013年第1期。

[3] 《公共文化服务保障法》第33条规定："国家统筹规划公共数字文化建设，构建标准统一、互联互通的公共数字文化服务网络，建设公共文化信息资源库，实现基层网络服务共建共享。国家支持开发数字文化产品，推动利用宽带互联网、移动互联网、广播电视网和卫星网络提供公共文化服务。地方各级人民政府应当加强基层公共文化设施的数字化和网络建设，提高数字化和网络服务能力。"

知识能力有一定的需求。在形式上，文化志愿者服务常见的有宣传教育、提供文化知识、参与特定文化活动等形式。① 并且，在《公共文化服务保障法》上也有条文要求发展文化志愿者。② 公共文化服务主要由政府提供，公民、法人或其他组织进行参与，由于我国地广人多的特点，单一由行政机关直接提供公共文化服务的成果并不是太理想。从全面增大作用区域和种类以及提升公共文化服务质量，鼓励和支持文化志愿者服务是一条有效的进路，并且志愿者在提供文化志愿服务的同时也更加能深入领悟相关文化知识，有利于提高自身的文化素质。

二 公共文化服务提供的原则

政府主导原则。这个原则不仅仅是停留在理论层面，有力的证明就是《公共文化服务保障法》第2条确定了公共文化服务是由政府层面进行主要引导的；在理论方面，公共文化服务属于广义的公共事业，其开展为目的为满足广大人民的基本文化需求，发展社会主义文化事业，经费来源于政府财政，建设和管理、保障的主要责任主体为人民政府。政府主导，在新时代的大背景下不是仅指政府对公共文化服务的完全控制，而是指：第一，各级地方政府明确政府与市场关系，由传统的控制型政府转换至服务型政府，处理好政府与市场的关系。政府的职责是从宏观角度出发，对特定的领域和方面进行公益性考量，在必要的时候才能对某些资源进行分配和管制。第二，政府要处理好政府与其他社会力量的关系，并且在规范上对提供的主体进行了补充性的规定，亦即形成由行政机关和其他社会力量共同协同作用，比如具有公共文化服务贡献精神的个人、法人、企业等。③ 要充分调动政府以外的社会力量，明确二者在公共文化服务提供过程中的权利义务，追求高质量、高效率的公共文化服务。④

---

① 马淙淙：《公共文化服务保障法律问题研究》，硕士学位论文，北方工业大学，2019年。
② 《公共文化服务保障法》第43条规定："国家倡导和鼓励公民、法人和其他组织参与文化志愿服务。公共文化设施管理单位应当建立文化志愿服务机制，组织开展文化志愿服务活动。县级以上地方人民政府有关部门应当对文化志愿活动给予必要的指导和支持，并建立管理评价、教育培训和激励保障机制。"第52条规定："国家鼓励和支持文化专业人员、高校毕业生和志愿者到基层从事公共文化服务工作。"
③ 《公共文化服务保障法》第2条规定："本法所称公共文化服务，是指由政府主导、社会力量参与，以满足公民基本文化需求为主要目的而提供的公共文化设施、文化产品、文化活动以及其他相关服务。"
④ 安小林：《不断提升公共文化服务供给效率》，《人民论坛》2019年第2期。

高效便民原则。法治政府应当是服务型政府，为社会提供公共设施和公共服务、保障人民民主和维护国家长治久安、组织社会主义经济文化建设等。服务型政府的内在要求就是行政机关和行政机关工作人员在履职过程中应当做到行为规范，并且保证较高的工作效率，方便公民开展相关活动。高效便民原则的原理来自党和国家行政机关一直奉行的"为人民服务"精神。[1] 提供高质量的公共文化服务也是政府的行政职能之一，政府的根本宗旨在于"为人民服务"，故而公共文化服务的提供过程中也应当体现出高效便民的原则。相应地，在法律层面也针对这个原则进行了规范上的规定予以支撑。[2] 公共文化服务的受众的文化水平和素质、习惯并不当然一致，在公共文化服务的提供过程中当充分考虑个体差异，针对不同受众提供最合适的服务方式。由于我国地广人多，东西部和城乡发展水平存在一定差距，农村受众的接受能力较弱且对公共文化服务的关注重点与城市地区存在较大差距，为了方便农村地区的受众更好满足自己的基本文化需求，公共文化服务结合当地特点进行提供。[3] 随着科学技术的发展和互联网、电子数据行业的兴起，公共文化服务已经不像20世纪末那样强调面对面、亲临现场参观，互联网具有快捷性、即时性，可以充分提高公共文化服务的质量并且给受众带来更多的便捷性优势。[4]

多元供给原则。公共文化服务主要由政府负责，如行政机关肩负着将公共文化服务事业归入本级经济和社会发展规划、结合本地特色进行统筹规划以及建设、管理等具体事务。但是，这并不代表公共文化服务事业是

---

[1] 《公共文化服务保障法》第3条规定："公共文化服务应当坚持社会主义先进文化前进方向，坚持以人民为中心，坚持以社会主义核心价值观为引领……"明确坚持"以人民为中心"，强调人民的主体地位。

[2] 《公共文化服务保障法》第34条规定："地方各级人民政府应当采取多种方式，因地制宜提供流动文化服务。"

[3] 《公共文化服务保障法》第35条规定："国家重点增加农村地区图书、报刊、戏曲、电影、广播电视节目、网络信息内容、节庆活动、体育健身活动等公共文化产品供给，促进城乡公共文化服务均等化。面向农村提供的图书、报刊、电影等公共文化产品应当符合农村特点和需求，提高针对性和时效性。"

[4] 《公共图书馆法》第8条规定："国家鼓励和支持发挥科技在公共图书馆建设、管理和服务中的作用，推动运用现代信息技术和传播技术，提高公共图书馆的服务效能。"第40条规定："国家构建标准统一、互联互通的公共图书馆数字服务网络，支持数字阅读产品开发和数字资源保存技术研究，推动公共图书馆利用数字化、网络化技术向社会公众提供便捷服务。政府设立的公共图书馆应当加强数字资源建设、配备相应的设施设备，建立线上线下相结合的文献信息共享平台，为社会公众提供优质服务。"

属于一元主体制,还包括了其他社会力量主体的参与。① 此条款确定了社会力量的加入也是公共文化服务不可或缺的一个环节。政府和其他社会力量都具有自身的优点和不足,只有共同发挥各方优势才能最大限度地提供理想的公共文化服务。在宏观规划上来说,作为主导地位的行政机关在整体服务构建上,应当认清自己所处的位置和应当起到的作用,在具体落实各项文化事业的同时还要充分唤起社会力量参与文化事业发展的主动性。有序地组织各社会力量主体参与至公共文化服务的供给,通过对社会力量的政策支持和财政补贴,构建社会团体和权重自发参与的多元供给机制。②

三 公共文化服务提供过程中存在的问题

(一) 城市地区中公共文化服务提供过程中存在的问题

职能部门之间的协调机制存在一定的不足。由上分析,公共文化服务提供的主导主体是各级地方政府,具体到细节需要由政府所辖的相关职能部门进行协作运行。在职能领域分工上,公共文化服务归文化系统主要负责,但这并不是说公共文化服务整个系统工程全部由文化系统单独承担。从政府各机关按照不同专业领域和职责类型的划分来看,文化系统在整个公共文化服务的提供过程中由于职能部门专业性的原理,理应处于主导地位,对公共文化服务提供的主要事项进行管理和负责,但文化局系统作为独立的职能系统很难独立完成这些重任。在具体工作中,文化系统对公共文化服务的提供进行总体的发展规划、政策制定;相应的财政系统负责资金预算,保证有足额的政府财政投入;公安系统对公共文化服务的提供的各项工作进行必要的安保工作,保证公共文化服务的提供工作安全有序地进行等。但就部分城市而言,各职能部门的协调工作有待完善,出现因为各个部门协作问题而导致公共文化服务的提供延缓甚至取消的情形。③

---

① 《公共文化服务保障法》第 2 条对 "公共文化服务" 定义为 "本法所称公共文化服务,是指由政府主导、社会力量参与,以满足公民基本文化需求为主要目的而提供的公共文化设施、文化产品、文化活动以及其他相关服务"。
② 安小林:《不断提升公共文化服务供给效率》,《人民论坛》2019 年第 2 期。
③ 华羿丞:《城市政府公共文化服务提供机制创新研究》,硕士学位论文,湘潭大学,2013 年。

资金保障不到位。公共文化服务的提供必须由一定的资金加以支撑，特别是对于需要一定公共文化服务设施的公共文化的提供。比如博物馆、图书馆、文化站、艺术馆、科技馆等，它们的建造、管理都要求特定的经费支撑，就算有一些公共文化服务提供类型并不一定要求有具体的设施，但是其运行也需要一定的经费予以支撑。在法律上对公共文化服务提供的经费保障做出了概括性的规定，但是部分城市中，资金落实情况并不理想。[1] 以湖南省衡阳市为例，衡阳市无论是城区还是区级公共图书馆都存在着经费严重短缺的困境，部分街道和社区的公共图书馆（室）甚至还面临着无经费来源的局面。正因为专项资金投入的缺失，也导致了两项国家级重大文化工程——全国文化信息资源共享工程和中华古籍保护工程在衡阳市很难取得正常的进展。公共文化服务的专项资金的缺失同时也会让其他公共文化工程难以开展下去。第一，在各地政府的财政预算中占比偏低，其中主要表现为对公共文化服务产业的扶持力度不够大、对公共文化服务载体的保障有欠缺等方面。第二，公共文化服务提供的经费使用效率偏低。公共文化服务的实际经费并未集中于基础设施建设上，而是在人员管理方面。但这并没有避免人员管理机制上出现的各种问题。比如专业管理人员的欠缺，实际负责公共文化服务的管理人员除了负责管理工作还需要承担其他工作，导致他们无法全心全意投入管理工作，保证公共服务的工作质量。第三，经费来源单一，目前政府是公共文化服务供给的主导，负责主要的公共文化服务设施建设管理和公共文化服务的提供，但是由于政府的自身财政有限，并且又未能动员社会其他力量积极参加公共文化服务设施的建设管理以及公共文化服务提供过程中的资金投入，这样导致可用资金不足，整体质量不高的局面。[2]

人才队伍建设不足。从表面的文义解释分析，"公共文化服务"的"服务"就已经说明了人才队伍建设对于这项工程的重要性。并且《公共文化服务保障法》有多条条款确定规定了要加强人才队伍的建设。[3] 可见

---

[1] 《公共文化服务保障法》第45条规定："国务院和地方各级人民政府应当根据公共文化服务的事权和支出责任，将公共文化服务经费纳入本级预算，安排公共文化服务所需资金。"

[2] 华羿丞：《城市政府公共文化服务提供机制创新研究》，硕士学位论文，湘潭大学，2013年。

[3] 《公共文化服务保障法》第51条规定："地方各级人民政府应当按照公共文化设施的功能、任务和服务人口规模，合理设置公共文化服务岗位，配备相应专业人员。"第52条规定："国家鼓励和支持文化专业人员、高校毕业生和志愿者到基层从事公共文化服务工作。"

人才队伍建设的重要程度。但是就现阶段而言，公共文化服务的人才队伍建设还存在一些问题，部分城市的公共文化服务人才队伍表现出数量不足以及整体素质不高的情形。数量不足体现在公共文化服务人员在整体文化领域人员数量中占比较低，与现有公共文化服务设施数量配比不科学；整体素质不高体现在公共文化服务人员的学历整体偏低，专业人才在整个队伍中占比低。

（二）农村地区中公共文化服务提供过程中存在的问题

农村公共文化服务提供的资金投入不足。根据文化部相关统计结果显示，在过去的一些时间段内，我国对农村文化事业的资金重视程度还不够高，城市和农村之间存在着严重不平衡的状况，具体表现为规划在城市地区的文化事业的预算遥遥领先与规划在农村地区的文化事业上，然而我国的国情是居住在农村里的人口要多于居住在城市的人口，这种人口数量和文化事业规划占比的比较不太符合常理。① 当然，伴随着国家对农村公共文化服务越来越关注的背景下，国家对农村文化事业的资金规划也上一台阶，尽管如此，就总体而言这对于广大农地区的文化事业费远还相差甚远。②

公共文化服务提供主体一元化。在公共文化服务领域，由于一直都是由政府进行直接管制，出现市场化难度较高和社会力量很难参加到里面的现象，故此，在过去的一段时间里公共文化服务提供大多数还是由相应的行政机关直接主导。《2014 年广东省文化文物统计年鉴》上表明，2013年广东省在进行公共文化服务提供过程中，行政机关在具体采购时，一起

---

① "十一五"前四年，全国农村文化事业费 253.35 亿元，而全国城市文化事业费为 644.00 亿元，大约是农村文化事业费的 3 倍。2010 年，全国文化事业费为 323.06 亿元，其中农村投入 116.41 亿元，占 36.0%；2011 年，农村地区文化事业费为 187.12 亿元，占全国文化事业费的 47.7%，较 2010 年提高了 11.7 个百分点。摘自刘伟、马策《完善农村公共文化服务财政投入机制——推进城乡公共文化服务均等化》，《经济研究导刊》2013 年第 17 期。

② 根据 2012 年《文化发展统计分析报告》的分析，就乡镇层面的文化站建设而言，其普遍情况处于实施面积狭小的情况，并且在县级文化馆中情况也不客观，其中不具备基本服务条件的占全国县级文化馆范围的 55%，至于县级图书馆而言，其中不具备基本服务条件的县级图书馆也是占据了全国范围的 28%。最不理想的情况是乡镇文化站，因为其中不具备基本服务条件的占据了全国乡镇综合文化站总数的 67%，2010 年各县级文化馆业务活动专项经费占全国比重为 21.7%，而 2011 年也仅为 23.3%，从人均来看，占高于全国人口五成的农村人口却享有不到三成的文化馆经费，以人均方式计算，农村的公共文化服务投入明显不足。摘自袁婷婷《我国农村公共文化服务提供模式研究》，硕士学位论文，中共广东省委党校，2015 年。

采购了一千余次的公共文化服务,在这一千多的总额中,百分之九十是来自国有的提供主体,而私有的主体只占其中不到百分之十的比例。① 由此可以看出在对农村提供公共文化服务过程中,主要是政府直接提供,而其他社会力量加入其中的难度偏高。并且,部分地方政府在激励社会力量积极参与其中的机制还有待建构和完善。

农村公共文化设施供给数量较少。我国现阶段仍处于农村文化设施需求总额高,但总体供给不足并且不均衡的特点,比如农村阅报栏数量、宣传栏数量还没有明显的变化,多数农村新建的公共文化服务设施也被当作他用。虽然有部分发展得较快的农村已经拥有了标准的公共文化服务设施,但多数农村地区仍然因为经济发展不足而无法保障公共文化服务设施的种类、数量和质量,具体表现在设施面积不足、设备老化、种类不足等方面。甚至有部分贫困农村地区至今还在为基本的生存问题所烦扰,更是没有一个能从事文化活动的场所。

农村公共文化产品供给存在明显的缺失。因为市场化带来的不良后果,适合农村居民的文化产品、文化服务,包括影视作品、书籍、报刊等非常少,这样很难满足农村居民的精神文化需要;农村居民的文化活动还呈现着愈加贫乏的趋势,他们的基本文化生活基本为观看电视、互联网娱乐或者甚至没有文化生活。在他们观看电视或者网上冲浪时所接受的公共文化服务却不多,能够适合他们需求的服务内容更加少。现阶段表现为缺少有针对性的农村公共文化服务。②

第四节　公共文化服务提供制度的完善

随着我国各项事业的快速发展并取得一定的成就,公共文化服务也获得了更多的关注,国家整体规划上正在不断大力加强对公共文化服务事业建设的力度,各地具体落实也正在不断进步。法律规范上,面对以前出现的各种问题,结合各地成熟的相关立法经验,《公共文化服务保障法》终于出台并且实施。随着各项政策和相关法律法规的施行,我国的文化事业也得以稳固,也正因为如此,立足于进一步提升发展速度和质量,我们认

---

① 广东省文化厅:《广东省文化文物统计年鉴—2014》,广东统计出版社2014年版。
② 顾金孚:《农村公共文化服务市场化的途径与模式研究》,《学术论坛》2009年第5期。

为可以从法律角度和具体制度角度进行完善。

对公共文化服务专门立法的法律仅有一部，即《公共文化服务保障法》。《公共文化服务保障法》在体例上分为了两大部分，第一部分为本部法律的总则，进行了概括性和原则性的规定，具有指引整个公共文化服务系统开展的作用；第二部分类似于分则，主要是规定了公共文化设施建设与管理、公共文化建设提供、保障措施、法律责任和附则。在详细的规定里，主要有以下内容：首先是在总则部分对公共文化服务是什么和包括了什么的问题进行规定；其次，总则部分还规定了我国的公共文化服务制度在具体的施行阶段应当总体上遵循怎样的精神和理念；再次，公共文化服务是一项系统的工程，其中包含了多项复杂且细致的具体机制和制度，限于《公共文化服务保障法》的篇幅，"分则"采用重点列举的立法技巧对重要的几项制度进行了列举式规定，强调了这几项制度在整个公共文化服务制度中的突出作用，亦即协调、服务标准化以及相关的开放等制度；复次，"分则"部分还突出了公共文化服务提供主体的责任，主要集中于政府组织和公共文化服务领域的人事建设和监督管理等；最后，《公共文化服务保障法》特设法律责任一章，对公共文化服务相关主体做出不履职或者错误履职、瑕疵履职的规定，这也是权力和责任相统一的体现，有利于督促相关主体积极投入公共文化服务的实施过程中。相对于《公共文化服务保障法》实施以前整个公共文化服务领域无统一立法可依而言已经好很多，并且《公共文化服务保障法》在立法技术、立法理念上也都比较优秀，但在具体实施阶段成效并不是很好。

专门的行政法规共有三部。即《中共中央办公厅、国务院办公厅关于加强公共文化服务体系建设的若干意见》《关于做好政府向社会力量购买公共文化服务工作意见》以及《关于加快构建现代公共文化服务体系的意见》。《中共中央办公厅、国务院办公厅关于加强公共文化服务体系建设的若干意见》共分为六个部分，其内容可以归结为如何加强公共文化服务体系。前者主要是强调了政府主导和其他社会力量参与的主体性有效结合。

至于地方政府规章方面，省级只有少数部分进行了单独立法规定，即《湖北省公共文化服务保障条例》《浙江省公共文化服务保障条例》《四川省公共文化服务保障条例》《陕西省公共文化服务保障条例》《天津市公共文化服务保障与促进条例》《江苏省公共文化服务促进条例》以及《江苏省农村公共文化服务管理办法》。其中，大多数的省级政府规章都只是对《公共文化服务保障法》重复性叙述，还是按照原有的总则、公共文化设施建设与管理、公共文化服务提供、保障措施、法律责任、附则几个板块进行规定。《湖北省公共文化服务保障条例》从公共文化服务里单独将"公共文化产品和活动"列出，《陕西公共文化服务保障条例》将"社会力量"单独作为一章进行规定，《天津市公共文化服务保障与促进条例》单独对"激励与促进"进行了规定。

如上所述，在立法层面关于公共文化服务的保障还比较有限。然而，在建设社会主义法治中国的大背景下，完备的立法是提高公共文化服务的必由之路，可为提升文化领域中的法治观念、法治建设提供有效的规范指引。面对现阶段的立法情况，我们认为可以从以下方面对公共文化服务保障的立法进行完善构建。

一　充实公共文化服务的立法体系

随着文化建设的不断被重视，公共文化服务也经历着飞速发展。比较明显地体现在党和国家多项政策规划中对公共文化服务建设的强调、现实中图书馆、博物馆、文化馆等公共文化服务设施的数量和质量都有着质的提升。在法律规范上体现在更有《公共文化服务保障法》这一拥有高位阶的专门法律对该领域进行规定。然而《公共文化服务保障法》由于规定的大多都是总体思路和方针，对于细节性的规定不足，出现可操作性不强的情况。因此，从整体公共文化服务法律体系出发，为实现以法律的方式保障公共文化服务的建设和实施，必须构建一个多元、多角度、多层次丰富的公共文化服务法律体系。多元是指立法主体多元化，就上述分析，从全国统一的《公共文化服务保障法》的概括性和不确定性而言，地方应当积极结合当地公共文化服务建设的特色，推动本地方的地方性法规制定进程，增强公共文化服务建设依据的可操作性；多角度是指地方在推进相关立法进程时应当充分考虑本地公共文化服务实施现状，重点建设本地方的弱势领域，而不是对《公共文化服务保障法》的照抄照搬，如《湖北省公共文化服务保障条例》从公共文化服务里单独将"公共文化产品和活动"列出，《陕西公共文化服务保障条例》将"社会力量"单独作为一章进行规定，《天津市公共文化服务保障与促进条例》单独对"激励与促进"进行了规定；多层次是指地方在推进相关立法进程时应当充分从不同层次出发，兼顾城市地区和农村地区的公共文化服务建设的特点，坚持平衡发展。

二　强化公共文化服务过程

提升公共文化服务质量不仅要从实体法角度进行全面细致的规定，同时还要考虑从程序角度细化规定。诸多法律问题并不是仅仅单一的实体性规定或者程序性规定的瑕疵，二者具有非常强的相关性。如"公共利益"的相关问题，我国《宪法》规定了在具有公共利益的需要情况下可以对公民个人的特定权利进行一定的让步。[1]其中"公共利益"应当被一定程度地确定下来。但是"公共利益"非常难以以积极的方式进行列举或者以下定义的方式进行规定，实践中更多是通过程序确定具体事项是否满足"公共利益"的需要。同样的，在公共文化服务的实施中，应当充分借助行政程序的功能进行进一步提升。

首先，明确相关行为主体。公共文化服务的实施是一项系统性的工程，其并不是由单一的行政机关负责，在实施过程中主要由本级人民政府作为主导统筹，实施落实在文化主管部门，同时还需要相关的其他部门进行协调配合，比如财政部门、公安部门、新闻出版主管部门等。故而在实施细则的制定中应当明确各个环节和程序中的实施主体，形成以政府为主导、文化主管部门为实际实施核心以及其他部门协同推进的科学方式。其次，科学设定具体的程序规范。公共文化服务的实施是一项系统性的工程，在具体的程序规范中表现为，在纵向方面程序的具体环节有一定的关联性和连续性，在横向方面程序的单个环节具有科学的层次性。如纵向方面保障审查、评议、听证和决定程序有序进行，横向方面在公共文化服务的提供中应当充分结合实际情况，采用依职权做出行为和依申请做出行为两种形式相结合的提供办法。最后，充分体现公共文化服务实施程序的科学性。相对于传统的行政法学体系而言，现代国家利害相互对立的情形越来越多，从行政过程论的角度出发，都要求权力的行使必须建立在多元、多角度的利益衡量基础之上，在具体的行政过程中应当满足充分参与原

---

[1] 《宪法》第22条规定："国家为了公共利益的需要，可以依照法律规定对公民的私有财产实行征收或者征用并给予补偿。"

则，考虑必要事项和利益权衡，坚持正当程序。①

三 完善多元协作制度

公共文化服务的建设程度是体现我国服务型政府的重要体现，而公共文化服务提供机制的完善程度更是重中之重，对公共文化服务的整体建设有着直接的影响。自《公共文化服务保障法》的实施以来，各地结合本地特点更加积极地开展公共文化服务的提供工作，在取得一定成效的同时也暴露出部分问题，即如本文上述提到的协作机制不够完善。公共文化服务的提供主要是由政府部门协作提供，具体而言包含了相关部门的纵向协作和横向协作，纵向协作主要是指不同行政层级的政府部门之间的协作，横向协作是指同级行政部门的不同职能部门之间的合作。公共文化服务的提供要想形成一个科学有效的提供制度，必须通过各个政府部门之间的纵向和横向的共同协作。在实践中，公共文化服务的建设主要是由本级地方政府起着主导作用，具体的落实由文化部门负责。由于行政部门的专业性，各个行政部门各尽其职是毋庸置疑的，但是单独的文化部门在具体的工作中还需要其他部门的支持，诸如需要财政部门履行拨付公共文化服务设施的建设、公共文化服务活动的保障资金。

为完善公共文化服务提供中部门协作制度，需从不同环节进行推进。公共文化服务的提供发生前，各级地方政府应当明确各部门职责，强调文化部门主责、其他相关部门积极配合的工作机制，强调公共文化服务提供的质量和效率并行。重要的是在公共文化服务提供后的追责机制构建，毫无疑问文化主管部门对公共文化服务提供过程中出现的问题负主要责任，但对于其他部门而言，协助文化主管部门完成公共文化服务提供工作不仅是政策规划上的安排也是法律上的要求，基于权责统一的行政法基本原则，各部门也需要对相应的问题负责。具体的问责方式，在行政机关内部表现为对特定的行政部门年度绩效的考评。基于官僚制的理论下，行政机关采取行政领导负责制，这种绩效考评压力可以高效率地从行政领导自上而下地传导至直接负责人，督促直接负责人高效完成特定任务。同时，除了问责的倒逼机制促使完善公共文化服务提供制度以外，还可以从正面设定积极的激励机制。激励性法律规范是对特定行为进行激励的法律规定，

---

① 杨建顺：《论土地征收的正当程序》，《浙江社会科学》2019 年第 10 期。

具体而言可以从激励主体、激励内容、激励措施、激励程序等方面进行系统构建。①

四 平衡城乡公共文化服务建设

近些年来，我国在经济建设和文化建设上都取得了一定的成就，然而这其中突显出一定程度的不均衡性。就我国城乡建设的背景来看，多处出现了不平衡的现象，特别是农村地区有关公共文化服务建设的欠缺。当然，在这个情形下，我国加强了发展农村地区公共文化服务的力度，并且也取得了一定的成效。但是这种进步是不明显的，效果还有待提高，故此基于我国农村既有的公共文化服务发展欠缺的考量，有必要进一步优化农村公共文化服务系统建构。

首先，规划农村公共文化服务体系建构。这种规划应当从宏观的角度把握，而不能仅仅只局限于某一个细节性的问题，具体到该领域便是要求宏观把握基础设施、服务提供方式、相应的规范体系以及人员配置和资源配置等。② 其次，改善相应的资金规划配比。如上述所分析，我国现阶段农村地区文化事业发展不足的很大因素就是各级政府对其投入不足，多数乡镇公共文化服务设施因运营资金短缺出现搁置情形，丧失或者部分丧失了公共文化服务提供能力。公共文化服务的属性决定了要想建设农村公共文化服务事业，就必须由政府为主导提供充足的必要投入，具体的必要投入包括一套有效的农村公共文化服务运行体制，保障制度供给，同时更要加强财政投入和方式。就财政投入方面，建立中央、地方、社区三位一体的科学供给体系，发挥法律法规的制度保障作用，明确财政的供给主体职责、权限。③ 最后，注重农村公共文化服务的人才建设。农村地区公共文化服务建设相较于城市地区而言，其更具有地方特色和类型特色，在行政部门进行农村公共文化服务输出时应当由专门的文化专业人才直接负责。

---

① 何佳杰：《我国公共文化服务立法问题研究》，硕士学位论文，西南大学，2018年。
② 付春：《新农村公共文化服务体系建设及其基本思路》，《农村经济》2010年第4期。
③ 葛继红、王玉霞：《当前农村公共文化建设研究——基于加强政府供给角度》，《生产力研究》2009年第4期。

第三章

文化市场监管法治的实施

第一节 文化市场监管的基本理论

当前,学界对于文化市场法治的研究大多从实践和经验角度出发,多是着眼于文化法治在市场中的实际作用等,而较少研究文化法治的基础理论。然基础理论之研究是制度构建的奠基,也是文化法治在市场中发挥更好作用的前提。故,对于文化市场监管基本理论的研究,是笔者对于文化市场监管法治实施研究的第一步。

在本部分,笔者对于文化市场监管的基本理论研究主要包括理论基础研究、制度内涵研究以及应用对策研究。

一 文化市场监管的内涵之相关概念辨析

博登海默曾言,"事物之本质研究是问题解决,尤其法律问题之解决的首要途径。如若不通过本质研究来将该事物的概念探讨透彻,那么我们对该事物的一切问题的研究都是不严格、不专业的。"[1] 关于概念及角色定位的问题乃是全篇分析的基础,是论点出发的基调。下定义就是分门别类的出发点,观点几何一目明了。

(一) 何谓文化

文化是一国经济发展的重要动力。文化产业作为知识经济的一种典型形式,在20世纪90年代进入人们的视野,并成为新一轮全球化中的主导产业。[2] 中国的文化建设也逐渐走上了市场化和工业化的道路。文化的本

---

[1] [美] 博登海默:《法理学、法律哲学与法律方法》,邓正来译,中国政法大学出版社1999年版,第486页。

[2] 郝婷:《现代文化市场制度研究》,博士学位论文,武汉大学,2015年。

质属性是非强制性影响。① 文化的内在影响力和脆弱性及其蕴含的丰富内涵，使各国对文化市场监管寄予厚望。各国无一例外地将监督纳入法治的轨道，并积极为整个文化市场监督过程建立法律框架。

国家发展离不开经济发展，经济发展离不开文化奠基。从另一层面来讲，文化可谓之为知识经济，亦即经济的形式之一。自20世纪90年代以来，各国逐渐将文化经济作为各自的主导产业之一，我国亦有文化产业市场化、文化市场工业化趋势，可见文化市场之重要性。再者，文化具有与生俱来的独特影响力，这种影响力不同于国家强制力，但却影响很大，令各国均欲将其纳入法治轨道规制其。故对于文化市场监管的法律框架之构建愈发引起重视。

（二）何谓文化市场

市场，是商品交换的场所；则文化市场是为文化商品交换的机制；则何为文化商品？产品和服务构成商品，文化产品和文化服务构成文化商品；则文化产品市场和文化服务市场构成文化市场。凡为市场，即遵循市场供给需求和资源配置之原理；则文化商品之价格是为文化市场供求配置的最佳信号。故文化市场同其他市场一样，完善的竞争机制是优化资源配置最有效的手段之一。

从经济学家的角度出发，多重视文化市场的自我调节，而忽略政府对文化市场的监管作用。其中新古典经济学和现代经济学的主流学派多使用专业的经济计算来证明市场自我调节的作用。新古典经济学认为市场之运转应完全依靠市场的自主调节，而非政府的干预，方能达到市场的均衡状态。② 现代经济学的主流学派理论设定市场资源总量和生产技术条件不变，经过推算论证，完全竞争也即完全自主调节之市场中的经济人所享有的福利是最大化的。当然，我们不否定市场自主调节的作用，但同时不能忽略，法治国家的建设要求市场的资源配置必须符合国家的政策法律制度。无论是在文化市场主体的准入还是从文化市场行为方面，除了市场的自主调节，政府等主体的监管对于市场失灵情况下的经济关系的管理是不可或缺的环节，也是更好地保障文化市场中公民权益的必然推手。下文将对为何要进行文化市场监管进行法理分析。

---

① 张俊伟：《极简管理：中国式管理操作系统》，机械工业出版社2013年版。
② 顾江：《文化市场建设中的政府介入机制》，《江海学刊》2001年第5期。

当今中国，文化市场的法律框架构建不仅是当前文化体制改革的重要内容，同时也是文化市场建设完善的关键一环，更是我国社会主义文化事业繁荣昌盛的必备条件，对于实现中华民族伟大复兴意义深远。因此，对于文化市场法治实施的相关理论之研究，并结合实践探讨实际过程中遇到的困境的解决之道，是目前学术界应该做的极具重要意义的事情。在《文化强国之路》一书中，李长春写到，现在的时代是世界文化市场深度开发变更调整的时代。文化法治之完善是国家文化安全的必要保证。可见如今文化法治体系之构建已经上升到国家战略的位置。文化立法与国家战略和文化安全有关。

（三）何谓文化市场监管

与"文化市场监管"类似的概念，类似的表述还有"文化市场管理""文化市场法治化管理""文化市场综合执法"等。笔者在本文中选定"文化市场监管"一词，一是因为"监管"一词即包含"管理"之意。管理多为政府与市场主体之间的纵向活动，监管除此外仍包含社会主体参与监督之意。二是"法治化管理"较之"管理"更为局限，其规定了管理之方式。故监管不仅包括法律手段管理还包含此外其他手段来进行市场管理。三是，"监管"较之于"综合执法"而言，前者的内容更丰富，后者是前者的管理方式之一。

关于"文化市场监管"一词之概念，准确定义者不多。这其中莫于川如此表述："文化市场监管是指主管部门依据法律规范和政策手段对文化产品和服务的生产和消费等文化市场活动的监督管理。文化市场监管的工作对象还包括文化产品和服务要素的有关活动、市场准入及经营场所。"[①] 这一表述从文化市场的监管主体、方式、内容以及被监管主体四个方面定义了文化市场监管。韩大元则定位其如下："文化市场监管虽然属于政府行政监管的组成部分，但与一般行政监管不同……"[②] 笔者认为上述两定义将监管主体的范畴狭隘化，其含义只指行政监管，而忽略了行业自律组织、社会公众的参与，这也侧面反映了我国学术界以政府监管为主的固有观念，下文将详述之。

（四）何谓文化市场监管法治

根据上述莫于川对文化市场监管概念的描述，监管手段分为法律监管

---

① 莫于川：《我国文化市场监管的法治化路向》，《浙江社会科学》2013年第8期。
② 韩大元：《文化市场监管法治化研究》，《浙江社会科学》2013年第8期。

和政策监管,本文中所谈及的只含文化市场的法制监管。

"文化市场监督法律制度"中的"法律制度"一词实为中华传统之词。《礼记》曾载"喻有司、修法制、缮图圈、具桂格"。商鞅曾言:"民众而好牙卜生,故立法制,为度量,以禁止。法制不明,而求民之行令也,不可得也。"直至现代,人们对于法制一词之意仍是众口不一。其中占比最高的观点认同法律制度是指法律的历史。① 但研究愈深,认识亦随之改变,经济基础和上层建筑之别愈发鲜明,人们开始认为法制是上层建筑的构建核心,加之法律的实施、适用、法律的遵守和对于其的解释,均为其含义之内。因此,发挥法律调整作用的社会的法律体系是建立在现行法律的基础上的,包括法律意识与各种法律实践相互兼容,相辅相成的有机体系。② 正所谓,"文化权利是为基本权利,对基本权利的限制也应受到限制。"③

二 文化市场监管的理论基础

(一)文化市场监管的法理基础

我国宪法第 22 条即规定了公民的文化权利,从根本上确立了国家机关为保护公民文化权利所进行的包括监管在内的活动的宪法依据。此外,在其他法律中对文化市场中的消费者、经营者做出了相关权利与义务的规定还有《中华人民共和国文化市场管理法》,该法另一方面对于文化执法机构的职能也做出了相应的规定,是行政机关文化执法过程中的一个重要法律依据,对于市场发展和文化之繁荣做出了法律上的重要指引。在文物保护、著作权保护、非物质文化遗产保护、安全生产等领域均有法律层面的规定。④ 在互联网上网服务及其营业场所的规制、文化保护法的实施、印刷业、著作权、音像制品、电影作品、出版、营业性演出、广播电视、娱乐场所的管理等方面均有行政法规及规章作为法律依据。⑤ 相关部门在

---

① 孙国华:《法制与法治不可混同》,《中国法学》1993 年第 3 期。
② 王涛:《中美银行监管法制比较研究》,硕士学位论文,西南政法大学,2005 年。
③ 莫于川:《文化市场发展:人本、市场、法治化》,《哈尔滨工业大学学报》2014 年第 16 卷第 2 期。
④ 如《中华人民共和国文物保护法》《中华人民共和国著作权法》《中华人民共和国非物质文化遗产法》《中华人民共和国安全生产法》。
⑤ 行政法规及规章有《互联网上网服务营业场所管理条例》《中华人民共和国文物保护法实施条例》《印刷业管理条例》《著作权集体管理条例》《音像制品管理条例》《电影管理条例》《出版管理条例》《营业性演出管理条例》《广播电视管理条例》《娱乐场所管理条例》。

文物认定、文化的综合执法、内部资料出版、著作权行政处罚的实施等方面制定了不少部门规章。① 其他如《文化市场重大案件管理办法》、《文化市场日常检查规范（试行）》等规范性文件。②

由于文化之独特属性，文化之法律亦带有明显的意识形态特质，文化市场监管法制亦不例外，其立法目的大多偏向于对于优秀文化及作品、产品等的保护。文化市场监管法制的构建源自于社会对其的需求，这其中所暗含的是人文主义精神和以人为本的法理基础。

所谓文化市场的自主调节即是无须法律即可形成的秩序，在此秩序内，仅凭单纯的习惯法即可保证文化市场正常运行。而这需要一个完全信任的人际社会，类似于费孝通先生曾描述的"熟人社会"③。这种秩序乃是法治理想国的终极目标。但就目前我国的法治状况来看，这是不可能实现的。回归真实的法治世界，法制规则就像社会中的"正式规则"，而自主调节所依靠的习惯化类似于市场中的"潜规则"④。如今社会中的人际关系大多建立在物质基础之上，在大部分的城市和地区熟人社会几乎已不存在，人际关系变得复杂陌生，不信任感的增加使得自主调节不再完全有效。故此，随着文化市场交易的复杂，亟待其自身调节体制之外的监督体系来规制市场，保障文化市场中人们的权益。

(二) 文化市场监管的实践基础

对文化市场进行监管是必要的，因为如果要实现文化的产业化，不能仅仅将文化商品简单地投放于市场后而置之不理，政府之作用在其中不可或缺。文化市场中的经济活动同其他市场如高科技市场中的经济活动一样，其投入和产出不一定是成正比的，即使在某个阶段成正比，也不会是稳定持续的。当然，大多数情况下，高投入一般带来高产出，但仍存在一些不确定的概率，在看不见的手无法自主调节时，政府的调整与支持是必不可少的。这与文化产品区别于普通产品的特点有着密切联系：

一是文化市场在一定程度上具有垄断的特点。所谓垄断的特点，即为

---

① 如《文物认定管理暂行办法》《文化综合行政执法管理办法》《内部资料性出版物管理办法》《著作权行政处罚实施办法》等。
② 文友华：《文化建设法制化研究》，博士学位论文，武汉大学，2013年。
③ 记建文：《无需法律的秩序——法治理想国与真实的法治世界》，《山东大学学报》2007年第2期。
④ 权冬生：《后危机时代市场监管体系的法理阐释》，《北京城市学院学报》2010年第3期。

文化资源相对来说较为稀缺，文化商品之成本相对来说较高，文化市场经济极易形成规模。① 事实证明，文化市场的发展对于其他市场活动的发展成正比例函数。美国纽约政府曾于1992年出台对文化市场的文化机构等主体发放资助的政策。该政策实行之后，发现文化市场的支出为当地带来了100亿美元的收入，其收入领域包括衣食住行各个方面。②

二是文化市场中的产品相较于其他市场具有更大的公共性。文化市场中有很多的公共文化产品，如古诗词、古建筑等。这些产品首先不具有竞争性。在一件商品的消费群体中随时可加入新的消费群体，而彼此之间不会受到影响。其次这些商品是不可分割的整体。比如电影院里上映的电影，无论在哪里播放供何许人观看，都是一个整体的电影。再次，即使消费者无数次增加购买观看电影的票，这部电影的成本仍不会增加。最后公共产品的公共性决定了并不是每个需求者都必须支付一定的费用才能够享受该产品。所以，供给和需求的资源配置方式在文化市场中不能完全适用。

三是文化的独特影响力决定了必须由国家进行一定程度的掌控主导。比如中华传统文化中所深含的民族精神等，必须通过政府的正确引导才能对中华民族的团结复兴起到推动作用。文化商品品质参差不齐，通过政府来进行一定程度的扬弃，是文化市场正确产业化、增强国家实力必不可少的方式途径。

三　文化市场监管的构成要素

（一）文化市场监管的分类

首先，按照文化市场的监管主体分类，可以分为政府对文化市场的监管以及行业的自我监管、社会组织等其他协同监管。

其次，由于文化独特的本质属性和规律，学术界对于监管的分类根据监管的对象分为秩序行政监管和文化行政监管，前者是指维护税收、工商、公共安全以及文化市场中市场竞争秩序。此时监督行为的法律依据除一般的法律外，还受到文化领域特别法律的规制，比如知识产权法、版权

---

① 冯进昆：《中国文化产业政府监管问题研究》，《东北师大学报》2014年第5期。
② 顾江：《文化市场建设中的政府介入机制》，《江海学刊》2001年第5期。

法等。① 此时监管的方式参照一般行政行为的手段，比如行政处罚和行政许可、行政强制等。后者则是指对于文化权利特别是基本权利方面的保护时，政府应采取与秩序行政不同的方式进行监管。处于对基本权利的特殊保护，此时政府应对自己监管的程度进行适当限制。

(二) 文化市场监管的目标

文化市场监管的目标因阶段和主体的不同而有所差别。各阶段文化市场监管的目标与当时的社会背景密切相关，这一点将在下文文化市场监管的历史变迁和模式变迁中详述。至于不同的监管主体，其文化市场监管目标大致如下所述：行业组织的监管是为其行业行为更规范，是为较之其他行业能更有持久的竞争力，维护行业形象。而基层组织及社会大众的监督则更多的是从自身利益出发，为更好地保障自己在文化市场中的权利。至于政府监管，历来研究最多，学者们将其梳理为以下层次：

政府监管的宏观目标是在现有基础上把握文化体系的未来发展方向。中观目标是为某些地区的企业和个人提供有计划的正确指导，以使文化市场更加规范。微观目标是调整各种文化主题与商业活动中各种职能之间的关系。②

(三) 文化市场监管的模式

宋悦华将我国的监管模式表述为"一元制"③——行政机关集管理权和处罚权于一身，司法机关几乎不介入。而我国的监管模式演变过程大致如下：

1. 1948—1978 年，单一的政府监管模式。新中国成立后，我国还未进行社会主义改造，此时，各大市场包括文化市场均由政府统一调控，文化市场的投资均由财政拨款。

2. 1978—1991 年，社会主义改造完成，我国开始改革开放，经济逐渐腾飞，文化市场也愈发活跃。文化市场的机构性质逐渐从事业单位转换为企业性质。此外，所涉及的范围也大有扩展，相对应的，文物保护、著作权等方面的法律法规逐渐构建完善。

---

① Oppermann, Kulturverwaltungsrecht, 1969, S. 12.

② 刘新辉：《我国文化市场监管体制的问题及对策建议》，《现代经济信息》2016 年第 14 期。

③ 宋悦华：《盘锦市文化市场综合执法改进研究》，硕士学位论文，大连理工大学，2017 年。

3. 1991—2000 年，文化市场崛起，监管政策重构。1992 年，在我国所有制变革的大背景下，国家所有、集体所有和私有制并行发展，我国文化产业开始具有市场属性。作为上层建筑的相应法律法规也逐渐完善。上百件部门规章以及规范性文件陆续颁发，为文化市场发展提供良好的制度环境。

4. 进入 21 世纪，国家及政府的角色慢慢转变。对于市场的自主调节愈发重视，政府的干预逐渐减少。由此，我国文化市场迎来春天。但是不可忽视的是发展背后所带来的一系列法律问题，仍需要政府的监管以及相应法制层面的规制。

四　文化市场监管的法治现状

文化产业的持续发展离不开市场环境的良好营商氛围，同时也离不开政府的有效监管，而政府的有效监管离不开完善的监管法制体系的构建。

表 5-3-1　　　　　　　　　文化市场监法制

法律层级	相关法律
法律	《文物保护法》《著作权法》《非物质文化遗产法》《行政处罚法》《行政强制法》
行政法规	《著作权法实施条例》《互联网上网服务营业场所管理条例》《信息网络传播权保护条例》《公共文化体育设施条例》《音像制品管理条例》《电影管理条例》《出版管理条例》《营业性演出管理条例》《广播电视管理条例》《娱乐场所管理条例》等
地方性法规	《北京市实施〈中华人民共和国文物保护法〉办法》《武汉市文化市场管理办法》《西藏自治区文化市场管理条例》等
部门规章	《著作权行政处罚实施办法》《互联网文化管理暂行规定》《文化市场综合行政执法管理办法》等
地方政府规章	《北京市文化市场综合行政执法办法》《上海市文化领域相对集中行政处罚权办法》《青岛市文化市场综合行政执法管理办法》《浙江省文化市场综合行政执法管理办法》《天津市文化市场相对集中行政处罚权规定》等

在文化立法现有法律法规体系框架下，与文化市场监管相关的立法除现有法律、行政法规、部门规章、地方政府规章外，还存在着大量的"意见"、"通知"、"办法"等其他规范性文件。[①] 特别是随着综合执法改革

[①] 刘继萍：《文化市场监管立法的突出问题与对策》，《哈尔滨工业大学学报》2014 年第 2 期。

试点的推进，与文化市场综合执法改革相关的规范性文件和政策大幅增加。

第二节 文化市场的事前监管制度

根据"让权力在阳光下运行"的要求以及依法行政的原则，我国目前初步形成完整的文化市场监管体制。事前监督主要涉及相关行政审批、行政许可等；事中监督则包括审查制度、行政检查等制度；而事后监管则包括行政处罚等传统手段，以及如今正蓬勃发展的信用体系监管等新型手段。

在三种监管方式中，对于文化市场而言事前监管是文化市场净化的首要途径。政府对文化市场事前监管的制度也称为事前审批制度，是通过设立文化市场进入标准、文化市场生产经营者、从业人员的准入资格等方式，来阻止不合格的文化产品和服务进入市场，也即主要是通过文化市场准入制度来实现的。

一 市场主体准入制度

我们国家在出版、演出、广播电视、电影等领域都实行市场主体的准入制度。如在出版领域，新闻出版广电总局对于设立出版单位实行审批制度，只有经过国家批准并获得出版许可证的新闻出版单位才拥有合法的出版权。相关法律依据如下表所示。

表5-3-2　　　　　　文化业务主体准入法律依据

法律名称	相关条款	主要内容
《出版管理条例》	第12条	国家对设立图书出版单位、报纸出版单位、期刊出版单位实行行政许可审批
	第11条	规定了出版单位的设立条件
《音像制品管理条例》	第9条	国家对设立音像出版单位、电子出版物出版单位行政许可审批
《互联网信息服务管理办法》	第12条	国家对设立网络出版单位行政许可审批
《营业性演出管理条例》	第10条	文化主管部门对中外合资经营、中外合作经营的演出经纪机构和中外合资经营、中外合作经营的演出场所经营单位设立行政许可审批

续表

法律名称	相关条款	主要内容
《广播电视管理条例》	第11条、第14条	新闻出版广电总局对广播电台、电视台设立、终止实行审批
	第31条、第35条	国家广播电视总局对广播电视节目制作经营单位和电视剧制作单位设立行政许可审批
《电影管理条例》	第9条、第12条	国家广播电视总局对电影制片单位设立、变更、终止实行审批

当前我国有关文化市场主体准入制度的相关行政审批事项如下表所示。

表5-3-3　　　　文化市场主体准入审批事项

序号	项目名称	审批类别	审批部门	子项	审批对象	设定依据
1	中外合资经营、中外合作经营的演出经纪机构设立审批	行政许可	文化和旅游部	无	企业法人或其他组织	《营业性演出管理条例》第10条
2	中外合资经营、中外合作经营的演出场所经营单位设立审批	行政许可	文化和旅游部	无	企业单位或其他组织	《营业性演出管理条例》第10条
3	设立出版单位（6个子项）	行政许可	国家广播电视总局	报社、期刊社、图书出版社、音像出版社和电子出版物出版社等、网络出版单位	机关、企事业单位、社团组织（网络出版单位不包含机关）	《出版管理条例》第11条、《音像制品管理条例》第5条、《互联网信息服务管理办法》第14条
4	出版单位变更名称、主办单位或者其主办机关、业务范围、资本结构，合并或者分立，设立分支机构审批（8个子项）	行政许可	国家广播电视总局	报社、期刊社（不含资本结构变更）、图书出版社、音像出版社和电子出版物出版社等、网络出版单位合并分立、设立分支机构审批	机关、企事业单位、社团组织（网络出版单位不包含机关）	《出版管理条例》第17条
				出版单位变更资本机构审批	机关、企事业单位、社团组织	《出版管理条例》第17条

续表

序号	项目名称	审批类别	审批部门	子项	审批对象	设定依据
5	设立出版物进口经营单位审批	行政许可	国家广播电视总局	无	企业	《出版管理条例》第43条
6	出版物进口经营单位变更名称、业务范围、资本结构、主办单位或者其主管机关，合并或者分立，设立分支机构审批	行政许可	国家广播电视总局	无	企业	《出版管理条例》第44条
7	境外出版机构在境内设立办事机构审批	行政许可	国家广播电视总局	无	企业	《国务院对确需保密的行政审批项目设定行政许可的决定》附件第331项
8	著作权涉外机构、国（境）外著作权认证机构、外国和国际著作组织在华设立代表机构审批	行政审批	国家广播电视总局	无	社团组织	《国务院对确需保密的行政审批项目设定行政许可的决定》附件第317项
9	著作权管理组织及分支机构设立审批	行政许可	国家广播电视总局	无	社团组织	《著作权集体管理条例》第9、第12条
10	电影制片单位设立、变更、终止审批	行政许可	国家广播电视总局	无	境内企事业单位、社团组织	《电影管理条例》第9、第12条
11	跨省、自治区、直辖市的电影发行单位设立、变更业务范围或者兼并、合并、分立审批	行政许可	国家广播电视总局	无	境内企事业单位、其他经济组织	《电影管理条例》第37、第39条

续表

序号	项目名称	审批类别	审批部门	子项	审批对象	设定依据
12	境外广播电影电视机构在华设立办事机构审批	行政许可	国家广播电视总局	无	境外广播电视机构	《国务院对确需保留的行政审批项目设定行政许可的决定》附件第306项、《外国企业常驻代表机构登记管理条例》第23条
13	广播电视节目制作经营单位设立审批	行政许可	国家广播电视总局	无	广播电视节目制作经营单位	《广播电视管理条例》第31条
14	设立电视剧制作单位审批	行政许可	国家广播电视总局	无	持有"广播电视节目制作经营许可证"的单位、地市级以上电视台、电视制片机构	《广播电视管理条例》第35条
15	广播电台、电视台设立、终止审批	行政许可	国家广播电视总局	广播电台、电视台设立、终止审批	广播电台、电视台	《广播电视管理条例》第11、第14条

注：根据中国机构编制网公布的国务院各部门行政审批事项汇总清单。

二 文化业务准入制度

文化业务准入主要指文化行政部门许可文化经营者从事文化产品经营活动的行为。

表 5-3-4　　　　　　　　文化业务准入法律依据

领域	法律名称	相关条款	主要内容
出版领域	《出版管理条例》	第41条规定和第43条	国务院出版行政主管部门对于设立出版物进口经营单位实行行政许可审批
广播电视领域	《国务院对确需保留的行政审批项目设定行政许可的决定》	第303、第305	国务院出版行政主管部门对广播电视视频点播业务和跨省经营广播电视节目传送业务实行经营许可制度
音像制品领域	《国务院对确需保留的行政审批项目设定行政许可的决定》	第329项	国务院出版行政主管部门对电子出版物出版单位与境外机构合作出版电子出版物实行审批

续表

领域	法律名称	相关条款	主要内容
新闻领域	《国务院对确需保留的行政审批项目设定行政许可的决定》	第315项	国家广播电视总局对新闻出版中外合作项目实行审批
电影领域	《电影管理条例》	第18、第19条	国家广播电视总局对中外合作摄制电影片实行审批
电影领域	《电影管理条例》	第35条	国家广播电视总局对举办中外电影展、国际电影节实行行政许可审批

我国有关文化业务准入制度的相关行政审批事项如下表所示。

表5-3-5　　　　　　　　文化业务准入行政审批事项

序号	项目名称	审批类别	审批部门	子项	审批对象	设定依据
1	互联网文化单位进口互联网文化产品内容审查	行政许可	文化和旅游部	无	企业法人或者其他组织	《国务院对确需保留的行政审批项目设定行政许可的决定》（国务院令第412号）第194项
2	境外组织或者个人在中华人民共和国境内两个以上省、自治区、直辖市行政区域进行非物质文化遗产调查审批	行政许可	文化和旅游部	无	与境外组织合作的境内非物质文化遗产学术研究机构、境外个人依托的境内非物质文化遗产保护工作相关单位	《中华人民共和国非物质文化遗产法》（主席令第42号）第15条
3	出版新的报纸、期刊、连续型电子出版物或者报纸、期刊、连续型电子出版物变更名称审批（6个子项）	行政许可	国家广播电视总局	出版新的报纸、报纸变更名称、出版新的期刊、期刊变更名称、出版新的连续型电子出版物及其变更名称审批	机关（不含出版新的连续性电子出版物及其名称变更审批）、事业单位、企业、社团组织	《出版管理条例》（国务院令第594号）第17条

续表

序号	项目名称	审批类别	审批部门	子项	审批对象	设定依据
4	图书、音像、电子出版物、期刊出版机构重大选题备案核准		国家广播电视总局	无	图书、音像、电子出版物、期刊出版机构	《出版管理条例》（国务院令第594号）第20条
5	进口用于出版的音像制品及音像制品成品审批 进口用于出版的音像制品及音像制品成品审批（2个子项）	行政许可	国家广播电视总局	进口用于出版的音像制品审批、进口音像制品成品审批	音像出版单位、企业	《音像制品管理条例》（国务院令第595号）第28条、第30条
6	出版物进口单位进口电子出版物制成品审批	行政许可	国家广播电视总局	无	企业	《音像制品管理条例》（国务院令第595号）第28条、第30条、第49条
7	出版境外著作权人授权的电子出版物（含互联网游戏作品）审批	行政许可	国家广播电视总局	无	电子出版单位	《音像制品管理条例》（国务院令第595号）第28条、第49条；《国务院对确需保留的行政审批项目设定行政许可的决定》（国务院令第412号）附件第328项
8	新闻出版中外合作项目审批	行政许可	国家广播电视总局	无	开展新闻出版中外合作项目的出版单位的主管单位	《国务院对确需保留的行政审批项目设定行政许可的决定》（国务院令第412号）附件第315项
9	举办境外出版物展览审批	行政许可	国家广播电视总局	无	企业	《出版管理条例》（国务院令第594号）第48条

第三章　文化市场监管法治的实施 | 1081

续表

序号	项目名称	审批类别	审批部门	子项	审批对象	设定依据
10	国产电视剧片审查	行政许可	国家广播电视总局（重大题材报中央办公厅、中央宣传部等中央有关部门审批，特殊题材须请中央统战部、外交部、国家民委、公安部、国家安全部、国家宗教局等部门出具意见）	无		《国务院对确需保留的行政审批项目设定行政许可的决定》（国务院令第412号）附件第314项、《国务院关于第五批取消和下放管理层级行政审批项目的决定》（国发〔2010〕21号）附件1《国务院决定取消的行政审批项目目录》第51项、《国务院关于取消和下放50项行政审批项目等事项的决定》（国发〔2013〕27号）
11	中外合作摄制电影片审批	行政许可	国家广播电视总局与中国电影合作制片公司共同审批	无	参与中外合作摄制电影片的单位	《电影管理条例》（国务院令第342号）第18条
12	举办中外电影展、国际电影节审批	行政许可	国家广播电视总局	无	举办涉外电影节展活动的单位	《电影管理条例》（国务院令第342号）第35条
13	引进用于广播电台、电视台播放的境外广播电视节目和用于信息网络传播的境外视听节目审批（4个子项）	行政许可	国家广播电视总局	引进用于广播电台、电视台播放的境外电影、电视剧审批、《国务院办公厅关于对〈广播电视管理条例〉第39条第1款进行解释的复函》（国办函〔2017〕123号）、引进用于信息网络传播的境外电影、电视剧、引进用于信息网络传播的境外其他视听节目审批	广播电视播出机构、网络视听节目服务单位	《广播电视管理条例》（国务院令第228号）第39条、《国务院办公厅关于对〈广播电视管理条例〉第39条第1款进行解释的复函》（国办函〔2017〕123号）

续表

序号	项目名称	审批类别	审批部门	子项	审批对象	设定依据
14	广播电台、电视台变更台名、台标、节目设置范围或节目套数审批（4个子项）	行政许可	国家广播电视总局	广播电台、电视台变更台名审批、变更台标审批、调整节目设置范围、调整节目套数审批	广播电台、电视台	《广播电视管理条例》（国务院令第228号）第13条
15	广播电视视频点播业务审批	行政许可	国家广播电视总局	无	1. 经批准设立的地（市）级以上广播电台、电视台；2. 经批准设立的广播影视集团（总台）；3. 数字化整体转换地区的有线电视网络公司	《国务院对确需保留的行政审批项目设定行政许可的决定》（国务院令第412号）附件第303项
16	跨省经营广播电视节目传送业务审批	行政许可	国家广播电视总局	无	事业单位、企业	《国务院对确需保留的行政审批项目设定行政许可的决定》（国务院令第412号）附件第305项、《国务院关于第六批取消和调整行政审批项目的决定》（国发〔2012〕52号）附件2《国务院决定调整的行政审批项目目录》（一）下放管理层级的行政审批项目第67项
17	出版国产网络游戏作品审批	行政许可	国家广播电视总局	无	企业	《关于贯彻落实国务院〈"三定"规定〉和中央编办有关解释，进一步加强网络游戏前置审批和进口网络游戏审批管理的通知》（新出联〔2009〕13号）

注：根据中国机构编制网公布的国务院各部门行政审批事项汇总清单。

三　市场资格准入制度

除了文化市场主体准入和业务准入外，国家还对从事文化经营活动的从业人员实行资格准入制度，如《国务院对确需保留的行政审批项目设定行政许可的决定》（2004）附件第313、第333项，新闻出版广电总局对广播电视播音员、主持人资格认定设立行政许可审批，实行新闻记者证核发的行政许可。

表 5-3-6　　　　　　　文化市场资格准入许可依据

序号	项目名称	审批类别	审批部门	子项	审批对象	设定依据
1	新闻记者证核发	行政许可	国家广播电视总局	无	事业单位、企业	《国务院对确需保留的行政审批项目设定行政许可的决定》（国务院令第412号）第194项
2	卫星电视广播地面接收设施进口证明核发	行政许可	国家广播电视总局	无	经省级广电行政部门审核上报的用户	《卫星电视广播地面接收设施管理规定》（国务院令第129号公布，国务院令第638号修改）第5条
3	广播电视播音员、主持人资格认定	行政许可	国家广播电视总局	无	广播电视播音员、主持人	《国务院对确需保留的行政审批项目设定行政许可的决定》（国务院令第412号）附件第313项、《国务院关于第六批取消和调整行政审批项目的决定》（国发〔2012〕52号）附件1《国务院决定取消的行政审批项目目录》第80项

此外，也存在一些其他事前监管制度，如：

表 5-3-7　　　　　　　其他文化市场事前监管制度

序号	项目名称	审批类别	审批部门	子项	审批对象	设定依据
1	境外组织或者个人在中华人民共和国境内两个以上省、自治区、直辖市行政区域进行非物质文化遗产调查审批	行政许可	文化和旅游部	无	与境外组织合作的境内非物质文化遗产学术研究机构、境外个人依托的境内非物质文化遗产保护工作相关单位	《中华人民共和国非物质文化遗产法》（主席令第42号）第15条

续表

序号	项目名称	审批类别	审批部门	子项	审批对象	设定依据
2	广播电视设备器材入网认定	行政许可	国家广播电视总局	无	企业	《国务院对确需保留的行政审批项目设定行政许可的决定》（国务院令第412号）附件第312项

第三节　文化市场的事中事后监管制度

当今世界，科技快速发展，产业更新换代，市场急剧变革，政府的执法和行政的监管亦应该适应社会现状。文化市场更是如此，网络传播使文化商品受到侵害，新业态的文化产品屡见不鲜，行政机关中各文化执法部门的所属职责已经不同往日，相关的法律制度等行为依据也已不合时宜，职能和制度均应面临革新。① 然而，文化市场涉益众多，已经成为各部门、各机关、各领域共同关注的问题。职能调整所带来的权属分类以及与现有管理框架制度构建的矛盾尽显无遗。依据政府现行的职能划分，很难对市场问题进行明确的权属归类，无法准确将其纳入现有监管框架内，碎片化监管体系亟待完善。

在事前监管目前无法发挥最佳效能的情况下，文化市场法治不可百废待兴，而应充分利用其他监管手段进行实效化管理。此时，事中和事后监管制度应发挥其应有的作用。三者结合方能逐步建设成全方位的综合监管体系。②

一　文化产品审查制度

文化执法部门作为文化产品审查制度的实施主体，对于法律规定范围内的产品进行审查。国家通过对文化产品的审查，借助文化产品的特性，来对社会的主流意识形态进行积极引导。而对文化产品的审查亦分为两种，一是前置审查，二是市场督察。前者是指对于电影电视剧等音像制品要通过广电总局进行前置的许可方能进入市场；后者是指对于书籍、报纸

---

① 林楠：《新时代文化市场监管也应"放眼量"》，《中国文化报》2017年第11期。
② 丁水平、林杰：《市场管理改革中始终事后监管制度创新研究——构建"多位一体"综合监管体系》，《理论月刊》2019年第4期。

等非音像制品则在其进入市场后进行市场督察,以此实现监督。[①]

表5-3-8 文化产品审查

序号	项目名称	审批部门	子项	审批对象	设定依据
1	国产电视剧片审查	国家广播电视总局	无	事业单位、企业、社团组织	《国务院对确需保留的行政审批项目设定行政许可的决定》(国务院令第412号)附件第314项、《国务院关于第五批取消和下放管理层级行政审批项目的决定》(国发〔2010〕21号)附件1《国务院决定取消的行政审批项目目录》第51项、《国务院关于取消和下放50项行政审批项目等事项的决定》(国发〔2013〕27号)附件2《国务院决定部分取消和下放管理层级的行政审批项目目录》第8项
2	电影剧本(不含一般题材)备案核准和电影片审查(2个子项)	国家广播电视总局	电影剧本(不含一般题材)备案核准、电影片审查	企业、事业单位、社团组织	《电影管理条例》(国务院令第342号)第24条

二 行政检查制度及行政许可的其他后续监管制度

在文化产品进入市场后,政府主要通过对文化市场的行政检查来实现对于文化市场的监督。此时的行政检查,也即日常的行政执法行为,其执法依据是国家的法律法规;执法主体是文化行政部门以及被法律授权的派出机构,行政检查这种日常执法行为是一种具体行政行为。随着机构和大部门制改革,我国日益完善统一执法体制。在2018年机构改革之后,我国目前的文化行政部门主要包括文化和旅游部、市场监管部门、广播电视部门,这标志着我国统一市场执法的"大文化部制"的进一步完善。这种对文化市场的事中日常监督,一方面是为维护市场秩序,另一方面更是为保障进入文化市场的社会主体及个人的文化权利。

(一)行政检查制度

行政检查制度作为事中监管制度的主力军,为更好地发挥作用,其范

---

① 文思同、李荣菊:《政府文化管理教程》,国家行政学院出版社2013年版,第7页。

围遍及整个文化执法领域,是文化行政部门相关职责的充分体现,如包括娱乐场所、艺术品等,此外进出口领域及互联网领域等也在此范围之内。①

表 5-3-9 文化市场行政检查制度

法律名称	相关条款	主要内容
《营业性演出管理条例》	第 34 条	文化主管部门应当加强对营业性演出的监督管理。同时又强调,演出所在县级人民政府文化主管部门对外国人或香港、澳门、中国台湾地区的文艺表演团体、个人参加营业性等应当进行实地检查,对其他营业性演出,应当进行实地抽样检查
《音像制品管理条例》	第 32 条	主管部门对音像制品出版、复制、批发、零售、出租和放映单位实行登记管理制度,每两年进行一次登记审核
	第 33 条	县级以上地方各级人民政府音像制品行政管理部门有权检查本行政区域内音像制品的批发、零售、出租和放映活动

其监督方式以日常巡查为主,重点抽查为辅,其他如举报检查、技术检测以及组织不定期的专项行动等。如今,行政机关吸收了大批的鉴定机构等,调查取证实力与日俱增。其执法依据涉及网络文化经营、互联网经营场所、娱乐许可、消防安全、营业性演出等诸多领域的规章制度。此外,行政检查应严格遵守法律程序,包括调查前的出示证件、调查中的笔录制度、调查后的网上监管服务平台的录入等。相关法律条款如下表所示。

表 5-3-10 文化市场行政执行法律依据

序号	法律法规名称	颁布部门	颁布时间
1	《关于文化体制改革综合性试点地区建立文化市场综合执法机构的意见》	中央宣传部、中央编办、财政部、文化部、国家广电总局、新闻出版总署、国务院法制办	2004.9.29
2	《文化市场行政执法管理办法》	文化部	2006.3.16
3	《关于统一文化市场行政执法人员业务考试标准的通知》	文化部	2007.10.18
4	《文化市场重大案件管理办法》	文化部	2008.8.22
5	《关于统一文化市场综合执法文书的通知》	文化部	2009.9.10

---

① 参见《关于加强文化市场综合执法指导工作的通知》《关于加强文化市场综合执法制度建设的意见》以及文化部联合中宣部、中央编办、广电总局、新闻出版总署下发的《关于加快推进文化市场综合执法改革工作的意见》。

续表

序号	法律法规名称	颁布部门	颁布时间
6	《关于加强文化市场综合执法指导工作的通知》	文化部	2009.9.10
7	《关于加强文化市场综合执法制度建设的通知》	文化部	2009.9.10
8	《关于加强文化市场综合执法装备配备工作的指导意见》	文化部	2010.12.16
9	《关于进一步规范文化市场综合执法有关标志的通知》	文化部	2011.8.9
10	《文化市场综合行政执法管理办法》	文化部	2011.12.19
11	《文化市场综合行政执法人员行为规范》	文化部	2012.5.29
12	《文化市场综合行政执法案卷评查办法》	文化部	2012.7.30
13	《文化统计管理办法》	文化部	2012.7.23
14	《艺术品经营管理办法》	文化部	2016.1.18
15	《旅游安全管理办法》	国家旅游局	2016.9.27
16	《中华人民共和国公共文化服务保障法》	全国人民代表大会常务委员会	2016.12.25

（二）行政许可的变更

行政许可作为事前审查制度之一，在对文化市场的事中监管中仍必不可少。文化行政部门在做出行政许可之后，由于市场的发展性以及形势的变化性以及被许可主体的自身原因等，许可内容或形式以及许可是否应持续等内容将随时被重新审视。这一方面是对政府机关行政工作的跟进监督之要求，同时也是对相关文化市场主体之权利的持续保证，是维护市场公平和良好营商环境以及正确的文化价值观和社会文化氛围的必要条件。对于行政许可的后续变更行为，也即变更许可行为在其性质上也是一种具体行政行为。其可以由被许可人申请发起，也可根据形势需要由行政机关主动做出。相关法律规定如下表所示。

表5-3-11　　　　　　　文化市场行政许可变更

法律名称	相关条款	主要内容
《出版管理条例》	第17条	出版单位变更名称，主办单位或其主管机关、业务范围、合并或者分立等，应当办理审批手续。对此，主管部门应当对申请变更事项进行形式和实质审查，符合法定条件的，依法给予办理变更手续

续表

法律名称	相关条款	主要内容
《营业性演出管理条例》	第9条	文艺表演团体和演出经纪机构变更名称、住所、法定代表人或主要负责人、营业性演出经营项目，应当向原发证机关申请换发营业性演出许可证

（三）行政许可的消灭

一是行政许可的撤销。对于行政许可证颁发时，行政人员过失而审批有误的，后期将被撤销。如因被许可人过错原因，如提供虚假材料或者隐瞒重要事实的，后期将被撤销并承担相应责任。对于行政许可颁发后，被许可人未履行相应任务或从事违法活动，其将受到相应的行政处罚，比如吊销行政许可证。关于导致行政许可被撤销的具体的违法情形如下表所示。

表 5-3-12　　　　　　　　文化市场行政许可的消灭

违法情形	法律依据	主要内容
文化行政许可机关违法	《行政许可法》第69条第1款和《文化部行政许可管理办法》第20条第1款	文化行政许可机关违法情形包括：工作人员滥用职权、玩忽职守作出准予行政许可决定的、超越法定职权作出行政许可决定的、违反法定程序作出准予行政许可决定的、对不具备申请资格或者不符合法定条件的申请人准予行政许可的
被许可人违法	《行政许可法》第69条第2款和《文化部行政许可管理办法》第20条第2款	被许可人以欺骗、贿赂等不正当手段取得行政许可的，应当予以撤销

二是行政许可的注销。行政许可的消灭并不一定均是由于违法情形导致。在法定情形下的消灭被称为行政许可的注销。其原因如届满未延续、公民死亡或丧失能力、法人终止或不可抗力等。①

三　社会信用体系的建立以及分级分类监督制度

目前，国家高度重视社会信用体系对于市场监督的作用，大力加强征

---

① 根据《行政许可法》第1条和《文化部行政许可管理办法》第21条规定，文化行政许可注销的情形主要有行政许可有效期届满未延续的赋予公民特定资格的行政许可，该公民死亡或丧失行为能力的、法人或者其他组织依法终止的、行政许可依法被撤销、撤回或者行政许可证依法被吊销的、因不可抗力导致行政许可事项无法实施的。另有兜底规定，法律、行政法规规定的应当注销行政许可的其他情形。

信系统的建设，国务院、发改委纷纷出台规范性文件以支撑信用监督之效能。①

首先，所谓信用监管，可以实现对于文化市场的全方位监管，包括事前、事中、事后监管。事前监管多以申请人承诺个符合相应市场准入条件来实现，各地多采取事前进行信用评估并形成信用报告的形式进行。事中监管则是动态监管的主要形式。之所以建立网上征信系统，即是为准确并且及时地收集、了解、公开文化市场相关主体的信用情况。事后监督多是针对失信主体。对于失信主体将纳入相应的惩戒机制，追究其失信责任。

所谓社会信用体系以及分级分类监管之制度之间的关系，即是信用监管的基本原则，通过社会信用体系的作用对不同的市场主体按照信用等级采取不同的管理模式进行分类监管。②据相关数据显示，当前社会信用体系对于文化市场的监管已经广泛应用到各个领域，相关案例③如下表所示。

表5-3-13　　　　　　　　文化市场信用监管

地区	文化市场信用监管应用情况
陕西省	已建立公共信用信息平台和国家企业信用信息公示系统。并出台《陕西省企业信用监督管理办法》。已建立行政执法机关、公安机关、检察机关、审判机关相关信息共享、案情通报、案件移送等制度，实现行政处罚和刑事处罚的无缝衔接
河南省	对全省1万余家互联网上网服务营业场所进行信用评定并向社会公布，其纳入管理场所数量之多、管理层面之高，成为省级文化部门推动分级分类管理的典型
广东省	对娱乐场所、互联网上网服务营业场所、出版物发行等按照绿、黄、红三个等级进行分级评定和管理，并在官方网站予以公示
浙江省	杭州市萧山区从规范经营、安全经营、文明经营三个方面，对互联网上网服务营业场所进行分级评定和管理，电信企业对评级高的企业予以网络接入费用优惠
	台州市椒江区按照六个等级对文化市场经营场所进行星级评定，联合公安、工商、卫生部门共同开展分级分类管理
四川省	从规范经营、文明经营、卫生经营、安全经营、特色经营五个方面对互联网上网服务营业场所、歌舞娱乐场所进行星级评定，分类监管，动态升级，并对星级高的企业予以文化发展项目资金扶持

---

① 2019年7月国务院办公厅印发的《关于加快推进社会信用体系建设　构建以信用为基础的新型监管机制的指导意见》。

② 参见：国家发改委《分类分级监管制度推进信用体系建设》，按不同的信用状况对监管对象进行分类分级监管，并有针对性地对其实行差异化管理措施。http://baijiahao.baidu.com/s?id=1639205047846640764&wfr=spider&for=pc。

③ 参见《文化部积极探索文化市场分级分类管理》，www.gov.cn/xinwen/2016-08/18/content_5100415.htm。

此外，与之相关的，各地开始探索黑名单制度。黑名单制度诞生于2016年4月发布的《关于进一步深化文化市场综合执法改革的意见》。① 现如今，随着技术的不断发展，黑名单制度更新迭代，在事中和事后监管中发挥着愈发重要的作用。黑名单制度作为信用规制体系中的软法工具，在监管执法体制改革的当下，已然逐步成为文化市场监管工具箱中的重要武器。有关黑名单制度的法律依据主要见于《文化市场黑名单管理办法（试行）》《文化市场黑名单管理办法》《艺术品经营管理办法》等②。

关于黑名单制度的具体类别，主要有黑名单、警示名单和红名单。黑名单所列的是严重违反相关法律规定进行市场活动的市场主体；警示名单所列之经营主体违法程度较之黑名单略轻；红名单所列则是应受到鼓励和支持的正面引导主体。

黑名单制度具有明显优势：（1）成本低、程序灵活，节约传统监管模式所需的人力与执法资源，起到对常规监管机制的补充作用。（2）通过黑名单此种信用规制模式约束文化市场中的活动者，可以为事后的监管提供执法侧重点；同时增强文化市场主体的守法自觉性，并起到良好的警示作用。（3）作为事前监督的行政许可有时会将文化市场繁荣的机会扼杀于摇篮之中，而黑名单制度则给了文化市场活动者试错的机会。能够更好地激发市场活力。但今后仍需不断调试，从实体和程序两方面增强其合法性，更好地将其纳入法治轨道。

四 行政处罚制度

行政处罚作为事后监管制度不必赘述。在文化市场领域行政处罚的适用同样是事前和事中监管的最后一道防线和有力保障，是确保良好的文化市场环境的重要推手。对于文化领域行政处罚制度的专门法律制度主要有《文化市场综合行政执法管理办法》《文化市场行政处罚自由裁量权适用办法》等，同时包括一些专业领域的特殊立法文件。

文化市场行政处罚的具体程序如下：

---

① 2016年4月，中共中央办公厅、国务院办公厅在专门印发《关于进一步深化文化市场综合执法改革的意见》中明确提出建立健全文化市场警示名单和黑名单制度。

② 《文化市场黑名单管理办法（试行）》第5、第7条详细规范了黑名单监管的适用情形；第12、第13条规定了黑名单的救济机制；第15—18条规定了黑名单的惩戒功能与法律效果。《文化市场黑名单管理办法》全文对黑名单制度进行了详细的规定。《艺术品经营管理办法》第3条规定了艺术品市场信用监管体系的相关事项。

第三章 文化市场监管法治的实施

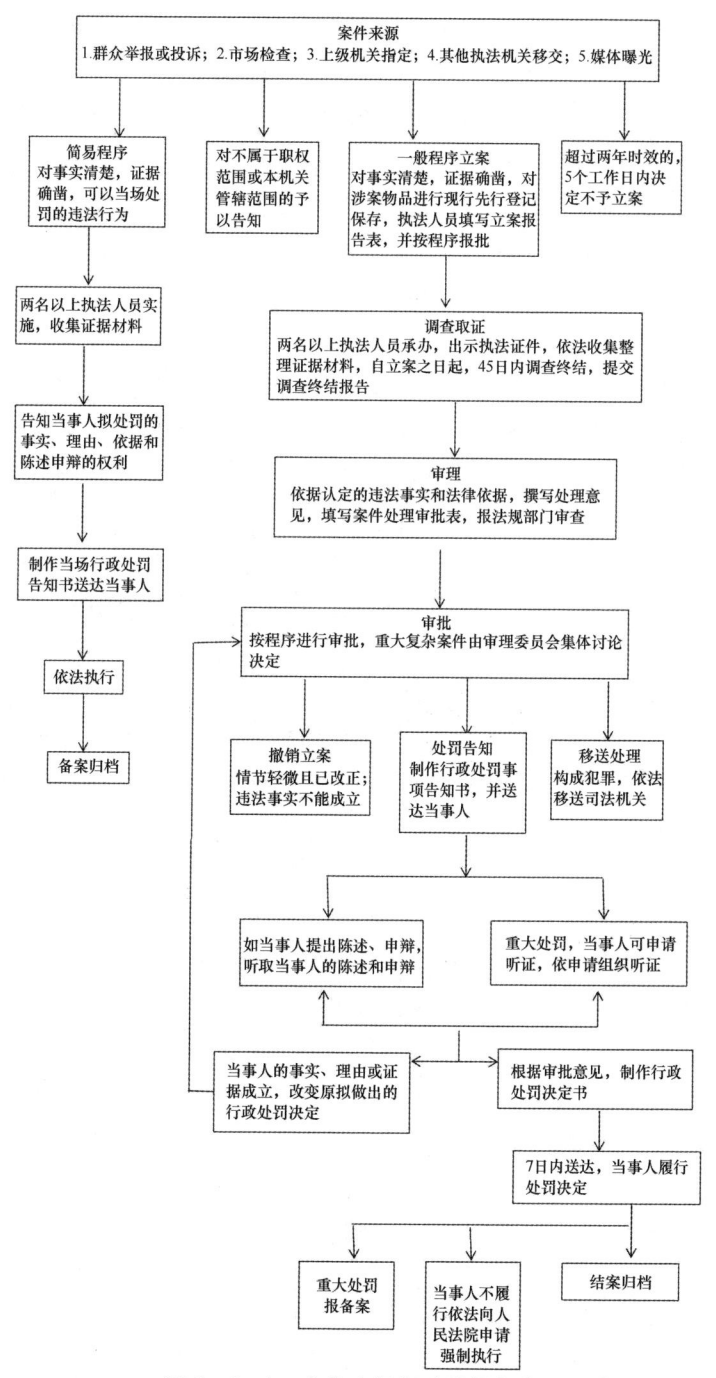

案件来源
1.群众举报或投诉；2.市场检查；3.上级机关指定；4.其他执法机关移交；5.媒体曝光

简易程序
对事实清楚，证据确凿，可以当场处罚的违法行为

对不属于职权范围或本机关管辖范围的予以告知

一般程序立案
对事实清楚，证据确凿，对涉案物品进行现行先行登记保存，执法人员填写立案报告表，并按程序报批

超过两年时效的，5个工作日内决定不予立案

两名以上执法人员实施，收集证据材料

调查取证
两名以上执法人员承办，出示执法证件，依法收集整理证据材料，自立案之日起，45日内调查终结，提交调查终结报告

告知当事人拟处罚的事实、理由、依据和陈述申辩的权利

审理
依据认定的违法事实和法律依据，撰写处理意见，填写案件处理审批表，报法规部门审查

制作当场行政处罚告知书送达当事人

审批
按程序进行审批，重大复杂案件由审理委员会集体讨论决定

依法执行

备案归档

撤销立案
情节轻微且已改正；违法事实不能成立

处罚告知
制作行政处罚事项告知书，并送达当事人

移送处理
构成犯罪，依法移送司法机关

如当事人提出陈述、申辩，听取当事人的陈述和申辩

重大处罚，当事人可申请听证，依申请组织听证

当事人的事实、理由或证据成立，改变原拟做出的行政处罚决定

根据审批意见，制作行政处罚决定书

7日内送达，当事人履行处罚决定

重大处罚报备案

当事人不履行依法向人民法院申请强制执行

结案归档

图 5-3-1　文化市场行政处罚程序

五　社会协同监督制度

目前，为形成"多管一体"的文化市场监管格局，社会主体的参与是必要环节之一。所谓社会主体，包括行业协会以及市场经营主体自发结成的组织等。社会主体参与文化市场监督的行为依据则包括行业规则规范、行业章程、签订的相关公约以及各行业的职业道德规定等，采用会员制管理的，则有相应的规制会员行为的规定。社会的协同监督可以有力地补充的政府监管的不足，对文化市场主体社会责任的履行，起到了良好的监督作用。①

再者，我国目前各地均积极建设举报投诉受理平台和处理机制，如全国文化市场技术监管服务平台以及12318全国文化市场举报平台等，作为以新媒体方式进行监督的诸多途径方便快捷，迎合当下大众心理，广受欢迎并广泛适用，初步实现了对文化市场的全方位监管。

第四节　文化市场监管制度的完善

一　文化市场监管法制的缺陷

首先是文化市场监管领域缺乏统一立法。诸如上述规范分析可知，行政机关对于文化市场的监管行为之法律依据均是散见于电影等音像制品、艺术品、出版、娱乐场所等具体领域的单行立法。② 此外，仍有大量法律依据是规范性文件的形式，层次较低。如此缺点一是无统一立法，行政机关执法之行为依据不能统一，更是不利于行政机关的依法行政。二是层次较低，不具有普遍的规范指导力，大大降低各地执法机关的行政效率。三是各地执法不均衡，不利于文化市场权利主体的全面保护，不合以人为本的宪法原则。

其次是在已有的现行立法中，对于行政机关文化市场监管权力的分配仍不均衡，导致实际的权力运作过程不顺畅。再者我国行政机构虽在2018年进行了新一轮的改革，但仍有一些机构改革的残余问题，交叉执法、九龙治水等现象依然存在。大部门制改革大刀阔斧，相关法律法规的

---

① 参见《事中事后监管》，www.360doc.com/content/17/1113/17/27584707_703485193.shtml。

② 梁颖：《地方政府文化市场监管能力的现状与提升对策研究》，硕士学位论文，湘潭大学，2017年。

修订并未跟上机构改革的脚步。上层建筑本应是行为之依据，法律之授权是依法行政的基础和保障，在机构改革的大背景下，相关法律制度的革新迫在眉睫。

再次是，已有的立法中仍有法律的传统弊病，即是侧重管理而疏于权利之保护。当然这与立法层次低不无关系。规范性文件等层次的法律制度之制定初衷多是为便利行政机关之管理职能的实现。对于市场主体的权利保护应是新一代立法的原则之一。法律层级的制度初衷多为限制政府权力，保护公民权利。① 这不仅影响到文化市场资源的均衡配置，更是不利于其他领域的经济发展。

最后，对于文化市场的一些新业态还没有相应成熟的法律制度规定，比如网络文化市场虽有一些规定，但立法技术仍有待考究。此外，现行法律法规的价值导向应向促进和引导文化市场的蓬勃发展转变，对于行政奖励或行政资助等的规定应进行相应的完善。这些问题在短期内很难得到彻底的解决。所以，对文化市场进行立法的完善工作十分紧迫，是文化市场法治建设的核心环节。

二　域外经验借鉴

（一）以市场为导向的美国经验

与其历史传统及文化精神有关，美国倡导文化自由，其对文化市场之监管亦是采取市场导向的模式。所谓以市场为导向，即是没有制定规制文化市场监管的统一法律，而以追求实效为原则，相关规定被纳入诸多领域的规定之中。② 将文化市场同其他市场共同管理，行政、司法、立法三个部门协调管理。③ 监管手段以法律手段而非行政手段为主。采取管罚分离方式，行政部门没有处罚权力，法官执行处罚权。政府以宏观调控为主，一般不直接干预。④ 例如，在知识产权监管方面，主要行

---

① 比如《电影审查条例》规定了一系列审查标准和要求，却未赋予相关当事人提出异议和要求听证的权利，在实务中引致了许多矛盾冲突和权益伤害问题。另外，在执法过程中，有些部门片面地将"管理"或者"监管"理解为限制、禁止、关停，随意干涉文化市场主体的经营活动，带来了许多负面影响。
② 如《国家艺术及人文事业基金法》《博物馆和图书馆服务法》《电信法》。
③ 陈金秀、吴继兰：《独具特色的美国文化管理体制》，《中国信息报》2010年第3期。
④ J. Kotten, Strategic Management in Public and Nonprofit Organizations, New York, Praeger publishers, 1997.

政执法机关为联邦调查局,如若为大型组织犯罪,警察则介入配合。一些非政府组织如美国的出版商会,为了保护自身权益,亦会花费大量的资源去协助政府。

美国政府扮演"守夜人"的角色,其以市场调节为主,政府的介入只出于公共利益的保护目的。相关案例如在印刷出版领域,采取经济部门登记制,并无专门行政机关对此管理,亦无须审批。而在出版内容上只可禁止淫秽,而不禁止一般色情刊物书籍。[①] 值得一提的是,美国政府对于文化市场的干预力度与该问题所涉之公共利益的重要性成正比。对于特殊或机及其重要的公共资源比如电波,美国政府干预较多,这体现在其对广播领域的规制上,不同于登记制,在此领域美国政府采取行政审批方式予以监管,但仅限于处于损害公共利益及违反联邦法律的情况下。

此外,美国注重监管程序的作用,因此在监管的方式手段上规定颇多。而法院作为程序的监督者,在此中发挥着重要作用。法院可受理对立法机关和行政机关违法干预文化市场行为的起诉。与此同时,行业自律组织发挥重要作用。如其对文化产品设置分级标准等,减轻政府管理负担。

(二) 协同监管的英国经验

在英国,其中央及地方均设置专门管理文化市场的机构,多称为文化、媒体和体育部(Department for Culture Media&Sport,DCMS)。与我国不同的是,DCMS虽作为政府机构,但其并无实际的执法权力,而只是做出相关执法决定。关于执法决定之执行,则由DCMS通过其他政府执法机关或者其他社会主体进行。执法过程完成之后,由法院行使处罚权。这种管罚分离的模式,显示出政府机关、社会主体、司法机关等之间的协同合作,不仅形成各方主体的监督体系,同时对于文化市场主体之权利保护发挥着独特作用。

[①] 依据美国最高法院的解释,"言论自由或出版自由"包括传播一般"色情"(pornography)的自由,尽管不包括传播"淫秽"(obscenity)的自由。如 *Playboy* 和 *Pent House* 之类的色情杂志,在一般的书店和商场都可以买到,更不可能有人会因为出售或购买此类色情杂志而被起诉。在这个领域,"只有基于保护儿童"才可以构成政府监管的正当理由。除了儿童色情产品以外,美国还没有一部现行有效的法律对那些尚未达到"淫秽"程度的色情内容的传播加以禁止。See Ginsberg v. New York, 390 U. S. 629.

（三）政府扶植的韩国、日本经验

在制度体系方面，韩国与美国正好相反，韩国以政府介入为主要原则。但与我国政府干预不同的是，韩国政府在介入过程中多扮演的是帮扶激励的角色。与其出台的各种振兴文化产业的一系列法律不无关系。其中最重要的是《文化产业振兴基本法》，此外还有电影、游戏、音乐等诸多文化产业领域的振兴法律制度。当然这是基于韩国处于经济发展的重要阶段，促进市场振兴是其国家战略。

在机构设置方面，韩国的文化行政机关主要是文化观光部，下设各局以管理旅游、印刷、艺术等领域的工作。在监管模式方面，韩国同样采取二元制——管罚分离的模式，文化观光部是管理主体，检察机关和公安机关均设有专门的文化部门负责具体的执法工作。[①] 同时，在韩国各具体相关部门可联合制订打击犯罪的具体计划。

众所周知，日本文化市场中的动漫产业全球领先。这其中，文化行政机关扮演着重要角色。以日本《文化产业促进法》为执法依据，日本政府在文化市场中可以实施的行政行为多为促进产业主体自由发展、激励文化市场自由竞争、放松市场管制的性质，也是日本政府介入文化市场的法理基础。

（四）重视权利保护的荷兰经验

荷兰宪法中的相关规定构成荷兰政府进行文化市场监管活动的基本依据。宪法主要是规定了荷兰公民在文化领域的一系列权利，以及政府应促进文化产业发展的行政原则。[②] 根据宪法精神，荷兰政府主要是扮演保护公民权利和保证市场良好竞争环境的角色，仍以文化市场的自主调节为主。政府仅就法律授权开展实施一些行政许可行为和事后的行政处罚等规制行为。

具体在机构设置方面，荷兰媒体管理局（the Dutch Media Authority）作为独立的行政机关，主要对文化市场中的广播、电视以及报刊领域进行监管。与我国不同的是，上述领域的行业主体进入文化市场后必须加入相

[①] 如最高检察院设有侵犯知识产权联合调查中心，各区检察院设有区域联合调查队。警察局设立专门打击盗版的部门。

[②] 荷兰宪法第7条确立了公民的出版自由、思想自由、表达自由以及广播电视节目不受事先审查的原则，第22条规定了政府应促进社会、文化和娱乐活动的发展的原则。

应的行业协会,① 行业协会进行行业自治。② 相应的荷兰媒体管理局的职责即简化到行业协会这一单一主体。而行业协会的自治能力则来源于其协会的人员构成,比如,新闻委员会主席从法官中挑选,其他成员均为行业内专家,职责为评估新闻从业人员的言行是否得体或者符合职业道德,进而为新闻行业提供行为规范。对于当事人之间的纠纷,其可受理控告,并有权做出无强制力的裁决,亦可进行调解。广告标准委员会通过广告法对其的授权,而对广告市场统一进行监管;同时进行自我监管,其可对不同群体适宜观看的节目进行分级。③

另外值得注意的是荷兰尤其注意对于网络自由和开放的维护。其在网络行业奉行"网络中立"原则,其意为相关的网络运营商不得对相关网络服务做出任何改变,荷兰政府亦无对网络强制监管和过滤的权力。但是对于网络博彩业,荷兰采取措施较多,其设立荷兰博彩管理局对其国内网站、提供荷兰语站点的网站、在荷兰广播电视和出版媒体上发布博彩广告的网站进行监管,可行使相应的处罚权,严重时可要求检察机关进行公诉。

（五）强调自由市场的加拿大经验

加拿大作为多民族国家,其文化呈现多个民族文化融合的特质,相对来说更强调自由市场的观念。因此,其设立的电视与电信委员会仅有权对淫秽内容和特殊的社会文化及政治目标相关事项进行监管。④ 其社会目标之一乃是促进文化融合与塑造身份认同;⑤ 政治目标乃是维护文化主权,并在广播的内容、传输、播放等诸多方面制定了一系列的文化规制政策。

---

① 如新闻委员会（the Netherlands Press Council）、荷兰广告标准委员会（the Advertising Code Committee）、荷兰视听媒体分级协会（the Netherlands Institute fr the Classification of Audio-visual Media）。

② The Dutch Media Authority, *Regulation of the Dutch Commercial Television Market*, May 2006, p. 3, 10.

③ 2000 年,该协会提出的分级标准 Kijkwijzerl. 0 获得了荷兰国会的通过并得到内阁的支持。此后,该协会不断对该标准进行调整和完善,陆续推出 Kijkwijzerl. 1 和 Kijkwijzerl. 2 两个标准目前,荷兰国内适用的分级标准是 Kijkwijzerl. 2。

④ Robert Miller, The CTRC: Guardian of the Canadian Identity, 17 J. Broad. 189, pp. 196 - 198.

⑤ 姜文斌:《政治、文化、经济目标之平衡:加拿大广播电视产业政策演变及其启示》,博士学位论文,华中师范大学历史文化学院,2013 年。

虽然每个国家的文化政策应基于各自国情。但是，如果避开民族和文化之差别，只从一般意义上讲，对于文化产业的监管，应以保护市场主体权利为核心，注重行业自律，弱化行政过多干预，如此文化市场才能蓬勃发展。

三　文化市场监管法制之完善

诺思曾言，唯有限制政府权力、保障公民权利、准确界定产权、政府提供可靠保证，市场经济才能有条不紊地运行。[①] 由此，我国当代政府市场监管制度之构建可获些许灵思。

（一）顶层设计之完善

上层建筑是政府活动和经济活动的首要指导和依据。在文化市场的立法方面，一是中央要做好立法规划。做好立法规划的前提是要对文化市场的制度需求和制度供给进行深入研究，并且以国家文化政策为引导，以中华文化积淀为考量，明确立法数量和价值导向。二是要均衡立法。所谓均衡立法是指文化市场中的各领域立法要均衡，此外全国各地的文化立法要均衡，不能忽略偏远地区的文化市场管理。因为偏远地区或民族地区的文化不仅更亟须保护，而且具有更大的开发价值和保护意义。三是要做好立法的"查漏补缺"，不可重复立法，更不可存在过多的立法漏洞。四是要因地制宜，做好特色立法。不仅是地区文化市场特色在立法时要考虑，各文化领域的特色也应兼顾。五是做好法律法规及规章、规范性文件等的清理工作，及时清理失效法律及制度文件。

此外，基于我国立法和市场现状，制定一部统一的《文化市场促进和监管法》更有利于文化市场的发展，同时也是为了贯彻国家相关的政策规定。与此同时，减少部门立法，提高立法层级也是保障立法品质的途径之一。

在完善我国文化市场监管法治的过程中，作为主要构成要素的正式制度（现行法）的完善程度对整个文化监管法制的完善起着决定性作用，法律观念的改变也有赖于现行法的支持。国家作为法律制度的主要提供

[①] 参见诺思《理解经济变迁过程》，中国人民大学出版社2005年版，"政府的宪政制度在四个方面可以确保一个市场经济的良序运转，即对政府官员行为的限制、赋予公民权利以及对政府决策施加限制来部分减少政治舞弊、产权必须得到很好的界定、国家必须提供尊重这些权利的可信承诺。"

者，应在尊重文化市场行业发展和文化市场监管客观规律的基础上，将本国文化市场监管法制建设成为一个开放的体系，积极借鉴国外占优势的监管法律规则，又适时将国内文化市场监管实践过程中涌现的制度变迁要求上升为正式的法律规则，从而始终满足文化市场监管形势发展需要，促进我国文化市场健康发展。

（二）行政执法之完善

关于行政执法的完善，也是应从立法层面开始。除上述提到的顶层设计之外，先要将文化执法的具体制度构建完善，做到有法可依。其次，在具体的执法过程中，要加强对于执法人员的培训和教育，保证执法人员的整体素质，建立专业的文化执法队伍，辅之以完善的追究到个人的追责制度，方能保证执法的合法性。对于相对人提起行政复议或提起行政诉讼的案件，应直接追责到相关个人。再次，要保障文化行政部门在文化执法过程中的调查权，以及做出行政处罚等决定后的执行措施。复次，资金短缺一直是基层执法机构所面临的顽固难题，这不仅涉及队伍建设，还涉及执法过程中调查手段及其所需调查技术和调查工具的科学性。提及此，高科技手段的应用应当普及，对于提高执法准确性，以及及时保障市场主体权利有重要意义。

（三）文化市场监管法治之动态性构建

上述分析中也提到，对于现代经济的急速发展以及国家政策的不断调整，文化市场不断向前，文化行政机构也在不断改革，然而相关的法律制度体系的构建却未能跟上脚步。很明显的一个例子即可表明我国的文化市场监管法制未能跟上我国社会变化的步伐：在2018年政府机构改革后，我国文化和旅游部代替原来的文化部，国家广播电视总局成立，取消原来的广电总局，并且机构的相应职能也随之变化，然而相关领域，诸如印刷出版、网络服务、音像制品、营业性演出等领域的管理条例却未能将机构改革的成果反映其中，未能实现动态化进步。

（五）政府监管模式之重构

关于如今的政府监管模式，有诸多呼声表示，要改革政府的监管模式，其主张政府重构后的结构大致如下表所示：[①]

[①] 左惠：《文化产品供给理论》，经济科学出版社2003年版，第216页。

表 5-3-14　　　　　　　　政府监管模式重构

辅助协调模式	主协调模式		
	市场协调模式	组织协调模式	政府协调模式
市场协调模式	市场价格模式	自由俱乐部模式	政府主要的市场激励模式
组织协调模式	市场体制内的协商模式	组织协商模式	政府主导的协调模式
政府协调模式	有监管自由的市场模式	有监管的俱乐部模式	政府强制模式

对此，笔者仅提供予以参考，至于重构的政府模式是否可行、是否适应我国现在国情以及是否优于我国现在政府监管结构，尚需时日考察。

第四章

文化法治实施的重点领域与制度

文化是民族的根源，是民族的灵魂，为了保障文化事业和文化产业的健康发展，我国在文化领域进行了一系列立法，涵盖：文物保护、非物质文化遗产保护、著作权保护、出版权保护、广播电视传播权保护多个领域。这些法律法规的出台不仅对于文化法制体系的构建具有重要的意义，同样也是文化的传承与发展，更好适应新时代对于文化发展需要的重要举措。

制度的建构是实施的基础与前提，当前我国在文化领域法制实施情况构建成了以法律为基础，多种法律规范共同存在的庞大体系，在这一体系的支撑下不同地区、不同领域以及不同行业又相继出台了适合本领域文法法制发展的制度和规范，为文法法制的实施提供良好的前提和保障。但是，在文化法制实施过程中文物制度、非物质文化遗产以及这一过程中对于知识产权的保护中凸显的问题也应当给予足够的重视。文化法治实施需要不仅需要关注重要领域与制度的构建，同样重要的是还要关注到以文化形式表现出来的各个微小的环节的保护的区别，整个文化法治体系的构建需要从细小之处入手，也需要宏观层面的顶层设计，二者互相结合，才能在法制层面上建设较为完善的体系。

具体而言，在宏观层面上，要着眼于文化法制体系构建中的每一个环节，在这一过程中每一个重要的制度都是文化法制体系中重要的一部分；文化法制建设的开展依赖于文化法制的各项制度的良好构建，庞杂而丰富的文化体系以各种形式而存在，既有以文物为代表的物质文化遗产，也有以各种文化、精神、习俗信仰等形式存在的非物质文化遗产而存在，无论是能触摸到的有型的物质文化遗产抑或是人们心口流传的蕴含在人类内心的非物质文化遗产，梳理其在实施中的制度都需要结合不同时期出台的法律法规以及规章等规范性文件，这一过程都我们国家文化体系建设的重要环节。在这一过程中，同样重要的还有对于各种文化的表现形式的保护，保护的形式也是多种多样的。因此，只有文化体系的构建与完善依赖于法制建设的完善与丰富，努力让每一种文化形式在法律制度的完善过程中逐步得到更好的重视，以发挥其最大效用。对于不同表现形式根据其呈现的特点进行保护也符合不同时期工作开展的特点。

新中国成立以来，文化领域法律制度不断完善，已经形成涵盖法律、行政法规、地方性法规、部门规章、细化规范性文件多层次，包含文物、非物质文化遗产、知识产权多个领域，并跨越民法、刑法、行政法、经济法多个层面的综合性文化法制体系。

第一节 文物保护法治

文物在当代社会发挥了重要的作用，文物具有丰富的精神内核，其所涵盖的价值通过物质载体被当代人所利用、学习。与世界其他国家一样，文物保护立法从未被忽视，《文物保护法》也不断完善，这对文物的保护起到了巨大作用。在法律之下还存在众多的法规、规章、规范性文件以及文物领域自治立法等文物保护的相关规定。

一 关于文物保护制度相关法律规范

（一）关于文物的法律

《中华人民共和国文物保护法》内容分为总则、不可移动物、考古发掘、馆藏文物、民间收藏文物、文物出境进境、法律责任和附则8章，共80条。该法第2条规定了受国家保护的文物范围。同时，在第5条明确了国家所有文物的范围：即在我国领土、领水之内的一切文物都属于国家所有，也分为可以动物与不可以动物。除了明确各项文物的范围和所有者之外，该法还规定来文物保护原则，即"保护为主抢救第一、合理利用、加强管理"并明确规定了相应的细节管理事业，以及违法后的法律责任。《刑法》第4节规定了妨害文物管理罪，设立了诸多罪名，主要包括：损坏文物、倒卖走私文物等方面。

（二）关于文物的行政法规及规范性文件

我国先后颁布、修正了诸多行政法规，涵盖：文物保护、地方文物保护、重大文物保护以及古生物与水下文物保护多个领域。2005年国务院下发《关于加强文化遗产保护的通知》文件，明确必须要从调查研究入手，通过全面规划、依法登记等措施完善重大文物保护工作。随后，2007年国务院办公厅又发布《关于进一步加强古籍保护工作的意见》相关文件，此次文件明确表明要针对公共图书馆、博物馆以及教育、宗教领域内的文物保护情况进行细致调查研究，并形成具体细化的反馈意见。紧接着，2016年，国务院再次发布保护文物发展的相关文件。提出到2020年必须实现文物调查研究，整理分析，预防性以及科技化保护睡眠明显提高的目标，并构建各主体分别负责保护相关领域内文物的责任体系。后续，国务院于2017年1月、9月分别发布的《国家"十三五"时期文化改革发展规划纲要》以及《关于进一步加强文物安全工作的实施意见》，在两个文件内，又进一步明确要不断构建文文物督察、登记制度以及日常检查巡查、监管执法体系，切实保证中华民族文化的传承与发展。

（三）关于文物的规章及相关规范性文件

文物保护方面，文化部成为相关文物保护的主要负责人。文化部就文物保护先后出台了诸多规章，涵盖文物评定、保护管理、处罚程序、出入境审核、传播等多方面。并且，文化部有针对性地为已经颁布施行的相关规章制定诸多规范性文件，进一步为文物保护细节落实提供规范导向。

（四）关于文物的地方性法规

1. 综合性规定

地方性文物立法形式主要是《文物保护（或/和管理）条例》《实施〈文物保护法〉办法》等，文件的主体内容是对《文物保护法》和《文物保护条例》的重复，但也有一些关于地方特色的规定。目前，河北、黑龙江、山海、江西、河南、广西、贵州、陕西等省区制定或修订了本行政区域内的文物保护地方法规。各省下属的地级市如河北省唐山市等地也制定或修订了符合本地实际情况的文物保护地方性法规或规章。辽宁大连等地则更进一步的针对不可移动文物保护制定了地方性法规或规章。

其中，贵州省在民族文化保护与发展的政策制定方面是起步比较早的。1986年，《贵州省文物保护管理办法》制定时根据本省特殊情况特设"民族文物"一章，对于少数民族风俗习惯、文化娱乐、宗教信仰、节日活动相关的文化标志与实体文物加以保护。并且给各级文化行政部分设立了调查研究保护典型民族文化村寨的责任和任务。另外，上海市也出台了《上海市文物保护条例》，其中明确提出不可移动文物定期评估制度，确定了以文物价值为标准的动态评估体系，以及应对措施。

2. 地方文物资源特色类

除了这些综合性的规定，一些地方出条例体现本地区文物资源特色的地方性法规。《北京市地下文物保护管理办法》在制定时，根据北京本地具体情况创新性的构建了"重点监测区"工作机制，依托北京特色老城区建设数字化、信息化的"地下文物埋藏情况数据库"；对于北京特色老城区进行重点监测，并进行细致考古。

山西省在建筑性文物保护方面领先一步，《山西省文物建筑构件保护办法》是我国首部针对文物建筑构件保护的地方性立法。山西省有着丰富的地上文物建筑，价值不可估量。该办法规定文物建筑所有人、使用人以及保管人应当采取措施，确保所有、使用或者报关的文物建筑构架安全、完整。该办法明确将文物的保护修缮、拆除、更换、转让、抵押以及所有权等诸多细节纳入法律规范范围内。

一些具有战争历史的地方，还出台了相关战争遗址保护法规。重庆市则是第一个针对抗日战争遗址利用保护专门性立法的地区。广西百色出台《百色市百色起义文物保护条例》则开创了红色文化遗产保护立法之先河。

3. "一带一路"沿线文化遗产类

随着"一带一路"倡议的提出，一些地方也相继建立"陆上丝绸之路"和"海上丝绸之路"沿途文化遗产的保护，一带一路沿线的各大城市，自西安起，途径甘肃、新疆等多个城市都出台相应文化遗产保护条例，例如《甘肃炳灵寺石窟保护条例》，《新疆吉木萨尔北庭故城遗址保护条例》；另外，海上丝绸之路上，沿线的福建、南京、宁波、广州等多个地区也纷纷制度文化遗产保护办法。

4. 重大遗址类

重大遗址包含多个领域的综合性文化遗产，相关立法探索也在进行。成都市打开重大遗址立法保护新篇章，首先颁布了《成都市大遗址保护管理办法》，这部综合性管理办法，对遗址保护范围进行明确界定，并形成了动态化的遗产目录保护机制。随后，长沙、郑州、重庆、青海、安徽、陕西等地也纷纷制定综合性文化遗址保护规范。

5. 文化古镇、街区类

在文化古镇、街区方面，地方性立法发挥了主导作用。地方性立法在此领域内分为两类，一是地方性法规，例如江苏、云南、浙江、河北等地都针对自身实际情况制定了涵盖整个地区的综合性地方性法规，以及各省下属的地级市都运用已有的立法权制定了有特色的地方性法规，例如哈尔滨、常州、中山、拉萨等地；二是地方政府规章，一些地级市虽然没有制定相应的地方性法规，却制定了适用性极强的政府规章，例如宁波、商丘、福州等地。在上述诸多地方性法规与政府规章中也有些许特色规范可以归纳，主要涵盖：民族群居建筑、历史文化街区、历史古建筑、古文化村落、古代聚居民居等方面。由此可见，在古镇与文化街区方面，地方政府以及有一定的保护措施和实践经验，这也体现了文物保护逐渐细节化、针对化深入发展。

6. 进一步完善法律解释制度

司法解释对于文物保护执法工作而言是十分重要和必不可少的。文物执法工作事情多且急，但是法律的制定或修改往往经历漫长周期。因此，依靠法律修改来追赶文物保护法律实践是不切实际的。以打击文物犯罪为例，被巨额利益驱动的犯罪主体不断盗窃、倒卖文物，其犯罪手段已经十分职业化、智能化，但针对犯罪行为，法律并为给予及时的回复，笔者认为，法律解释能够有效地弥补这一空缺，即制定相关法律解释，构建行政与刑事相衔接的法律制度，从而避免不同地区的实际操作的标准不统一的现象，以进一步解决文物保护执法中的难题。除此之外，笔者认为在文物保护执法依据方面，可以通过颁布司法解释与立法解释的方式，不断针对相关的工作细节加以研究，从中发现共性与规律性的问题，从而尽可能的服务于变化万千的文物保护执法工作，此种不仅需要法律解释主体的全力以赴，而且需要法律解释主体的通力合作，更需要法律解释主体、执法主体等各方的共同努力。

综上所述，我国在文物保护方面已经存在较为完善的法律规范，但诸多规范在运行中都各有问题，必须加以改善，否则各类规范对于文物保护的作用只能是事倍功半，因此，笔者将在下文针对上述规范以及文物保护法律规范运行中的诸多问题进行总结，从而发现其中的共性问题，并提出些许完善路径，以期对文物保护法律制度完善有所帮助。

二 我国文物保护现存问题

虽然上文梳理了我国我国文物保护在现阶段已经形成了较为完备的法

律规范体系，但是在实际操作过程中或因其自身性质或因外界影响，也出现了一系列问题，这些问题的出现不仅加大了文物保护工作的难度，也为后续的文物保护工作开辟契机提供可能。具体来说，我国目前文物保护在实际中存在的问题可以归结为以下几类：

（一）文物保护理论偏向激进

文物是文化遗产的典型体现，也是我国几千年来的文化积淀，文物在现代社会具有很大的利用价值，无论是在经济上还是在其他方面都是我们了解历史的重要工具。但是近几年来"文化进化论"理论甚嚣尘上，一部分人主张用先进文化代替落后文化，简单地将落后文化等同于传统文化，一些代表特定文化的文物得不到应有的重视，在市场经济的浪潮中不断被忽视、冷落。典型代表是文物的存留与某些地区盲目追求商业化、大肆推进城镇化水平相冲突，于是，地方文物保护行政机关在开发商对文物已经产生破坏的前提下，不仅不采取相应的措施也未追究相关责任人的责任。错误的思想观念加之文物行政机关的不作为导致代表传统文化的文物在市场经济大环境中生存的异常艰难。错误的观念一边倒的偏向于商业化开发利用文物，导致文物保护以经济价值为导向，本质上忽视了文物保护，而仅仅是文物开发而已。此处的文物开发也并非是可持续性的开发，而是无计划的滥用文物，乱开发。在一些地区，本来有着丰富的古文化街区，但是当地政府为实现优美的视觉体验，而拆除真正的文物，取而代之的则是千篇一律的假文物，既没有文化价值也没有经济价值，更缺乏观赏价值，带给人的只能是视觉疲劳，而并非经济利益与文化情怀。因此，文物保护理论的偏激不加以纠正，文物保护一开始就走错了路。

（二）文物保护发展战略落后

对于各地政府部门而言，经济发展必然是其考虑的第一要素，因此文物保护这一文化领域的事宜自然处于被忽略的位置。但公共政策是推动经济发展的主要措施，更是推动文物保护的主要动力。因此，在文物保护的相关领域积极推进相关政策的制定和出台对于创新文物保护方式而言显得尤为重要。一方面，地方政府时刻不忘呼吁保护文物，另一方面，地方政府又陷在经济发展泥潭之中，无暇顾及文物保护实际工作，文物保护在战略上仍然处于弱势地位。如今，一些地方政府盲目追求经济的上升，GDP的提高，不重视文物保护的相关工作，制定的政策也往往是为了刺激经济的发展而不考虑其他因素。而且，一部分文物的保护成本与其带来的收益明显不成正比。因此行政机关在制定政策的过程中偏向经济利益也不足为奇。例如，某些地区政府为了落实上级的文化旅游政策，花费众多资金大拆大建，修建古代类型的假文物，并不合时宜的耗费资金构建冰雕城，最后导致文物被拆，资金被浪费，而所谓的旅游之城，所谓的冰雕城则成本远大于收益。文化保护发展战略如若不能从混乱的、短视的经济导向转向因地制宜的可持续性的文化价值导向，文物保护则仍是空谈。

（三）文物保护受新兴产业冲击

文物不仅仅有文化价值，而且具备持续性的经济价值。经济发展激活了文物的经济价值，以文化旅游为主题的旅游业迅速发展，但当地政府并为很好保护文物的持续性经济价值，而是忽视管理与保护，重视门票与收费，从而使得文物进一步被破坏，此种价值导向的偏离不仅使得文物保护更加困难，而且使得文物的文化价值与旅游价值难以真正结合，增加文物保护与执法的难度。因此，与文物的脆弱性相比一些人为景观更加容易获得青睐，这也是造成文物保护困境的另一个重要的原因。只顾着收费而忽视管理与保护的情形在各个文化旅游景区都十分常见，在文化旅游景区经常出现交通运输商互相争抢游客斗殴，相关文化旅游基础设施缺乏维护而致人损害。此类问题不解决，文物保护最基本的价值都难以体现。

三 我国文物保护法律体系完善路径探析

文物保护实践的不断推进，文物保护意识不断提高，文物保护立法已经不适应当代文物保护工作的进一步推进等因素都要求我们在新时代要进一步探索文物保护的途径，促进文物保护工作的进一步推进。文物法律保护体系的完善不仅仅限于立法层面，更是要深入到立法、执法多个层面，笔者认为文物保护法律体系的完善必须从立法理论的不断完善，《文物保护法》以及相关法律规范的完善以及众多社会主体的共同参与等多个角度展开，并且利用大数据技术不断构建文物保护法律信息共享机制，才能真正实现文物保护法律体系的完善，真正实现文物保护目标。

（一）深化文物保护法律的推进

文物保护实践表明，我国制定《文物保护法》是符合我国实际的。一方面符合我国目前的文物开发保护国情，另一方面，也能够与国际文物保护标准与经验相接轨。但此部法律在实践运用中愈发吃力，难以满足经济、社会、文化、生态的发展，对于些许新问题，难以彻底解决，亟须改进。因此，2002年新修订的《文物保护法》应运而生，此部法律进一步加强文物保护与管理提供了重要的法律保障，也将我国文物保护法律制度带进新阶段。2002年《文物保护法》的颁布，为文物法律制度的细化和运行提供了新的指导。一定程度上对当时存在的国有文物经营，文物交流渠道规范化，文物权属划分，经济建设、旅游发展和文物保护之间的矛盾突出等问题做出了有效回应，基本适应了当时形势发展的新需求。为进一步加强文物保护工作与实际发展相衔接。随后，2015年，《文物保护法》再次修订，并严格确定了"保护为主抢救第一、合理利用、加强管理"的方针，对于我国文物保护提出新要求，新目标，更是进一步完善我国文物保护法律体系的重要尝试。因此，对于《文物保护法》以及相关法律规范，必须依据最新的实践经验以及研究成果不断由小及大、由细致到宏观，不断完善相关规范性文件，并稳步推进相关立法工作，实践工作不能停滞，立法保护工作也不能停滞。

(二) 不断细化完善相关配套法规

前文指出，对于文物保护，我国已经形成较为完善的法律法规体系。首先，《文物保护法》的不断完善改进已经为文物保护构建了明确导向，但法律的生命在于实施，在于相关细则的具体实践，因此，不断改进、完善、细化文物保护配套的详细法律规范成为重中之重。纵观我国文物保护法制，虽然在法律体系上对文物保护的法律保护不断地提升保护水平，但是诸如文物保护补偿等方面，仍然存在一定的法律空白；在文物保护的相关程序以及责任等方面，仍然存在法律制度缺陷。[①] 同时，对一些重要的文化遗产的保护方面，还存在较为迫切的立法需求。为此，进一步健全完善配套法规和规范性文件的主要举措是各地方在不违反《文物保护法》的规定的前提下，根据本地文物保护工作的实际，以及本地文物的特色和历史发展需求，在进行充分调研的基础之上，进一步制定完善本地关于文物保护法规规章，同时也要做好文件清理工作和文件的合法性审查工作，在充分掌握本地文物保护工作开展的基础之上进一步发展完善文物保护法律制度，完善文物保护相关配套措施的建设和发展，这也是下一步文物保护发展的努力方向。

---

① 彭蓓著：《文物法制建设中应注意的几个问题》，《法制经纬》2015年第4期。

(三) 深化文物法制理论研究

对于文物保护法律制度而言,实践经验的研究是根本动力,理论研究则是实践研究的基础,二者缺一不可,均是文物事业得意持续发展的有利保障。根据第三次全国文物普查统计,登记的不可移动文物近 8 万件,其中,全国重点文物保护单位 4296 处。如此丰富且宝贵的文物资源,以及日益升级的保护理念,给我国文物保护工作提出了越来越多的要求。首先,从事文物保护的工作人员只有很小一部分具有法律专业背景,这一小部分人也只有很小的比例长期从事法律工作;其次,大量的法律专业人才从事理论研究和实务工作,其中专门从事文物法制研究的相较于一些热门专业和领域而言明显数量偏少。出现这些情况的主要原因是文物工作具有很强的专业性,对这些专业工作不了解,对文物的工作特性不了解,就无法进行深入的研究,导致研究的结果达不到理想状态。有些只有法律专业背景的人单纯以法学理论去分析文物法律问题,就难免会出现错位和谬误。因此,可行的措施是文物系统的研究机构和考古所等单位,要继续在紧密结合实践的基础上,集中性的持续性的对文物保护中的法律问题有计划的进行研究,并构建多方主体参与的沟通交流机制,为立法工作奠定坚实的理论基础,为国家文物政策的制定提供智力支持。

(四) 吸收社会力量参与文物保护

文物保护工作虽然更具专业性,但是这毕竟是一项系统长期的工作,因此,社会力量参与文物保护也具有一定的必要性与可行。上文所述,我国的文化遗产众多,其中文物更甚,如此庞大的文物体系仅仅依靠专业的执法人员运用贫瘠的法律知识进行保护是片面且表面的,保护的速度也远远低于文物消亡和破坏的速度,再加上自然因素和人为因素对于文物的破坏,加深了在实践中保护文物的操作难度,因此有必要吸引社会力量参与到文物保护工作中来,扩大文物保护的参与面,将专业保护和社会保护相结合,才能营造更加完善的文物保护法律体系;从可行性角度而言,众所周知,文物保护需要投入较大的时间和精力,我国现阶段文物保护工作的开展主要是由政府主导的,这就导致文物保护依靠有限的资源,不可避免地存在死角,因此文物保护工作需要引入更多社会力量普遍性、持续性的参与。

(五) 构建文物保护信息共享机制

信息共享是实效文物保护法律制度有效实施的内在要求。文物保护工作的深入开展更加需要信息的沟通与共享。所谓的信息共享，主要包括：一是内部共享机制。电子共享系统能够通过终端连接文物保护的各方主体以及各类具体职能部门，以满足各职能部门间开展各项业务，实现传输信息高效及时，满足信息资源共享的需要。二是执法信息共享。依托大数据技术，构建与互联网逻辑隔离的连接各执法主体的大数据分析平台。满足文化执法主体能够及时获取文化执法相关信息。文物保护信息共享平台一方面是共享信息，另一方面更要及时分析信息，以供执法主体执法需要。

（六）构建文物保护法律监督制度

文物保护法律制度的运行也需要法律监督，如果没有有效的监督便会滋生权力的腐败，更无法保障文物得到有效的法律保护。文物保护法律监督必须通过内部监督和外部监督相结合的方式，来实现监督目标。一方面可以通过对各法律保护主体进行内部监督的方式，要求各保护主体的法制部门要严格按程序对文物保护措施的落实进行常规性和突击性检查，经常深入文化旅游景区，倾听行业和群众反映，调查了解文物保护具体职能部门的自律情况，整肃懒政怠政行为。其次是加强监察部门的监督，监察部门定期组织开展文物保护执法评议，效能监察，加强对文物保护执法工作的监督，严格查办占着位子不干事的执法人员。另一方面，强化社会监督。要建立互联网信息公开机制，拓宽监督方式，增加公众参与度，试图构建文物监督员制度，借鉴人民检察监督员制度以及人民陪审员制度，发挥群众的力量，充分发挥监督员作用，主动听取他们对文物保护、执法的意见建议，进一步监督文物保护法律制度的运行，从社会监督、监察监督、司法监督、权力监督等多个层面构建监督制度，从而真正实现文物保护法律制度实施无死角、规范化、程序化，真正实现文物保护法律规范有效实施，实现文物保护终极目标。

总之，文物保护工作任重而道远，必须从理论、规范、主体等多个角度开展，构建完备的保护体系，不可短视的追求一时的经济利益，而忽视其内部价值，否则便是饮鸩止渴，不利于城市的长远发展。

第二节　非物质文化遗产保护制度

文化对于一个民族的发展、传承过程中的价值不言自明。优秀的中华传统文化对于推进社会的发展,人民素质的提高的作用是不容忽视的,这就需要我们既要避免绝对的文化保守自负,避免极其自卑的文化不自信,正确定位我们悠久的中华文化,从中汲取精华,加以学习借鉴。因此在新时代需要我们在坚守本国文化的基础上也要注重不同民族文化之间的交流。

中华民族上下五千年以来,创造了诸多文化遗产。这些文化的产生与我们的生活息息相关,是中华民族智慧与文明的集中体现。非物质文化遗产虽是无形的财产,但其文化价值蕴含着中华民族几千年以来的精神传承,自诸子百家到汉唐盛世,从多民族融合的元清到经济发达的宋明,此种无形的文化价值从不间断地传承着。此种无形的文化财产更可以追溯到夏商周、春秋战国上古时期。我国地大物博,在无形的非遗层面也独占鳌头、独领风骚,有着丰富、多种形式,涵盖多个领域、涉及多个地区、跨越多个层面的非遗财产。目前,我国对于非物质文化遗产的保护主要从人类文明持续性发展角度展开,通过本土化非遗保护开发利用,到构建相关的文化认同意识,最后将其与中华民族复兴联系到一起,以实现最终价值目标。

相比较有形遗产而言非物质文化遗产以其特殊的存在形式在保护的过程中需要投入更大的精力和财力,各地都在不同程度的探索非物质文化遗产与新时代文法法治建设过程相衔接。以北京地区苏家坨镇为例,苏家坨镇在非物质文化遗产保护过程中不仅重视对于非遗本身的保护,同时对于非遗的传承人以及相关的行政机关也进行培训,这样"领导+群众"的对于非物质文化遗产的保护方式有利于从全方位对非物质文化遗产进行保护,也同时为其他地区的非物质文化遗产保护模式的探索提供了一定的借鉴。在不同的层面上对于非物质文化遗产都形成了较为成熟的理论探索与实践经验。

一 非物质文化遗产概述

（一）非物质文化遗产概念

"非物质文化遗产"（intangible cultural heritage）是联合国教科文组织在2000年前后确定向世界推广的一个新概念,尽管与之有渊源关系的"无形文化财"在日本已经通行了数十年。这个概念在屈指可数的几年里嵌入中文世界，正从小范围延展到全社会，甚至社会基层。[1] "非物质文化遗产"概念最早发端于日本1950年就创设的《文化财产保护法》，随着文化意识的不断发展，文化遗产逐渐被国际社会所重视。

日本的《文化财保护法》发布时间较早，对于我们现代文化的保护研究与发展具有极其重要的借鉴意义，对于我们当代探索文化保护的新路径具有十分重要的参考价值，因此研究非物质文化遗产的保护制度便首先要研究该部法律对于非物质文化遗产的相关规定。在这部法律中，使用了"无形文化财"这样一个概念，但是对于保护的概念，并没有做出明确的规定而是笼统的规定了几种表现形式。从该部法律对于非物质文化遗产的保护的相关规定可以看出在早期探索非物质文化遗产保护的国家其立法是不完整的，受制于时代发展、立法技术等客观因素的影响，相关规定在内容上较为模糊。但是作为最早尝试的国家，这部法律的出台具有重大的历史意义。随着联合国教科文组织对这一概念的确定并率先提出"非物质文化遗产"这一说法，该说法在世界范围内被广泛接受和认可。在随后的发展过程中，非物质文化遗产也逐渐被各个领域所研究，研究成果也逐渐被更多人所知晓，作为我国文化体系中重要的"成员"，此种文化价值已经不再限于文化的阐发，而影响大社会发展、人类文明发展的各个领域，在其他领域也逐渐发挥着越来越重要的作用，成为刺激经济发展的重要因素。另一方面，文化在现代社会发展所扮演的角色越来越重要，因此研究非物质文化遗产是有其现实需要的。

笔者通过阅读大量文献后，发现对于何谓"非物质文化遗产"，各个文献当中并没有采用概括式的方式下定义，而是以列举式的形式进行规定。这是因为此种饱含文化价值、经济价值、历史价值的无形财产的多元性、多层次注定其无法用一个规范的语句来准确进行描述。国际通用的《保护非物质文化遗产公约》对"非物质文化遗产"的定义涵盖多个领域，有着丰富的释义，此处不一一论述。

（二）表现形式

我国《非物质文化遗产法》中对非物质文化遗产的概念的界定参照了《公约》的阐述，与之有着许多共性之处。除了共同的规定之外，我国的《非物质文化遗产法》也在基本的范围之外将属于我国特色的非物

---

[1] 高丙中：《作为公共文化的非物质文化遗产》，《文艺研究》2008年第2期。

质文化遗产也纳入保护范围，这一方面是基于对公约的尊重与延伸，另一方面也是针对我国实际情况做出的灵活调整。我国对文化遗产的法律保障在行使上区分了物质遗产与非物质文化遗产。具有固定表现形式的遗产适用前节所述的文物保护相关的法律法规。在非物质文化遗产类型划分上，相关政府部门采用的是由各地区上报的非遗项目内容而确定的标准。根据相关统计数据分析，我国对于非物质文化遗产的分类主要有：民间文学、民间音乐、民间舞蹈、传统戏剧、曲艺、杂技与竞技、民间美术、传统手工技艺、传统医药、民俗。民族民间口传文学、诗歌、神话、传说等十类。其中，对于每一大类又可以进行细致划分，在了解相关基础资料后，笔者认为每一大类的表现形式主要表现为：1. 民间文学此处主要指的是以民间故事、民间戏曲、民间曲艺、神话、传说、歌谱、谜语、谚语等为代表的口头文学；2. 传统音乐包括两方面，一是富有各地区特色的民间舞蹈音乐，二是经过长久历史发展形成的有代表性的民间戏曲音乐；3. 传统舞蹈（民间舞蹈）传统舞蹈的最大特征是独具地区性，生活在不同区域的人民因其生活方式不同、生活生产需求不同而形成了种类、表现方式、韵律、表达情感各不相同的舞蹈；4. 传统戏剧，与传统舞蹈相比，戏剧也具有地域性，同样也反映出不同地区长期的交流，戏剧的内容在某种程度上也可反映某一个地区人民的性格等；5. 曲艺，此种曲艺多来自民间，是民间戏曲与音乐经过人民长期的社会实践需求而形成的，例如发源于清朝的相声。6. 传统体育、游艺与杂技（杂技与竞技）。传统体育、杂技与竞技都有自身的游戏规则和艺术特点，且带有鲜明的地域色彩；7. 传统美术（民间美术）。传统美术又称民间美术，主要包括有年画、刺绣、剪纸、风筝、传统编织工艺品、中国传统玩具六个种类；8. 传统技艺，主要指的是手工技艺；9. 传统医药。传统医药更加看重的是从人体的本来机理当中去探寻事务发展的规律，强调由内到外的治疗方法；10. 民俗，也即民间风俗，更多反映一个地区的民族习惯、民族性格等。

（三）非物质文化遗产特征

不论是全球范围内，还是我国，各地区人民都有着自己丰富的非物质文化遗产，此种文化遗产有着丰富的价值，也对于社会发展、人类文明发展有着重要推动作用，根据上文的阐述，笔者认为，总体而言，物质文化遗产的价值具有多种表现，概括来说较为典型的体现主要有以下几种：

1. 文化性与经济性并存

作为一种文化存在形式，非物质文化遗产的首要特征是文化性。非物质文化遗产的文化性集中体现在其存在和发展都深深地烙上民族存在的烙印，是民族存在以及开展相关活动的标志。① 对于文化研究而言，非物质文化遗产的文化价值必然是首要的，不可言喻的，也是其内在核心价值。非物质文化遗产的文化价值不仅体现在其是一个民族的代表，在宏观上将，我国正是因为有着浩瀚的非物质文化资源，才使得我国的文明更加璀璨，换句话说，非遗之中极具文化价值的财产，对于我国的历史文化形成，民族文明的传承都一直发挥着不可忽视的重要作用。

非物质文化遗产的首要特征是文化性，除此之外，非物质文化遗产也具有经济性。同时蕴含文化价值、经济价值、丰富的历史文化价值，对于揭开过去人类文明发展的真实面貌有着极大的帮助，这也是非遗多样性价值的重要表现。并且在某种程度上非物质文化遗产的这两种价值在内容上并不冲突，反而是可以相互转化、互相推进的。据目前而言，非物质文化遗产的经济价值在各界的不断努力下已经实现了巨大的飞跃，并且呈现出持续性发展特点，但也存在短视和无计划发展的弊端。据不完全统计来看，澳大利亚土著艺术发展协会的一项调查研究显示其土著居民和托雷斯海峡的岛民的工艺和文化产业每年要生产约 2 亿美元的收益。同样因文化价值而获取巨大经济价值的还有草药行业，该行业在 1995 年就已经达到了 430 亿美元，而且有关专家也估计这一数值正在以每年 5%—15% 的速度增长。虽然非物质文化遗产具有重要的经济价值但是这种价值的体现往往要通过文化价值来显现。可以说经济价值与文化价值之间的互相转化过程正是非物质文化遗产独到魅力之所在。

2. 地方性与公共性并存②

注重对于非物质文化遗产的保护在现阶段早已不是一个国家或是一个民族努力的方向，而是在全球范围内任何一个国家都在不断加深对于非物质文化遗产的保护。非遗的保护工作对于我国政府而言，已经不断狭隘的将其定义为某类地区文化的发展，而必须将其作为整体文化价值的发掘，

---

① 钟敬文：《民俗文化学：梗概与兴起》，中华书局1996年版，第68页。
② 刘晓春：《非物质文化遗产的地方性与公共性》，《广西民族大学学报》（社会科学版）2008年第5期。

在其调查研究中各种非遗之间的联系也是人类文明研究的重要议题。非物质文化遗产的地方性是指非物质文化遗产的众多表现形式,如口头传统、表演艺术、社会风俗、礼仪节庆以及其他的形式是实践中往往在特定时空、特定地域所为人熟知。非物质文化遗产在传播的过程中最大的特点是不注重一时的成效而是强调这一影响的长期性和继承性。社会群体在非物质文化遗产中获益是一个循序渐进的过程,此种嘘嘘渐进的过程更是离不开诸多非遗之间的相互作用,以产生联动式的社会效益,从而螺旋式地推动了社会发展。

除了地方性知识,非物质文化遗产的公共性知识也不容忽视。非物质文化遗产的地方性主要指的是非物质文化遗产的传承范围首先是从一个具体的地域所展开的,因此其影响力首先是确定区域的某一特定群体;而非物质文化遗产的公共性可以这样理解,作为地方性文化的非物质文化,在具体地区内,诸多非遗的互相传承、借鉴、变迁,也不断扩大非遗在文化发展、经济发展乃至于社会教育发展的影响,从一个受众较小的群体逐渐扩展到受众较大的群体,其产生的成果可以被更多人所认识、了解和接受。虽然非物质文化遗产的表现形式既有地方性也有公共性,但是,显而易见当今时代的人们更加关注的是非物质文化遗产的地方性,而忽略了在这一过程中其实所有的群体都是"受益者"。非物质文化遗产之所以"遗产化",实际上希望更多地人在不断享用非物质文化遗产带来的丰富成果时能注意到这一特点,如果非物质文化遗产要实现持续性的保护就需要给予地方性以及公共性同等程度的重视。摒弃只发展一个方面的错误观点。地方性需要与公共性接轨,同样公共性也要以地方性作为支撑,在两者之间取得合理的平衡。

3. 体现双重利益关系[1]

前文提及非物质文化遗产兼具文化性与经济性,事实上,正如上文剖析的非物质文化遗产的文化性与经济性并存的特点一样,非遗所牵连的诸多利益关系也不能被单调的加以认定,而是必须将其放到综合性视角下加以分析,不仅要发现其所牵连的文化利益关系与经济利益关系,更要从中发现新的利益关系,并对其加以利用。这种文化性与经济性之间的紧密联合体现在利益上的特点就是非物质文化遗产既有公共利益,也体现出私人

---

[1] 李墨丝:《非物质文化遗产法律保护路径的选择》,《河北法学》2011年第2期。

利益。首先，就非物质文化遗产的公共性而言，它是一种公共文化。公共文化在性质上具有能为公众受益的特性。之所以强调其公共性主要是因为它并不仅仅是属于某一个个体的私人利益或者是财富，而是一个国家、民族在长期的生产生活过程中所积累的共同财富。故而，每一位现有社会的成员都有，通过非物质文化遗产学习、了解、开发、利用非遗的权利，不仅仅限于掌握历史真相，而更在于其能从中发掘自己需要的价值。更进一步说，非遗可以被归纳为一种公共有之物，亦可成为公共用公产，其中蕴含着人类文明所共有的公共利益。目前而言，政府部门显然是这一公共用公物的提供者、保管者、维护者，这是人民所移交给政府的权力，政府在运用此种权力时必然也要受到人民的监督，因此，政府有权力也有义务通过制定相关政策和执行相关措施来保护非遗，并保障非遗被有计划、有规律地开发利用。

非物质文化遗产的私人利益主要体现在其属于特定主体，在法律层面并不排斥此种非遗上的私人权利，公物法理论上接受此种由私人主体所拥有的，而公共使用的公产，故而使用权与所有权的分离，并不影响相关非遗的保护与开发利用，而管理权的独立也能保护非遗的有效管理，因此形成所有权归私人所有、使用权归公众所享有，管理权由政府代为行使的架构。进一步而言，非遗中的民事私人权利无外乎包括所有权与知识产权两种。就非遗中的公共利益与私人利益的协调而言，灵活的公物法理论为我们打开了新世界，也证明了实践能够为我们创造新的理念与认识。非物质文化遗产的多重特征和属性就决定了我们在对非物质文化遗产进行保护的过程中，需要考虑多重因素的影响而不是将目光局限于对于某一领域的重点保护而忽视了非物质文化遗产的其他方面的保护。因其涉及利益的多样性，因此非物质文化遗产的法律保护方式的选择上也就为区分公法保护和私法保护提供合理性和可行性。

（四）非物质文化遗产价值

非物质文化遗产具有多种价值，笔者经过了解认为，非遗的相关价值主要体现在以下几个方面。

1. 历史文化价值

从非物质文化遗产定义以及上文对非物质文化遗产的阐述中可知非物质文化遗产的表现形式众多，其中大多数的遗产都具有悠久的历史，是个体或者群体群居共同生产生活的体现和反映，也是人类社会长期发展的必然结果，其中所蕴含的文化价值、经济价值以及诸多待挖掘的多元价值不容忽视，不管是哪一种非物质文化遗产表现形式，都反映了本民族的迁徙历程、信仰崇拜、神话传说、生产生活信息等，因此非物质文化遗产也被称为"无字天书"极具历史文化价值和研究价值。同时，科技的发展、人类活动范围的拓展，不同群体之间的沟通促进了民族、地区之间非遗的交流，随着交流的频繁程度的加深，文化的多样性在这一过程中也得到了明显的提升。非遗虽然产生于特定的民族或地区，但其内部蕴含的共性价值却彰显着整个人类文明的发展。它内含着丰富的文化价值，也是其他价值所无可比拟的。

2. 艺术审美价值

非物质文化遗产门类丰富，表现形式众多，上文对非物质文化遗产的表现形式进行了说明，此处不做赘述。无论是何种表现形式，都是深深地烙刻上了人类活动的痕迹，更展现了诸多地区民族人民的独特丰富习惯和审美的逐渐变化历程，是动态的考古材料。作为文化遗产，多元化的审美体验可以作为非遗划分以及开发利用、有计划保护的标准之一，非遗的历史传承性决定了其多元化的审美标准应跨越传统与现代两个时间层面。

3. 科学技术价值

与有形的物质文化遗产相比，非物质文化遗产的科技价值更涵盖了多个层面、领域，不断渗入诸多学科。首先，一方面，非物质文化遗产是持续性的、动态的反映人类生活、劳动变化的活的历史卷轴；另一方面，诸多非物质文化遗产中蕴含着宝贵而奇妙的民间技艺，例如造纸技艺、医药技艺等，都真实地体现了长期以来我国人民的科技变化历程，也为发展相关的现代可以提供颇有价值的参考，更是诸多学科发展参考借鉴的宝贵资料，其中益处不可言述。

4. 经济资源价值

多种多样、多元的非物质文化遗产不仅具有丰富的文化价值，其经济价值也逐渐受到重视。在不断的推广下，不仅带来一定的经济效益，同时也提升其自身的文化价值，二者相互推动，最大限度地激发非遗的文化原生活力，保护其不断持续发展的固定文化基础。非遗的保护目的便是能够使其得到持续性的开发、生态化的开发，而不是被埋没在历史灰尘中不见天日，但非遗的开发也是为了更好的对其加以保护，只有不断的实践运用才能促使非遗产生新的生命活力，从而真正实现其可持续发展，在不影响其传承的情况下进行最大限度的开发，将利用与维护融为一体，不断创新和研发。

二　非物质文化遗产保护法律制度历史进程简述

（一）关于非遗的法律

在法律层面，《非物质文化遗产法》的颁布为非遗保护提供了明确的价值导向。这不仅表明我国的非物质文化遗产在保护中取得了实效，也代表在法律层面上我国在非物质文化遗产保护方面取得的实际的效果。该部法律共6章，45条。

该法界定了非物质文化遗产的内涵，主要规定在第2条，上文也基本提及此处不做赘述。《非物质文化遗产法》也采用列举方式，列举了六种非物质文化遗产，并在保护策略上对于不同种类的非物质文化遗产采取不同的保护措施，主要可以概括为以下几类：第一，要对非遗加以细致化认定、记录、建档、保存；第二，在传承制度、传播制度方面加以特殊法律保护；第三，保护必须要以中华民族认同感为起点，真实的对其加以保护。

为保证具体实践的可操作性，该法设立了非遗保护工作的三项重要制度，即调查制度、代表性名录制度、传承与传播制度。一切工作的开始都是调查研究，没有细致的调查研究，非遗保护工作无从谈起，该项工作主要由一级人民政府组织、相关文化宣传部门负主要责任，并明确提出要积极推动完善公民、法人和其他组织以及境外组织和个人在境内进行非遗调查时的程序要求；建立国家级、省级（自治区、直辖市）等级别的非遗代表性项目名录，对具有历史、文学、艺术、科学价值的非遗予以保护，并明确了不同级别名录的具体建立程序和保护要求；非遗保护工作不是一向单向的工作，政府虽作为公物的管理者主要从事管理保护工作，但社会力量的参与是必不可少的，各部门之间的协助也是非遗保护全面落实的重要保障，因此，必须不断完善相关协调保护平台，对非遗保护加以公共文化宣传，并对于违法破坏非遗的主体加以惩戒。通过上述的奖励性措施和惩罚性并举的规定可以在较好的层面上对非物质文化遗产进行较为完备的保护，扩大保护层面，增强保护工作的实效性，更好促进非物质文化遗产保护工作的开展。

(二) 关于非遗的行政法规

在行政法规层面，就目前而言仅有一部相关行政法规——《传统工艺美术保护条例》是非遗保护的针对性法规。显而易见，此项法规仅限于传统工艺美术的保护，就该条例本身而言主要规定了对于传统工艺美术的保护原则、保护措施以及相应的相关主体违法该条例时所需要承担的法律责任。除此之外，还有一部分规范性文件也在非物质文化遗产的保护过程中发挥了巨大的作用。例如，国务院办公厅曾多次下发相关规范性文件对于非遗保护明确了诸多保护原则和保护措施，以督促非遗保护的不断完善。并且，国务院下发的诸多规范性文件在对保护工作开展的责任主体上，也明确表明，对于非物质文化遗产的保护要义政府为主导，其他部门协同，二者相互合作，共同开展非物质文化遗产的保护工作。十三五发展规划纲要中对于非物质文化遗产保护工作的开展也提出了一系列的规定。

(三) 相关规章及规范性文件

关于非物质文化遗产保护的规章方面，颁布主体主要是文化部。先后出台了《国际级非物质文化遗产保护与管理暂行办法》和《国家级非物质文化遗产项目代表性传承人认定与管理暂行办法》。前者指出国家级非物质文化遗产项目应当明确责任主体，对非遗的相关主要保护主体以及具体职责加以明确规定；后者则规定了传承人认定与管理的具体申报条件、申报范围、申报名额与申报程序。

2012年文化部依据国办《关于加强我国非物质文化遗产保护工作的意见》制定了《关于加强非物质文化遗产生产性保护的指导意见》。上述两个意见主要确定了生产性保护方式，这一保护方式主要应用于传统技艺、传统美术和传统医药药物炮制类非遗领域。

(四) 关于非遗的地方性法规

非遗的地方性立法一般分为三类：一类依据本行政区域内非遗的一般性特征所颁布的，各地区之间出本地区特殊情况外，基本无甚差异。截至2017年10月，非物质文化遗产的省级立法有22部（广西壮族自治区、黑龙江、湖南、上海市、等地），市级立法有9部（洛阳、南京、武汉、苏州、甘肃省甘南藏族自治州、延边朝鲜族自治州、甘孜藏族自治州等），自治县单行条例7部（沿河土家族自治县等地）。这些法规的内容基本类似，大致包括总则、调查与代表性名录、传承与传播、保护措施与利用、法律责任等。其中，《新疆维吾尔自治区非物质文化遗产保护条例》中特别对"代表性传承单位"加以规定。

第二类是依据本地区特定的非遗制定的地方性法规,例如《云南省丽江纳西族自治县东巴文化保护条例》等。第三类是为保障非遗保护具体开展而制定的相关法规,镇江、云南、苏州等地都已制定相关规范。

三 非物质文化遗产保护法律制度概述

目前,在理论层面,对于非物质文化遗产的保护从总体上看既有法律层面的相关规定,同时在行政法规以及规章、地方性法规以及其他规范性文件等方面都对非物质文化遗产的保护做出了较为翔实的规定;在实际操作过程中,对于非物质文化遗产的保护则主要是从知识产权保护和行政保护两个层面来展开的。知识产权层面对于非物质文化遗产的保护笔者的研究路径是将知识产权细化到专利、商标以及著作权三个方面;行政法律对于非物质文化遗产的保护主要从中央—地方纵向研究在非物质文化遗产的保护路径上不同地区所做的尝试。

(一)非遗保护知识产权法律规范

知识产权对于非物质文化遗产的保护主要涵盖三个层面,即专利权层面、商标权层面以及著作权层面。首先,专利的保护:我国的专利在性质上可以分为发明、实用新型和外观设计三大类。但是对于非物质文化遗产而言,若要探究专利层面的保护,其面临的困境是显而易见的:非物质文化遗产是几千年的生产生活风俗习惯的沿袭,在这一过程中,很少有人类刻意为之的痕迹,很多流传下来的非物质文化遗产都是自然形成的,无法满足专利所要求的实用性等特征。非物质文化遗产更多的是强调在精神上给受众带来的满足,而不是在物质上给人们的生活带来提升。虽然上文在论述非物质文化遗产的价值上,将经济价值与文化价值相提并论,但非遗这种多元化的价值载体,其基本价值内核仍为文化价值,这一点是不可忽略的。显然,专利在非物质文化遗产的保护路径选择上也面临一定的困境与不现实性;其次,商标法的保护:非物质文化遗产的特性兼具地方性和公共性,是一个区域的特定群体在长期的生产生活过程中的成果。因此就商标法这一路径选择对非物质文化遗产而言,商标的保护在一定程度上也更有利于非物质文化遗产的传承。商标的保护最大的优点是保护周期长,因此带来的经济效益也就相对较高。我国对于商标的分类又可以分为集体商标和证明商标。证明商标的优势在于,其商标控制权在于履行管理职责的非遗保护主体，即政府部门所有，此种商标制度能够将公共利益通过私法加以保护，甚是奇妙。非物质文化遗产具有地域性的特征，因此可以使用证明商标来进行保护。最后，是著作权法对于非物质文化遗产的保护。著作权法的保护范围与非物质文化遗产本身范围存在一定的出入，这会导致在保护过程中出现一系列的不周全等问题，可行的解决措施是通过单独制定条例来解决著作权在保护非物质文化遗产上存在的问题。

（二）非遗保护的行政法律规范

非物质文化遗产是属于全国人民所共有的公共财产，更是无形的公共用公物。身为享有管理权的公物管理者，政府有权也有义务通过文化宣传教育、建设文化场地、建立多层次的文化遗产保护制度来传承开发非物质文化遗产。以上制度，都需要完善的法律依据体系、完善的法律执行体系、完善的法律监督体系，以及完善的法律理论体系。就目前而言，上文所言之四中法律体系均不完善，首先在法律理论层面，我国还未能解决非遗保护行政法层面、知识产权法层面、非遗法层面的理论融合，三个层面的法律保护仍是各自为政，难以统一。法律理论体系的分离注定导致相关法律规范、相关立法的分离。而缺乏相互协调的法律依据，执法体系更无从构建，而法律监督体系则注重于整体执法公职人员的监督，尚未在此层面引入非遗文化价值保护导向，故而，非遗的法律保护制度需要长久的实践与总结，才能有真正的突破。

1. 地方立法概述

在非遗保护立法方面捷足先登的是云南省，五彩云南有着多元化的民族构成、有着多元化以及源远流长的历史积淀，更有着丰富的非遗财产积淀。1998年，全国人大教科文卫在组织考察之后，首先授权云南省人大第一个进行非遗方面的地方性立法。云南省也不负众望制定了综合性的非遗保护条例，并不断加以完善。有了云南省卖出的第一步，广西、宁夏、贵州、甘肃等地也都紧随其后通过各种立法方式制定了非遗保护条例。此种自下而上的立法途径，笔者十分认同，在基层的调查研究之后才能从诸多个性问题中总结出规律和共性，制定总体的、中央的、涵盖全国的共性法律才有前提和基础。

2. 中央立法概述

自上而下的地方调查研究和地方立法有一定成果后，国务院根据各地非遗保护立法现状以及实践现状的考察，随后发布了指导意见来针对非物质文化遗产的保护工作。国务院随即组织相关法律工作人员，在听取诸多法律专家意见后，又会同全国人大法工委的工作人员共同确定了非物质文化遗产保护法律草案，此草案，不仅集中规定了各地非遗保护立法、执法中出现的问题，也考虑到了各地非遗保护司法现状，千锤百炼、几经琢磨，才出台了《非物质文化遗产法》。随后，此法经多次讨论改进，也在随着非遗立法、司法、执法现实实践需求而不断改变。

随着科技创新的不断发展，人们逐渐加深了对于非物质文化遗产保护的认识，并通过实践措施开展非物质文化遗产的保护工作。这不仅是因为非物质文化遗产的消亡速度与再生速度之间的紧张关系，同时也因非物质文化遗产本身依托于非遗传承人这样一个载体来不断发掘其内在价值。这样一种矛盾关系随之引发的是越来越多的非物质文化遗产因为得不到有效的保护而在市场经济、快节奏的生产生活方式的冲击下变得越来越小众化，非物质文化遗产的统计、申报以及宣传和保护在很长一段时间内相对而言只有少部分人从事这样的工作，不同国家对于非物质文化遗产的保护程度不同也给其他国家"霸占"别国非物质文化遗产提供机会，这一系列的因素的存在都给现实生活中非物质文化遗产的保护工作增加了难度，因此积极探索保护非物质文化遗产的新的路径也是新时代下开展非物质文化遗产保护工作的重点。

第三节　知识产权的行政保护制度

全球化的发展使得国际交流日益频繁，竞争与合作也日益增多。在这一过程中各国都在吸取全世界的优秀成果促进本国经济发展，但是国家之间的交往有一定的边界和前提，其中对于知识产权的保护可见一斑。就目前而言，国家创新活力的重要指标之一便是知识产权保护程度。对知识产权的保护程度的高低，从侧面可以看出一个国家的竞争力和国际影响力。在全球化市场形成过程中，我国也越来越重视对于知识产权的保护，并且也在不断尝试和创新出对于知识产权的新的保护路径以期完善我国的知识产权保护制度。在过去时间里，我们确实已经缺德一些成果，但是，成果之外仍然存在很多不足。

进入 21 世纪，国家之间的交往日益密切，国际格局也逐渐发生变化，国家之间的交往也越来越重视对于规则的制定和遵守，因此成为"规则制定者"就变成了大多数国家争相实现的目标。即便是全球重视科技、重视知识全产成为潮流但是在大环境之下我们还是需要立足本国基础，以本国需要为实际工作的出发点。

我国在长期实践中逐渐探索出利用公权力对知识产权进行保护的模式，这种方式借助公权力，极大地促进了知识产权保护工作的深入推进。其注重保护知识产权人本身的利益，也同样在国家科技技术发展中发挥了重要的作用。考虑到我国知识产权保护工作起步晚、经验缺乏，以及人才培养滞后等实际情况，以及知识产权侵权救济程序复杂、周期长等弊病，因此在立法过程中，探索出来的具有我国实践特色的保护制度主要是行政保护制度。该制度一方面是利用公权力进行保护；另一方面，在立法上明确知识产权的行政保护，赋予这种保护方式以法律地位，从立法层面赋予行政保护的正当性和合理性基础，为知识产权行政保护工作的开展带来实际支撑而不是沦为法条表面的规定。基于行政保护和司法保护各有其适用的空间，我国对于知识产权的保护采用行政保护与司法保护相结合的保护方式。

行政保护依靠公家公权力作为保护的基础和依据，最主要的特点是该种方式效率高、保护范围宽，在实践中借助公权力的力量，实行的阻力比较小。司法保护的提起主要依赖于双方当事人的选择，在实行的过程中注重保护的被动性，司法机关处于被动地位。行政保护和私法保护并存的保护模式下，对于每一种方式给予何种程度的对待，以及通过何种程序进行完善，都是需要我们在新时代完善知识产权保护工作所需要思考的问题。由于知识产权行政保护在实践中具有更大的适用空间，并且借助公权力来进行保护，公权力较之公民的私力救济而言具有天然的优益性，行政机关运用手中的权力对知识产权进行保护的范围也会更加全面和权威，因此本文的主要切入的角度也是重点关注知识产权的行政保护制度，通过借鉴域外关于知识产权保护的有益经验，以求为知识产权的进一步制度保护完善提供可行的路径。

一　知识产权保护制度概述

我国知识产权保护制度研究较之其他领域而言具有起步晚、研究快的特点，这种特点在经济时代表现的尤为明显。而我国的知识产权行政保护制度是随着《商标法》的颁布而确立的，行政保护制度最初并不具有独立地位，最早是用来作为司法保护的辅助形式而存在，随着实践的深入，行政保护制度的优点也逐渐显现，因此行政保护正发挥着越来越重要的作用。我国知识产权行政保护制度格局是：总体上发展迅速，但是内部依旧不平衡，具体到某一个领域其发展又不是同步推进的，以专利权的保护为例，专门分析研究专利权的行政保护，系统论述知识产权保护的研究材料较为匮乏，所以如果仅仅以可获取的材料作为研究对象，那么研究成果显然是片面的也不具有说服力的。因此系统研究学说、观点之间的分歧也同样有助于完善我们对于知识产权保护制度的认识。本章在系统研究相关文献的基础上，系统梳理了我国在知识产权行政保护过程中已取得的成效、存在的问题以及改进的建议等内容以期为我国知识产权行政保护提供些许思路。

（一）知识产权行政保护的概念和特征

在概念界定上，目前的主流观点认为：知识产权行政保护是指国家行政机关依法运用权力，遵循一定程序，处理纠纷、查处违法行为、维护市场秩序以及提高社会保护意识，对知识产权主体的权利进行切实有效的全方位保护。[①]但是，行政保护制度是一个规范化的过程，虽然对于知识产权行政保护可以从学理上对其进行廓析，但是实践对知识产权的深入，不同群体对该种保护制度形成的认识、认定的标准也会不同，因此，对于知识产权行政保护制度虽然现阶段能结合相关文献给出清晰的定义，但是需要我们用动态的思维来看待该制度。关于知识产权行政保护制度的特征，首先，其一般特征通常是行政主体，遵循法定行政程序，依法定职权行使法定权力，具有一般的公权力的特征；其次，就保护的范围而言，知识产权行政保护制度着眼于对整个市场的保护而不是仅仅局限于某一领域和某一行业；最后，随着实践的发展，知识产权行政保护的力度也在不断加强这主要体现在新修订的《专利法》的第 64 条。[②]

---

① 王晔：《知识产权行政保护刍议》，《北大知识产权评论》，法律出版社 2002 年版，第 194 页。

② 2008 年修订的《专利法》第 64 条规定："管理专利工作的部门根据已经取得的证据，对涉嫌假冒专利行为进行查处时，可以询问有关当事人，调查与涉嫌违法行为有关的情况；对当事人涉嫌违法行为的场所实施现场检查；查阅、复制与涉嫌违法行为有关的合同、发票、账簿以及其他有关资料；检查与涉嫌违法行为有关的产品，对有证据证明是假冒专利的产品，可以查封或者扣押。"

(二) 知识产权行政保护的类型

我国对于知识产权的行政保护较为宽泛，就分类而言，大多数需要借鉴域外国家关于知识产权行政保护的分类。结合我国国情和实际，现阶段我国知识产权行政保护制度研究将重心放在对知识产权的不利后果的研究上，也即主要研究违反知识产权保护的相关行为的处理规定，具体而言，主要有以下几个方面：

1. 行政处理

我国知识产权法律中已经包含行政处理的相关内容，例如针对未经专利权人许可实施其专利而引起纠纷的解决方式的规定。而对于行政处理，学界对此没有统一的说法，但笔者认为，我国知识产权行政保护中的"行政处理"更贴近纠纷解决意义上的行政处理，即被法律赋予纠纷处理权力的行政机关依当事人申请对相关知识产权民事纠纷或行政纠纷进行处理[①]，它是一种被动的、依申请的处理方式。行政处理在实践中也需要满足以下要求：行政处理的主体必须具有法定权力或者是立法机关的明确授权；处理方式多样不拘泥于某一种特定化方式；处理的纠纷不仅包括行政纠纷，也将民事纠纷纳入其内。

2. 行政调解

知识产权领域的行政调解是指双方当事人就知识产权纠纷事宜能够达成共同意愿，双方主体也自愿选择的信赖的行政主体为中立者，来处理双方之间的知识产权纠纷。调解在纠纷解决过程中发挥的作用越来越大，其时效快、效率高、节约资源的优势在纠纷处理过程中愈发明显，因此行政调解在知识产权行政保护过程中被选择的频率也逐渐提升。

(三) 其他方式

知识产权行政保护除了上述的行政处理和行政调解之外还有更为广泛的表现形式，基于这些方式在表现形式上具有某种共通的特征可以分为以下几类：1. 行政查处。行政查处区别于行政检查，这一过程强调行政机关的主动性，通常是与不利后果相关联，带有一定的制裁特点该特点在相关法条中也有所体现；2. 行政检查。主要是一种过程性的行政行为，与行政查处既有相同点也有不同点，二者都是强调行政机关的主动性，但是

[①] 邓建志：《WTO框架下中国知识产权行政保护问题研究》，知识产权出版社2009年版，第41页。

行政检查更多的是一种程序性的行为而对想对方的实际权利一般不会造成实际影响,对当事人的不利影响也会比行政查处小得多;3. 行政处罚。行政处罚是行政机关做出的单方的具体行政行为,主要强调不利后果,对违法行为人的不利影响也比较严重。① 在知识产权保护制度中的行政处罚主要体现在《专利法》第 63 条。4. 行政强制。行政强制具有直接性,其对象可以是人也可以是财产甚至是行为,但是具体到知识产权领域则主要针对的是财产或者行为,在知识产权领域的行政强制措施涉及对人的自由的限制的规定比较少。行政强制在知识产权行政保护过程中发挥了重要的作用,不仅是因为行政强制本身的特点来决定的,在某种程度上也是由知识产权行政保护本身的特点来决定的。行政强制对于对知识产权行政保护的效果起到了强化和稳固的作用。

(三) 行政保护与司法保护之比较

知识产权法律保护体系涵盖各种方法,总体来看,主要包括公权和私权两种救济方式,上文也有所提及,此处不重复赘述。司法保护和行政保护作为知识产权保护的两种方式,具有不同的内涵。司法保护主要是指:知识产权权利人通过司法途径以提起诉讼的方式要求侵害其知识产权权益的主体受到惩处的方式。② 司法保护较之行政保护具有终局性、后置性的特点。二者在以下方面都存在着不同。

1. 性质不同

这是二者的根本区别,也是行政保护与司法保护行为方式的主要区别。行政保护以维护公共秩序为出发点,强调行政机关的主动性,这也是行政保护的核心特点;与之相对应的司法保护则恰恰相反,司法保护在实际中严格遵循"不告不理"的原则,具有被动性,只有在当事人向司法机关寻求帮助的时候,司法程序才会被启动,这一被动性也与《TRIPS 协定》所要求的基本一致,基本上都反对国家在知识产权保护过程中介入公权力,都认为知识产权保护不需要借助政府资源,否则会降低国家公权力的权威性,造成资源的浪费。

2. 衡量标准不同

所谓的衡量标准不同,其实质的评判标准就是效率的高低。知识产权

---

① 姜明安:《行政法与行政诉讼法》,北京大学出版社 2005 年版,第 308 页。
② 姜青富:《知识产权行政保护制度研究》,硕士学位论文,西南政法大学,2005 年。

的保护并不是效率越高越好，所有保护方式的启动要根据所保护对象的性质和特点进行开展。行政保护因为有公权力的介入所以在保护效率上自然要高于洗发保护，但我国对于知识产权的保护沿用的方式是"双轨制"，司法保护具有一定的后置性，司法保护虽然过程缓慢，但是在操作过程中追求实质的公平和正义。二者在保护方式和启动程序上都有所不同，实际上用何种方式要在具体案件上进行"一案一衡量"，这样才有利于知识产权保护工作的开展。

（四）行政保护的正当性与必要性

虽然有些学者主张知识产权是一种私权，他们认为知识产权应当借助私力进行救济，公权力不应该做过多干涉，这样会影响当事人的判断，不利于对于知识产权进行。但是就实践结果而言，行政保护早就融合进了知识产权保护之中，并且发挥的作用也越来越大。公权力保护较之私人自救而言，在某些场合中发挥的作用更加明显，因此借助公权力保护是正当的，并且也是完善我国知识产权保护体系的重要举措。此种观点与《TRIPS协定》的规定具有相似性，但是当代社会的知识产权的性质内涵丰富，不是非此即彼、非黑即白而是数项不同语义之间的糅合。[1] 此外，知识产权保护的正当性也能通过知识产权的合法性而推出。[2] 知识产权行政保护的合法性的可以在具体的法律规定中略窥一二。首先是宪法的规定，其次在法律法规领域也注重保护知识产权，商标法和专利法中都规定了违法行为的处罚措施条款，这些法律条文的出台，都是其合法性的依据，因此在一定程度上也是其正当性的依据。

现阶段实施知识产权行政保护的必要性主要体现在以下几个方面：首先，现阶段关于知识产权保护的法律体制仍不完善，行政保护在理论和实践上仍然存在着很多不甚成熟的规定，无论是在理论研究还是在实践操作层面对于知识产权行政保护的重视程度都没有达到理想的效果；其次，对于知识产权行政保护与司法保护之间的关系学界也一直未达成统一的说法，长期以来行政保护—司法保护所处的地位不同，受到的待遇也不一

---

[1] 冯晓青、刘淑华：《试论知识产权的私权属性及其公权化趋向》，《中国法学》2004年第1期。

[2] 清华大学法学院林来梵教授在描述区分"合法性"与"正当性"这两个概念时，指出"正当性（legitimacy）在某种意义上是通过合法性（legality）得以实现的，或曰正当性建立在合法性上。"

样，这些情况反映到实际中就是两种保护方式都没有得到应得的重视。我国知识产权保护起步晚、发展快，但是与之矛盾的是国民的知识产权保护意识一直较为滞后，保护的力度赶不上发展的力度也是现阶段我们知识产权保护工作面临的难题之一，这一问题也无法在短时间之内进行解决。因此，如果单纯依靠国民意识的进步采取司法手段进行救济，那显然是不现实的，因此借助行政保护的方式无疑是较为现实的做法。并且实践中的数据也表明，行政保护效率高、成效明显、适用范围广，在知识产权保护工作中发挥着不可替代的作用。

二 知识产权行政保护现状及问题分析

（一）知识产权行政保护现状

我国知识产权行政保护形成了较为完整的法律体系，在知识产权行政保护层面不经有法律，同时也有相关的法规规章等作为支撑，同时在实践层面也有丰富的经验值得借鉴。

首先，在理论研究方面：在法律层面现存的有《专利法》等作为基础支撑，在法律之外，又有与之相配套实施的法规、规章以及规范性文件作为辅助。我国知识产权行政保护制度的特点主要是借助政府的力量从而建立和发展，出现这种情况的原因也主要是因为改革开放以来，通过立法进行知识产权保护已成为学界共识，这一做法在国际上也有迹可循。我国十分重视通过立法保护知识产权，在立法之外也积极探索与国际接轨的路径选择，加入了一系列保护知识产权的国际公约。上述尝试对于我国知识产权保护水平的提高也有很大的示范性作用，促进知识产权行政保护都取得了丰硕的成果，也更加有利于知识产权行政保护的体系的构建。近年来，随着知识产权保护工作的进步和现实条件的要求，我国先后修改了知识产权相关法律，修改后的知识产权法律与知识产权领域最近成果相衔接，注重实效而不是停留在表面。修改后的法律最大的特点是其关注到了对于知识产权行政执法的相关规定，有效完善了执法程序，使得知识产权行政保护工作趋于规范化、合理化，同时，这也是行政法相关原则的直接体现。

为了进一步完善我国知识产权保护的法律体系，各个国家机关积极借鉴改革成果，从实践现状出发，制定颁布了诸多推进知识产权保护的相关法律措施；除此之外，有关行政机关制定了一系列保护知识产权的行政法规、规章、规定，涵盖多个领域、多个层次，主要包括：专利领域、商标权领域等。对于知识产权的行政保护，在中央立法取得一定成果之外，地方知识产权行政保护工作也取得了一定硕果。随着地方立法权的普及，地方人大和政府可以根据本地实践现状，制定相应的地方性法规、地方政府规章，以及相关细化规范性文件。制定符合本地发展的知识产权行政保护的相关的制度和法规等。这一系列的尝试在纵向上形成了一整套从中央到地方、从宏观到微观的关于知识产权行政保护的一整套的制度性规定。在知识产权行政保护制度构建的基础是上真正做到了对于知识产权行政保护以实际为出发，真正使相关知识产权工作落到实处，确保知识产权保护工作有成效、有硕果。

其次，在对于相关理论的贯彻落实方面：根据相关法律的规定，我国在对知识产权行政保护方面无论是在中央还是在地方都先后设立了知识产权保护工作的行政部门，主管知识产权行政保护工作；在相关的拥有知识产权执法的部门也在本领域内依法对知识产权行政保护开展了一系列的工作，并且推进了猪肚有利于完善知识产权保护的新举措，使知识产权行政保护工作在更好的机制中不断开展和完善。

（二）存在问题

虽然我国知识产权行政保护取得了一系列的成效，但是基于国情和实践的发展，在知识产权行政保护中也存在着诸多问题亟待解决，对于这些重要的问题，我们绝不可以轻易忽视。

1. 行政保护体系不统一

目前我国知识产权行政保护的法律体系呈现出分散不统一的特点。众所周知，知识产权是一个上位概念，其对应的种类十分丰富，涉及的领域也十分众多。因此对于知识产权的保护工作而言，其面临的困境是显而易见的。虽然我国现阶段在知识产权的保护上没有做到统一管理，但是就某一个具体领域而言还是形成了较为完善的保护体系。但是这样做也存在一定弊端：首先，分散的体系将实际上将各个领域之间间隔开来，但是，随着研究的深入，知识产权不同领域之间的融合的是不可逆转的，知识产权的保护工作要更加深入和细化，不同学科之间的交流是趋势也是去路；其次，行政保护与司法保护分开运行在实际中加大了知识产权保护工作开展的力度，因此行政保护体系的不统一在知识产权保护中容易导致的后果一方面体系分散带来的效率低下；另一方面，执法与行政不同部门行使易造成权力的滥用，这个因素也是完善知识产权行政保护所要考虑的必不可少的因素。

2. 行政保护地区差异化

地区差异化主要是指受不同因素的影响，各地在推进知识产权保护工作中的实效也会不同。上文所提到的各类因素不仅限于无法改变的客观因素，也有我们能够改变的主观因素。客观因素主要囊括了本地的经济发展水平、地理位置、与外界沟通交流程度、优秀经验借鉴情况等；主观因素主要指的是知识产权保护程度与当地主管机关的重视程度有关，知识产权在不同地方受重视程度和被保护程度也各不相同。由于不同地区的客观因素与主观因素并不相同，存在较大差异，故而，在不同地区知识产权受保护水平也有着相应的差异，这种差异并非一朝一夕所能改变，而是需要长足的努力才能有所改观。地区化的差异并不仅仅存在于知识产权行政保护制度构建中，这是普遍存在的问题。针对差异找出适合的解决办法而不是忽视差异、消灭差异才是我们面对知识产权保护所应该采取的选择。

3. 缺乏先进人才

科技的进步带来机遇，也带来更多的危险，侵犯知识产权的方式和手段越来越复杂多样，防不胜防，也导致侵权案件在处理上面临更大的难度，需要更多专业人才来对相关问题进行了解，因此知识产权行政保护制度构建需要更多专业人才来进行完善。知识产权保护制度构建主体的层次和水平决定了我国知识产权行政保护工作达到的高度。现阶段，知识产权领域专业人才的缺乏已经是行业性问题，无论是在知识产权的哪一个方面，就人才而言面临的问题的相同的。人才的匮乏实际上是对知识产权保护而言是极其不利的，就知识产权保护工作的实质进步而言，各个国家的探索都将人才的培养放在举足轻重的地位。因此，缺乏先进人才对于知识产权工作的实际进步都产生不利影响。

三　域外经验借鉴

较之我国对知识产权保护的开始时间，国外发达国家的起步更早、经验也更加丰富。我国对于知识产权的保护范围相对而言比较广泛和全面，侧重于知识产权的每一个领域都能得到尽可能大的范围的保护。但是，相比较而言，国外对于知识产权的保护却比较狭窄，主要体现在对于知识产权的行政管理与行政保护两方面。本章将重点介绍知识产权保护经验丰富的域外国家，主要是以美国、日本为研究对象，在分析域外采取措施的基础之上，反观我国在知识产权行政保护方面存在问题和不足，以此填空、弥补我国的知识产权行政保护体系存在的漏洞。

（一）美国知识产权行政保护

美国的专利制度历史悠久，早在建国初期就有所萌芽。美国知识产权保护在宪法中就已经写明，知识产权保护在美国得到了宪法的支持与回应。美国对于知识产权的保护无论是在法律体系还是在管理机构抑或是政府在保护过程中所承担的角色都是非常成熟的。

首先，就知识产权保护的法律体系而言，在经济全球化的视野下，各个国家都在不断完善本国的法律体系的前提下，试图从更多的角度来对知识产权进行更好的保护，美国亦是如此。首先，在立法层面，扩大保护范围，增强保护力度。在多个层面多个角度都对知识产权的保护进行了系统性的规定，因此美国在对知识产权的保护方面所做的尝试以及相关的规定都值得我国进行借鉴。其次，在知识产权保护机构方面，美国主要有两类知识产权保护机构，一类是行政机关，另一类是特别设立的与科技法律有关的机构，这些机构的主要任务是研究相关科技政策，拟定相应现今技术立法，修改完善相应法律草案，以保障在知识产权领域立法与实践相一致，或不至于滞后太多。

（二）日本知识产权行政保护

日本对于知识产权保护的重视程度与美国一样，早在21世纪初，日本就已经将知识产权的保护作为一项基本国策来执行，在随后的尝试中更是在不同的领域颁布多部法律，将知识产权的保护贯穿到各个层面。日本对于知识产权的保护在颁布基本法律的基础之上，也注重对不同领域的保护。日本的尝试是首先在知识产权层面颁布类似于《发明专利法》等几部基本法律，为法律体系的完善提供相关基础；随后在知识产权侵权等方面颁布了一系列解决纠纷、保护知识产权权利人合法权益的相关辅助性法律，并在产权相关领域颁布法律来丰富和完善本国法律体系，至此，无论是在横向上还是在纵向上日本对于知识产权的保护已然形成了一个系统完善的体系。综观日本在知识产权保护相关的立法尝试，不难看出，日本在知识产权保护上的尝试呈现以下特点：第一，注重立法工作的推进，日本是一个法治化国家，对于知识产权的保护坚持立法先行，注重法律在知识产权上的主要调控地位；第二，日本主管知识产权纠纷的机构是文部省和专业局。

文部省的主管工作主要集中于著作权方面，主要是有关著作权的合同的管理方面；而专利局则主管专利方面的事务，此项规定与我国目前对于知识产权相关保护工作的工作机构类似。在一般的行政性两个机关各自管理，但是一旦涉及知识产权的纠纷一旦产生知识产权纠纷，这两个部门可以根据自己对于案件事实独立作出判断而不受任何不相关因素的影响。而在知识产权执法方面，日本对于不同领域会设置不同的执法部门开展执法工作，以上尝试都反映了日本在知识产权行政保护方面的成熟。

（三）域外经验的借鉴与启示

通过分析日本和美国对于知识产权保护的法律规范、机构设置以及纠纷处理方式不难看出，域外发达国家的尝试对我国知识产权行政保护制度的建构具有很大的启发作用：

1. 重视制度的构建

知识产权行政保护的发展完善与制度建设的好坏具有密不可分的关系，可以说制度是保护的首要保障。从日本和美国的尝试中不难看出，高速发展的经济给日本和美国进行知识产权保护的制度建设提供强大的后盾，同时知识产权的保护也不断积极推动本国经济力量的壮大，激发国民的创造活力，发挥了极大的正能量反作用。因此经济发展与制度构建密不可分。完善的知识产权保护制度给一国的发展提供了支撑和保障，反过来，经济的发展，国家力量的强大更是知识产权制度构建的不可或缺的前提和基础。虽然我国一贯重视知识产权保护的相关工作的开展，也注重完善本国对于知识产权保护法律体系的构建，但是，同发达国家相比，我国起步晚、保护力度较弱等局限性也亟须改善。因此需要借助日美等相关国家的成熟经验开展我国知识产权保护方面的工作。以我国实际为依据，在完善相关保护工作的过程中要结合我国实际，不能偏离正确轨道。

2. 管执分离

所谓管执分离主要是指在实践中，知识产权的保护机构和具体的执法机构相互分离的状态。独立体现在知识产权行政管理部门主要管理审查和受理案件，相关知识产权保护领域内的具体执法工作则有司法部门主要展开。这样设置的好处是每一个机构都要自己的相对独立的职权，在行使自己的权力的过程中可以根据自己职能的需要和对事情的了解独立地作出判断，极少的受到来自其他部门或者是力量的干涉。反观我国，虽然在知识产权保护过程中做出了诸多努力，在改革开放之后进行了数次完善，但是现阶段我国知识产权行政管理部门和执法部门并没有相互独立，仍然是一体的。这种局面的形成固然与我国的经济发展距离发达国家还有一定的差距，但是在不断的探索中也可以尝试将行政部门和执法部门相对分离。

四 完善路径探析

我国知识产权保护以及取得的诸多成果与存在的问题相比并不能使我们骄傲。并且，与发达国家相比仍然存在很大的距离，这说明我们国家对于知识产权行政保护制度的构建还存在巨大的进步空间。完善知识产权行政保护制度不仅符合国家整体利益，也是依法治国发展的实际需要。在当前知识竞争的时代，国家的竞争力早已不是单一指标的决定的，多项指标齐头并进，综合进步才是正确出路。因此完善我国知识产权行政保护体系的可行路径可分为以下几个方面：

（一）进一步完善法律体系

知识产权内容丰富、体系庞杂，且随着实践的发展其内容还在不断地完善当中。这个发展趋势一方面反映我国在知识产权保护工作中取得了重大的进步；另一方面也反映出我国知识产权保护现阶段面临的困境之一是现有的法律规范可能在一定程度上无法满足知识产权保护工作进一步开展的需要，在一定程度上会局限知识产权保护工作的进一步推进。因此，对于知识产权的保护工作而言，现阶段的法律规定明显稍显落后，要在依据实际的基础上进一步完善相关的法律规定。但是，不容忽视的是既然发达国家的经验值得我们借鉴，因此在完善法律保护体系的基础之上还要结合先进国家在知识产权保护工作的基础上的优秀经验，在保护标准的制定上，以发达国家的标准为学习对象，但是要注重与我国的保护实际相联系，不能照搬照抄甚至是囫囵吞枣。

（二）整合保护机构

整合知识产权行政保护机构首先要明确各个机构之间的职能杜绝在保护过程中因职能不明导致的保护工作无法准确开展的问题的出现。知识产权行政保护制度的丰富和完善在保护机构上最基本的要求是每个机构各司其职。行政保护机构与司法保护机构在具体的职能划分上要清楚明确，设置权力边界，杜绝在保护过程中不同部门之间的利益博弈而导致保护的"真空地带"。同时，在行政管理和执法时，要严格依据相关关法律规范为根据，在处理知识产权侵权违法行为时自觉做到公平客观。整合的过程中其次要注意的是各个职能部门之间要具有合作意识，杜绝部门之间各自为政的局面，提高知识产权保护的水平和效率，使知识产权保护工作取得实效。

（三）人才培养接轨国际

知识产权保护的水平和成果的取得很大一部分是与国家对人才的重视程度有关，知识产权的保护实际上就是人才的培养。因此，随着我国知识产权保护工作的深入开展，人才的培养方式也显得尤为重要。发达国家知识产权保护的成果需要我们借鉴，其人才培养方式也值得我们学习。对于人才的发展和培养，笔者通过查阅资料和不同国家之间的对比，大致提出以下看法：其一，要注重对专业人才的培养，知识产权专业性较高，因此建议培养专业人才来开展相关工作；其二，要培养复合型人才。知识产权侵权领域不仅仅侵害的是知识产权领域，其侵害的利益往往是多方面的，因此，单纯依靠熟悉某一领域的人才做好知识产权保护方面的工作明显"入不敷出"，针对知识产权侵权的特点，培养复合型人才也是可行路径之一；其三，要注重对于国际人才的培养。国际经验的借鉴同样也需要国际型的人才作为支撑，国际经验的借鉴需要"走出去"广泛学习外国的先进经验，因此对于人才的培养也要紧跟国际前沿。上文笔者分析了日美等发达国家在知识产权行政保护方面的主要做法，其中不乏积极经验值得我国借鉴。现阶段，经济全球化程度纵深发展，"一带一路"战略也取得了丰硕成果，历史和实际都表明，只有在交流的过程中重视对于先进成国的吸收借鉴，通过团结众多合作力量才可以提高我国知识产权保护水平，完善我国知识产权保护相关制度构建。

（四）注重整体发展

知识产权的保护和发展要想取得整体性进步，需要不同主体以及不同部门的相互配合和相互监督。不同地区的差异化发展也是降低知识产权保护工作实效的因素之一。经济发达地区的保护与欠发达地区的保护程度存在明显的差别，因此在注重提高整体发展速度的基础上还要重视照顾到其他地区的发展速度，提升整体的质量和水平，这样知识产权保护工作才能在整体上取得进步，而不是不同地区之间参差不齐。

知识产权行政保护的改革作为社会关注的热点，也成为学术界讨论的热点问题，根据中国目前知识产权行政保护工作的具体情况，并通过客观研究发现，中国的科技水平与发达国家相比并不是很高，相应的知识产权保护也并不及时和完善，与成熟的理论和制度相比，仍然存在很大的差距。但是随着我国对知识产权保护工作的进一步开展，研究层次加深，行政保护力度不断增强和完善，相信通过知识产权行政保护更深程度的研究以及实践，中国一定能取得更大的进步，并且使得科技创新得到更加有力的支撑。

第五章

文化法治实施的监督制度

第一节 文化法治实施的权力机关监督

党的十九大报告提出了建设社会主义法治国家的目标，并对依法治国方略进行了全面阐述，而及时有效的行政法制监督是完善依法行政，推进我国法治建设的重要内容。推进文化行政管理体制改革、建设文化法制的重要内涵一是保障公民文化权利的实现，二是发挥市场在文化产业发展和文化资源配置中的决定性作用，健全完善文化产品市场的建设。因此文化法治关系到人民群众的文化需求、关系到人民群众的获得感和幸福感，相对应的，也需要依赖并充分发挥人民群众的监督作用来完善文化法制的体系建设。因此，健全完善我国行政法制监督体系必将成为贯彻文化体制改革方略的重要举措，在对文化行政管理体制的监督中，需要坚持把权力关进制度的笼子里，把制度放在民主监督的视域中，保障人民群众的知情权、参与权、监督权，保证文化产业发展在法律和监督的轨道上进行。而权力机关基于其本身的性质和职能从而能够更充分地反映和表达人民群众的利益诉求，是保证文化管理体制改革的过程能够坚持科学决策、民主决策、依法决策的重要支撑，权力机关的监督在对行政管理体制的监督体系中处于首要位置。就文化管理体制的法制化建设而言，权力机关的监督尤其需要侧重于对文化立法体系的监督，履行对行政法规及规章的备案审查职能，确保形成完备协调的文化产业发展标准体系和文化权利保障制度。此外，权力机关的监督也着重表现在对行政机关的工作监督，审查行政职能部门对文化管理体制改革的发展计划及其执行情况，保证文化法制的方针在日常工作中得到认真贯彻和执行。

一 权力机关监督的法治意义

（一）行政民主化的要求

行政权力在行使过程中容易扩张和滥用。目前的社会生活中，国家公权力尤其是行政权力呈现出向各个社会子领域弥散的过程，也包括延伸到了传统被认为是立法机关和司法机关的职能领域。如果保证行政权力能够合法合理地行使，公民的基本权利和稳定的社会秩序就有所保障。但是权力的运行一旦超出了边界就难免会损害公民的合法权益和社会的公共利益。因此，监督行政法制建设，实现行政制度的民主化、规范化、效率化、合理化，对我国的文化行政制度无疑具有重大的现实意义和多重深远的意义，这是在多数制改革的背景下产生的。因此，为防止行政机关滥用职权、以权谋私等违法失职行为侵害相对人的权益，有必要建立完善的、协调的监督行政法律制度，并通过制度和程序做到有效合理地控制和监督行政机关的改革进程。在我国，人民当家作主，国家的一切权力都属于人民，行政机关的权力从根本上来自人民，所以应该对人民负责。人民行使国家权力的机关是全国人民代表大会和地方各级人民代表大会。人民代表大会作为国家机关制度中的权力机关，代表人民行使国家权力。包括行政机关在内的其他国家机关由权力机关负责和监督，这是我国宪法民主集中制原则的重要内涵。因此，在人民代表大会制度下，依法落实各国家机关和人民群众对行政机关及其工作人员行使权力行为的监督，这也是宪法中所规定的民主监督权最直接和有效的体现，是一项重要的工作，也是人民管理国家事务、经济文化事业和社会事务的方式方法。法治是一项长期的系统工程，而在全面建设中国特色社会主义法治体系的进程中依法行政又是其中最重要的环节之一。按照依法行政的要求，政府应当首先做到一切权力在法治的框架内行使，一切行政活动都必须以遵纪守法为前提。加强对行政法制的监督体系建设，是实现依法行政、规范行政管理权力运行的必然要求。

（二）文化法治建设的需要

文化体制改革事实上是党管意识形态的执政方式一次转变，是对党的执政能力进行提升的一个契机。通过改革，实现党政分开、政企分开、管办分离，是要在社会主义市场经济条件下实现新的权利分配和资源配置，提高党管意识形态的执政效率。因此，在深化改革过程中，逐步探索形成与社会主义市场经济相适应的文化领导理念和方式，成为文化行政管理体制改革的重点。在改革开放之前，党管意识形态的主要内容是阶级斗争，但今天的意识形态管理的重点已经发生深刻变化。全球政治格局和文明格局的变化，使意识形态的争夺作为一股潜流退居幕后。新形势下党管意识形态的最佳方式应当是在法律与市场共同作用的体系下，激发文化市场的活力，促进社会文化领域的内生发展和繁荣，从而为打造高质量有竞争力的文化品牌提供稳定、长久、可预期的制度保障，进而实现对文化事业更经济有效的规制和管理，也能够对人民群众行使文化权利提供最有力的保障。

新中国成立后到文化体制改革之前一直实行的是计划式的文化生产和管理模式，政府集决策、生产、管理、监督于一体，拥有无限责任，这样一种体制带有明显的"计划经济思维"的特征，主要特点如下：1. 国家权力"统包统分"，文化生产部门缺乏自主性和积极性。政府既是文化生产的出资者、组织者，又是生产者，还是监管者。文化行政部门陷于"办文化"的微观管理之中，弱化了其宏观调控的职能。文化单位依靠政府的财政拨款生存，听从政府的政治指令，长期与社会和市场脱节。2. "自上而下"的官僚式管理，而缺少"自下而上"的生成机制。政府习惯于通过下达政治指令解决问题，决定生产哪些文化产品、提供哪些文化服务。但精神生产不同于物质生产，其最大的特点便是个性化、多样化。要与民众的需求对接，必须秉承以人民为中心、以满足个体文化需求为目标的宗旨，才能真正生产出让群众喜闻乐见的产品。3. 习惯于用行政方式解决问题，较少使用经济、法治等手段。由于文化法制建设的不健全，在出现具体问题时，常常无法可依，通过行政干预或临时发文予以解决，由于这样一种途径快捷、有效，但会导致路径依赖，甚至有法不依。

文化行政管理体制改革若要打破原有的这种行政"桎梏"，就需要在文化管理的活动中贯彻法治政府的观念，而权力机关对行政职能部门的法律监督是保证法治观念得以形成、法治政府得以建立，依法行政得以实现的重要制度。以"文化法治"的方式为文化治理模式转变，使文化行政管理体制改革能够在权力机关的监督框架内进行，要在立法的全过程中融入社会主义核心价值体系及其人民群众对文化生活的真实诉求，并充分保证公民依据宪法享有的文化权利能够得到最广泛程度上的实现和保护，并确保在此过程文化领域的创作能够健康有序发展，由此产生的，文创产业的多层次价值：文化精神的价值、社会经济的价值和个人发展的价值能够有机统一。这一路径，"在历史层面从政策指导，法律辅助向政策、法律平行再向法律主导、政策引领过度，其蕴含治理逻辑与我国建设社会主义先进文化的过程有暗合之处并与构建法治国家的要求保持一致，彰显了治国理政的智慧。"①

二 权力机关监督的内容及方式

（一）立法监督

"在目前的文化产业相关法律体制中，发挥着法律效力的大部分是部门规章和政策性文件，这些部门规章和规范性文件的法律位阶普遍不高。相当一部分是根据部门自身管理权限制定的，难免会有所交叉，或者出现管理真空。甚至有的部门规章存在权力寻租的现象。"② 有学者指出，在改革推进过程中，出现了"三化"现象：政府权力部门化，部门权利利益化，获利方式制度化。这样一种情况带来的直接后果是，局部利益有可能成为部门决策的依据，甚至为了部门利益最大化，不惜牺牲整体利益、长远利益。当部门利益同国家宏观改革要求相矛盾时，这些部门有可能成为阻碍改革的力量。

"我国有权制定规定的部门多，各种规定数量庞大。我国的文化管理体制具有文化产业、文化事业管理的功能，也有着发展文化事业、促进文化产业的功能，为完成各项职能，各部门制定出数量众多的规定，内容上存在重复，甚至矛盾的现象。部门立法中常出现的一个现象就是权力寻租，尤其是在过去一段时间，立法工作中自觉或不自觉地存在迁就或者照顾部门和地方既得利益的现象。一些部门和地方在制定法规、规章和地方性法规的过程中通过不适当的方式巩固本部门和地方的利益，造成各条块之间、各地方之间争取权利、推脱义务，对于能够带来效益的权利，如收费权、处罚权、批准权等相互争夺，而对于不能够带来效益的职责则互相推诿，在制定法规与规范性文件的过程中尽力规避"③，从而造成文化管理领域若干规制盲区的存在。

---

① 胡光：《文化法制的内涵与功能》，《社会科学辑刊》2019 年第 2 期。
② 李媛媛：《深化文化管理体制改革问题探析》，《科学社会主义》2017 年第 5 期。
③ 张庆盈：《中国文化产业法制建设问题研究》，博士学位论文，山东大学，2011 年。

上述问题是文化行政管理大部制改革中未能有效整合职能、理顺关系、优化体系的体现。针对这一问题，权力机关的法律监督在理顺各个行政职能部门之间关系、建立完备协调的文化体制管理规则体系的过程中就能够发挥不可缺少的作用，这种监督主要体现在三个方面。

第一，构建文化产业法律体系。"实施文化法制，首先要构建文化产业体制层面的法律规范。体制层面的法律规范需要解决的核心问题是'两个制度'的问题，即建立现代产权制度和现代企业制度，这是推进文化产业发展的基本条件。与此相应，文化产业体制层面立法重点应放在对现代产权制度和现代企业制度的规范定位上，应通过立法形成一整套产权归属清晰、评估透明、保护严格、流转顺畅的文化产业微观机制，形成政府依法行政、保护、管理、促进文化产业发展的依据性框架，使中国的文化产业发展能够真正进入现代产权制度和现代企业制度的轨道。"[①] 其次要将文化产业发展的全过程阶段纳入法律规制的框架范围内。从21世纪初中国加入WTO以来，社会经济发展进入与国际标准对接的快车道，伴随着市场经济的健全发展政府必须调整职能以更好地发挥作用，通过"简政放权"推进行政审批制度改革，打破现有的政出多门、莫衷一是的局面，降低市场准入门槛，让文化市场能够有更多的社会资本参与进来，形成一种良性的竞争局面。这同时也对立法机关的工作提出了新的要求，"应着重围绕文化市场主体参与市场竞争的权利义务的界定和市场进入、退出条件这两个主要方面来进行，以期最终使政府对文化产业的管理步入法治化的轨道"。[②]

第二，对一般行政立法的监督。行政立法包括行政法规、部门规章、自治条例、单行条例和地方政府规章，就我国文化行政管理体制的法律依据而言，除了《非物质文化遗产保护法》《电影产业促进法》《著作权法》等若干基本法律及相关行政法规之外，目前仍然发挥法律效力的大部分仍然是部门规章和规范性文件。我国文化产业立法环节目前呈现"三多三少"的现象，即国家立法少、部门规章多，基本法律少、单行法规多，权利保障少、管理规范多，实际上是总体失衡。既然对文化领域进行调整的规范以行政立法为主体，就应当发挥权力机关对行政立法的备案审查职能

---

① 杨丽娅：《我国文化产业法制体系的构建与完善》，《文化产业研究》2011年第1期。
② 同上。

以实现对政府重大决策决定进行监督的目的。备案是指行政立法在公布后一段时期内，制定机关将法规报送权力机关以备审查。权力机关应当根据《立法法》的有关规定对报送机关制定的文件是否与宪法或法律相抵触进行审查判断，并提出相应的审查意见。根据《宪法》和《立法法》的规定，全国人大常委会有权撤销国务院制定的同宪法法律相抵触的行政法规、决定和命令。根据《宪法》《地方组织法》《立法法》及《人大常委会监督法》的有关规定，地方各级人民代表大会有权撤销本级人民政府制定的不适当的规章。所谓不适当包括以下情形：超越法定权限，限制或者剥夺公民、法人和其他组织合法权益，或者增加公民、法人和其他组织义务的；同法律、法规规定相抵触的；应当予以撤销的其他不适当决定。

第三，对授权行政立法的监督。我国的授权立法主要包括：全国人民代表大会及其常委会授权国务院制定有关行政管理职能的行政法规，全国人大常委会在授权经济特区所在省市人大及其常委会立法的同时授予同级地方政府立法权。授权决定应当明确授权的目的、范围，被授权机关应当严格按照目的和范围行使该项权力，在没有授权机关明确允许的情况下，被授权者不得进行再授权。就文化行政管理领域而言，我国有权制定规定的部门多，各种规定数量庞大，立法和规范制定的层级和形式多种多样，这些规范的内容之间互相存在交叉和重复的现象，从而造成规制的供给过剩。在目前的文化产业管理规范体系中，各种行政法规和部门规章的数量甚多，在整个文化管理领域中占据了绝大部分，而目前尚很欠缺对文化产业的发展进行促进和保障的政策及相关规范。就政体而言文创领域的管理规范体现出一种鲜明的特点，那就是重在对市场运行和竞争秩序的控制和监督、而其中的公民文化权利保障和文化诉求回应则少有涉及。在内容上，表现为较多地强调文化执法部门管理、限制和处罚权限的界定，却较少提及对文化市场主体的利益保障、政策扶持、促进发展。简而言之，不受监督和制约的授权立法过程不可避免会受到政府部门利益和视角的局限，而只能使既有的诸多规范成为各个部门便于自己对社会主体和市场进行管理的工具，而无法真正起到保障公民文化相关权利实现、促进文化产业良性发展的作用。这些管理部门之间缺乏统一管理协调机制，在实际工作中，很容易形成职能交叉，对部门间的利益极易相互争夺，出了问题相互推诿。权力机关收缩授权立法的标准，对授权立法的制定与实施状况进行控制和监督是为督促政府职能部门切实履行文化行政管理法定职责所必需的。

(二) 工作监督

权力机关对行政工作的监督是十分广泛的，其具体内容是以听取、审议和批准政府工作报告的形式所进行的全面性监督工作。听取和审议政府工作报告，是立法机关监督政府的基本形式。我国《宪法》第 92 条明确规定，国务院对全国人民代表大会负责并报告工作，第 110 条规定，地方各级人民政府对本级人民代表大会负责并报告工作。听取报告主要包括三个方面的内容①。"人大代表在人大全体会议、代表团会议或者专门委员会会议上审议政府工作报告或者议案的过程中，对政府及其领导人可以通过提出询问的方式就有关行政活动提出疑问、了解情况。此外，人大及其代表可以对政府的某些行政行为提出质询，要求被质询的政府及相关部门负责人在一定期限内正式作出答复，此种监督方式亦可以传递民意、增强公共政策的理性化和科学化程度，促进行政管理的公开化。"② 文化行政管理领域必然牵涉诸多与人民群众切身权益相关的制度和政策，对文化产业的管理和发展依靠人民群众的力量，对文化领域的干涉和调整也必然会影响到公民相关法定权利的实现。权力机关应当尽可能准确地反映人民群众的利益诉求，代表人民群众对政府的相关工作进行客观评价以实现监督的社会效果。

在文化管理体制改革过程中，"管办分离、职能交叉，导致了多重执法。文化广播电视新闻出版有自己的执法队伍。不仅政事多，责任不清，而且重复管理，不仅浪费财力物力，增加执法成本，而且管理上存在漏洞。执法体制的不完善也造成了执法过程中的诸多问题。例如《文化市场检查暂行办法》的颁布为文化市场行政执法提供了基本程序，各级文化市场管理部门制定了许多行之有效的与执法措施相应的制度，离依法行政的严格要求还有相当大的距离。"③ 此外，现在全国各地还推行了部门执法

---

① 第一，人大全体代表听取和审议政府工作报告，对本级本届政府所做的工作报告进行审议，对政府工作进行全面评价，并通过大会审议。第二，人民代表大会及其常务委员会听取和审议政府的专题工作报告，一般涉及的都是人民群众较为关心的问题。第三，人大各委员会听取政府有关部门的情况汇报，目的在于帮助权力机关的各个委员会及时掌握和了解本领域工作的相关情况，协助人民代表大会及其常委会对政府工作的监督。

② 莫于川：《民主行政法要论：中国行政法的民主化发展趋势及其制度创新研究》，法律出版社 2015 年版，第 253 页。

③ 钱宁峰：《大文化管理体制的组织法建构》，《求索》2018 年第 3 期。

责任制，即由人大常委会组织和推动行政执法部门明确自己主要执行的法律、法规，并通过一系列制度保证执法责任到位的一种制度，包括四个方面工作：一是人大常委会在同级党委的领导和支持下，做出实行部门执法责任制的决议，并组织行政机关制定实行方案；二是在人大常委会指导下，由各行政执法部门汇集并层层分解法律，做到法律到位，执法到岗，责任到人，有些地方执法部门上下级间还签订了执法责任书；三是普遍组织执法人员在学习法律的基础上建章立制，对执行部门执法责任制的落实情况进行监督。[①]

三 完善权力机关的监督制度

（一）增强监督机能

增强权力机关在文化行政管理体制中的监督机能，可以表现为完善听取和审议专项工作报告制度。可以采取以下的措施进行完善：首先，在人大举行会议议事之前，就着手对相关问题进行有计划性的调查研究，形成相关问题的调研报告，针对政府对文化产业监管的相关工作进行调研。同时让人大代表能够充分地行使发表意见的权利，使权力机关的代表和组成人员有效地行使审议发言权，提高审议质量。其次，在人民代表大会机关议事的过程中，妥当地采取个别讨论、召开联组会议，或者通过全体会议进行讨论的形式，对政府执法专题中的做法和问题进行特别审议和判断。在上述的工作基础上，可以将常委会委员的意见和发表的观点进行统合和编纂，最终通过一定的形式制定成审议意见，送达相关的职能部门，提出一定的整改要求，同时对相应的主管部门提出要求在规定期限内将向本级全国人大常务委员会通报整改的情况。对有些重大事项，要作出决定或决议，增强监督的刚性和权威性。

增强权力机关的监督职能还可以表现为完善执法检查制度。《监督法》对执法检查的主体、内容和实施都作了规定，但在实际执行中能否检查到真实情况，这是存在的一个突出问题。"如何避免形式主义，真正了解到法律实施中的实际情况，是执法检查成败的最关键一环。根据长沙市人大常委会的经验，可考虑实行几个结合：第一，明察和暗访相结合。具体做法是：在正式检查之前，检查组成员深入一线，以群众的身份直接倾

[①] 蔡定剑：《当代中国行政法》，中国方正出版社2005年版，第1609—1603页。

听群众意见和呼声。第二，上下级人大相结合。就同一部法律或法规的实施情况，上下联动，形成合力，齐抓共查。第三，多种监督方式相结合。在常委会会议上不但听取和审议执法检查报告，而且听取和审议有关执法机关实施该项法律情况的工作报告，把法律监督和工作监督有机结合起来。"① 还可以把执法检查和代表视察等结合进行，充分发挥代表作用，增强监督力度和实效。

常态化运行询问和质询制度。《监督法》对询问和质询作了规范化、程序化的规定，这是我国法律第一次对各级人大常委会的询问和质询作出统一的规定。2010 年吴邦国委员长所作的《常委会工作报告》中首次提出，今后要依法开展质询和询问活动，这在《常委会工作报告》当中是第一次。"根据近年来地方人大的实践，可从几个方面进行完善和改进：第一，要会运用理论知识解决实际问题。要使得参与问题讨论和审议的人员能够提出建设性的意见和建议，履行好组织法及相关法律赋予的表达权利，从而提升人民代表大会议事和决策的整体效能，以及询问的科学性。第二，要坚持以实证研究工作为方向。充分了解自己所审议的问题相关的社会现实情况，有针对性地开展询问和质询。第三，利用外脑。组织熟悉审议内容的基层一线工作人员参加会议，对相关议题作专题发言，加深与会人员对相关工作的了解，提高询问和质询的专业性和可操作性。第四，注意方法。在询问过程中，推举若干名工作水平和语言能力较强的组成人员作中心发言，系统、全面、有针对性地提出询问意见和建议；同时，指定熟悉相关业务的组成人员侧重于某一个方面进行发言，相互补充、点面结合。"②

此外，还应当发挥好专门委员会的监督作用。按照宪法和组织法规定，"人大专门委员会在本级人民代表大会及其常务委员会领导下，研究、审议和拟定有关议案，对属于本级人民代表大会及其常务委员会职权范围内同本委员会有关的问题，进行调查研究，提出建议。"协助本级人民代表大会常务委员会开展监督是人大专门委员会在监督工作中的职责。如何做好此项工作呢？一是做好听取和审议专项工作报告工作。二是认真组织开展执法检查、视察和调研。三是协助人大常委会对规范性文件备案

---

① 陈日冬：《论我国人大监督的完善途径》，硕士学位论文，湖南大学，2011 年。
② 同上。

审查。四是认真办理代表议案和建议、批评和意见。

(二) 健全市场经济以培育法治理念

一个健全的市场经济体制有助于推动文化产业的繁荣发展，也有助于推动文化行政管理体制通过更加经济有效的规制手段进行变革，为人大监督制度提供相应的政治文化土壤。市场经济是一种发达的商品经济，是商品经济的高级形式。文化的发展兴盛不能只依靠国家公权力的宏观调控，社会自治领域中的这种矛盾与冲突仅仅依靠道德、习惯和行政手段无法解决，更多地需要借助于法律来解决。与此同时，不同独立利益主体之间的商品交易更容易产生契约民主、自由、平等、独立、公平竞争和价值补偿等价值。此外，作为商品经济的主体，公司内部治理结构体现了分权制衡的原则，上市公司机制本身也蕴含着法治、分权制衡、透明公开等价值理念。这些价值观为民主法治的产生和发展提供了良好的文化思想土壤，进一步促进了文化法律观念的形成。

伴随着市场经济的发展，国家权力机关对公权力进行监督的法律制度也可以进行优化和改革。当中国加入世界贸易组织之后，工业生产和全球化以及与世界标准进行衔接和转化的进程是非常快的，这也是传统计划经济时代条件下文化领域的管理制度所难以企及的。因此，新时代的新发展能够为人大的监督体制转型带来有利条件和充分动机。而在另一方面纵观人类发展的历史尤其是工业革命以来的社会变迁史，对现代的人类文明起到决定性影响乃至定型作用的是西方文明，这种影响在今天的全球治理和发展中也依然存在着，如果仔细辨析这种主导地位的内部因素，可以看出商品经济是西方文明得以领先的重要因素。而结合全世界的发展情况来看，鼓励支持商品经济发展的地区也往往能够孕育出发达繁荣的现代工业文明。把握和认识这一点也有利于我国的制度转型。从这一角度而言，继续坚持中国特色市场经济，让市场在资源配置中起决定性作用，其一方面可以解放发展生产力，从而推动我国民生经济的高质量发展，进而为权力监督等政治制度的运行提供充足的物质保障。同时也为深化政治体制改革包括权力监督体制改革在内的制度变革进程积累文化和精神上的基础。此外，积极融入经济全球化的过程并与国际惯例的接轨反过来也同样能够促进我国国内的经济体制改革和政治体制改革，这其中就包括了权力机关对文化行政管理体制监督制度的改革。市场经济制度的发展和健全为我国权力机关监督制度的改革提供了这种可能。

第二节　文化法治实施的行政监督

天下之事，不难于立法而难于法之必行。故文化法治如不真正实行与白纸无异。文化法治体系是政府调节市场诸行为之依据，政府的适当干预是文化市场经济繁荣发展的必要条件。同时文化法制的实施百分之八十要通过政府调节市场的行政行为来实现，这就关系到行政权力的行使。卢梭认为，权力来源与人民，亦是为人民受益而设置权力。所以权力必须正确行使。然而，孟德斯鸠曾言，权力是没有边界的，享有权力的人也不会停止行使权力的脚步。因此，对于权力的限制尤为重要。此时，须通过设立限制权力的机关来实现。①

行政权作为公众眼中最敏感的权力，②政府及其工作人员的不当甚至是违法行为将会立竿见影地造成人们对政府的不信任，此外，政权稳定性难以持续，且没有文化精神的凝结，国家的整体实力亦会有所影响。在文化市场中，包括各级行政机关以及其他法律授权的主体扮演着法制实施主体之角色，对于其的监督同样重要。

一　文化法治实施行政监督之基础明晰

（一）行政监督之研究范围明确

各界关于行政监督内涵的界定众说纷纭，不过大多跳不出广义和狭义③两种定义方法的圈子。无论是从哪种方法进行界定，其均是为了确保政府部门及其公务人员的执法活动合法、合理。1978年以来，机构改革呼声不绝，我国政府自身也多次进行改革，这其中对于自身监督的机制之改革愈发受到重视而得以完善。加之当代人权意识越发增强，对于行政机关内部监督的自我保护主义愈发抵制。这表明对于行政监督的研究及完善更加迫切，本章在其他三节对文化法治实施过程中权力机关、司法机关的监督和社会监督进行了研究，故本节主要对狭义的行政监督进行论述，上级行政机关之监督、通过行政复议方式之监督以及审计机关的监督等均在

---

① ［法］孟德斯鸠：《论法的精神（上）》，张雁深译，商务印书馆1963年版，第153页。
② ［英］密尔：《代议制政府》，汪瑄译，商务印书馆1982年版，第57页。
③ 广义的行政监督是指权力机关、司法机关、行政机关以及社会对于行政机关及其公务人员的监督；狭义的行政监督是指行政机关系统内部对于其自身执法行为的监督。

其中,将在下文详述。

(二)文化法治实施行政监督之必要性

1. 文化法治实施行政监督是建设法治政府的必然要求

著名学者格尔哈斯·伦斯基曾这样表述西方自古信守的观念,"权力有作恶和滥用的自然本性。"[①] 相关数据显示,在所有的法律制度和文件中,百分之八十以上都是通过政府行为来付诸实施的[②]。作为行政法制建设的重要组成部分,文化法制的行政监督既是建设法治政府的关键环节,又是推进依法行政的重要保障。行政机关是文化市场管理的首要主体,而对于市场主体的种种利益纠纷承担调节职责的主体而言,政府居于首要位置。

自改革开放至今,在数次的行政体制改革中,行政监督体制也不断被刷新重构,[③] 日益完善,更加符合法治需求。鉴于每个人都是市场中的经济主体,均为个人利益为重之本性[④],行政机关及其工作人员对于权力之运用更需把控和监督。一是行政事前监督可以起到有效的预防作用。文化法治的实施过程中,行政决定的重大决策程序是依法行政的重要保证。[⑤] 二是在文化法治实施的过程中,对于行政机关的监督可以对于法治实施及时纠偏,在事中及事后及时纠正行政活动的不当和不合法行为。

2. 文化法治实施行政监督有利于保护公民权益

公民作为文化权利的权利人,对于其权利的保障应当作为文化法制实施的第一原则和核心观念。而行政权之扩张使得公民乃是不当行政的第一受害人,故此,当公民利益因行政机关的不法行为受损时,公民有权通过行政复议等方式来保障自己的权利。

---

① [美]格尔哈斯·伦斯基:《权力与特权——社会分层理论》,关信平等译,浙江人民出版社1988年版,第8页。
② 宋国琴:《法治政府视野下的行政执法监督探析》,硕士学位论文,同济大学,2012年。
③ KIM GYEONGHAN:《中韩国家行政监督体制之比较研究》,硕士学位论文,厦门大学,2018年。
④ 参见张若衡译《休谟政治论文选》,商务印书馆1993年版,第27页。"人在面对利益诱惑时,会常常失去理智,不惜一切代价地去谋取最大化的私人利益。所以说在设计任何政府体制和确立该体制中的若干制约、控制机构时,必须把每个成员都设想为无赖之徒,并设想他的一切作为都是为了谋求私利,别无其他目标。我们必须利用这种个人利害来控制他,并使他与公益合作,……不这样的话……夸耀任何政府体制的优越性都会成为空谈,而且最终会发现我们的自由或财产除了依靠统治者的善心,别无保障,也就是说根本没有什么保障。"
⑤ 党的十八届四中全会确立了行政机关的依法决策机制,将公众参与、专家论证以及合法性审查和集体讨论决定作为重大行政决策的法定前提程序。

3. 文化法治实施行政监督有利于保障公共利益

文化市场中所包含的有关公共领域，牵扯到资源共享的概念和问题，因此，公共文化服务保障法治是文化法治的重要组成部分。其他诸如文物和非物质文化遗产等均属于国家财产，对于文物的保护、非物质文化遗产的保护等方面的法律法规亦与国家利益息息相关。为了平衡公共利益以及文化市场中所保护的有关权利人的私人利益，必须使有关文化的法律法规发挥尽可能大的作用，而在这其中审慎的行政执法至关重要，可以有效减少不法行政的概率，及时追究行政机关的责任，从而有效地保障和维护文化市场中的社会公共利益，以此实现公权力保障公共利益的初心。行政监督是文化法制正确实施的基本保障，亦可纠正行政权力运作的弊端，从而更好地为人民提供服务。

二 文化法治实施行政监督之制度内涵

（一）文化法制实施行政监督之原则

行政监督是行政机关对于自身活动的监督，但其同时也是行政管理活动的重要组成部分之一。因此，同其他行政活动一样，行政监督也应当遵循一定的原则，来作为行政监督的指导精神，同时以补缺行政监督法制无具体规定时行政监督活动的指导原则。

1. 合法性原则

一是文化行政法制行政监督的主体要合法。该监督主体必须依照法律规定，由法律授权。二是行政监督的程序要合法。三是行政监督的形式要合法。

2. 经常性原则

经常性，也即行政执法是经常性的，相应的对于行政执法的行政监督，也应经常性地贯穿其中。所谓经常性的行政监督，即是从行政执法的决策开始，到行政机关的执法结束整个过程都应受到其自身的监督。而且不能仅是一次性的监督，还应多次地形成常态监督，建立对于文化市场法制实施监督的长效机制。

3. 平等性原则

所谓平等性高，是指上级行政机关应当一视同仁。行政复议机关在进行复议时，要对行政机关和行政复议申请人一视同仁。行政审计机关在审计不同级别、不同部门的行政机关时要一视同仁。各机关在行政监督时对于执法主体及执法个人，不论领域、不论级别高低应当一视同仁。所谓一视同仁，即为权利和义务要平等。

4. 广泛性原则

所谓广泛性，其意有三。一是监督之主体的广泛性，为对文化执法主体进行全方位的监督，行政监督之主体应物尽其用。二是监督之客体的广泛性，是为对所有的文化执法行为均进行监督。三是监督之内容的广泛性，应对一切文化执法行为，包括行政调查、行政检查、信用监管、行政许可、行政强制以及行政处罚等种种行为进行监督，同时不仅是对具体行政行为进行监督，还应对抽象性行政行为进行监督。如此方可实现对于文化市场主体的全方位保护。

5. 有效性原则

有效一是指监督过程有效，二是指监督结果有效。即是能使合法的执法行为受到保障、违法的执法行为受到追责。要做到高效的行政监督，必须要有科学的监督机制设计，内外部监督统一协调，事前、事中和事后监督统一连贯。同时，监督主体要根据所得到的信息，迅速地开展调查取证，及时纠正违法失职行为。

（二）文化法治实施行政监督的构成要素及标准

1. 行政监督主体

在本文研究背景的设定下，我国行政监督的主体主要是指行政机关本身，包括上级主管行政机关、同级其他行政机关等。

2. 行政监督客体

鉴于上述的广泛性原则，行政监督的客体应当是文化执法过程中的行政主体及其工作人员。除此之外，随着文化市场不断涌现的新模式和新业态，以及文化执法模式的更新，文化市场法制的实施主体也扩展到由法律授权的机构和被行政机关委托的组织，对于这些机构和组织，也应当进行监督。

3. 行政监督内容

为贯彻有效性监督之原则，行政监督之内容应侧重对于不合法的文化执法行为的监督。行政机关的管理活动涉及文化市场主体准入、文化业务准入、文化产品审查、行政检查、行政处罚等制度，所谓违法行为是指行政权力的行使者违反了上述行政活动所应当依据的法律的有关规定；不当行为含义较为广泛，其可包括行政活动未遵守比例原则或行政效率低下等。

4. 行政监督标准

（1）合法性标准。一是要合宪，宪法作为行政活动的首要基本准则，行政监督亦应以国家宪法为标准，监督行政机关及其工作人员在文化执法过程中做出的许可、处罚、审批等决定，行政检查、行政处罚等行为是否符合宪法的相关规定或是宪法原则或是宪法精神。二是要合法。也即除宪法外，其他人大制定的法律。

（2）纪律标准。党的指导是依法行政的前提，是行政执法有效性的重要保障。对于文化执法行为的监督不仅要判断其是否符合宪法和法律，还要判断其是否遵守党的规章和纪律。此外，行政机关内部亦存在专门针对文化执法的内部规则，还需要结合大量的针对具体政府部门的纪律和制度来对文化法制的实施进行行政监督。

（3）公共政策标准。法律和政策均是行政管理活动的行为依据。政策的存在是我国行政传统之一。现代社会虽然法律已经替代政策，成为主导依据，但仍合理地存在着一些公共政策，这些公共政策根据社会的现实情况指定，应当作为行政监督活动的重要参照。违反政策亦应承担相应的后果。

（三）文化法治实施行政监督之类型

在文化行政执法过程中，为保障切实严格执法，必须不断健全文化执法行政监督体系。整体来说，对于文化执法的行政监督有两种分类方式。一是按照监督主体分，分为一般行政监督和专门行政监督；二是以监督所发生在执法过程中的阶段为标准，有事前监督、事中监督和事后监督三种。本文将对第一种分类方式下的行政监督进行详述。

1. 一般监督

一般监督主要分为纵向行政机关的行政机关的监督和横向行政机关的监督。所谓纵向行政机关的监督，即是指上级文化执法机关对于下级执法机关的管理、命令和对下级机关违法行为的纠正和处罚。[1] 横向行政机关之间的监督是指一种在互不隶属的国家行政机关之间，也即文化管理部门

---

[1]《宪法》第89条规定，"国务院行使下列职权：……（三）规定各部和各委员会的任务和职责，统一领导各部和各委员会的工作，并且领导不属于各部和各委员会的全国性的行政工作；（四）统一领导全国地方各级国家行政机关的工作，规定中央和省、自治区、直辖市的国家行政机关的职权的具体划分；……（十三）改变或者撤销各部、各委员会发布的不适当的命令、指示和规章；（十四）改变或者撤销地方各级国家行政机关的不适当的决定和命令"。

和其他行政部门之间,因为业务关系而实施的监督,即政府职能部门就其主管部门的工作,在自己职权范围内对其他同级部门实行的监督。学术中多对上下级机关的纵向行政机关的监督进行研究,纵向行政机关的监督主要可以分为以下监督方式。

(1) 备案审查制度

按照立法法的规定,省、自治区、直辖市的人民政府文化管理部门制定的规章应当报国务院文化和旅游部备案,省会城市和中央批准的较大的市政府制定的地方政府规章以及政府各部门制定的部门规章报中央政府备案,对于不合法的规章,中央政府有权对其更改和撤销。

(2) 报告工作制度

报告工作制度严格按照行政层级逐级递报。首先报告主体即为相应的文化执法行政机关,报告的对象是其上级主管机关或者当地的本级人民政府。报告的内容除了方针政策、规划以及重大措施外,还有实际工作中遇到的困难和新问题。报告的方式一是主动汇报,二是上级机关要求汇报。报告的内容一是专项汇报;二是定期或年度汇报。通过向上级汇报工作,执法机关的相关工作情况即同时接受上级行政机关的行政监督。而上级行政机关此种监督的结果大多表现为改变下级机关不适当的行政行为,或者撤销下级违法的行政行为。

(3) 执法监督检查制度

以与文化执法最为密切的行政许可为例,《行政许可法》则规定,县级以上人民政府应当加强对行政机关实施行政许可的监督检查的力度,有利于及时有效地纠正不当的执法行为,保障立法的正确实施。再如根据《行政处罚法》的规定,如在文化执法过程中,无论是文化执法程序违法,抑或是执法手段或者处罚决定过度或不当、处罚种类未严格依照法律规定或者甚至没有准确的法律依据等,上级行政机关都应该在发现后及时纠正,也可直接追责到执法人员个人,及时保障市场主体的文化利益,保障文化市场运行的正常执行,维护良好的法治政府形象。

(4) 重大决策程序制度

保证行政权能够正确行使的最佳途径,就是制定完善的程序规则。一方面,遵守程序规定即是合法;另一方面,行政执法是否公平正确交给是否符合程序来决断,即为合理。以程序来达到最佳行政状态,是现代科学行政的重要考量。为此,2019年4月,国务院发布《重大行政决策程序暂行条例》（以下简称《条例》），说明了中央政府对于决策程序正确性之重视。文化执法所关系到的重大事项，涉及重大利益，更需要行政机关的科学决策。由此，各地文化管理部门为贯彻落实纷纷制定文化市场综合执法重大行政决策程序规定[①]。

首先，关于重大行政决策程序的适用范围。根据《条例》之规定，在文化执法方面，需要履行重大决策程序的事项涉及：制定有关公共服务、市场监管等方面的重大公共政策和措施；制定文化市场综合执法中的长期规划以及年度计划等重要规划和涉及公共文化资源等的开发保护以及使用等方面的行政决策；决定在本行政区域实施文化领域内的重大公共建设项目等。

其次，关于重大行政决策的具体程序。综合《条例》以及各地出台的文化执法决策制度来看，文化执法过程中的重大决策程序设置较为科学全面。一是参与程序。吸收了社会各界包括公众、行业专家在内的各类主体参加决策，体现了参与原则。二是风险防控程序。近年来政府机关大量吸收鉴定机构等专业团体，对于文化领域内较为专业的重大事项进行风险的预先评定，并根据预计的风险制定相应的对策。三是合规程序。即是通过政府内部的法制机构进行合法性审查，唯有合法之行政决策方可付诸执法。四是讨论程序。在一系列程序的最后，该决策是否通过，应有集体决定。这些程序充分适用到文化执法的各个领域，并规定了如实记录、责任追究、专家论证等诸多细节。

（5）行政问责制度

法约尔认为，责任和权力似为连体婴儿，两者必定伴随出现。[②] 我国行政问责制度的生命仍然年轻，真正起源是在非典时期。因为非典的防控问责了很多政府机关工作人员[③]。当前，我国进入改革发展的重大机遇期、社会转型的关键期、矛盾纠纷多发期，更应进一步完善地方政府的行

---

① 如《临朐县文化市场综合执法局重大行政决策程序规定》等。
② ［法］亨利·法约尔：《工业管理与一般管理》，周安华等译，中国社会科学出版社1982年版，第64页。
③ 2008年生产安全、食品安全等各级、各类安全事故频频爆发，一批失职、渎职的领导干部被问责，中国政坛掀起了"问责风暴"。2009年9月"平顶山瓦斯爆炸事件"，平顶山市长等多位官员遭到处分。2011年7月"温州动车追尾事故"，54人被问责。2011年3月"河南瘦肉精事件"，多名畜牧局局长被停职。2014年12月"上海外滩踩踏事件"，涉及11位领导干部被问责。2015年8月"天津港爆炸事件"，123人被问责。2015年7月河北省"宁晋县非法生产烟花重大爆炸事故"，75人被不同程度地处理。2017年5月湖南"临澧县黑火药厂爆炸事故"，4人被问责。2018年4月河北省"宁晋县红水浇地事件"，环保部门相关责任人被问责等。

政责任制度，利用责任来控制和规范地方政府行政权力的运行，以期解决现实中存在的行政权力的懈怠和滥用的问题。①

首先，关于行政问责制度之内涵。派伯认为："行政问责的概念被用来衡量一个政府能否被评断为合法、正当的标准。负责的政府展现了先进民主的内涵；政府若无法被问与责任或不具备健全的问责机制，就像是提供培养威权、极权和任何形式滥权之政体的沃土。"② 贝恩把行政问责归纳为："在组织中，某人因为其决策失误或行动造成重大损失而必须接受责难。"③ 周亚越指出，行政问责作为一种制度，是针对各级行政机关是否正确履行职责的一种过问机制和责任追究机制。④ 韩志明认为，所谓行政责任，如派伯所说，是由权力的存在而诞生。这种责任包括是否合乎政策、是否违反法律、是否符合社会道德等诸多种种。⑤

其次，关于行政问责制度之范围。行政问责之范围是指对于不当或违法行为之行政机关及其工作人员追究责任时，所应调查的限度以及所应承担后果的严重程度。周亚越认为，有权问责的主体应当对相关行政机关在文化执法过程中发生的重大事故，或者是滥用权力进行执法，或是因故意或工作人员自身水平做出错误决策，或者是故意不作为、不履行职责等行为，均要进行问责。⑥ 对于行政问责之范围的准确界定，是正当发起行政问责的首要程序。

复次，关于行政问责的程序。程序是合法之重要保障，履行正当的问责程序既有利于问责方正确问责，也有利于被问责方之权利保障。完整的行政问责程序主要包括启动、实施、救济、复出四个步骤。⑦ 正当、合法的程序是完善行政问责制度的前提条件，更是对行政机关监督行为的监督。

最后，关于行政问责之结果。行政问责的结果是指被问责对象所应当

---

① 刘云仓：《我国地方政府行政责任研究》，硕士学位论文，西北政法大学，2012年。
② Rlinders, *The Polities of Aeeountility in the Modern state*, London: Ash gate Rg, 2005, p. 125.
③ Behn, Robert D. Zool, *Rethiing Demoeratie Aceountility*, Washington: Brookings stitution press, 2000, p. 13.
④ 周亚越：《行政问责制研究》，中国检察出版社2006年版，第36页。
⑤ 韩志明：《中国问责十年风雨路》，新华出版社2013年版，第66页。
⑥ 周亚越：《行政问责制研究》，中国检察出版社2006年版，第37页。
⑦ 周嫦秀：《城管综合执法监督缺位与问责机制完善》，《上海城市管理职业技术学院学报》2008年第6期。

承担的相应的不利法律后果。如果触犯刑法，将由行政机关移送检察机关，承担相应的刑事责任。

2. 专门监督

专门监督主要指审计部门的监督和行政复议制度。

（1）审计监督

各级审计机关根据宪法之规定，独立行使职权。首先，关于审计监督的内容。审计机关在发现行政机关的贪污挪用等行为时，应当揭发。对于行政机关在文化执法过程中的会计层面的不当或违法行为，应当查明行为原因，并采取相应的合理措施。审计机关还可从专业的角度出发对于行政机关在文化执法过程中的业绩进行评价，并可提出改善建议。[1] 此外，针对行政机关所制定的年度预算情况，审计部门可以对行政执法活动是否符合预算进行监督。在此过程中，有权根据调查需要，请被审计的行政机关提供审计报告。

其次，关于审计监督的结果。其结果大致分为：制止违法行为、没收违法财产、返还违法所得、要求承担相应刑事责任等。除没收资金、下令归还外，如触及刑法，应负刑事责任。对于应负相应责任的公务员个人，可向其主管部门提出给予行政处分的建议，被审计单位应依法及时做出决定。

（2）行政复议监督

关于行政复议的必要性，一是行政复议相较于其他监督途径具有更强的专业性和及时性。行政复议机关对于文化执法工作更加了解，相较于权力机关、司法机关和社会公众的监督更为专业。同时，行政复议程序相较于诉讼程序更为简捷，诉讼手续烦琐，程序周期长，无法及时督促行政机关整改，无法及时保障相关公民权利。[2] 相较于社会监督更有力度，因行政复议机关为相关违法执法机关之上级，较之社会主体的监督更有权威，更具压迫感。二是行政复议相较于行政诉讼等其他外部监督方式，成本更低，相较于行政诉讼的执行程序更容易实现行政相对人的权益保障，更节省司法资源。[3]

---

[1] KIM GYEONGHAN：《中韩国家行政监督体制之比较研究》，硕士学位论文，厦门大学，2018年。

[2] 张家洋：《行政法》，台北三民书局出版社1998年版，第734页。

[3] 应松年主编：《行政法与行政诉讼法》，中国法制出版社2009年版，第639页。

三 文化法治实施行政监督之制度困境及解决

（一）行政监督制度不全及解决路径

文化执法过程中的行政监督法律制度，分散于法律、行政法规、部门规章、地方法规、地方规章之中，例如：

表 5-5-1 文化执法行政监督法则

法律层级	法律名称
法律	《立法法》《行政处罚法》《行政许可法》《文物保护法》《著作权法》
行政法规	《规章制定程序条例》《法规规章备案条例》《互联网上网服务营业场所管理条例》《文物保护法实施条例》《印刷业管理条例》《文化综合行政执法管理办法》《著作权行政处罚实施办法》《文化市场重大案件管理办法》

由此可见，缺乏统一、全面的规范行政监督的法律制度。无论是何领域，当行为现象出现时，各方都呼吁制定关于该领域的统一性法律。从另一方面来讲，某一领域统一性法律的制定实际上是代表了该领域制度体系构建的成熟。民事刑事等传统领域即是很好的例子。况且为何百年之后我国仍要制定统一的民法典，并规定与此同时众多民事相关法律同时废止？相信这该是很好的例证。因为只有立法统一，执法才能统一。统一的执法更易监管，同时执法标准的统一也代表着文化的执法消除了地域的差距，更为公平公正。缩小经济差距是发展的宗旨之一，笔者认为不仅是经济，文化市场亦是如此，发展之路总是先富带动后富。文化市场之均衡管理是文化市场经济均衡之必备条件，更是文化市场经济繁荣之必要前提。

从另一方面来说，文化所代表的社会精神以及核心价值观之沉淀，所代表的中华传统文化之积累，应当慎重为之，统一的高层次立法是文化市场执法科学性的第一步。因为文化市场相比于其他市场来说，更需要科学的执法。不科学和不谨慎的执法不仅会在历史上留下痕迹，更会因为文化之内在的非强制性具有源远的影响力，而不断扩散。

当然，在这部统一性的法律制定过程中，必须要保证立法的科学性和全面性，否则无以立身。诸如在程序规定方面，应尤其重视。程序就是监督执法的最好方式。

（二）行政问责制度存在的问题及对策

现有的文化执法过程中，对于相应行政执法部门的问责制度还无法满足行政法治的要求。实践中，问责主体独立性较差、责任主体界定不清、问责程序不够完善、责任追究渠道不畅等问题仍然存在，究其原因大致在于以下几个方面：一是文化执法机关的正副职公务人员责任界定不清；① 二是难以划分直接和间接责任；三是在现行的行政首长负责制之下，难以确认集体责任和个人责任；四是各文化执法部门，如工商、新闻出版局、文化部等部门之间，由于政府体制改革的原因，仍有部门职责未界定清楚；五是我国传统的人情社会给行政问责带来一定的难度，行政问责法律意识还需增强。②

现阶段，对于文化执法行政问责制度构建的任务就是对现有制度缺陷的纠正和弥补，真正实现"有权力必有救济"的法治要求。就此，首先应是立法上的完善，使责任的认定、承担和追究均有明确的依据；其次是构建独立且具权威的问责、追究机构；然后是疏通地方政府行政问责的程序；再者培养促进行政问责制度完善的社会力量；最后加强对地方政府行政权力的直接行使者——行政公务人员的行为管理和制约。这样，就从责任承担的主体、问责机构、问责路径、问责的社会基础以及地方政府行政责任实现的法制保障等各个方面来促进了文化执法过程中行政问责制度的完善。

（三）审计监督制度存在的问题及对策

行政审计监督作为对文化执法机关的一种专门监督，对于维护国家财政经济秩序，促进廉政建设具有重要作用。但目前我国审计监督还存在诸多问题。

1. 审计机关的独立性不足

虽然根据法律规定，地方各级审计机关依照法律规定独立行使审计监督权，但是审计机关在人事编制上仍未做到独立。审计机关工作人员仍然受到本级政府的领导。同级审计部门和文化执法部门同处一个行政区域内，难免会有区域利益和部门利益的干扰。这就导致对于文化执法部门审计机关在人事方面不独立。此外审计部门的经费列入由本级政府管理的财政预算，这使审计工作的独立性受到一定的制约。

2. 审计结果的公开性有待提高

根据我国审计法的规定，审计机关是可以向而不是必须向有关部门通

---

① 张权：《当前我国县级政府行政问责制研究》，硕士学位论文，河北师范大学，2018年。
② 刘云仓：《我国地方政府行政责任研究》，硕士学位论文，西北政法大学，2012年。

报或者社会公布审计结果,而且还应当依法保守国家秘密和被审计单位的秘密。但是笔者认为审计报告应向全社会公开,以保证审计结果被广泛地传播和深入展开讨论。审计工作正是通过公开审计结果的方式来发挥监督作用的,因为审计结果的公开会督促被审计的机关以后财政收入和支出符合审计方面的法律规定。

故此,为加强对文化执法部门的审计监督,还应从审计部门的独立性和审计结果的公开性着手。

(四) 行政复议制度存在的问题及对策

一直以来,行政复议作为行政机关自我监督的方式而遭到质疑。其中,最有力的质疑声来自自然正义原则的抗议。根据自然正义原则,"一个人不能在自己的案件中作法官;人们的抗辩必须公正地听取。"① 自然正义原则的拥护者们认为,与一项行政决策有利益牵连的人不应当参与决策中来。② 正如我国著名法学学者孙笑侠在《法律对行政控制》一书中所说的那样,对于一项裁决最重要的就是其本身的公平性。公平的裁决才能使每位当事人感受到公平正义,如此才能使一项裁决做出后顺利得到执行。不能使人信服的裁决不能完全执行,那么这项裁决就如白纸,做与不做并无差别。③

人们因此对于行政复议的公正性怀有深深的不信任感。但是笔者认为,正如前文所提到的,行政复议制度拥有行政诉讼、社会监督等其他监督方式所没有的优势,更专业、更便捷、成本低、节约资源等,都是行政复议的优越性所在。辩证地看,行政复议机关鉴于外界的不信任和舆论压力,会更审慎地进行行政监督。

因此,笔者认为行政复议制度所面临的最大的问题,就是如何保证行政复议的公平性。而解决这一问题的路径,一是要确保复议机关的主要负责人与具体案件中文化执法部门无利益关系,也即遵守行政复议中的回避原则。二是保证行政复议程序的贯彻落实,履行法定程序是最好的公正保证书。三是保证行政复议过程的公开和透明。

此外,有学者更为具体地指出"建立健全行政复议制度之所以必要,

---

① [英] 威廉韦德:《行政法》,楚建译,中国大百科全书出版社 1997 年版,第 95 页。
② 邹荣:《论英国行政法上的自然正义原则》,《重庆工商大学学报》2007 年第 4 期。
③ 孙笑侠:《法律对行政的控制——现代行政法的法理解释》,山东人民出版社 1999 年版,第 185 页。

关键的一条就是为了不把成千上万个由上一级有关行政机关出面可以妥善解决的行政纠纷，一股脑儿都推到法院去。这既有利于加强上级行政机关对下级行政机关的行政法制监督，又可以减轻法院不必要的负担。行政机关自己来纠正下级的不当措施或违法措施，由于业务熟悉，只要能坚持依法办事，比推到法院去是会处理得更及时、更准确的。这样做有利于提高行政管理的效率"[①]。

第三节　文化法治实施的司法监督

2014年10月28日，中共中央关于《全面推进依法治国若干重大问题的决定》发布。再次从国家长治久安的战略高度明确了全面推行依法治国的目标。提升文化领域法治化水平，建构文化领域法律治理制度结构已经成为当下文化界和法学界的普遍共识。加快文化立法、加强文化执法更成为各级政府热议的重点。相比于文化立法、文化执法，文化法治实施中的司法监督也是必不可少的重要环节，也是实施文化法律管理的重要组成部分。文化法治的实施本身便要以文化立法为基础、文化执法为手段、文化的司法监督为保障。

一　文化法治实施的司法监督概述

文化法治实施的司法监督包含两个基本要素，一是文化法制，二是司法监督。首先必须要阐明文化法制的内涵、特点以及其主要实施方面；其次便是阐明司法监督的内涵、特点以及在文化法制实施中的具体监督领域与特点。笔者下文将针对文化法制与司法监督进行详细阐述。

（一）文化法治概述

文化法制是有关多个文化领域以及多个文化层次的相关法律制度的总称，其特点主要体现在以下方面：第一，文化法制着眼之处在于"法制"，即为文化产业等内容提供服务和保护的法律制度。与之并存的有行政法制、经济法制、民事法制、刑事法制等。文化法制的本质也为文化领域相关主体所拥有的权利（权力）和义务。第二，文化法制的价值导向是文化内容，而并非相关的经济价值、社会秩序、经济秩序、刑事秩

[①] 张尚鷟主编：《行政法教程》，中国广播电视大学出版社1991年版，第167页。

序，其权利内核也是文化权利。第三，文化法制的实质存在即是我国所颁布施行的诸多法律规范，包括法律、行政法规、部门规章以及地方性法律规范，其规范导向也是文化权利。综合而言，文化法制的实施主要涵盖以下领域：新闻出版领域、知识产权领域、广播影视领域、文化遗产保护领域、公共文化服务领域。

（二）司法监督

司法监督必然是与司法相关的概念，关于司法监督，学界有几种观点：第一，此种观点将司法机关作为监督对象，相关的国家权力机关、检察机关、社会舆论监督主体、公众监督主体都能对其进行监督，此种观点与本文之司法监督不符。第二，司法监督即法律监督，此种观点将司法监督狭隘地界定为检察机关对于审判机关、公安机关及其自身的监督，与本文之司法监督也不相符。第三，审判监督。美国称其为司法审查。此处的司法监督权主要指法院等审判机关通过履行审判职责而对公权力主体与私主体进行监督。此种观点最为符合文化法制司法监督的实际意义，即司法机关针对诸多文化产业制度中存在的法律问题进行的审判监督，具体包含民事诉讼、行政诉讼、刑事诉讼三个层面。

司法监督表现在文化法制的具体领域也包括民事诉讼、行政诉讼、刑事诉讼三个层面。首先，在民事诉讼层面，文化法制实施的司法监督涉及范围广泛，既包含知识产权、新闻出版、广播影视中的知识产权纠纷，又包括公共文化服务中的网络文化产权纠纷，更包括文化产业、文物保护与非物质文化遗产保护中的民事利益纠纷。民事诉讼对于文化法制实施的司法监督主要便是通过审判，维护相关民事法律规范的正常运行，保护产权领域内的正常秩序、文化产业领域内的正常秩序。但民事诉讼所起的司法监督作用有限，散见于各个领域之内，与各个领域均紧密关联，比如：《非物质文化遗产保护法》《网络安全法》《知识产权法》以及相关文化产业内的法律、行政法规，并由于此种分散性使得民事司法监督的存在些许权利缺乏可诉性以及司法监督力度不足的问题。此外，在此处还应注意民事公益诉讼问题，尽管文化并非作为民事公益诉讼的保护标的，但文化与环境一样属于人民共有的无形财产，理应在非物质文化遗产保护等领域适用民事公益诉讼。其次，在行政诉讼层面，文化法制实施的司法监督主要监督对象为行政主体，包括：行政机关、事业单位，以及一切行使公权力的主体，主要监督内容也为行政主体所作出的行政行为或者准行政行为。

因此，行政司法监督的目的便是通过行政司法审查纠正错误的行政行为，并且维护行政相对人的正当利益，以避免行政主体滥用权力。行政司法监督在文化法制实施中涵盖的领域主要包括：新闻出版、广播影视、文物保护、非物质文化遗产保护、网络文化服务以及知识产权申请认定等领域。相比于民事司法监督，对于文化法制实施而言，行政司法监督更能有力地保障文化法制的实施，维护文化领域内的正常法律秩序。行政公益诉讼在此处也不应被忽略，行政公益诉讼也并未将文化作为保护标的，但行政主体对于属于人民共有的无形文化财产应当承担保护责任。一旦行政主体在文化法制实施中缺席，并引起文化法制实施不畅，则检察机关作为行政公益诉讼提起主体理应对相关主体进行司法监督。最后，在刑事诉讼层面，文化法制实施的司法监督对象主要为违反文化法制相关法律规范，并且引发一定犯罪后果的违法犯罪分子。在文化法制领域，刑事诉讼主要针对知识产权领域中的商业秘密犯罪、公共文化服务中的网络文化安全犯罪、文物保护中的犯罪、非物质文化遗产保护中的犯罪，以及新闻出版与广播电视中的个别犯罪行为。相比于前两种司法监督，刑事司法监督适用的情况一般都是文化法制遭受巨大破坏，产生一定危害结果。

二 文化法治实施的司法监督存在的问题

正如上文所言，文化活动作为社会活动的一种，同样会产生各种矛盾和纠纷。并且，文化作为一种无形财产，有私人所有的财产也有人民共有的财产，因此，为解决文化法制实施中存在的矛盾纠纷以及犯罪问题，保护文化权利，保障文化活动当事人的合法权益，保证各类文化活动正常进行，保障文化产业领域内正常法律秩序，是司法监督的核心任务。

文化法制实施司法监督主要包括：民事诉讼、行政诉讼、刑事诉讼三个层面。目前而言，司法监督主要应用于文化民事经济活动和文化行政管理活动。文化经济纠纷中最重要的一类是文化知识产权如著作权受到侵犯而引起的纠纷，文化行政纠纷一般是文化行政管理过程中，行政相对人认为自己的合法权益受到文化行政管理部门侵害而引起的纠纷。为了解决这两类文化纠纷，进一步加强知识产权司法保护，切实依法保护权利人合法权益，维护社会公共利益，我国在司法监督领域开展了许多行动，例如在北京、上海、广州等地设立相应专业的知识产权法院。知识产权法院的设立，是我国知识产权司法保护事业发展进程中的里程碑事件，具有重大的历史意义和现实意义。但目前而言，文化法制实施的司法监督还是存在诸多问题亟待解决。

文化法制实施中司法监督存在的诸多问题主要表现在几个方面：第一，文化权利保障不足。任何监督的目的都是保障权力的合法、合理运行，保障权利主体的权利不受侵害，保护私人权益，维护公共利益。相比于行政监督，司法监督作为最后一道防线更应注重对文化权利的保护，但目前而言相关文化权利保护并不充足。第二，文化法制实施司法监督实际操作困难，实际操作困难体现在两方面，一是缺乏有经验、有技术知识的专业法官，司法审判工作进行困难；二是相关司法衔接、各领域衔接不足，工作复杂，司法监督难。

（一）很多文化权利缺乏可诉性

古老法谚云：无救济，无权利。权利得不到救济则不为权利。文化法制实施不畅的原因其实是诸多文化权利缺乏可诉性的问题。文化权利缺乏可诉性便导致司法监督对于文化权利的保护并不重视，对于文化法制的实施并不重视，从而司法对于文化法制实施的监督也习惯性地偏向于经济法制、行政法制实施。更加具体而言，在民事层面，首先，尽管我国知识产权制度已在逐步完善，但相关知识产权司法保护仍然不足，尤其体现在网络知识产权保护上。网络自然是文化传播的最主要途径，并且网络文化传播已经不仅限于传播，更延伸到经济利益之中。在网络文化传播营利中存在大量侵权现象，目前相关的司法保护仍然滞后于网络文化传播营利的发展，致使大量侵权现象无法遏制，权利人无法维护合法权益。并且正如上文所言，文化权利似乎并未成为一种具体的权利，而仅以著作权等形式体现，确实缺乏可诉性。其次，由于文化权利仍属于抽象性权利，其权利保护可诉性不足，但针对抽象性权利保护的公益诉讼又并未将其纳入保护范围，相比于环境而言，诸多非物质文化遗产也十分宝贵，但仍缺乏公益诉讼制度对其加以司法保护。在行政诉讼层面，存在同样的问题，针对抽象性的文化权利或者说人民共有的文化利益，缺乏有力的行政公益诉讼制度，尽管行政主体能够有力地维护公共文化利益，但并不代表不需要有力的司法监督制度督促行政主体维护公共文化权利，此点在非物质文化遗产保护中也十分重要。在刑事诉讼层面，文化权利的保护更多附着于社会秩序保护之中，文化领域内的法律秩序保护并未作为刑法关注的重点。综上所述，文化权利、利益缺乏可诉性或是保护不足，使得司法监督无法有效地、有针对性地遏制违法、犯罪行为，更加无法有效地保护文化法制的有力实施。

（二）文化领域内的各种权利保障不均衡

相较经济权利、政治权利，文化权利是传统法学领域里最为薄弱的，我国的文化立法工作明显滞后。同样，相比于行政法制实施、经济法制实施、刑事法制实施，司法监督对于文化法制实施的关注最少。相比于立法对文化权利保障不足，司法监督对于文化权利的保障与文化法制的实施监督也存在不均衡现象。在民事司法监督与行政司法监督层面，司法对于文化法制实施的监督或是说对于文化权利的保护大都集中在经济利益层面，而并非集中于文化本身，无论是民事审判与行政审判都注重于经济利益的审理，这也是文化保护法律稀少的原因，也是民事公益诉讼、行政公益诉讼缺席的原因，更是非物质文化遗产领域内法制实施不畅，缺乏司法监督的原因。并且，在刑事司法监督领域亦是如此。刑法更加注重于人身权利、财产权利、经济秩序、社会公共秩序的保护，而对于文化秩序保护并不重视，这便导致司法监督并不在意文化秩序运行中的违法犯罪行为。文化权利保障不均衡便使得司法监督更加注重经济法制、行政法制、刑事法制的实施与运行，而对于文化法制实施则习惯性地加以忽视。

（三）法院缺乏专业的文化领域审判人员

文化法治实施的司法监督涉及新闻传播、广播影视、文物保护、网络文化安全保护、非物质文化遗产保护、知识产权保护多个领域，也涵盖民事、行政、刑事司法监督多个层面。目前而言，文化法制实施的司法监督主要由法院开展，针对各文化领域中法制实施过程中存在的诸多法律问题进行审批，而检察机关则负担部分审判监督工作的开展。但正是由于文化发展实施的领域广泛，层次多样，涉及多部法律，便给法院审判工作带来巨大困难。目前法院内专门审判机构的法官多为从民事、行政、刑事审判庭抽调，并未经过系统的文化法律训练，很难对文化案件的特殊性有深入的把握；即便是熟悉文化法律规则，针对文化纠纷的专业性和复杂性，诸多法官也难以胜任此类工作。并且，法院目前工作任务十分繁重，解决一件文化法制实施中的案件往往需要多领域内、多层次内的诸多法官共同研讨才能解决相关法律疑难问题，但受制于繁重的日常工作，法官们往往都是忙得不可开交，无法投入巨大时间精力解决此种案件。并且，为解决审判专业性问题，诸多地区已经尝试建立专门法院，以北京为例：北京已经建立专门的互联网法院、知识产权法院,在普通法院中又分别为各个中级人民法院分配具体负责方向,如:一中院、二中院主要负责民商事审判,三中院负责部分行政案件,四中院则主要负责行政案件审判。但此种专业性极强的分类方式使得跨越多领域的文化法律案件更加耗费时间精力。一个文化法制案件可能涵盖互联网、知识产权、民商事纠纷、行政诉讼等多个领域,更不用说还涵盖多个地区。诸多当事人与法官的精力都耗费在沟通协调之中,并且还依赖于高效紧密的沟通联系平台,其困难程度可想而知。因此,应对文化审判的法官进行持续培训。除了加强对法官的日常培训和学习之外,还应减少文化法官的流动性,减少对文化法官的审案数量考核的压力,使其专注于提升办案水平。同时,应建立文化纠纷案件专家陪审员信息库,根据案件性质抽取相关专家陪审员,以强化文化纠纷诉讼的专业化水平。

(四)各种司法监督缺乏协调统一

文化法治领域内的司法监督既然涵盖民事、行政、刑事三个层面,其在运行中必然需要通力合作、互相协调以达到最优效果。在执法与司法领域的协调上,我国近年来已经做出些许成绩,尤其体现在行政执法与刑事司法协调统一上。行政执法与刑事司法衔接制度的萌芽应是1957年9月30日最高人民法院做出的《关于行政拘留日期是否应折抵刑期等问题的批复》,该批复就行政拘留应折抵刑期做出肯定答复,明确了处罚结果上的衔接。1996年《行政处罚法》就结果上的衔接通过法律的形式予以正式确认。2001年国务院《行政执法机关移送涉嫌犯罪案件的规定》的颁布实施意味着行政执法与刑事司法衔接制度的正式确立。[①]

为了具体落实该行政法规的内容,最高人民检察院分别于2001年12月、2004年3月、2006年1月单独或与其他部门共同发布了3部规范性文件——《人民检察院规定》《2004年意见》《2006年意见》。2011年2月中共中央办公厅、国务院办公厅共同转发了国务院法制办等八部门共同制定的《2011年意见》。这些规范性文件明确了衔接中的一些机制,如联席会议制度、案件咨询制度、信息共享制度等。

2006年3月26日国家版权局制定《关于在打击侵犯著作权违法犯罪工作中加强衔接配合的暂行规定》;2006年1月13日公安部、国家工商

---

① 练育强:《完善行政执法与刑事司法衔接机制之反思》,法律出版社2017年版,第46页。

行政管理总局制定的《关于在打击侵犯商标专用权违法犯罪工作中加强衔接配合的暂行规定》；2003年11月5日湖北省公安厅、工商行政管理局、版权局、知识产权局共同发布《关于在查处侵犯知识产权违法犯罪案件工作中加强协作配合的通知》（鄂知发〔2003〕32号）；2013年5月3日全国打击侵犯知识产权和制售假冒伪劣商品工作领导小组办公室《全国打击侵犯知识产权和制售假冒伪劣商品工作领导小组办公室关于加快建设打击侵权假冒行政执法与刑事司法衔接工作信息共享平台的通知》；《甘肃省人民检察院、甘肃省公安厅、甘肃省商务厅、甘肃省文化厅、甘肃省审计厅、甘肃省农牧厅、甘肃省工商行政管理局、甘肃省国家税务局、甘肃省地方税务局、甘肃省新闻出版局、甘肃省质量技术监督局、甘肃省食品药品监督管理局、中华人民共和国甘肃出入境检验检疫局、甘肃省物价局、甘肃省烟草专卖局、甘肃省环境保护局、中华人民共和国兰州海关、中国人民银行兰州中心支行、中国证券监督管理委员会甘肃监管局关于进一步加强工作联系建立行政执法与刑事执法衔接工作机制的意见》（甘检会〔2004〕12号，2004年6月22日）。[①] 如上文所言，在行政执法与刑事司法协调统一上，我国已有相关制度正在运行和完善。但对于文化法制实施中的民事司法监督、行政司法监督、刑事司法监督的完美协调、通力合作并未有详细的制度规定。《民事诉讼法》针对一案同时存在两种诉讼的应对性规定只有一条，即："有下列情形之一的，中止诉讼：本案必须以另一案的审理结果为依据，而另一案尚未审结的"[②]，由此可见，民事司法监督应对综合性的文化法制实施案件往往只能等待；《行政诉讼法》在此方面的规定有两处：一是第61条："在涉及行政许可、登记、征收、征用和行政机关对民事争议所作的裁决的行政诉讼中，当事人申请一并解决相关民事争议的，人民法院可以一并审理"，二是第66条："认为有犯罪行为的，应当将有关材料移送公安、检察机关"[③]，由此可见行政司法监督对于综合性案件也仅有两点具体规定；刑事司法监督针对的是违法犯罪行为，而对于涉及的民事纠纷、行政纠纷，刑事司法监督自然会习惯性忽略此种遵循"不告不理"原则的纠纷，必然导致相关协调机制缺乏，导致

[①] 练育强：《完善行政执法与刑事司法衔接机制之反思》，法律出版社2017年版，第251—260页。

[②] 《中华人民共和国民事诉讼法》。

[③] 《中华人民共和国行政诉讼法》。

公民私人权益得不到保障与公共利益难以维护，也会导致文化法制实施中缺乏有力司法监督。

综上所述，文化法制实施的司法监督存在的问题主要体现在两方面：一方面，文化法制实施的司法监督缺乏对文化权益的保护和关注，相关权利保障不足，体现在文化权益缺乏可诉性与文化权利保障不均衡两方面；另一方面，文化法制实施的司法监督实际操作困难，重点体现在两个方面：一是缺乏有经验、有专业技术的法官，二是缺乏综合监督的协调途径。以上问题都亟待解决。

三　文化法治实施的司法监督的完善路径

文化法治实施的司法监督存在诸多问题，因此亟待解决。针对上述问题，笔者认为应对症下药，针对性地从两个方面加以完善：一方面，明确文化法制实施司法监督的目的导向，即保护文化权益，既有私人权益，也有人民所共有的公共利益。并且，在此基础上，完善诉权、产权等一系列制度规范；另一方面，切实增加文化法制实施司法监督的实际操作性，减少相关案件审判难度，重点在于增加法院审理此类案件的可操作性与效率、效果，主要从两方面展开，一是要建设有经验、专业技能的法官，二是要构建切实实用、高效率、优效果的协调机制。

（一）完善文化权利保障制度

文化法制实施的司法监督存在的意义即在于保护文化权益，否则便会偏离最初的制度设计。在司法监督保护的文化权益过程中应从两个角度开展：一是明确文化保护是司法监督的最终目的导向，实现文化保护与其他权益保护的互相均衡；二是尽可能全面保护文化权益，针对私人文化权益与公共文化利益进行整理、分类汇总，从而采取不同措施将所有文化权益纳入司法监督范围之内。

1. 明确以文化保护为司法监督导向

如上文所言，相比于行政秩序、经济财产利益、刑事秩序而言，文化权益往往被习惯性忽略，这也是文化法制实施难以得到有力司法监督的原因。因此，我们必须将文化权益保护与行政制度、经济利益、刑事安全秩序同等而论，甚至在文化法制实施中更注重文化权益。在司法监督中重视文化权益，笔者认为应从以下几个角度展开，才能达到预期目标。第一，在针对文化法制实施案件时，司法审判应当从立案起即重视此中是否存在文化权益纠纷或是被侵害情况，并将其作为立案审查重点，随后积极处理；第二，在案件审理过程中，审判机关应当对案件中存在的文化纠纷与文化侵害行为加以明确阐述、认定，并明确相关标准，将文化权益保护作为审理标准之一，并作出相应处理判决，体现在判决、裁定、调解书之中；第三，文化法制实施的司法监督应当是持续性的，因此，审理机关应当将相应案件中的文化权益保护问题加以整理、记录，并针对性地向有关管理监督部门提出司法建议，从而更好地保护文化权益，监督文化法制的实施，确保文化法制实施运行秩序。

2. 全面保障文化权益

司法监督的主要手段在于诉讼制度，文化法治实施的司法监督也主要依赖于诉讼制度，因此诸多工作任务实际在法院身上。但就目前而言诸多文化权益中有部分私人文化权益以及公共文化利益缺乏有效的诉讼监督途径，即缺乏明确的诉权、产权制度，从而导致文化权益无法全面通过司法监督方式加以监督，司法监督也无法对文化法治的实施进行全面监督。因此，文化法制实施的全面司法监督必须完善相关诉权、产权制度，实现所有文化权益均可通过诉讼加以保护。笔者认为，针对相对松散的文化权益，实现全面的司法保护、监督应当从以下几个角度展开：第一，要明确要求无论是民事司法监督、行政司法监督、刑事司法监督，相关审理主体都必须高度重视文化权益保护，从观念上重视文化权益保护，不能习惯性忽视无法通过诉讼保护的文化权益以及无法通过诉讼监督的文化法制实施中的违法犯罪行为；第二，针对文化权益的全面保护，必须将私人权益保护与公共文化利益保护分开，针对能够整理、汇总并采取多元化方式实现诉讼的私人文化权益，应当尽可能地在诉讼原则之外通过诸多方式对其加以保护，并灵活多变地保护新兴起的网络文化，规范网络文化领域内的文化法制实施。而针对需要保护的公共文化利益，相关公权力主体应当承担起相应责任，将文化公共利益纳入公益诉讼范围之内，继而完善相应民事公益诉讼制度与行政公益诉讼制度，通过公益诉讼制度保护公共文化利益，规范文化法制实施中的侵犯公共文化利益行为以及公共文化利益纠纷；第三，在最有力的刑事司法监督中，刑事司法主体在打击犯罪过程中发现有文化私人利益与公共文化利益遭受侵犯情况时，应当主动采取措施，在法律原则允许范围内，通过合理途径通知有关主体，最大化保护相关文化权益，打击文化法治实施中的违法犯罪行为。

(二) 增加文化法治实施司法监督的可操作性

任何法律制度实施的可操作性都取决于两个因素：一是合理、完善、高效率的制度规范体系与制度架构；二是遵循制度规范体系并且高效有经验的制度实施人。总而言之，好的制度规范体系、架构与好的制度实施人缺一不可。因此，笔者认为增加文化法制实施司法监督的可操作性必须从人和制度两个方面展开。

1. 构建高效司法监督队伍

人是法律的创造者、也是法律的遵循者、更是法律的执行者、还是法律的监督者。任何善法或恶法的执行都需要人的推动，没有人的实施，任何法律都将是废纸。因此，实现文化法制实施司法监督的高效运行，必须要建立一支高效的司法监督队伍。笔者认为构建一支高效的司法监督队伍，必须从法官个人素质与团体协作两个方面展开。一方面，针对日益复杂的文化法制实施中的法律案件，我们必须要求法官不断地提升个人素质与专业技能，并且还要积累充足的审判经验。因此，法院应当尽可能地减少相关法律工作人员的日常杂务，并且尽可能地为其创造充足的学习、交流机会，例如：尽可能多地为其创造职业技能培训，尽可能多地组织案件经验分享交流会，并且尽可能实现相关领域内的法官调用制度，实现法官在最少时间内学习最多技能知识，积攒最丰富审判经验的目标；另一方面，众人拾柴火焰高，依靠主审法官的力量解决司法监督、司法审判中的疑难法律问题总是不现实的。因此，法院系统内部要依靠审判委员会制度、案件讨论会制度，尽可能地实现智慧的汇总，从而解决问题。除此之外，在不同法院之间，也要尽量组织相关案件讨论、经验分享会议，实现相关领域内的团结协作。更进一步而言，文化法制实施的司法监督队伍可以效仿卓有成效的巡回法庭制度，在本地区内构建专业的巡回审判队伍，集中性地解决文化法制实施中的疑难案件、疑难法律问题，实现此领域内司法监督的可操作性，达到司法监督有力、有效的预期目标。

2. 实现民事、行政司法、刑事监督有机统一

行政职能的分散和统一是亘古以来的难题，同样，司法监督职能的有机统一也是亘古以来的难题。但笔者认为，文化法制实施领域过于广泛，涵盖层次过于丰富，如不能实现民事、行政、刑事司法的有机统一，必然难以真正实现文化法制实施司法监督的有效运行。因此，笔者认为必须在不突破现有法律原则前提下，尽可能变通相关法律制度，实现三种司法监

督统一。

首先，在已经逐步开展并完善的行政执法与刑事司法衔接领域，必须要坚持并继续推进相关工作开展。2014年10月党的十八届四中全会通过的《中共中央关于全面推进依法治国若干重大问题的决定》中提出要"健全行政执法与刑事司法衔接机制，完善案件移送标准和程序，建立行政执法机关、公安机关、检察机关、审判机关信息共享、案情通报、案件移送制度，坚决克服有案不移、有案难移、以罚代刑现象，实现行政处罚与刑事处罚无缝衔接"。2015年12月中共中央、国务院印发的《法治政府建设实施纲要（2015—2020）》再次强调了"健全行政执法与刑事执法衔接制度"。2001年4月国务院在《关于整顿和规范市场经济秩序的决定》中明确要求"加强行政执法与刑事执法的衔接，建立信息共享、沟通便捷、防范有力、查处及时地打击经济犯罪的协作机制，对破坏市场经济秩序构成犯罪行为的，及时移送司法机关处理"。行政执法与刑事司法制度的衔接对于我们探索完善司法监督的统一有许多经验可供借鉴。

其次，笔者认为三种司法监督的有机统一必须从以下角度展开：第一，在立法层面应当进一步完善三种司法监督的有机统一。立法是司法的前提保障，因此，在不突破现有法律原则前提下，相关立法主体应当效仿行政执法与刑事司法衔接制度构建，从立法层面灵活的制定相关制度政策，在民事诉讼、行政诉讼、刑事诉讼三个领域实现文化法制实施司法监督的有机统一。第二，随着立法的不断完善，相关配套机制也应当不断完善，首先应当完善的便是信息共享机制。在信息时代，海量的信息便是资源与财富，对于文化法制实施司法监督亦是如此，充足共享的信息是三种司法监督有机统一不可或缺的前提条件。而信息的共享机制则必须依赖于大数据技术的应用，因此，在文化法制实施司法监督中必须应用普及大数据技术，从而更好地实现三种司法监督的信息共享机制。第三，内部交流机制必须完善。除信息共享机制外，在司法监督过程中的案件移送、共同研讨制度也必须随之完善，民事、行政、刑事诉讼以及公益诉讼之间的相关机制也必须完善。并且，针对相关文化法律问题的审理标准、判决标准，三种司法监督主体也必须统一完善，并且在此基础上构建完善统一的审判方案。

综上所述，文化法制实施的司法监督涉及多个领域，涵盖多个层次，目前而言也正在努力完善开展。但是，文化法制实施的民事司法监督、行政司法监督、刑事司法监督都存在诸多问题，比如：文化权益保障缺乏诉权、不均衡，司法监督缺乏实际操作性，主要表现在缺乏有经验司法人员以及多方面协调统一不足等问题。因此，必须从文化权益保障完善和增强司法监督可操作性两方面入手，一方面明确文化权益为司法监督最终目的，平衡文化权益保护与其他权益保护之间平衡；另一方面，提高司法人员综合素质，探索构建民事司法监督、行政司法监督、刑事监督综合协调统一。

第四节　文化法治实施的社会监督

孟德斯鸠认为："一切有权力的人都容易滥用权力，这是万古不变的一条经验……从事物的性质来说，要防止滥用权力，就必须以权力制约权力。"[①] 诚然，从防止公权力滥用的角度出发，以权力制约权力的方式具有高效率和高质量的特征，也是权力之间互相制约的具体表现。但是，放眼世界各个国家的法律监督体系中，社会监督都是其中不可或缺的一员，发挥着不可替代的作用，具有重要理论价值和实践意义。

一　社会监督的基础理论分析

（一）社会监督的概念

法学领域中常见的监督主要有两种形式容易混淆，即监督行政和行政监督。[②] 这两个相对的概念不同之处表现在监督对象不同。监督行政中被监督的是行政主体及其工作人员，而行政监督的对象则是行政相对人。[③] 我们在此处论及社会监督中的"监督"则是指监督行政的监督，即以行政主体及其工作人员为对象。关于社会监督中的"社会"，从公共管理学领域的理论来看，有学者认为："社会监督是指权力系统外部的广大人民群众和社会团体、组织，对国家机关及其工作人员的自下而上的非国家性质的监督，又称群众监督、公众监督。"[④] 在法学领域，张骐将法律监督体系分成两大块，其一为国家机关的监督，即国家权力机关的监

[①] ［法］孟德斯鸠：《论法的精神》（上册），张雁深译，商务印书馆1961年版，第154页。

[②] 一种是指行政执法人员进行监督检查的具体行政行为，其本质是行政执法的内容之一，通常称为行政监督，或行政监督检查；另外一种是指监督者为了避免行政权力被滥用，而对行政机关以及行政执法人员所作行政行为的监督，也叫监督行政。参见张诗洋《论社会监督权之完善——以行政监督为视角》，《辽宁公安司法管理干部学院学报》2017年第5期。

[③] 姜明安主编：《行政法与行政诉讼法》，北京大学出版社2015年版，第146页。

[④] 陆亚娜：《我国社会监督存在的问题及其原因分析》，《江苏社会科学》2007年第2期。

督、国家行政机关的监督、国家检察机关的监督和国家审判机关的监督;其二为社会监督,指由各政党、各社会组织和人民群众依照宪法和有关法律,对各种法律活动的合法性所进行的监督,主要包括中国共产党的监督、社会组织的监督、人民群众的监督、法律职业的监督以及新闻舆论的监督。① 上述两种观点的主要区别在于社会监督的内涵是否包含政党监督。我们认为,从国家权力体系划分的角度出发,以是否直接行使公权力为分类基准,应当将法律的监督体系划分为权力型监督和非权力型监督。故而,在行政领域,社会监督即是指包含政党、社会团体、组织、公民个人等在内的非权力型主体依法对行政主体履职过程进行监视和督促的行为。

(二) 社会监督的特点

首先,社会监督的非权力性。由于社会监督的主体属于非权力型主体,其所进行的监督行为相应的也不具权力性,不能直接对相关行为产生直接强制力。其次,社会监督的柔性监督。这是由社会监督主体的非权力性衍化而来的,由于社会监督的主体并不直接行使某种公权力,其一般只能通过法定的建议、投诉、批评、举报等方式进行,本身并不具备强制约束力,如与国家机关的行政、司法或者监督行为的刚性监督相比,社会监督更多地体现为柔性监督。再次,社会监督的广泛性。社会监督与其他监督相比,在主体的数量上具有明显的优势,并且在互联网日益发达的背景下,其监督方式也益趋多样化。最后,社会监督的事后性。有学者认为社会监督区别于其他类型的监督在于其作用的时间点,这个时间点与司法监督比较相似,主要出现在事后,而立法监督主要是从事前进行规制。②

(三) 社会监督的权利来源

1. 理论来源

追溯至近代西方所提自然权和社会契约论,根据这种思想,社会中的自然人生而平等,拥有者与生俱来的自然权,人们为了行使所享受的自然权故而缔结社会契约,将权力的行使委托给国家政府,并且当国家政府不正当地行使人们所缔结并委托的权力时,人们有权利对国家政府

---

① 张骐:《论完善法治化的法律监督体系》,《中外法学》1998 年第 6 期。
② 王琦:《公共政策过程中的社会监督研究》,硕士学位论文,武汉科技大学,2014 年。

的这种权力进行抵抗。[1] 依这种理论出发，行政主体行使的权力是来自人民的委任，行政机关行使权力既是其权力也是职责，并且应当适格行使。权力来源于权利，当行政主体不适格行使被委任的权力，作为非权力型主体有权利依法对行政主体进行建议、投诉、批评、举报等方式的监督行为。

2. 法规范来源

宪法是最高法规范，是一切主体和行为的准则，是各项权利在法规范上的根本来源。我国《宪法》对社会监督权赋予了根本法规范上的依据，例如在第27条，其从正面确定了国家机关和国家工作人员要在人民监督下履职，指明了国家机关和国家机关工作人员的工作方向。[2] 继《宪法》第27条对社会监督权进行原则上的肯定之后，《宪法》第41条进一步对社会监督的方式进行了肯定的列举，即申诉、控告、检举，并且还对进行社会监督的主体进行了保护性的规定。[3]

具体到文化法制的领域中，也不难找寻相关的条款，比如体现在《公共文化服务保障法》第57条和《电影促进法》第46条。[4] 该条款不仅肯定了公共文化服务领域中社会监督存在的合法性，并且要求公共文化服务相关的行政主体及其工作人员积极考量社会力量的建议和意见。除此之外，我国其他关于文化法制领域的法律、法规、规章也有很多对社会监督进行了积极规定。

---

[1] ［日］芦部信喜：《宪法学》，林来梵译，清华大学出版社2018年版，第4页。
[2] 《宪法》第27条规定："一切国家机关实行精简的原则，实行工作责任制，实行工作人员的培训和考核制度，不断提高工作质量和工作效率，反对官僚主义。一切国家机关和国家工作人员必须依靠人民的支持，经常保持同人民的密切联系，倾听人民的意见和建议，接受人民的监督，努力为人民服务。国家工作人员就职时应当依照法律规定公开进行宪法宣誓。"
[3] 《宪法》第41条规定："中华人民共和国公民对于任何国家机关和国家工作人员，有提出批评和建议的权利；对于任何国家机关和国家工作人员的违法失职行为，有向有关国家机关提出申诉、控告或者检举的权利，但是不得捏造或者歪曲事实进行诬告陷害。对于公民的申诉、控告或者检举，有关国家机关必须查清事实，负责处理。任何人不得压制和打击报复。由于国家机关和国家工作人员侵犯公民权利而受到损失的人，有依照法律规定取得赔偿的权利。"
[4] 《公共文化服务保障法》第57条规定："各级人民政府及有关部门应当及时公开公共文化服务信息，主动接受社会监督。新闻媒体应当积极开展公共文化服务的宣传报道，并加强舆论监督。"《电影产业促进法》第46条规定："县级以上人民政府电影主管部门应当加强对电影活动的日常监督管理，受理对违反本法规定的行为的投诉、举报，并及时核实、处理、答复；将从事电影活动的单位和个人因违反本法规定受到行政处罚的情形记入信用档案，并向社会公布。"

二 文化法治实施中的社会监督的类型

根据我们对文化法治实施中的社会监督的定义,以监督主体为分类基准,主要社会监督分为以下几类。

(一) 中国共产党的监督

东南西北中,党政军民学,党是领导一切的。首先,中国共产党在对文化法治实施过程中的领导表现为,党领导社会监督中除中国共产党之外的所有主体依法对监督客体进行监督工作。其次,发挥中国共产党党内监督效用。现阶段我国文化法制工作中,进行文化领域法治建设工作的大部分是各级人民政府和文化部门,而中国共产党党员在这些部门中的占比极高,故而中国共产党可以通过党内民主监督和党内制约制度对其进行监督。具体表现为中国共产党通过扩大党内民主的制度优势来保障党员权利,从而加强党员与党组织在党内的监督作用,并且通过活用党内规章、法规等软法效用,对从事相关文化法制实施的公务人员进行事前、事中、事后全过程监督。[1]

(二) 社会组织的监督

我国社会组织监督的监督主体常见的有人民政协、民主党派和社会团体。人民政协的职能涵括了政治协商、民主监督与参政议政。中国的各民主党派有权参与国家的运作当中,尤其是国家的宏观规划和调控、国家政策和法律的起草、实施以及后期的监督工作。[2] 社会团体的监督主要是指各个专业领域及相关领域的社会组织进行监督。在文化法制的领域内,包括诸如中国文化研究协会、中国文化产业协会、中国文化信息协会、中国文化管理协会、中国文化娱乐行业协会等相关协会。这类社会组织以特定的目的组建起来,其中就包括对相关事业进行社会监督。例如中国文化管理协会的章程第 2 条约定:"本会的宗旨是:拥护党的领导,贯彻执行党的路线、方针、政策,高举中国特色社会主义伟大旗帜,坚持社会效益优先,为会员服务,为文化行业服务,为政府和社会服务,发挥桥梁和纽带作用,努力提高我国文化管理水平,提升文化自觉、增强文化自信,促进社会主义文化繁荣发展。"而其中的为文化行业服务根据文意解释和目的解释都必然包括文化行业进行监督。

---

[1] 张骐:《论完善法治化的法律监督体系》,《中外法学》1998 年第 6 期。
[2] 王红梅:《浅析法律监督中的社会监督》,《中国集体经济》2009 年第 9 期。

(三) 公民的监督

社会监督中的公民监督是指公民个人对监督对象进行监督的行为。根据人民主权的理论原则和我国《宪法》所明确的"中华人民共和国的一切权力属于人民"。我国公民个人有权对文化法制实施过程进行监督。公民个人监督具有鲜明的特殊性和优越性。文化法制的直接受众便是组成社会的最小单位即公民个人，他们对文化法制实施过程中存在的问题和解决进路拥有最直观的感受和发言权。随着立法技术越来越科学化、专业化，立法过程强调人民参与原则，要求相关规定的制定需要通过征求社会意见的环节。在此立法环节，公民个人可以通过征求意见的立法程序设计对相关文化法制的立法行为进行监督。此外，随着互联网技术的发展，公民个人可以更便捷地对相关的文化法制情况进行监督，例如大部分人民政府和职能部门都设有网上办理的通道，公民个人可以在网上直接进行建议、投诉和举报等监督行为。

在公民个人的主体范围内包含着一支特殊的专业群体，即专业的法律职业群体，主要包括律师和法学专家。作为律师和法学专家的公民与其他公民个人相比最明显的区别便是他们具有极高的法学素养和专业的知识技能。在我国现阶段，公民文化水平不高的占据很大的比重，而具有较高的文化水平群体中，具有合格的法学素养和法学知识更是少之甚少。因此，法律职业群体在文化法制实施过程中发挥着极其重要的作用。法学专家学者的职责在于研讨与传授法学知识。在很多国家当中，人们将法学专家学者对行政主体及其工作人员的监督当作是最为专业和公平正义的监督，所以法学专家学者的监督具有很高的地位。[①]

三　文化法治实施的社会监督进路

(一) 培养公民监督意识，增强社会监督的主动性

这里所指的公民是指除专业的法律职业群体以外的公民个人。众所周知，在我国一直以来的法律习惯中，很多人都呈现出一种排斥诉讼的状态，这也导致如今依然存在不少人遇事找关系而不找法、上访而不上诉。公民在司法环境中如此，并且在行政过程中也如此。21世纪以来，得力于国家加强了宣传法治思想的力度，我国公民的大体法治思维和法治意识

[①] 王红梅：《浅析法律监督中的社会监督》，《中国集体经济》2009年第9期。

得到了不断的提升,然而仍然存在多数公民法治意识淡薄的现象。从数量上分析,公民个人的监督在社会监督体系中占据重要的地位,但与其他类型的社会监督相比,虽然公民个人具有数量优势,但是实际的监督效果并不必然好过于其他类型的监督。

近年来法治宣传教育的方式主要包括发放资料、面授教育、咨询服务、板报展览、标语口号等,纵使这些工作持续推进,但效果并未达到预期的程度。我们认为,公民的法治意识可以从长远和近期两个维度进行提升,实行科学统筹规划,从而充分发挥公民个人在社会监督中应有的效果。首先,从长远来看,全民法治意识的整体提升重点在于法治教育。奉法者强则国强,奉法者弱则国弱,我国的法治教育当从娃娃抓起,可以将法治教育更多地合理融入义务教育,实现法治教育从小基本全覆盖。另外,青年强则国强,青年弱则国弱。大学生教育是社会公民法治建设的主力军,不仅可以从加强法学理论学习方面进行理论知识的提升,还可以多发挥各个高校内法学专业的宣传联动作用,达到理论和实践的有效融合。从近期维度分析,应当注重公民法治意识的及时性,即通过某些方法可以使公民当下便能提升法治意识。具体而言,可以重点着手公民个人的权利获知,从公民个人角度出发即自身可以迅速获知相关权利的行使,包括权利类型、权利内容、行使权利的方式、行使权利的时间;从文化法制的实施角度出发,即需要及时履行相关权利告知的职责。

(二)保障社会监督主体的知情权,落实政府信息公开制度

相较于公法领域而言,知情权更常见于私法领域,比如买卖合同中买方对商品的知情权。那么,在公法领域是否存在知情权呢?其依据又是什么呢?《宪法》是国家的根本大法,也是公民基本权利最有根据的来源。我国《宪法》在经历70年的发展之后,在文本上已经形成了较为健全的公民基本权利体系,但由于其配套性规定的不足和操作性程度低等原因,以及多年来在宪法解释领域的基本空白情况下,宪法关于公民基本权利的规定,并不是一个开放性的规范体系。更有学者表示:"我国宪法并没有明确规定公民的信息权利。"[1] 在这种情况下,也有学者表示,《宪法》第

---

[1] 周汉华主编:《政府信息公开条例专家建议稿——草案·说明·理由·立法例》,中国法制出版社2003年版,第15页。转引自章剑生《知情权及其保障——以〈政府信息公开条例〉为例》,《中国法学》2008年第4期。

35 条规定："中华人民共和国公民有言论、出版、集会、结社、游行、示威的自由。"要想以上规定的几项基本权利不仅仅局限于纸面上的规定，而且还要真正地实施和实现，最为重要的点就是在于行使这些权利的人在行使权利之前能够充分且准确地获知相关信息，亦即他们行使上述权利是建立在正当且准确的信息背景的基础之上的。就好像是，人们在行使言论自由的时候并没有准确地获知相关信息，那么他们的行为注定是存在缺陷的，是有问题的。所以，对于宪法是否赋予了公民知情权的问题上，在我们无法从法条字面上直接解释的情况下，便能够运用目的解释的方式着手考虑。① 故而，要想知情权跳脱私法并且在公法层面得到充分的确定和保护，那么信息公开制度便是不可或缺的方法。

2019 年，《政府信息公开条例》经历了一次修订。始于 2008 年 5 月 1 日到 2019 年 5 月 15 日，这十一年的时间里，公民对待政府信息公开制度的态度已然出现了很大的嬗变，并且该制度依附的法制状态也已经不是十一年前那样了。新修订的《政府信息公开条例》对该制度主动公开内容和申请政府信息公开的条件都做了进一步完善，除此之外还特意强调了政府信息公开平台的建设。② 传统政府信息公开制度研究的重点在于其范围的界定而少有关注公开平台的建设。结合到文化法制领域，行政机关应当及时实施新《政府信息公开条例》的要求，通过加强对互联网政府信息公开平台的构建更好地维护公民的知情权，从而保证社会监督的前提。

（三）建立和完善参与型文化行政的理念和制度

构建和优化参与型行政的思维和机制，是推进社会监督的重要举措，能够有效地监督和制约文化法制实施中行政主体的行为。所谓参与型行政，也可以看作互动的行政，意思是行政主体在履职过程中应当更多地考虑非权力型主体的建议和意见，最大限度地重视他们提出的具有新颖性和相反的观点，并且认可非权力型主体在行政主体履职过程中适格的主体地位，鼓励一起建设主体多元的行政方式。③ 在文化法制领域里，这种类型

---

① 章剑生：《知情权及其保障——以〈政府信息公开条例〉为例》，《中国法学》2008 年第 4 期。
② 《政府信息公开条例》第 8 条规定："各级人民政府应当加强政府信息资源的规范化、标准化、信息化管理，加强互联网政府信息公开平台建设，推进政府信息公开平台与政务服务平台融合，提高政府信息公开在线办理水平。"
③ 杨建顺：《行政裁量的运作及其监督》，《法学研究》2004 年第 1 期。

的行政方式的要求便是相关行政主体在文化履职过程中，需要依法多吸收社会主体共同进行，充分尊重社会主体的自主性和创造性，承认他们在文化法制领域中的一定程度的主体性，确定社会主体参加行政的权利以及相应的义务，一起构建互动、协调、协商和对话行政的程序和制度。互动的行政方式在宪法上的依据来源于公民的参政权，这种权力涵括了公民加入到政治、经济和文化的许多领域的管理当中，这也必然肯定了公民可以加入到文化事务的管理过程当中。① 从行政过程论的角度出发，文化法制领域的参与性行政应当依法吸收社会主体至文化法制实施规划、立法、实施以及作用之后等全过程。具体而言，在最初的规划阶段，应当广泛吸收法学专家和直接或间接影响的社会主体参与其中，科学论证特定文化法制行为是否有必要实施、应当如何实施；立法阶段，在制定规范过程中，责任机关除了要征求其他行政部门的意见之外，更要向社会广泛吸收意见，特别是直接受影响的公民；实施阶段，行政机关应当参照以前的行政经验，挑取最合适的行政措施，例如公共文化服务的提供主体可以考虑由传统的政府单一主体供给转变为政府和市场相结合，采取公私合作的多元供给主体进行供给；行政效果作用之后，例如公共文化服务中，公共文化服务的设施的评估机制，应当主动吸收一定比例社会意见。

（四）完善社会监督的立法机制

在社会主义法治国家的建设进程中，法律是一切主体的行为依据，无论是文化法制中的行政主体抑或是社会监督主体。社会主义法治国家建设要求科学立法、严格执法、公正司法、全民守法，其中立法是执法、司法、守法的逻辑前提，全民守法不仅包括公民遵守法律法规、不违反相关规定这样的消极守法，同时也要求公民积极地运用法律法规，比如主动运用文化法制相关规定对文化法制实施情况进行监督。就现阶段文化法制整体立法情况来看还存在一些缺陷，诸如部分领域的立法位阶较低，只有相关的地方立法规定，或者是立法相对滞后不能满足现阶段文化法制的需求，欠缺科学性和民主性，抑或是部门领域立法空白、立法瑕疵。文化法制社会监督的法规范依据多数来自上述现存文化领域立法，如上述分析，现阶段文化法制整体立法存在较多问题，而寓于其中的社会监督则更是漏洞百出。我们认为，完善文化法制实施的社会监督主要可以从以下方面

---

① 杨建顺：《政务公开和参与型行政》（上），《法制建设》2001年第5期。

进行。

  首先，整体提升文化法制领域的立法水平。如同我国现阶段没有统一的行政程序法法典一样，社会监督的规定几乎都存在于各个单行法之中，完善文化法制领域立法是保证社会保障规定的前提。具体来说对于没有统一立法的领域，应当吸收地方成熟立法经验尽快制定统一立法，并且对不能满足现阶段文化法制需要的立法及时修订或废除，以及对新出现的执法需要进行补增。其次，确认社会监督权，细化原则性的法律规定。现存立法中已经有许多统一性立法，诸如《公共文化服务保障法》《公共图书馆法》《电影产业促进法》《科学技术普及法》《国家通用语言文字法》《文物保护法》《非物质文化遗产法》等，但其中只有部分法律对社会监督权进行了肯定性规定，而部分文化法律中既有的社会监督权也过于原则性，需要地方立法进行细化规定，而不是简单地照搬照抄。最后，明确社会监督的具体程序。各地方在对相关文化法律法规进行细化规定时，应当重点明确社会监督的具体过程，增加社会监督的可操作性。具体而言可以从社会监督的主体、方式、时间等方面规定。

  中华文化上下五千年，一开始就是和法治有关的。自上古皋陶造法始，中华法系从萌芽、雏形、成形到繁荣，经历了几千年的时间。独特的法律制度和法文化孕育了中华民族的法治精神，让中华法系位列世界五大法系之中。历史风云激荡，新中国成立后，法治建设在坎坷中前行，在前行中发展。改革开放后，尤其是党的十八大以来，全面依法治国深入推进，中国特色社会主义法治道路越走越宽。在新的历史节点，新时代法治建设面临着解决本土问题和争取国际话语权的双重任务。这首先要求我们立足国情，从优秀的传统法文化中汲取营养，拿出能解决"中国问题"的"中国方案"，以推进国家治理体系和治理能力现代化，进而为世界贡献"中国智慧"。党的十九大以来，文化建设沿着社会主义方向纵深发展，党的十九届二中、三中、四中全会精神内核更是与文化法治紧密相关，可以说，文化的发展在现阶段已经占据着越来越重要的位置，文化强则民族强，文化繁荣则民族生生不息。因此，文化的建设需要一系列的保障才能不断地为社会的发展制造动力。党的十八届三中、四中全会提出，建设法治中国，必须坚持依法治国、依法执政、依法行政共同推进，坚持法治国家、法治政府、法治社会一体建设。党的十九大进一步强调，要坚持依法治国、依法执政、依法行政共同推进，不断开创依法治国新局面。

小　　结

一　文化法治实施成效显著

随着中国特色社会主义法治建设的不断推进以及对文化法治理念的不断提升，近年来文化法治的实施取得了突破性的进展。例如，第一，在文化法制实施的立法方面，党的十八届四中全会指出："制定公共文化服务保障法，促进基本公共文化服务标准化、均等化。制定文化产业促进法，把行之有效的文化经济政策法定化，健全促进社会效益和经济效益有机统一的制度规范。"其中明确要求制定公共文化服务保障法和文化产业促进法。为了落实该项要求，更好地保障公民文化权益，2016年12月25日第十二届全国人民代表大会常务委员会第二十五次会议通过《中华人民共和国公共文化服务保障法》。公共文化服务体系的建立是现代文明国家的重要标志，随着《公共文化服务保障法》的通过，在法规范上进一步地保障了人民的文化权利，实现了文化公平，让人民群众在文化当中获得精神满足，树立人格尊严。而《文化产业促进法》也正在稳步有序推进，并于2019年6月28日进入面向社会征求意见阶段。第二，在文化法治实施的文化体制方面，党的十九届四中全会强调："深化文化体制改革，加快完善遵循社会主义先进文化发展规律、体现社会主义市场经济要求、有利于激发文化创新创造活力的文化管理体制和生产经营机制。"关于文化管理体制改革，随着近年来的机构改革制度的实施，已经进一步对职能相同或相近的政府机构进行整合归并，进行综合设置，进而减少了机构重叠、职责交叉的情况，提高了政府效能；关于文化生产经营模式，随着近年来"放管服"的深化改革，不断理清政府与市场的关系，使得大量文化生产、经营和提供环节开放了社会力量的准入，进而打破文化提供一元化的僵局，彰显参与型行政在文化法制实施中的作用。第三，在文化法治实施的监督方面，近年来主要从权力监督和非权力监督方面进行了系统化的构建，着重拓宽了行政监督的渠道以及监督效率，多处法律规范明确了公民在文化领域中投诉、举报以及异议的权利，并且关注于非权力型主体在文化法治实施中的社会监督程序构建。

二 文化法治实施的主要问题

我们在对文化法治实施过程中的文化管理体制改革、公共文化服务保障法治的实施、文化市场监管法治的实施、文化法治实施的重点难点以及文化法治实施的监督制度等内容进行系统的研究和梳理后认为，文化法治实施在近年来虽然在迅速地发展，但还存在很多问题。在对这些问题进行总结归纳后，我们认为其中最为主要的问题体现在以下方面。

（一）立法缺乏体系化

法规范体系不全且层次不高。目前我国还没有关于文化法制领域的统一立法，在文化领域以法律形式颁布的只有一些单项立法，存在着法律位阶较低、自由裁量的随意无序、"部门立法"倾向延续等问题。例如在文化市场监管领域中，各类行政法规、条例、决定、通知、办法数量众多，但其多是对具体事务的列举，对地方政府文化市场监管缺乏普遍性的指导作用，一系列具有法律效力的规章制度的建立将文化市场分割成不同的领域和范围，同时也缺乏一套系统的法规对文化市场监管予以规范，阻碍了地方政府文化市场监管能力的实现。由此可以看出，我国关于文化市场监管方面的法制建设还很不完善，缺少统一协调、完备配套、综合多元的文化市场监管法律体系，极大地制约了地方政府文化市场监管能力的提升。

对现有立法细化不足。党的十九大报告中指出：文化是一个国家、一个民族的灵魂。推动文化事业和文化产业发展，要深化文化体制改革，完善文化管理体制，完善公共文化服务体系，健全现代文化产业体系和市场体系。为了保障文化事业和文化产业的健康发展，我国在文化领域进行了一系列立法，法律包括《文物保护法》（1982年）、《著作权法》（1990年）、《非物质文化遗产法》（2011年）、《公共文化服务保障法》（2016年）、《电影产业促进法》（2016年），行政法规包括《出版管理条例》（1997年、2002年）、《广播电视管理条例》（1997年）、《电影管理条例》（2001年）等。这些法律法规的出台不仅对于文化法制体系的构建具有重要的意义，同样也是文化的传承与发展，更好适应新时代对于文化发展需要的重要举措。这些法律、行政法规、部门规章在较高的法律位阶对具体的文化法制领域建构了负责主体、管理方式、提供方式以及法律责任等多方位的宏观框架，在法律规范层面上给予了有力的制度支撑。但是在这些法律规范具体到地方以及各个领域的实施过程中出现了各种问题。例如在《公共文化服务保障法》第25条规定："国家推动公共图书馆、博物馆、文化馆等公共文化设施管理单位根据其功能定位建立健全法人治理结构，吸收有关方面代表、专业人士和公众参与管理。"该条款目的在于实现公共文化设施的建设和管理的科学化、专业化和参与型行政，但是在具体至《公共图书馆法》和《博物馆条例》当中并未全面体现出《公共文化服务保障法》的相关要求，而具体到各个地方，多数地方立法只是对上位法的照搬照抄、缺少具体的实施细则规定，进而导致了各地在相同领域中的标准不一，公共文化设施的建设和管理混乱。又如，在强调赋予公民在文化领域中更多的监督权利的同时，只是由法律、行政法规、部门规章进行概括性确认，而在具体的实施中缺少关于监督提起的对象、监督的具体程序、监督的反馈要求等方面，从而导致了文化领域中的社会监督权虚化问题。

（二）行政机关管理体制的缺陷

行政机关在文化领域的过度介入。行政机关管理体制的缺陷反映在行政机关在文化生产、服务、提供等方面处于的绝对优先地位。我国的文化发展长期处于政府"包办"的情形，文化单位的发展相对有着充足的资金和制度支持。文化领域的行政机关在一定程度上为文化事业发展提供了有力的支撑。但正因如此，导致了非权力型主体难以参加至文化领域当中，难以增强文化领域的活力。例如，在公共文化服务领域，由于一直都是由政府进行直接管制，导致很难市场化和社会力量的参与，进而现阶段的公共文化服务提供主要还是由政府直接主导。《2014年广东省文化文物统计年鉴》上表明，2013年广东省在进行公共文化服务提供过程中，政府总共采购了1030场次公益演出活动，在这其中共有940场是向国有艺术表演团体采购的，而只有90场次是向其他类型的艺术表演团体购买。

行政机关上下级命令式管理体制对文化市场的创新造成的阻碍。从反方向上看，文化事业缺少一个从下到上的反馈式发展。这与我国长久以来事业单位的"树状结构"有着直接的关系。条、块分别代表各级文化管理机构和该机构所在的当地党政部门。这种管理体制使得我国的文化部门事实上在一个横纵交叉的管理网络下。条块分割、各自为政造成的行政壁垒阻碍了公平竞争市场体系的形成。事实上，可以将我国文化领域行政管理的顶层设计的起步的标志视为2004年《关于文化体制改革综合性试点地区建立文化市场综合执法机构的意见》出台，2013年《国务院机构改革和职能转变方案》颁布，行政管理的组织结构进一步得到了优化，新闻出版广电总局的成立是文化行政管理领域我国大部制改革加快的重要标志。然而，计划经济主导下遗留的文化领域内管理组织的条块化网格性问题并没有完全解决。如何构建与市场经济体制相适应的大文化管理职能与机构体系仍需不断探索。

职能部门之间的协调机制有待提升。各级地方政府是文化领域的主导主体，具体到细节需要由政府所辖的相关职能部门进行协作运行。在职能领域分工上，文化系统主要负责文化法治的实施，但这并不代表文化法治的实施当然由文化系统单独承担。文化系统在整个文化法治的实施过程中由于职能部门专业性，理应处于主导地位，对文化法治实施主要事项进行管理和负责，但文化系统作为独立的职能系统很难独立完成这些重任。在具体工作中，文化系统对文化法制实施进行总体的发展规划、政策制定；相应的财政系统对文化法治实施所需的资金进行预算，保证有足额的政府财政投入；公安系统对文化法治实施的各项工作进行必要的安保工作，保证文化法治实施工作安全有序地进行等。但就部分城市而言，各职能部门的协调工作有待完善，出现因为各个部门协作困难而导致具体文化活动难以开展的情形。

(三) 文化法治实施的支撑不足

部分领域资金资源供给欠缺。文化法治的实施必须由一定的资金加以支撑，特别是对于在一些文化实物的生产、保护和提供环节。例如公共文化服务的发展和建设、文物的收藏与保护、非物质文化遗产的发展与传承、社会监督的激励机制等。公共文化服务需要一定公共文化服务设施的公共文化的提供，主要有博物馆、图书馆、文化站、艺术馆、科技馆等，它们的建造、管理都需要专门的资金保障，即使部分公共文化服务的提供不以公共文化服务设施为前提，其运行也需要一定的资金维持。但是部分城市中，资金落实情况并不理想。而文物的收藏与保护在技术上提出了越来越高的要求，其过程也趋于科学化和专业化，与之相随的是精密仪器的购入、专业化服务的采购，这一过程需要充足的资金保障。社会监督是公民参与文化法制实施和保障文化法制有序实施的重要环节，可以增加公民对文化需求的积极性并且提高相应行政机关的公信力，但目前我国文化领域的社会监督建设还不完备，除了缺少系统明确的监督程序，还缺少相应的奖励激励机制。这些问题具体主要表现为财政预算中文化建设发展的占比不足，现有经费使用率不高以及经费来源一元化等方面。

人才队伍建设滞后。文化法治实施是一项系统宏大的工程，文化法治的实施最后还是落实于相关的实施主体进行实施。随着文化法治实施的持续推进，文化领域内涵越来越广，其所包含的内容越来越多，进而增加了对各类实施人才的需求。但现阶段文化领域相关人才还处于欠缺的状态。例如在涉及知识产权的文化领域中，科学技术的进步令知识产权侵权的方式呈现多样化，处理知识产权侵权的复杂性和难度也在不断加大，这就对知识产权行政管理部门的行政主体提出了更高的要求，所以培养知识产权行政主体的专业水平和素质就显得尤为重要。行政主体的素质决定了行政管理和行政执法的质量，影响着创新技术人的权利，知识产权自身的性质决定了知识产权侵权和违法行为的复杂性，需要人员不仅了解知识产权的特性，掌握专业知识，还要具备法律素养。然而在实践中国家和政府对知识产权方面的专业人才重视程度不够，也没有建立完善的专业人才培养机制，由此造成了对人才的培养和人才的储备的欠缺。在公共文化服务中，部分城市的公共文化服务人才队伍表现出数量不足以及整体素质不高的情形。数量不足体现在公共文化服务人员在整体文化领域人员数量中占比较低，与现有公共文化服务设施数量配比不科学；整体素质不高体现在公共文化服务人员的学历整体偏低，专业人才在整个队伍中占比低。

文化法治实施中，资金和人才的支撑不足呈现两极分化的特点，亦即城市地区和农村地区的差异化。在我国文化建设资金和人才资源支撑不足的情况下，城市地区还能满足一定程度的需求，而农村地区基本处于匮乏的状态。比如农村阅报栏数量、宣传栏数量还没有明显的变化，多数农村新建的公共文化服务设施也被挪作他用。虽然有部分发展得较快的农村已经拥有了标准的公共文化服务设施，但多数农村地区仍然因为经济发展不足而无法保障公共文化服务设施的种类、数量和质量，具体表现在设施面积不足、设备老化、种类不足等方面。甚至有部分贫困农村地区至今还在为基本的生存问题所烦扰，更是没有一个能从事文化活动的场所。

三 文化法治实施的完善路径

经过对现阶段文化法治实施存在的问题进行系统的梳理和归纳以后，我们认为应当充分结合党的十八届四中全会和党的十九届四中全会的相关精神，在已有的建设基础之上对主要问题进一步地完善解决。

（一）完善文化法治实施的立法体系

在法律领域，科学系统的法规范体系是各项法制工作顺利有序开展的前提。党的十九届四中全会指出，健全人民文化权益保障制度是坚持和完善繁荣发展社会主义先进制度的题中应有之意。具体到文化法制实施，就是要完善文化法制的立法体系，提升文化领域重要法规的法律位阶，细化现有法规范的概括性规定。通过综合梳理中央与地方之间的关系、部门之间的关系、地区之间的关系，明晰和厘清中央与地方之间、部门与部门之间的权限和职权，在此基础上对文化领域的民族自治条例、地方政府部门的行政规章制度等的立、改、废工作进行合理规划。同时，要注意充实立法内容，填补修改完善由于文化法制实施发展带来的立法漏洞，通过补充相关领域的立法缺失，突出对西部边远地区、农村弱势群体文化权益的保障，完善文化产品评价机制、建立规范的自由裁量权、强化文化主权安全意识等措施，实现文化法制实施与政府和社会力量有机结合。对于现有概括性比较强的法律规范，需要从整体文化法制实施的法律体系出发，构建一个多元、多角度、多层次丰富的法律体系。多元是指立法主体多元化，就上述分析，从全国统一的相关文化领域法律规范的概括性和不确定性而言，地方应当积极结合当地文化建设的特色，推动本地方的地方性法规制定进程，增强文化法制实施的可操作性；多角度是指地方在推进相关立法进程时应当充分考虑文化法制实施现状，重点建设本地方的弱势领域，而不是对已有法律规范的照抄照搬。文化法制实施的立法体系建构需要从规划做起，做好立法规划的前提是要对文化法制实施需求和制度供给进行深入研究，并且以国家文化政策为引导，以中华文化积淀为考量，明确立法数量和价值导向。在科学的立法规划基础之上，还要做到均衡立法和补充立法、结合实际特色立法，从而健全我国文化法制实施的立法体系。均衡立法是指文化领域中子领域需要立法均衡，不可偏废其一，而且全国各地的文化立法要均衡，不能忽略偏远地区的文化事业建设，因为偏远地区或民族地区的文化不仅更亟须保护，而且具有更大的开发价值和保护意义；

补充立法要求"查漏补缺",不可重复立法,更不可存在过多的立法漏洞,做好法律法规及规章、规范性文件等的清理工作,及时清理失效法律及制度文件;结合特色立法要求不仅在各地区文化特色在立法时要考虑,而且各文化领域的特色也应兼顾。

(二) 完善行政管理体制改革

党的十九大明确指出,"深化党和国家机构改革是推进国家治理体系和治理能力现代化的一场深刻变革",并以全面提高国家治理能力和治理水平为导向,提出"构建优化协同高效的党和国家机构职能体系"的战略目标及部署。完善行政管理体制改革的核心是切实转变政府职能,深入推动政府由办文化向管文化转变,切实解决文化管理体制中多头分散、条块分割等问题。在持续转变政府职能的基础上,完善文化管理体制要继续深化文化事业单位改革,推进政事分开、事企分开、管办分离,推进建立和完善事业单位法人治理结构,强化公益属性,即持续推进"大部制"改革,坚持"大部制"改革的重点,围绕"精简机构,提升效率"。在大部制视野下推行文化领域政府管理体制的完善,可以以一般的行政管理体制作为对比项,例如首先要深化文化领域行政审批制度改革。总结国务院深化行政审批制度改革的主要举措,要求之一为全面清理行政审批事项,提高取消和下放许可事项的"含金量",规范行政许可事项办理,鼓励大众创业、万众创新,这些举措同样可以引用到文化管理领域。文化管理体制改革,可以在政府主管部门大力推行权力清单、责任清单、负面清单制度并实行动态管理。明确省市县三级政府文化主管部门公布权力清单的要求和时限以及国务院部门开展编制权力和责任清单试点。强调进一步完善负面清单管理方式,实行统一的市场准入。要求建立行政事业性收费和政府性基金清单制度,清理所有不合法、不合规、不合理的文化市场收费基金项目,减轻文化企业和公民想要进行文化活动的负担。同时,还要处理好文化管理部门之间的内部关系。文化法制实施主要是由政府部门协作完成,具体而言包含了相关部门的纵向协作和横向协作,纵向协作主要是指不同行政层级的政府部门之间的协作,横向协作是指同级行政部门的不同职能部门之间的合作。公共文化服务的提供要想达到一个科学有效的程度,必须通过各个政府部门之间的纵向和横向的共同协作。在实践中,文化法制的实施主要是由本级地方政府起着主导作用,具体的落实由文化部门负责。由于行政部门的专业性,各个行政部门各尽其职是毋庸置疑的,但是单独的文化部门在具体的工作中还需要其他部门的支持，诸如需要财政部门履行拨付文化领域基础设施的建设、文化活动的保障资金。在部制改革下，组织调整没有从原来的多个文化行政部门的职能转变为同一组织下的内部部门的职能，即不是各部门职能的简单叠加。否则，这种不触及实体部门核心的做法，就达不到改革的初衷。整合制度设置，科学合理界定各部门职能范围，理顺权责关系，有利于突破原有限制，降低政府管理成本，提高体制机制运行效率。

（三）加强资源保障支撑

充足的资金和人才资源支撑是建设文化事业的动力保障。党的十八届四中全会要求加强对法治人才队伍的建设，具体到文化法制实施过程中亦是如此。党的十九届四中全会指出，要健全人民文化权益保障制度，完善文化产品创作生产传播的引导激励机制，完善城乡公共文化服务体系，优化城乡文化资源配置，推动基层文化惠民工程扩大覆盖面、增强实效性，健全支持开展群众性文化活动机制，鼓励社会力量参与公共文化服务体系建设。在文化法制实施中，就是要加强资金保障和人才建设，同时注重城乡文化建设的不同点，正视现阶段城乡文化发展不平衡的现状，重点加强对农村地区文化建设的资金和人才支持。首先，就财政投入方面，建立中央、地方、社区三位一体的科学供给体系，发挥法律法规的制度保障作用，明确财政的供给主体职责、权限。对于现有文化建设的经费需要提高其使用效率，将已有的支撑经费进行科学配置，实现经费使用的最大化。由于文化事业性质，我国文化法制实施主要是由政府主导，由政府进行统筹规划、组织和管理，毋庸置疑的是文化事业的开展经费也主要是政府的财政提供。但政府财政的提供由于其灵活性、有限性很难满足现阶段文化建设需求，故而可以进一步鼓励社会力量在资金资源供给方面对文化事业予以支持。社会力量在资金方面对文化建设的支持具有一定的自由性，特别是在农村地区不乏组织和个人注资发展家乡文化事业。这是十九届四中全会要求鼓励社会力量参与公共文化服务体系建设的具体实现，同时也是参与型行政在文化法制实施过程中的体现。其次，就人才建设方面，主要从引进人才和加强培训现有工作人员两个层面抓起，可以通过培养专业的教师资源以及鼓励大专及以上院校开设独立的文化法制实施课程，从根本上解决人才供给问题，针对已从事文化法制实施工作的人员，要开展多种类型的专门培训，针对其岗位职责的不同，制定多方向、高水准的培训方案。最后，关于城乡平衡建设，我国现阶段农村地区文化发展不足的主要原因就是各级政府对其投入不足，因此需要对现有城市地区和农村地区文化建设投入如配比再次进行平衡，加大对农村地区文化建设的投入。

四　文化法治实施的展望

中华民族正处于伟大复兴的关键时期，文化在综合国力竞争中的作用越来越明显。文化是民族凝聚力和创造力的重要源泉，是经济政治发展的重要支撑。文化法治的实施是我国文化建设的具体作用和保障。在充分对我国文化法治实施情况进行系统性分析的基础之上，我们见证了近年来文化法治所取得的卓越成就，同时也发现了发展中的不足。综合对这些问题的分析，我们认为可以考虑从进一步转换政府在文化法治实施中的职能和角色出发，从而提升文化建设整体水平。结合我们的分析，无论是在文化法治实施的监管还是公共文化法治保障的实施过程中，政府都处于主导地位。这种主导地位无疑是我国习惯于"文化管制"的表征，也是政府在文化领域中干预过多的体现。这种现象意味着还未摆脱以维持秩序为主要任务，以对公民和事业实施强制管制为主要作用的所谓秩序国家的理念。但是，伴随着现代化国家任务和机能的变迁，以及对国家治理体系和治理能力现代化的要求，政府职能的转变还需进一步完善。

党的十九届四中全会指出，健全支持开展群众性文化活动机制，鼓励社会力量参与公共文化服务体系建设。这既是对号召社会力量参与文化建设的肯定，同时也是对政府在文化建设中一元主体定位的否定。结合建设服务型政府的要求和"放管服"的深化改革，具体到文化领域当中，就是要求从以往的"文化管制"向"文化治理"理念转变，就是要求政府在文化事业建设中从管理者的角色向服务者的角色转化。在以往的"放管服"改革当中，主要着眼于经济市场的作用，而忽视了在文化事业建设中的深远意义。我们认为应当及时转变政府在文化法治实施中全方位管理的理念，减少政府在文化法治实施中的不当干预，从而刺激文化发展活力，吸引更多的社会力量参与其中。

参考文献

一　著作

中文著作：

《邓小平文选》第2卷，人民出版社1994年版。

包桂荣：《民族自治地方少数民族非物质文化遗产的法律保护研究——以蒙古族为例》，民族出版社2010年版。

邴正：《马克思主义文化哲学》，吉林人民出版社2007年版。

才让塔：《少数民族非物质文化遗产法律保护研究——以青海热贡为例》，中国政法大学出版社2016年版。

蔡武、王文章、冯天瑜：《中国文化创新报告》，社会科学文献出版社2012年版。

蔡翔：《版权与文化产业国际竞争力研究》，中国传媒大学出版社2013年版。

陈华文：《文化学概论新编》，首都经济贸易大学出版社2009年版。

陈静梅：《贵州少数民族非物质文化遗产传承人保护研究》，中国社会科学出版社2016年版。

陈庆德：《资源配置与制度变迁——人类学视野中的多民族经济共生形态》，云南大学出版2001年版。

大卫·C.霍克斯：《原住民：自治和政府间关系》，载周子平译《土著民族与小民族生存发展问题研究》，中央民族大学出版社2006年版。

邓俊荣主编：《企业组织设计与创业团队建设》，西安电子科技大学出版社2018年版。

邓社民：《民间文学艺术法律保护基本问题研究》，中国社会科学出版社2015年版。

邓小平：《在中国文学艺术工作者第四次代表大会上的祝辞》（1979年10月30日），《邓小平文选》，人民出版社1983年版。

董新中：《非物质文化遗产私权保护理论与实务研究》，知识产权出版社2016年版。

董雪梅：《文化产业知识产权》，福建人民出版社2012年版。

范俊军：《联合国教科文组织关于保护语言和文化多样性文件汇编》，民族出版社2006年版。

范文：《中外行政体制理论研究》，国家行政学院出版社2014年版。

范晓峰：《我国教科文卫体领域的法律制度——国家立法工作中的回顾与思考》，中国法制出版社2009年版。

范周：《2018中国文化产业年度报告》，知识产权出版社2018年版。

范周：《文化产业论纲》，社会科学文献出版社2016年版。

范周：《文化发展研究札记》，商务印书馆2019年版。

范周：《新时代的文化思考》，知识产权出版社2019年版。

范周：《中国文化产业40周年回顾与展望（1978—2018）》，商务印书馆2019年版。

方家良、王宝珠：《文化娱乐市场学》，北京航空航天大学出版社2011年版。

费安玲：《比较担保法——以德国、法国、瑞士、意大利、英国和中国担保法为研究对象》，中国政法大学出版社2004年版。

费安玲：《防止知识产权滥用法律机制研究》，中国政法大学出版社2009年版。

费孝通：《中华民族多元一体格局》，中央民族大学出版社1999年版。

冯红：《詹姆逊后现代文化理论术语研究》，南开大学出版社2015年版。

冯骥才：《为文化保护立言》，文化艺术出版社2017年版。

冯玉军：《法治中国：中西比较与道路模式》，北京师范大学出版集团、北京师范大学出版社2017年版。

高钢：《传播边界的消失：互联网开启再造文明时代》，中央广播电视大学出版社2016年版。

高轩：《我国非物质文化遗产行政法保护研究》，法律出版社2012年版。

顾军、苑利：《文化遗产报告》，社会科学文献出版社2005年版。

《关于〈中共中央关于全面推进依法治国若干重大问题的决定〉的说明》

（2014年10月20日），《中国共产党第十八届中央委员会第四次全体会议文件汇编》，人民出版社2014年版。

管育鹰：《知识产权视野中的民间文艺保护》，法律出版社2006年版。

国家广播电影电视总局发展研究中心：《中国视听新媒体发展报告（2011）》，社会科学文献出版社2011年版。

韩赤风、袁达松、赵英军、张德双：《文化创意产业法律经典案例评析（第一卷）》，法律出版社2013年版。

韩小兵：《中国少数民族非物质文化遗产法律保护基本问题研究》，中央民族大学出版社2011年版。

韩玉灵：《旅游法教程》，高等教育出版社2010年版。

何贵忠：《版权与表达自由：法理、制度与司法》，人民出版社2011年版。

侯书生：《党员干部"互联网+"知识读本》，红旗出版社2015年版。

胡惠林、单世联、凌金铸主编：《文化政策与治理》，上海人民出版社2015年版。

胡惠林：《中国国家文化安全论》，上海人民出版社2011年版。

胡启立编：《教育改革重要文献选编》，人民教育出版社1988年版。

花建：《软权力之争：全球化视野中的文化潮流》，上海社会科学院出版社2001年版。

华长慧、喻立森主编，宁波诺丁汉大学·中国文化课教研室编著：《中国文化与大学生成长》，浙江教育出版社2015年版。

黄传新、吴兆雪等：《构建和谐社会与意识形态建设》，安徽人民出版社2007年版。

黄金荣主编：《〈经济、社会、文化权利国际公约〉国内实施读本》，北京大学出版社2011年版。

黄升民、丁俊杰：《媒介经营与产业化研究》，北京广播学院出版社2003年版。

江必新主编：《新时代公民法治素养》，人民出版社2019年版。

姜敬红：《中国世界遗产保护法现状分析与体系化研究》，中国人民大学出版社2017年版。

蒋万来：《传承与秩序》，知识产权出版社2016年版。

金元浦：《中国文化概论》，首都师范大学出版社1999年版。

景小勇：《政府与国家文化治理》，文化艺术出版社2016年版。

李长春：《在文化体制改革试点工作会议上的讲话（2003年6月28日）》，《十六大以来重要文献选编》（上册），中央文献出版社2005年版。

李丹林：《广播电视法中的公共利益研究》，中国传媒大学出版社2012年版。

李怀亮、金雪涛：《文化市场学》（第二版），首都经济贸易大学出版社2016年版。

李军：《文化创意产业投融资创新》，中国传媒大学出版社2014年版。

李墨丝：《非物质文化遗产保护的国际法制研究》，法律出版社2010年版。

李淑梅、宋扬、宋建军：《中西文化比较》，苏州大学出版社2016年版。

李思屈：《数字娱乐产业》，四川大学出版社2006年版。

李袁婕：《文化产业诉讼案例解析》，故宫出版社2017年版。

联合国教科文组织：《世界文化报告——文化多样性、冲突与多元共存（2000）》，北京大学出版社2002年版。

练育强：《完善行政执法与刑事司法衔接机制之反思》，法律出版社2017年版。

林国良、周克平：《当代文化行政学》，上海大学出版社2002年版。

刘红婴：《非物质文化遗产的法律保护体系》，知识产权出版社2014年版。

刘瑾：《民间文学艺术的知识产权保护》，知识产权出版社2017年版。

柳华文主编：《经济、社会和文化权利可诉性研究》，中国社会科学出版社2008年版。

陆晓曦：《"公共文化服务保障法"立法支撑研究》，国家图书馆出版社2016年版。

陆扬：《国家文化安全研究导论》，复旦大学出版社2014年版。

吕忠梅：《民事司法疑难问题解答知识产权法适用部分》，中国检察出版社2004年版。

麻勇斌：《贵州文化遗产保护研究》，贵州人民出版社2008年版。

马克思：《1844年经济学哲学手稿》，《马克思恩格斯全集》第41卷，人民出版社1979年版。

马克思：《奥地利的海外贸易》，《马克思恩格斯全集》第12卷，人民出版社1962年版。
马知遥、孙锐:《文化创意和非遗保护》,天津大学出版社2013年版。
闵大洪:《中国网络媒体20年》,电子工业出版社2016年版。
潘嘉玮:《加入世界贸易组织后中国文化产业政策与立法研究》,人民出版社2006年版。
潘信林:《地方文化管理理论与实践》,湘潭大学出版社2014年版。
潘震宙、陈昌本主编:《论有中国特色社会主义文化建设》,宁夏人民出版社1999年版。
彭辉:《版权保护制度理论与实证研究》,上海社会科学院出版社2012年版。
全国人大法工委:《中华人民共和国广告法释义及其相关法律法规》,中国方正出版社1995年版。
沈洪波:《全球化与国家文化安全》,山东大学出版社2009年版。
沈宗灵:《法理学》,高等教育出版社1994年版。
舒绍福:《文化领导》(中国领导科学前沿丛书),国家行政学院出版社2015年版。
司春燕:《我国文化法治建设存在的主要问题及对策》,张全新、刘德龙、张华等主编《中国特色社会主义:理论·道路·事业——山东省社会科学界2008年学术年会文集(3)》,山东人民出版社2008年版。
宋磊:《中国对外文化贸易研究》,云南人民出版社2016年版。
宋小卫:《媒介消费的法律保障:兼论媒体对受众的底限责任》,中国广播电视出版社2004年版。
苏国勋:《全球化:文化冲突与共生》,社会科学文献出版社2006年版。
陶信平:《文化产业法概论》,中国人民大学出版社2016年版。
田艳:《传统文化产权制度研究》,中央民族大学出版社2011年版。
田艳:《民族文化补偿论》,中央民族大学出版社2014年版。
田艳:《少数民族非物质文化遗产传承人法律保护研究》,中央民族大学出版社2017年版。
王庚年:《文化发展论集》,中国国际广播出版社2007年版。
王桂玲、胡妙:《税法与纳税筹划》,山东人民出版社2016年版。
王鹤云、高绍安:《中国非物质文化遗产保护法律机制研究》,知识产权出版社2009年版。

王军：《日本的文化财保护》，文物出版社出版1997年版。

王文章：《非物质文化遗产概论》，教育科学出版社2017年版。

王云霞：《文化遗产法教程》，商务印书馆2012年版。

韦森：《市场、法治与民主——一个经济学家的日常思考》，世纪出版集团、上海人民出版社2008年版。

魏永征、周丽娜：《新闻传播法教程》，中国人民大学出版社2019年版。

文化部文化产业司：《国家文化产业课题研究报告（2008年度）》，云南大学出版社2010年版。

吴爱英：《干部法律知识读本》，法律出版社2006年版。

吴克礼主编：《文化学教程》，上海外语教育出版社2002年版。

习近平：《之江新语》，浙江人民出版社2007年版。

向勇：《文化产业导论》，北京大学出版社2015年版。

熊澄宇：《世界文化产业研究》，清华大学出版社2012年版。

许军珂、李红勃：《文化权利的法律保障机制研究》，世界知识出版社2015年版。

严永和：《论传统知识的知识产权保护》，法律出版社2006年版。

颜海、彭桂芳、蒋冬青：《文化经纪理论与实务》，武汉大学出版社2016年版。

艺衡、任珺、杨立青：《文化权利：回溯与解读》，社会科学文献出版社2005年版。

余信红：《掀开中国文化新的一页　土地革命时期中共对文化战线的领导》，江西人民出版社2000年版。

俞思念、魏明：《当代中国文化发展战略》，华中师范大学出版社2010年版。

喻少如：《公民文化权的宪法保护研究——以国家义务为视角》，中国法制出版社2017年版。

苑利、顾军：《非物质文化遗产保护干部必读》，社会科学文献出版社2013年版。

苑利、顾军：《非物质文化遗产学》，高等教育出版社2009年版。

云德：《文化的视点》，云南人民出版社2001年版。

《在十八届中央政治局第四次集体学习时的讲话》，《习近平关于全面推进依法治国论述摘编》，中央文献出版社2015年版。

翟爱玲、贾金玲：《中国现代文化大众化发展研究》，河南大学出版社2009年版。

张囤生：《中国文化遗产保护成就通览》，文物出版2007年版。

张耕：《民间文学艺术的知识产权保护研究》，法律出版社2007年版。

张鸿文主编：《社会主义改革学原理》，天津大学出版社1991年版。

张晋藩、海威、初尊贤主编：《中华人民共和国国史大辞典》，黑龙江人民出版社1992年版。

张晋藩：《中国宪法史》，中国法制出版社2016年版。

张明波、娄跃辉、赵恺、王驰：《马克思社会发展理论及其当代意义》，四川大学出版社2017年版。

张文显主编：《法理学》，北京大学出版社2018年版。

张笑侠、夏立安：《法理学导论》，高等教育出版社2006年版。

张瑛：《知识产权保护与专利制度运用》，河北科学技术出版社2014年版。

张云鹏：《文化权：自我认同与他者认同的向度》，社会科学文献出版社2007年版。

赵方：《我国非物质文化遗产的法律保护研究》，中国社会科学出版社2009年版。

赵子忠：《内容产业论——数字新媒体的核心》，中国传媒大学出版社2005年版。

郑成思：《版权法》，中国人民大学出版社1997年版。

中共中央统战部编：《民族问题文献汇编》，中共中央党校出版社1991年版。

中共中央文献研究室：《十六大以来重要文献选编》（上），中央文献出版社2005年版。

中共中央文献研究室：《习近平关于全面深化改革论述摘编》，中央文献出版社2014年版。

中共中央文献研究室、中共十三大政治报告：《沿着有中国特色的社会主义道路前进》（1987年10月25日），《十三大以来重要文献选编》，人民出版社1991年版。

中共中央宣传部政策法规研究室编：《地方文化法规汇编》，学习出版社2012年版。

中国社会科学院知识产权中心：《非物质文化遗产保护问题研究》，知识产权出版社 2012 年版。

中央档案馆编：《中共中央文件选集》（第十三册），中共中央党校出版社 1991 年版。

中央档案馆编：《中共中央文件选集》（第四册），中共中央党校出版社 1989 年版。

朱兵：《中国非物质文化遗产保护研究》，北京师范大学出版社 2007 年版。

庄孔韶：《人类学通论（第三版）》，中国人民大学出版社 2016 年版。

外文著作：

［德］恩斯特·卡西尔：《人论》，甘阳译，上海人民出版社 1985 年版。

［德］霍克海默、［德］阿多诺：《启蒙的辩证法》，渠敬东、曹正东译，上海人民出版社 2003 年版。

［德］唐拉德·黑塞：《联邦德国宪法纲要》，李辉译，商务印书馆 2007 年版。

［法］卢梭：《社会契约论》，何兆武译，商务印书馆 2002 年版。

［加］威尔·金利卡：《多元文化的公民身份——种自由主义的少数群体权利理论》，马莉、张昌耀译，中央民族大学出版社 2009 年版。

联合国教科文组织、世界文化与发展委员会：《文化多样性与人类全面发展——世界文化与发展委员会报告》，张玉国译，广东人民出版社 2006 年版。

［美］伯尔曼：《法律与宗教》，梁治平译，生活·读书·新知三联书店 1991 年版。

［美］E. 博登海默：《法理学：法律哲学与法律方法》，邓正来译，中国政法大学出版社 1999 年版。

［美］霍贝尔：《原始人的法》，严存生等译，法律出版社 2006 年版。

［美］曼昆：《经济学原理》，梁小民译，生活·读书·新知三联书店、北京大学出版社 1999 年版。

［美］塞缪尔·P. 亨廷顿：《变动社会中的政治秩序》，张岱云、聂振雄、石浮、宁安生译，上海译文出版社 1989 年版。

［美］塞缪尔·亨廷顿、劳伦斯·哈里森：《文化的重要作用——价值观

如何影响人类进步》，新华出版社2011年版。

［挪］A. 艾德、C. 克洛斯、A. 罗萨斯：《经济、社会和文化权利教程》，四川人民出版社2004年版。

［日］沟口雄三：《中国的公与私·公私》，郑静译，生活·读书·新知三联书店2011年版。

［新加坡］阿努拉·古纳锡克拉、［荷兰］赛斯·汉弥林克、［英］文卡特·耶尔：《全球化背景下的文化权利》，张毓强等译，中国传媒大学出版社2006年版。

［新加坡］阿努拉·古纳锡克拉主编：《全球化背景下的文化权利》，张旒强译，中国传媒大学出版社2006年版。

［英］阿雷恩·鲍尔德温等：《文化研究导论》，陶东风等译，高等教育出版社2017年第6版。

［英］约翰·斯道雷：《文化理论与通俗文化导论》（第二版），杨竹山等译，南京大学出版社2001年版。

二　论文

期刊论文：

阿旺旦增：《一部西藏非物质文化遗产研究的力作——评〈珞巴族非遗保护及旅游开发研究〉》，《西藏民族大学学报》（哲学社会科学版）2016年第6期。

安雪梅、李秋燕：《美国电影制品动产质押模式的制度改进及其实践》，《中国版权》2014年第3期。

巴莫曲布嫫：《从语词层面理解非物质文化遗产——基于〈公约〉"两个中文本"的分析》，《民族艺术》2015年第6期。

柏贵喜、杨征：《坚持和完善少数民族非物质文化遗产保护政策研究——基于湘西土家族苗族自治州和内蒙古自治区的调查》，《中南民族大学学报》（人文社会科学版）2012年第3期。

蔡群、任荣喜、邱望标：《贵州少数民族非物质文化遗产的数字化保护方法研究》，《贵州工业大学学报》（自然科学版）2007年第4期。

蔡武进、彭龙龙：《法国文化产业法的制度体系及其启示》，《华中师范大学学报》（人文社会科学版）2019年第2期。

蔡武进:《我国文化产业体系建设的进路》,《福建论坛》(人文社会科学版) 2014 年第 10 期。

曹新明:《知识产权与公有领域之关系研究》,《法治研究》2013 年第 3 期。

曹阳:《论公有领域——以知识产权与公有领域关系为视角》,《苏州大学学报》(哲学社会科学版) 2011 年第 3 期。

朝戈金:《联合国教科文组织〈保护非物质文化遗产伦理原则〉:译读与评骘》,《内蒙古社会科学》(汉文版) 2016 年第 5 期。

车彤波:《俄罗斯非物质文化遗产的保护措施》,《大众文艺》2016 年第 23 期。

陈柏峰:《群体性涉法闹访及其法治》,《法制与社会发展》2013 年第 4 期。

陈柏峰:《中国法治社会的结构及其运行机制》,《中国社会科学》2019 年第 1 期。

陈党:《网络游戏产业发展与政策扶持》,《河南理工大学学报》(社会科学版) 2016 年第 2 期。

陈赟:《四十年来的中国文化体制改革研究:一个理论述评》,《山东大学学报》(哲学社会科学版) 2019 年第 5 期。

陈化琴:《著作权集体管理视角下表演者权的实现机制研究》,《河北法学》2017 年第 5 期。

陈辉:《中韩文化产业政策比较研究》,《学海》2005 年第 4 期。

陈杰:《论文化遗产法律制度中的隐喻——以非物质文化遗产的私权保护为例》,《沈阳工业大学学报》(社会科学版) 2014 年第 1 期。

陈静梅、文永辉:《论少数民族非物质文化遗产传承人的分类保护——基于贵州的田野调查》,《广西民族研究》2012 年第 4 期。

陈静梅:《我国非物质文化遗产传承人研究述评》,《贵州师范大学学报》(社会科学版) 2012 年第 4 期。

陈丽苹、王志轩:《我国广告创意的知识产权保护问题探析》,《中国工商管理研究》2015 年第 10 期。

陈柳裕:《文化立法研究:共识、进展及其批判》,《浙江工商大学学报》2012 年第 6 期。

陈守湖:《侗族大歌生境探析》,《贵州社会科学》2014 年第 11 期。

陈廷亮、张磊：《守望民族的精神家园——湘西土家族苗族自治州非物质文化遗产保护与传承现状调查》，《中南民族大学学报》（人文社会科学版）2008年第6期。

陈婉：《文化立法：文化产业发展新标杆》，《环境经济》2017年第7期。

陈永辉、白晋湘：《非物质文化遗产保护视角下我国少数民族民俗体育文化资源开发》，《武汉体育学院学报》2009年第3期。

陈又林：《从日本经验看非物质文化遗产的活态传承》，《神州民俗》（学术版）2012年第3期。

陈宇翔、郑自立：《中国文化产业政策的架构、效能与完善方向》，《南京社会科学》2016年第1期。

陈志勤：《论作为文化资源的非物质文化遗产的利用和管理——兼及日本的经验和探索》，《江西大学学报》（人文社会科学版）2012年第1期。

程麒台：《解读〈电影产业促进法〉对电影产业融资的支持》，《中国电影市场》2017年第9期。

程麒台：《论电影发展的资金支持——〈中华人民共和国电影产业促进法〉第三十七条解析》，《电影评介》2017年第19期。

仇英义：《版本数据中的图书出版40年》，《中国出版》2018年第22期。

崔璨：《非物质文化遗产传承人权利的法律保护》，《沈阳工业大学学报》（社会科学版）2014年第3期。

崔璨：《中国文化立法的基本框架及其构建》，《内蒙古社会科学》（汉文版）2012年第11期。

单杰、李红梅：《建筑设计产业知识产权保护体系构建》，《商业时代》2011年第34期。

党雷：《根植影视产业，实施双轮驱动，创建版权示范单位——西安电视剧版权交易中心的探索与实践》，《人文天下》2017年第18期。

董乃铭：《新形势下文化执法之提升对策》，《文教资料》2007年第1期。

董秀团：《说唱类非物质文化遗产的保护与传承——以云南少数民族说唱艺术为例》，《民俗研究》2009年第2期。

杜莉莉：《非物质文化遗产保护作为高等教育的新使命——以法国大学为例》，《现代大学教育》2016年第3期。

杜琪、李燕妮、高波：《中日韩三国公共图书馆法比较研究》，《图书情报工作》2019年第2期。

杜志红：《文化创新：理解新媒介影像传播的重要维度》，《现代传播》（中国传媒大学学报）2017年第5期。

范富：《文化产业：内涵、特质与定位》，《理论探索》2005年第5期。

范周、胡音音：《坚定文化自信，促进文化产业繁荣——2018年我国文化产业发展回顾》，《出版广角》2019年第3期。

范周、熊海峰：《文化产业政策供给分析》，《中国国情国力》2017年第5期。

飞龙：《国外保护非物质文化遗产的现状》，《文艺理论与批评》2005年第6期。

费安玲：《非物质文化遗产法律保护的基本思考》，《江西社会科学》2006年第5期。

甘明、刘光梓：《论非物质文化遗产保护法权利主体制度的构建——以黔东南苗族侗族自治州为例》，《广西民族研究》2009年第1期。

高丙中：《〈保护非物质文化遗产公约〉的精神构成和中国实践》，《中南民族大学学报》（人文社会科学版）2017年第4期。

高丙中：《作为公共文化的非物质文化遗产》，《文艺研究》2008年第2期。

高寿福：《韩国非物质文化遗产保护工作经验之我鉴》，《延边党校学报》2008年第2期。

高轩、伍玉娣：《非物质文化遗产的私权性及其体现——以〈中华人民共和国非物质文化遗产法〉的缺陷为视角》，《河北学刊》2012年第5期。

葛震：《新中国70年文化建设的成就与经验》，《沈阳干部学刊》2019年第6期。

顾肖荣等：《上海文化立法规划和文化法律思想研究》，《政治与法律》2003年第1期。

管育鹰：《民间文学艺术作品的保护机制探讨》，《法律科学》（西北政法大学学报）2016年第4期。

郭禾：《对非物质文化遗产私权保护模式的质疑》，《中国人民大学学报》2011年第2期。

郭炯：《中西民族非物质文化遗产保护研究》，《贵州民族研究》2017年第1期。

郭理蓉：《论我国非物质文化遗产的刑法保护及其完善》，《贵州民族研究》2014 年第 1 期。

郭壬癸、乔永忠:《版权保护强度影响文化产业发展绩效实证研究》,《科学学研究》2019 年第 7 期。

郭娅丽:《版权质押融资的实践困境及制度破解》,《知识产权》2017 年第 1 期。

国伟、田维华:《贵州少数民族传统体育的传承和发展》,《体育学刊》2009 年第 9 期。

韩大梅:《〈陕甘宁边区宪法原则〉论析》,《中共中央党校学报》2004 年第 1 期。

韩美群:《论和谐文化的社会功能》,《武汉大学学报》2007 年第 5 期。

韩小兵:《非物质文化遗产权——一种超越知识产权的新型民事权利》,《法学杂志》2011 年第 1 期。

韩小兵:《少数民族非物质文化遗产的概念界定及其法律意义》,《北京政法职业学院学报》2010 年第 4 期。

韩宇宏:《非物质文化遗产保护传承的根本难点》,《徐州工程学院学报》(社会科学版)2010 年第 4 期。

何锦前:《文化决定论抑或法律能动性:文化立法的前提性论争》,《湖南科技大学学报》(社会科学版)2013 年第 6 期。

何秋:《民族自治地方少数民族非物质文化遗产的法律保护——以广西壮族自治区非遗保护为例》,《文化遗产》2014 年第 1 期。

何嵩昱:《贵州民族村寨旅游发展模式研究——以郎德上寨和镇山村为例》,《贵州民族研究》2013 年第 3 期。

何星亮:《非物质文化遗产的保护与民族文化现代化》,《中南民族大学学报》(人文社会科学版)2005 年第 3 期。

贺剑武:《广西壮族非物质文化遗产保护性旅游开发研究——以百色布洛陀文化为例》,《广西社会科学》2009 年第 4 期。

贺学君:《关于非物质文化遗产保护的理论思考》,《江西社会科学》2005 年第 2 期。

贺学君:《关于非物质文化遗产保护相关理论的再思考》,《民间文化论坛》2009 年第 2 期。

侯健:《言论自由及其限制》,《北大法律评论》2000 年第 2 期。

胡惠林:《论文化产业的属性与运动规律》,《上海交通大学学报》(哲学社会科学版）2007 年第 4 期。

胡惠林、祁述裕、郭嘉、杨传张、李炎、陈少峰、于小涵、章军杰、詹一虹：《"国家治理与文化治理能力建设"研究笔谈》，《浙江工商大学学报》2018 年第 2 期。

胡晓明、陈阳：《我国文化资产价值评估的现状分析及相关思考》，《财会学习》2014 年第 12 期。

胡艳丽、曾梦宇：《非物质文化遗产"传承人传承"管理研究——以黔东南侗族为例》，《民族论坛》2016 年第 11 期。

户晓辉：《保护非物质文化遗产公约的实践范式》，《民族艺术》2017 年第 4 期。

华燕：《良法之治的基础与示范：依法立法》，《现代法治研究》2017 年第 4 期。

黄柏权：《土家族非物质文化遗产现状及保护对策》，《湖北民族学院学报》（哲学社会科学版）2006 年第 2 期。

黄彩文：《云南人口较少民族非物质文化遗产的保护与传承——以邦丙村布朗族的传统纺织技艺为研究个案》，《西北民族研究》2011 年第 3 期。

黄桂英：《关于加强社会主义文化法制建设的若干思考》，《上海大学学报》（社会科学版）2002 年第 5 期。

黄宏：《论我国电影管理制度创新的必要性——从电影产业可持续发展的视角分析》，《法制与经济》2019 年第 5 期。

黄辉、赵嵩：《文化建设的法治之路》，《公安学刊》2006 年第 2 期。

黄一玲、焦连志：《建国以来中国社会转型的意识形态阐释》，《江汉论坛》2009 年第 2 期。

黄玉烨：《论非物质文化遗产的私权保护》，《中国法学》2008 年第 5 期。

黄玉烨：《论国家人权法视野下的传统文化权》，《知识产权年刊》2005 年。

季宇宸：《对文化产业促进经济发展和增强文化软实力的研究——基于美日多元文化产业实例的分析》，《财经界》2018 年第 11 期。

贾东琴、牛佳宁、柯平：《中国图书馆事业法制史编年》，《图书情报研究》2019 年第 1 期。

贾学胜、严永和：《非物质文化遗产的刑法保护及其完善》，《电子知识产权》2008 年第 3 期。

贾玉娥、刘润苍、李倩：《关于公民文化权利实现路径的调查研究》，《河北省社会主义学院学报》2008年第4期。

江国华：《立法模式及其类型化研究》，《公法评论》2007年第4期。

江国华：《文化权利及其法律保护》，《中州学刊》2013年第7期。

姜爱、李永诚：《少数民族非物质文化遗产旅游可持续发展的思考——以云南、贵州、海南为例》，《贵州民族研究》2012年第4期。

姜长宝：《区域特色文化产业集聚发展的制约因素及对策》，《特区经济》2009年第9期。

姜莉芳：《濒危语言申报非物质文化遗产保护的思考——以居都仡佬族语为例》，《贵州民族学院学报》（哲学社会科学版）2010年第1期。

姜南：《地方高校与本土非物质文化遗产传承——云南艺术学院"非遗"特色教育思考》，《中国培训》2015年第6期。

姜淑珍、刘丽娜：《论技术审查官制度在刑事诉讼中的引进》，《现代法治研究》2019年第3期。

蒋建国：《深化文化体制改革》，《求是》2012年第24期。

康娜娜、张志彬：《我国民族传统体育非物质文化遗产传承人的法律地位》，《体育成人教育学刊》2013年第1期。

康式昭：《谈谈加强文化法制建设》，《文艺理论与批评》1992年第3期。

孔根红：《国际政治格局的新变化及我国的应对策略》，《红旗文稿》2011年第3期。

兰健华：《论〈电影产业促进法〉对民族地区影视产业的促进作用》，《艺术科技》2017年第9期。

兰相洁：《美国支持文化产业发展的税收政策及借鉴》，《涉外税务》2012年第3期。

郎玉屏：《现代化进程中少数民族非物质文化遗产传承研究》，《西南民族大学学报》（人文社会科学版）2009年第10期。

雷杨、王琳慧：《新中国70年以来文化政策的演进浅析》，《渭南师范学院学报》2019年第9期。

李春满：《论文化资产的价值属性》，《中国资产评估》2013年第5期。

李聪：《文化产业的立法界定及其管理模式探析》，《邵阳学院学报》（社会科学版）2017年第4期。

李丹林：《传媒法治、现代化转型与文化变革》，《南京社会科学》2017

年第 4 期。

李丹林：《我国新世纪文化传媒政策的演进及价值取向分析》，《南京社会科学》2013 年第 1 期。

李丹林：《新媒体资本准入制度：传媒立法的核心》，《南京社会科学》2018 年第 1 期。

李芳：《解析文化产业发展的制约因素及对策与建议》，《甘肃科技纵横》2006 年第 3 期。

李康：《版权产业融资中的版权价值评估问题探析》，《编辑之友》2011 年第 9 期。

李立志：《1949—1956 年中国社会风习的演变及其特点》，《教学与研究》2001 年第 1 期。

李明非：《集群融资在中小电影企业融资中的适用性——基于博弈论研究》，《当代经济》2018 年第 11 期。

李娜、万克夫、万里行：《试论我国影视产业版权融资的法律对策》，《经济师》2016 年第 1 期。

李荣启：《论非物质文化遗产保护的主要原则与方法》，《广西民族研究》2008 年第 2 期。

李斯特：《公有领域制度与传统文化利用》，《政法论坛》2012 年第 4 期。

李天翼：《民族旅游社区参与的"工分制"》，《贵州民族学院学报》（哲学社会科学版）2010 年第 2 期。

李天翼：《上郎德苗寨社区参与旅游模式成因分析》，《贵州民族学院学报》（社会科学版）2007 年第 4 期。

李伟民：《视听作品法律地位之确立——以文化安全为视角》，《法学论坛》2018 年第 2 期。

李贤春、金惹古：《地方文化对司法裁判的影响研究》，《湖北理工学院学报》（人文社会科学版）2019 年第 3 期。

李晓秋、齐爱民：《非物质文化遗产系列研究（四）商业开发和非物质文化遗产的"异化"与"反异化"——以韩国"人类活的珍宝制度"设计为视角》，《电子知识产权》2007 年第 7 期。

李昕：《文化全球化语境下的文化产业发展与非物质文化遗产保护》，《西南民族大学学报》2009 年第 7 期。

李新安：《文化权利：公民权利的社会基础》，《上海行政学院学报》2011

年第 1 期。

李一丁：《再论我国非物质文化遗产法律保护手段——以获取和惠益分享为视角》，《文化遗产》2012 年第 2 期。

李忠夏：《基本权利的社会功能》，《法学家》2014 年第 5 期。

梁文永：《一场静悄悄的革命：从部门法学到领域法学》，《政法论丛》2017 年第 2 期。

廖明君、周星：《非物质文化遗产保护的日本经验》，《民族艺术》2007 年第 1 期。

廖玉环、何思瑜：《文化产业促进政策对欧洲一体化进程的作用及其对构建中国—东盟命运共同体的启示》，《红河学院学报》2018 年第 4 期。

林承铎、安妮塔：《数字版权语境下避风港规则与红旗原则的适用》，《电子知识产权》2016 年第 7 期。

林海聪：《非物质文化遗产保护中"动物使用"的伦理困境》，《民族艺术》2016 年第 1 期。

林坚：《文化概念演变及文化学研究历程》，《文化学刊》2007 年第 4 期。

林利芝：《永远的名侦探夏洛克·福尔摩斯——自 Leslie S. Klinger v. Conan Doyle Estate 案探讨故事角色著作权保护争议》，《知识产权月刊》2016 年第 1 期。

凌金铸：《文化体制改革的拐点及意义》，《上海交通大学学报》（哲学社会科学版）2010 年第 6 期。

刘忱：《公共文化服务体系建设的实践考察与建议》，《中共中央党校学报》2012 年第 6 期。

刘承韪、李梦佳：《我国电影产业融资法律问题研究——以〈中华人民共和国电影产业促进法〉第 40 条为视角》，《北京联合大学学报》（人文社会科学版）2017 年第 2 期。

刘春田、马运军：《习近平文化建设思想初探》，《求实》2015 年第 3 期。

刘藩：《电影版权分割融资的理论基础和实践创新》，《当代电影》2011 年第 10 期。

刘建美：《1949—1966 年中国文物保护政策的历史考察》，《当代中国史研究》2008 年第 3 期。

刘剑文：《论领域法学：一种立足新兴交叉领域的法学研究范式》，《政法论丛》2016 年第 5 期。

刘珏：《我国食品安全案件"行刑衔接"机制的困境与出路研究》，《喀什大学学报》2019年第1期。

刘魁立：《非物质文化遗产的共享性、本真性与人类文化多样性发展》，《山东社会科学》2010年第3期。

刘磊：《IPTV发展梳理与监管思考》，《数字传媒研究》2018年第3期。

刘蒙之：《论美国出版业对公有领域作品资源的商业使用》，《深圳大学学报》（人文社会科学版）2012年第6期。

刘明阁：《论民俗类非物质文化遗产的传承、保护和利用》，《江汉论坛》2012年第10期。

刘青青：《少数民族非物质文化遗产传承的学校教育研究——以贵州省民族地区学校教育为例》，《贵州民族研究》2015年第9期。

刘庆斌：《关于对进一步加强社会主义文化建设的认识和思考》，《贵州社会主义学院学报》2012年第3期。

刘淑娟：《欧美国家非物质文化遗产法律保护经验对我国的启示》，《华侨大学学报》（哲学社会科学版）2015年第2期。

刘锡诚：《非物质文化遗产的文化性质问题》，《西北民族研究》2005年第1期。

刘晓春：《非物质文化遗产的地方性与公共性》，《广西民族大学学报》（哲学社会科学版）2008年第3期。

刘馨蔓：《〈文化产业促进法〉的立法思考》，《法制博览》2017年第14期。

刘秀峰、刘朝晖：《非物质文化遗产与代表性传承人制度：来自田野的调查和思考》，《浙江师范大学学报》（社会科学版）2012年第5期。

刘宇、周雅琴：《文化产业促进资源型城市矿业遗产转型利用的模式研究》，《河南社会科学》2018年第6期。

刘云升：《论传承人精神利益的保护——关于歪曲、篡改与戏仿非物质文化遗产行为的认定及责任》，《河北法学》2009年第6期。

刘致邦：《中国台湾地区文化产业税收法律制度及其启示》，《衡阳师范学院学报》2018年第2期。

卢超：《比较法视角下我国文化行政法制的建构挑战》，《治理研究》2018年第1期。

陆江源、李世刚、徐薪璐：《近期国际政治经济格局变化分析》，《产业创新研究》2018 年第 10 期。

吕天奇：《非物质文化遗产的刑法保护问题研究》，《西南民族大学学报》（人文社会科学版）2015 年第 11 期。

吕微：《民俗复兴与公民社会相联结的可能性——古典理想与后现代思想的对话》，《民俗研究》2013 年第 3 期。

罗兵、温思美：《文化产业与创意产业概念的外延与内涵比较研究》，《甘肃社会科学》2006 年第 5 期。

罗艺：《国外非物质文化遗产法律保护概述》，《云南电大学报》2010 年第 4 期。

骆莉：《日本文化立国战略推动下的文化产业发展》，《东南亚研究》2006 年第 2 期。

马明敏：《打造"文化库尔勒"必须加强文化法治化建设》，《和田师范专科学校学报》2016 年第 4 期。

马宁：《珞巴族非物质文化遗产及其保护——以西藏米林县南伊珞巴民俗村为例》，《中南民族大学学报》（人文社会科学版）2008 年第 6 期。

马倩男：《新形势下我国文化产业立法构想》，《现代经济信息》2019 年第 18 期。

马强：《服务于政治需求的俄罗斯非物质文化遗产保护》，《云南师范大学学报》（哲学社会科学版）2015 年第 5 期。

毛兴勤：《人肉搜索与网络反腐"联姻"的原因分析》，《法制与社会》2016 年第 34 期。

明立志：《加强我国文化产业立法的几点思考与建议》，《今日中国论坛》2005 年第 12 期。

莫代山：《韩国传统文化保护与发展的实践与经验》，《中国文化论坛》2015 年第 4 期。

莫纪宏：《论文化权利的宪法保护》，《法学论坛》2012 年第 1 期。

娜仁图雅：《内蒙古科尔沁非物质文化遗产法律保护的模式研究》，《东北亚论坛》2011 年第 6 期。

普春丽、袁飞：《少数民族非物质文化遗产教育传承的主体及其作用》，《民族教育研究》2012 年第 1 期。

普丽春：《论学校传承少数民族非物质文化遗产的教育》，《当代教育与文化》2010 年第 1 期。

普丽春：《学校教育中的非物质文化遗产传承与发展研究——基于对云南省的调查》，《民族教育研究》2010年第2期。

普丽春：《云南少数民族非物质文化遗产传承模式构想》，《云南民族大学学报》（哲学社会科学版）2010年第1期。

齐崇文：《论文化安全的法律治理》，《行政管理改革》2019年第8期。

齐峦：《试析我国文化产业立法之完善》，《行政与法》2019年第10期。

祁庆富：《论非物质文化遗产保护中的传承及传承人》，《西北民族研究》2006年第3期。

乔新生：《新闻知识产权保护应引入共享理念》，《青年记者》2017年第19期。

饶世权：《日本文化产业的立法模式及其对我国的启示》，《新闻界》2016年第11期。

任敦姬、沈燕：《"人间国宝"与韩国非物质文化遗产保护：经验和挑战》，《民间文化论坛》2016年第2期。

尚永：《美国的版权产业和版权贸易》，《知识产权》2002年第6期。

石东坡：《文化立法基本原则的反思、评价与重构》，《浙江工业大学学报》（哲学社会科学版）2009年第2期。

石秀文：《应收账款质押权实现方式探究——以最高人民法院第53号指导案例为视角》，《福建质量管理》2017年第9期。

史玲：《辽宁省非物质文化遗产传承人法律保护问题探析》，《对外经贸》2015年第9期。

宋慧敏、周艳敏：《论文化法的基本原则》，《北方法学》2015年第6期。

宋慧献：《保障并落实公民文化权利：文化促进法初探》，《河南大学学报》（社会科学版）2018年第2期。

宋俊华：《非物质文化遗产概念的诠释和重构》，《学术研究》2006年第9期。

宋闽旺：《台湾非物质文化遗产保护的经验及启示》，《人民政坛》2015年第12期。

宋文燕：《当大片时代遭遇资本市场》，《创新时代》2012年第10期。

宋文燕：《国内影视产业融资模式》，《中国中小企业》2009年第9期。

苏晓红、胡晓东：《代表性传承人保护与培养机制的多元建构——以苗族民间文学为例》，《贵州师范大学学报》（社会科学版）2010年第4期。

孙昊亮：《非物质文化遗产的公共属性》，《法学研究》2010年第5期。

孙洁：《日本文化遗产体系》（上），《西北民族研究》2013年第2期。

孙洁：《日本文化遗产体系》（下），《西北民族研究》2013年第4期。

孙梦爽、王晓琳：《文化产业百花放　多措并举促发展》，《中国人大》2019年第5期。

孙梦爽、王晓琳：《文化产业发展：经济增长的新引擎》，《中国人大》2019年第14期。

覃志鹏：《论少数民族非物质文化遗产保护》，《前沿》2008年第11期。

谭红春：《关于少数民族非物质文化遗产保护实践的反思——以中国瑶族盘王节为例》，《广西民族研究》2009年第2期。

汤达金、梁玮、朱振进：《浙江法治文化及其建设路径》，《浙江社会科学》2006年第2期。

汤静：《非物质文化遗产保护之法理视角》，《湖南师范大学社会科学学报》2007年第5期。

汤凌燕、柳建闽：《非物质文化遗产代表性传承人认定与管理的法律思考——以福建省为主要分析对象》，《福建农林大学学报》（哲学社会科学版）2010年第6期。

汤啸天：《试论WTO背景下的上海文化法治建设》，《上海大学学报》（社会科学版）2003年第6期。

唐海清、付彩虹：《文化遗产国际刑法保护的立法现状与司法困境——兼论中国文化遗产刑法保护的加强》，《贵州民族研究》2013年第2期。

唐海清：《国外关于非物质文化遗产法律保护前沿问题的研究综述》，《中央民族大学学报》（哲学社会科学版）2013年第3期。

唐铁汉：《我国政府职能转变的成效、特点和方向》，《国家行政学院学报》2007年第2期。

唐紫薇：《我国影视版权融资发展状况研究》，《法制与社会》2016年第7期。

滕飞、孟令波：《论深化文化体制改革与构建中国特色的法律文化》，《吉林省经济管理干部学院学报》2012年第2期。

田耕旭：《韩国非物质文化遗产的保存与传承》，《浙江艺术职业学院学报》2016年第3期。

田艳、王禄：《少数民族文化风险及其法律规制研究》，《贵州民族研究》

2011 年第 4 期。

童萍:《当代中国文化安全的现状和对策》,《中共山西省委党校学报》2007 年第 2 期。

万珩:《网络游戏模式与规则的著作权法保护》,《现代商贸工业》2017 年第 13 期。

万幸:《中国电影版权担保融资的现实处境与风险研究》,《东南传播》2012 年第 8 期。

汪海萍:《赫哲族非物质文化遗产保护的传承状况调研》,《前沿》2011 年第 3 期。

汪立珍:《保护和发展鄂温克族非物质文化遗产的思考》,《民族文学研究》2006 年第 1 期。

汪舟:《日本非物质文化遗产保护与传承经验及对我国完善相关保护体系的启示》,《旅游纵览(下半月)》2016 年第 1 期。

王波:《发展文化产业 促进文化资源向经济资源转化》,《河北能源职业技术学院学报》2017 年第 2 期。

王焯:《国外非物质文化遗产保护的理论与实践》,《文化学刊》2008 年第 6 期。

王晨:《为电影产业健康发展提供有力法律保障》,《中国人大》2017 年第 7 期。

王春艳、李成江:《软件知识产权保护模式研究》,《东岳论丛》2009 年第 6 期。

王德新:《经济、社会和文化权利可诉性问题探析》,《北方法学》2010 年第 6 期。

王根泽:《我国影视文化产业版权质押体系的问题及完善》,《法制与经济》2016 年第 7 期。

王广振、王伟林、王新娟:《论版权与文化产业》,《人文天下》2017 年第 13 期。

王红:《〈共同纲领〉中的教育政策及其现实意义》,《中国地质教育》2009 年第 2 期。

王桦宇:《论领域法学作为法学研究的新思维——兼论财税法学研究范式转型》,《政法论丛》2016 年第 5 期。

王慧欣:《法国非物质文化遗产保护与利用的模式分析》,《传播与版权》

2017 年第 4 期。

王吉林、陈晋璋：《非物质文化遗产的权利主体研究》，《天津大学学报》（社会科学版）2011 年第 4 期。

王建文：《转型时期价值取向的多元化与市场经济条件下的法制建设》，《经济师》1995 年第 S1 期。

王锦慧、晏思雨：《电影版权证券化的融资模式选择》，《重庆社会科学》2014 年第 6 期。

王静、肖尤丹：《基于国际比较的版权产业划分标准研究》，《中国出版》2018 年第 24 期。

王巨山、夏晓晨：《整体性原则与非物质文化遗产保护》，《民族艺术研究》2011 年第 3 期。

王李平：《文化产业的法治化——评〈中华人民共和国电影产业促进法〉》，《法制博览》2019 年第 14 期。

王立军：《我国文化创意产业政策比较及启示》，《杭州科技》2018 年第 4 期。

王林生：《互联网文化新业态的产业特征与发展趋势》，《甘肃社会科学》2017 年第 5 期。

王迁：《广播组织权的客体——兼析"以信号为基础的方法"》，《法学研究》2017 年第 1 期。

王伟凯：《日本与韩国非物质文化遗产保护方式略述》，《中国城市经济》2012 年第 2 期。

王宪昭：《对少数民族民间口头文化传承人的思考》，《文化遗产》2011 年第 3 期。

王向阳：《在传承中发展，在改革中创新，推动社会主义文化大发展大繁荣》，《奋斗》2012 年第 8 期。

王小佳：《文化创新与经济社会发展刍议》，《中共太原市委党校学报》2012 年第 1 期。

王晓凤：《传媒消费主义视域下文化产业发展问题研究》，《西部广播电视》2019 年第 11 期。

王旭：《文化市场综合行政执法机制研究》，《哈尔滨工业大学学报》（社会科学版）2014 年第 2 期。

王晔：《非物质文化遗产视域下黑龙江少数民族曲艺音乐的保护与传

承——以达斡尔族乌钦、赫哲族伊玛堪、鄂伦春族摩苏昆为例》，《黑龙江民族丛刊》2016年第6期。

王永浩：《关于加强我国文化立法工作的思考》，《社会科学家》2006年第6期。

王宇：《发展文化产业，促进经济转型》，《大庆社会科学》2017年第3期。

王云霞、胡姗辰：《公私利益平衡：比较法视野下的文物所有权限制与补偿》，《武汉大学学报》（哲学社会科学版）2015年第6期。

王云霞：《论文化遗产权》，《中国人民大学学报》2011年第2期。

王者洁：《当下文化产业立法模式之选择》，《中国发展》2017年第3期。

王正策：《多元并举，构建文化市场执法新模式》，《法制博览（中旬刊）》2012年第10期。

王自强：《著作权法修订与版权产业发展》，《中国版权》2013年第4期。

卫霞：《政府主导型文化产业立法的域外启示——以法国和韩国为例》，《甘肃理论学刊》2019年第2期。

魏宏：《构建社会主体公民文化权利保障体系》，《探索与争鸣》2014年第5期。

魏卓明：《改革开放三十年我国广告业的发展历程》，《甘肃科技》2008年第16期。

文慧生：《文化产业重新分类　新业态成新增长点》，《科技智囊》2018年第9期。

文永辉、卫力思：《少数民族非物质文化遗产传承人知识产权保护问题研究——以贵州为例》，《贵州民族研究》2012年第1期。

闻媛：《文化政策的价值取向——从文化产业、创意产业到文化经济》，《上海财经大学学报》2017年第4期。

吴安新、朱凤：《论非物质文化遗产传承人的刑法保护问题》，《兰州学刊》2010年第12期。

吴汉东：《论传统文化的法律保护——以非物质文化遗产和传统文化表现形式为对象》，《中国法学》2010年第1期。

吴汉东：《形象的商品化与商品化的形象权》，《法学》2004年第10期。

吴金群：《中国意识形态转型30年：政治经济学的三维透视》，《理论与改革》2008年第3期。

吴理财：《文化治理的三张面孔》，《华中师范大学学报》（人文社会科学版）2014年第1期。

吴明君：《论全球化时代的国家文化主权问题》，《东华大学学报》（社会科学版）2008年第1期。

吴真：《从无形文化财到非物质文化遗产的观念变革》，《中国人民大学学报》2018年第1期。

吴正彪：《论双语教育在传承与保护少数民族非物质文化遗产中的重要作用》，《民族教育研究》2010年第2期。

习近平：《加快建设社会主义法治国家》，《求是》2015年第1期。

萧放：《关于非物质文化遗产传承人的认定与保护方式的思考》，《文化遗产》2008年第1期。

肖冰：《版权产业经济贡献评估体系的比较研究》，《科技与出版》2015年第2期。

肖金明：《文化法的定位、原则与体系》，《法学论坛》2012年第1期。

谢菲：《国外非物质文化遗产相关研究述评》，《贵州民族研究》2011年第3期。

谢晓娟：《文化建设与社会主义核心价值体系构建》，《中国特色社会主义研究》2012年第3期。

信莉丽、庄严：《文化强国视阈下我国出版"走出去"的现状审思》，《出版科学》2018年第2期。

徐碧芳：《浅谈文化行政部门的职能转变》，《广东行政学院学报》1993年第1期。

徐辉鸿：《非物质文化遗产传承人的公法与私法保护研究》，《政治与法律》2008年第2期。

徐佳璐：《电影版权证券化中的资产真实销售问题探析——以好莱坞电影版权融资模式为鉴》，《北方经济》2013年第7期。

徐升权：《促进文化产业发展的法律制度建设与创新》，《科技与法律》2010年第12期。

徐卫华：《论广告法的修订应该缓行》，《时代经济论坛》2008年第3期。

许辉勋、金毅：《中国朝鲜族非物质文化遗产保护的现状及其对策》，《延边大学学报》（社会科学版）2012年第5期。

薛达元、刘海鸥、郭泺：《国外保护土著遗产资源及相关传统知识的经验与启发》，《中央民族大学学报》（自然科学版）2008年第1期。

薛兴华、何晓晴：《江苏电信：知识产权创新提升无形资产价值》，《通信企业管理》2008年第4期。

闫玉清：《推动文化创新》，《求是》2003年第10期。

杨春时：《贵族精神与现代性批判》，《厦门大学学报》（哲学社会科学版）2005年第5期。

杨凡、董妍：《文化遗产保护的宪法基础》，《沈阳工业大学学报》（社会科学版）2014年第1期。

杨光琼：《电影知识产权商业运作研究》，《市场研究》2014年第1期。

杨军：《少数民族非物质文化遗产保护探究》，《中南民族大学学报》（人文社会科学版）2016年第1期。

杨利慧：《以社区为中心——联合国教科文组织非遗保护政策中社区的地位及其界定》，《西北民族研究》2016年第4期。

杨炼：《文化产业立法的国际借鉴及启示》，《重庆社会科学》2012年第5期。

杨明：《非物质文化遗产保护的法律结构》，《电子知识产权》2010年第8期。

杨清萍：《论金融创新之电影版权信托融资》，《金田》2012年第8期。

杨行翀、李正明：《浙江特色文化产业知识产权质押融资模式研究》，《湖北经济学院学报》（人文社会科学版）2017年第1期。

杨修、关凯、白春生：《中国电影"走出去"问题研究——基于影视产品融资模式的选择》，《中国集体经济》2012年第36期。

杨燕峰：《银行贷款业务中特许经营权收益权的质押问题探析》，《中国农村金融》2017年第2期。

姚锋、谭悦：《〈电影产业促进法〉视角下的电影衍生品版权保护》，《兰州文理学院学报》（社会科学版）2019年第4期。

姚林青、池建宇：《版权制度与文化产业关系的辩证分析》，《现代出版》2011年第4期。

叶再春：《大媒体时代的文化管理体制改革刍议》，《长白学刊》2010年第6期。

尹鸿：《当代转型：当代中国的大众文化时代》，《电影艺术》1997年第1期。

尹鸿：《为人文精神守望——大众文化批评导论》，《天津社会科学》1996年第2期。

尹凌、余风：《从传承人到继承人：非物质文化遗产保护的创新思维》，《江西社会科学》2008年第12期。

于新循、杨丽：《我国〈文化产业促进法〉的立法选择与总体构想》，《四川师范大学学报》（社会科学版）2014年第3期。

于语和、苏小婷：《文化产业立法视角下多元文化的法律保护》，《邵阳学院学报》（社会科学版）2017年第5期。

余澜、朱祥贵、杨春娥：《少数民族非物质文化遗产特别知识产权保护模式的比较法评析》，《中南民族大学学报》（人文社会科学版）2012年第5期。

虞海侠、金雪涛、方英：《我国电影产业投融资主体的博弈关系分析》，《上海金融》2012年第3期。

苑利、顾军：《非物质文化遗产保护的十项基本原则》，《学习与实践》2006年第11期。

臧兴东、曾璟：《论旅游景区景点名称的商标化》，《法学研究》2010年第S2期。

张爱琴：《我国少数民族非物质文化遗产学校教育传承的政策分析》，《民族教育研究》2010年第1期。

张宏峻：《〈电影产业促进法〉的立法背景、意义和应当关注把握的问题》，《视听纵横》2017年第3期。

张宏扬：《意识形态视野中的我国所有制结构探索》，《天府新论》2004年第6期。

张辉锋、宋颖颖：《期待版权担保融资模式中投资方的风险及控制分析——以中国电影产业为例》，《新闻大学》2011年第4期。

张军：《文化产业法律制度的困惑与思考》，《理论月刊》2011年第12期。

张利群：《论文化产业内涵及其理论构成——桂学基本理论及学理依据研究之八》，《广西教育学院学报》2015年第2期。

张廉、周晓军：《文化建设法制化：当代价值、现实困境及现实路径》，《新远见》2012年第7期。

张琳：《影视版权融资的法律风险及防范研究》，《出版广角》2017年第

24 期。

张庆福、崔智友：《加强文化法制建设》，《法学杂志》1998 年第 4 期。

张世均：《我国少数民族非物质文化遗产的价值》，《西南民族大学学报》（人文社会科学版）2007 年第 7 期。

张文红、孙乐：《2018 年我国畅销书产业观察与分析》，《出版广角》2019 年第 4 期。

张文显：《习近平法治思想研究（下）——习近平法治思想的一般理论》，《法制与社会发展》2016 年第 4 期。

张新宝、林钟千：《互联网有害信息的依法综合治理》，《现代法学》2015 年第 2 期。

张学军：《网络游戏知识产权的司法认定》，《人民司法》2015 年第 19 期。

张瑛、高云：《少数民族非物质文化遗产保护与旅游行政管理研究——以云南民族歌舞为例》，《贵州民族研究》2006 年第 4 期。

张勇：《文化遗产法益的刑法保护》，《新疆社会科学》2012 年第 4 期。

张跃阳：《文化市场发展中的文化执法的作用研究》，《戏剧之家》2016 年第 4 期。

张志强、杨阳：《直挂云帆济沧海——中国出版业改革开放 40 年成就回顾》，《中国出版》2018 年第 21 期。

赵红：《少数民族非物质文化遗产学校教育的实践探析——以宁夏回族为例》，《回族研究》2013 年第 4 期。

赵虎敬：《借日本经验看河北非物质文化遗产法律保护》，《人民论坛》2015 年第 4 期。

赵军：《阿尔及利亚非物质文化遗产保护政策及其实践》，《遗产与保护研究》2017 年第 6 期。

赵明奇：《地方高校与非物质文化遗产传承——徐州高校"非遗"特色教育探讨》，《徐州工程学院学报》（社会科学版）2009 年第 6 期。

赵天华：《浅谈中国当代工艺美术品牌化发展》，《美术大观》2013 年第 12 期。

赵艳喜：《论非物质文化遗产的整体性保护理念》，《贵州民族研究》2009 年第 6 期。

赵晏群：《文化权利：一般认知与实现条件》，《思想理论教育》2008 年第 9 期。

郑万青、熊斌斌:《电影期待版权预告质押制度研究》,《知识产权》2013 年第 9 期。

郑祥福、林子赛:《文化资本背景下中国文化矛盾及其发展战略》,《浙江师范大学学报》(社会科学版) 2009 年第 2 期。

郑毅:《文化法若干基本范畴探讨》,《财经法学》2018 年第 1 期。

中国广播电视网络有限公司、北京格兰瑞智咨询有限公司:《2018 年第四季度中国有线电视发展公报》,《有线电视技术》2019 年第 2 期。

钟金贵:《传承视野下的仡佬族非物质文化遗产开发与保护》,《黑龙江民族丛刊》2013 年第 5 期。

周超:《日本对非物质文化遗产的法律保护》,《广西民族大学学报》(哲学社会科学版) 2008 年第 4 期。

周刚志、李琴英:《论"文化法":契机、体系与基本原则》,《江苏行政学院学报》2018 年第 6 期。

周刚志、姚锋:《论中国文化产业的立法模式——以社会主义核心价值观为价值引导》,《湖南大学学报》(社会科学版) 2019 年第 2 期。

周刚志:《中国文化法治 70 年回眸》,《湖南大学学报》(社会科学版) 2019 年第 5 期。

周刚志、周应杰:《"文化产业促进法"基本问题探析》,《江苏行政学院学报》2017 年第 1 期。

周文彰:《文化产业特性及其经营启示》,《前线》2014 年第 9 期。

周兴茂、周丹:《关于非物质文化遗产保护与传承的几个基本问题——以土家族为例》,《西北民族大学学报》(哲学社会科学版) 2007 年第 1 期。

周叶中:《加快文化立法是建设社会主义文化强国的必然选择》,《求是》2012 年第 6 期。

周叶中、伊士国:《关于中国特色社会主义法律体系的几个问题》,《思想政治理论教育导刊》2011 年第 6 期。

周正兵:《1981—2020 我国文化政策的价值诉求:基于"五年规划"文本的语词分析》,《深圳大学学报》(人文社会科学版) 2019 年第 6 期。

朱伟:《从管制到促进:文化产业政策的新思路——以〈电影产业促进法〉为例》,《现代传播》2017 年第 3 期。

朱祥贵：《非物质文化遗产知识产权的法律保护模式变迁评析》，《贵州民族研究》2010年第4期。

朱喆琳：《融合、转型、内需：英国出版业发展的经验与启示》，《科技与出版》2019年第2期。

朱喆琳：《图书出版业评估体系的国际比较——以英、德、日为研究对象》，《出版发行研究》2019年第5期。

左亦鲁：《告别"街头发言者"美国网络言论自由二十年》，《中外法学》2015年第2期。

学位论文：

卞相捧：《中韩文化产业政策和法规比较研究》，硕士学位论文，青岛科技大学，2017年。

陈婉：《韩国电影产业振兴经验及对我国的启示》，硕士学位论文，上海外国语大学，2019年。

杜亚：《法律视阈下文化创意产业融资问题研究》，博士学位论文，上海大学，2017年。

方丽英：《影视作品著作权质押融资研究》，硕士学位论文，西北大学，2017年。

李波：《我国电影版权证券化问题研究——以法律模型方法为研究视角》，硕士学位论文，华中科技大学，2015年。

李惠子：《延边朝鲜族非物质文化遗产的法律保护》，硕士学位论文，中央民族大学，2012年。

李苏南：《中国电影产业投入产出效率评价》，硕士学位论文，南京大学，2019年。

李寅瑞：《〈文化创意产业促进法〉立法研究》，硕士学位论文，安徽财经大学，2017年。

刘航齐：《论我国知识产权专门化审判体系的完善》，硕士学位论文，吉林大学，2019年。

刘珊：《商业银行影视版权质押信贷的风险控制研究——以Z银行浙江省分行的信贷实践为例》，硕士学位论文，暨南大学，2016年。

刘帅：《我国电影产业投融资模式现状问题与对策研究》，硕士学位论文，对外经济贸易大学，2015年。

刘晓伟：《电影票房证券化法律问题研究》，硕士学位论文，西南政法大学，2017年。
吕俐颖：《我国IP电影的投融资主体研究》，硕士学位论文，广西大学，2019年。
吕晓雯：《影视文化产业政策优化研究》，硕士学位论文，华中师范大学，2017年。
梅艳红：《我国中小成本电影融资困境分析与对策研究》，硕士学位论文，三峡大学，2016年。
秦思远：《我国电影产业融资法律问题的研究》，硕士学位论文，对外经济贸易大学，2013年。
邱瑶溪：《我国电影产业融资模式的优化研究》，硕士学位论文，景德镇陶瓷学院，2014年。
邵丽花：《"一带一路"背景下甘肃省文化产业发展的法制保障研究》，硕士学位论文，甘肃政法学院，2018年。
孙司芮：《我国网络游戏政府监管问题研究》，博士学位论文，东北师范大学，2016年。
唐文婷：《论中国公民文化权利实现的法治化途径》，硕士学位论文，湘潭大学，2017年。
田粟源：《电影版权评估研究》，硕士学位论文，山东财经大学，2014年。
王玲：《十六大以来我国深化文化体制改革的路径选择研究》，硕士学位论文，渤海大学，2013年。
王庆：《非物质文化遗产主体制度设计研究》，硕士学位论文，西南大学，2009年。
王诗晴：《影视众筹现状分析与类型研究》，硕士学位论文，上海交通大学，2016年。
王婷：《我国影视制作投融资问题研究》，硕士学位论文，中南民族大学，2012年。
王文静：《民族地区非物质文化遗产保护中的政府行为研究》，硕士学位论文，中南民族大学，2011年。
文友华：《文化建设法制化研究》，博士学位论文，武汉大学，2013年。
吴磊：《我国少数民族非物质文化遗产的政策研究》，博士学位论文，中央民族大学，2012年。

吴逸君:《电影业投融资机制的国际比较以及对中国的启示》,硕士学位论文,浙江财经大学,2015年。

谢忠文:《从革命到治理——1949—1978年中国意识形态转型研究》,博士学位论文,上海社会科学院,2001年。

许立:《我国文化产业市场监管法律问题研究》,硕士学位论文,西南大学,2019年。

许洒:《论我国电影审查制度的完善》,硕士学位论文,甘肃政法学院,2019年。

杨丽萍:《影视版权质押评估研究——以宝莲灯为例》,硕士学位论文,山东财经大学,2015年。

应玮:《中国内地电影制作融资问题探讨》,中央财经大学,2011年。

张颢:《动漫影视公司融资问题研究》,硕士学位论文,河南科技大学,2015年。

张敏:《版权质押价值评估研究——以电视剧〈商海〉为例》,硕士学位论文,中国人民大学,2011年。

张燕:《基于版权质押融资的电影版权价值评估问题研究》,硕士学位论文,华北电力大学,2015年。

张园:《改革开放以来的中国电影产业政策研究》,硕士学位论文,中国艺术研究院,2017年。

赵林霞:《影院票房收入资产证券化研究》,硕士学位论文,北京交通大学,2017年。

赵文强:《我国电影作品版权质押法律问题研究》,硕士学位论文,大连海事大学,2014年。

甄烨:《文化创意企业融资创新模式研究》,博士学位论文,山西师范大学,2017年。

周宏璐:《中国当代文化转型期公民意识的构建》,博士学位论文,哈尔滨师范大学,2017年。

周万春:《文化体制改革背景下的政府文化行政职能转型研究》,硕士学位论文,湘潭大学,2012年。

周子钧:《中国电影产业资本化进程研究(1978年—2018年)》,博士学位论文,山东大学,2019年。

朱江水:《基于产业集聚视角的电影企业融资研究——以华谊兄弟公司为

例》，硕士学位论文，西南交通大学，2015年。

朱洁譞：《中外文化产业法律体系比较研究——以文化产业相关个案为例》，硕士学位论文，北京师范大学，2009年。

朱素妮：《我国电影审查制度的行政法思考》，硕士学位论文，湘潭大学，2012年。

朱小光：《中国文化产业政策法制化问题研究》，硕士学位论文，广东海洋大学，2018年。

蔡武：《国务院关于深化文化体制改革 推动社会主义文化大发展大繁荣工作情况的报告》2012年10月24日。

杜洁芳：《公共文化服务保障法：揭开新时期文化立法大幕》，《中国文化报》2018年6月21日。

杜洁芳：《文物保护法：文物领域第一部法律》，《中国文化报》2018年6月21日。

《福建出台10项措施加强文化遗产司法保护》，《中国文化报》2019年11月14日。

傅才武：《文化产业发展成功经验上升为国家意志》，《中国旅游报》2019年9月24日第3版。

《关于深入推进公共文化机构法人治理结构改革的实施方案》，《中国文化报》2017年9月12日。

《"互联网+"：给文化产业带来什么》，《光明日报》2015年3月19日第14版。

《记新闻舆论工作座谈会重要讲话精神》，《人民日报》2016年2月22日。

贾旭东：《文化产业促进法的重大意义与解决的基本问题》，《中国旅游报》2019年9月17日第3版。

李袁婕：《关于〈文化产业促进法（草案征求意见稿）〉的修改建议》，《中国文物报》2019年8月6日第4版。

马纯红：《文化立法须处理好三种关系》，湖南省中国特色社会主体理论体系研究中心，《人民日报》2012年9月6日。

任春红：《税基式优惠对技术创新更有激励作用》，《中国税务报》2009年12月2日第6版。

任旭：《文化产业未来发展新方案》，《中国美术报》2019年7月15日第2版。

《深入学习〈习近平关于全面深化改革论述摘编〉》,《人民日报》2014年6月3日第6版。

王兆国:《在第十八次全国地方立法研讨会上的讲话》,《人民日报》2012年9月4日。

魏晓阳:《〈文化产业促进法〉未来可期》,《中国社会科学报》2018年5月3日第6版。

魏则胜:《我国文化立法现状及其完善路径分析》,《中国科学报》2019年10月23日第3版。

温家宝2011年9月6日在中央文史研究馆成立60周年座谈会上的讲话。

吴少瑜、于万东:《公共文化设施须立法》,《中国文化报》2001年9月27日。

于文:《关于发展文化产业的对话》,《中国文化报》2001年10月12日。

张贺:《文化发展呼唤法治跟上节奏 揭文化立法和执法现状》,《人民日报》2014年11月13日。

张明:《发展文化产业 促进文化繁荣》,《通化日报》2017年8月22日第1版。

赵晓强:《文化产业治理的法治维度》,《中国社会科学报》2018年5月9日第7版。

中共伊春市委宣传部课题组:《发展文化产业促进伊春绿色化转型》,《伊春日报》2018年11月23日第2版。

周刚志:《我国文化产业促进法的基本定位》,《中国旅游报》2019年10月15日第3版。

朱兵:《深刻认识文化产业促进法立法的重大意义》,《中国旅游报》2019年9月10日第3版。

宗祖盼:《文化产业学需要"元科学"研究》,《中国社会科学报》2019年9月24日第6版。

《最高人民法院关于知识产权法院工作情况的报告》(2017年8月29日)。

三 研究报告

CNNIC《第40次中国互联网络发展状况发展统计报告》

CNNIC《第41次中国互联网络发展状况发展统计报告》

CNNIC《第 42 次中国互联网络发展状况发展统计报告》
CNNIC《第 43 次中国互联网络发展状况发展统计报告》
Trustdata《2018 年短视频行业发展报告》
国际作者和作曲者协会联合会（CISAC）《全球版税报告 2018》
国家发改委《2017 中国居民消费发展报告》
国家广播电视总局《2018 年全国广播电视行业统计公报》
国家知识产权局《2016 年中国知识产权发展状况评价报告》
国家知识产权局《2017 年中国知识产权发展状况评价报告》
国家知识产权局《2018 年中国知识产权发展状况评价报告》
鲸准研究院《2018 年中国网综观察报告》
美国电影协会（MPAA）《2016 年全球电影市场数据报告》
美国商会（U. S. Chamber of Commerce）《全球知识产权指数研究报告》
前瞻研究院《2018—2023 年中国户外广告行业市场前瞻与投资战略规划分析报告》
全球特许授权商品联合会（LIMA）《授权产业市场规模研究年度报告》
人民网《人民网股份有限公司 2016 年年度报告》
首都影视发展智库、首都广播电视节目制作业协会、清华大学影视传播研究中心、CC-Smart 新传智库《中国电视剧产业发展报告 2019》
央视市场研究（CTR）《2018 年广告主调查报告》
央视市场研究（CTR）《2018 年中国广告市场回顾》
英国数文媒体部《数文媒体部部门经济估算报告》
英国税务及海关总署（HM Revenue & Customs）《创意产业统计报告》
中国版协游戏工委《2017 年中国游戏产业报告》
中国报业协会《2018 年度全国报纸印刷量调查统计报告》
中国互联网信息中心（CNNIC）《第 43 次中国互联网络发展状况统计报告》
中国网络视听节目服务协会《2018 年中国网络视听发展研究报告》
中国网络视听节目服务协会《2019 年中国网络视听发展研究报告》
中国文化娱乐行业协会信息中心 & 中娱智库《2017 年中国游戏行业发展报告》
中国文化娱乐行业协会信息中心 & 中娱智库《2004 年中国网络游戏发展报告》

中国新闻出版研究院《2017—2018 中国数字出版产业年度报告》
中国音数协游戏工委（GPC），伽马数据（CNG）《2018 年中国游戏产业报告》
中国音数协游戏工委（GPC），伽马数据（CNG），国际数据公司（IDC）《2017 年 1—6 月中国游戏产业报告》，《2018 年中国游戏产业报告》
中商产业研究院《2018 年中国数字音乐产业市场前景研究报告》

四　网络文献

《2004—2016 中国 IPTV 用户规模变迁之路》，http：//iptv.lmtw.com/IPro/201701/140777.html。
《2018 年上市公司三季报》，http：//www.cfi.cn。
《2019 年 1—3 月份通信业经济运行情况》，http：//iptv.lmtw.com/yj/201904/169949.html。
《4 月起在全国统一开展 IPTV 专项治理》，http：//iptv.lmtw.com/yj/201903/168493.html。
《IPTV 的历史回顾及发展分析》，http：//iptv.lmtw.com/IPro/201711/150558.html。
国家版权局：《中国版权产业发展十年来贡献显著》，http：//www.ncac.gov.cn/chinacopyright/contents/518/329860.html。
国家税务总局—税收法规库，http：//www.chinatax.gov.cn/n810341/n810755/c3967308/content.html。
人民日报图文数据库，http：//paper.people.com.cn/rmrb/html/2018－09－16/nw.D110000renmrb_20180916_2－05.htm。
《网游十年史记》，https：//games.qq.com/a/20091020/000309.htm。
《文化产业新业态三个层面及部分新文化产业分类》，https：//www.sohu.com/a/250372688_152615。
《文化体制改革顶层设计的重点》，http：//www.71.cn/2014/0213/758297.shtml。
新华网：《全国电影工作座谈会在京召开》，http：//www.xinhuanet.com/politics/2019－02－28/c_1124177456.html。
易天富网：《消灭 A 股制度性套利任重道远》，http：//www.etf88.com/

jjb/2017/0221/5035211. shtml。

《整治 IPTV：向有线电视看齐》，http：//iptv. lmtw. com/yj/201903/168482. html。

《直播让非遗与大众面对面》，http：//art. people. com. cn/n1/2018/0614/c226026-30057176. html。

中国国家广播电视总局：《2018 年全国广播电视行业统计报告》。

中国联网数据平台，http：//www. cnidp. cn/enterprise/rankAnalysis. do。

《中华人民共和国税收征收管理法》和《中华人民共和国刑法》，链接分别为：http：//xxgk. ganzhou. gov. cn/c100475pk/201807/05/content_26fa098f5af040fca15b1fe3cc5876ba. shtml。

《著作权是卡通形象衍生品开发的关键》，http：//www. ncac. gov. cn/china-copyright/contents/518/329860. html。

五　重要网站

大麦网　http：//www. damai. cn
格兰研究（Guideline Research）　http：//www. sinodtv. net
工信部　http：//www. miit. gov. cn
国家新闻出版广电总局　http：//www. nrta. gov. cn/index. html
国家新闻出版广电总局电影局　http：//www. nrta. gov. cn/index. html
国家新闻出版广电总局广告司　http：//www. nrta. gov. cn/index. html
国家知识产权局　http：//www. cnipa. gov. cn/
文化和旅游部　https：//www. mct. gov. cn
中广央视索福瑞媒介研究（CSM）　http：//www. csm. com. cn
中国报告网　http：//www. baogao. com
中国报业协会　http：//www. acin. org. cn
中国铁路总公司　http：//www. china-railway. com. cn
中国新闻出版研究院　http：//cips. chuban. cc
中国资产评估协会　http：//www. cas. org. cn/index. htm
中央广播电视总台　http：//www. cctv. cn

六　规范性文件（部分）

《出版管理条例》
《电视剧内容管理规定》
《电信条例》
《电影产业促进法》
《电影管理条例》
《电影审查规定》
《关于出版单位的主办单位和主管单位职责的暂行规定》
《广播电视管理条例》
《广播电视节目制作经营管理规定》
《广告管理条例》
《国家广播电视总局职能配置、内设机构和人员编制规定》
《互联网上网服务营业场所管理条例》
《互联网视听节目服务管理规定》
《互联网文化管理暂行规定》
《互联网新闻信息服务管理规定》
《经纪人管理办法》
《旅行社条例》
《商标法》
《网络出版服务管理规定》
《文化事业单位开展有偿服务和经营活动的暂行办法》。
《信息网络传播权条例》
《演出经纪人员管理办法》
《印刷业管理条例》
《营业性演出管理条例》
《娱乐场所管理条例》
《中华人民共和国广告法》
《著作权法》
《著作权集体管理条例》
《专利法》

《专网及定向传播视听节目服务管理规定》

七 外文文献

Akira Matsuda, Luisa Elena Mengoni, *Reconsidering Cultural Heritage in East Asia*, Ubiquity Press, 2016.

Anne-Marie Deisser, Mugwima Njuguna, *Conservation of Natural and Cultural Heritage in Kenya: A Cross-Disciplinary Approach*, UCL Press, 2016.

Antony Hooper (editor), *Culture and Sustainable Development in the Pacific*, Australian National University Press, 2005.

Beverley Butler, "'Othering' the archive—from exile to inclusion and heritage dignity: the case of Palestinian archival memory", *Archival Science*, 2009.

Christina Maags, Marina Svensson, *Chinese Heritage in the Making: Experiences, Negotiations and Contestations*, Amsterdam University Press, 2018.

Foundation on Inter—Ethnic Relations, The Lund Recommendations on the Effective Participation of National Minorities in Public Life&Explanatory Note, 1999.

Guiomar Alonso Cano Alvaro Garzón Georges Poussin, *Culture, Trade and Globalization: Questions and Answers*, Paris: UNESCO Publishing, 2000.

Harriet Deacon, "Intangible heritage in Conservation Management planning", *International Journal of Heritage Studies*, 2004.

Hong Wenjin, "Study on features of traditional Shanyue ramie embroidery", *Journal of Silk*, 2016.

Howard K., "The Life and Death of Music as East Asian Intangible Cultural Heritage", *Life & Death of Music As East Asian Intangible Cultural Heritage*, 2018.

Hu Juan, "Spatial-Temporal Distribution Characteristics of the Intangible Cultural Heritage in Hubei Province", *Economic Geography*, 2017.

Jameson, F., Miyoshi, M. (eds), *The Cultures of Globalization*, Durham/London: Duke University Press, 1998.

K. Bhikhu Parekh, Rethinking Multiculturalism, *Cultural Diversity and Political*

Theory, Basingstoke: Palbrave Macmillan, 2006.

Konach T. Prese Kim. Lee. Younghak, "A Study on the Documentation Method of Intangible Cultural Heritage and Training Center", *Korean Journal of Archival Studies*, 2018.

L-Ann Thio, "Managing Babel: The International Legal Protection of Minorities in the Twentieth Century", Netherlands: Martinus Nijhoff Publishers, 2005.

Laurajane Smith, Gary Campbell, "The Tautology of 'Intangible Values' and the Misrecognition of Intangible Cultural Heritage", *Heritage & Society*, 2017.

Liao Jiangbo, "Technology and art characteristics of traditional Grass ramie embroidery in Jiangxi", *Journal of Silk*, 2018.

Mary Griffiths, Kim Barbour, *Making Publics, Making Places*, University of Adelaide Press, 2016.

Patrick Macklem, *Indigenous Difference and the Constitution of Canada*, University of Toronto Press Incorporation, 2001, Reprinted 2002.

Perry Keller, "The Media in Britain. Institution", *Policies and Laws*, The British Council, 2001.

Robert G. Picard, Timo E. Toivonen, "Issue in Assessment of the Economic Impact of Copyright", *Review of Economic Research on Copyright*, Issues, 2004, Vol. 1, No. 1.

Sabine von Schorlemer, Sylvia Maus, *Climate Change as a Threat to Peace: Impacts on Cultural Heritage and Cultural Diversity*, Peter Lang AG, 2014.

Terri Janke, Livia Iacovino, "Keeping cultures alive: archives and Indigenous cultural and intellectual property rights", *Archival Science*, 2012.

Wang Kanjian, "The development situation and countermeasures of Shu embroidery industry", *Journal of Silk*, 2017.

World Commission on Culture and Development, *Our Creative Diversity: Report of the World Commission on Culture and Development*, Paris, UNESCO, 1995.

Wu Zhijun, "Historical Evolution and Development Path of Tantou New Year Pictures", *Packaging Engineering*, 2016.

Xu Baicui, "Spatial Distribution Characteristics of the Intangible Cultural Heritage in China", *Economic Geography*, 2018.

Zhang Xiyue, "Evaluation of tourism development value of intangible culture resources. A case study of Suzhou City", *Progress in Geography*, 2016.

后　　记

本书定名为《文化法治体系的建构》，是国家社会科学基金重大项目"文化法治体系建设研究"（项目号 14ZDC024）的研究成果之一。《文化法治基本理论》作为本书的姊妹篇是国家社会科学基金重点项目的前期研究成果。文化法治基本理论的前期研究侧重于文化法治的理论基础问题研究，对原有的研究成果已经有了更为深入和全面的论述，因此，关于文化法治的基本概念、研究对象、主客体关系、基本原则、基本理念、基本范畴、制度体系、发展趋势等已经有前期研究成果，本次完成的国家社会科学基金重大项目旨在对文化法治的理论基础、基本问题、立法体系和法治实施展开系统研究，"文化法治体系建设研究"已经从原有的基本理论跃升到体系化的系统性研究，这对于课题组来说，确实具有挑战性。

国家社科基金重点项目和重大项目是对文化法治建设的配套研究，两项课题研究成果具有逻辑关联性。文化法治基本理论研究侧重对文化法治基本概念、基本研究对象的确定、主客体之间的关系等。本书从文化是否需要法律进行调整为思考的起点，先从总体的角度概括出我国文化法治化存在的短板，同时搭建起文化法治的要素及结构。在基本理论研究的基础上探讨具体的文化法治建设基本问题，从必要性、历史进程、现实基础、功能定位、原则基础及已有进展几个方面的研究指出文化法治建设还面临着新的挑战。从学术思想的角度讲，本项目的研究既重视理论基础的深掘，又关注理论对实践的指导；既关注文化法治体系建立中问题，又重视对这些问题的解决和完善，同时还能对今后文化法治的发展面临的挑战作出展望性思考；既能从宏观角度把握整个文化法治体系构建的理论思考，又能从文化事业与文化产业多个角度对立法问题进行研究；既能从科学立法层面重点展开研究，又能从严格执法、公正司法和全民守法层面对文化法治的实施展开研究。

本书的体系结构及内容上，力图突出"文化法治体系建设"这一主题，其中，第一编文化法治理论基础研究回答了法律作为一项重要的制度事实，勾连着人的物质世界与精神世界，它通过权利义务机制发挥作用，实现对这两重世界的正当化调控。第二编文化法治的基本问题，通过理论的深入论述，需要将理论中的诸多诘问在文化法治的现实中进行应然与实然的路径关照。因此，文化法治建设基本问题研究在理论研究的基础上，就文化法治建设的历史、必要性、功能定位、基本原则、主要挑战等进行了客观分析，以期实现理论与现实的紧扣。第三编和第四编是重点，着重围绕文化事业立法和文化产业立法展开。文化法治体系建设有了前置性的理论研究与基础性问题阐述后，课题呈现由宏观到中观、由中观到微观的叙事模式。或者说，有内在的基础问题发散到外在的其他重点领域的研究，即第三部分和第四部分关于文化事业立法、文化产业立法的详细论述。第五编是文化法治实施部分，由于前期研究中已经有了文化立法、执法、司法等方面的阶段性成果，本部分更为侧重行政层面的文化执法，或者提出更多今后如何文化司法的建设性意见，论述中的诸多观点具有独到性和创新性。

本书第一编"文化法治的理论基础问题"由谢晖教授担纲主持，根据撰写章节顺序依次为：谢晖（第一章：人类的文化—精神性存在）、余地（第二章：人类文化—精神领域为何需要法律调整？）、高中意（第三章：人类文化—精神领域如何展开法律调整？）、刘方圆（第四章：人类文化—精神领域的法律处理类型）、武暾（第五章：文化法治的要素和结构）、张利利（第六章：我国文化法治化存在的不足）。

本书第二编"文化法治建设的基本问题"，以全景式的纵向研究方式对文化法治建设的现状与问题进行了梳理和分析。包括文化法治建设的必要性、我国文化法治建设的历史进程、文化法治建设的现实基础、文化法治建设的功能定位、文化法治建设的基本原则、我国现阶段文化法治建设的新进展、我国文化法治建设还存在哪些主要挑战等七个部分内容。本编由胡建淼教授担纲主持，史艳丽执笔完成。

本书第三编"公共文化事业立法研究"由田艳教授担纲主持，本编共分为八章，根据章节顺序依次为：宋春苗（第一章 文化事业立法概述）；施培佳（第二章 文化事业立法的程序）；农君君（第三章 域外文化事业立法的经验考察）；邓露露（第四章 物质文化遗产保护立法；郑迪

(第五章 文物保护立法现状及完善措施；田艳、郑迪（第六章 非物质文化遗产保护立法及制度完善；孙云云（第七章 公共文化服务保障法治研究；孙云云（第八章 图书馆、博物馆及文化馆法治研究）。

本书第四编"文化产业立法研究"由李丹林教授担纲主持，本编分为十二章，其中第一章、第五章、第七章第一节、第二节由李思沅执笔撰写，第二章由韩新华执笔撰写，第三章、第六章、第七章第四节；第四章由朱喆琳撰写；第七章第三节、第十一章第三节由刘小玉执笔撰写；第八章、第十一章第一、第二节主要由王悦执笔撰写；第九章由李丹林撰写；第十章主要田林川执笔撰写，第十二章主要由赵苏执笔撰写；第十三章主要由曹然执笔撰写。李丹林撰写了导言和尾篇。

本书第五编"文化法治的实施"由张步峰教授担纲主持，本编分为五章，根据章节顺序依次为：于晴（第一章 文化管理体制改革）；蒋剑（第二章 公共文化服务保障法制的实施）；田慧娟（第三章 文化市场监管法制的实施）；杨帆（第四章 文化法制实施的重点领域与制度）；张步峰、于晴、田慧娟、杨帆、蒋剑（第五章 文化法制实施的监督制度）。

本书由熊文钊教授负责选题论证、统筹协调、谋篇布局、文案撰写、文字审校、统稿审定。

本课题研究过程中得到许多资深专家的指导和帮助，在此特别表示感谢。同时特别感谢作为国内社会科学界首屈一指的学术出版社——中国社会科学出版社为弘扬文化法治，隆重推出了"文化法治系列丛书"。本书得以面世，首先要感谢本课题的全体同仁热情投入和辛勤付出；更要感谢中国社会科学出版社的有关领导和责任编辑许琳在疫情防控的特殊时期所给予的特别的支持。

文化法治体系的建构是一项宏大的系统工程，我们在本书中对此进行了系统化建构的初步研究，希冀能为文化法治体系建设竭诚尽力。囿于时间和能力，疏漏遗憾之处在所难免，敬请各位方家批评指正！

熊文钊
2021年2月3日立春日谨识